THOMAS SÖDING

MEHR ALS EIN BUCH

Die Bibel begreifen

HERDER

FREIBURG · BASEL · WIEN

Den Studentinnen und Studenten
der Katholischen Theologie
in Wuppertal

Die Deutsche Bibliothek – CIP Einheitsaufnahme

Söding, Thomas:
Mehr als ein Buch : die Bibel begreifen / Thomas Söding. – 2. Aufl. –
Freiburg im Breisgau ; Basel ; Wien : Herder 1995
ISBN 3-451-23633-8

Zweite Auflage

Alle Rechte vorbehalten – Printed in Germany
© Verlag Herder Freiburg im Breisgau 1995
Umschlaggestaltung: Neil McBeath, Stuttgart
Satz: Barbara Herrmann, Freiburg
Druck und Bindung: Freiburger Graphische Betriebe 1996
Gedruckt auf umweltfreundlichem, chlorfrei gebleichtem Papier
ISBN 3-451-23633-8

VORWORT

Die Bibel ist ein Buch – und mehr als ein Buch. Sie ist das „Buch der Bücher", die Heilige Schrift, die Urkunde des Glaubens, der Kanon der Kirche. Gleichwohl hat sie es gegenwärtig besonders schwer, Gehör zu finden – auch unter den Christen. Um so wichtiger wäre es, die Bibel neu zu begreifen: Worin besteht ihr Anspruch? Worin liegt ihre Aussagekraft? Worin gründet ihre Bedeutung? Auf diese Fragen will das vorliegende Buch eine Antwort versuchen – nicht indem es große Worte über die Bibel macht, sondern indem es die Bibel selbst zu Wort kommen läßt: mit einigen ihrer großen Texte zu einigen der großen Fragen unserer Zeit, immer im Ausgang vom Alten *und* vom Neuen Testament und immer im Gespräch mit kontroversen Auffassungen und alternativen Konzepten.

Vor allem will das Buch dazu anstiften, die Bibel selbst zu lesen: nicht naiv, sondern verständig; nicht schüchtern, sondern selbstbewußt; nicht überschwenglich, sondern nüchtern; nicht besserwisserisch, sondern in vollem Respekt vor dem Gewicht der Heiligen Schrift. Aus diesem Grund versteht sich das Buch freilich auch als eine kleine „Theologie der Heiligen Schrift" – nicht in dem Sinn, daß es in ganzer Breite und Tiefe die großen Theologien des Alten und Neuen Testaments vorstellen würde, sondern in dem Sinn, daß es einen Eindruck von der Aktualität und Bedeutung vermitteln will, die der Bibel als ganzer in der Vielzahl ihrer Themen und Aussagen zukommt. Deshalb wird nicht nur versucht, zu begreifen, was die Bibel über Gott und die Welt sagt, über den Menschen, über seine Schuld und seine Hoffnung; es wird immer auch überlegt, wie sich das Wort der Bibel heute weitersagen läßt – möglichst nicht in den ausgestanzten Formen einer steril gewordenen Katechismus-Sprache, sondern in den Formen einer literarischen und poetischen, philosophischen und theologischen Sprache, die ihren Blick für die Wirklichkeit durch das Wort der Bibel schärfen läßt und deshalb neue Zugänge zur Bibel selbst erschließt.

Man wird dem Buch ansehen, daß es von einem Exegeten, näherhin von einem Neutestamentler geschrieben worden ist. Aber es bemüht sich, die Grenzen des Spezialfaches nach zwei Seiten hin durchlässig zu machen. Zum einen basiert es bewußt nicht nur auf dem Neuen Testament, sondern auf der *ganzen* Bibel. Zwar hat sich im Nachhinein herausgestellt, daß die neutestamentlichen Auslegungen etwas umfangreicher als die alttestamentlichen geraten sind. Aber es war die Absicht des Autors, das Alte Testament ebenso zu Wort kommen zu lassen wie das Neue. (Für fachlichen Rat danke ich vor allem Christoph Dohmen und Georg Steins.) Zum anderen bewegt sich das Buch an der Grenze zwischen Exegese und Fundamentaltheologie. Es sieht die Aufgabe, einen neuen Traktat *De Sacra Scriptura* („Über die Heilige Schrift") vorzubereiten. In diesem Traktat wäre die fundamentaltheologische Grundfrage nach der Normativität der Heiligen Schrift zu stellen; und sie wäre zu beantworten in einer exegetisch-theologischen Besinnung auf die Grundaussagen des Alten und Neuen Testaments. Der Versuch, der hier zur Diskussion gestellt wird, steht aus Überzeugung in der Tradition katholischer Theologie. Doch wird hoffentlich deutlich werden, daß er in einem ökumenischen Geist unternommen wird, der in der gemeinsamen Lektüre der gemeinsamen Heiligen Schrift die größte Chance der Einheit sieht.

Das Buch geht auf die erste Vorlesung zurück, die ich (im Sommersemester 1993) als Professor für Biblische Theologie an der Universität Wuppertal gehalten habe. Das erklärt die Widmung. Es war eine Vorlesung für künftige Lehrerinnen und Lehrer an Grundschulen. Dieser „Sitz im Leben" zwang nicht nur zur Konzentration auf Wesentliches; er schuf zugleich den Freiraum für einen Gang über die Grenzen der theologischen Disziplinen hinaus. Zwischenzeitlich war die Existenz des Studienganges im Zuge ministerialer Umstrukturierungen aufs äußerste bedroht. Daß es mit vereinten Kräften gelungen ist, die drohende Aufhebung des Faches abzuwenden, ist ein zusätzliches Motiv für die Widmung. Sie ist auch ein Ausdruck des Dankes an so viele, die es zu verhindern gewußt haben, daß ein blühender Studienzweig abgeschnitten wurde.

Dank gebührt Frau Margarita Paetsch für das Schreiben und die erste Überarbeitung des Vorlesungs-Textes. Dank gebührt aber auch meinen studentischen „Hilfs"-Kräften, einmal mehr Jutta Birke und Christian Münch aus Münster, überdies Sabine Brochhagen und Marcus Sigismund aus Wuppertal, für zuverlässige Unterstützung in allen technischen und vielen inhaltlichen Fragen.

Mehr als allen anderen danke ich aber meiner Frau – nicht nur für Hilfen bei Übersetzungen aus dem Französischen und manchem sprachlichen Ausdruck; und nicht zuletzt danke ich unseren Kindern: weil sie es sich gelegentlich, aber nicht zu häufig gefallen ließen, daß die Schreibtischzeiten auf Kosten der Spielzeiten ausgedehnt wurden.

Wuppertal/Münster, im Januar 1995   *Thomas Söding*

VORWORT ZUR ZWEITEN AUFLAGE

Das Buch hat ein erfreulich positives Echo gefunden. Für Zustimmung, aber auch für weiterführende Hinweise in zahlreichen Rezensionen, Briefen und Gesprächen habe ich sehr zu danken. Die Neuauflage gibt Gelegenheit, einige Versehen zu berichtigen und Druckfehler auszumerzen. Im übrigen bleibt das Buch unverändert – in der Hoffnung, daß es trotz seiner Unzulänglichkeit helfen kann, der Bibel jene Leserinnen und Leser zu gewinnen, die wissen, weshalb sie das „Buch der Bücher" schätzen und lieben.

Wuppertal/Münster, im März 1996   *Thomas Söding*

INHALT

FÜNFTER TEIL

DIE BIBEL ALS BUCH DES GLAUBENS

SECHSTER TEIL

DIE BIBEL ALS BUCH DER KIRCHE

EINE GESCHICHTE ZUM ANFANG

Der Schatz

Den Jünglingen, die zum erstenmal zu ihm kamen, pflegte Rabbi Bunam die Geschichte von Rabbi Eisik, Sohn Rabbi Jekels in Krakau, zu erzählen. Dem war nach Jahren schwerer Not, die sein Gottvertrauen nicht erschüttert hatten, im Traum befohlen worden, in der Stadt Prag an der Brücke, die zum Königsschloß führt, nach einem Schatz zu suchen. Als der Traum zum drittenmal wiederkehrte, machte sich Rabbi Eisik auf und wanderte nach Prag. Aber an der Brücke standen Tag und Nacht Wachtposten, und er getraute sich nicht zu graben. Doch kam er an jedem Morgen zur Brücke und umkreiste sie bis zum Abend. Endlich fragte ihn der Hauptmann der Wache, auf sein Treiben aufmerksam geworden, freundlich, ob er hier etwas suche oder auf jemanden warte. Rabbi Eisik erzählte, welcher Traum ihn aus fernem Land hergeführt habe. Der Hauptmann lachte: „Und da bist du armer Kerl mit deinen zerfetzten Sohlen einem Traum zu Gefallen hergepilgert? Ja, wer den Träumen traut! Da hätte ich mich ja auch auf die Beine machen müssen, als es mir einmal im Traum befahl, nach Krakau zu wandern und in der Stube eines Juden – Eisik, Sohn Jekels sollte er heißen – unterm Ofen nach einem Schatz zu graben. Eisik, Sohn Jekels! Ich kann's mir vorstellen, wie ich drüben, wo die eine Hälfte der Juden Eisik und die andere Jekel heißt, alle Häuser aufreiße!" Und er lachte wieder.
Rabbi Eisik verneigte sich, wanderte heim, grub den Schatz aus und baute das Bethaus, das Reb Eisik Reb Jekel Schul heißt.
„Merke dir diese Geschichte", pflegte Rabbi Bunam hinzuzufügen, „und nimm auf, was sie dir sagt: daß es etwas gibt, was du nirgends in der Welt, auch nicht beim Zaddik finden kannst, und daß es doch einen Ort gibt, wo du es finden kannst."

Die Geschichte findet sich in den Erzählungen der Chassidim, die Martin Buber herausgegeben hat.[1] Sie atmet biblischen Geist. Vielleicht kann sie deshalb zeigen, wie man etwas vom Geist der Bibel spüren kann.

Wer von einem Schatz träumt, diesen Traum ernst nimmt und sich auf die Suche macht, hat einen weiten Weg vor sich; er muß Enttäuschungen einkalkulieren; er muß mit Umwegen und Irrwegen rechnen; er muß sich auf eine lange Zeit des Wartens gefaßt machen, bis er irgendwann einmal, unverhofft und unversehens, vielleicht ganz zufällig die entscheidende Auskunft erhält. Doch dann, wenn ihm die Augen geöffnet werden, muß er wieder zu seinem Aus-

gangspunkt zurückkehren, um den Schatz, von dem er geträumt hat,
in seinem eigenen Grund und Boden heben zu können. Beides ist
nötig: die Reise in ein fernes Land und die Rückkehr in die Heimat. Ohne die lange Reise nach Prag hätte der Rabbi nie den
Schatz gefunden. Aber er hat ihn nicht in der Goldenen Stadt ausge-
graben, sondern in seiner eigenen armseligen Hütte.

Mit der Suche nach dem Schatz der Bibel steht es ähnlich. Am
Anfang mag der Traum stehen, in der Bibel einen großen Schatz zu
finden – den Schatz neuer Einsichten in das Handeln und den Willen
Gottes, den Schatz neuer Einblicke in das Wesen des Menschen, den
Schatz neuer Erkenntnisse über das, was die Welt im Innersten zusammenhält, den Schatz neuer Gewißheit über das, was gut und
böse, echt und unecht, wahr und unwahr ist, den Schatz neuer Anstöße zum Glauben, Hoffen und Lieben. Dieser Traum ist keine Illusion. Die unendliche Geschichte der Bibel, ihrer immer neuen Auslegungen und Aneignungen beweist, wie wahr er werden kann.

Wer aber wirklich hofft, es mit dem „Buch der Bücher" zu tun zu
haben, wer sich von der Sprache, von den Stoffen, von den Themen,
von den Erzählungen und Reflexionen der Bibel gefangennehmen
läßt: der steht vor einem langen Weg. Der Weg wird manchmal eng
und steinig sein. Auf diesem Weg wird manche vertraute Überzeugung des Glaubens fraglich werden und manches liebe Bild von der
Heiligen Schrift zerbrechen. Es wird ein Weg sein, der Irritationen,
Zweifel und Krisen mit sich bringt. Es ist ein Weg, der Geduld und
Ausdauer verlangt. Es ist der Weg in ein fernes und unbekanntes
Land. Zwar ist es das Land, darin Milch und Honig fließen. Aber
bis man in das Gelobte Land hineinkommt, das weiß das Volk Israel, muß man vierzig Jahre durch die Wüste wandern.

Dennoch kann sich niemand, der den Schatz der Bibel finden will,
diesen Weg ersparen. Nur wer sich auf den Weg begibt, findet aus
dem Getto seiner Vorurteile und festgefügten Überzeugungen heraus; nur wer die Mühen einer langen Wanderung auf sich nimmt,
hat die Chance, neue Begegnungen zu haben und neue Erfahrungen
zu machen; nur wer die Geduld genauen Lesens, aufmerksamen
Hinhörens und konzentrierten Betrachtens aufbringt, wird zum
Buchstaben und zum Geist der Bibel vordringen.

Wer diesen Weg gehen will, braucht gute Landkarten und Reise-
führer. Sonst wird er sich verlaufen und das Wichtigste vielleicht
übersehen. An Führern in das Land der Bibel herrscht wahrlich
kein Mangel. Die Zahl der Bücher zu biblischen Themen ist Legion. Generationen von Theologen sind mit der Erforschung des Alten und Neuen Testaments befaßt. Immer neue Analysen und Inter-

pretationen werden versucht, immer neue Auslegungen und Anwendungen werden erprobt. Niemals gab es mehr Bücher über die Bibel als heute. Nicht alle sind gelungen, viele sind aber eine große Hilfe. Einige befassen sich mit der Entstehungsgeschichte, andere mit der Theologie, die meisten mit einem der überaus zahlreichen Themen und Texte der Bibel.

All dies kann im vorliegenden Buch nicht geschehen. Gleichwohl will es auf seine Weise Wege zeigen, die zur Heiligen Schrift führen. Manche dieser Pfade folgen breiten, vielbefahrenen Straßen, manche kleinen Nebenstrecken, manche führen durch unwegsames Gelände. Alle nehmen ihren Ausgang von der Überzeugung, daß die literarische, geschichtliche und theologische Bedeutung der Bibel heute auch für Christen keineswegs mehr selbstverständlich ist. Das ist für alle bedrückend, die das „Buch der Bücher" lieben. Doch ist es nicht nur von Nachteil. Es gibt ja auch falsche Selbstverständlichkeiten, es gibt ausgefahrene Geleise, und es gibt die große Chance neuer Entdeckungen. Deshalb ist die Suche nach alten und neuen Wegen in die Welt der Bibel wichtiger denn je.

Die Wege, die hier beschrieben werden, sind die Wege eines Exegeten.[2] Sie wollen dazu führen, die Stimme der Bibel so zu hören, wie sie ursprünglich geklungen hat; sie wollen durch das Gewirr der Worte, die über die Bibel gemacht werden, durchdringen zum Wort der Bibel selbst; sie wollen unterscheiden zwischen dem, was über die Bibel gesagt wird, und dem, was die Bibel selbst zu sagen hat. Die Wege, die dieses Buch vorzeichnet, wollen einen Eindruck vom Gewicht, von der Relevanz, von der Breite und der Tiefe der Bibel vermitteln. Es sind Wege, die von gegenwärtigen Fragen und Problemen ausgehen und zu Antworten und Lösungen hinführen sollen, die von der Bibel selbst gegeben werden.

Freilich, die Moral aus der chassidischen Geschichte muß ernstgenommen werden: Der Weg ist noch nicht das Ziel. Das Studium der Bibel ist noch nicht der Schatz selbst. Wer auf dem langen Weg des Suchens und Fragens, des Lesens und Hörens, der Reflexion und der Meditation schließlich eine hilfreiche Auskunft bekommt, wann immer und wo immer, der muß zurück aus der Vergangenheit in die Gegenwart, zurück aus der Ferne in die Heimat, zurück aus der Fremde in das eigene Haus: Dort ruht, unter der Oberfläche verborgen, der große Schatz, den die Bibel birgt. Nur dort kann man ihn finden – aber nur dann, wenn man sich zuvor auf den Weg gemacht hat, ihn zu suchen.

Das weiß im übrigen auch die Bibel selbst. Das Buch Kohelets (des „Predigers Salomo") schließt mit dem Nachwort eines Herausgebers. Dieser Epilog ist gewissermaßen der Weisheit letzter Schluß (12,12ff).[3] Er redet nicht einer ungebildeten Selbstsicherheit das Wort, sondern der Konzentration auf das Wesentliche – das er freilich ziemlich konservativ und nicht unbedingt im ursprünglichen Sinne Kohelets, aber ebenso bescheiden wie tiefgründig beschreibt:

> [12] *Mein Sohn, laß dich warnen.*
> *Des vielen Büchermachens ist kein Ende,*
> *und viel Studieren ermüdet den Leib.*
> [13] *Das ist die Quintessenz, alles hast du gehört:*
> *Fürchte Gott und halte seine Gebote;*
> *denn das kommt allen Menschen zu,*
> [14] *weil Gott jedes Tun vor Gericht bringen wird,*
> *alles, was verborgen ist,*
> *sei es gut oder böse.*

Wenn man alles gehört und alles gelesen hat, stellt sich die Frage nach dem Sinn des Ganzen. Diese Frage, so meint der Redaktor, kann nicht durch den Entwurf einer neuen Theorie, nicht durch die Aufstellung einer Weltformel, nicht durch die Konstruktion eines umfassenden Erklärungssystems beantwortet werden, sondern nur durch eine neue Lebens-Wirklichkeit: durch die Wahrnehmung Gottes, durch die Anerkennung seiner Größe, durch die Befolgung seines Willens, durch die Hoffnung auf seine Gerechtigkeit.

Dahin zu gelangen, diesem Ziel sich zu nähern, ist tatsächlich der wahre Sinn eines jeden Bibel-Studiums.

ERSTER TEIL

DAS „BUCH DER BÜCHER" – ANSPRUCH UND WIRKLICHKEIT

Mein Gott, welch ein Buch und welche Lehren!
Fjodor M. Dostojewski, Die Brüder Karamasow[4]

Für die Kirche ist die Bibel die Urkunde ihres Glaubens, die Norm ihres Bekenntnisses und ihrer Praxis, die stärkste Quelle ihrer Spiritualität und Ethik. Für die Kirche, die Gemeinschaft der Glaubenden, ist die Bibel aber auch die Magna Charta der gesamten menschlichen Gesellschaft: Sie richtet das Augenmerk der Menschen auf Gott; sie spiegelt die Wirklichkeit ihres Lebens; sie begründet ihre grundlegenden Werte; sie stellt ihnen fundamentale ethische Prinzipien vor Augen, von den zehn Geboten bis zur Bergpredigt. So weit der Anspruch. Die Wirklichkeit sieht etwas anders aus. Kommt die Bibel in den unendlich vielen Predigten, die über sie gehalten werden, wirklich zu ihrem Recht? Spielt die Heilige Schrift im Leben einer christlichen Familie heute wirklich eine herausragende Rolle?[5] Hat das „Buch der Bücher" heute wirklich noch Einfluß auf die Wertewelt der Gesellschaft und die Gestaltung der Politik? Mehr noch: Hat die Bibel in der Gesellschaft und der Kirche jemals eine entscheidende Rolle gespielt? Nicht nur in einigen wenigen Sternstunden, sondern im Alltag des Lebens? Ist die Geschichte ihrer Auslegung nicht eine einzige Geschichte ihres Mißbrauchs, ihrer Verdrängung, ihrer Vereinnahmung? Manche fragen noch radikaler: Verdient es die Bibel überhaupt (noch), als Heilige Schrift, als Kanon, als Richtschnur der Gottes- und Nächstenliebe betrachtet zu werden? Ist sie wirklich mehr als ein Haufen alter Bücher, mehr als ein Dokument der altorientalischen Kulturgeschichte, das gewiß ein paar schöne Regeln der Lebensklugheit enthält, vielleicht auch die eine oder andere spannende Geschichte, im übrigen aber viel Ärgerliches, Anstößiges, Unverständliches, Verstaubtes?

Vor schnellen Antworten wird man sich hüten müssen. Anklagen gegenüber Skeptikern und Verächtern der Bibel sind fehl am Platz. Jesu Gleichnis vom Splitter im fremden und vom Balken im eigenen Auge (Mt 7,4) ist Warnung genug. Der Kontrast zwischen Anspruch und Wirklichkeit ist unübersehbar – auch in der Kirche selbst. Er hat immer bestanden. Gegenwärtig zeigt er sich nur in besonderer Form, aber vielleicht auch in besonderer Schärfe. Immer gab und gibt es das Bemühen um die Schrift, immer auch das Versagen vor ihr.[6] Bei diesem Kontrast muß eine theologische Hinführung zur Bibel einsetzen; sonst bleibt sie fromme Augenwischerei. Wer auf die einzigartige Qualität der Bibel setzt, braucht die Augen nicht vor der oftmals mittelmäßigen Wirklichkeit des Umgangs mit ihr zu verschließen.[7]

1. Der theologische Anspruch

Die enorme Wertschätzung, die der Bibel in der Tradition der Kirche entgegengebracht wird, spiegelt sich in den großen Namen, die dem „Buch der Bücher" zugedacht werden: Bibel, Heilige Schrift, Kanon, Altes und Neues Testament.[8] Welche Bedeutung haben diese Bezeichnungen? Wann sind sie aufgekommen? Und wie lassen sie sich verstehen?[9]

a) „Bibel"

Eine erste Bezeichnung, in der sich die große Achtung vor der Bibel spiegelt, ist das Wort „Bibel" selbst. Es stammt aus dem Griechischen. *Bíblos* ist der terminus technicus für ein Papyrus-Blatt, später auch eine ganze Schriftrolle, schließlich für jedes Schreibmaterial und alles Geschriebene. Das Wort ist wahrscheinlich von der phönizischen Hafenstadt Byblos abgeleitet, dem Hauptumschlagplatz für Papyri in der Antike.[10] Im übertragenen Sinn heißt *bíblos*: Buch. Die „Bibel" ist also schlicht ein Buch – freilich nicht irgendein Buch, auch nicht ein besonders gutes Buch unter vielen anderen guten Büchern, sondern *das* Buch schlechthin: das wichtigste, das schönste, das interessanteste, das beste Buch der Welt, herausragend wegen des Reichtums seiner Sprache, seiner Bilder, seiner Figuren und Geschichten, einzigartig wegen seines Inhalts.

Der Name „Bibel" ist sehr alt. Er findet sich gelegentlich schon in den späten Schriften des Alten Testaments als Bezeichnung für die älteren, bereits als normative Größen anerkannten Bücher, insbesondere die Torarolle.[11] Dieser Sprachgebrauch wird von neutestamentlichen Autoren durch die Vermittlung des Frühjudentums[12] übernommen.[13] Einige nennen freilich auch ihr eigenes Werk ausdrücklich ein „Buch". Der Evangelist Johannes spricht im Schlußwort seines Evangeliums (20,30f) von dem vielen, was in seinem *„Buch"* nicht aufgezeichnet ist und von dem, was er doch aufgeschrieben hat, *„damit ihr*

glaubt, daß Jesus der Messias ist, der Sohn Gottes" (vgl. 21,25); der Seher Johannes nennt seine eigene apokalyptische Schrift gleichfalls
„Buch"[14]. Zumeist hat diese Terminologie nur einen technischen,
nicht schon einen programmatischen Sinn.[15]

Das ändert sich jedoch spätestens dann, wenn nicht-biblische Autoren über die Bibel reden. Für den jüdischen Geschichtsschreiber
Josephus Flavius (37/38–ca.100) ist die Schriftensammlung (des Alten Testaments) in ihrer Gesamtheit „die Bibel"[16]. So haben auch
bald die Christen zu reden begonnen: *tà bíblia,* „die Bücher", sind
die Schriften des Alten Testaments.[17] Spätestens bei Johannes Chry-
sostomos (344/54–407) hat sich im Christentum das Wort „Bibel"
dann als Name für die Schriftensammlung des Alten *und* Neuen Testaments eingebürgert[18]:

> Schafft euch Bibeln an als Heilmittel für eure Seele! Erwerbt euch,
> wenn ihr sonst nichts wollt, doch wenigstens das neue Testament, die
> Apostelgeschichte, die Evangelien, als euren beständigen Lehrer!
> Wenn dich ein Schmerz befällt, so schau in diese mit Heilmitteln
> reich versehene Apotheke! Hole dir daraus Trost im Unglück, sei es
> materieller Schaden, sei es ein Todesfall, sei es Verlust deiner Angehö-
> rigen! Oder besser gesagt, sieh dich nicht dann erst darin um, sondern
> nimm Alles in dich auf! Behalte Alles im Gedächtnisse!

Das Zitat ist aufschlußreich: nicht nur für die zunehmende Hochschätzung des Neuen und die drohende Vernachlässigung des Alten
Testaments, auch nicht nur für die ebenso populäre wie vielleicht
doch etwas harmlose Vorstellung der Bibel als geistlicher Hausapotheke, sondern auch für die Begriffsgeschichte des Wortes „Bibel":
Die Bezeichnung gewinnt immer mehr einen theologisch gefüllten
Sinn. Die Bibel ist *das* Buch schlechthin: das maßgebende, bestimmende, normative Buch.

Gelegentlich führt dieses Urteil schon früh zu geistigen Beschränkt-
heiten. In der syrischen Didaskalie, einer Kirchenordnung aus dem 3.
Jh., wird der rechte Christ, wenn ihm denn seine materielle Unabhän-
gigkeit erfreulicherweise die Muße läßt, aufgefordert (Kap. 2)[19]:

> Sitze zu Hause und lies im Gesetz, im Buch der Könige und der Pro-
> pheten und im Evangelium, der Erfüllung jener. Von allen Schriften
> der Heiden jedoch halte dich fern. Denn was willst du mit den frem-
> den Worten oder den Gesetzen und falschen Prophezeiungen, die jun-
> ge Leute sogar vom Glauben abbringen? Was fehlt dir denn an dem
> Worte Gottes, daß du auf diese Geschichten der Heiden dich stür-
> zest? Wenn du Geschichtsberichte lesen willst, so hast du das Buch
> der Könige; wenn aber die Weisen und Philosophen, so hast du die
> Propheten, in denen du mehr Weisheit und Verstand findest als bei

> Weisen und Philosophen; denn es sind die Worte des Einen, allein wei-
> sen Gottes. Und wenn du nach Hymnen begehrst, so hast du die Psal-
> men Davids, nach (etwas über) den Anfang der Welt, so hast du die
> Genesis des großen Moses, und Gesetze und Vorschriften, so hast du
> das Gesetz, das Buch des Auszuges Gottes des Herrn. Aller jener
> fremden Dinge also, die dawider sind, enthalte dich gänzlich.

Die Hochschätzung der Bibel, vor allem des Alten Testaments, die
aus der Didaskalie spricht, ist gewiß gut gemeint; aber sie ist auch
eng. Die ursprüngliche Weite biblischen Denkens ist verloren. Die
Behauptung, die Bibel sei das Buch der Bücher, kann nicht im mindesten auf Kosten der Bedeutung anderer Bücher gehen. Die Bibel
braucht keinen Vergleich zu scheuen. Deshalb brauchen Bibelleser
keine Scheuklappen, sondern offene Augen und weite Herzen.

Freilich: Den Anspruch, *das* Buch zu sein, kann die Bibel immer
nur *als* Buch erheben. Daß sie zu einem Buch geworden ist, ist einerseits die Konsequenz ihrer Überlieferungsgeschichte: Aus mündlichen Erzählungen und Gebeten, aus Maximen und Reflexionen, aus
Parerga und Paralipomena sind im Laufe der Zeit schriftliche Texte
geworden. Die literarische Fixierung der Bibel aber ist die Voraussetzung ihrer weiteren Wirkung. Nur als Schriften-Sammlung
konnte sie geschichtliche Dauer, universale Ausbreitung und theologische Kontinuität gewinnen. Heinrich Heine (1797–1856) nennt die
Bibel das „portative Vaterland" der Juden: ihre wahre Heimat, die
sie auf all ihren verschlungenen Wegen in zweitausend Jahren Diaspora mit sich führen konnten.[20] Franz Rosenzweig, der große jüdische Philosoph und geniale Bibel-Übersetzer (1886–1929), stellt fest,
nur das *Buch* der Bibel habe es vermocht, „den Zusammenhang der
Geschlechter zu stiften" und „den Zusammenhang von Mitte und
Peripherie der Gemeinschaft zu gewährleisten".[21] Der Germanist
Gerhard Kaiser schließlich urteilt[22]:

> Gäbe es die Schrift nicht, gäbe es keine dauerhafte und sichere Über-
> lieferung der Worte Gottes, angefangen vom Schöpfungswort. Aber
> das ist bei weitem nicht alles, was zugunsten der Schrift gesagt wer-
> den muß. Das Wort Gottes im Alten und Neuen Testament ist gesamt-
> haft ‚Heilige Schrift'. Die Schrift ist das Bleibende im Wandel der
> Dinge, das befestigte Wort Gottes, das ihn, vor aller inhaltlichen Ver-
> kündigung, bereits strukturell als Bleibenden im Wandel bezeugt. Sie
> ist Offenbarung der fortlaufenden, darin sich wiederholenden Offen-
> barung des ewigsichgleichen Gottes, der den Menschen in die Zeitlich-
> keit einsetzt und mit ihm durch die Zeiten geht.

In der Alten Kirche ist die Bedeutung des Geschriebenen zwar – im
Zuge einer alten, auf Plato zurückgehenden Tradition[23] – häufig ge-

genüber der lebendigen mündlichen Überlieferung relativiert worden, so etwa bei Irenäus von Lyon († ca. 202), der sich im übrigen größte Verdienste um die Kanonisierung des Neuen Testaments erworben hat. Doch wird im Laufe der Zeit, insbesondere im Streit um die Authentizität der christlichen Lehre, die Bedeutung der Schriftlichkeit besser erkannt.[24] Man lernte die Zuverlässigkeit des schriftlichen Textes schätzen; man wußte um die Möglichkeiten einer Publizierung und sicheren Tradierung des alt- und neutestamentlichen Evangeliums durch die Buch-Form, die es inzwischen gefunden hatte. Nur durch Abschreiben und immer neues Abschreiben ist die Bibel jahrhundertelang verbreitet worden – von jüdischen und christlichen Schriftgelehrten, von professionellen Schreibern, nicht selten von Sklaven, schließlich, im Mittelalter, vor allem von Mönchen: all dies lange vor der Erfindung des Buchdrucks durch Johannes Gutenberg (1394/99–1468), der – wie sollte es anders sein – mit einer gedruckten (42zeiligen) Bibel als seinem großen Hauptwerk von sich reden machte.

Aus der Bedeutung des *Buches* leitet sich die Bedeutung des genauen Textes ab, der zuverlässigen Schrift-Überlieferung, die Bedeutung des Buchstabens. Zwar bleibt es nicht nur in einem speziell gesetzeskritischen, sondern auch in einem prinzipiell hermeneutischen Sinn richtig, wenn Paulus in 2Kor 3,6 sagt:

Der Buchstabe tötet,
der Geist aber macht lebendig.

Doch ist der Geist der Bibel, wie Paulus selbst weiß, nicht jenseits, sondern nur inmitten des Buchstabens und durch ihn hindurch zu finden. Das zu beachten, hat jüdische und christliche Theologie immer von der Gnosis, von der Auflösung in eine religiöse Weltanschauung unterschieden. Schon in den Spätschriften des Alten Testaments finden sich erste Reflexionen auf die Notwendigkeit, den Buchstaben der Schrift nur ja unangetastet zu lassen.[25] Im Deuteronomium, das als große Abschiedsrede angelegt ist, die Mose an der Schwelle des Gelobten Landes hält, wird den Israeliten eingeschärft (13,1):

Jedes der Worte, das ich euch befehle,
sollt ihr bewahren, um es zu tun.
Du sollst nichts hinzufügen und nichts hinwegnehmen.

Ähnliche „Kanonisierungsformeln" begegnen im Alten Testament noch öfter.[26] Auch im Frühjudentum sind sie bekannt.[27] Der Aristeasbrief[28], gegen Ende des 2. Jh. v. Chr. in Alexandria verfaßt, will den Text der Septuaginta, der griechischen Ausgabe des Alten Testaments, sanktionieren (310f):

> Als die Rollen verlesen waren, traten die Priester, die Ältesten der Übersetzer, Vertreter der (jüdischen) Bürgerschaft und die Vorsteher der Gemeinde zusammen und sprachen:
> „Da die Übersetzung gut, fromm und völlig genau ist, ist es recht, daß sie so erhalten bleibt und keine Überarbeitung stattfindet."
> Da nun alle diesen Worten zustimmten, ließen sie, wie es bei ihnen Sitte war, den verfluchen, der durch Zusätze, Umstellungen oder Auslassungen (die Übersetzung) überarbeiten würde. Das taten sie zu Recht, damit sie für alle Zukunft stets unverändert erhalten bleibt.

Auch im Neuen Testament finden sich gelegentlich dergleichen Absicherungsformeln. Am bekanntesten ist die Sentenz, die in der Bergpredigt den Antithesen als Jesus-Wort vorangestellt ist (Mt 5,18):

> *Amen, amen, ich sage euch:*
> *Bis Himmel und Erde vergehen,*
> *wird nicht ein einziges Jota*
> *und nicht ein einziges Häkchen vom Gesetz vergehen,*
> *bis alles geschieht.*

Der Vers hebt auf die Normativität des Gesetzes für die Jünger Jesu ab – und macht diese Normativität an der buchstäblichen Unversehrtheit der Tora fest: ein gut jüdischer wie gut christlicher Gedanke. Auf sein eigenes prophetisches Buch bezieht der Verfasser der Apokalypse vergleichbare Weisungen[29]. Zum Schluß droht er (22,18f):

> *[18]Ich bezeuge einem jeden,*
> *der die Worte der Prophetie dieses Buches hört:*
> *Wenn einer etwas hinzufügt,*
> *wird Gott die Plagen, die in diesem Buche beschrieben sind,*
> *auf ihn herabkommen lassen.*
> *[19]Und wenn einer etwas wegnimmt von den Worten des Buches dieser*
> *   Prophetie,*
> *wird Gott seinen Anteil weglassen vom Baum des Lebens und von der*
> *   heiligen Stadt,*
> *die in diesem Buch beschrieben sind.*

Wer also, darin werden sich die biblischen Autoren einig, die Bibel als Buch der Bücher preist, der muß wissen, welchem Anspruch er sich aussetzt – und muß wissen, daß ihre Maßstäblichkeit an der Unverletzlichkeit, an der genauesten Beachtung ihres Buchstabens hängt.

b) „Heilige Schrift"

Eine zweite Bezeichnung, die von der Wertschätzung der Bibel Zeugnis ablegt, ist „Heilige Schrift". Auch diese Bezeichnung geht bereits auf biblische Autoren zurück. Das Erste Buch der Makkabäer spricht an der Wende vom 2. zum 1. Jh. v. Chr. im Blick auf die schon damals kanonisierten Teile der (alttestamentlichen) Schrift von den „heiligen Büchern" (12,9). Paulus sagt in den Eingangsworten des Römerbriefes, Gott habe das Evangelium von Jesus Christus, das zu verkünden dem Apostel aufgetragen sei, im voraus „durch seine Propheten in heiligen Schriften" angekündigt (Röm 1,2).[30] (Der Plural „Schriften", der in der Antike weithin geläufig ist, erklärt sich daher, daß es im eigentlichen Sinne noch kein „Buch" gibt, in dem die biblischen Texte zusammengebunden sind, sondern eine größere Zahl von Schriftrollen und Codices, die eines oder mehrere der alt- und neutestamentlichen Bücher enthalten.) Im Ersten Klemensbrief[31], um 95 n. Chr. geschrieben, wird der paulinische Sprachgebrauch aufgenommen (45,2; 53,1). Vom Alten Testament heißt es dort in einer aufmunternden Ermahnung der korinthischen Christen, an die der Brief gerichtet ist (45,1ff):

> Seid Streiter, Brüder, und Eiferer um das, was zum Heil dient. Ihr habt euch vertieft in die heiligen Schriften, die wahren, die durch den heiligen Geist (gegeben sind). Ihr wißt, daß darin nichts Unrechtes und Gefälschtes geschrieben steht.

Auf das Neue Testament wird der Ausdruck „Heilige Schrift(en)" spätestens von Eusebius (ca. 265–339), dem Historiographen der Konstantin-Zeit, ausgeweitet.[32] In der Alten Kirche bleiben aber noch lange Zeit andere, ähnlich gelagerte Bezeichnungen gebräuchlich, besonders „die göttlichen Schriften"[33] oder „die zum Kyrios gehörigen Schriften"[34].

Diese Varianten führen bereits zur Bedeutung des Namens „Heilige Schrift". Das Attribut „heilig" wird nur ganz wenigen Personen, Institutionen, Vorgängen und Gegenständen zuerkannt – zu Recht. Heilig heißt im ursprünglichen Sinne des Wortes: zu Gott gehörig. Der einzig wahre Heilige ist Gott – in seiner Unterschiedenheit von der Welt und den Menschen.[35] Die Bibel ist also, als Heilige Schrift betrachtet, ein Buch, das zu Gott gehört. Ihr Thema, ihr Inhalt, ihre Entstehung, ihre Wirkung sind in den Augen des Glaubens durch eine besondere, eine unvergleichliche Nähe zu Gott geprägt.[36]

Die Achtung vor der Bibel, die in ihrer Bezeichnung als Heilige Schrift zum Ausdruck kommt, ist in der jüdischen Tradition besonders lebendig. Im Mittelpunkt eines jeden Synagogen-Raumes steht

ein Schrein, der die in kostbare Tücher gehüllten Torarollen aufbewahrt – ein Zeichen der Ehrfurcht vor der Heiligen Schrift. Im
christlichen Gottesdienst gibt es ähnliche Auszeichnungen, wenn
überhaupt, dann meist nur für das Perikopen-Buch, nicht für die Bibel selbst – ein bedauerlicher Mangel. Allerdings ist im Kontext jüdischer und christlicher Liturgie und Theologie zu beachten, daß das
Judentum und Christentum, so sehr sie auf der Heiligen Schrift be-
ruhen, doch keine Buchreligion sind, anders als z. B. die Religion
der Sikhs. Die Heilige Schrift kann niemals Gegenstand kultischer
Verehrung werden; sie ist ja nicht in dem Sinn ein göttliches Buch,
daß in ihr Gott dinglich und buchstäblich präsent wäre. Sie ist aber
dem christlichen Glauben zufolge auch in anderer Weise Heilige
Schrift, als es der Koran für die Muslime ist: Dieser ist nach der Mo-
hammed zuteil gewordenen Offenbarung die Abschrift des Original-
Buches, das bei Gott im Himmel aufbewahrt worden ist. Die Dialektik von „Gotteswort durch Menschenwort", die das jüdische und
christliche Bibel-Verständnis auszeichnet, wird im Islam für den Koran gerade abgelehnt.[37] Die Bibel „Heilige Schrift" zu nennen, bedeutet also nicht, ihre menschliche Entstehungsgeschichte zu leugnen, heißt aber wohl, Gott als ihren Inspirator zu glauben.[38]

c) „Kanon"

Eine dritte Bezeichnung, in der die singuläre Bedeutung der Bibel
zum Ausdruck kommt, ist „Kanon". Weil sie Heilige Schrift ist, bildet die Bibel den Kanon der Kirche. Kanon ist ein griechisches
Lehnwort aus dem Semitischen. Es meint eigentlich das Rohr, dann
besonders den geraden Stock und deshalb auch den Maßstab,
schließlich die Richtschnur, an der man etwas mißt, die Regel, die
man einzuhalten hat. In dieser Bedeutung gewinnt das Wort im
Frühjudentum (4Makk 7,21) und im Neuen Testament bald theologische Bedeutung. Paulus kann zum Schluß des Galaterbriefes, der
eine harte Auseinandersetzung mit innerchristlichen Gegnern führt,
eigenhändig schreiben (Gal 6,15f):

> [15]*Weder Beschneidung gilt etwas noch Unbeschnittenheit, sondern nur*
>   *die neue Schöpfung!*
> [16]*Friede und Erbarmen über alle,*
>   *die sich nach diesem Maßstab* (Kanon) *richten,*
>   *und über das Israel Gottes!*

Mit dem „Kanon" meint Paulus nicht seinen Brief, sondern das
Evangelium, das unverkürzt die Heilsbedeutung Jesu Christi verkün-

det. Freilich ist der Apostel der festen Überzeugung, gerade mit seiner Proklamation der Gesetzesfreiheit und der Glaubensgerechtigkeit (Gal 2,16) die Wahrheit dieses Evangeliums (2,5.14) zur Sprache zu bringen. Der normative Anspruch, den Paulus erhebt, ist nicht zu verkennen. Gleichwohl ist es noch ein weiter Weg, bis die (christliche) Bibel als Kanon bezeichnet wird.[39] Zwar ist der Terminus im Sinne von „Regel", „Richtschnur", „Maßstab" auch *in theologicis* geläufig, vor allem für das verpflichtende Bekenntnis.[40] Aber erst im 4. Jahrhundert beginnt man, im technischen Sinn von der Bibel beider Testamente als Kanon zu reden. Die Synode von Laodizea in Phrygien (Kleinasien) beschließt um 363 (can. 59)[41],

> daß man in der Kirche nicht private Psalmen und nichtkanonische Bücher vorlesen darf, sondern allein die kanonischen des Alten und Neuen Testaments.

Andere Synoden und Konzilien reden ähnlich. Das Wort „Kanon" setzt sich allmählich durch. Es wird gewählt, weil die Bibel im römischen Reich nach der konstantinischen Wende ein rechtsverbindliches Dokument wird: das Grundgesetz des entstehenden Staatskirchentums. Der Akzent liegt auf der Normativität der Heiligen Schrift. Konstitutives Element der Kanonizität ist aber auch die Öffentlichkeit der Bibel, was alle Anstrengungen zu ihrer Verbreitung herausfordert, nicht zuletzt Übersetzungen in die jeweiligen Landessprachen, insbesondere in das Lateinische.

Die Anerkennung und Propagierung der normativen Texte hat freilich eine Kehrseite: die Ausgrenzung apokrypher Schriften, die von verschiedenen häretischen Gruppen ihrerseits als normativ angesehen worden sind. Diese Ausgrenzung war um der Identitätsfindung der Kirchen willen notwendig. Bei Jesus Sirach (36,27) heißt es nach der Vulgata, der lateinischen Bibelübersetzung (die hier vom hebräischen und griechischen Text abweicht):

Wo kein Grenzzaun gesetzt ist,
geht das Erbe verloren.

Der Prozeß der Kanonisierung war immer auch ein Prozeß der Selektion. Es kam darauf an, theologisch authentische von häretischen, grundlegende von sekundären Werken zu unterscheiden.[42] Das älteste Verzeichnis einer neutestamentlichen Kanon-Liste, der Canon Muratori, der nicht später als 200 (wahrscheinlich) in Rom entstanden ist, tritt ausdrücklich mit dem Ziel an, nicht „Galle mit Honig zu mischen".[43] Im Rückblick betrachtet, ist dies auf gewundenen Pfaden unter allerlei Zufällen in erstaunlichem Maße gelungen. Der Kanon des Alten Testaments stand für die Christen ohnehin zum großen Teil fest; er wurde aus dem Frühjudentum übernommen. Freilich war man sich lange Zeit nicht einig, welchen Rang die deuterokanonischen (resp. apokryphen) Bücher haben sollten, die nicht auf Hebräisch, sondern nur auf Griechisch bekannt waren: Jesus Sirach und die Weisheit Salomos, Judit und Tobit, die Makkabäerbücher und Baruch, zudem griechische Erweiterungen von Ester und Daniel. Doch gingen diese Streitigkeiten nicht an die Substanz. Im Neuen Testament waren neben dem Hebräerbrief lange Zeit einige der „Katholischen" Briefe, namentlich der Zweite Petrusbrief, der Zweite und Dritte Johannesbrief und der Judasbrief, sowie vor allem die Johannes-Apokalypse umstritten, während in bestimmten Regionen auch andere Schriften, wie die Zwölf-Apostel-Lehre (Didache), der Hirt des Hermas, der Erste Klemensbrief, der Barnabasbrief, als kanonisch gegolten haben. Die vier Evangelien hingegen (mitsamt der Apostelgeschichte) und das Corpus Paulinum sind schon seit dem 2. Jh. als normativ anerkannt.

Die theologischen und kirchenpolitischen Implikationen der Kanonisierung werden besonders deutlich, wenn der alexandrinische Bischof Athanasius (ca.296–373), auf Lk 1,1–4 anspielend, in seinem 39. Osterfestbrief (367) schreibt[44]:

> Da es einige versucht haben, für sich selbst die sogenannten Apokryphen *zu verfassen* und sie mit der von Gott eingegebenen Schrift zu vermengen, über die wir gemäß dem, was die *ursprünglichen Augenzeugen und Diener des Wortes* den Vätern *überliefert haben,* zu einer sicheren Überzeugung gelangt sind, deshalb *habe auch ich, nachdem ich* von rechten Brüdern gedrängt worden bin und die Sache *von Anfang an* erforscht habe, *mich entschlossen,* der Reihe nach die kanonisierten, überlieferten und als göttlich bestätigten Schriften darzulegen, damit ein jeder Getäuschte seine Verführer verwerfe und ein jeder unbefleckt Gebliebene sich freue, wenn er wieder daran erinnert wird. […][45]
> Dieses sind die Quellen des Heiles, auf daß der Dürstende sich an den in ihnen enthaltenen Worten übergenug labe. In ihnen allein wird die Lehre der Frömmigkeit verkündigt. Niemand soll ihnen etwas hinzufügen oder etwas von ihnen fortnehmen.

Etwas später liegt ein anderer Text, der auf eine eigentümliche Weise bezeugt, wie der biblische Kanon einerseits zum christlichen Bildungsgut geworden, andererseits aber in seiner genauen Abgrenzung doch noch umstritten ist. Es handelt sich um eine Kanon-Liste in Reim-Form, in Jamben gedichtet, zu Ende des 4. Jahrhunderts von

Amphilochius, dem Bischof von Ikonium, verfaßt und an seinen Freund Seleucus abgesandt. Aus Platzgründen seien nur die Merkverse für das Neue Testament wiedergegeben[46]:

> Nun ist es für mich Zeit,
> von den Büchern des Neuen Testaments zu sprechen.
> Vier Evangelisten erkenne nur an,
> Matthäus, dann Markus, den Lukas als dritten
> stelle dazu, und zähle darauf Johannes, der Reihenfolge nach
> als vierten, aber zum ersten erhöhe ihn seiner Lehren wegen.
> Denn Donnersohn rufe folgerichtig ich diesen[47],
> der am stärksten das Wort Gottes erdonnern ließ.
> Und erkenne auch das zweite Buch des Lukas an,
> das der katholischen Apostelgeschichte.
> Stelle der Reihe nach dazu das Gefäß der Erwählung,
> den Herold der Heiden, den Apostel
> Paulus, der weise an die Gemeinden schrieb
> zweimal sieben Briefe: an die Römer einen,
> zu dem man zwei an die Korinther zählen muß,
> den an die Galater und den an die Epheser, danach
> den an die Philipper, dann den geschriebenen
> an die Kolosser, an die Thessalonicher zwei,
> zwei an Timotheus, an Titus aber und an Philemon
> je einen und an die Hebräer einen.
> Aber einige halten den Brief an die Hebräer für falsch,
> sie reden nicht gut, denn die Gnade ist echt.
> So weit! Was noch? Von den katholischen Briefen,
> sagen einige, seien sieben, andere aber nur drei
> anzuerkennen – einer von Jakobus
> und einer von Petrus und von Johannes noch einer;
> einige aber anerkennen drei und neben ihnen zwei
> des Petrus, den des Judas aber als siebenten.
> Aber die Offenbarung des Johannes wieder:
> Einige rechnen sie dazu, doch die meisten
> sagen, sie sei falsch. Dies ist am ehesten die ungefälschte
> Liste (Kanon) der göttlich inspirierten Schriften.

Man mag über den Text schmunzeln oder staunen; er spiegelt das ernste Ringen in der alten Kirche um den Kanon – und vielleicht auch ein wenig den Stolz darüber, überhaupt einen halbwegs verbindlichen Katalog normativer Texte zuwege gebracht zu haben.

Die Begriffsgeschichte weist auf die Grundbedeutung des Wortes. Wird die Bibel als Kanon gesehen, betrachtet man sie als verbindliche Richtschnur, als *regula fidei*. Ein juristisches Verständnis der Kanonizität wäre gewiß zu eng; ein theologisches ist um so bedeutender: Die gesamte Theologie, die gesamte Frömmigkeit, die gesamte

Lehre, die gesamte Katechese, das gesamte Glaubensleben der Kirche steht unter dem Wertmaßstab, den die Heilige Schrift aufrichtet. Eindrucksvoll bezeugt dies Augustinus (354–430) für das persönliche Leben in seinen „Bekenntnissen", wenn er in einem großen Lobpreis Gottes Psalm 8 allegorisiert[48]:

> Fürwahr: Wir kennen keine anderen Bücher, die so den Hochmut *(superbia)* zerstören, so den *„Feind und Verteidiger"* (Ps 8,3) zerstören, der sich deiner Versöhnung widersetzt, indem er seine Sünden verteidigt. Ich kenne, Herr, nein, ich kenne keine andere so reine Sprache, die mich so zum Bekenntnis bestimmte und meinen Nacken so sanft deinem Joch beugte und mich so riefe, dich zu verehren, und das nicht um Lohn.

Was für die persönliche Lebensführung gilt, gilt ebenso für das ekklesiale und gesellschaftlich-politische Leben. Die Bibel erweist ihre Normativität dadurch, daß sie jeden Versuch der Menschen, sich zum Herrn über andere und letztlich zu ihrem eigenen Gott zu machen, destruiert und daß sie gleichzeitig dazu anleitet, überzeugt, motiviert, konzentriert Gott als Gott zu verehren und dabei nicht auf Lohn zu spekulieren, sondern ganz aus der Dankbarkeit für die geschenkte Gnade zu leben.

Daß *die Bibel* die Maßstäbe setzt, ist ein Gedanke, der in der katholischen Theologie und Frömmigkeit trotz eines Augustinus (und eines Thomas von Aquin) über Jahrhunderte hinweg doch recht weit in den Hintergrund gerückt worden ist.[49] Für die Kirchen der Reformation ist dagegen die Besinnung auf die Normativität der Heiligen Schrift *(sola scriptura* – allein die Schrift) geradezu die Grundidee, die sie miteinander verbindet. Ob darüber die Bedeutung der lebendigen Glaubensüberlieferung in der Kirche unterschätzt worden ist, mag diskutiert werden. In der katholischen Theologie ist jedenfalls seit der ersten Hälfte dieses Jahrhunderts, ausgehend von der Bibel-Bewegung, die Normativität der Heiligen Schrift wieder stärker betont worden (ohne daß deshalb die Bedeutung der lebendigen Glaubens-Tradition geschmälert würde). Das ökumenische Gespräch zwischen den Konfessionen über dieses Thema hat zu wachsenden Übereinstimmungen geführt, deren Bedeutung heute noch gar nicht abzuschätzen ist.[50]

Die Kanonizität des Alten und Neuen Testaments gehört zu den *essentials* der Kirche. Wie es den Kanon nicht ohne die Kirche gäbe, gäbe es die Kirche nicht ohne den Kanon. Wenn nicht klar wäre, daß *die Bibel* die Maßstäbe setzt, daß sich an *ihrer* Richtschnur alle messen müssen, auch die Vertreter des kirchlichen Lehramtes[51], dann wäre eine Reform der Kirche, wären Neuansätze und Aufbrüche ebenso schwer zu realisieren wie die Kontinuität mit dem Ursprung. Der Kirche wäre der Boden unter den Füßen weggezogen.

ab ce 200nC

d) „Altes und Neues Testament"

Eine vierte Bezeichnung, welche die Einzigartigkeit der Bibel ausdrückt, ist „Altes und Neues Testament". Der erste, bei dem sich nach dem Zeugnis der Quellen diese Wortwahl anbahnt, ist der kleinasiatische Bischof Melito von Sardes († vor 190). Er berichtet in einem Brief[52], daß er nach Palästina gereist sei, um sich „über die Bücher des alten Testaments" Gewißheit zu verschaffen (die er dann in einer Liste zusammenstellt).[53] Schon bei Clemens von Alexandrien († vor 215)[54] und Origenes (ca. 185–254)[55] ist dann die Rede vom Alten und vom Neuen Testament geläufig.[56]

Wie sie freilich zu verstehen ist und ob überhaupt das deutsche Lehnwort „Testament" die Sache trifft, ist durchaus umstritten.[57] Es ist vom lateinischen *testamentum* abgeleitet, das wiederum an den einschlägigen Stellen eine Übersetzung des griechischen *diathéke* oder des hebräischen *b^erit* ist. *b^erit* meint „Bund": das Bündnis, das zwei Vertragspartner schließen, in spezifischem Sinn aber den Bund, den Gott seinem Volk Israel gewährt – ein Verhältnis unverbrüchlicher Treue Gottes zu seinen Erwählten, das allein auf Gottes souveränem, gnädigem, freiem Entschluß beruht, Israel als sein Volk zu erschaffen und am Leben zu erhalten.[58] In den Prophetenbüchern des Jesaja (55,3; 61,8), des Ezechiel (16,60) und vor allem des Jeremia (31,31–34; vgl. 32,40) findet sich die Vision eines von Gott gewährten „neuen Bundes", der den bisherigen, aus dem Israel schuldhaft ausgebrochen ist, auf schöpferische Weise mit neuem Leben erfüllt.[59] An diese Prophetien anknüpfend, aber ihre Aussage im Lichte des Todes und der Auferweckung Jesu neu fassend, baut Paulus in 2Kor 3,6–18 einen Gegensatz zwischen dem „alten Bund" und dem „neuen Bund" auf: Der alte ist durch das Gesetz geprägt, das zum Tode führt, weil es die Menschen immer nur als Sünder verurteilen kann; der neue ist durch das Evangelium bestimmt, das zum Leben führt, weil es die große Versöhnung verkündet, die Gott rein aus Liebe den sündigen Menschen durch Jesus Christus gewährt (vgl. 2Kor 5,17–21). In Vers 14 sagt Paulus zwar, aus dem „Alten Bund" werde im Synagogengottesdienst „vorgelesen"; also denkt er auch schon an den Text der Tora, den er offenbar als „Bundesbuch", als Dokument des „alten Bundes" ansieht. Doch hat er diesen Gedanken selbst nicht weiter verfolgt; er findet auch lange Zeit kaum eine Resonanz.[60]

In dem Maße, wie „Altes und Neues Testament" zum literarischen *terminus technicus* für die beiden Teile der christlichen Bibel wird, verengt sich die Bedeutung von *diathéke* bzw. *testamentum.* Die Wörter bezeichnen nicht mehr in einem ebenso umfassenden wie grundsätzlichen Sinn die von Gott gestiftete Heilswirklichkeit, in der sein Volk lebt, sondern die schriftlichen Dokumente, in denen sich sein Heilswille niederschlägt. Origenes und Augustinus sind sich der Problematik dieser Bedeutungsverschiebung durchaus noch bewußt; deshalb spricht Origenes immer wieder vom „sogenannten" Alten und Neuen Testament[61], während Augustinus in seinen „Retractationes" ausdrücklich den Unterschied zwischen dem üblichen kirchlichen Sprachgebrauch und der Terminologie des Apostels Paulus in Gal 4,24 vermerkt.[62]

Gleichwohl setzt sich die Bezeichnung immer weiter durch, nicht ohne eine innere Problematik, aber auch nicht ohne ein inneres Recht. Zumal die lateinische Übersetzung *testamentum* beschwört juristische Konnotationen herauf (die freilich auch schon das griechische *diathéke* haben kann): Ein Testament ist ein Vermächtnis, eine letztwillige Verfügung (vgl. Gal 3,15; Hebr 9,16f). Gewiß kann man mit gutem Grund die Bibel so ansehen. Man betrachtet sie dann als Urkunde des Willens Gottes[63], die gültig und verbindlich ist und von anderen nicht verändert werden darf, weil Gott durch sie Letztgültiges mitgeteilt hat. Doch wäre es vonnöten, den ursprünglichen, volleren Klang mitzuhören, wenn das Wort nicht in einem technischen Sinn erstarren soll.

Die Unterscheidung zwischen dem „alten" und dem „neuen" Testament, die allem Anschein nach von Anfang an mit der Einführung des Namens verbunden ist, hat – anders, als heute gelegentlich geargwöhnt wird – ursprünglich nichts mit einer Abwertung, gar einer Ablösung des „Alten Testaments" zu tun. Das Stichwort „Altes Testament" taucht ja (bei Melito von Sardes) erstmals in einem Kontext auf, der ein beredtes Zeugnis vom christlichen Bemühen um die heiligen Schriften Israels ablegt. In der Antike gilt überdies gerade das Alte als das Ehrwürdige, Wertvolle, Ausgezeichnete, Echte. Wohl aber ist eine differenzierte Zuordnung beider Teile der Heiligen Schrift intendiert. Erstens ist festgehalten, daß es für Christen das Neue Testament ebensowenig ohne das Alte gibt wie das Alte ohne das Neue. Zweitens wird der Unterschied zwischen den beiden Teilen der *einen* Heiligen Schrift beachtet: sowohl hinsichtlich der geschichtlichen Abfolge als auch hinsichtlich des eschatologischen Einschnitts, den nach christlichem Glauben die Sendung, der Tod und die Auferweckung Jesu Christi bedeuten. Und drittens wird der genuin christlichen Glaubensüberzeugung Rechnung getragen, daß es nach Gottes Willen tatsächlich nur diese beiden Testamente, das alte und das neue, gibt und daß es nicht irgendwann einmal noch ein drittes, viertes oder fünftes Testament geben wird.[64]

2. Die Aussagen des Zweiten Vatikanischen Konzils

Die wichtigsten Aussagen der katholischen Kirche über die Bibel sind während des Zweiten Vatikanischen Konzils gemacht worden. Besonders aufschlußreich ist die „Dogmatische Konstitution über die Göttliche Offenbarung", nach den programmatischen Anfangsworten „Dei Verbum" („Wort Gottes") genannt.[65] Sie ist zu wesentlichen Teilen eine theologische Neubesinnung auf den unvergleichlichen Rang der Heiligen Schrift, der im römischen Katholizismus, vor allem aufgrund gegenreformatorischen Übereifers, lange Zeit kaum angemessen gewürdigt worden ist.

In Artikel 7 von Dei Verbum heißt es:

Damit das Evangelium in der Kirche immerfort unversehrt und lebendig bewahrt werde, haben die Apostel als ihre Nachfolger Bischöfe zurückgelassen, indem sie ihnen „ihren Lehrstuhl übergaben"[66]. Diese heilige Überlieferung und die Heilige Schrift beider Testamente sind daher gleichsam ein Spiegel, in dem die Kirche auf ihrer irdischen Pilgerschaft Gott, von dem sie alles empfängt, anschaut, bis sie hingeführt wird, ihn von Angesicht zu Angesicht so zu sehen, wie er ist (vgl. 1Joh 3,2).

Gewiß: Die Überlieferungsgeschichte der Bibel wird von den Konzilsvätern reichlich harmonisch und allzu „klerikal" dargestellt; die historischen Entwicklungen sind wesentlich verwickelter und spannender verlaufen. Aber das Entscheidende ist doch getroffen, und die theologische Qualität, die das Alte und Neue Testament auszeichnet, wird klar ausgedrückt. Die Bibel ist ein Spiegel. Wenn die Kirche, die Gemeinschaft der Glaubenden, in diesen Spiegel hineinschaut, erblickt sie nicht etwa sich selbst, sondern Gott. Freilich sieht sie Gott keineswegs in seiner ganzen Herrlichkeit; das ist erst eine Verheißung, die den Glaubenden für die jenseitige Vollendung gegeben ist (vgl. 1Kor 13,8–12). Wohl aber sehen die Glaubenden Gott in der Bibel so, wie er sich ihnen zeigt, damit sie auf ihrer irdischen Pilgerschaft bestehen können und einmal dorthin geführt werden, wo sie ihn von Angesicht zu Angesicht so sehen, wie er ist.

Etwas weiter heißt es in Artikel 9:

Die Heilige Schrift ist Gottes Rede, insofern sie unter dem Anhauch des Heiligen Geistes schriftlich aufgezeichnet wurde.

Daß die Bibel etwas von der Wirklichkeit Gottes widerspiegelt, setzt voraus, daß Gott sich durch die Heilige Schrift als er selbst mitteilen will. Eben dies bezeugt das Konzil von der Heiligen Schrift. Sie ist „Gottes Rede" und „Gottes Wort"[67] – nicht nur, insofern sie von Gott spricht, sondern auch, insofern sie auf Gott selbst zurückgeht. Das setzt voraus, daß die Bibel unter dem „Anhauch" des Geistes Gottes entstanden ist. Dieser Gedanke wird etwas später im Dokument wieder aufgenommen. In Artikel 11 wird über die Bedeutung der Inspiration folgendes gesagt:

> Da also alles, was die inspirierten Verfasser oder Hagiographen aussagen, als vom Heiligen Geist ausgesagt gelten muß, ist von den Büchern der Schrift zu bekennen, daß sie sicher, getreu und ohne Irrtum die Wahrheit lehren, die Gott um unseres Heiles willen in heiligen Schriften aufgezeichnet haben wollte. Daher *„ist jede von Gott inspirierte Schrift auch nützlich zur Belehrung, zur Beweisführung, zur Zurechtweisung, zur Erziehung in der Gerechtigkeit, damit der Mensch Gottes allen Anforderungen gewachsen sei, wohl gerüstet zu jedem guten Werk"* (2Tim 3,16–17).

Um den Begriff der Inspiration (nicht zu erklären, sondern) inhaltlich zu füllen, führt der Artikel das Stichwort „Wahrheit" ein. Das ist nur konsequent, weil allein die Wahrheit und nichts als die Wahrheit verbindlich sein kann. Freilich war die Rede von der „Wahrheit" der Heiligen Schrift über lange Zeit hindurch, in der protestantischen Orthodoxie nicht minder als in der katholischen Neuscholastik, auf die Behauptung ihrer geschichtlichen, geographischen, physikalischen und theologischen Richtigkeit eingeengt worden. Um die Theologie der Heiligen Schrift aus diesem Korsett zu befreien, bedurfte es auf dem Konzil langwieriger Kontroversen und schließlich auch einer Intervention Papst Pauls VI.[68] Jetzt wird bewußt von Wahrheit im urbiblischen Sinn des Wortes gesprochen: als Wahrheit, die Gott „um unseres Heiles willen" offenbaren wollte. Die Wahrheit, von der die Heilige Schrift Zeugnis ablegt, ist also im Grunde die Liebe des richtenden und rettenden Gottes. Aus nichts als Liebe teilt Gott den Menschen in der Heiligen Schrift jene Wahrheit mit, die sie zu ihrem Heile brauchen.

Die Konsequenzen, die sich aus dieser Einschätzung für das Leben der Kirche ergeben, hält das Schlußkapitel der Offenbarungskonstitution fest. Artikel 21:

> Die Kirche hat die göttlichen Schriften wie auch den Herrenleib immer verehrt, weil sie, vor allem in der heiligen Liturgie, nicht aufhört, vom Tisch des Wortes als auch des Leibes Christi ohne Unterlaß das

Brot des Lebens zu nehmen und den Gläubigen zu reichen. In ihnen zusammen mit der Heiligen Überlieferung hatte sie immer und hat sie die höchste Richtschnur ihres Glaubens, weil sie, von Gott inspiriert und ein für allemal schriftlich aufgezeichnet, das Wort Gottes selbst unwandelbar vermitteln und in den Worten der Propheten und der Apostel die Stimme des Heiligen Geistes widerhallen lassen. Die kirchliche Verkündigung muß sich also wie die christliche Religion selbst von der Heiligen Schrift nähren und von ihr gelenkt sein. In den Heiligen Büchern kommt nämlich der Vater, der in den Himmeln ist, seinen Kindern liebevoll entgegen und führt mit ihnen ein Gespräch; dem Wort Gottes aber wohnt eine so große Macht und Kraft inne, daß es für die Kirche Stütze und Leben bedeutet und für die Kinder der Kirche Glaubensstärke, daß es eine Speise für die Seele ist und für das geistliche Leben ein reiner und unversiegbarer Quell.

Auch wenn die Sprache ein wenig pathetisch klingt und der Ton wiederum reichlich klerikal wirkt, ist doch der Grundgedanke klar und überzeugend. Aus der Inspiration der Heiligen Schrift folgt ihre Normativität: Weil die biblischen Schriften ein Echo des Wortes Gottes sind, sind sie der Maßstab, nach dem die Christen ihren Glauben, ihre Liebe und ihre Hoffnung auszurichten haben. Wenn aber die Normativität der Schrift in ihrer Offenbarungsqualität gründet, kann ihre Kanonizität nicht allein und nicht primär juridisch, sie muß vielmehr pneumatisch gefaßt werden. Eben deshalb prägt sie nicht nur die kirchliche Disziplin, das kirchliche Recht und die kirchliche Glaubenslehre, sondern das *gesamte* Glaubensleben der Kirche; und eben deshalb beansprucht sie, über die Kirche hinaus auch die Gesellschaft zu gestalten.

3. Die ambivalente Wirklichkeit

Der theologische Anspruch, der im christlichen Glauben der Bibel entnommen wird, ist eindeutig. Wie aber sieht die Wirklichkeit aus? Es wäre fatal, würde die Fülle der großen Worte, die über die Bibel gemacht werden, überdecken, daß die Heilige Schrift im praktischen Glaubensleben nur selten die Bedeutung gewinnt, die ihr in den offiziellen Dokumenten zuerkannt wird. Sind all die feierlichen Namen, die für die Bibel gefunden worden sind, am Ende nur Beschwörung?

An der Diskrepanz zwischen Anspruch und Wirklichkeit wird man nicht vorbeischauen dürfen. Die Rolle, die das „Buch der Bücher" in der kirchlichen und gesellschaftlichen Wirklichkeit spielt, ist ambivalent. Auf der einen Seite war und ist die Bibel ein geachtetes, geschätztes, gefeiertes, zutiefst ernstgenommenes Buch. Auf der anderen Seite war und ist sie aber auch ein vergessenes, verdrängtes, mißbrauchtes, verworfenes Buch. Beide Seiten muß man sehen.

a) Die geachtete, geschätzte, gefeierte, gelebte Bibel

Die Bibel ist das mit weitem Abstand am häufigsten gedruckte, das am häufigsten übersetzte, das am häufigsten verkaufte Buch der Welt. Nicht nur in den Kirchen, auch in den Lehrplänen der Schulen, in den Studienordnungen der Universitäten, in den Programmen der Erwachsenenbildung hat sie einen herausragenden Platz. Ihre kulturelle, spirituelle und soziale Bedeutung ist kaum zu überschätzen, nicht nur für Europa, Amerika und Australien, auch für die afrikanischen und asiatischen Räume, in denen wenige sehr alte und viele sehr junge Kirchen leben. Man braucht nicht davon zu reden, daß die großen Theologinnen und Theologen vergangener Jahrhunderte allesamt aus der Bibel gelebt haben und daß ein nicht geringer Teil ihres Œuvres Kommentare biblischer Schriften sind, ob man nun an Origenes oder an Augustinus denkt, an Thomas von Aquin oder an Bonaventura, an Theresa von Avila oder an Johannes vom Kreuz, an Martin Luther oder an Johannes Calvin. Man braucht ebensowenig davon zu reden, daß auch in der Gegenwart die Auslegung der Heiligen Schrift als die zentrale Aufgabe der Theologie betrachtet wird, keineswegs nur von Protestanten, auch von Katholiken und keineswegs nur von Exegeten wie Albert Schweitzer und Rudolf Bultmann, auch von Dogmatikern, ob sie nun Edith Stein oder Romano Guardini, Hans Urs von Balthasar oder Karl Barth, Paul Tillich oder Dietrich Bonhoeffer heißen. Man braucht noch nicht einmal davon zu reden, daß die neuen Aufbrüche in der Theologie und der Kirche entscheidend durch die Auseinandersetzung mit der Heiligen Schrift geprägt sind. Die „Bekennende Kirche" in der Zeit des Nationalsozialismus und die Entwicklungen im Vorfeld des Zweiten Vatikanischen Konzils sind nur die prominentesten Beispiele.

Ebenso aufschlußreich ist die Beobachtung, welch große Wirkung die Bibel auch außerhalb der kirchlichen und synagogalen Räume entfaltet: in der Kunst, in der Literatur, in der Musik, in der Philosophie. Ein gewiß unverdächtiger Zeuge ist Johann Wolfgang Goethe (1749–1832); daß er von besonderer Glaubens-Orthodoxie und Kirchen-Treue gewesen sei, wird man ihm nicht nachsagen wollen. Seine Beziehung zur Bibel war gleichwohl intensiv, auch die zum Alten Testament. In seinen „Noten und Abhandlungen zum besseren Verständnis des West-östlichen Divan" schreibt er[69]:

Aus meinen biographischen Versuchen werden sich Freunde wohl erinnern, daß ich dem ersten Buch Mosis viel Zeit und Aufmerksamkeit gewidmet, und manchen jugendlichen Tag entlang in den Paradiesen des Orients mich ergangen. Aber auch den folgenden historischen Schriften war Neigung und Fleiß zugewendet. Die vier letzten Bücher Mosis nöthigten zu pünctlichen Bemühungen [...] Denn wie alle unsere Wanderungen im Orient durch die heiligen Schriften veranlaßt worden, so kehren wir immer zu denselben zurück, als den erquicklichsten, obgleich hie und da getrübten, in die Erde sich verbergenden, sodann aber rein und frisch wieder hervorspringenden Quellwassern.

Wie sehr Immanuel Kant (1724–1804) die Bibel aus religiösen und philosophischen Gründen geschätzt hat, deutet er in einem Brief an Jung-Stilling (1740–1817) an[70]:

Sie tun wohl, daß Sie ihre einzige Beruhigung im Evangelium suchen; denn es ist die unversiegliche Quelle aller Wahrheiten, die, wenn die Vernunft ihr ganzes Feld ausgemessen hat, nirgend anders zu finden sind.

Im handschriftlichen Nachlaß finden sich unter den Vorarbeiten zu seiner Studie über den „Streit der Fakultäten" folgende Notizen[71]:

Das Entstehen der Bibel als eines Volksbuchs ist die größte Wohlthat, die dem menschlichen Geschlechte je widerfahren ist. Ein jeder Versuch sie geringschätzig zu machen oder sie mit den Theophilanthropen gantz eingehen zu lassen ist Frevel an der Menschheit und wenn es ja Wunder geben soll so ist dieses Buch in welchem die Wundererzählungen nur zur historischen Bestätigung dessen was Religion durch die Vernunft gebietet beyläufig vorkommen das größte Wunder selbst nämlich ein ohne griechische Weisheit von Layen zusammengetragenes System von Religions- und Glaubenslehren welches mehr als irgend eines Wirkung aufs menschliche Herz zur moralischen Besserung desselben ausgeübt hat. [...]
    Durch die Originalität dieses Buches (der Bibel) selbst welche dennoch mit dem was die Vernunft von der Religion [...] sagt in der Lehre so zusammenstimmt zugleich aber auch zur Erweckung moralischer Triebfedern in Befolgung derselben von Jahrhunderten her bis jetzt so kräftig und beharrlich hingewirkt hat daß bey dem manigfachen Wechsel menschlicher Satzungen man doch immer genöthigt worden ist zu ihr als dem Canon des Glaubens zurück zu kehren wodurch sie als bestätigtes Organ der Beförderung und Erhaltung der Religion Erfahrung die einzige heilige Schrift zu heißen und in unabsehlichen Zeiten zu bleiben geeignet ist.

Beide, Kant wie Goethe, haben ihren eigenen Zugang zur Bibel, der unverwechselbar ihr ganz persönlicher, aber doch auch ein für ihre

Zeit typischer ist. Beider Zugänge haben auch ihre Grenze. Doch beide belegen sie Hochschätzungen der Bibel aus berufenem Munde, wenn auch von einer ganz unerwarteten Seite.

Gelegentlich wird der Verdacht geäußert, die Bibel habe zwar in der Vergangenheit vieles bewegt, in der Gegenwart aber ausgespielt. Dieser Verdacht ist falsch. Das Gegenteil ist richtig. Die prägende Kraft biblischen Redens von Gott und der Welt ist ungebrochen. Nur wenige Beispiele. Alle sind unorthodox. Alle entziehen sich kirchlichen Umarmungen. Alle gehen ihre eigenen Wege. Alle behalten sich das Recht des Widerspruchs vor. Aber alle zeigen sich zutiefst beeindruckt von dem, was die Bibel zu sagen hat. Martin Heidegger hat durch die Auseinandersetzung mit dem ältesten Brief des Apostels Paulus (1Thess 4f) einen entscheidenden Impuls erhalten, sein Hauptwerk „Sein und Zeit" zu konzipieren, das vielleicht wichtigste philosophische Buch unseres Jahrhunderts[72]. Nicht nur für Ernst Barlach, auch für Joseph Beuys ist die Bibel zeitlebens eine starke Quelle der Inspiration geworden[73]. Gustav Mahlers Symphonien Nr. 2, die „Auferstehungs-Symphonie" (1894), und Nr. 8, die „Symphonie der Tausend" (1910), Richard Strauss' Oper „Salome" (1905), Igor Strawinskys „Psalmensymphonie" (1930), Arnold Schönbergs Oratorium „Moses und Aron" (1956) sind nur wenige herausragende Beispiele musikalischer Anverwandlungen biblischer Leit-Motive. Der größte Roman Thomas Manns handelt über „Joseph und seine Brüder". Bertolt Brecht, vor die Frage nach seinem Lieblingsbuch gestellt, antwortet (1928): „Sie werden lachen, die Bibel."[74] Welch starken Einfluß sie auf Franz Kafka und auf Georg Trakl, auf Rainer Maria Rilke, auf Alfred Döblin und Robert Musil, auf Joseph Roth und Karl Kraus, auf Isaac B. Singer, auf Paul Celan und auf Nelly Sachs, auf Heinrich Böll und auf Wolfgang Borchert, auf Ingeborg Bachmann und auf Max Frisch ausgeübt hat, ist weithin bekannt. Aber auch die neueren Arbeiten von Peter Handke und Botho Strauß zeigen auf Schritt und Tritt die enge Vertrautheit mit dem „Buch der Bücher", ganz zu schweigen von Andrzej Szczypiorski und Václav Havel, von Elias Canetti und Alexander Solschenizyn, von Gabriel García Márquez und Fernando Pessoa, von Giuseppe Ungaretti und James Joyce, von Octavio Paz und Pablo Neruda.[75]

Doch nicht nur die Literatur und die schönen Künste, auch das Rechtswesen und die soziale Zivilisation der Gegenwart zeigen sich in ihren besten Teilen durch die Bibel geprägt. Der große Beitrag des Judentums und des Christentums zur Humanisierung der Kultur ist, allen gegenteiligen Verdächtigungen zum Trotz, ehrlicherweise nicht in Abrede zu stellen. Nur zwei Stichworte: Die Idee der Menschenrechte setzt nicht nur historisch, sondern auch systematisch die biblischen Aussagen über die Schöpfung und das Wesen des Menschen als „*Bild Gottes*" (Gen 1,27) voraus.[76] Der Gedanke der Sozialpflichtigkeit des Eigentums ist dem römischen Recht unbekannt, der jüdisch-christlichen Tradition aber von Anfang an vertraut und durch die Vermittlung der christlichen Soziallehre in das Grundgesetz der Bundesrepublik Deutschland gelangt.[77]

Am wichtigsten ist jedoch, daß die Bibel nach wie vor von vielen Menschen als Buch ihres Lebens angesehen wird. Es gab und es gibt wohl kein Buch, in dem Menschen mehr Trost, mehr Ermutigung, mehr Motivation, mehr Sinn gesucht und gefunden haben. Wie hoch die Bibel auch immer von Literaten und Theologen, von Politikern und Juristen, von Philosophen und Musikern geschätzt werden mag: ohne die unendliche Vielfalt ihrer immer neuen Lektüre gerade durch die einfachen Menschen, die Kleinen, die Armen, die Zukurzgekommenen, die Schwachen, die Kinder, die Stillen im Lande wäre die Bibel längst nur noch ein großes Buch der Vergangenheit, ähnlich wie die homerischen Epen, aber nicht auch ein großes Buch der Gegenwart und der Zukunft. Nicht daß es dabei immer um die Ermöglichung tiefer Einsichten des Glaubens oder starker Gefühle der Frömmigkeit ginge – allein das Kennen-Lernen der Bibel macht das Wort lebendig und verändert die Leser. Freilich bleiben die Stillen meist still. Wie sie die Bibel lesen, schlägt sich zumeist nur im Echo anderer wieder – oder in Erinnerungen wortmächtig Gewordener an die Anfänge ihres Lesens, wie zum Beispiel bei Wolfgang Koeppen (*1906), der über die Lektüre seiner Kindheit und ihre späten, dann freilich sehr reflektierten Wirkungen sagt[78]:

> Als ich Alphabet geworden war, acht Jahre alt, las ich die Bibel. Es war ein schweres altes Buch, das ich auf dem Speicher gefunden hatte, eine Familienbibel, doch nicht uns gehörend, und die sie besessen und nun tot waren, hatten mit kritzelnder Altershand ihre Angst vor dem Sterben an den Rand der Evangelien geschrieben. Ich erregte einiges Aufsehen, wie ich, im üblichen Matrosenanzug, über die Heilige Schrift gebeugt saß. Die Leute wunderten sich und hielten mich für fromm. Dabei fraß ich mich nur lustvoll durch die Wörter und glaubte allenfalls auch an Gott, so wie an den Leviathan, und gar nicht demutsvoll, nur versunken in die tollen Geschichten.
> Selbstverständlich lernte ich viel aus dieser und anderer Lektüre. Hiob lehrte mich, unbequem zu fragen. Einmal die Menschen, aber schließlich, ich mußte es einsehen, doch wohl Gott.

b) Die vergessene, verdrängte, mißbrauchte, verworfene Bibel

Freilich: So sehr auf der einen Seite die Bibel ein zivilisatorischer, sozialer und kultureller Faktor erster Güte ist, so sehr gibt es auf der anderen Seite die Kontrasterfahrungen faktischer Wirkungslosigkeit, offener oder heimlicher Ablehnung, bewußter oder unbewußter Verdrängung und frivolen oder sublimen Mißbrauchs der Bibel.

(1) Verwerfung der Bibel

Daß die Bibel mit ihrer Rede von Gott und den Menschen im ganzen abgelehnt und verworfen wird, ist noch der seltenste Fall. Der Respekt vor dem Buch der Bücher sitzt auch bei seinen Verächtern tief. Gleichwohl gibt es Beispiele. Die Kritik unterscheidet häufig scharf zwischen dem Alten und dem Neuen Testament. Dem Alten Testament wird von Nicht-Christen und – bis heute! – leider Gottes auch von Christen immer wieder Grausamkeit, Blutrünstigkeit, Gewaltfetischismus und kasuistische Gesetzlichkeit vorgeworfen. Die Stereotype haben sich seit der Antike wenig verändert; nur ihr Gewaltpotential ist gestiegen.

Das Neue Testament wird, wenn man von jüdischen Vorbehalten gegenüber der Christologie absieht, seltener zur Zielscheibe der Kritik. Wenn man es aufs Korn nimmt, attestiert man ihm zumeist fromme Blauäugigkeit, weltfremde Naivität, gutgemeinte Unverbindlichkeit und penetrante Besserwisserei. Friedrich Nietzsche (1844–1900) hat sein eigenes Urteil. Er wertet die geläufige Bewertung der beiden Testamente geradewegs um[79]:

> Im jüdischen „alten Testament", dem Buche von der göttlichen Gerechtigkeit, giebt es Menschen, Dinge und Reden in einem so grossen Stile, dass das griechische und indische Schriftenthum ihm nichts zur Seite zu stellen hat. Man steht mit Schrecken und Ehrfurcht vor diesen ungeheuren Überbleibseln dessen, was der Mensch einstmals war .... Freilich: wer selbst nur ein dünnes zahmes Hausthier ist und nur Hausthier-Bedürfnisse kennt (gleich unsren Gebildeten von heute, die Christen des „gebildeten" Christenthums hinzugenommen –), der hat unter jenen Ruinen weder sich zu verwundern, noch gar sich zu betrüben – der Geschmack am alten Testament ist ein Prüfstein in Hinsicht auf „Gross" und „Klein" -: vielleicht, dass er das neue Testament, das Buch von der Gnade, immer noch eher nach seinem Herzen findet (in ihm ist viel von dem rechten zärtlichen dumpfen Betbrüder- und Kleinen-Seelen-Geruch): Dieses neue Testament, eine Art Rokoko des Geschmacks in jedem Betrachte, mit dem alten Testament zu Einem Buche zusammengeleimt zu haben, als „Bibel", als „das Buch an sich": das ist vielleicht die grösste Verwegenheit und „Sünde wider den Geist", welche das litterarische Europa auf dem Gewissen hat.

Das ist gewiß gut formuliert, und vielleicht ist es eine heilsame Schock-Therapie für alle, die das Alte Testament meinen abschreiben zu können – doch mehr als eine Provokation gegen das Neue Testament ist es nun auch wieder nicht.[80]
Selten setzt die Kritik radikaler an und betrifft die Bibel nicht nur in einzelnen Teilen, sondern als ganze und nicht nur in einigen wenigen peripheren, sondern gerade in den zentralen Aussagen. In der Antike bleibt die pagane Kritik bis auf wenige Ausnahmen ziemlich denkschwach.[81] Selbst der Plotin-Schüler und -Biograph Porphyrios (ca.233–ca.305) gelangt in 15 Büchern „Gegen die Christen" nicht wesentlich über den Vorwurf der Pietätlosigkeit, des Atheismus, der Magie hinaus.[82] Etwas tiefer bohrt Kelsos, dessen Ansichten durch die Kritik des Origenes überliefert worden sind.[83] Er diagnostiziert bei den Christen einen unduldsamen Exklusivitätsanspruch (3,44; 7,66ff; 8,48ff), überdies eine apolitische Grundeinstellung, die das Fundament des römischen Staates untergrabe (3,9; 8,68–73). Der Kern seiner Kritik ist freilich die christologisch vermittelte Theologie. Die Rede von der Menschwerdung Gottes sei absurd (4,1–23). Freilich gelangt Kelsos an diesem zentralen Punkt offenbar nicht über die Feststellung der Unvereinbarkeit des biblischen mit dem von ihm favorisierten neuplatonischen Gottesbild hinaus, das Gott als reine Transzendenz, als absolute Idee und deshalb nicht als Schöpfer der Welt, nicht als geschichtsmächtig Handelnden vorstellt.
Erst in der Neuzeit, seit der Aufklärung, beginnt sich die Kritik auf hohem intellektuellen Niveau zu etablieren. Sie richtet sich nicht mehr nur auf den Umgang mit der Bibel, sondern auf die Bibel selbst und nicht mehr nur auf einige ihrer historischen und physikalischen Angaben, sondern auf ihre zentralen Aussagen. Den Anfang machen die englischen Deisten. Ihre Bibelkritik hat als einer der ersten ein Hamburger Gymnasiallehrer für orientalische Sprachen, Hermann Samuel Reimarus (1694–1768), nach Deutschland importiert. Seine Schriften hat kein geringerer als Gotthold Ephraim Lessing als „Fragmente eines Ungenannten" aus dem Nachlaß herausgegeben (1774/75)[84]. Des Reimarus These (die sich Lessing keineswegs völlig zu eigen macht, die er aber für höchst diskussionswürdig erachtet) lautet: Jesus war ein politischer Revolutionär zelotischer Couleur; nach seinem Tode haben seine enttäuschten Jünger „in Absicht auf weltliche Hoheit und Vorteil" den Leichnam aus dem Grab gestohlen und den Auferstehungsglauben erfunden. Wie abenteuerlich die These auch immer ist: Ihre Wirkung auf die „kritischen Geister" des 18. und 19. Jahrhunderts hat sie nicht verfehlt. Freilich reicht die Kritik bald viel weiter und tiefer als bei Reima-

rus. Wiederum ist Friedrich Nietzsche der Wortführer und Vorden-
ker. Sprachgewaltig und denkscharf nimmt er die entscheidenden
Fragen und Anstöße der Neuzeit vorweg. Sein „Antichrist"[85] zeichnet zwar ein positives Jesus-Bild[86]: Der Mann aus Nazaret sei ein
Vorbild absoluter Selbst-Beherrschung; vorbildlich sei auch seine
Art zu sterben: „die Freiheit, die Überlegenheit über jedes Gefühl
von ressentiment" (Nr. 40). Dieses Ressentiment aber, so meint
Nietzsche, hätten die Jünger gerade nicht überwunden, sondern ge-
schürt. Von ihm seien schon die Evangelien und vor allem Paulus
verdorben. Damit aber sei das ganze sogenannte Christentum depra-
viert. Auch hier entscheide sich alles am Tode Jesu (Antichrist 40):

> An sich konnte Jesus mit seinem Tode nichts wollen, als öffentlich die
> stärkste Probe, den Beweis seiner Lehre zu geben .... Aber seine Jün-
> ger waren ferne, diesen Tod zu verzeihen.

Daß in dieser Kritik eine ernste Anfrage an den kirchlichen, schon
den neutestamentlichen Christusglauben liegt – wer wollte das in
Abrede stellen? Ist nicht der in der Geschichte immer wieder her-
vorbrechende Haß von Christen auf Juden als die „Gottesmörder"
ein Beweis? Doch daß Nietzsches Kritik *im Kern* begründet sei und
daß mit den Schwächen der Jünger sofort das ganze Christentum
moralisch erledigt wäre – wer wiederum wollte in diesem Punkte
ihm beipflichten? Nietzsche kommt über eine Verdächtigung nicht
hinaus!

Gleichwohl: Die Zweifel an der Integrität des Evangeliums deh-
nen sich bald über die neutestamentliche Christologie auf die gesamte biblische Theologie aus.[87] Der Verdacht breitet sich aus, sie
sei im ganzen eine einzige Illusion. Zu fragen bleibe nur, weshalb
ihr so viele Menschen erlegen seien. Zahlreiche Theoretiker haben
auf diese Frage zu antworten versucht. Die Antwort-Typen, sofern
sie sich religionskritisch geben, liegen im wesentlichen seit dem späten 19. und dem frühen 20. Jahrhundert fest. Drei Namen sind vor
allen anderen zu nennen: Ludwig Feuerbach (1804–1872), Karl
Marx (1818–1883) und Sigmund Freud (1856–1939). Für Feuerbach
ist die biblische Rede von Gott im Grunde nichts als eine Projektion, in der die Menschen, weil sie mit ihrer Endlichkeit nicht fertig
werden, das Gegenbild eines schlechthin vollkommenen Wesens entwerfen – wodurch sie um so mehr mit sich selbst entzweit werden[88];
für Marx ist die biblische Religion zwar ein „Schrei der bedrängten
Kreatur", aber gleichzeitig Ausdruck und Mittel seiner Entfremdung[89]; für Freud schließlich ist der biblische Glaube der Niederschlag infantiler Allmachtsphantasien, die auf unbewältigte seeli-

3. DIE AMBIVALENTE WIRKLICHKEIT

sche Konflikte schließen lassen, insbesondere eine gestörte Vater-Sohn-Beziehung.[90] Alle drei Analytiker stimmen darin überein, daß gerade die Theo-logie der Bibel, ihre Rede von Gott, ihr Verweis auf Gottes Willen, ihre Hoffnung auf Gottes Reich, der Emanzipation des Menschen im Wege stehe und deshalb abdanken müsse.

Wie immer es um die Qualität der Argumente bestellt sein mag, die im Namen der Religionskritik gegen die Bibel vorgebracht werden[91]: Sie nötigen (Juden und) Christen zur selbstkritischen Gewissenserforschung ob ihres eigenen Umgangs mit der Heiligen Schrift; sie durchkreuzen einen illusionären Bibel-Enthusiasmus; sie stellen vor die Aufgabe, den theologischen Anspruch der Heiligen Schrift nicht nur zu behaupten, sondern aus ihrer theologischen Substanz heraus je neu zu begründen; und sie bestimmen gegenwärtig die Plausibilitäten breiter Teile der veröffentlichten Meinung und die Vorurteile vieler Intellektueller.

(2) Der Mißbrauch der Bibel

Weit problematischer als die Ablehnung ist der Mißbrauch der Bibel. Wozu mußte sie nicht schon als Begründung herhalten! Für die Kreuzzüge ebenso wie für die Judenverfolgungen, für Ketzerjagden ebenso wie für die Apartheid, für die Conquista ebenso wie für Hexenverbrennungen. Je frivoler freilich der Mißbrauch, desto härter trifft er zwar die Christen, aber desto weniger tangiert er den Wert und die Würde der Heiligen Schrift. Wenn in der Zeit des Nationalsozialismus, um den Haß gegen Juden zu schüren, Straßenschilder mit dem Text von Joh 8,44 *(„Euer Vater ist der Teufel!")* aufgestellt worden sind, liegt die propagandistische Absicht allzu offen am Tage. Wie wenig die Bibel selbst diesen Mißbrauch trägt, zeigt sich nicht zuletzt daran, daß es eben auch einen Bartholomeo de Las Casas (1447–1566)[92], einen Friedrich Spee von Langenfeld (1591–1635), einen Martin Luther King (1929–1968), einen Dietrich Bonhoeffer (1906–1945) gegeben hat, die mit der Bibel gegen den Mord an den Indios, den Hexenwahn, die Unterdrückung der Schwarzen, die Vernichtung der Juden aufgestanden sind. Daß all diese Verteidiger der Menschenwürde mit ihrem Rekurs auf die Bibel im Recht gewesen sind, braucht nicht lange bewiesen zu werden.

Die humanisierende Kraft, die entgegen allen Vorurteilen tatsächlich von der Bibel ausgegangen ist (und weiter ausgeht), belegen nicht zuletzt die im Mittelalter beliebten Bibel-Parodien, die geholfen haben, scharfe Kritik an gesellschaftlichen und kirchlichen Mißständen zu formulieren. Ein Beispiel aus Deutschland[93]:

Es stehet geschrieben im Evangelium des h.Mark Silbers: In jenen Tagen sprach der Papst zu den Seinen in Rom: „Wenn des Menschen
Sohn kommen wird an den Sitz unserer Herrlichkeit, so soll der Pfört-
ner also zu ihm sprechen: ‚Freund, was bist du hierhergekommen?'
Hält er aber an mit Klopfen und gibt euch nichts, so werfet ihn hinaus in die äußerste Finsternis, da wird sein Heulen und Zähneklap-
pern." Sprachen die Kardinäle: „Was sollen wir tun, daß wir Reichtum erwerben?" Und der Papst antwortete und sprach: „Wie stehet
im Gesetz geschrieben? Wie liesest du? Du sollst Gold und Silber lieb-
haben von ganzem Herzen und von ganzer Seele, und den Reichen als
dich selbst. Tue das, so wirst du leben."

Solche Parodien sind im Mittelalter alles andere als Blasphemien.
Sie sind ein Ausdruck nicht der Mißachtung, sondern der hohen
Wertschätzung der Bibel. Sie sind auf ihre Weise geeignet, den Mißbrauch der Bibel zu entlarven. Sie sind Dokumente eines Widerstandes der Schwachen, der Zurückgesetzten und Beleidigten, denen die
Bibel Sprache leiht.[94]
   Freilich: So verwerflich die offenkundige Ausbeutung der Bibel
für egoistische Interessen ist – schwieriger wird es, wenn die Bibel
guten Glaubens für schlechte Ziele in Anspruch genommen wird.
Die Grenzen zwischen sublimem Mißbrauch und subtiler Vereinnahmung sind fließend. Vor beidem ist niemand gefeit. Man mag auf
den Cäsaropapismus, auf das Gottesgnadentum von Monarchen, auf
kalkulierte Strategien zur Etablierung und Sicherung klerikaler wie
politischer Macht verweisen; man mag auf die Unterdrückung der
Frauen und die Diskriminierung der Homosexuellen verweisen, die
mit Berufung auf die Bibel ins Werk gesetzt wurden. Nur darf man
darüber die tausend Rechtfertigungen von Glaubenshärte und Ge-
setzesstrenge nicht vergessen, die von den Frommen, den Konserva-
tiven wie den Progressiven, in der Bibel gesucht werden; und man
wird all diejenigen Rekurse auf die Heilige Schrift nicht aus dem
Auge verlieren dürfen, die ein schönes Bibelzitat nur als Aufhänger
oder als Ornament, nur als nachträgliche Legitimation vorgefaßter
Meinungen oder als Schlagetot-Argument benutzen. Dem Erfindungsreichtum der Bibel-„Interpreten" sind offenbar keine Grenzen
gesetzt. Der Volksmund glaubt zu wissen, daß man mit der Bibel
alles beweisen kann. Tatsächlich ist sie so vielfältig und facettenreich, daß sie nicht auf eine schnelle Formel und einen glatten Begriff gebracht werden kann. Wer nur lange genug sucht, wird schon
irgendwann einen passenden Spruch finden. Er wird ihn dann freilich ganz häufig aus seinem Zusammenhang reißen müssen: aus
dem Zusammenhang eines alt- oder neutestamentlichen Buches,

aus dem Zusammenhang des *ganzen* Alten und des *ganzen* Neuen Testaments, aus dem Zusammenhang der *einen* und *ganzen* Bibel. Denn wie plural die Bibel in ihren Texten und Themen auch immer ist: daß sie als ganze nicht für den Tod, sondern für das Leben, nicht für den Haß, sondern für die Liebe, nicht für Unrecht, sondern für Gerechtigkeit, nicht für den Krieg, sondern den Frieden, nicht für Unterdrückung, sondern für Befreiung, nicht für die Macht der Starken, sondern für das Recht der Schwachen, nicht für Hedonismus, sondern für Verantwortung, nicht für die Götzen, sondern für Gott plädiert, duldet keinen Zweifel.

Doch ist damit eine besonders subtile Form, die Bibel zu mißbrauchen, noch nicht genannt: die Besserwisserei, die absolute Verblüffungsfestigkeit, das penetrant gute Gewissen der Rechtgläubigen, die sich auf die Bibel meinen berufen zu können. Elias Canetti (1905–1994) hat in einem seiner fünfzig an Theophrast angelehnten modernen Charakterbilder diese Spezies, die nicht nur in der Gestalt reaktionärer Fundamentalisten, sondern ebenso im Gewande progressiver Eiferer und in der Maske wohlmeinender Ratgeber auftritt, als „Gottprotz" charakterisiert[95]:

> Der Gottprotz muß sich nie fragen, was richtig ist, er schlägt es nach im Buch der Bücher. Da findet er alles, was er braucht. Da hat er eine Rückenstütze. Da lehnt er sich beflissen und kräftig an. Was immer er unternehmen will, Gott unterschreibt es.
> Er findet die Sätze, die er braucht, er fände sie im Schlaf. Um Widersprüche braucht er sich nicht zu kümmern, sie kommen ihm zustatten. Er überschlägt, was ihm nicht von Nutzen ist und bleibt an einem unbestreitbaren Satz hängen. Den nimmt er für ewige Zeiten in sich auf, bis er mit seiner Hilfe erreicht hat, was er wollte. Doch dann, wenn das Leben weitergeht, findet er einen anderen Satz.
> [...]
> Aus jeder Gefahr ist der Gottprotz noch errettet worden. Um ihn sind Tausende gefallen. Aber er ist da, ihm ist nie etwas geschehen, soll das nichts zu bedeuten haben?
> Der Gottprotz in seiner Demut hält sich nichts darauf zugute. Er kennt die Dummheit der Menschen und bedauert sie, sie könnten es viel leichter haben. Doch sie wollen nicht. Sie meinen in Freiheit zu leben und ahnen nicht, wie sehr sie selbst versklavt sind.
> Wenn der Gottprotz zornig wird, bedroht er sie, nicht mit seinen Worten. Es gibt bessere Worte, die Menschen zu peitschen. Dann stellt er sich mit geblähtem Stimmsack auf, als stünde er persönlich am Sinai oben und erschüttert das Gesindel zu Tränen. Warum haben sie wieder nicht auf ihn gehört, wann werden sie endlich wieder auf ihn hören?
> Der Gottprotz ist ein schöner Mann, mit Stimme und Mähne.

Die große Versuchung der Bibelfreunde: nicht nur die Augen vor
der Wahrheit anderer Bücher (einschließlich des Buches der Natur)
zu verschließen, sondern mit der Parole „Und die Bibel hat doch
Recht!" in den Kampf zu ziehen – ein Wahlspruch, der zwar gut gemeint sein mag[96], aber nur allzu oft als seinen eigentlichen Hintersinn das Motto „Und *ich* habe doch Recht!" zu erkennen gibt. Die
Bibel vor solchen Attacken zu schützen – das ist die Aufgabe der
wahren Bibelfreunde, die lesen, um zu verstehen, und das Gespräch
mit anderen suchen, um hören und von der Botschaft der Bibel reden zu lernen.

(3) Das Vergessen der Bibel

Viel weiter als der Mißbrauch reicht freilich das Vergessen der Bibel.
Im gigantischen Amüsierbetrieb, der die Freizeitkultur rotieren läßt,
spielt die Heilige Schrift kaum eine Rolle. Zwar werden ihre Bilder
und Motive in der Werbung, in Filmen, in der kommerzialisierten
Musik häufig ausgeschlachtet. Doch die Bibel selbst kommt gerade
nicht zu ihrem Recht. Soll man das bedauern? Die Heilige Schrift
taugt nicht für das hektische Kommunikationsspektakel, das die Medien, insbesondere Funk und Fernsehen, rund um die Uhr aufführen.
Dafür ist sie wohl doch zu relevant, zu inhaltsschwer, zu sperrig.
Wenn Positionen auf Parolen reduziert werden und Statements nur
noch nach ihrem Unterhaltungswert gemessen werden, gilt es zu beherzigen, was Kohelet, der „Prediger Salomo", sagt (3,7): Es gibt
nicht nur eine Zeit zum Reden, es gibt auch eine Zeit zum Schweigen. *Panem et circenses,* Brot und Spiele, ist jedenfalls keine Losung
der Bibel.

Das geringe Echo, das die Heilige Schrift in den Kommunikati-
ons-Räumen der Unterhaltungsbranche auslöst, braucht nicht weiter zu irritieren. Problematischer ist, wenn die Bibel auf ihrem ureigenen Terrain nicht zu Wort kommt: in den ethischen Fragen des
Alltags, in der persönlichen Frömmigkeit, in der gottesdienstlichen
Verkündigung, in der Gestaltung des Gemeinde- und Gemeinschafts-Lebens, im Umgang mit der Schöpfung, im Kampf gegen
Hunger und Elend. Daß dies noch und noch geschieht, auch unter
Juden und Christen – wer wollte es leugnen?

Klagelieder über die Mißachtung und Verdrängung biblischer
Verheißungen und Weisungen sind freilich nicht neu. Johannes Chry-
sostomos kritisiert, daß nicht wenige Laien die Bibellektüre am liebsten ganz den Mönchen und Asketen überlassen wollen.[97] Hieronymus (347–420) hingegen, der Vater der Vulgata, der schließlich

normativ gewordenen lateinischen Bibelübersetzung, diagnostiziert, die Kleriker läsen lieber Komödien und Vergil als die Bibel.[98] Kritik an mangelnder Bereitschaft zum Hören, Lesen und Befolgen des Wortes Gottes finden sich überdies schon zuhauf in der Bibel selbst. Kritik an der Mißachtung des Willens Gottes ist die Keimzelle der Prophetie, Kritik an mangelnder Bereitschaft zum Hören des Evangeliums ein wesentlicher Antrieb der paulinischen Briefe. Der unbekannte Verfasser des Hebräerbriefes liest einer verunsicherten und schwunglos gewordenen Gemeinde die Leviten (5,11b–14):

> [11]*Ihr seid schwerhörig geworden.*
> [12]*Obwohl ihr der Zeit nach schon Lehrer sein solltet,*
> *braucht ihr wieder einen,*
> *der euch die Anfangsgründe der Lehre von den Worten Gottes bei-*
> *bringt.*
> *Ihr seid welche geworden, die Milch brauchen, nicht feste Speise.*
> [13]*Wer noch mit Milch ernährt wird,*
> *ist unfähig, richtiges Reden zu verstehen;*
> *er ist ja noch ein unmündiges Kind.*
> [14]*Feste Speise aber ist für Erwachsene,*
> *deren Sinne durch Gewöhnung geübt sind,*
> *Gut und Böse zu unterscheiden.*

Als Reaktion auf diese Schwerhörigkeit schreibt er dieser Gemeinde ein Wort der Ermahnung und des Trostes (13,22), das, obgleich es nach dem Selbstzeugnis seines Verfassers schwer zu verstehen ist (5,11a), dennoch den Weg in den Kanon gefunden hat. Der Hebräerbrief zeigt: Die Bibel erlitt und erleidet nicht nur das Schicksal des Vergessens; sie ist ihrerseits zu einem guten Teil selbst gegen das Vergessen des Wortes Gottes, gegen die Verdrängung der Geschichte, gegen die Paganisierung des Evangeliums angeschrieben. Deshalb steht zu vermuten, daß sie auch Möglichkeiten an die Hand gibt, die Leseschwäche der heutigen Menschen zu diagnostizieren und zu therapieren.

Die Motive für das Vergessen der Bibel sind vielfältig: Hier und da mögen Verdrängung und Angst vor Selbsterkenntnis eine Rolle spielen, mangelnde Sensibilität und übertriebenes Selbstbewußtsein, vielleicht auch Laxheit und Interesselosigkeit, Bequemlichkeit und Banalität. Am häufigsten ist wohl schlichte Unkenntnis die Ursache für die geringe Wirkung der Bibel. Es gibt freilich auch weniger naheliegende Gründe. Daß selbst bei engagierten, interessierten, progressiven Christen katholischer Konfession die Bedeutung der Bibel durch die Orientierung an der Liturgie, an faszinierenden Frömmigkeitstraditionen und am Katechismus relativiert worden ist, belegt die Erinnerung, die Walter Dirks (1901–1991) an seine jugendbewegte Zeit hat[99]:

> Im überreich ausgestalteten Kosmos der Catholica begegnete uns das Wort oder das Ereignis der Bibel immer wieder punktuell, aber alles in allem mehr als Bereicherung dessen, was für uns die eigentliche theoretische und praktische Wahrheit war: des Dogmas und des Sakramentes.

Die Notiz ist in zweierlei Hinsicht wichtig. Zum einen erinnert sie daran, daß die Schar derer, die von der Bibel fasziniert sind, die sie lesen und wieder lesen, die in sie eindringen und sie verstehen wollen, immer nur relativ klein war. Die interessierten und ausdauernden Leserinnen und Leser der Bibel werden wohl eine qualifizierte Minderheit bleiben. Zum anderen erinnert Walter Dirks daran, daß es neben der Bibel tatsächlich auch andere Zugänge zum Geheimnis Gottes gibt: das persönliche Gebet, die Mitfeier des Gottesdienstes, erfahrenes Mitleid, geleistete Hilfe, das Gespräch mit Freunden, die Versöhnung mit Feinden.

Freilich: Damit all diese Gottes-Erfahrungen vor Projektionen und vor Illusionen bewahrt bleiben; damit sie nicht falsche Selbstverständlichkeiten und feste Gottesbilder produzieren; positiv: damit sie zu sich selbst gebracht werden und sich ihre Wahrheit bewußt machen – um dessentwillen brauchen sie die ständige Prüfung durch die Glaubens-Überlieferung der Heiligen Schrift. Wie einerseits die Bibellektüre steril wird, wenn sie nicht in ein beziehungsreiches christliches Leben des Glaubens, Hoffens und Liebens eingebunden ist, so wird andererseits die christliche Frömmigkeit und Praxis ideologisch, wenn sie sich nicht der Kritik der Bibel stellt.

4. Schwierigkeiten mit der Bibel

Dem Kontrast zwischen dem hohen theologischen Anspruch der Bibel und ihrer faktischen Geltung wird man kaum gerecht, wenn man zu moralisieren beginnt und entweder schlechte Predigten, langweilige Exegesen oder mangelnde Lesebereitschaft der Christen, schließlich den verderblichen Zeitgeist verantwortlich macht. Zwar gibt es dies alles. Aber es gibt auch eine Reihe von objektiven Schwierigkeiten, mit denen alle zu kämpfen haben, die heute versuchen, die Bibel zu lesen und zu verstehen. Die Schwierigkeiten aufzulisten, heißt nicht, die Möglichkeit spontanen Verstehens, unmittelbarer Betroffenheit und unbedingter Bejahung der Bibel zu leugnen. Aber die Schwierigkeiten zu leugnen, hieße sich Illusionen hinzugeben.

Drei Schwierigkeiten seien paradigmatisch genannt: die häufig fremde Sprache der Bibel, die bisweilen fremde Thematik der Bibel und die im ganzen fremde geschichtliche Situation, die sich in der Bibel spiegelt.

Alle drei Schwierigkeiten sollen an *neutestamentlichen* Beispielen illustriert werden – um die Größe des Problems anzudeuten und schon im Ansatz das Vorurteil zu unterlaufen, nur das Alte Testament sei das alte, das fremde, unverständliche, über weite Strecken verschlossene Buch: Auch das Neue Testament hat seine Schwierigkeiten.

a) Die fremde Sprache

Die Sprache der Bibel ist schwer zu verstehen. Diese Klage hört man nicht nur bei Gottesdienstbesuchern, denen eine Bibel-Perikope vorgetragen wird; sie entfährt sehr vielen Leserinnen und Lesern der Bibel; auch in Hörsälen und Seminarräumen ist sie oft zu spüren. Sie ist keineswegs nur das Symptom einer weit verbreiteten Leseschwäche heutiger Menschen. Sie verweist auf ein wirkliches Problem.

Beispiel Paulus: Schon im Zweiten Petrusbrief findet sich ein Stoßseufzer ob der Kompliziertheit seiner Gedankengänge (3,16). Der Apostel selbst räumt in seinem Brief an die Römer ein, der Gemeinde „*etwas kühn geschrieben*" zu haben (15,15). Was aber damals schon „*schwer zu verstehen*" war, ist heute, durch den großen zeitlichen Abstand zur Entstehung der Texte, nicht leichter geworden. Gerade die zentrale Passage des Römerbriefes, der seinerseits zu den bedeutendsten Zeugnissen des Neuen Testaments gehört, macht das deutlich. In Röm 3,21–26 versucht Paulus, seine Grundthese zur Rechtfertigung kompakt und gedrängt zu formulieren:

> ²¹*Jetzt aber ist ohne das Gesetz die Gerechtigkeit Gottes offenbart worden, bezeugt von Gesetz und Propheten:*
> ²²*die Gerechtigkeit Gottes durch den Glauben an Jesus Christus für alle Glaubenden;*
> ²³*denn es gibt keinen Unterschied:*
> *alle haben gesündigt und haben die Herrlichkeit Gottes verloren;*
> ²⁴*gerechtfertigt aber werden sie geschenkweise in seiner Gnade durch die Erlösung in Christus Jesus,*
> ²⁵*den Gott als Sühnezeichen aufgestellt hat*
> *durch den Glauben,*
> *in seinem Blut,*
> *zum Erweis seiner Gerechtigkeit,*
> *durch die Vergebung der zuvor begangenen Sünden in der Zeit der Geduld Gottes,*

²⁶*zum Erweis seiner Gerechtigkeit in der Gegenwart,*
auf daß er selbst gerecht sei
und gerecht mache den, der aus dem Glauben an Jesus lebt.

Ein inhaltsreicher Text, ohne Frage. Schon der Satzbau ist schwer zu durchschauen, im griechischen Original nicht weniger als in jeder deutschen Übersetzung. Mehr noch: Die Verse sind mit theologischen Schlüsselbegriffen gespickt – Offenbarung, Gesetz, Propheten, Gerechtigkeit, Erlösung, Gnade, Sühne, Sündenvergebung. Alle sind Haupt-Wörter nicht nur des Apostels Paulus, sondern der gesamten Bibel. Worin aber ihr Sinn besteht, ist durchaus nicht von vornherein klar. Was heißt Offenbarung? Was Erlösung? Was Sühne? Was Gesetz? Was Gnade?

Mögen aber diese Begriffe, weil sie so schwer zu verstehen sind, noch Anlaß zum Stutzen, zum Innehalten und zum Nachdenken bieten, gibt es andere, die anscheinend klar, in Wahrheit aber nur scheinbar eindeutig und deshalb heute höchst mißverständlich sind, weil sie im Laufe der Zeit ihre Bedeutung verändert haben. Das ist gerade beim zentralen Stichwort „Gerechtigkeit" der Fall. Der Streit um den Sinn, den das Wort bei Paulus hat, gehört zu den Ursachen der Kirchenspaltung in der Zeit der Reformation.

Gerechtigkeit ist in unserem geläufigen Sprachgebrauch eine Tugend: die Tugend, jedem das Seine zu geben. *Suum cuique.* Diese Tugend wird vor allem vom Richter erwartet. Wenn jemand unbedingt gerecht sein muß, dann ein Richter! Wenn irgendwo Gerechtigkeit walten muß, dann vor Gericht! Worin aber besteht die Gerechtigkeit des Richters? Sie besteht nach unserem Gerechtigkeitsgefühl darin, daß er Schuldige und Unschuldige unterscheiden kann; sie besteht darin, daß er den schuldig Gewordenen bestraft, und zwar genau nach dem Maß seiner Schuld, den Unschuldigen aber freispricht.

Wer indes versuchte, mit diesem Begriff der Gerechtigkeit den Paulustext zu deuten, müßte Schiffbruch erleiden. Zwar geht es auch im Römerbrief um Schuld und Strafe. Aber die anthropologische Voraussetzung, die der Apostel Paulus macht, wenn er den Begriff der Gerechtigkeit erläutert, heißt: *Alle* sind schuldig geworden, unabhängig davon, ob es sich um Heiden oder um Juden handelt. Manchem mag diese Diagnose nicht schmecken. Für Paulus beschreibt sie eine tiefe Dimension menschlicher Wirklichkeit, von der das gesamte Leben bestimmt ist. Auch wer meint, gegenüber dieser Diagnose skeptisch bleiben zu dürfen, wird weiter zu fragen haben: Worin besteht unter der Voraussetzung allgemeiner Schuldhaftigkeit der Menschen die Gerechtigkeit Gottes? Ginge man von der Tugend der Gerechtigkeit aus, dann müßte Gott auf die Sünde, die sich allgemein ausbreitet, mit einer allgemeinen Strafe reagieren. Gott müßte verurteilen; die Menschen müßten an ihrer Sünde sterben. Tatsächlich heißt es aber bei Paulus, daß Gott gerade nicht so reagiert. Er verurteilt die Schuldigen nicht, sondern den Glaubenden (die gleichfalls Sünder sind) vergibt er ihre Sünden. In der Sprache des Apostels Paulus: Die Sünder werden auf nichts als ihren Glauben hin von Gott gerechtfertigt. Die Gerechtigkeit Gottes besteht also darin, daß er Sünde nicht durch Strafe sanktioniert, sondern daß er Sünde hinwegnimmt. Er stellt von sich aus die rechte Beziehung der Menschen zu Gott her, die sie durch ihre Schuld zerstört haben. Wie die Rechtfertigung geschieht, erläutern die (wiederum erklärungsbedürftigen) Zwischensätze über Sühne und Stellvertretung, über das Blut Jesu und über den Glauben: Gott rechtfertigt die Sünder, weil Jesus mit seinem Leben für sie eingetreten ist; er rechtfertigt sie, indem er ihnen den Glauben schenkt, der sie ihr ganzes Selbstbewußtsein, ihr ganzes Heilsvertrauen, ihre ganze Hoffnung allein auf Gottes Gnade setzen läßt. Gerechtigkeit ist also im Sinne des Apostels Paulus gerade nicht die Tugend des Richters, jedem das Seine zu geben, sondern die Macht Gottes, dort der Barmherzigkeit zum Siege zu verhelfen, wo sie von den Menschen mißachtet wird.[100]

Die Anknüpfungspunkte für diesen Begriff der Gerechtigkeit findet Paulus im Alten Testament.[101] Gerechtigkeit und Barmherzigkeit sind auch dort zwei eng verwandte Begriffe. Sie sind gerade keine Gegensätze, sondern stimmen im wesentlichen überein. Wenn im Alten Testament von Gottes Gerechtigkeit die Rede ist, geht es immer wieder um die Segensverheißung, die er Israel gibt, und um die Macht und die Treue Gottes, diese seine Verheißung auch in die Wirklichkeit umzusetzen. Das schwebt auch dem Apostel vor: Der Tod und die Auferweckung Jesu sind ihm der end-gültige Erweis, daß Gott sein Versprechen wahr macht, auf eine unerhörte, unerwartet großzügige, nie erhoffte Weise wahr macht, die Menschen, obgleich sie Sünder sind, dennoch aus Gnade und Barmherzigkeit zu retten.

Das Beispiel zeigt: Wer die Sprache der Bibel nicht lernt, steht in der größten Gefahr, gerade ihre bedeutenden Texte ganz falsch zu verstehen. In der Zeit der Reformation ist das gerade bei Röm 3,21–26 der Fall. Die reformatorische Grunderkenntnis Martin Luthers bestand darin, daß er den in der damals zeitgenössischen Theologie weit verbreiteten Begriff der strafenden Gerechtigkeit Gottes als unangemessen erkannt und geurteilt hat: Die Gerechtigkeit, von der Paulus redet, ist die Gerechtigkeit, die Gott mir zuspricht. 1545,

ein Jahr vor seinem Tode, schreibt Luther (im Original lateinisch)
über sein Turmerlebnis aus dem Jahre 1519, die Initialzündung seines reformatorischen Programms[102]:

> Es war gewiß wunderbar, von welch glühendem Eifer ich ergriffen
> worden war, Paulus im Brief an die Römer kennenzulernen, aber mir
> hatte bis dahin nicht die Kälte des Herzens im Wege gestanden, son-
> dern ein einziges Wort, das im ersten Kapitel steht: Die Gerechtigkeit
> Gottes wird in ihm (sc. im Evangelium) offenbar. Denn ich haßte die-
> ses Wort „Gerechtigkeit Gottes", weil ich durch den Brauch und die
> Gewohnheit aller Doktoren gelehrt worden war, es von der sogenann-
> ten formalen oder aktiven Gerechtigkeit her zu verstehen, durch die
> Gott gerecht ist und die Sünder und die Ungerechten straft. [...]
> Tag und Nacht dachte ich unablässig darüber nach, bis Gott sich mei-
> ner erbarmte und ich auf den Zusammenhang der Worte achtete,
> nämlich: Die Gerechtigkeit Gottes wird in ihm offenbar, wie geschrie-
> ben steht: Der Gerechte lebt aus Glauben. Da fühlte ich, daß ich ganz
> und gar neugeboren und durch die geöffneten Pforten in das Paradies
> selbst eingetreten war. Ununterbrochen zeigte mir nun die ganze Hei-
> lige Schrift ein anderes Gesicht. Ich durchlief die Schriften, wie ich sie
> im Gedächtnis hatte, und fand auch bei anderen Wörtern einen ent-
> sprechenden Sinn; so bedeutet das Werk Gottes das Werk, das Gott
> in uns wirkt, Kraft Gottes die Kraft, durch die er uns kräftig macht,
> Weisheit Gottes die Weisheit, durch die er uns weise macht, (ebenso
> ist es mit) Stärke Gottes, Heil Gottes und Herrlichkeit Gottes.
> Im gleichen Maße, in dem ich vorher das Wort Gerechtigkeit Gottes
> gehaßt hatte, erhob ich mir nunmehr voller Liebe dieses allersüßeste
> Wort. So wurde mir diese Stelle des Paulus wahrlich zur Pforte des
> Paradieses.[103]

Wie neu diese Erkenntnis wirklich gewesen ist, ob sie tatsächlich gegen alles gestanden hat, was die katholischen Theologen damals gelehrt haben, wird heute kontrovers diskutiert. Das entscheidende
Problem liegt woanders: Die Schuld und Tragik der abendländischen Kirchenspaltung besteht darin, daß es Katholiken und Protestanten nicht vermocht haben, an der Bibel zur Einheit des Glaubens zu finden. Dafür waren – neben vielem anderen – nicht zuletzt
Sprachprobleme verantwortlich, die aus der mangelnden Fähigkeit
zum *gemeinsamen* Hören auf das Wort der Bibel resultierten. Um
so ermutigender ist es, wenn Protestanten und Katholiken in der Gegenwart ihre Anstrengungen darauf richten, die Sprache der Bibel,
nicht zuletzt die des Apostels und vor allem das Wort der Gerechtigkeit Gottes neu zu verstehen, um so auf dem Weg zur Einheit vorwärts zu gelangen.[104]

b) Die fremde Thematik

Nicht nur die Sprache, auch viele Themen der Bibel wirken heute schwierig und fremd. Wiederum ein Beispiel aus dem Neuen Testament. Im Kolosserbrief steht ein sehr alter Text aus dem Gottesdienst der Urgemeinde. Es ist ein Hymnus auf Christus (1,15–20):

> [15]*Er ist das Bild des unsichtbaren Gottes,*
> *der Erstgeborene der ganzen Schöpfung.*
> [16]*Denn in ihm ist alles erschaffen,*
> *in den Himmeln und auf der Erde,*
> *das Sichtbare und das Unsichtbare,*
> *Throne und Herrschaften,*
> *Mächte und Gewalten,*
> *alles ist durch ihn und auf ihn hin erschaffen.*
>
> [17]*Und er ist vor allem,*
> *und alles hat in ihm Bestand,*
> [18]*und er ist das Haupt des Leibes, der Kirche.*
>
> *Er ist der Anfang,*
> *der Erstgeborene von den Toten,*
> *damit er in allem erster würde;*
> [19]*denn es hat der ganzen Fülle gefallen,*
> *in ihm zu wohnen*
> [20]*und durch ihn alles auf ihn hin zu versöhnen,*
> *da er Frieden geschaffen hat durch das Blut seines Kreuzes,*
> *auf Erden und in den Himmeln.*

Kol 1,15–20 ist ein ganz wichtiger Text für die Theologie- und Frömmigkeitsgeschichte des Urchristentums. Er ist von großer sprachlicher und spiritueller Intensität. Er hat die jüdische Weisheitstheologie und das christliche Glaubensbekenntnis miteinander ins Gespräch gebracht. Er hat die Tür zu neuen Dimensionen der Christologie und der Soteriologie aufgestoßen. Er hat dem Verfasser des Briefes dazu gedient, einer Gemeinde, die von häretischen Anwandlungen erfaßt und von ängstlichem Tabudenken umgetrieben worden ist, wieder die Augen für die unüberbietbare Heilsbedeutung des Christusgeschehens zu öffnen.

Aber: Wovon redet der Text eigentlich? Es geht um Christus; es geht um die Schöpfung; es geht um das All. So weit ist der Text unmittelbar verständlich. Doch was thematisiert er? Er antwortet auf Fragen, die damals, in der Zeit seiner Entstehung, brandaktuell waren. Wie kann das All einen inneren Zusammenhalt gewinnen? Wie kann es Bestand haben? Wie können „*Throne und Herrschaften, Mächte und Gewalten*", gemeint sind kosmische Elementarmächte

(Geister, Dämonen, Engel, astrale Energien), gebannt werden, so daß sie die Menschen nicht mehr in Angst und Schrecken versetzen können? Diese Fragen haben die Menschen, Juden wie Griechen, in der Antike gestellt. Sie haben ihre bleibende Bedeutung. Aber es sind nicht mehr die Fragen der heutigen Menschen. Damals konnte man sich den Kosmos wie einen riesigen Leib vorstellen; man konnte mit einer Vielzahl von Himmelswesen und Engelsgestalten rechnen, die den Kontakt der Menschen mit Gott zu behindern drohten; man glaubte, sich den Ort Gottes irgendwo „oben im Himmel" vorstellen zu können. Der Hymnus setzt ein Weltbild voraus, das vergangen ist. Keine Rede, daß der Kolosser-Hymnus dadurch unaktuell oder irrelevant wäre! Er kann die Theologen, die Prediger und Katecheten vor einer Reduktion der Soteriologie auf die Anthropologie bewahren. Er erinnert sie an die kosmischen Dimensionen des Heilsgeschehens. Aber die Aktualität und Relevanz seines Themas liegt nicht offen zutage. Sie muß erst wieder auf einem mühsamen Weg erschlossen werden, der auf eine vorschnelle Aktualisierung verzichtet, zuerst nach dem Ursprungssinn fragt und dann eine Übersetzung in die Gegenwart vorschlägt.[105]

c) Die fremde Geschichte

Die dritte Schwierigkeit, die sich beim Lesen der Heiligen Schrift ergibt, ist der große geschichtliche Abstand zwischen der Entstehungszeit der biblischen Bücher und der Gegenwart. Das Alte und das Neue Testament sind vor langer Zeit entstanden; sie erzählen von einer weit zurückliegenden Vergangenheit. Dieser zeitliche Abstand ist allenthalben zu spüren. Was in biblischer Zeit Geschichte gemacht hat, hat mit unserer geschichtlichen Situation wenig zu tun.

Auch dazu ein Beispiel, wiederum (um erneut keine falschen Alternativen aufkommen zu lassen) aus dem Neuen Testament, und wiederum ein ganz zentrales, vielleicht das entscheidende Ereignis aus der Geschichte des Urchristentums: das Apostelkonzil. Im Neuen Testament gibt es davon zwei Berichte, einen bei Paulus (Gal 2,1–10), einen in der Apostelgeschichte (15,1–35), der erste von einem Augenzeugen und Parteigänger, der zweite von einem späteren Beobachter, der auf indirekte Informationen angewiesen ist. Die Texte unterscheiden sich in manchen Punkten voneinander, stimmen aber in wichtigen Grundzügen überein. Die historische und theologische Bedeutung des Apostelkonzils ist kaum hoch genug einzuschätzen: Es hat zwar keineswegs alle Schwierigkeiten beseitigt; es ist vielleicht auch eher auf eine Kompromißlösung hinausgelaufen. Aber es hat der Verkündigung des Evangeliums unter den Heiden einen gewaltigen Auftrieb gegeben; es hat die Einheit zwischen Judenchristen und Heidenchristen gewahrt und gestärkt; es hat den Weg zur Gesetzesfreiheit des Christentums geebnet.

Gleichwohl: Was damals, keine zwanzig Jahre nach dem Tode Jesu, von größter Brisanz war, ist heute Vergangenheit. Die Frage, ob Heiden, wenn sie Christen werden wollen, zuerst Juden werden müssen, ist nicht mehr aktuell; Debatten über die Heilsnotwendigkeit der Beschneidung und des Gesetzesgehorsams werden nicht mehr geführt. Die Kirchengeschichte ist über die Probleme der Anfangszeit hinweggegangen.

Freilich: Daß sie nicht mehr als Probleme wahrgenommen werden, ist das Ergebnis einer historischen und theologischen Entwicklung, die einen hohen Preis gefordert hat: daß die Kirche eine nahezu ausschließlich heidenchristliche Glaubens-Gemeinschaft geworden ist; daß jene Judenchristen, die bewußt *Juden*christen sein und bleiben wollten, schon im 2. Jahrhundert immer weiter an den Rand gedrängt und schließlich aus dem Haus der Ekklesia hinausgedrängt worden sind – ein schwerer, kaum zu verschmerzender Verlust für die Spiritualität, die Ethik und die Theologie der Ekklesia.

Doch auch unabhängig davon gilt: Wenn die historische Ferne selbst eines so wichtigen Ereignisses wie des Apostelkonzils erkannt ist, wird damit zwar keineswegs seine Relevanz und Aktualität in Frage gestellt. Aber es bedarf doch einiger intellektueller Anstrengungen, um die gegenwärtige Bedeutung des vergangenen Geschehens zu erkennen. Wer diese Anstrengung scheut, wer meint, die Jahrhunderte und (fast schon) Jahrtausende zwischen dem Jahr 48 und der Gegenwart schnell überspringen zu können, macht sich etwas vor – ebenso wie derjenige, der die Bibel aufgrund ihres Alters, ihrer Fremdheit, ihrer Schwierigkeit meint abschreiben zu können.

5. Zugänge zur Heiligen Schrift

Die Schwierigkeiten, die sich der Bibellektüre in den Weg stellen, sind nicht zu leugnen. Sie brauchen aber keineswegs die Zugänge zur Bibel zur versperren. Vielmehr hält die Bibel auch (und gerade) heute viele Türen offen. Man muß freilich durch sie hindurchgehen. Es gibt nicht nur theologische, nicht nur spirituelle und liturgische Zugänge, sondern auch literarische, kulturelle, soziale, philosophische. Bei der Auslegung und Vermittlung der Bibel ist in der Vergangenheit das Augenmerk etwas einseitig auf das gerichtet worden, was Theologen und Kirchenmänner, Mönche und Nonnen, Mystiker und Asketen an der Bibel gesehen und geschätzt haben. Der immense Schatz an Glaubenswissen, der von diesen Auslegern durch die Jahrhunderte angesammelt worden ist, läßt sich in der Tat schwer überschätzen. Gleichwohl kommt es in der religiösen Situation der Gegenwart darauf an, den Blick auszuweiten: sowohl auf lange vernachlässigte Facetten der Bibel als auch auf unorthodoxe, laikale, im guten Sinn populäre Wertschätzungen der Bibel. Der Vielfalt der Bibel entspricht die Vielfalt der Zugänge, die sie eröffnet. Nicht alle führen zum Zentrum; nicht alle führen in die Tiefe, nicht alle führen zur Ganzheit der Heiligen Schrift; einige bleiben an der Peripherie, manche an der Oberfläche, viele bei einzelnen Teilen der Schrift. Keiner dieser Zugänge darf vergessen, keiner verschlossen, keiner verboten werden. Nur in der Vielzahl der Blickweisen erschließt sich der Reichtum der Schrift.

Die Schwierigkeiten, denen sich jede Bibellektüre gegenübersieht, liegen vor allem in der fremden Sprache, der fremden Thematik und der fremden Geschichte der Bibel. Die Zugänge zur Heiligen Schrift öffnen sich vor allem durch ihre faszinierende Sprache, ihre faszinierenden Themen und ihre faszinierende Geschichte.

a) Die faszinierende Sprache

Rainer Maria Rilke (1875–1926) hat täglich in der Bibel gelesen – nicht nur um sich geistlich zu erbauen, sondern auch um seinen Stil zu bilden. In einem seiner „Briefe an einen jungen Dichter" nennt er die Bibel als eines der wenigen Bücher, die ihm „unentbehrlich" seien, und als das einzige, das er neben den Schriften des von ihm hoch verehrten dänischen Dichters Jens Peter Jacobson immer bei sich habe.[106] Ähnlich Peter Handke (*1942); er nennt als jene Dichter, zu denen sein *alter ego,* die Hauptfigur seines Romans, der schriftstellernde Diplomat Gregor Keuschnig, immer Vertrauen gehabt habe, „Goethe und Hölderlin, Heraklit und Johannes Evangelist"[107]; und er schildert[108]:

> Noch in der letzten Nacht hatte ich einen Traum, in dem ich nichts anderes tat als lesen. Es handelte sich um eine Stelle aus dem Johannes-Evangelium, die mir unbekannt war, eine reine Erzählung, wo nichts stand als „Und er verließ ... und er aß ... und sie sagten ... und als es Abend wurde ... und sie versammelten sich ... und er setzte sich ... und als die Sonne aufging ... und wir wuschen uns ... und er sagte ...", in einer großen klaren Druckschrift mit ebensolchen, wie gefiederten Zwischenräumen, wobei ich das Gelesene gleichzeitig schaute, in Gestalt eines stetigen Dahinziehens jenes „er", „sie" und „wir", in Bewegung

gesetzt von Lettern und Leere, wie es mir so dingfest, dabei so tänzerisch außerhalb dieses Buches noch keinmal vorgekommen ist. Und wie mein Lesen so mein Schreiben. Ich brauche ... und ich hoffe ... und ich wünsche ... und ich habe einen Traum.

Zwar wird man nirgends im Johannesevangelium den genauen Text ausfindig machen können, den er im Traum gelesen hat; und dennoch kann kein Zweifel bestehen, daß er die Einfachheit, die Schlichtheit, die Reinheit der johanneischen Sprache in seltener Klarheit erkannt und beschrieben hat. Rilkes wie Handkes literarische Wertschätzung der Bibel wird von vielen geteilt. Ganz ohne Zweifel ist das „Buch der Bücher" ein Stück Weltliteratur. Mehr noch: Wenn irgendein Buch den Anspruch erheben kann, Weltliteratur zu sein, dann die Bibel. Nicht nur, daß sie einen ganzen literarischen Kosmos in sich birgt; sie ist durch die Zeiten hindurch auf der ganzen Welt verbreitet; und sie ist ein Buch nicht nur der Gelehrten, sondern immer auch und zuerst der einfachen Leute. Sie ist wahrhaftig ein Aller-Welts-Buch: ein Buch der ganzen Welt. Friedrich von Schlegel (1772–1829) notiert[109]:

> Die Bibel ist der einzig wahre und absolut universelle Volksroman.

Gewiß: Es gibt in der Bibel nicht nur schwierige, sondern auch äußerst trockene und spröde Texte. Die literarische Qualität der Bücher ist recht unterschiedlich. Den rhetorischen Glanz, den stilistischen Schliff, die harmonische Form vieler Bücher der Umwelt, insbesondere Griechenlands, haben die biblischen Bücher im Regelfall nicht. Vielleicht können sich gerade deshalb nur wenige der Intensität ihrer Sprache entziehen. Teils ist sie schlicht und einfach: die Sprache des Volkes, der einfachen Menschen. Teils ist sie spontan und pathetisch: die Sprache starker Gefühle, radikaler Einsichten und großer Augenblicke. Meist ist sie dem Thema angemessen. Muß man an den Psalter erinnern, der sich durch Jahrhunderte hindurch als Gebet-Buch von Juden und Christen bewährt, der Abertausende von Liedern und Gebeten inspiriert hat? Muß man die Gleichnisse Jesu zitieren, die in zweitausend Jahren nichts von ihrer Originalität und Prägnanz eingebüßt haben? Muß man die Propheten-Bücher aufzählen, deren klare Worte der Kritik, deren sprechende Metaphern und plastische Bilder nach wie vor aufrütteln und aufbauen, ermahnen und ermutigen? Muß man die Gedichte Kohelets nennen, daß alles seine Zeit hat (3,1–8) und alles nur ein Hauch des Windes ist? Muß man die Johannes-Apokalypse ins Gedächtnis rufen, deren geheimnisvolle Bilder-Welt auch heute noch auf jeden, der sie nur lang genug betrachtet, einen rätselhaften Zauber ausübt?

Muß man die Evangelien nennen, deren literarische Gattung, deren
Stil, deren Stimmung, deren Sprache einzigartig geblieben sind, bis
heute? Walter Jens schreibt über sie[110]:

> Von hagiographischer Stilisierung ist da wenig zu spüren, noch weni-
> ger von Rilkescher Goldgrundmalerei. Der Duktus der Erzählung ist
> nüchtern; Exaktheit dominiert; wir erfahren mehr – weit mehr!
> –, als
> wir, die wir die evangelischen Berichte lange genug mit einer Summe
> frommer Versatzstücke verwechselt haben, uns einbildeten. Das Land,
> in dem Jesus lebte, hat klare Konturen: Da gibt es die Wüste und den
> blauen See im Norden; da bessern Fischer ihre Netze aus: Netze, die
> unter der Last zu zerreißen drohen; da dümpeln Boote; das Meer
> schlägt in das Schiff; die Leute, Jesus voran, haben Hunger; von Mot-
> ten und Würmern ist die Rede; von Huren und Dieben, von Säufern
> und Fressern. Die Gegenstände, Tücher, Lampen und Mäntel, sind
> keine symbolischen Äquivalente für ein reales Substrat, sondern wirk-
> lichkeitsträchtige, plastisch und fabulierfreudig beschriebene Elemente
> des täglichen Lebens. Man sieht es geradezu vor sich: das Schweiß-
> tuch, das Jesu Haupt bedeckt hatte (nein, nicht sein *Haupt*: seinen
> *Kopf*) und das im Grab nicht bei den Binden liegt, sondern, ein wenig
> abseits, an einem besonderen Ort.
>
> Und nicht nur die Gegenstände, auch die Personen strotzen vor Le-
> ben – nicht zuletzt jene, denen die Genre-Szene ein individuelles Pro-
> fil gibt: der nackte Jüngling zum Beispiel, der bei der Verfolgung
> durch die Schergen sein Hemd fallen läßt, oder der gelähmte Mann,
> der von seinen Trägern durch das Dach hindurchgehievt wird.
>
> Ist da nicht Komik im Spiel? Ein Witz, der, den Regeln der Poetik
> entsprechend, immer dort legitim ist, wo es um Arabesken in beschei-
> denem Milieu geht – um derbe Szenen, die, weit entfernt von aller
> Stilisierung, plastisch und sinnenfreudig nacherzählt werden: Details,
> die aus dem Kontext fallen, und, in ihrer lustigen Isoliertheit, realisti-
> scher Pointierung bedürfen?

Und Paulus?

Wie schwierig seine Sprache damals und heute zu verstehen ist,
läßt sich nicht leugnen. Dennoch: Ulrich von Wilamowitz-Moellendorf, ein großer Philologe seiner Zeit (1848–1931), einer der besten
Kenner der hellenistischen Geisteswelt, schreibt über das Griechisch
des Apostels Paulus:

> Er ist Jude, wie Jesus ein Jude ist. Daß aber dieser Jude, dieser Christ,
> griechisch denkt und schreibt, für alle Welt und doch zunächst für die
> Brüder, die er anredet, daß dieses Griechisch mit gar keiner Schule, gar
> keinem Vorbild etwas zu tun hat, sondern unbeholfen in überstürztem
> Gesprudel direkt aus dem Herzen strömt und doch eben Griechisch ist,
> kein übersetztes Aramäisch (wie die Sprüche Jesu), macht ihn zu einem

Klassiker des Hellenismus: Endlich, endlich redet wieder einmal einer auf griechisch von einer frischen, inneren Lebenserfahrung; das ist sein Glaube; in ihm ist er seiner Hoffnung gewiß, und seine heiße Liebe umspannt die Menschheit: ihr das Heil zu bringen, wirft er freudig sein Leben hin; frisches Leben der Seele aber sprießt überall hervor, wohin ihn sein Fuß trägt. Als einen Ersatz seiner persönlichen Wirkung schreibt er seine Briefe. Dieser Briefstil ist Paulus, niemand als Paulus; es ist nicht Privatbrief und doch nicht Literatur, ein unnachahmliches, wenn auch immer wieder nachgeahmtes Mittelding [...] Ihm war ja alle Literatur Tand, jede künstlerische Ader fehlte ihm: um so höher muß man die künstlerischen Wirkungen schätzen, die er gleichwohl erzielt [...] in der hellenistischen Welt der konventionellen Form, der glatten Schönheit, der Gemeinplätze erquickt diese Formlosigkeit, die doch den Gedanken und Empfindungen ganz adäquat ist. Oder welche Stilisierung könnte den intimen Reiz des Philipperbriefes erhöhen? Paulus offenbart der Welt für alle Zeit, daß der Mensch Gott auch auf anderen Wege finden kann, als es die Hellenen getan und gelehrt haben.[111]

Hinter viele Urteile des Gräzisten wird man heute ein kleines Fragezeichen setzen dürfen. Daß Paulus kein Original-Genie, sondern einer der Gebildetsten seiner Zeitgenossen gewesen ist, läßt sich aus seiner Biographie und seinen Briefen ziemlich sicher ableiten. Daß Paulus die Regeln antiker Rhetorik beherrscht und überlegt einsetzt, gehört zu den gesicherten Erkenntnissen der neueren Forschung. Daß seine Sprache poetische Kraft hat, zeigt zum mindesten das „Hohelied der Liebe" 1Kor 13. Die Bedeutung der Paulus-Briefe für die Entwicklung der griechischen Sprach-Kultur kann dadurch nur steigen. Im entscheidenden hat freilich von Wilamowitz-Moellendorf Recht: Die Stärke der paulinischen Briefe hängt mit ihrer Subjektivität, diese hinwiederum untrennbar mit dem Christus-Glauben des Apostels zusammen. Anders gesagt: Die christologische Gotteserfahrung selbst hat stilbildend, hat sprachschöpferisch gewirkt.

Durch die Luther-Übersetzung hat nicht zuletzt die paulinische Sprache entscheidend auf die Entwicklung des Deutschen Einfluß genommen.[112] Heinrich Heine konstatiert[113]:

Aber dieser Martin Luther gab uns nicht nur die Freiheit der Bewegung, sondern auch das Mittel der Bewegung, dem Geist gab er nämlich einen Leib. Er gab dem Gedanken auch das Wort. Er schuf die deutsche Sprache.

Dies geschah, indem er die Bibel übersetzte.

[...]

Ich bekenne [...] offenherzig, ich weiß nicht, wie die Sprache, die wir in der Lutherischen Bibel finden, entstanden ist. Aber ich weiß, daß durch diese Bibel, wovon die junge Presse, die schwarze Kunst, Tausende von Exemplaren ins Volk schleuderte, die Lutherische Sprache in wenigen Jahren über ganz Deutschland verbreitet und zur allgemeinen Schriftsprache erhoben wurde. Diese Schriftsprache herrscht noch immer in Deutschland, und gibt diesem politisch und religiös zerstückkelten Lande eine literärische Einheit. Ein solches unschätzbares Verdienst mag uns bei dieser Sprache dafür entschädigen, daß sie, in ihrer heutigen Ausbildung, etwas von jener Innigkeit entbehrt, welche wir bei Sprachen, die sich aus einem einzigen Dialekt gebildet, zu finden pflegen. Die Sprache in Luthers Bibel entbehrt jedoch durchaus nicht einer solchen Innigkeit, und dieses alte Buch ist eine ewige Quelle der Verjüngung für unsere Sprache. Alle Ausdrücke und Wendungen, die in der Lutherischen Bibel stehen, sind deutsch, der Schriftsteller darf sie immer noch gebrauchen; und da dieses Buch in den Händen der ärmsten Leute ist, so bedürfen diese keiner besonderen gelehrten Anleitung, um sich literarisch aussprechen zu können.

Dieser Umstand wird, wenn bei uns die politische Revolution ausbricht, gar merkwürdige Erscheinungen zur Folge haben. Die Freiheit wird überall sprechen können, und ihre Sprache wird biblisch sein.

Wieweit die letzte Prognose richtig gewesen ist, muß leider dahingestellt bleiben. (Am ehesten scheint sie noch in der ostdeutschen Oktoberrevolution von 1989 in Erfüllung gegangen zu sein.) Doch die Hoffnung ist groß genug: Die Sprache der Bibel ist die Sprache der Freiheit. Und die Sprache der Freiheit ist die Sprache der Bibel.

b) Die faszinierende Thematik

Viele, allzu viele Menschen, auch Juden und Christen, finden die Bibel langweilig und irrelevant. Weit mehr aber, nicht nur Juden und Christen, lassen sich von ihrer Botschaft, ihrem Gehalt, ihrer Thematik faszinieren. Gemeint ist nicht nur, daß die eine oder andere Episode aus der Bibel gefällt, daß die eine oder andere Sentenz Eindruck hinterläßt, daß das eine oder andere Bild im Gedächtnis bleibt. Gemeint ist, daß die Bibel in der überbordenden Fülle ihrer Themen, Geschichten und Figuren, daß sie in der Tiefe ihrer Botschaft immer noch und immer wieder anziehend wirkt.

Beispiele? Milan Machovec, der als erklärter Atheist und überzeugter Reform-Marxist die Bibel liest, analysiert die Faszination, die von der Bibel auch auf Nicht-Christen, selbst auf Agnostiker ausgeht.[114] Er unterscheidet drei Interessen-Stufen: die Wahrnehmung der sozialkritischen Impulse, die von der Bibel ausgehen; die Beachtung der existentialen Fragen, die sie stellt; schließlich die Konfrontation mit dem transzendentalen Denken der Bibel. Über die zweite Stufe führt er aus[115]:

Bekanntlich erleben die meisten Menschen der abendländischen Tradition schon zweitausend Jahre ihre persönlichsten Emotionen entweder gänzlich oder teilweise mittels biblischer Modelle. Und das Maß, inwieweit dieses oder jenes Individuum dieses Erdteiles seine tragischen oder hoffnungsbringenden Erlebnisse „biblisch" artikuliert, entspricht gar nicht genau dem Maß der persönlichen Frömmigkeit, Religiosität, Moralität usw. Es ist vielmehr weltanschaulich irrelevant, gar nicht an strenge Kirchendogmen oder Kirchengehorsam gebunden. Es gibt freilich in anderen Erdteilen andere, teilweise analoge Modelle […] Und es gibt natürlich sogar im Abendlande auch andere als biblische Modelle solcher Erlebnisse […] Aber das alles zusammen bildet – falls wir es wirklich objektiv beobachten – nur ein Bruchstück dessen, was für alle Völker der abendländischen Überlieferung in der erwähnten Hinsicht die Bibel brachte und zweitausend Jahre „besorgte" – selbst für „Ketzer", ja und sogar für „Gottlose". Millionen trafen in den Erlebnissen Jakobs und Josephs, Hiobs und Paulus' Analogien dessen, was sie selbst empfanden und erlebten. In Tausenden von Zitaten aus den Psalmen oder von den Evangelisten drückte man aus, was man selbst augenblicklich fühlte und erlitt, fürchtete und hoffte. Die Frommen eher bewußt, die Empörer eher unbewußt – aber letztlich beide. Alle haben die Bibel, dieses seltsame Erbe der jüdischen Urzeit, im Abendlande viel öfters und tiefer benutzt als z. B. das Erbe der eigenen mythologischen Urzeit dieser oder jener Nation. Dieser Sachverhalt gilt ebenso für sämtliche Typen von neuzeitlichem Atheismus und Agnostizismus.

Die Bedeutung, die den biblischen Archetypen zukommt, ist nach Machovec nicht nur ein kulturgeschichtliches Erbe. Sie ist vielmehr in der Sache selbst begründet: Auch Agnostiker und Atheisten erleben und deuten ihr eigenes Leben in biblischen Vor-Bildern. Warum? Weil diese Bilder so vielfältig, so bunt und so hintergründig sind, daß sie das Leben in seiner ganzen Fülle und Tiefe einzufangen vermögen. Das bestätigt Elias Canetti, wenn er 1984 den kurzen Aphorismus notiert[116]:

Ohne sie zu lesen, *bist du* in der Bibel.

Canetti erläutert den Satz nicht. Sein Sinn erschließt sich gleichwohl: Es ist die enorme Wirkungsgeschichte der Bibel, erklärbar nur durch ihren enormen Gehalt, die das Leben eines Menschen immer schon bestimmt – auch wenn er kein explizites Verhältnis zur Bibel gefunden hat.

Was Machovec und Canetti für die existentiellen Wahrheiten der Bibel festhalten, gilt *a fortiori* für ihre theologischen. Die gesamte Spiritualität, die gesamte Gottesvorstellung, auch die gesamte Philosophie des Abendlandes und des Orients ist zwar stark durch das griechische, aber stärker noch durch das biblische Denken geprägt. Gewiß darf man zwischen beiden Denk-Formen keine tiefen Gräben aufwerfen. Gewiß gibt es auch außerhalb der biblischen Überlieferung tiefe Einsichten in das Wesen Gottes. Müßig, heute noch eigens zu begründen, daß durch den Dialog mit nicht-biblischen Religionen auch die biblisch orientierte Theo-logie von Juden, Christen und Muslimen bereichert wird. Aber ebenso gewiß ist doch auch, daß in der Bibel eine letztlich einzigartige Form der Gottesrede begegnet. Ihr Angelpunkt ist eine im Grunde paradoxe, nur auf existentiellen Glaubens-Erfahrungen gegründete Idee: die Wahrnehmung einer untrennbaren, ja substantiellen Verbindung zwischen der absoluten Transzendenz, Souveränität, Heiligkeit und der gleichwohl geschichtlichen Mitteilungsbereitschaft und Wirkmächtigkeit des *einen* und *einzigen* Gottes. Die Konsequenzen dieses theozentrischen *und* geschichtlichen Denkens sind enorm. Nur im Horizont dieser monotheistischen und eschatologischen Theologie wird die Überwindung des mythisch-zyklischen Weltbildes möglich; nur in diesem Horizont kann sichtbar werden, daß die Zeit (und die Geschichte) eine substantielle Konstituente des Seins ist. Das erst eröffnet die Möglichkeiten der geschichts- und naturwissenschaftlichen Weltsicht, wie sie für die Moderne typisch ist. Leopold von Ranke (1795–1886) schreibt im ersten Band seiner „Weltgeschichte" über den Unterschied zwischen der mythischen Religiosität der Umwelt und dem Monotheismus Israels[117]:

> Das vornehmste Verdienst der Naturwissenschaft ist es, nach und nach jenes Dunkel zerstreut zu haben, welches diese Naturkulte über die Welt ausbreiten; allein aber wäre sie dazu nimmermehr fähig gewesen. Wie irrig ist es doch, Naturwissenschaft und Religion im Gegensatz gegen einander zu denken! Ohne eine reine, dem Geist des Menschen entsprechende Religion, die man wirklich annahm und glaubte, wäre die Wissenschaft der Natur und des Menschen überhaupt nicht möglich geworden. Den geistigen Gegensatz gegen Amon-Ra und Baal, zugleich gegen Apis und Moloch, bildet die Idee und das Wort Jehovah, wie sie Mose verkündigte.

Johannes Kepler (1571–1630)[118] und Isaac Newton (1643–1727)[119] haben auf die bibeltheologischen Voraussetzungen ihrer naturwissenschaftlichen Forschungen hingewiesen, nicht nur aus apologetischen, auch aus hermeneutischen Gründen. Nicht anders bei Albert Einstein, Max Planck und Werner Heisenberg. Unserer Tage urteilt Carl Friedrich von Weizsäcker über den inneren Zusammenhang zwischen der modernen Physik und der biblischen Theologie[120]:

Ich bezeichne zum Schluß nur noch einen Zusammenhang neuzeitlicher Wissenschaft mit der christlichen Theologie [...] Er betrifft die Bedeutung der Zeit. In den Platonismus [...] können wir schon deshalb nicht zurückkehren, weil ihm die geschichtliche Zeit nicht zum zentralen Thema geworden ist. Für die Naturwissenschaft ist die Zeit offenbar zentral in der Evolutionstheorie [...] Hinter der Evolutionstheorie im Sinne Darwins steht aber eine dort nicht artikulierte Auffassung der Zeit, die ihre angemessene Formulierung m.E. erst in der Physik findet, und zwar da, wo sie zugleich die thermodynamische Irreversibilität und die prognostische Funktion der Quantentheorie erklärt.

Doch auch jenseits solcher Gedankengänge, die abstrakt erscheinen und dennoch radikal die gegenwärtige Lebens-Wirklichkeit bestimmen, erweist sich die Faszination der biblischen Gottesverkündigung. Sie liegt vor allem darin, daß sie Gott Gott sein läßt, ohne ihn zu vermenschlichen und zu verweltlichen – und daß sie eben deshalb auch den Menschen Mensch sein lassen kann, ohne ihn utopistisch zu überfordern oder mythisch zu überhöhen und ohne ihn zum Mittel für irgendwelche Zwecke zu degradieren.

Und der Kolosser-Hymnus (1,15–20)?

Auch er hat seine zukunftsträchtige Wirkungs-Geschichte in der Neuzeit. Er hat in den christlichen Kirchen maßgeblich sowohl zum Erwachen eines ökologischen Bewußtseins als auch zur Stärkung der interreligiösen Ökumene beigetragen. 1961 hielt Joseph Sittler auf der Weltkirchenkonferenz in Neu-Delhi ein viel beachtetes Referat[121], in dem er Kol 1,15–20 auslegte und aktualisierte. Seine These: Der Text kritisiert radikal das typisch westliche, auf technische Naturbeherrschung angelegte Weltverständnis; statt dessen favorisiert er ein spirituelles Denken, das die Schöpfung als den Raum der Heilserfahrung und der Heilsvollendung begreift; dadurch aber begründet das Christuslied zugleich ein ganz anderes Verhältnis des Christentums zu den nicht-biblischen Religionen, ein Verhältnis, das nicht von Konfrontation, sondern von Dialog und wechselseitigem Lernen bestimmt ist:

Es ist die These dieses Vortrages, daß wir in unserer geschichtlichen Situation unter dem Imperativ stehen, daß der Glaube für die sinnlos zerschlagbaren, aber auch unendlich großen Möglichkeiten der Natur jenes heiligste, umfassendste Bekenntnis abzulegen hat: wegen Christus, für ihn und durch ihn haben alle Dinge ihren Bestand in Gott, und deshalb müssen sie fröhlich und mit klarem Sinn zum Wohl der Menschenfamilie gebraucht werden.
Die Kirche wird zur Einheit zugleich gestoßen und gelockt. [...] Der Weg vorwärts geht aus von einer Christologie, die auf ihre kosmischen Dimensionen ausgeweitet wird, die ihre Leidenschaftlichkeit

durch die Not dieser bedrohten Erde und die ihre ethische Zuspitzung erfährt durch die Liebe und den Zorn Gottes.

Auch wenn einzelne Ausführungen Sittlers exegetisch problematisch und zu wenig abgesichert sind, hat sich seine vom Kolosser-Hymnus inspirierte Position doch als wegweisend erwiesen. Signifikante Entwicklungen späterer Jahrzehnte sind in der Auslegung Sittlers vorweggenommen. Zwar muß sie sich nüchterner exegetischer Kritik stellen. Aber sie hat doch dazu beigetragen, die Relevanz des Hymnus, der auf den ersten Blick so abgelegen scheint, neu zu entdecken.

c) Die faszinierende Geschichte

Eines der wichtigsten und am meisten umstrittenen Ergebnisse der historisch-kritischen Exegese ist das Urteil, daß nicht alles, was in der Bibel steht, in unserem modernen Sinn historisch ist – auch wenn die Erzählungen für uns Heutige zunächst diesen Anschein erwecken mögen. Die Evangelien sind keine Biographien Jesu, die Geschichtsbücher des Alten Testaments sind keine historischen Tatsachenberichte. Doch dürfen diese Forschungsergebnisse nicht verkennen lassen, daß die biblischen Schriften keineswegs nur Geschichte *gemacht* haben, sondern sich auch in ihrem Zentrum auf Geschichte beziehen: indem sie die Geschichte erzählen, indem sie die Geschichte deuten, indem sie die Geschichte beeinflussen, indem sie die Geschichte erinnern und vergegenwärtigen: narrativ, homologetisch, liturgisch, parakletisch, kerygmatisch. Darin liegt ein gutes Stück der Faszination, die von der Bibel ausgeht: in der Entdeckung, welche Bedeutung der Geschichte für die Sicht Gottes, die Sicht des Menschen und der Welt zukommt, aber auch in der Wahrnehmung, was in der Bibel als Geschichte erzählt wird und wie sie in der Bibel erzählt wird. Zwar urteilt Jean Améry (1912–1978) bitter[122]:

> Die Bibel erzeugte Geschichte; diese war schlecht; darum ist denn auch die Schrift ein Unglücksbuch.

Doch ist dieses Urteil gerecht? Ist es nicht selbst eine schreckliche Vereinfachung? Gewiß: Anlaß zur Selbstkritik gibt es für Christen mehr als genug, auch in ihrem Verhältnis zur Bibel. Ist aber die Bibel für das verantwortlich, was in der Geschichte aus ihr gemacht worden ist? Ist das Unheil wegen der Bibel oder trotz der Bibel entstanden? Wie steht sie selbst zur Geschichte?

(1) Die Entdeckung der Geschichte

Die Sensibilität für Geschichte entspricht einem Grundzug modernen Denkens. Zu den epochalen Entdeckungen der Neuzeit gehört das geschichtliche Denken, die Einsicht, daß die Geschichte eine fundamentale Kategorie des Lebens ist: daß Menschen nicht nur Geschichte haben, daß sie nicht nur auf die Geschichte angewiesen, in die Geschichte hineingezogen, auf die Geschichte ausgerichtet sind, sondern daß sie ohne die Geschichte, ohne Vorprägungen und Erinnerungen ihre Identität nicht finden können.[123] Das gesamte Denken der griechischen Philosophie ist mit Plato in eine ganz andere Richtung gegangen; auch mythisch denkende Religionen können sich die menschliche Wirklichkeit nur im Jenseits von Raum und Zeit, nicht aber inmitten der geschichtlichen Kontingenz vorstellen. Anders die Bibel. So sehr die späten Schriften des Alten Testaments zusammen mit dem Neuen Testament auf *„einen neuen Himmel und eine neue Erde"* (Jes 65,17; 66,22; Offb 21,1; 2Petr 3,13) hoffen, da das Leben erst seine Fülle erlangen wird, so sehr stimmen sie doch darin überein, daß es ein Leben vor dem Tode gibt und daß dieses irdische, dieses so bedrohte, geschändete, der Vergänglichkeit anheimfallende Leben in den Augen Gottes ein wertvolles, liebenswertes, würdevolles Leben ist.

Nicht nur Leopold von Ranke, vor ihm hat schon Georg Wilhelm Friedrich Hegel (1770–1831), dem das geschichtliche Denken zum Mittelpunkt der Philosophie geworden ist, auf die biblisch-christlichen Wurzeln dieser Weltsicht hingewiesen. In seinen „Vorlesungen über die Aesthetik"[124] setzt er beim Durchbruch des Schöpfungsgedankens im Alten Testament an. Im Vergleich mit den kosmogonischen Mythen in Ägypten, Indien und Griechenland arbeitet er heraus, daß es eine völlig neue Sicht auf Gott, die Welt und den Menschen begründet, wenn Gott streng als Schöpfer, die Welt mitsamt dem Menschen aber nicht als göttlich, sondern streng im Gegenüber zu Gott als Geschaffenes erscheint. Seine These: Erst die Anerkennung der Geschichtlichkeit, also auch der Endlichkeit der Menschen-Welt kann die wahre Würde, den wahren Wert (die „Erhabenheit") der Welt und des Menschen erkennen lassen.

> Diese Anerkennung der Nichtigkeit der Dinge und das Erheben und Loben Gottes ist es, worin auf dieser Stufe das *menschliche Individuum* seine eigene Ehre, seinen Trost *und seine Befriedigung sucht.*
>
> a) In dieser Beziehung liefern uns die Psalmen klassische Beispiele der ächten Erhabenheit, allen Zeiten als ein Muster hingestellt, in welchem das, was der Mensch in seiner religiösen Vorstellung von Gott vor sich hat, glänzend mit kräftigster Erhebung der Seele ausgedrückt

ist. Nichts in der Welt darf auf Selbständigkeit Anspruch machen,
denn Alles ist und besteht nur durch Gottes Macht, und ist nur da,
um zum Preise dieser Macht zu dienen, so wie zum Aussprechen der
eigenen substanzlosen Nichtigkeit. Wenn wir daher in der Phantasie
der Substantialität und ihrem Pantheismus eine unendliche Ausweitung fanden, so haben wir hier die Kraft der *Erhebung* des Gemüths
zu bewundern, die alles fallen läßt, um die alleinige Macht Gottes zu
verkündigen. [...]
b) Mit der Erhabenheit ist deshalb von Seiten des Menschen zugleich
das Gefühl der eigenen Endlichkeit und des unübersteiglichen Abstandes von Gott verbunden. [...]
c) Drittens jedoch gewinnt innerhalb dieser Nichtigkeit der Mensch
dennoch eine freiere und selbständigere Stellung. Denn auf der einen
Seite entsteht bei der substantiellen Ruhe und Festigkeit Gottes in
Betreff auf seinen Willen und die Gebote desselben für den Menschen das *Gesetz*, anderer Seits liegt in der Erhebung zugleich die vollständige klare *Unterscheidung* des Menschlichen und Göttlichen, des
Endlichen und Absoluten, und damit ist das Urteil über Gutes und
Böses und die Entscheidung für das Eine oder Andere in das Subjekt
selbst verlegt. Das Verhältniß zum Absoluten, und die Angemessenheit oder Unangemessenheit des Menschen zu demselben hat daher
auch eine Seite, welche dem Individuum und seinem eigenen Verhalten und Thun zukömmt. Zugleich findet es dadurch in seinem Rechtthun und der Befolgung des Gesetzes eine *affirmative* Beziehung auf
Gott, und hat überhaupt den äußeren positiven oder negativen Zustand seines Daseyns, Wohlergehen, Genuß, Befriedigung, oder
Schmerz, Unglück, Druck mit seinem inneren Gehorsam oder seiner
Widerspänstigkeit gegen das Gesetz in Zusammenhang zu bringen,
und als Wohlthat und Belohnung, so wie als Prüfung und Strafe dahinzunehmen.

Wie wichtig ist umgekehrt das geschichtliche Denken für die Theologie?

Bleiben wir beim christlichen Glauben, und beschränken wir uns
auf das Neue Testament! Am Beginn des Christentums steht nicht
eine Idee, die Menschen gehabt haben, etwa die Idee reiner Humanität oder wahrer Gottesverehrung. Am Beginn des Christentums steht
auch nicht ein Traum, den Menschen geträumt haben, etwa der Traum
von allgemeinem Glück und vollkommener Heilung aller Wunden.
Am Beginn des Christentums steht die geschichtliche Gestalt Jesu
von Nazaret, eines Juden aus Galiläa, eines Zimmermanns (Mk 6,3),
geboren in einem kleinen Nest, aus dem angeblich nichts Gutes kommen kann (Joh 1,46), gestorben am Kreuz, an dem scheinbar der Fluch
Gottes klebt (Dtn 21,23: Gal 3,13), hingerichtet als „König der Juden"
(Mk 15,26), als angeblicher Aufrührer, der die Herrschaft der Römer

brechen und die politisch-religiöse Ordnung Israels umstürzen wollte. Gewiß hatte dieser Mensch eine große Idee und einen wunderbaren Traum, die Idee, besser: die Eingebung, daß Gott ganz von sich aus, rein aus Liebe und Barmherzigkeit, die Menschen, die auf seine Hilfe angewiesen sind, retten wird, und den Traum, besser: die Hoffnung, daß die Menschen, die er anreden wollte, auf seine Stimme, auf die Stimme Gottes hören würden. Aber um diese Idee zu verstehen und diesen Traum zu deuten, muß man den Menschen kennen und seine Geschichte. *Er* steht im Mittelpunkt der christlichen Botschaft: der Mann aus Nazaret, der Gekreuzigte, den Gott aus den Toten erweckt hat, der Sohn Gottes, der noch als Auferstandener an seinen Wundmalen zu erkennen ist (Joh 20,24–29).

Es ist durch die Zeiten hindurch die große Versuchung der Theologie und zumal der Frommen, daß sie, in Diskussionen und Meditationen über die Gottheit Jesu befangen, das wahre Menschsein Jesu vergessen, die geschichtliche Identität seiner Botschaft, seiner Praxis, seiner Ethik, seiner Person. Zwar hat die Ekklesia mit der gerade in ihrer Paradoxalität großartigen Formel des Konzils von Chalkedon, Jesus Christus sei „wahrhaft Gott und wahrhaft Mensch, [...] in zwei Naturen unvermischt, unveränderlich, ungetrennt und ungeteilt" (DH 302), den adäquaten Ausdruck für die genuin neutestamentliche Spannungseinheit zwischen dem Gekreuzigten und dem Auferstandenen, dem Erniedrigten und dem Erhöhten, dem Präexistenten und dem Inkarnierten gefunden. Doch ist es bis in die Gegenwart hinein äußerst schwer, das Niveau dieses Dogmas immer wieder neu zu erreichen und weder nach der Seite des Arianismus noch nach der Seite des Monophysitismus abzugleiten, also Jesus weder zu einem Halbgott zu machen noch seine Menschlichkeit zu marginalisieren.

Gerade in unserer Zeit geht eine große Faszination vom Jesus der Geschichte aus.[125] Zwar darf er keineswegs in einen Gegensatz zum Christus des Glaubens gestellt werden. Er ist Sohn Gottes von Anbeginn. Aber die Unterscheidung zwischen dem irdischen und dem erhöhten Jesus zu treffen und die *Geschichte* Jesu zu erinnern, ohne einer „Jesulogie" das Wort zu reden, ist doch nicht nur didaktisch-katechetisch hilfreich, sondern auch theologisch notwendig.

(2) Biblische Geschichte

Die Geschichte, die es durch die Bibel (im genauen Sinn des Wortes) zu er-innern gilt[126], ist nicht nur ein Stück Vergangenheit, das um der Gerechtigkeit willen nicht dem Vergessen anheimfallen darf. Die Geschichte, die durch die Bibel des Alten und Neuen Testaments ins Spiel kommt, ist vielmehr eine Zeit intensivster Gotteserfahrung, die kraft des Geistes der gestaltgebende Ursprung des Christseins ist und bleibt.

Gewiß: Manche fragen, was sie die Geschichte eines kleinen semitischen Stammes, die Geschichte eines kleinen Rabbis aus Nazaret, die Geschichte eines kleinen Haufens gläubiger Enthusiasten heute noch angehen soll. Doch bleiben solche Fragen an der Oberfläche. Sie ersticken in Banalität. Im „Buch des Unmuts", dem fünften des „West-östlichen Divan", schreibt Goethe[127]:

> Wer nicht von dreitausend Jahren
> Sich weiß Rechenschaft zu geben,
> Bleib im Dunkeln unerfahren,
> Mag von Tag zu Tage leben.

Daß es kaum ein geschichtsträchtigeres und geschichtsmächtigeres Buch als die Bibel gibt, läßt sich schlechterdings nicht in Abrede stellen. Worin liegt aber die Bedeutung der biblischen Geschichte? Man kann viele Antworten geben. Goethe schreibt in seiner Farbenlehre[128]:

> Jene große Verehrung, welche der Bibel von vielen Völkern und Geschlechtern der Erde gewidmet worden, verdankt sie ihrem inneren Wert. Sie ist nicht etwa nur ein Volksbuch, sondern das Buch der Völker, weil sie die Schicksale eines Volkes zum Symbol aller übrigen Völker aufstellt, die Geschichte desselben an die Entstehung der Welt anknüpft und durch eine Stufenreihe irdischer und geistiger Entwickelungen bis in die entferntesten Regionen der äußersten Ewigkeiten hinausführt.

Heute wird man anders formulieren, insbesondere nicht das Symbolische, vielmehr das Unverwechselbare und Einmalige der Geschichte Israels, dann auch der Geschichte Jesu und des Urchristentums hervorheben. Man muß sagen: Keine Geschichte eines Volkes gleicht der des jüdischen; daß ein Volk, klein und ohnmächtig, trotz tausendfacher Pogrome, trotz jahrhundertelanger Vertreibung, trotz schrecklicher Verfolgungen, die immer wieder durch die Hand von Christen und immer wieder unter den Augen von Christen geschehen sind, geblieben ist und bleibt, ist ohne Beispiel. Man muß weiter sagen: Kein anderer Mensch hat eine so große Wirkung auf seine Nachwelt hinterlassen wie der Zimmermann aus Nazaret; und keine andere Bewegung hat auf gewaltfreiem Wege in so kurzer Zeit eine so große Anhängerschaft gesammelt wie die Urgemeinde. Die biblische Geschichte ist ohne Beispiel – in ihrem Verlauf und ihrer Wirkung.

Man kann auch an die Art und Weise der Geschichtserzählung in der Heiligen Schrift denken. In kaum einem anderen (antiken) Ge-schichts-Buch, das nationale, ekklesiale und religiöse Identität stif-ten soll, wird das Handeln der Mächtigen so illusionslos, so nüch-tern und kritisch dargestellt wie in der Bibel. Mose, der Befreier seines Volkes aus dem ägyptischen Sklavenhaus: am Ende ein Zweifler, der das Gelobte Land nicht betritt; David, der große Kö-nig Israels: ein Haudegen und Ehebrecher; der feine König Salomo in all seiner Pracht und Weisheit: ein illegitimer Sprößling seines Vaters; die Könige Judas und Ephraims: mit wenigen Ausnahmen schwache, korrupte, machtgierige Subjekte; die Priester, eingesetzt zum Opferdienst vor Gott: vor allem auf ihr persönliches Auskom-men bedacht; der erste Jünger Jesu: ein Feigling, der in der Stunde der Not seinen Herrn verleugnet; unter den Zwölfen: der Verräter Jesu; der erfolgreichste Missionar: ein früherer Verfolger der Kir-che; Jesus selbst: ein ziemlich erfolgloser Prediger, am Ende ein Ge-kreuzigter, an dem nach dem Wortlaut des Gesetzes (Dtn 21,23) der Fluch Gottes klebt (Gal 3,13; vgl. 2Kor 5,21).

Daß diese illusionslose Nüchternheit an anderen Stellen Stilisierun-gen und Glorifizierungen nicht ausschließt, kann nicht geleugnet wer-den; aber daß sie gleichwohl die biblische Geschichte insgesamt kenn-zeichnet, ebenso nicht. Gewiß hat sich diese Art der Historiographie nicht ohne massive Behinderungen, nicht ohne Einschüchterungen und nicht ohne Kompromisse der Autoren durchgesetzt. Stefan Heym hat in seinem Buch über die Thronfolgegeschichte, die am Hofe Salo-mos in Auftrag gegeben worden ist, dem Mut und der List alttesta-mentlicher Historiographen ein literarisches Denkmal gesetzt.[129]

Die einzigartige Wirkung, die Selbstkritik, der Realismus bibli-scher Geschichtsschreibung – alles dies wäre Grund genug, die bibli-sche Geschichte wieder und wieder zu erinnern. Und doch reicht der eigentliche Grund tiefer.

Thomas Mann beginnt seinen großen Joseph-Roman mit folgen-den Worten[130]:

Tief ist der Brunnen der Vergangenheit. Sollte man ihn nicht uner-gründlich nennen?
Dies nämlich dann sogar und vielleicht eben dann, wenn nur und al-lein das Menschenwesen es ist, dessen Vergangenheit in Rede und Frage steht: dieses Rätselwesen, das unser eigenes natürlich-lusthaftes und übernatürlich-elendes Dasein in sich schließt und dessen Geheim-nis sehr begreiflicherweise das A und O all unseres Redens und Fra-gens bildet, allem Reden Bedrängtheit, allem Fragen seine Inständig-keit verleiht. Da denn nun gerade geschieht es, daß, je tiefer man schürft, je weiter hinab in die Unterwelt des Vergangenen man dringt

und tastet, die Anfangsgründe des Menschlichen, seiner Geschichte, seiner Gesittung, sich als gänzlich unerlotbar erweisen und vor unserem Senkblei, zu welcher abenteuerlichen Zeitenlänge wir seine Schnur auch abspulen, immer wieder und weiter ins Bodenlose zurückweichen. Zutreffend aber heißt es hier ‚wieder und weiter'; denn mit unserer Forscherangelegentlichkeit treibt das Unerforschliche eine Art von foppendem Spiel: es bietet ihr Scheinhalte und Wegesziele, hinter denen, wenn sie erreicht sind, neue Vergangenheitsstrekken sich auftun, wie es dem Küstengänger ergeht, der des Wanderns kein Ende findet, weil hinter jeder lehmigen Dünenkulisse, die er erstrebte, neue Weiten zu neuen Vorgebirgen vorwärtslocken.
So gibt es Anfänge bedingter Art, welche den Ur-Beginn der besonderen Überlieferung einer bestimmten Gemeinschaft, Volkheit oder Glaubensfamilie praktisch-tatsächlich bilden, so daß die Erinnerung, wenn auch wohl belehrt darüber, daß die Brunnenteufe damit keineswegs ernstlich als ausgepeilt gelten kann, sich bei solchem Ur denn auch national beruhigen und zum persönlich-geschichtlichen Stillstande kommen mag.
Der junge Joseph zum Beispiel, ...

Kann man aus der Geschichte lernen? Gewiß kann man keine einfache Moral aus der Geschichte ziehen, gewiß keine Rezepte für die Gegenwart und keine Handlungsanweisungen für die Zukunft ableiten. Vielleicht kann man aber aus der Geschichte Israels, der Geschichte Jesu und der Geschichte der ersten Christen doch etwas lernen: die Unergründlichkeit des kosmischen und des menschlichen Lebens, sein Geheimnis, damit aber seine Würde, seinen Wert, seine Einmaligkeit. Der Anfang, den die Bibel beschreibt, verweist auf ein Jenseits von Raum und Zeit, auf einen Schöpfer und Vollender, schließlich auf das menschgewordene Wort Gottes. Die Unergründlichkeit der Geschichte, wie immer Thomas Mann sie vorgestellt hat, ist die Kehrseite ihrer Transzendenz. Die Faszination, die in der biblischen Geschichte liegt: daß sie nach dem Zeugnis ihrer Archivare und Annalisten, ihrer Erzähler und Tradenten, ihrer Deuter und Vermittler eine Geschichte Gottes mit den Menschen ist. *Wie* man sich das geschichtsmächtige Handeln Gottes vorgestellt hat, ist höchst unterschiedlich; teils hat man, massiv und archaisch, an ein direktes Eingreifen in den Lauf der Dinge gedacht, gar an die zeitweilige Außer-Kraft-Setzung natürlicher Gesetze; teils hat man, schon reflektierter, an indirekte Selbstbekundungen gedacht, an Orakel und Lose, an Engelerscheinungen und Traumgesichte; teils hat man, im höchsten Maße differenziert, an personale Mittler gedacht, an berufene Boten und inspirierte Propheten. Entscheidend ist, *daß* man die Geschichte als Ort der Offenbarung wie der Erfahrung des lebendigen Gottes begreift – ohne die menschliche Verantwortung zu unterminieren und ohne Gott zu verweltlichen. Das ist die Voraussetzung dafür, die Unergründlichkeit der Geschichte nicht zu überspielen – und gleichzeitig im Abgrund der Geschichte: Gott zu sehen, ob als nahen oder als verborgenen Gott, ob als wärmendes Licht oder als verzehrendes Feuer, ob als helfenden Arzt (Ex 15,26) oder als brüllenden Löwen (Hos 5,14), immer als Geheimnis des Lebens und immer als den Herrn über Leben und Tod.

Und das Apostelkonzil? Nicht, daß hier die letzten Fragen der Menschheit gestellt und beantwortet worden wären. Aber: Die Notwendigkeit, die Jerusalemer Entscheidung für die Gesetzesfreiheit der Heidenmission zu aktualisieren, ist mit Händen zu greifen. Wieviel Ritualismus, wieviel Gesetzlichkeit, wieviel Glaubenshärte, wieviel Ausgrenzung Andersdenkender gab und gibt es nicht in den Kirchen? Wie tief steckt nicht die Versuchung in allen Menschen, sich ihrer Werke vor Gott zu rühmen? Wie schwer fällt nicht die Inkulturation des Evangeliums? Wer diese Gefahren sieht, wird aus dem Apostelkonzil vieles lernen können: daß ekklesiale Einheit nicht Uniformität des Denkens und Handelns voraussetzt, sondern das kooperative Miteinander verschiedener christlicher Lebensstile; daß die Authentizität der ekklesialen Praxis (auch) daran zu messen ist, wie weit sie der Universalität des Heilswillens Gottes Raum gibt; daß die zukunftsweisenden Entscheidungen der Ekklesia nicht durch einsame Entschlüsse, sondern durch kontroverse Gespräche, durch Erfahrungsaustausch und theologische Argumentation zustandegekommen sind; daß es gerade die Frommen und Gerechten sind, die in der Gefahr stehen, die Gnade Gottes zu blokkieren – die Liste ließe sich leicht verlängern.

Die Geschichte, die vom Alten und Neuen Testament geschrieben worden ist, ist eine Vergangenheit, die nicht vergeht, sondern aktuell ist und bleibt: nicht nur weil im Fluß der Zeit die Vergangenheit niemals vergeht, sondern weil die biblische Vergangenheit die Zeit des grund-legenden Anfangs ist, der das Christentum bleibend prägt. Dieser Anfang, seine frische Kraft und seine unvergleichliche Intensität, bestimmt die Identität der Kirche und der Christen. Er ist die Quelle des Glaubens – gestern, heute und morgen.

ZWEITER TEIL

EIN BUCH AUS VIELEN BÜCHERN

Dich heben hunderttausend Harfen
wie Schwingen aus der Schweigsamkeit.
Und deine alten Winde warfen
zu allen Dingen und Bedarfen
den Hauch von deiner Herrlichkeit.
Rainer Maria Rilke, Das Stunden-Buch[1]

Die Bibel ist das Buch der Bücher. Der Genitiv markiert nicht nur einen enormen Anspruch: daß es sich um das wichtigste Buch auf der ganzen Welt handelt. Der Genitiv besagt auch: Die Bibel ist ein Buch aus vielen Büchern. Sie ist eine ganze Bibliothek. Das griechische Wort, auf das die Bezeichnung Bibel zurückgeht, ist ein Plural: *tà bíblia*. Wollte man genau übersetzen, müßte man also sagen: die Bibel – die Bücher, die Büchersammlung, die Bücherei, die Bibliothek.

1. Die Vielzahl der Schriften

Allein 27 Schriften sind es, die im Neuen Testament zusammengebunden sind; in den katholischen Bibelausgaben sind es dann noch einmal 45 bzw. 46 Schriften[2], die das Alte Testament bilden, in den heutigen evangelischen Bibelausgaben leider meist ein paar weniger, weil die sogenannten apokryphen oder deuterokanonischen Bücher[3] in der Regel nicht mehr aufgenommen werden.[4] Jede einzelne dieser Schriften hat ihr eigenes Thema, ihren eigenen Charakter, ihre eigenen Besonderheiten, ihre eigenen Probleme, ihren eigenen Reiz. Jede einzelne fordert ihr eigenes Recht. Der greise Bischof Ferdinand Piontek von Berlin hat 1961 in einer Ansprache an seine Diakone im Priesterseminar Neuzelle ein plastisches Bild gefunden[5]:

> Es gibt ein Schloß, das hat 72 Zimmer. Bei der Besichtigung merken wir sofort, das ist kein moderner Bau, dieses Schloß ist jahrhundertealt, viele Jahrhunderte. Und schon nach den ersten zehn Zimmern werden wir gewiß, das hat nicht ein einziger Baumeister geschaffen, hier haben viele Baukünstler gearbeitet, und jeder hat seine Eigenart ausgeprägt.
> Das Schloß hat Säle, geräumige Zimmer und kleine Kammern. Manche Räume sind hell und freundlich, doch in den meisten herrscht ein

geheimnisvolles Dunkel oder Halbdunkel, und unsere Augen haben Mühe, sich zu gewöhnen. Die Ausstattung der Zimmer ist oft fremd und seltsam. Sinnend stehen wir lange vor den Zierraten und Inschriften, halb erkennen wir, was sie bedeuten, aber halb bleiben sie uns ein Rätsel.
[...]
Dieses Schloß ist die *Heilige Schrift,* die 72 Zimmer sind die 72 Bücher des Alten und Neuen Testaments.

Das Buch der Bücher setzt sich aus einer großen Zahl biblischer Bücher zusammen. Der katholische Alttestamentler Norbert Lohfink hat die (bislang leider nicht realisierte) Idee gehabt, eine Bibel in Einzelausgaben zu drucken[6] – eine Bibel, die zwar als Gesamtwerk noch hinreichend deutlich erkennbar wäre, etwa durch die gleiche Farbe des Einbandes, die aber im übrigen ganz unterschiedlich gestaltet würde: der Psalter wie ein Gebet- und Gesangbuch; das Hohe Lied wie ein Gedichtbändchen; die Tora über weite Strecken wie ein Gesetzeskodex mit Paragraphen, ähnlich einem heutigen Strafgesetzbuch; das Buch der Sprüche vielleicht wie eine Art Hauskalender mit Weisungen und Losungen für jeden Tag; der Hebräerbrief wie ein Predigttraktat; die Apostelgeschichte wie der historische Essay eines gebildeten Literaten; das Corpus Paulinum wie eine Briefsammlung, darunter der Philemonbrief wie ein kurzer Karten-Gruß.

Eine solche Ausgabe würde aber nicht nur unmittelbar anschaulich machen, wie vielseitig die Bibel ist; sie könnte auch die enge Zusammengehörigkeit mancher biblischer Bücher vor Augen stellen. Tatsächlich bilden die Samuel- und die Königsbücher des Alten Testaments ein einziges historisches Werk in mehreren Bänden: eine voluminöse Geschichte Israels. Die Bücher der Chronik hingegen sind so etwas wie eine erweiterte und überarbeitete Neuauflage der Königsbücher. Interessant und typisch ist, daß diese neue Geschichtserzählung die ältere nicht verdrängt hat, sondern im Kanon an ihre Seite gerückt ist, in der Hebräischen Bibel als Abschluß der gesamten Heiligen Schrift, in der Griechischen Bibel, der Septuaginta, als Nachbarin des älteren Textes.

Ähnliche Phänomene lassen sich auch im Neuen Testament beobachten. Das Matthäus- und das Lukasevangelium sind wesentlich erweiterte und formal wie theologisch neu gestaltete Ausgaben des Markusevangeliums. Das Lukasevangelium und die Apostelgeschichte sind als ein Doppelwerk geplant; beide sind dem „*hochverehrten Theophilos",* wahrscheinlich dem Mäzen des Verfassers, gewidmet (Lk 1,3; Apg 1,1f); das Vorwort des zweiten Buches weist auf das erste zurück. Der Epheserbrief ist eine stark überarbeitete und erheblich erweiterte Fassung des Kolosserbriefes: Der Aufbau ist in den Grundzügen identisch; der Gedankengang ist ähnlich; verschiedene Formulierungen sind eng verwandt. Selbstverständlich gibt es auch erhebliche und charakteristische Unterschiede zwischen beiden Schreiben. Sie resultieren daraus, daß der Autor des Epheserbriefes neue thematische Schwerpunkte setzt und andere Adressaten anschreibt. Ähnlich liegen die Verhältnisse beim Judas- und beim Zweiten Petrusbrief. Beide Texte sind pseudepigraph; sie sind nicht von den genannten Verfassern, sondern nur unter ihrem Namen geschrieben worden. „Petrus" kennt den Brief des „Judas"; er variiert ihn, indem er ihn in einen neuen situativen und theologischen Horizont hineinstellt. Besonders interessant sind die Beziehungen zwischen den beiden Thessalonicherbriefen. Die historisch-kritische Exegese urteilt zumeist, daß der zweite Brief nicht mehr vom Apostel selbst verfaßt worden ist, sondern sich mit problematischen Deutungen des ersten, vom Apostel selbst verfaßten Schreibens an die Thessalonicher auseinandersetzt.

Genaueres Hinsehen läßt eine noch viel größere Buntheit der biblischen Bibliothek erkennen. Viele Bücher haben eine lange Entstehungsgeschichte durchlaufen.[7] Sie sind nicht aus einem Guß. Sie stammen nicht aus der Feder nur eines einzigen Autors. Sie haben mehrere Wachstumsphasen erlebt, bis sie ihre kanonisch gewordene Endgestalt erreicht haben. Viele Vorlagen sind in sie eingearbeitet worden; aus zahlreichen literarischen Quellen werden sie gespeist. Das gilt im Alten Testament vor allem für die „Fünf Bücher Mose" (Genesis, Exodus, Levitikus, Numeri, Deuteronomium) und für die Prophetenschriften, insbesondere das Riesenwerk des Jesajabuches. Knapp die Hälfte, 73 von 150 Psalmen, sind zwar im hebräischen Text als Psalmen Davids ausgewiesen (in der Septuaginta gar 83); doch zeigt jede nähere philologische Befassung mit dem Psalter sofort, daß diese Zuweisungen relativ spät sind und daß die „Davids"-Psalmen sich im Ton, in der Sprache, im Stil, in den Themen, in den vorausgesetzten Situationen so stark voneinander unterscheiden, daß sie nicht allesamt auf den König zurückgehen können. (Wahrscheinlich stammt kein einziger direkt von ihm.) Im Neuen Testament haben besonders die vier Evangelien nach Matthäus, Markus, Lukas und Johannes eine längere Entstehungsgeschichte hinter sich. Bei manchen Paulusbriefen, insbesondere dem Zweiten Korintherbrief und dem Philipperbrief, wird in der Forschung immer wieder überlegt, ob sie nicht nachträglich aus mehreren, ursprünglich selbständigen Schreiben des Apostels an die Gemeinden zusammengestellt worden sind. Wieder andere Briefe sind zwar unter dem Namen des Apostels, aber doch wohl nicht von ihm selbst, sondern (nach seinem Tode) von verschiedenen seiner Schüler verfaßt worden, so die Pastoralbriefe an Timotheus und Titus, aber auch der Epheserbrief und vermutlich noch der Kolosser- und der Zweite Thessalonicherbrief. Das Neue Testament ist in einem Zeitraum von knapp 100 Jahren entstanden, das Alte Testament in einem Zeitraum von knapp 1000 Jahren. Das merkt man seinen Schriften an, z.t. bis in die Originalsprache hinein: Die meisten Bücher sind im Hebräischen (unterschiedlicher Epochen), einige Textpartien aber auch im Aramäischen und nicht wenige der jüngeren Schriften im Griechischen entstanden. (Übersetzungen können diese Eigenheiten natürlich nicht deutlich machen.) Die ersten Anfänge der Jesusüberlieferung liegen vielleicht sogar in der Zeit vor Ostern. Die älteste literarische Schrift des Neuen Testaments, der Erste Thessalonicherbrief, ist etwa im Jahr 50 oder 51 n. Chr. entstanden, die jüngste, der Zweite Petrusbrief, kaum vor 120. Die Anfänge der alttestamentlichen Literatur gehen, so schwer sie auch zu erkennen sind, weit vor die Zeit Davids zurück; die jüngste Schrift des – griechischen – Alten Testaments, das dem Salomo zugeschriebene „Buch der Weisheit", ist vielleicht erst 100 v. Chr. fertiggestellt worden.

Wie immer man über einzelne Urteile der historisch-kritischen Exegese streiten mag: Viele Bücher der Bibel sind nicht aus einem Guß. Zwar bilden sie in ihrer Endgestalt ein geschlossenes Ganzes; aber sie verdanken sich sehr häufig nicht dem freien Gestaltungswillen eines einzigen Verfassers, sondern basieren auf älteren Texten, auf Vorformen und Vorgaben. Sie sind von Traditionen, von mündlichen und schriftlichen Überlieferungen abhängig, und sie lassen diese Abhängigkeit auch erkennen. Besonders deutlich geschieht dies im Vorwort zum Lukasevangelium (1,1–4):

¹Da es schon viele unternommen haben,
eine Erzählung über die Ereignisse anzufertigen, die unter uns zur
    Erfüllung gekommen sind,
²wie sie uns die überliefert haben,
die von Anfang an Augenzeugen und Diener des Wortes geworden sind,
³schien es auch mir gut,
allem akribisch von Anfang an nachzugehen,
um es dir in der rechten Ordnung aufzuschreiben,
hochverehrter Theophilos,
⁴damit du die Zuverlässigkeit der Worte erkennst,
in denen du unterwiesen worden bist.

Lukas erklärt in aller wünschenswerten Klarheit, daß er keinen unmittelbaren, vielmehr einen vielfach vermittelten Zugang zum Jesus-

Geschehen hat, von dem er berichten will. Wie ein Historiker ist er von Quellen abhängig. *Cum grano salis* gilt dies auch für alle anderen Evangelien – und weit mehr noch gilt es für die Gesetzes- und Geschichtsbücher des Alten Testaments. Zwar gibt es Gegenbeispiele: Die Paulus-Briefe zitieren zwar durchaus immer wieder urchristliche Bekenntnis-Traditionen, sogar an entscheidenden Stellen. Dennoch sind sie ganz und gar durch die Handschrift des Apostels geprägt. Im Alten Testament ist das Buch des Kohelet, wiewohl er vieles zitiert und kommentiert, im wesentlichen ein großer Wurf von einer Hand. Doch für die große Mehrheit der alt- und neutestamentlichen Bücher gilt das nicht. Für das Auge des kritischen Forschers zeichnen sich unter der Oberfläche der überlieferten Texte ältere Fassungen ab: Vorlagen, Traditionen, Quellen – nicht immer im genauen Wortlaut, aber häufig doch in der Komposition und im Gedankenduktus. Der textliche Reichtum der Bibel wird durch diese Beobachtungen nur desto größer.

Man kann die biblischen Schriften auf weite Strecken nicht wie neuzeitliche Autorentexte, sondern muß sie als traditionsabhängige Literatur interpretieren. Man darf sie vor allem nicht alle über einen Kamm scheren. Man muß ihre unterschiedlichen Hintergründe, ihre unterschiedlichen Entstehungszeiten, ihre unterschiedlichen Anlässe und Intentionen sehr genau beachten. Sonst kann man ihnen nicht gerecht werden.

2. *Die Vielfalt der Formen*

Die Pluralität der Bibel besteht nicht nur in der Vielzahl ihrer Bücher, sondern auch in der Vielfalt ihrer literarischen Formen und Gattungen. Gesetzessammlungen sind anders als Geschichtsbücher angelegt, Psalmgebete anders als ein philosophisch-theologischer Traktat wie etwa das Buch Kohelet, Liebeslieder wie das Hohelied anders als Symbolerzählungen wie z. B. das Buch Tobit, Prophetenbücher anders als Weisheitssprüche, Evangelien anders als Briefe, eine Apostelgeschichte anders als eine prophetische Vision wie die Johannes-Apokalypse. Jede dieser unterschiedlichen Groß-Gattungen hat eine eigene Sprache, eine eigene Stimmführung, einen eigenen Hintergrund, eine eigene Absicht, eine eigene Wirkung. Wer ein Evangelium wie eine historische Biographie oder eine Legende, wer einen Psalm wie einen dogmatischen Kurz-Traktat, wer eine prophetische Weisung wie einen Gesetzesparagraphen liest, muß in die Irre gehen.

Unterschiede der Sprach- und Redeweisen, der Formen und Gattungen gibt es freilich nicht nur zwischen den verschiedenen biblischen Schriften, sondern auch in ihnen selbst. Wiederum ein Beispiel aus den Paulinen: Daß der Erste Korintherbrief ein formvollendeter Brief ist, der souverän die Regeln antiker Epistolographie verwendet; daß er ganz und gar durch die charakteristische Handschrift des Apostels geprägt ist; daß er ein unverwechselbares eigenes Profil hat: das alles läßt sich nicht von der Hand weisen. Aber dennoch, oder besser: deshalb ist er reich an ganz verschiedenen Ausdrucksmöglichkeiten, Stilmitteln und Schreibweisen, reich an ganz vielfältigen Formen und Gattungen. Im Ersten Korintherbrief findet sich ein regelrechtes Glaubensbekenntnis (15,3–5); in ihm findet sich ethische Mahnrede, z. B. gegen sexuelle Libertinage (6,9–20); in ihm findet sich geschichtliche und liturgische Erinnerung an das letzte Abendmahl Jesu (11,23–26); in ihm finden sich Höhenflüge spekulativer Theologie, namentlich über den inneren Zusammenhang zwischen der Auferweckung Jesu Christi und der endzeitlichen Auferweckung der Toten (Kap. 15); in ihm finden sich nüchterne pastorale Ratschläge für die Alltagspraxis der Gemeinde, etwa für die Feier des Gemeinde-Gottesdienstes (Kap. 14); in ihm findet sich ein hoch poetischer Text wie das „Hohelied" der Liebe (Kap. 13); in ihm finden sich aber auch scharfe Polemik und bittere Ironie (4,7–13). Wer den Ersten Korintherbrief – als Brief des Apostels Paulus an „die Gemeinde Gottes, die in Korinth ist" (1,2) – lesen und verstehen will, muß diese Vielfalt beachten: Sie gehört zum Reichtum des Briefes; sie ist ein unmittelbarer Ausdruck der Kreativität des Apostels. Wann und weshalb er ein urchristliches Credo zitiert; wann und weshalb er warnt oder mahnt, kritisiert, polemisiert oder argumentiert; wann und weshalb er zu erzählen, an die Geschichte Jesu zu erinnern, eine poetische Sprache zu sprechen beginnt: all das zu beachten, ist von größter Wichtigkeit – nicht nur dann, wenn man nach der Absicht fragt, die der Apostel mit seinem Brief verfolgt, sondern auch dann, wenn man die Wirkung untersucht, die er bei den Korinthern erzielen konnte. Wer die unterschiedlichen Ausdrucksformen, ihre Abstimmung auf das Thema und die Adressaten, nicht beachtet, wer alle Texte über einen Kamm schert, wird das literarische und theologische Profil des Briefes nie erkennen können.

3. Der Reichtum der Pluralität

Die Pluralität der einen Bibel Alten und Neuen Testaments erkannt zu haben, ist die große theologische Leistung der historisch-kritischen Exegese. Das konzediert auch Joseph Cardinal Ratzinger,

wenn er in einer sonst sehr kritischen Bewertung immerhin für die
Anfänge der modernen Schriftauslegung festhält:[8]

> In der Tat kam lang Vergessenes wieder zum Vorschein; die Polypho-
> nie der Geschichte wurde hinter der Homophonie der traditionellen
> Auslegung wieder hörbar. Weil der menschliche Faktor der heiligen
> Geschichte immer plastischer hervortrat, zeigte sich zugleich auch
> Gottes Handeln größer und näher.

Tatsächlich ist dies einer der wichtigsten Dienste, die sie der Theologie und der Kirche leistet: in großer Eindringlichkeit die breite
Vielfalt der biblischen Schriften vor Augen zu führen, die Vielfalt
der Bücher, die Vielfalt der Formen, die Vielfalt der Themen, der
Ausdrucksweisen, der Motive, die Vielfalt der Fragen, die Menschen stellen, und der Antworten, die sie nach Auffassung der biblischen Autoren hören müssen, nicht zuletzt die Spannung zwischen
dem Alten und dem Neuen Testament.

Diese Vielfalt mag zwar auf manche irritierend wirken, insbesondere auf jene, die alles ganz klar und ganz einfach und ganz über-
sichtlich geordnet haben müssen. In Wahrheit ist sie ein großer
Reichtum. Man darf ihn sich nicht dadurch nehmen lassen, daß
man die Bibel nur auf ganz bestimmte Themen und Formeln reduziert oder sie nur in Teilen gelten lassen will oder sie nur unter einem bestimmten Aspekt wahrnimmt – sei es als psychologisches Anschauungsmaterial oder als sozialrevolutionäres Programm oder als
frommes Andachtsbuch oder als disziplinierendes Regelwerk oder
als Fundgrube für die Dogmatik.

Die Vielfalt der biblischen Bücher resultiert aus vielen Faktoren:
aus der großen Zahl der Autoren, die Texte zur Bibel beigesteuert
haben; aus dem großen Zeitraum, in dem die Bibel entstanden ist;
aber auch aus der Komplexität der biblischen Inhalte, aus der Vielseitigkeit, dem Facettenreichtum, der Tiefgründigkeit des alt- und
neutestamentlichen Evangeliums.

Der Reichtum, den die Bibel in ihrer Vielfalt birgt, muß in jeder
Generation neu entdeckt werden. Dazu bietet die Wahrnehmung,
daß die Bibel ein in jeder Hinsicht vielseitiges Buch ist, einen vorzüg-
lichen Anhaltspunkt. Dennoch ist die Vielfalt biblischer Redeweisen
lange Zeit viel zu wenig beachtet worden. Die Bibelarbeit zurücklie-
gender Jahrzehnte war ziemlich stark durch den Entwurf einer „Biblischen Geschichte" und die Orientierung an einer Evangelienharmonie geprägt. So sehr diese didaktischen Konzepte auch geeignet
schienen, erste Grundinformationen und allgemeine Überblicke zu
verschaffen, so wenig haben sie doch den Farben- und Formenreich-

tum der Heiligen Schrift in den Blick bekommen. Die biblischen Geschichten wurden zur Biblischen Geschichte zusammengepreßt. An die Stelle der vier Evangelien trat vielerorts eine Evangelienharmonie, in der die schönsten Stellen, scheinbar die Höhepunkte der *vita Jesu* gesammelt und in eine harmonische Ordnung gebracht, freilich auch alle Ecken und Kanten fein säuberlich abgeschliffen, alle Spannungen aufgelöst, alle Höhen und Tiefen eingeebnet, alle Spitzen abgestumpft und alle Widerhaken fein säuberlich entfernt worden sind – mit dem Ergebnis eines womöglich glanzvollen, aber allzu glatten, allzu konventionellen, allzu glänzenden Jesus-Bildes.

Wenn die Exegese demgegenüber auf die Pluralität der alt- und neutestamentlichen Theologien aufmerksam macht, steht sie in einer ur-katholischen und ur-evangelischen, in einer ganz und gar orthodoxen Tradition. Warum denn gibt es im Neuen Testament nicht nur *eine* Evangelienschrift, sondern gleich vier Evangelienbücher? Warum haben im kanonischen Prozeß die jüngeren Evangelien die älteren nicht verdrängt? Warum hat die Gesamtkirche dem Streben nach einer Evangelienharmonie beharrlich widerstanden? Nicht nur weil man denen Respekt zollen wollte, die sich um die Jesus-Überlieferung verdient gemacht haben, sondern auch weil man wußte, daß ein einziger Schriftsteller, ein einziges Buch die Vielschichtigkeit, die Lebenswirklichkeit, die Wahrheit, das Geheimnis dieses Mannes aus Nazaret, des Sohnes Gottes, gar nicht begreifen, geschweige beschreiben *kann*; weil man wußte: es bedarf mehrerer Blickwinkel, mehrerer Perspektiven, mehrerer Gesichtspunkte, um diesen Jesus Christus überhaupt auch nur in einigen Umrissen vor Augen zu bekommen.

In der Geschichte der Schriftauslegung ist diese Vielfalt der Evangelien freilich häufig als Problem gesehen worden.[9] Antike Christentums-Kritiker, von Kelsos bis zu Kaiser Julian, haben mit dem Finger auf die Widersprüche zwischen den Evangelien gezeigt. Einen Ausweg sahen die Kirchenväter teils in Harmonisierungen, teils in Allegoresen, also teils in Versuchen, die Differenzen zu relativieren, teils in dem Konzept, den buchstäblichen Aussagesinn (mit seinen Widersprüchen) als theologisch zweitrangig zu erklären, um auf diese Weise einen stimmigen Tiefsinn der biblischen Texte zu (re)konstruieren. Nur selten bricht ein Bewußtsein vom Reichtum der Pluralität durch. Wo es geschieht, da zumeist in kritischer Auseinandersetzung mit Häretikern, die nur ein bestimmtes der kanonisch gewordenen Evangelien oder aber ein apokryphes Werk als normativ anerkennen. Am eindrucksvollsten geschieht dies bei Irenäus von Lyon († ca. 200), wenn er die Vierzahl der Evangelien allegorisiert[10]:

Denn es kann keine größere Zahl noch eine geringere von Evangelien geben. Da es nämlich vier Regionen gibt in der Welt, in der wir leben, und vier Hauptwindrichtungen und die Kirche über die ganze Erde ausgesät ist und das Evangelium Säule und Firmament (vgl. 1Tim 3,15) und Lebensatem der Kirche ist, ist es folgerichtig, daß sie vier Säulen hat, die von allen Seiten Unverfälschtheit *(incorruptibilitatem)* ausströmen und die Menschen lebendig machen. Deshalb steht fest, daß das Wort, der Schöpfer von allem, über den Cheruben thronend und alles zusammenhaltend, da es den Menschen sich offenbart hat, uns das Evangelium vierförmig gegeben hat, das durch den einen Geist zusammengehalten wird. [...]

Da es sich so verhält, sind alle töricht und ungelehrt und obendrein vermessen, die die Gestalt des Evangeliums aufheben und entweder mehr oder weniger Formen des Evangeliums als die genannten einführen wollen; die einen geben sich den Anschein, tiefer in die Wahrheit eingedrungen zu sein; die anderen wollen Gottes Anordnungen *(dispositio)* zerstören. [...] Wir aber haben auf vielfache und gewichtige Art nachgewiesen, daß unser Evangelium allein wahr und zuverlässig ist *(sola illa vera et firma)* und daß es weder mehr noch weniger Evangelien geben kann, als wir vorher gesagt haben. Denn da Gott alles nach Maß und Zahl gemacht hat, so mußte auch die Gestalt des Evangeliums wohl abgefaßt und wohl berechnet sein.

Man mag Irenäus vorwerfen, er habe keinen Blick für die wirkliche Entstehungsgeschichte des Evangelien-Kanons[11]; man muß sich dann freilich vor anachronistischen Wertungen in acht nehmen. Tatsächlich will Irenäus[12], *nachdem* für ihn die Vierzahl der Evangelien feststeht, zeigen, daß es Gottes Heilsökonomie, also der Logik seines Heilswirkens angemessen ist, sich nicht nur durch ein einziges, aber auch nicht durch eine beliebige Vielzahl, sondern eben durch genau diese vier Evangelien zu äußern, wenn er Jesus als sein ewiges und lebendiges Wort offenbart. Um der Wahrheit des Evangeliums willen dürfen es nicht mehr als vier Evangelien, müssen es aber auch all diese vier Evangelien sein. Die Einheit des Evangeliums widerspricht der Vierzahl der authentischen Evangelien offenbar nicht; beides ist geistgewirkt, die differenzierende Einheit wie die einigende Vielfalt.

Noch deutlicher kommt die Einsicht in die Notwendigkeit mehrerer Evangelien bei einem anonymen Paulus-Exegeten des 4. Jh. heraus, der Ambrosiaster genannt wird, weil seine Werke lange Zeit dem Ambrosius von Mailand, dem Lehrer des Augustinus, zugeschrieben worden sind[13]:

Warum wurden die Taten und Worte des Herrn in vier Büchern und von vier Schriftstellern in der Schrift dargelegt?

Stimmig war es, daß das angenehme Jahr des Herrn, wie der Prophet
sagt, von vier Büchern wie von vier Seiten umschlossen worden ist.
Denn wie sich das Jahr so über vier Jahreszeiten erstreckt, daß sie einander wechselseitig bedürfen, ebenso sind die Taten und Worte des
Herrn so in vier Büchern definiert, daß eines des anderen bedarf; nur
in der Fülle sind sie vollkommen.

Zwar tendiert Ambrosiaster unverkennbar zu einer Harmonisierung
der Evangelien. Aber er gibt doch dem Gedanken Raum, daß kein
einziges Evangelium, so gewichtig es auch ist, für sich allein ein umfassendes Bild Jesu Christi zu zeichnen vermag, sondern daß nur die
vier Evangelien in ihrer Gesamtheit, in wechselseitigen Spiegelungen
und Brechungen, Jesus als den Christus zu verkünden vermögen.
Das entscheidende Motiv für die katholische Kirche, an der Vierzahl der Evangelien festzuhalten, war nach Auskunft der Quellen
nicht die Berufung auf möglichst viele apostolische Autoritäten[14],
sondern die Vollständigkeit der Christus-Botschaft.

Mit ihrer Sicht sind Irenäus und Ambrosiaster ihrer Zeit weit voraus. Durch Jahrhunderte hindurch hat sich immer wieder ein viel en-
geres, viel ängstlicheres Schriftverständnis zu Wort gemeldet, das zumal in der (katholischen) Exegese und Fundamentaltheologie des 19.
und frühen 20. Jahrhunderts zu allerlei apologetischen Verrenkungen
und dogmatischen Verkrampfungen geführt hat. Wie wichtig der Gedanke der Pluralität des biblischen Zeugnisses ist, auch, aber nicht
nur bei den Evangelien, geht freilich in vollem Umfang erst durch die
akribische Detailarbeit historisch-kritischer Forschung auf.

4. Einheit durch Vielfalt – Vielfalt durch Einheit

Gerade wenn man die Vielseitigkeit der Bibel betont, stellt sich freilich auch das Problem ihrer Einheit. Gibt es sie überhaupt? Sicher
nicht in dem Sinn, daß die alt- und neutestamentlichen Schriften auf
einen allgemeinen Begriff gebracht oder in einer Lehr-Formel zusammengefaßt werden. Sicher nicht in dem Sinn, daß man nach einer Synthese der biblischen Texte sucht. Wohl auch nicht in dem Sinn, daß ein
„Kanon im Kanon" aufgestellt oder eine bestimmte jüdische oder
christliche Auslegungs-Tradition als das *non plus ultra* verkündet
wird. Ganz gewiß nicht in dem Sinn, daß die vielfältigen und wider-
sprüchlichen Aussagen der Heiligen Schriften harmonisiert werden.
All solche Ansätze hat es zwar immer wieder gegeben. Sie haben
auch auf ihre Weise mehr oder weniger zum Verständnis der Heiligen
Schrift beigetragen. Aber am Ende mußten sie doch scheitern: weil sie

die Pluralität der Bibel nicht wirklich wahrgenommen, die Eigenheit
der Bibel nicht gewürdigt und die Spannungen zwischen ihren beiden
Testamenten unterschätzt oder abgemildert haben.

a) Die Suche nach der Einheit der Schrift

So schwer sie auch ist, und so leicht sie ihr Ziel verfehlt: Die Suche
nach der Einheit der Schrift darf nicht aufgegeben werden – aus theologischen Gründen, die aus der so vielseitigen Bibel selbst herauszule-
sen sind: bezeugen doch all ihre Schriften in all ihrer Vielfalt den *einen*
Gott und im Neuen Testament den *einen* Kyrios Jesus Christus, seinen
Sohn. Ein wichtiger Schritt ist die Suche nach der Theologie der großen Autoren im Alten und Neuen Testament, nach der eines Jahwisten und Deuteronomisten, eines Hosea und eines Deuterojesaja, eines Paulus und Johannes, eines Matthäus und Lukas beispielsweise.[15]
Doch ist dies nur ein erster Schritt. Er führt einerseits zu der Erkenntnis, daß es im Alten und Neuen Testament – jenseits der Begriffsspra-
che ausgefeilter Theorie-Systeme – durchaus kohärente und relevante
theologische Konzeptionen gibt. Andererseits aber führt er noch einmal zu der Erkenntnis der Vielfalt alt- und neutestamentlicher Theologien. Denn so gewichtig die Theologien der Priesterschrift und der
Chronik, des Ezechiel und des Kohelet, des Hebräerbriefes und des
Markusevangeliums, der Apokalypse und des Epheserbriefes sind –
wer wollte sie alle über einen Kamm scheren, wer wollte ihre gravie-
renden Unterschiede übersehen?

 Wenn nach der Einheit der Bibel gesucht wird, muß aber durch die
vielen Theologien hindurch nach *der* Theologie des Alten und des
Neuen Testaments, schließlich der einen und ganzen Bibel gefragt
werden. Spätestens *diese* Suche scheint vielen aussichtslos. Doch
selbst Ernst Käsemann (1906–1991) läßt sich als Zeuge für ihre Notwendigkeit anführen. Zwar wird er zumeist mit der Ansicht zitiert,
der Kanon des Neuen Testaments begründe wegen der Pluralität seiner Theologien nicht die Einheit der Kirche, sondern die Vielfalt der
Konfessionen. Doch ist dies nicht der Schlußsatz des programmatischen Aufsatzes, in dem er seine – strittige – These begründet.[16] Vielmehr geht Käsemann über die Feststellung der theologischen und literarischen Pluralität einen großen Schritt hinaus, indem er die
Unterscheidung von Geist und Buchstabe, die Paulus in 2Kor 3,6 getroffen hat, auf die Theologie des Kanons überträgt. Als Buchstabe
betrachtet, d. h. als Sammlung literarischer Texte, könne der Kanon
des Neuen Testaments tatsächlich nicht die Kirchen-Einheit begründen. Anders jedoch, wenn man auf den Geist des Neuen Testaments

achte: auf das *Evangelium,* das die Schriften des Neuen Testaments
bezeugen, ohne mit ihm schlechterdings identisch zu sein:

Die Spannung von Geist und Schrift ist konstitutiv. Das heißt, daß der
Kanon nicht einfach mit dem Evangelium identisch und Gottes Wort
nur insofern ist, als er Evangelium ist und wird. Insofern begründet
dann auch er die Einheit der Kirche. Denn allein das Evangelium begründet die eine Kirche in allen Zeiten und an allen Orten.

Zwar ist damit die entscheidende Frage erst gestellt: Was ist denn das
Evangelium? Und wie spiegelt es sich in den Buchstaben der Bibel?
Doch ist mit Käsemann vorläufig schon dies festzuhalten, nicht nur
für das Neue, auch für das Alte Testament: Die Frage nach der Einheit der Heiligen Schrift ist eine genuin *theologische* Frage. Sie kann
auch nur theologisch beantwortet werden. Freilich kann dies nicht
zur Ausblendung oder Relativierung der historischen, religionswissen-
schaftlichen, soziologischen und philologischen Bibelforschung führen. Die Bibel ist und bleibt ja „Gotteswort in Menschenwort". Wenn
sie eine theologische Einheit aufweist, muß sie sich auch literarisch
und geschichtlich zeigen – nur freilich wird sie sich erst im Lichte jenes Glaubens herausstellen, der in der Bibel einen so vielfältigen und
vielstimmigen Ausdruck findet.

b) Die Einheit der Bibel als theologisches Postulat

In theologischer Hinsicht ist die Einheit der Bibel ein notwendiges Postulat: Wenn die Bibel Heilige Schrift, wenn sie Kanon sein soll – dann
muß sie eine innere Einheit aufweisen. Alles andere wäre ein Widerspruch in sich. Doch wo wäre diese Einheit zu finden? Wenn es eine
theologische ist, kann sie nur in der Botschaft, in der Verkündigung,
in der Aussage der alt- und neutestamentlichen Schriften gefunden
werden. Das aber ist, in der gut biblischen Sprache Käsemanns, das
Evangelium – verstanden nicht als Buch über Jesus oder als Kompendium christlicher Lehre, sondern mit Röm 1,16f als Gottes Macht zur
Rettung für jeden Glaubenden – eine Macht (griechisch: *dynamis),* die
auf Gottes Willen zur Selbstoffenbarung beruht und die in der Wort-
und Tat-Verkündigung seiner Gesandten zur Wirkung kommt. Sofern
das Alte und Neue Testament diesem Evangelium Sprache leiht, muß
es innerlich eins sein – ist doch Gott in seiner Offenbarung, in der Mitteilung seiner selbst *einer* (Dtn 6,4; Röm 3,30).

Soweit das Postulat, nicht etwa schon der Beweis! Was besagt es?
Negativ: Widersprüche im Historischen, Unausgeglichenheiten im
Literarischen, Spannungen im Soziologischen, Entwicklungen im Re-

ligiösen tangieren die Frage nach der theologischen Einheit der Schrift nur am Rande. Lange Zeit hat sich die Aufmerksamkeit allerdings auf diese Gebiete fixiert. Schon in der Antike haben Kritiker die unwahrscheinlichen, unausgeglichenen und fehlerhaften Angaben in den Texten aufgespießt, nicht zuletzt bei den Evangelien: Ist Jesus nun, wie es die Synoptiker sagen, am Paschafest oder, wie es Johannes sagt, am Rüsttag gekreuzigt worden? Ist also das letzte Mahl Jesu ein Paschamahl gewesen oder nicht? Ist der Auferstandene den Seinen in Galiläa erschienen, wie bei Markus und Matthäus (und in Joh 21) zu lesen, oder in Jerusalem, wie bei Lukas und Johannes (im 20. Kapitel)? Hat Jesus, wie Johannes sagt, etwa drei Jahre lang öffentlich gewirkt oder, wie die Synoptiker zu verstehen geben, nur ein Jahr? Ist Jesus nun, wie aus Mt 2,1 zu erschließen ist, während der Regierungszeit des Herodes geboren worden (vgl. Lk 1,5), der von 40 – 4 v. Chr. amtiert hat, oder, wie Lk 2,2 sagt, zu der Zeit, als Quirinius Statthalter in Syrien war, das aber hieße in den Jahren 6 oder 7 n. Chr.? In der Aufklärung sind diese und viele andere Widersprüche von den Bibelkritikern als Beweis für die Unzuverlässigkeit der Evangelien und letztlich der ganzen Bibel hingestellt worden. Und spricht diese Widersprüchlichkeit nicht tatsächlich gegen die theologische Dignität der Bibel? Eine unerleuchtete Apologetik konnte sich nicht genug daran tun, diese und andere Einwände zu zerreden, notfalls auch mundtot zu machen – mit keinem anderen Ergebnis, als daß sie letztlich verstärkt worden sind und der Blick für das Proprium der Biblischen Botschaft getrübt worden ist. Eine Diskussion dieser Art ist fruchtlos; sie verfehlt den Charakter und den Anspruch der biblischen Texte.

Heute richtet sich das Interesse eher auf die theologisch sensiblen Probleme. Aber so anstößig es vielen erscheint, daß im Alten Testament das Bewußtsein von der Einzigkeit Gottes keineswegs von Anfang an feststeht, vielmehr sich erst ganz allmählich entwickelt[17]; daß erst spät die Hoffnung auf die endzeitliche Totenerstehung durchbricht[18]; daß es Texte gibt, die Gewalt zur Durchsetzung eigener Interessen billigen; und so sehr es manchen im Neuen Testament irritiert, daß Paulus, Johannes und Markus von der Jungfrauengeburt nichts wissen, daß die Synoptiker Jesus nicht als den Präexistenten verkünden, daß es höchst unterschiedliche Organisationsformen und „Ämter" in den urchristlichen Gemeinden gibt, daß zahlreiche Schriften eine intensive Naherwartung hegen, andere aber mit einer längeren Dauer der Geschichte rechnen – all diese Probleme sind zwar groß, aber auch sie tangieren die Frage nach der theologischen Einheit der Bibel nur am äußersten Rande. Die Bibel ist ein Zeugnis *geschichtlicher* Glaubenserfahrungen – wie sollte sich die Geschichte da nicht in dieses Buch der Bücher eingeschrieben haben? *Positiv* besagt das Postulat: Die Einheit des Alten und Neuen Testaments kann nur in seiner Rede von Gott und seinem Heilshandeln an den Menschen gesucht werden.[19] Freilich nicht allein in einer bestimmten Lehre *über* Gott, gar in einem System theologisch stimmiger Aussage-Sätze. Das hieße, die Bibel zum dogmatischen Traktat zu machen. Die theozentrische Einheit der Heiligen Schrift kann nur darin liegen, wie ihre Autoren den Menschen ihrer Zeit Gott bezeugen: als Richter und Retter, als Schöpfer und Versöhner, als Jahwe und als Vater Jesu Christi. Es bedarf keiner besonderen Betonung, daß dies keineswegs nur durch direkte Rede *über* Gott und *zu* Gott geschieht, sondern durch ein breites Spektrum von Themen und Texten, in dem sich die ganze vergangene, gegenwärtige und zukünftige Lebenswelt reflektiert; und es bedarf auch keiner besonderen Betonung, daß mit der Thematik der Theo-logie immer zugleich die der Anthropologie und der Kosmologie, der Geschichtstheologie, der Ethik usw. gestellt ist – so gewiß umgekehrt all diese Themen nur aus theozentrischer Sicht recht behandelt werden können.

Ist die Bibel, unter dieser Rücksicht betrachtet, einheitlich? Wer eine Antwort geben will, muß zunächst überlegt haben, was „einheitlich" heißt.

c) Der biblische Gedanke der Einheit durch Vielfalt

Den biblischen Schriften wird man theologisch nur dann gerecht werden können, wenn man sie nach biblischen Maßstäben beurteilt. Das gilt auch für die Frage nach der Einheit der Bibel.

(1) Die Logik der Bibel

Viel zu lange haben bestimmte philosophische und dogmatische Vorstellungen die Suche nach der Einheit der Heiligen Schrift dominiert: Einheit als Gleichheit, als Widerspruchsfreiheit, als fest geschmiedete Kausalitätskette, als lückenlose Geschlossenheit, als systematische Abrundung. Diese Kategorien sind gewiß auch für das Verstehen der Bibel von substantieller Bedeutung. Aber sie müssen vor Engführungen und Überforderungen geschützt werden.[20] Selbstverständlich haben biblische Autoren, wenn sie argumentieren wollen, die Gesetze der Logik zu beachten. Zweifellos zeugt es von Gedankenschwäche, wenn sie sich sprachlicher Ungenauigkeiten schuldig machen. Keine Frage, daß es dafür zahlreiche Beispiele gibt. Doch nach welcher Logik will man einen Psalm, ein Gleichnis, eine prophetische Vision, eine kerygmatische Geschichtserzählung, ein Evangelium beurteilen? Nach welcher die Beziehungen zwischen dem Jahwisten und der Priesterschrift, zwischen dem Buch der Sprüche und Kohelet, zwischen den Synoptikern und Johannes, zwischen Paulus und der Apostelgeschichte? Nach welchen dann aber den großen und weiten Kosmos der ganzen Bibel?

Käthe Hamburger (* 1896), die große Germanistin, hat von einer „Logik der Dichtung" gesprochen.[21] Diese Logik liege nicht in der Präzision philosophisch, gar mathematisch exakter Begriffsbildung, sondern in der Genauigkeit der Wirklichkeits-Wahrnehmung, im Beziehungsreichtum der poetisch gestalteten Welt, in der Dichte des sprachlichen Ausdrucks. Der Philosoph Kurt Hübner spricht von der „Wahrheit des Mythos".[22] Mythen folgten zwar nicht der Logik der Wissenschaften, aber sie hätten ihre eigene Logik: Sie seien kohärent; sie hätten ihren ureigenen Wirklichkeitsbezug; sie nutzten ihre originären Möglichkeiten der Welterklärung und der Sinnstiftung.

Beiden Einsichten zu widersprechen, dürfte schwerfallen. Darf man dann aber nicht vielleicht in analoger Weise auch von einer „Logik der Bibel" reden? Sie würde gleichfalls nicht in Konkurrenz zur philosophischen Logik stehen, aber auch nicht auf sie festgelegt werden dürfen. Sie wäre mit der Logik der Dichtung und der Logik des Mythos verwandt, ohne mit der einen oder anderen identisch zu sein. Sie wäre in sich vielschichtig, je nach der Gattung und dem Thema der biblischen Texte. Sie müßte der Theozentrik des Alten und Neuen Testaments entsprechen. Sie setzte deshalb bei den biblischen Autoren das Hören auf Gottes Wort, die Bejahung seines Willens, die Reflexion und Meditation seiner Eingebungen voraus. Sie bestände in der Klarheit, im Anspruch und in der Überzeugungskraft der Rede von Gott.

Was wäre in dieser Logik Widerspruch, was Einheit?

(2) Einheit und Vielfalt: Das Bild vom Leib Christi

Besonders gut läßt sich die genuin biblische Bestimmung des Verhältnisses zwischen Vielfalt und Einheit am Beispiel des Leib-Christi-Bildes im Ersten Korintherbrief illustrieren (12,12–27).[23] Paulus entwickelt es, weil er in einer mit vielen Charismen gesegneten Gemeinde (12,4–11) zwei Gefahren sieht: erstens, daß sich scheinbar besonders Begabte vom Ganzen der Gemeinde isolieren und auf Kosten der anderen Christen profilieren; zweitens, daß die anderen, scheinbar weniger Begabten, von Minderwertigkeitsgefühlen geplagt werden und glauben, nicht im Vollsinn zur Gemeinde Jesu Christi zu zählen. Gegen diese Trends macht Paulus geltend: Die Ekklesia ist wesentlich eine Einheit, sonst ist sie nicht Ekklesia. Die Einheit der Ekklesia entsteht aber nicht erst durch den guten Willen und das Organisationstalent der Glaubenden; sie ist vielmehr durch Jesus Christus vorgegeben (vgl. 1Kor 10,16f), den *einen* Herrn, der die Gemeinde auf den *einen* Gott ausrichtet – wie Gott seinerseits die Glaubenden auf Jesus als ihren einen und einzigen Kyrios ausrichtet (vgl. 1Kor 8,6). Diese Einheit in Christus ist alles andere als Uniformität. Der Geist Gottes, der die Einheit der Kirche wirkt, gießt vielmehr eine Fülle von Gnadengaben (Charismen) über die Gemeinschaft der Glaubenden aus – mit dem Ziel, daß die Christen damit einander zu Diensten sind.

Das Leib-Christi-Gleichnis zieht daraus die Konsequenzen für die kirchliche Praxis. Zwei komplementäre Aspekte sind zu unterscheiden.

Erstens: Das Leben der Gemeinde beruht auf der Vielfalt der charismatischen Begabungen; diese Vielfalt darf nicht beschnitten werden, weder durch religiöse Virtuosität, die alles an sich zieht, noch durch die Minderwertigkeitskomplexe scheinbar weniger begabter Gemeindeglieder, die sich nichts zutrauen und deshalb glauben, keinen substantiellen Beitrag für die Kirche leisten zu können.

Zweitens: Das Leben der Gemeinde beruht darauf, daß ihre verschiedenen Glieder mit ihren je eigenen Gnadengaben nicht gegeneinander agieren, sondern, der Dynamik des Geistes folgend, die Charismen als geschenkte Möglichkeiten betrachten, dem Nächsten zu dienen und die Ekklesia aufzubauen. Das setzt voraus, daß alle um die eigenen Stärken und Schwächen wissen, daß niemand sich selbst und die anderen über- oder unterfordert, daß alle die ihnen gesteckten Grenzen anerkennen und die anderen in dem, was sie sind, vorbehaltlos bejahen.

Für das biblische Verständnis von Einheit und Vielfalt ergibt sich daraus vor allem dies: Einheit und Vielfalt stehen nicht unbedingt in Widerspruch zueinander. Zwar gibt es Vielfalt, die zerstörerisch wirkt: wenn die verschiedenen Elemente auseinanderstreben. Aber die Einheit, an die Paulus in 1Kor 12 denkt, setzt Vielfalt voraus; mehr noch: sie entsteht erst durch die geistgewirkte Vielfalt – wie diese Vielfalt umgekehrt die geistgewirkte Einheit voraussetzt, sind die Charismen doch in ihrer großen Zahl die Frucht des *einen* Geistes (12,4ff). Einheit und Vielfalt sind im Kirchen-Bild des Leibes Christi kein Gegensatz, sie bedingen einander. Die Einheit der Gemeinde setzt die Vielfalt der Charismen voraus, weil die Menschen, die zur Ekklesia gehören, so verschieden sind (12,13) und weil die ekklesiale Lebens-Wirklichkeit, die es zu gestalten gilt, so beziehungsreich ist. Umgekehrt setzt die Vielfalt der Charismen die Einheit der Gemeinde voraus, weil die Fülle der Gnadengaben nur in Gott selbst ihren Ursprung haben kann und weil sie nur in einer Glaubens-*Gemeinschaft* ihrer Bestimmung entsprechen können.

(3) Einheit und Vielfalt im Maßstab des eschatologischen Überflusses

Taugt das Leib-Christi-Gleichnis als Modell, um die Einheit der Schrift zu verstehen, die in all ihrer Vielfalt besteht? Die Einheit der Bibel wäre dann wie die Einheit einer Symphonie vorzustellen. Deren musikalische Einheit entsteht ja nicht durch den Gleichklang aller Instrumente, durch monotone Melodien und ewig gleiche Rhythmen, sondern durch das Zusammenspiel ganz verschiedener Orchesterstimmen, durch die Abfolge ganz verschiedener Sätze, durch überraschende neue Klänge und durch Wiederholungen, durch den Wechsel der Themen und Tempi, durch Variationen der Lautstärke, durch Dissonanzen und deren Auflösungen, durch Harmonien und deren Modulationen. Es wäre eine Einheit, die Vielfalt und Fülle voraussetzt, wechselseitiges Geben und Nehmen, Begrenzung und Überfluß, Bewegung und Ruhe – wie es Conrad Ferdinand Meyer (1825–1898) in einem poetischen Bild festhält[24]:

> *Der römische Brunnen*
>
> Aufsteigt der Strahl, und fallend gießt
> Er voll der Marmorschale Rund,
> Die, sich verschleiernd, überfließt
> In einer zweiten Schale Grund;
> Die zweite gibt, sie wird zu reich,
> Der dritten wallend ihre Flut,
> Und jede nimmt und gibt zugleich
> Und strömt und ruht.

Vielleicht ist das Bild des Brunnens noch zu statisch. Eher mag die Bibel, als Wasser-Quelle betrachtet, einem schäumenden Wildbach gleichen. Doch ist der entscheidende Gedanke wiederzufinden: Der *eine* Gott, den die alt- und neutestamentlichen Schriften in ihrer Gesamtheit und in vielen, vielen Einzeltexten bezeugen, ist der lebendige Gott, der *Deus semper maior* – der alle Bilder zerbricht, die Menschen sich von ihm machen. Seine unvergleichliche Größe besteht aber nicht etwa in einer glanzvollen, doch einsamen und statischen Majestät, sondern in der alle Grenzen sprengenden Kraft seiner Gnade. Gott folgt in seinem Handeln keinem anderen Gesetz als dem des Je-Mehr: So groß auch immer die Sünde der Menschen ist – Gottes Barmherzigkeit ist größer (vgl. 1Joh 3,19f); so intensiv Menschen auch immer Gott erfahren haben – er selbst ist unendlich größer (vgl. 1Kor 13); so sehr er sich auch immer in der Geschichte offenbart hat – die eschatologische Vollendung steht noch aus; so erbärmlich auch immer der Mensch ist – so überaus großzügig ist das Lösegeld, das Gott für ihn zahlt. Das gerade kann an der Sendung Jesu und der Auferweckung des Gekreuzigten aufgehen. Im Neuen Testament hat vor allem Paulus erkannt, daß die Dynamik des Handelns Gottes in der eschatologischen Überfülle seiner Gnadenerweise liegt.[25] Aber auch die synoptischen und johanneischen „Überfluß-Geschichten", sei es das Gleichnis vom Sämann (Mk 4,3–9), sei es die wunderbare Brotvermehrung (Mk 6,30–44 parr; 8,1–10 par Mt; Joh 6,1–15), sei es das Weinwunder zu Kana (Joh 2,1–11), thematisieren dieses Gesetz. Joseph Ratzinger beschreibt es in seiner „Einführung in das Christentum" so[26]:

> Überfluß ist das Prägezeichen Gottes in seiner Schöpfung; denn „nicht nach Maß berechnet Gott seine Gaben", wie die Väter sagen. Überfluß ist aber zugleich der eigentliche Grund und die Form der Heilsgeschichte, die letztlich nichts anderes ist als der wahrhaft atemberaubende Vorgang, daß Gott in unbegreiflicher Selbstverschwendung nicht nur ein Weltall, sondern sich selbst verausgabt, um das Staubkorn Mensch zum Heil zu führen. [...] Der Verstand des bloß Rechnenden wird es ewig absurd finden müssen, daß für den Menschen Gott selbst aufgewendet werden soll. Nur der Liebende kann die Torheit einer Liebe begreifen, für die Verschwendung Gesetz, der Überfluß das allein Genügende ist. Und doch: Wenn es wahr ist, daß die Schöpfung vom Überfluß lebt; daß der Mensch jenes Wesen ist, für welches das Überflüssige das Notwendige ist, wie kann es uns dann wundern, daß Offenbarung das Überflüssige und eben darin das Notwendige, das Göttliche, die Liebe ist, in der sich der Sinn des Weltalls erfüllt?

Ist aber von diesem Leitmotiv biblischer Gottesrede auszugehen, dann setzt deren Einheit notwendig eine große Vielfalt der Bezeugungen Gottes voraus. Mehr noch: Die Einheit kann dann nur *durch Vielfalt* konstituiert werden. Aber auch umgekehrt: Die Vielfalt der alt- und neutestamentlichen Theologien ließe dann nicht *per se* auf eine Disparatheit religiöser Vorstellungen schließen, die Menschen sich gemacht haben, sondern könnte auch ein Hinweis auf die Einheit Gottes sein, dessen Wesen nach 1Joh 4,8.16 Liebe ist.

d) Vielfalt und Einheit der biblischen Theologie

Die entscheidende Frage lautet, ob die Schriften des Alten und Neuen Testaments bei all ihrer Vielfalt und Unterschiedlichkeit in ihrer Rede von Gott doch als eine Einheit aufgefaßt werden können, wenn der biblische Begriff der Einheit zugrundegelegt wird. Für die Theologie scheint es zunächst leicht zu sein, eine positive Antwort zu geben. Denn es ist eine entscheidende Voraussetzung des Glaubens, daß die Bücher des Alten und Neuen Testaments inspiriert sind. Deshalb sind sie in jedem Fall von ihrem *Ursprung* her eine Einheit: von dem *einen* Geist Gottes her, der die biblischen Verfasser bewegt hat, zu sagen, was sie zu sagen hatten. Tatsächlich hat dieses Argument eine gewisse Tragweite. Sofern die Einheit im Ursprung besteht, entspricht ihr, wie das Beispiel von 1Kor 12 sagt, notwendig eine Vielfalt der Ausdrucksweisen – nicht nur wegen der Unterschiedlichkeit der Menschen, die zu Zeugen des Glaubens bestellt worden sind, sondern zuerst wegen der Lebendigkeit des Geistes, der sich ihnen mitteilt. Gleichzeitig aber setzt die Einheit des Geistes die Grenze zwischen Vielfalt und Beliebigkeit. So unendlich viel der Geist Gottes zu sagen hat: Was er sagt, ist ja nicht alles und jedes, sondern ein und alles.

Dennoch kann der Rekurs auf den pneumatischen Ursprung der alt- und neutestamentlichen Schriften nicht allzu viel erklären. Denn *zum einen* sind nicht alle inspirierten Schriften auch kanonisiert – jedenfalls dann nicht, wenn man den weiten (und sachgerechten) Inspirationsbegriff der Kirchenväter voraussetzt. Auch außerhalb der Bibel, selbst außerhalb des jüdisch-christlichen Traditionsraumes sucht sich der Geist Gottes seine Zeugen. *Zum anderen* bleibt die Antwort formal. Sie muß aber auch in der Sache Bestand haben, das heißt: in den Text-Zeugnissen der biblischen Schriften selbst. Daß diese sachliche Einheit, wenn sie denn besteht, in jedem Fall Inspiration voraussetzt, ist klar: geht es doch in der Bibel zuerst und zuletzt um die Rede von Gott. Doch besteht diese sachliche Einheit?

Eine Antwort setzt zahlreiche Quer- und Längsschnitte durch die biblischen Schriften voraus. In jedem Fall sind die zeitlichen und örtlichen Umstände der biblischen Texte zu berücksichtigen, ihr Anlaß und ihr Publikum, ihre kulturellen Kontexte und geschichtlichen Bedingtheiten. Wer davon abstrahieren wollte, daß die biblischen Texte auch in ihrer Gottesrede „Literatur für Leser" sind, Texte in geschichtlichen Kontexten, müßte bei seiner Antwort fehlgehen. So wenig also eine *rein* historische, religionswissenschaftliche, soziologische und philologische Betrachtungsweise der Bibel die Frage nach

ihrer Einheit in den Blick bekäme, so wenig läßt sie sich ohne eine
historische, religionswissenschaftliche, soziologische und philologische Untersuchung der biblischen Texte beantworten, die genau, methodisch streng, *sine ira et studio* durchgeführt wird.
Wer auf diese Weise nach dem richtigen Weg sucht, sieht sich einer Überfülle von Zeugnissen gegenüber. Er wird große Zeiträume
durchmessen müssen, um sich orientieren zu können. Er wird in
eine wild zerklüftete Landschaft vorstoßen, in der sich hohe Berge
und niedrige Hügel finden, tiefe Täler und flache Ebenen, blühende
Felder und öde Wüsten, abgelegene Regionen und pulsierende Me-
tropolen. Er wird wohl zunächst nur ein Gewirr von Stimmen vernehmen. Aber es scheint doch, daß geübte Hörer bald die Themen
und Leitmotive erkennen können, die Haupt- und die Nebenstim-
men, den Generalbaß und die Kontrapunkte, die Grundmelodien
und die Kadenzen. Daß es aber eine solche Einheit durch Vielfalt
und eine solche Vielfalt durch Einheit gibt, ließe sich doch wohl
auch historisch-kritisch zeigen. Jedenfalls ist dies die Aussicht, die
zentrale Texte und wichtige Autoren der Bibel bieten. Die Einheit
des biblischen Gottes-Glaubens, die Macht der Gnade Gottes, das
sich in der Heiligen Schrift auf unterschiedliche Weise artikulieren-
de Glaubenswissen um die Erschaffung und die schließliche Errettung des Menschen faßt Paulus auf der Basis traditionellen Formel-
gutes im Ersten Korintherbrief so zusammen (1Kor 8,5f):

> ⁵*Denn wenn es auch viele sogenannte Götter gibt,*
> *im Himmel wie auf Erden,*
> *wie es denn viele Götter und viele Herren gibt,*
> ⁶*so haben wir doch nur einen Gott, den Vater,*
> *aus dem alles ist und (aus dem) wir auf ihn hin (sind),*
> *und einen Herrn, Jesus Christus,*
> *durch den alles ist und durch den wir (sind).*

In jedem Fall gilt: Wenn die Bibel eine theozentrische Einheit bildet,
kann diese Einheit nicht jenseits ihrer literarischen und gedanklichen
Vielfalt gesucht werden, sondern nur in ihr und durch sie hindurch.
Mehr noch: Da es um die Rede von Gott geht, von seinem Handeln
an der Welt und den Menschen, wäre es eine Einheit, die erst durch
Vielfalt entsteht: nicht nur weil die Menschen, denen Gott sich mitteilt, so verschieden sind und in so unterschiedlichen Kulturzeiten
und Kulturräumen gelebt haben, sondern weil er der *Deus semper
maior* ist, der je Andere und je Größere, der *Deus absconditus et
revelatus,* der sich immer zugleich verbirgt, indem er sich enthüllt,
und enthüllt, indem er sich verbirgt. Umgekehrt setzt dann die Viel-

falt der Bibel die Einheit des Gottesgedankens voraus. Genauer: Sie
entsteht erst durch diese Einheit, sonst wäre sie ein amorphes Etwas,
das alles und nichts besagte.

Kurt Marti (*1921) nennt die Bibel „Das gesellige Buch"[27]:

> Dissonanzen? Jede Menge.
> Widersprüche? Noch und noch.
> Kein ausgeklügelt Buch.
> Hundert-Stimmen-Strom
> (selbst Schriftgelehrte ermessen ihn nicht) -
> wohin will er tragen?
> Über Schwellen, Klippen, Katarakte
> heimzu, heilzu (hoff ich).
>
> [...]
>
> Viel-Stimmen-Buch also,
> geselliges Buch
> (geselligstes der Weltliteratur!):
> in ihm wird
> die EINE,
> die verläßliche Stimme
> der geselligen Gottheit laut.

DRITTER TEIL

ZWEI TESTAMENTE – EINE HEILIGE SCHRIFT

If the lost word is lost, if the spent word is spent
If the unheard, unspoken
Word is unspoken, unheard;
Still is the unspoken word, the Word unheard,
The Word without a word, the Word within
The world and for the world: ...

T.S. Eliot, Ash-Wednesday VI[1]

Die literarische und theologische Vielfalt der Bibel wird gesteigert und begrenzt durch die Spannung zwischen ihren beiden Teilen, dem Alten und dem Neuen Testament. Diese Spannung ist für die Heilige Schrift der Christen konstitutiv. Die christliche Bibel ist *wesentlich* dadurch gekennzeichnet, daß sie aus *zwei* Teilen besteht. Die Frage nach dem Verhältnis zwischen diesen beiden Teilen ist durch die Jahrhunderte hindurch bis in die Gegenwart und die absehbare Zukunft hinein das mit Abstand wichtigste und das mit Abstand umstrittenste Problem der Bibeltheologie. Es kann heute, nach Auschwitz, weniger denn je als ein rein innerchristliches Thema, es muß zugleich als ein Thema des jüdisch-christlichen Dialoges diskutiert werden. Denn der erste Teil der christlichen Bibel, das Alte Testament, ist jüdisches Erbe – und ist für Juden die *eine* und *ganze* Bibel. Das kann eine christliche Theologie der Bibel – so wenig sie ihren christlichen Standpunkt verleugnen dürfte – nicht übersehen. Indem sie nach der Bedeutung des Alten Testaments fragt, fragt sie zugleich nach ihrem Verhältnis nicht nur zum geschichtlichen Israel, sondern auch zum geschichtlichen und zeitgenössischen Judentum.

Wie also können Christen die Einheit der Bibel Alten und Neuen Testaments denken? Wie können sie sich vom Alten Testament ansprechen lassen, ohne es den Juden abzusprechen? Welchen Gefahren sind sie dabei ausgesetzt? Und wie können sie diese Gefahren bestehen?

1. Die traditionelle Abwertung und Vereinnahmung des Alten Testaments

Das Alte Testament hat es in der kirchlichen Auslegungsgeschichte weithin schwer gehabt, seine eigentliche Bedeutung zu entfalten.[2] Zwar hat es Gegenbewegungen gegeben, vor allem bei den Reformierten; Johannes Calvin hat das Alte Testament sehr hoch geschätzt. Auch in den englischen Freikirchen ist es häufig sehr stark gewichtet worden.[3] Aber bei den Lutheranern und den Katholiken lief der Trend ebenso wie bei den Orthodoxen in eine andere Richtung. Einerseits wurde das Alte Testament immer wieder verworfen oder vergessen. Andererseits wurde es zwar offiziell geschätzt, aber für den kirchlichen Christus-Glauben vereinnahmt. Beide Bewegungen führen in eine Sackgasse.

a) Ablehnungen des Alten Testaments mit Berufung auf das Neue Testament

In der christlichen Theologiegeschichte ist die Zahl derer groß, die einen starken Gegensatz, gar einen unversöhnlichen Widerspruch zwischen dem Alten und dem Neuen Testament sehen und deshalb das Alte Testament verwerfen. Der Erzvater dieser Kritiker ist der „Erzketzer" Markion (85 – ca. 160), Sohn des Bischofs von Sinope am Schwarzen Meer, ein schwerreicher Reeder, ohne Frage einer der gebildetsten und faszinierendsten Menschen seiner Zeit.[4] Von antijüdischen Affekten ist Markion ziemlich frei. Aber für ihn besteht nicht nur eine *Spannung* zwischen dem Alten und Neuen Testament, sondern ein unversöhnlicher *Gegensatz*. Diesen Gegensatz macht er in seinen „Antithesen", die nur durch die umfassende Kritik Tertullians bekannt geblieben sind[5], an vielen Widersprüchen zwischen beiden Testamenten fest, insbesondere am Gottesbild. Das Alte Testament, so Markion, verkünde einen schwachen, gewalttätigen, unsicheren, halbwissenden Gott, der mit dem starken, barmherzigen, souveränen, allwissenden Gott Jesu nichts gemein habe. Deshalb sei das Alte Testament für Christen inakzeptabel; es könne für sie nicht Heilige Schrift sein.

Wie weitreichend die Konsequenzen dieser Entscheidung sind, zeigt sich sofort bei einem Blick auf das Neue Testament: Vor Markions kritischem Blick können die später kanonisierten neutestamentlichen Schriften nur zum Teil bestehen. Viele betrachtet er als Dokumente einer verhängnisvollen Re-Judaisierung des Christentums. Für Matthäus und Jakobus, selbstverständlich für die Johannes-Apokalypse, interessanterweise auch für Markus und Johannes ist in Markions Kanon kein Platz. Was übrig bleibt, ist nur noch eine „gereinigte" Fassung des Lukasevangeliums mitsamt der Apostelgeschichte und ein Corpus von zehn Paulus-Briefen. Der Vorstoß Markions hat sich theologiegeschichtlich eminent produktiv ausgewirkt. Die Entstehung des christlichen Kanons erhält neuen Auftrieb. Das Problembewußtsein vom Verhältnis der beiden Testamente wächst. Die Entscheidung der „orthodoxen" Kirche ist dann freilich eindeutig: an der Kanonizität des Alten Testaments wird festgehalten; der christliche Kanon kann nie nur ein neutestamentlicher, er muß immer ein zweiteiliger, alt- *und* neutestamentlicher sein.

Diese Festlegung hat jedoch zu Beginn unseres Jahrhunderts einen hervorragenden und einflußreichen Theologen wie Adolf von Harnack (1851–1930) nicht abgehalten, Markion nachträglich Recht zu geben. In seinem großen Alterswerk über den „pontischen Wolf"[6] schreibt er:[7]

Das Alte Testament im 2. Jahrhundert zu verwerfen, war ein Fehler, den die große Kirche mit Recht abgelehnt hat; es im 16. Jahrhundert beizubehalten, war ein Schicksal, dem sich die Reformation noch nicht zu entziehen vermochte. Es aber seit dem 19. Jahrhundert als kanonische Urkunde im Protestantismus noch zu konservieren, ist die Folge einer religiösen und kirchlichen Lähmung .... Hier reinen Tisch zu machen und der Wahrheit in Bekenntnis und Unterricht die Ehre zu geben, das ist die Großtat, die – heute fast schon zu spät – vom Protestantismus verlangt wird.

Harnack kommt zu seiner Forderung (deren Erfüllung er offenbar den Katholiken aufgrund ihres unterstellten Dogmatismus prinzipiell nicht zutraut) unter dem Eindruck der historisch-kritischen Bibelforschung. Sie hat in seinen Augen viel deutlicher als früher nicht nur die Unterschiedlichkeit, sondern die Widersprüchlichkeit zwischen der alttestamentlichen und der neutestamentlichen Rede von Gott und den Menschen vor Augen geführt. Tatsächlich ist Harnack insofern Recht zu geben, als die Spannungen, die nicht nur innerhalb der beiden Testamente, sondern auch zwischen ihnen herrschen, durch die moderne Exegese in einer Weise herausgearbeitet worden sind, daß sie in einer Theologie der Heiligen Schrift nicht mehr nivelliert werden können. Nur fragt sich, ob diese Spannung zum Auseinanderbrechen der beiden Testamente führt – oder sie gerade zusammenhält.

Gegenwärtig hört man ähnlich harsche Töne gegen das Alte Testament seltener. Aber noch 1978 schrieb Otto Kuß (1905–1991) im Vorwort zur dritten Lieferung seines Römerbrief-Kommentars über das Alte Testament, die „Schrift der Juden", und ihre urchristliche Akzeptation:[8]

Daß die Schrift der Juden von dem neuen Glauben der Jesusanhänger als Vorstufe, als Fundament – „lediglich" als Vorstufe, „bloß" als Fun-

dament – verstanden wurde, fand einen ganz ausgezeichneten begriff-
lichen Ausdruck zuletzt darin, daß von nun an immer deutlicher „dem
Neuen Testament", einer genuin jesusgläubigen „Kodifizierung" des
neuen Überzeugungsspektrums, die Schrift der Juden als „das Alte
Testament" zugeordnet wurde: die Schrift der Juden war damit angenommen und „deklassiert" zugleich, und die Kontinuität der „Heilsgeschichte" schien gewahrt. Dem Jesusglauben wurden damit schwere
Lasten völlig unverdaulichen Gedankengutes zugemutet; dies ist von
Anfang an empfunden worden [...]

Die Schrift der Juden, zunächst gewaltsam assimiliertes Gotteszeugnis
für die Verkündigung des neuen Glaubens an den Heilbringer Jesus
Christus, später durch „das Neue Testament" eben als „das Alte Testament" in die Schranken gewiesen und durch ein umfangreiches und
mannigfaltiges hermeneutisches Instrumentarium fügsam und handlich
gemacht – wenigstens für den „internen Gebrauch" – bekommt heute –
so scheint es zuweilen – ein neues Gewicht; manch einer will an das tro-
janische Pferd denken. Ein an allen Ecken und Enden unsicher gewor-
denes Christentum nähert sich vielerorts Überzeugungen, welche die
auch von dem Judentum abgelehnten Dogmen des kirchlichen Jesus-
glaubens nivellieren, und die Schrift der Juden, innerhalb der Gemeinden der Jesusgläubigen aufbewahrt, geachtet und ausgewertet als Gott-
geordnete Vorstufe der erst in Jesus Christus erschienenen ganzen
Wahrheit, fängt an, auch hier Eigenkraft zu entwickeln.

Die Diagnose, die Kuß, bewußt nonkonformistisch, vorlegt, ist fatal:
Zwischen den beiden Teilen der christlichen Bibel bestehe keine wirkliche Einheit. Das Alte Testament in die christliche Bibel aufzunehmen,
setze notwendig voraus, es den Juden zu nehmen und seinen ureigenen
Sinn zu verfälschen. Wenn das Alte Testament gegenwärtig im Christentum gleichwohl Konjunktur habe, so deshalb, weil die Christen ihrer eigenen Identität unsicher geworden seien und sich ins Judentum heimho-
len lassen wollten – um den Preis der Christologie. Das Alte Testament
aber, diese durch und durch jüdische Schrift, erscheine in den Reihen
dieser Christen wie das von Odysseus in die Mauern Troias einge-
schmuggelte Pferd – und bringt also offenbar Tod und Verderben über
sie.[9] Bittere Worte am Ende eines langen exegetischen Lebensweges!
Einseitig genug, um eine tiefe Glaubens-Problematik zu offenbaren[10];
klar genug, um die theologische Sachfrage in aller Schärfe zu stellen.

b) Christliche Vereinnahmungen und Abwertungen des Alten Testaments

Mit der kanonischen Festlegung auf eine zweigeteilte christliche
Schrift ist die entscheidende theologische Frage, welches Verhältnis

zwischen dem Alten und dem Neuen Testament besteht, noch nicht beantwortet, sondern erst gestellt. Hätte Markion sich durchgesetzt, wäre die Frage erledigt gewesen. Dann wäre freilich das Christentum zu einer gnostisierenden Erlösungsreligion verkommen. Seine Wurzeln in der Geschichte Israels hätte es verloren. Dieser Gefahr ist die Alte Kirche glücklich entronnen.

Die Geschichte zeigt indes: Die Normativität des Alten Testaments zu bekennen, heißt noch lange nicht, seine Bedeutung zu erkennen und sein Gewicht zu würdigen. Während langer Strecken der Theologie- und der Frömmigkeitsgeschichte stand das Alte Testament weit im Schatten des Neuen Testaments. Bis in die Gegenwart hinein ist das Alte Testament noch kaum in das Bewußtsein der Christen eingedrungen. Gewiß wurde und wird das Alte Testament immer wieder gelesen, nicht zuletzt im Gottesdienst. Aber wenn es überhaupt, selten genug, zur Grundlage von Predigten dient, wurde (und wird) es doch zumeist ganz im Lichte des Neuen Testaments ausgelegt. Dieser populären Hermeneutik liegt ein altes und nach wie vor hoch geschätztes theologisches Prinzip zugrunde.

(1) Die Alte Kirche

In frühkirchlicher Zeit ist der extreme Vertreter einer christlichen Vereinnahmung des Alten Testaments der (pseudepigraphe) Barnabasbrief (ca. 130–140)[11]. Für ihn ist das Alte Testament in ganzer Länge und Breite (die einzige?) Offenbarungsurkunde. Gleichzeitig aber vertritt er mit polemischem Nachdruck die These, das Alte Testament spreche im Grunde *immer nur* von Jesus Christus und der Kirche; es sei deshalb exklusiv die Heilige Schrift der Christen – und nicht der Juden. So heißt es über den Sinai-Bund (4,6ff):

> [6]Auch darum bitte ich euch […], euch in acht zu nehmen und nicht gewissen (Lehrern) gleichzumachen, indem ihr eure Sünden vermehrt und sagt, der Bund (die *diathéke*) jener sei auch der unsere. [7]Unser ist er zwar, aber jene haben ihn auf folgende Weise für immer eingebüßt, obwohl ihn Mose schon empfangen hat. Denn die Schrift sagt[12]: Und es fastete Mose auf dem Berg vierzig Tage und vierzig Nächte und empfing den Bund vom Herrn, steinerne Tafeln, beschrieben vom Finger der Hand des Herrn. [8]Aber weil sie sich zu den Götzen hingewandt hatten, verloren sie ihn. So spricht nämlich der Herr[13]: Mose, Mose, steig schnell hinab, weil dein Volk ungesetzlich lebt, das du aus dem Land Ägypten herausgeführt hast. Und Mose verstand und warf die zwei Tafeln aus seinen Händen; und ihr Bund zerbrach, damit der des geliebten (Sohnes) Jesus in unser Herz eingesiegelt würde durch die Hoffnung des Glaubens an ihn.

Der evangelische Neutestamentler Philipp Vielhauer (1914–1977) sagt zu diesem kuriosen Gedanken lakonisch[14]:

> Bemerkenswert ist nicht nur die Interpretation, sondern auch der Anspruch, mit dem sie auftritt: die Behauptung, daß die Auffassung, der Mosebund gelte Israel, Sünde ist. Die Auffassung, die mit diesem Verdikt belegt wird, ist aber die bei aller Vielfalt ihrer Variationen allgemein urchristliche.

Der Traktat ist (fälschlich als Brief des Apostels Barnabas angesehen) in der Alten Kirche von vielen Gemeinden lange Zeit hoch geschätzt – am Ende dann aber doch, auch wegen dieser Einschätzung des Alten Bundes und des Alten Testamentes, nicht als kanonisch anerkannt worden: Gott sei Dank.

Ähnliche Extrempositionen sind im Christentum selten wieder bezogen worden. Weit verbreiteter ist die wesentlich differenziertere Ansicht, das Alte Testament finde seinen eigentlichen Sinn darin, auf Jesus Christus hinzudeuten, offen oder verborgen, direkt oder indirekt, explizit oder implizit. Die Methoden der christlichen Exegese des Alten Testaments waren durch Jahrhunderte hindurch die Allegorie und die Typologie: die Suche nach einem christologisch-ekklesiologischen Hintersinn der alttestamentlichen Texte und die Suche nach heilsgeschichtlichen Entsprechungen zwischen alttestamentlichen Andeutungen und neutestamentlichen Verwirklichungen. Als eigentlicher Sprecher der Psalmen erscheint Jesus, als eigentlicher Sinn der Prophetie das Christusgeschehen, als eigentliches Thema der Israel-Texte die Kirche. Zwar setzt diese Hermeneutik voraus, das Alte Testament sei ebenso wie das Neue Testament Wort Gottes und normative Urkunde des Glaubens. Doch das Eigentliche, das Charakteristische und Spezifische, das unterscheidend Andere des Alten Testaments konnte auf diese Weise kaum in den Blick geraten.

Am ehesten war dies noch bei Irenäus der Fall.[15] In seinem Kampf gegen Markion und die Gnostiker betont er noch und noch die absolute Unverzichtbarkeit, die Dignität, die Normativität der alttestamentlichen Schrift. Seine Bestimmung des Verhältnisses zum Neuen Testament ist wegweisend für lange Zeit. Mit einer gewissen Selbstverständlichkeit beurteilt er freilich das Alte Testament vom Neuen her. Das versteht sich einesteils aus der apologetischen Argumentationssituation heraus, in der er sich mit den Gnostikern befindet, die sich allein auf ein – selektives – Neues Testament berufen; es war aber wohl anderenteils auch Ausdruck seiner ureigenen christlichen Glaubensüberzeugung. In seinen Büchern „gegen die Häresien"[16] verfolgt Irenäus bei seiner Verteidigung des Alten Testaments eine Doppelstrategie. Auf der einen Seite behauptet er eine tiefe Harmonie des Alten Testaments mit dem Neuen Testament; sie resultiere daraus, daß das Alte Testament im ganzen eine große Vorausdeutung auf den Messias Jesus sei. Allerdings werde diese Prophetie erst *post Christum* erkennbar (IV 26,1) – ein Vorbehalt, bei dem es scheint, als habe Irenäus von Justin (ca. 100–165) und seinen Streitgesprächen mit dem Juden Tryphon gelernt[17]. Auf der anderen Seite hat Irenäus aber auch einen Blick für die Differenzen des Alten Testaments gegenüber dem Neuen Testament. Freilich sieht er sie im wesentlichen als ethische und theologische Defizite des Alten Testaments. Um mit dem Problem, das Markion und andere Gnostiker in den Vordergrund geschoben haben, fertig zu werden, fällt Irenäus der (außerordentlich fruchtbar gewordene) Gedanke einer göttlichen Pädagogik ein (IV 28,1)[18]: Es liege im Heilsplan Gottes, die sündigen Menschen erst allmählich mit seinem wahren Wesen und seinem ganzen Willen vertraut zu machen; Gott habe Geduld mit der Schwerfälligkeit, der Begriffsstutzigkeit, der Sündigkeit der Menschen; deshalb passe er seine Offenbarungen der jeweiligen Zeit und Situation an (IV 38,2); diesen Prozeß spiegele das Alte Testament; Israel sei von Gott nach und nach auf das Kommen des Messias vorbereitet worden (IV 9,3). Die Unterschiede zwischen den beiden Testamenten werden so – für die Spätantike durchaus überzeugend – als Ausdruck einer göttlichen Erziehung des Menschengeschlechtes gedeutet. Die Einheit zwischen dem Alten und dem Neuen Testament hat Irenäus aber nicht nur katechetisch, sondern – gegen den Markionismus gerichtet – im Grunde christologisch gedacht, und zwar auf der Fährte von Joh 1,1–18: Nach Irenäus ist es immer schon der präexistente Logos, der Mittler der Schöpfung, durch den Gott sich mitgeteilt hat (IV 6 – Auslegung von Mt 11,27).

Man kann Irenäus nicht genug dafür danken, daß er zu seiner Zeit durch seine Theologie das Alte Testament theologisch gerechtfertigt und damit nicht wenig zur Bewahrung der Alten Kirche vor einer gnostisierenden Verwerfung des Alten Testaments beigetragen hat.[19] Mehr noch: Er hat die Aufgabe, die Geschichtlichkeit des Wortes Gottes und die Vielzahl seiner Offenbarungen mit der Einheit Gottes und der Identität seiner Offenbarung zu vermitteln, deutlich gesehen. Aber: Er konnte das Alte Testament nur retten, indem er es zur Vorstufe des Neuen Testaments deklarierte. Das ist lange Zeit als eine große Stärke seiner Bibel-Theologie angesehen worden. (Auch Thomas von Aquin und Martin Luther haben im Grunde ähnlich gedacht.) *Von heute aus gesehen,* ist es freilich eher eine Schwäche.

(2) Theologen der Neuzeit

Auch bei vielen Theologen des 19. und 20. Jh. sind erhebliche Schwierigkeiten zu erkennen, das Proprium und die genuine Dignität des Alten Testaments gerade in seinem Unterschied zum Neuen Testament zu erkennen – keineswegs nur bei mediokren, vielmehr auch bei herausragenden Gestalten. So etwa bei Friedrich Schleiermacher (1768–1834). In seinem grundlegenden Werk „Der christliche Glaube" (1821/22) schreibt er unter § 132[20]:

> Allein daraus, daß Christus und die Apostel selbst sich auf die alttestamentlichen Schriften als Autoritäten beziehen, allein daraus folgt keineswegs, daß wir für unseren Glauben dieser Vorandeutungen noch bedürfen, da wir die Erfahrung haben und die neutestamentliche Schrift es billigt, daß man aufhört, um solcher Zeugnisse willen zu glauben, wenn man unmittelbare Gewißheit aus einer Anschauung gewonnen hat. Nur gehört es freilich um des Willen zur geschichtlichen Treue und Vollständigkeit, daß dasjenige auch aufbewahrt werde, worauf sich Christus und seine ersten Verkündiger berufen haben. Dies trifft aber fast nur die prophetischen Schriften und die Psalmen, und dadurch rechtfertigt sich die Praxis, diese dem Neuen Testament als Anhang beizufügen. Da aber diese Schriften zur Zeit Christi nicht abgesondert vorhanden waren, sondern nur als Teile der heiligen Sammlung, und so oft sie nur so angeführt werden, überdies einzelne Anführungen auch aus anderen Büchern vorkommen, so kann man, wie wohl das Alte Testament für uns unmöglich in demselben Sinne ein unteilbares Ganzes sein kann wie für das jüdische Volk, nichts dagegen einwenden, daß es ganz und vollständig dem Neuen Testamente beigegeben wird. Nur würde der richtige Sinn der Sache sich besser aussprechen, wenn das Alte Testament als Anhang dem Neuen folgte, da die jetzige Stellung nicht undeutlich die Forderung aufstellt, daß man sich erst durch das ganze Alte Testament durcharbeiten müsse, um auf dem richtigen Weg zum Neuen zu gelangen.

Die Aussage ist klar: Aus Gründen der historischen Pietät darf man auf das Alte Testament nicht verzichten, immerhin haben es auch Jesus und die Apostel gekannt und gebraucht; insofern schulde man dem Alten Testament den Respekt, es in einer christlichen Bibel abzudrucken. Wenn man es aber aufnehme, solle man es an die theologisch richtige Stelle setzen: nicht vor, sondern hinter das Neue Testament, gewissermaßen als dessen Anhang, damit nicht etwa der Eindruck entstehe, man müsse erst das Alte Testament durcharbeiten, um das Neue verstehen zu können, sondern von vornherein klar sei, man könne als Christ das Alte nur vom Neuen Testament her verstehen. Diese Abwertung des Alten Testaments geht mit einer Leugnung der jüdischen Wurzeln des christlichen Evangeliums einher. In § 22 seiner Glaubenslehre formuliert Schleiermacher:

Das Christentum ist ohnerachtet seines geschichtlichen Zusammenhanges mit dem Judentum doch nicht als eine Fortsetzung oder Erneuerung desselben anzusehen. Vielmehr steht es, was seine Eigentümlichkeit betrifft, mit dem Judentum in keinem anderen Verhältnis als mit dem Heidentum.

Und im Vorwort zur ersten Auflage (1811) seiner „Kurzen Darstellung des theologischen Studiums zum Behuf einleitender Vorlesungen"[21] heißt es (in § 3):

Den jüdischen Kodex mit in den Kanon ziehen heißt, das Christentum als eine Fortsetzung des Judentums ansehen.

Schleiermacher zeigt in aller wünschenswerten Deutlichkeit die theologischen, besonders die ekklesiologischen Dimensionen des Streits um die Relevanz des Alten Testaments auf. Es geht nicht nur um das Verhältnis zur jüdischen Bibel, es geht zugleich um das Verhältnis der Kirche zu Israel; und es geht um die Einheit der Heilsgeschichte. Schleiermacher kann über der Betonung des Neuanfangs in Christus die Einheit der Heilsgeschichte nicht mehr wahren[22] – und schneidet deshalb zugleich die jüdischen Wurzeln der Kirche ab.[23]

Grenzt Schleiermachers Ansicht in ihrer Einseitigkeit hart an eine Ablehnung des Alten Testaments, so sind andere Auffassungen wesentlich moderater und differenzierter, damit auch inspirierender für eine neue Verhältnisbestimmung, wiewohl auch sie sich nicht zu einer wirklich positiven Bewertung des Alten Testaments durchringen. Es können beileibe nicht alle Positionen aufgeführt werden. Nur zwei Namen seien ihres Gewichtes und ihres Einflusses wegen genannt – in respektvoller Verehrung und doch mit dem Ziel einer Kritik ihrer Bibel- und Bundes-Theologie: Rudolf Bultmann und Hans Urs von Balthasar.

Rudolf Bultmann (1884–1976) sieht die theologische Relevanz des Alten Testaments darin, daß es mit seiner Theologie, seiner Spiritualität und seiner Ethik des Gesetzesgehorsams ein dialektisches Gegenüber zum (paulinisch gelesenen) Neuen Testament mit seiner Theologie, Spiritualität und Ethik der Glaubens-Gerechtigkeit bilde[24]:

Der Glaube bedarf, um seiner selbst sicher zu sein, des Wissens um den Sinn des Gesetzes; er würde sonst ständig der Verführung durch das Gesetz – in welcher Form auch immer – unterliegen. Ebenso bedarf der Glaube des Rückblicks in die alttestamentliche Geschichte als eine Geschichte des Scheiterns und damit der Verheißung, um zu wissen, daß sich die Situation des Gerechtfertigten nur auf dem Grunde des Scheiterns erhebt.

Ganz anders als Schleiermacher hält Bultmann (der sich auf Paulus beruft) in aller Klarheit fest, daß das Alte Testament für den christlichen Glauben völlig unverzichtbar, ja unabdingbar notwendig ist. Auch der abwegige Gedanke, um der hermeneutischen Korrektheit willen müsse das Alte Testament in christlichen Bibeln nach dem Neuen gedruckt werden, kommt ihm nicht in den Sinn. Dennoch: Die Relevanz, die er dem Alten Testament zuerkennt, ist eine radikal negative. Das Alte Testament sei von einem inneren Widerspruch durchzogen, dem Widerspruch zwischen der großen Hoffnung auf das Reich Gottes und den vom Gesetz diktierten Versuchen, es „mit der empirischen Volksgeschichte zur Deckung" zu bringen.[25] Ohne *diesen* Widerspruch existentiell vergegenwärtigt zu haben, könne niemand meinen, im Glauben gerechtfertigt zu werden. *Deshalb* gehöre das Alte Testament in den Kanon. Man wird Bultmann zugestehen müssen, daß man *auch* dies aus dem Alten Testament lernen kann. (Paulus, Johannes und der Hebräerbrief haben es wenigstens gemeint – ohne „die Schrift" darauf zu reduzieren.) Dennoch fällt es schwer, Bultmann zuzugestehen, er lasse dem Alten Testament Gerechtigkeit widerfahren. Bezeugt es für Christen wirklich nur „eine Geschichte des Scheiterns"? Was ist mit Abel und Noah, mit Abraham und Sara, mit Elija und Elischa, mit Mose und David, mit Samuel und Salomo, mit Ester und Tobit? Was ist mit der „Wolke von Zeugen" (12,1), die der Hebräerbrief den Christen in einer langen, nicht enden wollenden Liste als vorbildlich Glaubende ins Gedächtnis ruft (11,2–40)? Was ist mit dem Hohenlied und den Psalmen? Was mit Hosea und Habakuk, mit Maleachi und Sacharja, mit Jeremia und Ezechiel? Was ist schließlich, um auf Bultmanns kritischen Punkt zu kommen, mit der Verheißung „*eines neuen Himmels und einer neue Erde*" im Jesaja-Buch (65,17; 66,22), die sowohl in der Johannes-Apokalypse (21,1) als auch im Zweiten Petrusbrief (3,13) ein Echo findet? So beeindruckend die Theologie des Alten Testaments ist, die Bultmann im Rahmen seines existentialphilosophischen Ansatzes entwickelt, so problematisch bleibt sie auch.[26]

Noch differenzierter als Bultmann denkt Hans Urs von Balthasar (1905–1988) über das Alte Testament und sein Verhältnis zum Neuen. In seinem epochalen Werk „Herrlichkeit" entwickelt er eine großartige Theologie des Alten und des Neuen Bundes.[27] Er knüpft an die typologische Betrachtung der Väterzeit an, die in der Tat den unbestreitbaren Vorteil hat, die heils*geschichtliche* Dimension der Offenbarung zu erfassen, und die sich in der katholischen Theologie auch als außerordentlich fruchtbar für die Renaissance biblischer Theologie und Spiritualität erwiesen hat.[28] Balthasar sieht freilich die Probleme der traditionellen Typologie deutlich genug – wie er auch die Grenzen der liberalen Theologie markiert. Der Angelpunkt seiner Bundes-Theologie ist die Paradoxalität der Kenosis, der Selbstentäußerung und Selbsterniedrigung Jesu Christi (vgl. Phil 2,6–11). Über den menschgewordenen Sohn Gottes schreibt er[29]:

> Als ein Ungeworfener tritt er in den Stand der Geworfenen ein und nimmt das Zeugnis der Geschichte an, auf das er nicht angewiesen wäre. Liberale Theologie kann dieses einmalige Verhältnis nicht sehen: entweder wird sie (markionistisch) die Transzendenz Jesu über den Alten Bund betonen und die jüdischen Eierschalen als eine leicht abzustreifende Einkleidung des Menschheitsevangeliums entfernen (Harnack, Bultmann), oder sie wird, den Analogien und inneren historischen Zusammenhängen und Entsprechungen verfallend, wie ein Grossteil der heutigen Forschung, diese Transzendenz minimalisieren und quantifizieren. Die Einmaligkeit des Verhältnisses ist nur im Glauben, theologisch, zu sehen, und auch dann nicht in fertigen Formeln abziehbar, weil diese Einmaligkeit selbst das Glaubensgeheimnis ist: dies Gefälle unterschätzt zu haben, muss man vielleicht schon leise dem apostolischen Zeitalter, sicher aber dem nach-apostolischen (Barnabasbrief) und damit der patristischen heilsgeschichtlichen Theologie zur Last legen.

Sowohl der Kritik an der Abhebung Jesu von der Geschichte des Judentums wie auch der Kritik an der reinen Quantifizierung von Gemeinsamkeiten und Unterschieden zwischen Jesus und dem Judentum seiner Zeit ist beizupflichten, nicht minder der Kritik an der Harmonisierung von Altem und Neuem Bund, wie sie der urchristlichen und patristischen Typologie immer wieder unterlaufen ist – auf Kosten sowohl der Eigenständigkeit des Alten wie der schöpferischen Neuheit des Neuen Testaments.

Dennoch kann Balthasar das Verhältnis zwischen dem Alten und dem Neuen Bund nur so qualifizieren, daß er jenen als im Entscheidenden defizitär betrachtet und diesen auf die „Trümmer des Alten Bundes" gebaut sieht[30]:

> Gerade in ihrer Gebrochenheit mittendurch spiegelt die Schrift ihren einzigen, unteilbaren Inhalt: Heil durch Gericht hindurch! Der Alte Bund ist an seinem Ende ein einziger Ruf nach seiner Erfüllung, unfähig, die Gestalt dieser Erfüllung, die er durch seine ganze Anlage postuliert, im geringsten zu umreißen. Von der Erfüllung in Christus her läßt sich rückblickend zeigen, daß nur und gerade diese Gestalt den Postulaten entsprach, aber ebenso, daß sie aus den Fragmenten, die dem Alten Bund zur Verfügung standen, niemals zur Ganzheit gerundet werden konnte. Die Ganzheit lag in den Fragmenten nicht wie in den Stücken eines Puzzlespieles vor, das für ein Kind zu schwer ist und ein Erwachsener ihm zusammenzusetzen hilft; sie ergab sich erst

durch eine für Gott allein mögliche, dem Menschen schlechterdings unauffindbare Synthese. Trotzdem lag sie in den Stücken, so daß der Mensch es nachträglich erkennen konnte, sie aber gleichzeitig als Gottes alleiniges Werk in der Geschichte anerkennen mußte. [...] die zahlreichen alttestamentlichen Bilder umlagern konvergierend eine offenbleibende, unkonstruierbare Mitte; diese Mitte wird durch die Existenz Christi ohne sichtbare Anstrengung um die Synthese besetzt; der nachösterlichen Reflexion erweist sich, daß alle Bildfragmente sich wie von selbst auf diese Mitte hinordnen und zur Einheit abklären.

So sehr man dem Eingangssatz Balthasars zustimmen mag: Bricht die Dialektik von Heil und Gericht nur an der Nahtstelle zwischen den beiden Teilen der christlichen Bibel, bricht sie nicht mitten im Alten *und* mitten im Neuen Testament auf? Hat das Alte Testament keinen eigenen, vom Neuen Testament unabhängigen Sinn? Darf man wirklich sagen, es bilde nicht selbst eine Einheit? Es sei nicht Ganzheit, sondern Fragment? Ihm fehle das organisierende Zentrum? Richten sich die alttestamentlichen Hoffnungsbilder wirklich allesamt „wie von selbst" auf den magnetischen Pol des Christusgeschehens aus? Wird dadurch nicht der Reichtum des Alten Testaments geschmälert, seine Vielfalt allzu stark reduziert? Führt dieses Bild nicht doch einerseits zu einer Harmonisierung zwischen dem Alten und dem Neuen Testament, andererseits zu einer Abwertung der alttestamentlichen Offenbarungs*geschichte?* Balthasar sagt[31]:

Somit ist der ganze Alte Bund „Gleichnis", in einem ähnlichen Sinn wie die Parabeln des Evangeliums (die alle vor dem Kreuz und der Auferstehung liegen) Gleichnis waren: Bild unterwegs, das ein Weitergehen erfordert: den Glauben, aber ein Stehenbleiben möglich macht: das Ärgernis. Israel ist Bild als Entscheidungsbild: lesbar dem Glauben, unlesbar dem Unglauben. Dem Glauben aber so lesbar, dass am Bild die Wahrheit ihre Bestätigung findet, während das Rätsel Israel sich selbst und allen übrigen ohne den Glauben Rätsel bleibt [...] darauf kommt es an, dass ganz Israel existentiell Bild und Figur ist, die sich selbst nicht deuten kann, Sphinx, die sich nicht auflöst ohne Ödip. [...] Das „Prophetische" an Israel liegt darin, dass es an einem Bild arbeitet, das sich [...] immer weniger nach rückwärts hin interpretieren lässt, aus eigener Logik immer mehr in Elemente zerfällt, die nicht mehr synthetisierbar sind, es sei denn auf einer grundsätzlich neuen Ebene, die Israel nur erhoffen, aber nicht konstruieren kann.

Der letzte Satz ist, jedenfalls traditionsgeschichtlich betrachtet, ein bloßes Konstrukt.[32] Die voranstehenden Urteile werfen nicht nur die Frage nach historischer Gerechtigkeit auf[33], sondern auch prinzipielle hermeneutische Probleme: Bleibt Israel sich wirklich selbst ein Geheimnis – mehr oder gar qualitativ anders als jeder Glaubende, als die Kirche sich selbst Geheimnis bleibt? Ist die alttestamentliche Rede von Gott nur uneigentliche Rede (wie Balthasar parabolisches Sprechen einzuschätzen scheint) – qualitativ anders als die neutestamentliche, die doch auch immer nur in das Geheimnis des unbegreiflichen Gottes hineinführt? Sind die „Bilder", die das Alte Testament – jenseits des Bilderverbotes – für Gott findet, nur Aufforderung zum Weitergehen, nicht auch Einladung zum Verweilen und Betrachten? Wie viel aus Balthasars Bundes-Theologie zu lernen ist, wie tief seine Gedanken schürfen, wie groß die Schätze sind, die er zutage fördert[34] – das alles bleibt unbestritten und bewundernswert. Dennoch: Zwar ist der Alte Bund nach Balthasar unabdingbare Voraussetzung für das Verstehen des Neuen[35]:

Der Alte Bund ist und bleibt die theologische und damit auch epistemologische Hinführung zum Verständnis des Neuen.

Aber er ist im Entscheidenden *nur* Voraussetzung, *nur* Hinführung. Hier liegt das Kardinalproblem. Der Alte Bund erscheint bei Balthasar zu wenig als Heilssetzung Gottes; das Alte Testament ist nicht schon aus sich selbst heraus, sondern *nur* als Kontrapunkt zum Neuen Testament relevant: Seine Relevanz erschließt sich *nur* im Rahmen einer christozentrischen Dramatik des Heilsgeschehens, die das, was es reflektiert und bezeugt, als Vorspiel erweist.

2. Der neue Trend zur Aufwertung des Alten Testaments und zur Relativierung des Neuen

Die alte Tendenz zu einer offenen oder versteckten Abwertung des Alten Testaments verändert sich gegenwärtig, vor allem in Deutschland und Amerika und vor allem dort, wo es Ansätze eines Gespräches zwischen Juden und Christen gibt. Sie verändert sich bei den Christen nicht zuletzt unter dem Schock des Holocaust und der Frage nach christlichen und kirchlichen Vorbereitungen des nationalsozialistischen Antisemitismus. Sie verändert sich aber auch durch die Arbeit historisch-kritischer Exegese, die den Ursprungssinn der alttestamentlichen Schriften darzulegen versucht und dann allemal feststellt, daß eine christliche, speziell christologische Vereinnahmung der Texte nicht so schnell und so leicht möglich ist, wie es jahrhundertelang Usus war. Mehr noch: In der jüngeren Theologengeneration, nicht zuletzt auch bei vielen katholischen Theologen, die nach dem 2. Vatikanischen Konzil zu arbeiten begonnen haben, entsteht der Verdacht, das Alte Testament sei – mitsamt dem „Spät"judentum – nicht zuletzt aus versteckten oder offenen antijudaistischen Gründen stark in den Hintergrund gerückt worden.[36] Vor allem jedoch behauptet man ein „Plus", einen Überhang, einen Mehrwert des Alten Testaments gegenüber dem Neuen.[37] Nicht ohne gute Gründe: Unzweifelhaft wird im Alten Testament nicht nur eine viel größere Breite an Themen angesprochen als im Neuen, sondern manches auch tiefer und umfassender gesagt. Nur drei Themenfelder seien genannt:

Erstens: Die grundlegenden biblischen Aussagen zum Thema Schöpfung stehen nicht im Neuen, sondern im Alten Testament. Die neutestamentlichen Autoren beginnen nicht noch einmal damit, die schöpfungstheologischen Fragen zu deklinieren, die im Alten Testament doch schon befriedigend beantwortet worden sind. Sie setzen die Schöpfungstheologie des Alten Testaments als ihre Basis voraus.[38]

Zweitens: Im Neuen Testament spielen die Fragen einer christlichen Gestaltung der Gesellschaft so gut wie keine Rolle. Das liegt nicht etwa daran, daß die ersten Christen weltflüchtig gewesen wären; es liegt auch nicht nur daran, daß sie mit dem baldigen Ende der Welt gerechnet haben und deshalb politische Anstrengungen nicht für nötig gehalten hätten; es liegt vor allem daran, daß es geradezu grotesk gewesen wäre, wenn eine so kleine Gemeinschaft, wie es die Christen im 1. Jh. gewesen sind, ernstlich daran gegangen wäre, Programme für die Reformierung oder Revolutionierung der antiken Gesellschaft zu entwickeln. Wenn die Christen überhaupt die gesellschaftliche Dimension des Glaubens ins Auge gefaßt haben, dann richtet sich ihr Blick auf die Gemeinde, auf die Kirche, aber kaum einmal auf den Staat. Anders das Alte Testament: In weiten Teilen ist es nicht eigentlich für die persönliche Frömmigkeit oder den Glauben eines kleinen Zirkels geschrieben worden, sondern für das ganze Volk Israel, für seinen Staat und seine Gesellschaft. Ein großer Teil des Alten Testaments ist der Frage gewidmet, wie das Volk Israel im Lande Israel sein Leben vor dem Angesicht Gottes organisieren kann und organisieren muß – in Phasen staatlicher Selbständigkeit ebenso wie in Zeiten kriegerischer Wirren und politischer Unterdrückung. In diesen Partien, etwa im Buch Deuteronomium, sind wichtige Impulse für eine christliche Sozialethik, auch für eine politische Ethik enthalten.[39]

Drittens: Die Fülle der alltäglichen Lebensfragen spiegelt sich in vielen Schriften des Alten Testaments, nicht zuletzt in der Tora und der Weisheitsliteratur, etwa im Buch der Sprüche. Das Neue Testament hat dem (auch im Jakobusbrief) nichts Vergleichbares an die Seite zu stellen. Wer aber wollte behaupten, es sei unwichtig und theologisch irrelevant, Regeln der Lebensklugheit, die sich vielfach bewährt haben, zu hören – auch wenn sie die letzten Fragen des Glaubens über Gott und die Welt nicht ins Spiel bringen?

Man könnte eine Fülle weiterer Punkte nennen: die Auflehnung gegen soziale Mißstände bei den Propheten, die Skepsis gegenüber theologischen Erklärungssyndromen bei Hiob und Kohelet, die erotische Kultur im Hohenlied, die einzigartige Gebetssprache des Psalters. In jedem Fall gilt: Um die ganze Fülle des biblischen Zeugnisses auszuschöpfen, bedarf es unbedingt des Rückgangs auf das gesamte Alte Testament. Nur so kann man sich vor Engführungen schützen und Reduktionen des – christlichen! – Glaubens vermeiden.

Freilich: Die Aufwertung des Alten Testaments geht gegenwärtig allzu häufig mit einer Relativierung des Neuen Testaments einher. Das ist theologiegeschichtlich verständlich. Überzeugend ist es nicht. Auch auf diese Weise wird die fruchtbare Spannung zwischen dem Alten und dem Neuen Testament verkleinert. Wie weit gleichwohl die Gedankengänge bei einigen Theologen ausgreifen können, zeigt das Buch des katholischen Alttestamentlers Manfred Görg „In Abrahams Schoß" mit dem bezeichnenden Untertitel „Christentum ohne Neues Testament".⁴⁰ Der Verfasser sieht zwar die dogmatische Schwierigkeit, christliche Theologie ohne das Neue Testament zu treiben. Aber er unterscheidet von diesem dogmatischen einen existentiellen Zugang zum Christsein. Und er sagt, ein solcher Zugang könne durchaus allein auf dem Alten Testament gründen. Dort seien alle wichtigen Elemente eines authentischen (christlichen) Lebens enthalten. Mehr noch: Erst wenn das Neue Testament ausgeklammert werde, kämen vom Alten Testament her wesentliche Elemente des Christseins in den Blick, die sonst allzu sehr in den Hintergrund gedrängt würden, insbesondere die strenge Theozentrik, die nicht durch die Christologie verunklart werde, und die Notwendigkeit ethischen Handelns, die nicht durch die neutestamentliche Gnadenlehre unterminiert werde. Doch überzeugt diese Position? Daß es die beschworenen Gefahren gibt und daß ihr Christen noch und noch erlegen sind, läßt sich gewiß nicht abstreiten. Aber lag dies dann an ihrer (unterstellten) Orientierung am Neuen Testament? Und vor allem: Daß das Alte Testament einen großen Schatz an Wegweisungen für einen authentischen, gottgefälligen Lebensvollzug birgt, ist schwer zu überschätzen. Aber können für Christen Themen wie etwa die Nachfolge Jesu Christi, die Teilhabe an seinem Leiden und an seiner Auferstehung, die radikale Feindesliebe, das Gebet des Vaterunser wirklich ausgeklammert werden?

Etwas differenzierter als Görg haben vor Jahren zwei reformierte Theologen aus Holland optiert. Arnold Albrecht van Ruler hält an der dogmatischen und spirituellen Unverzichtbarkeit des Neuen Testaments fest, sagt aber gleichzeitig[41]:

> Das Alte Testament ist und bleibt die eigentliche Bibel. In ihm hat Gott sich selbst und das Geheimnis, das er mit seiner Welt hat, bekannt gemacht. Jedenfalls alle Güte, aber doch auch alle Wahrheit und dann auch alle Schönheit, das ganze rettende „Seinsverständnis" leuchtet im Alten Testament vor uns auf. Es ist das Buch der Humanität.

So sehr man in das Loblied auf das Alte Testament einzustimmen bereit ist – ist es eine Begründung der These, das Alte Testament sei und bleibe für Christen „die eigentliche Bibel"? Der Autor scheint es so zu sehen, denn im weiteren fragt er[42]:

> Oder gibt es nur *einen* Kanon in dem Sinn, daß allein das Alte Testament Kanon ist, und daß das Neue Testament als erklärendes Wörterverzeichnis am Ende hinzugefügt ist? Erklärend dann in dem doppelten Sinn von interpretierend *und* gültig erklärend. Aber dann offensichtlich doch so, daß diese Interpretation und Inkraftsetzung des Kanons ihrerseits selbst wieder als Kanon anerkannt wird.

Das Neue Testament als „erklärendes Wörterverzeichnis" im Anhang zum Alten? Das ist starker Tobak – und im übrigen Ausdruck einer letztlich ungeklärten Verhältnisbestimmung zwischen dem Alten und Neuen Testament. Gleichwohl bezieht Kornelis Heiko Miskotte[43] eine ähnliche, wenngleich weiter zurückgenommene Position. Auch für ihn ist die eigentliche Heilige Schrift das Alte Testament, der sog. „Tenach"[44]. In ihm seien alle wesentlichen Glaubensinhalte, alle wesentlichen ethischen Impulse enthalten.

> Wenn wir sagen: es ist „alles" darin, dann meinen wir als Christen gewiß auch: das Neue Testament. Mag sein, daß wir dabei in Einzelheiten einige Vorbehalte machen müssen, z. B. insofern im Neuen Testament vielleicht Einflüsse der Mysterienreligionen und sicher solche der Apokalyptik aufzuweisen sind bis hinein in die Grundworte, die die Träger der Botschaft sind. Aber wo es um Gott und seinen Namen geht, wo die damit zusammenhängenden Wertungen der Geschichte, des Gesetzes, des Menschen, des Priesters, des Propheten, des Königs verglichen werden, wo Versöhnung und Vergebung, Glaube und Heiligung, Anfechtung und Zukunft zur Sprache kommen, da müssen wir sagen: alles Wesentliche ist im Tenach gesagt.

Daran freilich, daß diese Aussage richtig ist, dürfen erhebliche Zweifel erlaubt sein. Läßt sich die alttestamentliche Kult-Theologie (und Kult-Praxis) neutestamentlich fortschreiben? Oder ist nicht die Vorstellung,

der Ritus im Jerusalemer Tempel bewirke Sühne, durch das Christusgeschehen obsolet geworden (vgl. Röm 3,25; Hebr 8–10)? Läßt sich
die alttestamentliche Auffassung vom Gesetz als Heilsweg neutestamentlich bestätigen? Oder wird sie nicht (auf jeweils andere Weise)
durch die Synoptiker wie durch Paulus und Johannes, selbst durch Jakobus in die Krise geführt, weil durchweg die Glaubensbeziehung zu
Jesus Christus als heilsentscheidend herausgestellt wird? Bewegt sich
die Anthropologie eines Paulus oder eines Johannes im Rahmen des
Alten Testaments? Oder ist sie nicht entscheidend vom Glauben an
die Auferweckung des Gekreuzigten resp. an die Inkarnation des präexistenten Logos geprägt, so daß sie auf einer anderen Grundlage als
im Alten Testament steht? Keine Frage, daß die neutestamentlichen
Aussagen zu diesen Themen auf den alttestamentlichen fußen; keine
Frage aber auch, daß sie diese nicht einfach wiederholen. In jedem
Fall löst auch Miskotte die Spannung zwischen dem Alten und dem
Neuen Testament auf – einseitig zugunsten des Alten Testaments.

Das wird man Erich Zenger gewiß nicht vorwerfen dürfen.[45] Im Gegenteil: Er plädiert in aller wünschenswerten Deutlichkeit für die
„spannungsvolle Einheit"[46] beider Teile der christlichen Bibel. Er
hält fest[47]:

> Daß die sich aus dem Judentum lösende Kirche das „Erste Testa-
> ment" gegen alle in ihr aufkommenden Bestrebungen, diesen „jüdi-
> schen" Teil abzustoßen, dennoch fest- und beibehalten hat, muß *theo-*
> *logisch* ernstgenommen werden. Darin spricht sich die Überzeugung
> der Kirche aus, daß sie nur im spannungsreichen Kraftfeld der *beiden*
> Teile ihrer Bibel *zusammen* im Kraftfeld der Gotteswahrheit lebt.
> Deshalb sind eigentlich alle Wertungen und Vergleiche, welcher Teil
> wichtiger und unverzichtbarer ist, obsolet. [...] Beide Testamente sind
> gleichwertig und wollen in das von ihnen bezeugte Geschehen hinein-
> nehmen, daß das Gottesreich „im Kommen" ist.

Aber: Trotz des Plädoyers für eine „Spannungseinheit" bleibt in der
„Streitschrift" für das „Erste Testament" merkwürdig unbestimmt,
welche Bedeutung dem Neuen Testament zufällt und worin sein spezifisches Gewicht besteht. Wo Zenger sich zu diesem Problem äußert,
bleibt seine Beschreibung defizitär[48]:

> Dieser erste Teil der christlichen Bibel ist das *grundlegende Funda-*
> *ment,* das zuerst gelegt wurde und auf dem das im „Zweiten Testa-
> ment" bezeugte Handeln Gottes an und durch Jesus und an denen,
> die Jesus nachfolgen, so aufruht, daß es dessen erneute und erneuern-
> de Aktualisierung ist.

Das Neue Testament wäre also nur eine Aktualisierung des Alten
Testaments? Nicht eigentlich etwas Neues? Nur eine von vielen Er-

neuerungen? Nicht die fundamentale und normative Auslegung des eschatologisch-neuen Christusgeschehens? Am Ende gar wie der Talmud und die kirchliche Lehrtradition ein „sinnpflegende(r) und aktualisierende(r) Kommentar[e] zum Kanon des Tenach"[49]? Wie ließe sich dann aber noch eine Spannung zwischen den beiden Teilen der christlichen Bibel aufbauen? Gewiß darf man den Sinn des Satzes nicht pressen.[50] Aber nimmt man ihn ernst, käme im Neuen Testament substantiell nichts zum Alten Testament hinzu. Es würde nur das, was dort bereits umfassend gesagt worden ist, in eine neue Situation übersetzt und auf eine neue Person, nämlich Jesus Christus, projiziert. Das widerspräche allerdings nicht nur dem Selbstzeugnis der neutestamentlichen Autoren. Es widerspräche doch wohl auch dem, was ein Judaist, ein Altphilologe, ein Literaturwissenschaftler mit seinen Methoden nicht nur für die Christologie, sondern auch für die Soteriologie, die Eschatologie und die Ekklesiologie, vielleicht auch für Teile der Ethik feststellen könnte. Jedenfalls wäre zu gewichten, daß Juden das Neue Testament nicht als Fortsetzung und Fortschreibung ihrer Heiligen Schrift (des christlichen Alten Testaments) betrachten können. Wird aber die Neuheit des Neuen Testaments, die in der Christologie, besser: in der christologisch vermittelten Theozentrik begründet liegt, zur Geltung gebracht[51], stellt sich die Aufgabe einer Verhältnisbestimmung der beiden Testamente allererst in theologisch sachgerechter Weise.

3. Die Spannungseinheit zwischen den beiden Testamenten

Einseitige Betonungen des Alten oder des Neuen Testaments führen in die Irre. Sie sehen „nur die halbe Wahrheit"[52]. Es kommt in einer christlichen Theologie der Heiligen Schrift aber alles darauf an, den spezifischen Wert sowohl des Alten als auch des Neuen Testaments zu beachten, anders gesagt: die Spannung zwischen den beiden Teilen der *einen* christlichen Bibel aufrecht zu erhalten – ohne jede Harmonisierung, ohne jede Nivellierung und ohne jede Dissoziierung, ohne jede Vermischung und ohne jede Trennung. Das wäre wohl auch ein Gebot, das um der Erneuerung des Verhältnisses zu den Juden und ihrer Bibel willen dringend zu beachten wäre. Franz Rosenzweig[53]:

> Es waren immer die verkappten Feinde des Christentums, von den Gnostikern bis auf den heutigen Tag, die ihm sein „Altes Testament" nehmen wollten. Ein Gott, der nur noch Geist ist, nicht mehr der Schöpfer, der dem Juden sein Gesetz gab, ein Christus, der nur noch Christus, nicht mehr Jesus, und eine Welt, die nur noch All, deren

Mitte nicht mehr das Heilige Land wäre, – sie würden zwar der Vergottung und Vergöttlichung nicht mehr den mindesten Widerstand entgegensetzen, aber es wäre auch nichts mehr in ihnen, was die Seele aus dem Traum dieser Vergottung zurück ins unerlöste Leben riefe; sie verlöre sie nicht nur, nein sie bliebe verloren. Und diesen Dienst erwies dem Christentum nicht das bloße Buch, oder vielmehr: diesen Dienst erweist ihm das bloße Buch nur, weil es kein bloßes Buch ist, sondern weil sein Mehrsein lebendig bezeugt wird durch unser Leben.

Die Konsequenzen, die Christen in ihrem Schriftverständnis aus diesem ebenso weitblickenden wie weitherzigen Urteil eines Juden zu ziehen haben, zeichnen sich erst in Umrissen ab.

a) Kirchenamtliche Positionen

Das Zweite Vatikanische Konzil markiert im Raum römisch-katholischer Theologie einen epochalen Neuansatz sowohl hinsichtlich des Verhältnisses zum Alten Testament als auch hinsichtlich des Verhältnisses zum Judentum.[54] Waren bisherige kirchliche Äußerungen häufig von einer recht großen Skepsis gegenüber dem Alten Testament und von einer recht großen Reserve gegenüber dem Judentum geprägt, so zeigt sich auf dem Konzil ein Prozeß der Umkehr und der Neubesinnung auf die gemeinsamen Wurzeln von Juden und Christen, damit aber auch eine Neubewertung des Alten Testaments.

Besonders eindrucksvoll ist dies im Dekret über die nichtchristlichen Religionen geschehen, das den Titel trägt: *Nostra Aetate*, auf deutsch: „In unserer Zeit".

(1) Das Zweite Vatikanische Konzil

Nostra Aetate bespricht das Verhältnis des Christentums zu den anderen Religionen und bricht die traditionelle *Engführung* des christlichen Absolutheitsanspruches auf, insofern es den (relativen) Wert anderer Religionen ausdrücklich anerkennt. Ein ganz besonderer Stellenwert aber wird dem Judentum zuerkannt (*Nostra Aetate* 4):

> Bei ihrer Besinnung auf das Geheimnis der Kirche gedenkt die Heilige Synode des Bandes, wodurch das Volk des Neuen Bundes mit dem Stamme Abrahams geistlich verbunden ist. So anerkennt die Kirche Christi, daß nach dem Heilsgeheimnis Gottes die Anfänge ihres Glaubens und ihrer Erwählung sich schon bei den Patriarchen, bei Moses und den Propheten finden. Sie bekennt, daß alle Christgläubigen als Söhne Abrahams dem Glauben nach in die Berufung dieses Patriarchen eingeschlossen sind und daß in dem Auszug des erwählten Volkes aus dem Lande der Knechtschaft das Heil der Kirche geheimnis-

voll vorgebildet ist. Deshalb kann die Kirche auch nicht vergessen, daß sie durch jenes Volk, mit dem Gott aus unsagbarem Erbarmen den Alten Bund geschlossen hat, die Offenbarung des Alten Testaments empfing und genährt wird von der Wurzel des guten Ölbaumes, in den die Heiden als wilde Sprößlinge eingepfropft sind. Denn die Kirche glaubt, daß Christus, unser Friede, Juden und Heiden durch das Kreuz versöhnt und beide in sich vereinigt hat.

Karl Barth (1886–1968) hat zwar kritisiert, daß die Beziehungen der Kirche zum Judentum nicht im Ökumenismus-Dekret, sondern in der Deklaration über die nicht-christlichen Religionen behandelt worden sind[55]:

> Wie kommt die „Deklaration" dazu [...], im Blick auf *Israels* Geschichte und Gegenwart – in einem Atemzug mit Hinduismus, Buddhismus, Moslemismus – von einer „nicht-christlichen Religion" zu reden, wo es sich doch a) im Alten Testament keineswegs um eine „Religion", sondern um die Urgestalt der *einen Gottesoffenbarung,* b) in der Existenz des späteren und heutigen (gläubigen und ungläubigen) Judentums um den einen einzigen natürlichen (weltgeschichtlichen) *Gottesbeweis* handelt?

In der Tat legt er damit den Finger auf einen wunden Punkt (wie problematisch auch immer die Rede vom Gottesbeweis ist). Doch ist damit die Größe und Weite der Israel-Theologie und damit auch der Theologie des Alten Testamentes, die *Nostra Aetate* 4 anvisiert, nicht bestritten. Die Konzilsväter argumentieren gut christologisch und gut neutestamentlich. Die ekklesiologische Position, die sie beziehen, geht auf den Epheserbrief zurück, in dem die Versöhnung zwischen Juden und Heiden als Mitte des Heilsereignisses beschrieben wird – freilich jeder Blick für jene Juden fehlt, die nicht an Jesus Christus glauben. Aufschlußreicher ist deshalb die Erinnerung an ein Bild, das der Apostel Paulus im Römerbrief für eine heidenchristlich majorisierte Gemeinde zeichnet: das Bild vom Ölbaum. Von diesem Ölbaum ist ein Teil der Zweige abgeschnitten worden – bei Paulus ein Symbol für die Juden, die sich dem Evangelium verweigern. Wichtiger ist aber eine andere Seite des Bildes: daß die Heidenchristen als wilde Sprößlinge dem Stamm des Ölbaums aufgepfropft werden und durch seine Kraft nicht nur leben, sondern auch veredelt werden. Vor diesem Hintergrund kann der Apostel einem israel-vergessenen Heidenchristentum zurufen (11,18):

Nicht du trägst die Wurzel, die Wurzel trägt dich.

Mit dem Römerbrief erkennt das Konzil den heilsgeschichtlichen Primat Israels an. Ihn zu leugnen, hieße die christliche Identität zu leugnen. Der heilsgeschichtliche Primat Israels vermittelt sich den Christen immer durch das Alte Testament, das die Geschichte Israels als Geschichte des erwählenden und verheißungstreuen Gottes erzählt. Wer dieses Dokument der Heilsgeschichte Gottes mit Israel verwerfen würde, würde sich von der Wurzel abschneiden, die ihn erhält.

(2) Der Katechismus der Katholischen Kirche

Auch der neue römische Katechismus[56] optiert in diesem Punkte ähnlich, wenngleich nicht so klar wie das Konzil. Wo er über das Glaubensbekenntnis orientiert und die Quellen des Glaubens nennt, formuliert er (§ 121):

> Das Alte Testament ist ein unaufgebbarer Teil der Heiligen Schrift. Seine Bücher sind von Gott inspiriert und behalten einen dauernden Wert, denn der Alte Bund ist nie widerrufen worden.

Das ist eine wichtige Feststellung, die auf der Linie von *Nostra Aetate* 4 liegt und wichtige Ergebnisse und Anliegen alttestamentlicher Exegeten aufnimmt: Gott ist seiner Verheißung treu (Röm 9–11), er läßt sich seine Gnade nicht gereuen; deshalb nimmt er seine Bundeszusage, die er Abraham und Israel gegeben hat, nicht zurück. Der Neue Bund ist *in dieser schlechthin zentralen Hinsicht* nicht die Ablösung des Alten Bundes; vielmehr ist die Stiftung eines Neuen Bundes, d. h. die in Jesus Christus Gestalt gewordene absolut neue Heilsinitiative Gottes, die Voraussetzung dafür, daß der Alte Bund werden kann, woraufhin er immer schon angelegt war: eine von Gottes Gerechtigkeit konstituierte, vollkommene Gemeinschaft des Friedens Israels und der Heidenvölker mit Gott. Weil der Alte Bund, wie der Katechismus mit Röm 9–11 feststellt, nie widerrufen worden ist, behalten die Bücher des Alten Testaments ihren Wert. Etwas weiter heißt es dann (in § 123):

> Die Christen verehren das Alte Testament als wahres Wort Gottes. Den Gedanken, das Alte Testament aufzugeben, weil das Neue es hinderlich gemacht habe (Markionismus), wies die Kirche stets entschieden zurück.

Es wird festgehalten, daß das Bekenntnis zum Neuen Testament keineswegs insinuiert, das Alte Testament sei hinfällig geworden. Es findet sich sogar eine ausdrückliche Zurückweisung der Position, die Markion bezogen hat. Soweit ist dem Katechismus breite Zustimmung sicher. Nicht ganz so klar sind freilich die Ausführungen zum wechselseitigen Verhältnis der Testamente und den hermeneutischen Konsequenzen, die daraus zu ziehen sind:

[128] Schon zur Zeit der Apostel und *sodann in ihrer ganzen Überlieferung wurde die Einheit des göttlichen Plans in den beiden Testamenten von der Kirche durch die Typologie* verdeutlicht. Diese findet in den Werken Gottes im Alten Bund „Vorformen" (Typologien) dessen, was Gott dann in der Fülle der Zeit in der Person seines menschgewordenen Wortes vollbracht hat.

[129] Die Christen lesen also das Alte Testament im Licht Christi, der gestorben und auferstanden ist. Diese typologische Lesung fördert den unerschöpflichen Sinngehalt des Alten Testaments zutage. Sie darf nicht vergessen lassen, daß dieses einen eigenen Offenbarungswert behält, den unser Herr selbst ihm zuerkannt hat.[57] Im übrigen will das Neue Testament auch im Licht des Alten Testamentes gelesen sein. Die christliche Urkatechese hat beständig auf dieses zurückgegriffen. Einem alten Sinnspruch zufolge ist das Neue im Alten verhüllt, das Alte im Neuen enthüllt: „Novum in Vetere latet et in Novo Vetus patet" (Augustinus, Hept 2,73[58]).

Wer den Text liest, kann in etwa die Kämpfe erahnen, die um seine Formulierung ausgefochten worden sind. § 128 bestimmt das Verhältnis zwischen beiden Testamenten – unter dem Eindruck einer langen Tradition, aber unbeeindruckt von neuerer theologischer Kritik – als ein typologisches. Der hermeneutische Paragraph zieht daraus die Konsequenzen. Der erste Satz formuliert gewissermaßen die klassische Regel christlicher Schriftauslegung: Das Alte Testament muß im Lichte Jesu Christi gelesen werden; nur dann kommt sein unerschöpflicher Sinngehalt zutage. Tatsächlich ist die christologische Lektüre des Alten Testaments im Rahmen einer geistlichen Schriftauslegung berechtigt, wenn anders Jesus der Logos ist, der von Anfang an bei Gott war und durch den Gott sich immer schon mitgeteilt hat, bis er dann in Jesus von Nazaret Fleisch geworden ist (Joh 1,1–18). Aber wenn behauptet wird, das Alte Testament müsse im Lichte Jesu Christi gelesen werden, erhebt sich sofort die Frage, ob es denn auch aus sich selbst heraus etwas zu sagen hat. Offenbar will der Katechismus eine positive Antwort geben. Ohne jede gedankliche Verbindung zum ersten Satz fügt er einen zweiten Satz an, der einen ganz anderen Gedanken einbringt: Man dürfe nicht vergessen, daß das Alte Testament auch „einen eigenen Offenbarungswert behält, den unser Herr ihm selbst zuerkannt hat". Wie sich dies mit der typologischen Sicht und der christologischen Deutung des Alten Testaments verträgt, bleibt offen. Immerhin zieht der Katechismus die Schlußfolgerung, das Neue Testament wolle auch „im Licht des Alten Testamentes gelesen sein". Zwar wird die an sich naheliegende Folgerung, also müsse das Alte Testament auch zuerst und grund-legend aus seinen eigenen (geschichtlichen) Voraussetzungen heraus verstanden werden, nicht gezogen. (Über die Gründe für dieses Defizit zu spekulieren, ist müßig.) Dennoch kommt auf diese Weise, offenbar durch nichts anderes als Kompromißformeln, am Ende doch eine einigermaßen dialektische Sichtweise des Alten und Neuen Testaments heraus – eine Sichtweise, die darauf rekurriert, daß es zwar einerseits, von einem christlichen Standpunkt aus gesehen, notwendig und sinnvoll erscheint, das Alte Testament (auch) im Lichte Jesu zu lesen, daß es aber auf der anderen Seite von einem ebenso dezidiert christlichen Standpunkt aus notwendig ist, das Neue Testament im Licht des Alten Testaments zu lesen – weil das Alte Testament zuerst ein in sich sinnvolles Ganzes ist, das als solches den ersten Teil der christlichen Bibel bildet.

b) Theologische Klärungen

Bei einer exegetisch-theologischen Reflexion des Verhältnisses zwischen beiden Testamenten sind nach dem Selbstzeugnis der Bibel zwei Seiten zu bedenken[59]: einerseits die Neuheit des Neuen Testaments gegenüber dem Alten Testament, andererseits die theologische Einheit der beiden Testamente.[60]

(1) Die Neuheit des Neuen Testaments

Eine Theologie des Kanons, die in irgendeiner Weise relativieren würde, daß Gott durch die Person Jesu Christi, seine Inkarnation, sein Wirken, seinen Tod, seine Auferweckung und Erhöhung, etwas ganz Neues begonnen hätte, etwas, das unableitbar, unvordenklich, unberechenbar, rein aus Gottes Gnadenentschluß ins Werk gesetzt worden ist – jede solche Auffassung würde auf eine Relativierung des Christusgeschehens hinauslaufen und könnte deswegen im Rahmen einer christlichen Theologie kaum überzeugen. Das Bewußtsein von der eschatologischen Neuheit des Christusgeschehens ist bei vielen neutestamentlichen Autoren stark ausgeprägt. Bei Paulus heißt es in einem geradezu enthusiastischen Ausruf, der die überwältigende Größe der Gnade Gottes zum Ausdruck bringen soll (2Kor 5,17):

Wenn einer in Christus ist, ist er eine neue Schöpfung.
Das Alte ist vergangen, siehe, Neues ist geworden.

Im Markusevangelium wird als Jesus-Wort überliefert (2,22):

Keiner füllt neuen Wein in alte Schläuche.
Sonst zerreißt der Wein die Schläuche,
und der Wein verdirbt zusammen mit den Schläuchen.
Vielmehr: Neuer Wein in neue Schläuche!

Eine christliche Theologie der Heiligen Schrift muß diese und viele andere, ähnlich gelagerte Sätze ernst nehmen, weil sich in ihnen die eschatologische Neuheit des Christusgeschehens widerspiegelt.[61] Dann ergeben sich Konsequenzen für die Einschätzung des Verhältnisses zum Alten Testament. Zwei seien genannt:

Erstens ist das Neue Testament nicht nur die Bestätigung, die Bekräftigung, die Erneuerung, die Aktualisierung, die Fortschreibung, die Klarstellung oder die Ergänzung des Alten Testaments. Daß es dies alles in bestimmter Hinsicht *auch* ist, läßt sich nicht leugnen – ebenso wenig freilich, daß es in anderen Hinsichten hinter dem Alten Testament zurückbleibt. Aber aus christlicher Sicht und nach seinem eigenen (gewiß differenzierten) Selbstverständnis ist das Neue Testament doch das Zeugnis einer mit der Person Jesu Christi herbeigeführten Äonenwende, die zwar keineswegs schon alle Verheißungen des Alten Testaments erfüllt (das geschieht selbstverständlich erst in der jenseitig-zukünftigen Vollendung), die aber insofern ein neues Zeitalter der Geschichte Gottes mit den Menschen einleitet, als durch die Inkarnation, das Wirken, das Leiden, das Sterben und die Auferweckung Jesu Christi Gott sich unüberbietbar und irreversibel als er selbst zum Heil aller Menschen offenbart hat.

Zweitens aber ist das Alte Testament, in neutestamentlicher Perspektive betrachtet, aus sich selbst heraus nicht notwendig auf eine Fortsetzung im Neuen Testament hin angelegt, so gewiß es der eine Gott ist, der an Israel und an Jesus handelt; wer anderes sagt, relativiert nicht nur die Geschichtlichkeit der alttestamentlichen Gottes-Offenbarungen, Gottes-Erfahrungen und Gottes-Bezeugungen (die auch im Neuen Testament zur Geltung kommt), sondern zugleich die schöpferische Neuheit des Heilshandelns Gottes in Jesus Christus.

(2) Die theologische Einheit des Alten und Neuen Testaments

Eine Theologie des Kanons, die in irgendeiner Weise relativieren würde, daß Gott in seinem Wesen und Handeln *einer* ist, daß er sich selbst treu bleibt, daß ihn seine Gnade nicht reut, daß er seine Verheißungen wahr machen wird, daß er der Schöpfer, der Erhalter und der Erlöser in *einem* ist, daß er als er selbst durch das Gesetz und die Propheten gesprochen hat – jede solche Theologie würde auf eine Relativierung der Heilsgeschichte hinauslaufen; sie würde nicht nur die Glaubenserfahrung Israels diskreditieren; sie würde zugleich die Wurzeln des christlichen Glaubens kappen.

Wiederum seien zwei Konsequenzen für die Verhältnisbestimmung zwischen dem Alten und dem Neuen Testament genannt.

Erstens setzt das Neue Testament das Alte notwendig voraus. Das ergibt sich zunächst aus traditionsgeschichtlichen und hermeneutischen Gründen: Die theologische Sprache des Neuen Testaments ist in den Schlüsselwörtern die des Alten; ohne das Alte Testament läßt sich das Neue schlechterdings nicht verstehen.

Auf diesen Umstand weist bereits Johann Gottfried Herder (1744–1805) hin, nicht nur ein Klassiker der deutschen Sprache und ein Begründer der deutschen Literaturwissenschaft, auch ein frommer Prediger und ein verdienter Weimarer Oberkonsistorialpräsident, überdies ein guter Exeget. Die Vorrede zum ersten Band seines epochemachenden Werkes „Vom Geist der ebräischen Poesie" schließt mit folgenden Worten[62]:

> Der Grund der Theologie ist Bibel, und der Grund des N.T. ist das alte. Unmöglich verstehen wir jenes recht, wenn wir dieses nicht verstehen: denn Christenthum ist aus dem Judenthum hervorgegangen, der Genius der Sprache ist in beiderlei Büchern derselbe. [...] Es ist falsch und verführend, wenn man jungen Theologen das N.T. mit Ausschließung des alten anpreiset; ohne dieses ist jenes auf eine gelehrte Weise nicht einmal verständlich. Dazu ist in ihm, dem A.T., eine so reiche Abwechslung von Geschichten, Bildern, Characteren, Scenen: in ihm sehen wir die vielfarbige Dämmerung, der schönen Sonne Aufgang; im N.T. steht sie am höchsten Himmel, und jedermann weiß, welche Tageszeit dem sinnlichen Auge die erquickendste, die stärkendste ist. Studire man also das A.T., auch nur als ein menschliches Buch voll alter Poesien, mit Lust und Liebe; so wird uns das Neue in seiner Reinheit, seinem hohen Glanz, seiner überirdischen Schönheit von selbst aufgehen. Sammle man den Reichtum jenes in sich; und man wird auch in diesem kein leerer, geschmackloser oder gar entweihender Schwätzer werden.

Der Primat des Alten Testaments ist aber nicht nur ein hermeneutischer, sondern auch ein im strengen Sinne theologischer. Wenn sowohl Matthäus als auch Lukas jeweils einen Stammbaum Jesu in ihr Evangelium aufnehmen, der so etwas wie eine kurzgefaßte Geschichte Israels darstellt, kommt dieser Gedanke auch christologisch präzise heraus: Jesus ist ein Sohn Israels; nur als solcher, als Jude, ist er der Sohn Gottes – wenn anders der Vater Jesu niemand anderer als Jahwe ist.

Zweitens aber ist das Alte Testament – aus christlicher Sicht! – nicht so in sich abgeschlossen, daß es schon für sich allein das letzte Wort Gottes wäre. Das ist im Ergebnis einer langen geschichtlichen Entwicklung[63] *heute* bis in den Aufbau des Alten Testaments hinein sichtbar geworden.[64] Die *Biblia Hebraica* ist so angelegt, daß die Tora gewissermaßen den „Kanon im Kanon" bildet, die „Propheten" als deren Kommentar eingeordnet werden und der dritte Teil des Kanons, die

„Schriften" (vor allem Kohelet, Hiob, Psalmen, Proverbien, Daniel, die Chronik), als deren Anhang aufgefaßt werden. Die Septuaginta, die zum christlichen Alten Testament geworden ist, enthält aber nicht nur Schriften (z. B. mit den Makkabäerbüchern und der „Weisheit Salomos"), die nahe an die Entstehungszeit des Neuen Testaments heranreichen; sie endet auch mit dem Corpus propheticum und liest zum Schluß die Verheißung des Maleachi (3,23f):

> [23]*Siehe, ich will euch den Propheten Elija senden,*
> *ehe der große und schreckliche Tag des Herrn kommt.*
> [24]*Er wird das Herz der Väter zu den Söhnen kehren*
> *und das Herz der Söhne zu ihren Vätern,*
> *damit ich nicht komme*
> *und die Erde mit dem Bann schlage.*

Dieser Schluß signalisiert eine Offenheit des israelitischen Glaubenszeugnisses in eine je größere und weitere Zukunft Gottes hinein. Die Septuaginta bringt diese Hoffnung durch die Struktur des Kanons selbst zum Ausdruck. Zwar ist an dem Satz *Gerhard von Rads* viel Kritik geübt worden, das Alte Testament könne „nicht anders als ein Buch einer ins Ungeheure gewachsenen Erwartung gelesen werden".[65] Und tatsächlich hält das Urteil einer strengen traditionsgeschichtlichen Überprüfung kaum stand. Aber zum einen dürfte es schwer fallen, der Heiligen Schrift ein höheres Prädikat zu verleihen, als es von Rad dem Alten Testament zuerkannt hat. Und zum anderen fragt sich, ob er, wenn das Alte Testament von einem christlichen Standpunkt aus betrachtet wird, nicht doch mehr Recht hat als viele seiner Kritiker. Mit den Augen des Neuen Testaments angesehen, ist das Alte Testament die Urkunde einer großen Verheißung Gottes für Israel und für die Heiden – einer Verheißung vollendeten Heiles, die sich erst in der zukünftigen Gottesherrschaft vollenden wird, zu deren Realisierung Gott aber seinen Sohn Jesus Christus in die Welt gesandt hat, als die *„Fülle der Zeiten gekommen"* war (Gal 4,4).

(3) Das spannungsvolle Miteinander der beiden Testamente

Ist diese Sichtweise richtig, so kann die Einheit der christlichen Bibel nur eine *Spannungs*einheit[66] sein. Das heißt: eine Einheit, die zunächst die Unterschiede, die Differenzen und Gegensätze, die starken Spannungen zwischen beiden Testamenten aufnimmt, ohne sie zu nivellieren oder zu harmonisieren – und dann gerade *diese Spannung* als das innere Moment der Einheit der Bibel begreift. Es ist deshalb eine Einheit, die das Alte Testament nicht auf eine „eigentlich" christologische Bedeutung *festlegt,* sondern um seiner selbst

willen und um der Unableitbarkeit des Christusgeschehens willen
das sein läßt, was es in der Fülle seiner Texte und Traditionen sein
will: *das Dokument der Geschichte Gottes mit seinem Volk Israel,*
die im streng theozentrischen Sinn Heilsgeschichte ist und deshalb
grund-legende Bedeutung sowohl für Israel als auch für die Kirche
hat; und es ist eine Einheit, die das Neue Testament nicht auf die
Kategorien und den Erfahrungsschatz alttestamentlicher Theologie
festlegt, sondern um seiner selbst willen und um der Unverwechsel-
barkeit der Heilsgeschichte Israels willen das sein läßt, was es in
der Vielzahl seiner Texte und Traditionen sein will: *das Dokument
der Geschichte Gottes mit Jesus, seinem Sohn,* durch dessen Kommen die Zeit erfüllt ist (Mk 1,15), und mit den ersten Glaubenszeu-
gen dieses Gottessohnes, durch deren Bekenntnis und Praxis die
theologische Identität der Ekklesia bestimmt bleibt.

Wie aber wäre eine solche Spannung als Einheit zu denken? Eine
befriedigende Antwort kann an dieser Stelle nicht gegeben werden.
Eines dürfte aber klar sein: Sowohl vom Alten wie auch vom Neuen
Testament her könnte die Einheit nur im Gotteszeugnis gefunden werden. Eine Theologie, die das Alte und Neue Testament als Spannungseinheit zu denken versucht, müßte zwei Eckpunkte markieren (die
letztlich in eins fallen): daß Gott sich selbst treu bleibt und daß er der
Deus semper maior ist, der nicht nur immer größer als jede menschliche Vorstellung ist, sondern in seinem Gnadenhandeln keinem anderen Gesetz als dem des eschatologischen Überflusses folgt, dem Je-
mehr seiner Gnade. In einer solchen Theo-logie ließe der Offenba-
rungsbegriff für beides Raum: sowohl für die (im genauen Wortsinn)
radikale Zusammengehörigkeit und wechselseitige Verwiesenheit beider Teile der christlichen Bibel als auch für ihre rechte Unterscheidung und für die christologisch-soteriologische Überbietung des im
Alten Testament bezeugten Handelns Gottes durch sein im Neuen Testament bezeugtes Handeln. Eine solche Sichtweise würde nicht nur
ein „Prä", sondern auch ein „Plus" des Alten Testaments auf zentralen Gebieten der Theologie in keiner Weise ausschließen; insbesondere würde es die Bedeutung des Alten Testamentes für die Erkenntnis
und Bejahung der Einzigkeit Gottes wahr-nehmen; sie würde aber
nicht minder das große „Plus" des Neuen Testaments würdigen: das
Wirken Jesu von Nazaret zu bezeugen, die wesentlichen Anliegen seiner Verkündigung zu überliefern und das Grundgeschehen seines Todes wie seiner Auferweckung zu bezeugen, mitsamt der großen Hoffnung auf die Rettung der Glaubenden (und nach Röm 11,26 auch
„ganz Israels"), die im Endgericht durch den wiederkommenden Men-
schensohn ins Werk gesetzt wird.

Im allgemeinen haben sich die neutestamentlichen Autoren schwer getan, eine dialektische Sichtweise zu entwickeln, in der sowohl ohne jeden Abstrich die theologische Qualität der (alttestamentlichen) „Schrift" als auch ohne jeden Abstrich die Neuheit des christlichen Evangeliums zur Geltung kommt. Am ehesten gelingt dies dem Judenchristen und gelernten Pharisäer Paulus.[67] Eine weite Perspektive eröffnet aber auch der Hebräerbrief in seinen Eingangsworten (1,1f):

Viele Male und auf vielerlei Weise
hat Gott einst zu den Vätern gesprochen durch die Propheten;
am Ende dieser Tage aber hat er zu uns gesprochen durch den Sohn.

Die Verse enthalten *in nuce* eine ganze Theologie des Wortes Gottes. Der Gedanke ist differenziert. Die Menschwerdung Jesu (2,14) bedeutet eine Zeitenwende. In der Zeit zuvor *und* in der eschatologischen Gegenwart ist es Gott, der sein Wort sagt – zuvor durch die Propheten, jetzt durch den Sohn. Zwischen beiden Redens-Arten besteht in bestimmter, nämlich in soteriologischer Hinsicht ein qualitativer Unterschied: der Vielfalt und Vielförmigkeit des früheren Redens Gottes steht die Einheit und Eindeutigkeit seines jetzigen Redens gegenüber.[68] Darin mag man eine nicht unproblematische Herabsetzung des „Ersten Testamentes" erkennen. Aber man wird bei einer solchen Kritik zweierlei nicht vergessen dürfen: daß der Hebräerbrief nicht an der Abwertung des früheren, sondern an der Aufwertung des christologischen Gottes-Wortes interessiert ist und daß für ihn auch die Worte der Propheten in all ihrer Vielstimmigkeit Wort Gottes sind. Deshalb ist der Hebräerbrief ein Zeuge sowohl für die theozentrische Einheit der alt- und neubundlichen Offenbarung wie auch für das gottgewollte „Ein-für-alle-Mal" des christologischen Heilsgeschehens.

Selbstverständlich ist dies eine dezidiert christliche Position, die nur auf dem Boden des Neuen Testaments bezogen werden kann. Tatsächlich scheint es mir unumgänglich, an dieser Stelle einen prinzipiellen Gegensatz zwischen einer jüdischen und einer christliche Einschätzung der israelitischen Schrift zu konstatieren. Dieser Gegensatz besteht nicht darin, daß Christen das Alte Testament nur als Vorgeschichte und Vorbereitung, als Typos oder als dialektisches Gegenüber des Neuen Testaments betrachten, also nur im abgeleiteten oder uneigentlichen Sinn als Offenbarungs-Urkunde beurteilen würden. Er folgt vielmehr daraus, daß Christen Jesus als *das* Wort Gottes bekennen – und überzeugt sind, daß dieses Bekenntnis im Neuen Testament authentisch zur Sprache kommt. Deshalb können

sie das Alte Testament nicht als *letztes,* als *einzig wahres* Wort Gottes, nicht als in sich abgeschlossene Offenbarung Gottes begreifen.
Zwar bedeutet dies nicht, zu verkennen, daß es in der alttestamentlichen Schrift schlechthin unüberholbare und deshalb letztgültige und letztverbindliche Selbstbekundungen Gottes gibt, zuhöchst als JHWH (Ex 3,14); aber es bedeutet, zu erkennen, daß der gekreuzigte und auferstandene Jesus Christus *das* Bild Gottes ist (2Kor 4,4), *der* Mensch, durch den Gott sein Ja zu all seinen Verheißungen spricht (2Kor 1,20), der *Gottessohn,* dessen selbstgewählte Armut die Voraussetzung für den eschatologischen Reichtum der Glaubenden ist (2Kor 8,9).
Nach christlichem Glauben sind beide Testamente zusammengefügt durch die Selbigkeit des *einen* Gottes und die durch seine Offenbarung konstituierte Einheit der Heilsgeschichte; aber die beiden Testamente sind unterschieden durch Gottes Entschluß, mit der Sendung, Dahingabe und Auferweckung seines Sohnes inmitten des alten Äon eine neue Schöpfung ins Werk zu setzen, die im Zeichen des Kreuzes bereits an der eschatologischen Vollendung partizipiert.
Auf diesem Hintergrund könnten die Konturen einer „Biblischen Theologie" in Sicht geraten, der die Heilige Schrift als spannungsreiche Einheit erscheint, in der das Neue Testament das Neue sein kann, ohne deshalb das Alte abzuwerten, und in der das Alte Testament das Alte sein kann, ohne deshalb als veraltet oder überholt zu gelten.
Wenn dies feststeht, könnte sich für die Aufgabe christlicher Bibel-Exegese und Bibel-Theologie das schöne Bild anbieten, das der Evangelist Matthäus vielleicht als ein kleines Selbst-Portrait[69] gezeichnet hat (13,52):

Deshalb gleicht jeder Schriftgelehrte,
der zum Jünger für das Reich der Himmel geworden ist,
einem Hausvater,
der aus seinem Vorrat Neues und Altes hervorholt.

VIERTER TEIL

DIE BIBEL ALS BUCH DES LEBENS

> Mariano, 29. Juni 1916
> *Chiuso fra cose mortali*
> *(Anche il cielo stellato finirà)*
> *Perché bramo Dio?*
> Guiseppe Ungaretti, Dannazione[1]

Die Bibel ist ein Buch des Lebens. In keinem anderen Buch der Welt wird das Leben der Menschen in ihrem Glück und ihrer Trauer, in ihren Freuden und Sorgen, in ihrer Schuld und ihrer Hoffnung so klar und deutlich angesprochen wie im „Buch der Bücher". Unrecht und Versagen werden ungeschminkt vor Augen gestellt – selbst bei einem König David (2Sam 11) und einem Apostel Petrus (Mk 14,66–72). Trauer und Leid werden nicht verdrängt und nicht beschönigt, sondern in ihrer ganzen Bitternis vor Gott zum Ausdruck gebracht – auch in Situationen größter Verlassenheit (vgl. Ps 22). Glück und Freude werden nicht vergällt, sondern dankbar genossen – auch im Wissen um die Vergänglichkeit alles Irdischen (vgl. Koh 9). Wahrheit und Freiheit werden als die große Chance erkannt, daß menschliches Leben gelingen kann – selbst wenn es von Sünde und Gesetzlichkeit bedroht ist (vgl. Gal 5). Worin wirkliches Leben besteht, wodurch es bedroht, wie es geschützt, durch wen es erschaffen und vollendet wird: das ist eines der großen Themen der Bibel.

1. Die Bibel als Spiegel für die Wirklichkeit des Lebens

Joseph Wittig (1879–1949), katholischer Theologe und Volksschriftsteller, 1926 aufgrund „modernistischer" Ansichten exkommuniziert, aber immer dem Glauben treu geblieben und 1946 auch offiziell wieder rekonziliiert, hat sich sein Leben lang mit der Bibel befaßt – nicht aus wissenschaftlichem, gar exegetischem, sondern aus pastoralem, aus spirituellem und aus pädagogischem Interesse. In einer Zeit katholischer Geistesenge war er seiner Zeit weit voraus – gerade wegen seiner ebenso schlichten wie tiefen Bibelfrömmigkeit. Gefragt, was für ihn das Wichtigste, das Typische, das Faszinierende an der Heiligen Schrift sei, antwortet er: Die Bibel ist „das Buch der radi-

kalen Wirklichkeit".² Dieses Buch sei weit entfernt, die Augen vor
der Realität zu schließen, im Gegenteil: Es öffne erst die Augen für
die Realitäten; es bleibe allerdings nicht an der Oberfläche haften,
sondern gehe der Wirklichkeit auf den Grund. Joseph Wittig (im
Jahr 1939!):

> Die Bibel ist das Buch von den Urgründen unseres Daseins in Ewig-
> keit und Einzeltag und darf nur als solches und muß als solches her-
> ausgegeben, umhegt und geschützt werden. Das Buch von den Ur-
> gründen, von dem, was wir nicht mehr sehen, nicht mehr erfahren, in
> dem wir aber doch wurzeln, aus dem es sich allein lohnt zu leben. In
> der Bibel spricht Gott zu den Menschen. Wenn Gott nicht zu uns
> spricht, so ist unser Leben sinnlos. Aber in unserer Wirklichkeit
> spricht Gott nicht zu uns; in unserer Wirklichkeit sendet er uns keine
> Boten. Unsere Wirklichkeit hat ein Gesicht, als ob überhaupt kein
> Gott da sei. Wenn wir diese Wirklichkeit nicht durchdringen und eine
> andere, wahrere Wirklichkeit sehen können, dann sind wir wahrhaftig
> ein trostlos armseliges Geschlecht. Wenigstens manchmal muß der Ne-
> bel unserer Wirklichkeit zerreißen und das Himmelsblau dahinter
> sichtbar werden. Das Himmelsblau dahinter ist die ewige, unendliche
> Bibel, die sich uns in die Hände legt als ein abgeschlossenes Buch.
> Himmelsblau über uns wird uns oft gezeigt und gepredigt; wir heben
> unsere Augen und Hände empor. Aber wir brauchen Himmelsblau
> unter uns und rings um uns, damit wir unsere wandernden Füße dar-
> auf setzen, damit wir darin handeln und leben können.

Die Bibel zeigt das menschliche Leben so, wie es wirklich ist: in all
seinen Höhen und Tiefen, in all seinem Reichtum und all seiner Gefährdung. Wohin Neid und Machtgelüste Menschen treiben können,
welche Kraft aber Barmherzigkeit hat; was Schuld ist und wie sie vergeben werden kann; wie Haß entsteht und wie Liebe den Haß überwindet; weshalb Menschen sich von Gott abwenden und wie lebendiger Glaube beginnt: all das sagt die Bibel, und kein Buch sagt es
deutlicher als sie. Die Paradies-Erzählung sieht im Wunsch des Menschen, sein zu wollen wie Gott, die Wurzel allen Übels (Gen 2f). Das
Buch der Richter wird nicht müde, die Gier nach Macht und den Verlust der Maßstäbe als Ursache politischer Katastrophen zu entlarven.
Die Offenbarung des Johannes deckt die verheerenden Folgen totali-
tärer Herrschaft auf und ermutigt die Opfer zu beharrlichem Widerstand im Glauben (Offb 13). Die Erzählung von David und Jonathan
zeigt wahre Freundschaft, die selbst tödliche Feindschaft zu überwinden vermag (1Sam 18ff; 2Sam 1). Das Buch Jona handelt davon, wie
sich der Eifer für Gott in den Widerspruch gegen Gott übersteigern
kann – und Gott es dennoch versteht, die Blockaden seines Propheten

zu überwinden. Das Gleichnis vom Weltgericht stellt die Identifikation Jesu Christi mit den geringsten seiner Brüder vor Augen und betont, welche Heilsbedeutung dem solidarischen Dienst an den Armen zukommt (Mt 25,31-46). Die Erzählung von der Bekehrung des heidnischen Hauptmanns Kornelius gibt ein eindrucksvolles Beispiel dafür, wie es nötig werden kann, altehrwürdige und scheinbar sakrosankte Traditionen aufzugeben, wenn nur so das Evangelium bei den Menschen Gehör finden kann (Apg 10,1 - 11,18).

In der Bibel kommt beides zusammen: der Blick auf Gott und der Blick auf die Menschen. Deshalb kann die menschliche Wirklichkeit in all ihrem Facettenreichtum, in all ihrem Glanz und all ihrem Elend unverstellt vor Augen kommen. Nicht zuletzt diese Lebensnähe begründet die Relevanz der Bibel.

a) Die Bibel als Buch großer Erfahrungen

Karl Jaspers (1883-1969), einer der einflußreichsten deutschen Philosophen der Nachkriegszeit und zugleich einer der hellsichtigsten Analytiker der politischen Situation in Deutschland und Mitteleuropa, kein Christ, kein Freund der Kirchen, aber ein kundiger Bibelleser, schreibt über das „Buch der Bücher"[3]:

> Im Anschauen der großen Erfahrungen, die aus der Bibel sprechen, gelangen wir in die Situation, eher zu wissen, wie wir leben und was wir tun. Durch die Bibel werden in uns die Tiefen geöffnet zum Blick in den Grund der Dinge, denn sie führt uns zu den Erfahrungen des Äußersten. Sie zeigt die Unbedingtheit des Tuns, das sich opfert im Bewußtsein eines Bundes mit Gott, in einem Gehorsam, der in wirksamen Chiffren sich jeweils versteht, aber in der Freiheit, die vor der Vielfachheit des Möglichen die Augen nicht verschließt und im Ganzen die Vollendung nicht vorwegnimmt.

Das Urteil, das Jaspers über die Bibel fällt, ist ausgesprochen positiv. Es ist nicht das Urteil eines Theologen, sondern das Urteil eines Philosophen. Die biblische Gottesrede spielt nur am Rande eine Rolle. Zwar ist davon die Rede, daß das Leben, das die Bibel darstellt, im Bewußtsein eines Bundes mit Gott gelebt wird. Aber für Jaspers ist nicht eigentlich *dies* das Interessante an der Bibel, sondern daß sie, wenn man sie nur aufmerksam liest, die Möglichkeit schafft, wirklich große und relevante Lebens-Erfahrungen anzuschauen. Groß und relevant sind sie, weil in ihnen das Leben selbst vorkommt und weil sie zeigen, was Leben im eigentlichen Sinne des Wortes ist. Jaspers sagt, durch die Bibel werden „in uns die Tiefen geöffnet zum Blick in den

Grund der Dinge". Das mache gerade die Bedeutung der Lebenserfahrungen aus, die in der Bibel zur Sprache kommen: daß sie nicht an
der Oberfläche bleiben, sondern in die Tiefe, bis an den Grund der
Dinge gehen. Nach Jaspers hängt dieser Tiefgang daran, daß in der
Bibel ein bestimmtes Wechselverhältnis zwischen Gehorsam und Freiheit herrscht: Gehorsam als Bereitschaft, sich im Interesse anderer für
andere einzusetzen, bis hin zur Opferung des Lebens; Freiheit, insofern gerade dieser Gehorsam, der im Dienst des Nächsten geübt wird,
die Menschen zu sich selbst kommen läßt. Der Sinn des Gehorsams
liegt in der Verbindlichkeit des Einsatzes für andere; der Sinn der Freiheit liegt in der Bejahung des Einsatzes für den Nächsten.

Darin also besteht nach Jaspers die Stärke der Bibel: im großen
Erfahrungsschatz, in der Unbestechlichkeit des Urteils über die
Wirklichkeit des Lebens, in der existentiellen Dichte der Gedanken
und Erinnerungen, schließlich auch in der Transparenz des Erlebten
und Erdachten für die Größe und die Nähe Gottes. Ist dies Urteil
begründet? Hält die Bibel ihm stand? Oder haben jene Recht, die
glauben, die Bibel lebe von einer einzigen großen Illusion, der Illusion Gottes, und deshalb seien alle Aussagen, die sie über die Menschen treffe, eine einzige große Selbsttäuschung?

Was also hat die Bibel über die Wirklichkeit menschlichen Lebens
zu sagen? Als Beispiel aus dem Alten Testament[4] diene die Erzählung von Kain und Abel (Gen 4,1–16), als Beispiel aus dem Neuen
Testament[5] die Reflexion des Apostels Paulus über das Leben
Adams (also eines jeden Menschen) in Röm 7.

b) Ein Beispiel aus dem Alten Testament:
„Wo ist dein Bruder Abel?" (Gen 4,1–16)

Die Erzählung von Kain und Abel (Gen 4,1–16)[6] handelt nicht nur
vom Leben, sondern zugleich auch vom Sterben; sie handelt von
Mord und Totschlag. So paradox es klingt: Gerade deshalb handelt
sie nicht nur von der Gefährdung, sondern zugleich auch vom Wert,
vor allem aber von der Wirklichkeit menschlichen Lebens.

*[1]Adam erkannte seine Frau Eva, und sie wurde schwanger und gebar
den Kain, und sie sprach:
„Ich habe einen Mann hervorgebracht (mit Jahwe)."
[2]Danach gebar sie Abel, seinen Bruder.
Abel wurde ein Hirte, Kain aber wurde ein Bauer.*

*[3]Es begab sich aber nach einiger Zeit,
daß Kain dem Herrn von den Früchten des Feldes ein Opfer brachte;*

⁴und Abel, auch er brachte von den Erstlingen seiner Herde dar und
   von ihrem Fett.
Und der Herr sah auf Abel und sein Opfer,
⁵auf Kain aber und sein Opfer sah er nicht.

Da erzürnte Kain sehr und senkte seinen Blick.
⁶Da sprach der Herr zu Kain:
„Warum bist du erzürnt? Warum ist dein Blick gesenkt?
⁷Ist es nicht so:
Wenn du rechtschaffen bist, so kannst du den Blick heben;
bist du aber nicht rechtschaffen, so lauert die Sünde vor der Tür,
und nach dir steht ihr Verlangen;
du aber sollst Herr über sie werden!"

⁸Da sprach Kain zu seinem Bruder Abel:
„Laß uns aufs Feld gehen!"
Und als sie auf dem Felde waren,
erhob sich Kain wider seinen Bruder Abel und erschlug ihn.

⁹Da sprach der Herr zu Kain:
„Wo ist dein Bruder Abel?"
Er sprach:
„Ich weiß nicht. Bin ich der Hüter meines Bruders?"
¹⁰Er aber sprach:
„Was hast du getan?
Die Stimme des Blutes deines Bruders schreit zu mir von der Erde.
¹¹Und nun:
Verflucht bist du auf der Erde, die ihr Maul aufgetan hat, deines Bru-
   ders Blut aufzunehmen von deiner Hand.
¹²Wenn du das Feld bebaust, soll es dir hinfort seinen Ertrag nicht ge-
   ben.
Unstet und flüchtig sollst du sein auf Erden."
¹³Kain aber sprach zu dem Herrn:
„Zu schwer zu ertragen ist meine Strafe!
¹⁴Siehe, du vertreibst mich heute von der Fläche des Feldes,
und ich muß mich vor deinem Angesicht verbergen
und muß unstet und flüchtig sein auf Erden.
So wird mir's gehen, daß mich totschlägt, wer mich findet."
¹⁵Aber der Herr sprach zu ihm:
„Nicht so!
Sondern wer Kain totschlägt, an dem wird es siebenfältig gerächt."
Und der Herr machte ein Zeichen an Kain,
daß ihn niemand erschlüge, der ihn fände.

¹⁶So ging Kain hinweg von dem Angesicht des Herrn und wohnte im
   Lande Nod, jenseits von Eden, gegen Osten.

(1) Das Thema

Möglicherweise steht im Hintergrund des Textes (die exegetische Forschung ist sich an dieser Stelle nicht einig) eine geschichtliche Beobachtung Israels: In seiner Umgebung gibt es den Stamm der Keniter – einen semitischen Volksstamm, der gleichfalls den Gott Israels anbetet, der aber keinen eigenen Grund und Boden besitzt, nicht seßhaft geworden ist, sondern eine bedrohte Außenseiterexistenz am Rande des Kulturlandes fristet: heimatlos, umhergetrieben, verfolgt – und gleichwohl Jahwe verehrend. Diese geschichtliche Erfahrung irritiert. Sie mag die Frage aufgeworfen haben: Wie kann das möglich sein? Spricht die ruhelose Existenz der Keniter im Grunde nicht gegen den Gott, den auch Israel verehrt? Kann ein Volk, das zu ihm betet, gleichwohl so benachteiligt sein?

Freilich denkt Gen 4,1–16 in seiner vorliegenden Form nicht mehr nur dieser irritierenden geschichtlichen Erfahrung nach. Der Text steht im Rahmen der Urgeschichte. Das ist von entscheidender Bedeutung. Jede Historisierung oder Psychologisierung führt in die Irre. Wie ein Mythos erzählt der Text nicht, was einmal war und nicht mehr ist, sondern „was niemals war und immer ist"[7]. Was den ersten Erzählern dereinst am Beispiel des verfolgten Keniter-Stammes über Gott und die Welt aufgegangen sein mag, wird vom Redaktor[8] jetzt für die Geschichte der Menschheit insgesamt transparent gemacht. An Kain und Abel soll sichtbar werden, was es mit dem Leben der Menschen überhaupt auf sich hat, die aus dem Paradies vertrieben sind und nun im Schweiße ihres Angesichts ihr Brot essen müssen (Gen 3,19). Die Folgen ihres Sündenfalls sind katastrophal. Gen 4,1–16 ist eine Kriminalgeschichte. Der Mord ist das Verbrechen schlechthin: das Vergehen, das man beim besten Willen nicht wiedergutmachen kann, die Tat, die zum Himmel schreit, der große Widerspruch gegen Gott und seine Schöpfung. Gen 4,1–16 erzählt aber nicht nur von einem einfachen Mord, sondern von einem Brudermord. Nach dem Buche Genesis ist Abel der erste Mensch, der sterben muß; der Brudermord ist die erste Untat, die ein Mensch begeht, nachdem Adam und Eva aus dem Paradies vertrieben worden sind. Darin liegt die erschreckende Pointe des Textes. Die Ermordung Abels durch seinen Bruder Kain ist ein Menetekel der gesamten Menschheits-Geschichte (vgl. Mt 23,35): „Jenseits von Eden" bricht die zerstörerische Kraft in den Menschen auf. Worin sie besteht, wodurch sie ausgelöst wird und wie Gott auf sie reagiert: das erzählt Gen 4,1–16.

(2) Der Konflikt zwischen Kain und Abel

In ihrer sparsamen Art ist die Erzählung sehr präzise darin, den Konflikt zwischen Kain und Abel zu beschreiben. Drei Aspekte sind wichtig.

Erstens: Es ist ein Konflikt zwischen Brüdern. Beachtet man die Zugehörigkeit von Gen 4 zur Urgeschichte, verbietet sich eine individual-psychologische Interpretation. Der Text ist generalisierend, auf die Menschheit als ganze zu deuten: Jeder Hader, den Menschen miteinander haben, ist im Grunde ein Bruderstreit, jeder Mord ein Brudermord.

Zweitens: Die Erzählung kommt mit der Nachricht in Gang, welche Berufe Kain und Abel haben. Kain ist Bauer, Abel ist Hirte. Diese Angaben sind nicht zufällig. Bauer und Hirte sind die archaischen Berufe der Menschheitsgeschichte. Der Konflikt zwischen Kain und Abel ist kein natürlicher, sondern ein kultureller Konflikt. Der Prozeß der Zivilisation, der unabdingbar ist, um dem Menschen das Überleben zu ermöglichen, läßt gleichzeitig die Aggressivität der Menschen entstehen.

Drittens: Der Konflikt bricht in dem Moment auf, da Kain und Abel opfern. Er ist also nicht nur ein soziologischer, sondern zugleich ein religiöser Konflikt. Die Spaltung der Menschen in die verschiedenen Berufe spiegelt sich wieder in der Trennung der Altäre. Kain und Abel haben getrennte Opferstellen. Der Spaltung der Menschen in verschiedenen Berufen entspricht die Spaltung in verschiedenen Religionen. Die Opfergaben, die Kain und Abel darbringen, spiegeln ihre Berufe: Der Hirt opfert von den Erstlingen seiner Herde, der Bauer von den Erstlingsfrüchten seiner Ernte.

Freilich bildet dies alles nur den Hintergrund des Konflikts. Er bricht erst dadurch aus, daß Kain sieht: Gott nimmt Abels Opfer an, seines aber nicht. Warum Gott Abels Opfer erwählt, Kains aber verwirft, wird nicht gesagt. Es ist für die Geschichte kein Thema. Eine Moralisierung wäre fehl am Platz. Daß Kains Gabe etwa minderwertig oder sein Motiv unlauter gewesen sei, darf nicht in die Erzählung eingetragen werden. Die Frage nach der Gerechtigkeit Gottes steht in Gen 4,1–16 überhaupt nicht im Blick.[9] Entscheidend ist eine ganz andere Frage: Wie Kain darauf reagiert, daß nicht er, sondern sein Bruder Abel erwählt ist. Von Gottes Erwählung gilt, daß sie nach menschlichen Maßstäben nicht ausgerechnet, nicht begründet, nicht gerechtfertigt werden kann. Sonst wäre sie keine Erwählung. Der Kardinalsatz steht in Ex 33,19:

Ich bin gnädig, wem ich will,
und schenke Barmherzigkeit, wem ich will.

Die Güte Gottes läßt sich nicht verrechnen. Dieser Grundgedanke biblischer Theologie ist zwar nicht das Thema, aber die Voraussetzung der Erzählung. Das aber will Kain gerade nicht akzeptieren: daß Gottes Gnade einem anderen als ihm gilt. Deshalb ergrimmt er, und deshalb wird er Abel umbringen.

(3) Gottes Handeln gegenüber Kain

Wie reagiert Gott auf Kains Zorn? Und wie reagiert er dann auf den Mord an Abel? Bevor es überhaupt noch zum Mord kommt, tritt Gott schon hervor und warnt Kain (4,6f). Er appelliert an seine Einsichtsfähigkeit und seine Verantwortung. Kain hat die Möglichkeit, dem Drang zum Bösen, der in ihm wachgeworden ist, zu widerstehen. In einem eindrucksvollen Bild wird gesagt: Die Sünde lauert wie ein Dämon vor der Tür; sie steht auf dem Sprung (4,7). Sie übt eine eigentümliche Faszination über Kain (und damit über jeden Menschen) aus: Es ist die Faszination der Gewalt – die Faszination, die von der Möglichkeit ausgeht, den eigenen Willen einem anderen aufzuzwingen, ihn zu beherrschen und ihn am Ende gar zu vernichten. Die Macht dieser Faszination ist groß. Sie ist der Keim der Sünde. Aber die Sünde ist kein Verhängnis. Selbst wer zum Bösen entschlossen ist, hat noch die Möglichkeit, dem Bösen zu widerstehen. Doch Kain schlägt Gottes Warnung in den Wind. *Das* ist die Quelle seiner Schuld.

Gott freilich bleibt Kain weiter zugewandt. Nach der vollbrachten Tat ist das erste, was er tut, Kain nach seinem Bruder zu fragen (4,9). Diese Frage hat offenbar den Sinn, Kain die Möglichkeit eines Schuldeingeständnisses zu geben. Kain reagiert aber nicht mit einem solchen Eingeständnis, sondern mit einem „lästerlichen Witz"[10]: *„Bin ich der Hüter meines Bruders?"* (Gen 4,9). Der Bauer soll den Hirten hüten? Erst auf diese Antwort hin verkündet Gott die Strafe. Sie ist streng, aber sie ist damals wohl als gerecht, vielleicht sogar als überraschend milde empfunden worden. Kain wird ja nicht mit dem Tode bestraft. Gottes Strafe setzt vielmehr genau beim Frevel Kains an. Die Genesis bewegt sich an dieser Stelle durchaus in der Nähe eines im Alten Orient weit verbreiteten Blut-und-Boden-Mythos (der nichts mit seiner faschistischen Ausbeutung zu tun hat): Die Erde, die das Blut Abels hat trinken müssen, verweigert sich dem Bauern, der es vergossen hat. Kain hat die Erde, die ihn ernährt, mit dem Blut seines Bruder getränkt. Damit hat er seine eigene Lebensgrundlage vernichtet. Der Fluch der bösen Tat schlägt auf ihn zurück. Er hat die Folgen seiner Tat am eigenen Leibe zu spüren. Die Erde versagt ihm den Ertrag; sie kann ihm nicht mehr Heimat sein. Gottes Strafe besteht darin, daß er Kain die Folgen seiner Tat am eigenen Leibe spüren läßt. Doch ist das immer noch nicht der Schluß der Erzählung. Bemerkenswerterweise protestiert Kain gegen die Schwere der Strafe. Er weiß nicht nur, daß er ein unstetes und flüchtiges Leben führen muß; er hat auch die Angst, vogelfrei zu werden. Gott reagiert auf diesen Einwand weder beleidigt noch mit doppelter Strenge. Er nimmt aber auch seine Strafe nicht zurück. Er präzisiert, worin seine Strafe besteht; und er tritt als Beschützer Kains und seiner Nachkommen auf, indem er auch deren Leben unter sein Gericht stellt. Kain und seine Nachkommen sind nicht vogelfrei. Gott hält seine Hand selbst über diesen Mörder. Er schützt ihn, indem er all diejenigen bedroht, die Kain nach dem Leben trachten. Das ist der eigentliche Sinn des Kainsmales: nicht eine Stigmatisierung des Verbrechers, sondern ein Zeichen des Schutzes, den Gott selbst dem Mörder nicht vorenthält.

(4) Das Leben der Menschen im Spiegel von Gen 4,1–16

Was die Erzählung von Kain und Abel über das menschliche Leben zu erkennen gibt, ist von grundlegender Bedeutung für weite Bereiche der alttestamentlichen Anthropologie. Drei Punkte seien unter vielen hervorgehoben. *Erstens:* Das Alte Testament, namentlich die Genesis, schildert die Wirklichkeit menschlichen Lebens ohne jede Idealisierung, vielmehr mit nüchternem Realitätssinn. Es kommt nicht von ungefähr, daß die Erzählung von Kain und Abel außerhalb des Paradieses spielt. Daß es kein Paradies auf Erden gibt, ist schon im Alten, dann auch im Neuen Testament eine feste Grundüberzeugung. Allgemeine Glückseligkeit wird es auf Erden nicht geben. Die menschliche Geschichte ist zutiefst geprägt durch Sünde und Schuld, und sie ist eben deshalb zutiefst geprägt durch den Tod. Das einzugestehen, ist zwar außerordentlich schwer – wie Kains Beispiel demonstriert; es zu leugnen, wäre aber fatal. Sünde und Schuld gehören ebenso zur Wirklichkeit menschlichen Lebens wie der Tod. Sünde und Schuld sind nicht aber deshalb in der Welt, weil die Menschen *an sich,* von Natur aus, abgrundtief böse wären, sondern weil sie in ihrer Geschichte begonnen haben, im Nächsten ihren Rivalen zu sehen: Sie mißgönnen ihm sein Glück, und sie leben ihren Neid aggressiv aus.

Zweitens: Trotz aller Schuld ist die geschichtliche Wirklichkeit des menschlichen Lebens nicht durch und durch vergiftet. Zwar könnte die Kain-und-Abel-Erzählung diesen Eindruck erwecken: Das erste, was außerhalb des Paradieses passiert, ist ein Brudermord. Aber Gen 4 sagt auch, daß die Menschen ihrem Aggressionstrieb nicht hilflos ausgesetzt sind. Sie haben die Möglichkeit, der Versuchung zur Gewalt, die tief in ihnen steckt, zu widerstehen. Es gibt die Freiheit, sich für das Gute und gegen das Böse zu entscheiden. Daran erinnert Gott Kain, wenn er ihn warnt, daß die Sünde wie ein Dämon vor seiner Tür lauert, und wenn er ihm gleichzeitig zusagt, daß er über diesen Dämon Herr werden kann (Gen 4,6f). Freilich: Mit der Freiheit, sich für das Gute und gegen das Böse zu entscheiden, ist der Mensch auch in die Verantwortung gestellt. Er muß Rechenschaft über das ablegen, was er getan hat. In der Freiheit ist die Verantwortung begründet. Wäre der Mensch den Mächten des Bösen hilflos ausgeliefert, könnte von Freiheit, könnte von Sünde und Schuld nicht die Rede sein. Die Menschen, so wie sie die Erzählung der Genesis darstellt, sind aber für ihr Tun verantwortlich.

Drittens: Die Menschen sind, um leben zu können, zutiefst auf Gott angewiesen und verwiesen. Gen 4 spricht nicht vom Schöpfer, sondern vom Richter. Gott ist es, der die Schuld Kains beim Namen nennt; Kain selbst ist dazu ja nicht willens, also muß Gott es tun. Dies geschieht nicht nur aus dem Grund, den Übeltäter bei den Folgen seiner Tat zu behaften. Es geschieht auch, damit Abel, das Opfer, gegenüber Kain, dem Täter, zu Wort kommen kann. Als Richter vertritt Gott gegen Kain die Sache Abels. Würde Gott nicht Kain mit seiner Schuld konfrontieren und gemäß seiner Schuld bestrafen, dann würde der Täter über das Opfer triumphieren. Es wäre tatsächlich den Gewalttätigen auf der Erde Tür und Tor geöffnet. Der Richter-Gott aber muß und wird der Gerechtigkeit zum Siege verhelfen. Ohne diese Gerechtigkeit kann menschliches Leben nicht gelingen. Die Gerechtigkeit Gottes ist nicht ein abstraktes Prinzip, sondern eine praktische Notwendigkeit. Auf Gottes Gerechtigkeit sind in erster Linie die Armen und die Schwachen angewiesen, die Opfer. Wenn keine Gerechtigkeit herrscht, setzt sich das Recht des Stärkeren durch. Daß aber auf der von Gott erschaffenen Welt nicht einfach das Recht des Stärkeren gilt, sondern daß Gott für das Opfer, für Abel, eintritt – das will diese Erzählung ganz am Anfang deutlich machen. Selbst Kain ist auf diese Gerechtigkeit Gottes angewiesen – die ihn, den Mörder, vor Mord und Totschlag schützen wird.

c) Ein Beispiel aus dem Neuen Testament: „Ich elender Mensch!" (Röm 7,14–25)

Röm 7 ist eines der faszinierendsten Kapitel neutestamentlicher Theologie.[11] Paulus handelt vom Leben der Menschen unter dem „Gesetz". Er berührt damit ein Thema, das nicht nur für die jüdische, sondern auch für die christliche Identität von größtem Gewicht ist – das aber der *Apostel* Paulus ganz anders sieht, als es der *Pharisäer* Paulus (Phil 3,6) gesehen hat. Mit dem „Gesetz" ist die Tora in Form der „fünf Bücher Mose" gemeint. Die Tora ist für Israel nicht nur ein ethisches Kompendium, mit den Zehn Geboten an der Spitze, sondern auch die Urkunde seiner Erwählung und damit die große Verheißung des Lebens – die freilich an die genaue Befolgung der gesetzlichen Vorschriften und Weisungen gebunden ist (Dtn 28). Dieser letzte Punkt (und nur er) ist für den *Christen* Paulus das Problem: nicht die ethische Qualität des Dekaloges, die er eigens unterstreicht (vgl. Röm 13,9), und nicht die Erwählung Israels als Volk Gottes, die er eigens betont (vgl. Röm 3,1f; 9,1–5), sondern die Erwartung, die Gnade Gottes hänge am Gesetzesgehorsam (nicht zuletzt an der Beschneidung und an der genauen Beachtung der Sühneriten im Tempel). Zwar läßt Paulus keinen Zweifel (Röm 7,12):

> *Das Gesetz ist heilig,*
> *und das Gebot ist heilig, gerecht und gut.*

Aber Paulus ist auch überzeugt: Das Gesetz kann (und soll) der Sünde nicht wehren, es kann (und soll) sie nur als Sünde offenbar machen (Röm 3,20) und dem Sünder die gerechte Strafe für sein Fehlverhalten zusprechen: den Tod (Röm 7,10f).

Wie aber lebt es sich dann mit dem Gesetz? Davon handelt Paulus in Röm 7,14–25. Er spricht in der 1. Person Singular. Ohne Zweifel hat seine eigene Biographie[12], deren Dramatik ja kaum zu überbieten ist, die Ausführungen geprägt. Aber Paulus redet nicht speziell von seiner eigenen Person, sondern leiht (wie er es in Röm 5,12–21 vorbereitet hat) dem „Ich" Adams seine Stimme: also dem Ego eines jeden Menschen, der – noch – nicht im Herrschaftsbereich Jesu Christi lebt, sondern allein an das Gesetz verwiesen ist.[13] Allerdings kommt der „alte Adam" nicht so zu Wort, wie er sich in seiner Lebenssituation selbst gesehen hätte; vielmehr wird er so beschrieben, wie er sich rückblickend, im Lichte des Christusgeschehens, sehen muß[14]:

> [14]*Denn wir wissen,*
> *daß das Gesetz geistlich ist,*

ich aber fleischlich bin,
unter die Sünde verkauft.
[15]Denn was ich tue, verstehe ich nicht,
denn ich mache nicht das, was ich will,
sondern was ich hasse, das mache ich.
[16]Wenn ich aber gerade das tue, was ich nicht will,
stimme ich dem Gesetz zu, daß es gut ist.
[17]Nun aber mache nicht mehr ich es,
sondern die Sünde, die in mir wohnt.
[18]Denn ich weiß, daß in mir, d. h. in meinem Fleisch, nichts Gutes
wohnt;
denn das Wollen liegt mir, das Tun des Guten aber nicht.
[19]Denn nicht das, was ich will, mache ich, das Gute,
sondern das, was ich nicht will, das Böse, das mache ich.
[20]Wenn ich aber gerade das tue, was ich nicht will,
so tue ich es nicht selbst, vielmehr die Sünde, die in mir wohnt.
[21]Ich finde also das Gesetz,
daß mir, der ich das Gute will, das Schlechte liegt.
[22]Denn ich stimme dem Gesetz Gottes zu, meinem inneren Menschen
nach;
[23]ich sehe aber ein anderes Gesetz in meinen Gliedern
dem Gesetz meines Verstandes widerstreiten
und mich im Gesetz der Sünde gefangennehmen,
das in meinen Gliedern ist.
[24]Ich elender Mensch!
Wer wird mich aus diesem Leib des Todes retten?
[25]Dank sei Gott, durch Jesus Christus, unseren Herrn.
Also diene ich selbst nun mit dem Verstand dem Gesetz Gottes,
mit dem Fleisch aber dem Gesetz der Sünde.

Die existentielle Erfahrung, die Paulus in Röm 7 beschreibt, ist, modern gesprochen, die Erfahrung der Entfremdung: die Erfahrung, daß man nicht Herr seiner selbst ist – und zwar nicht in erster Linie deshalb, weil man durch äußere Umstände an der Entfaltung der eigenen Persönlichkeit gehindert wird, sondern deshalb, weil man selbst in einem inneren Zwiespalt lebt. Nach Paulus ist es zutiefst der Zwiespalt, das Gute zwar zu sehen und zu wollen, aber doch – wider besseres Wissen – das Böse zu tun. Allein dieser Gedanke, der eine tiefe Einsicht in die Wirklichkeit menschlichen Lebens offenbart, läßt alle Naivitäten über das angeblich herzensgute Wesen des Menschen, über sein lauteres Wollen, seine edlen Motive und seine großen Möglichkeiten, die nur durch die beklagenswerte Ungunst der Verhältnisse an ihrer Entfaltung gehindert werden, hinter sich. Zwar ist dem Menschen die Freiheit gegeben; doch er verliert sie gerade dort, wo er sie zu gebrauchen scheint: in der Befriedigung seines Begehrens.

(1) Der Mensch als *„Fleisch"*

Der Mensch, wie Paulus ihn nach Röm 7 sieht, ist *„Fleisch"* (griechisch: *Sarx*). Dieses Urteil ist, heute vernommen, höchst mißverständlich. Es wird nahezu unverständlich, wenn man es im Lichte einer platonisierenden Anthropologie betrachtet, die den Menschen aus drei Wesenselementen zusammengesetzt glaubt: aus Fleisch, Geist und Seele. „Fleisch" ist dann nur das Äußerliche, das Vergängliche eines Menschen, das sein Wesen nicht ausmacht, sondern nur wie eine Hülle umkleidet. Doch Paulus denkt und redet ganz anders. Wenn er den Menschen *„Fleisch"* nennt, meint er nicht einen Teil, sondern die Ganzheit eines Menschen (vgl. Röm 3,20; 7,18; 1Kor 1,29; Gal 2,16). Für Paulus ist der Mensch ein Wesen aus Fleisch und Blut; daß er einen Körper hat, Sinnesorgane, *„Glieder"* (7,23), einen Leib, ist weder unwesentlich noch nebensächlich, sondern zutiefst kennzeichnend und prägend. Wenn Paulus (in Übereinstimmung mit seiner Bibel) den Menschen „Fleisch" nennt, nimmt er ihn als eine aktive und sinnliche, aber zugleich fehlbare, schwache, sündige, dem Tode geweihte Kreatur wahr, die zwar ganz und gar von Gott abhängig ist, aber immer wieder der Versuchung nachgibt, sich gegen Gott zu stellen, um sich auf sich selbst zu gründen (1Kor 5,5; Röm 6,19).[15] Als Fleischeswesen steht der Mensch unter der Macht der Sünde (7,14); als Fleischeswesen ist er seiner selbst entfremdet (7,15); deshalb wohnt in ihm, sofern er Fleisch ist, *„nichts Gutes"* (7,18). Als Geschöpf Gottes weiß er um seine Schuld wie um die Pflicht zum Guten und will sie erfüllen; in seiner gegebenen Geschichte, in seiner konkreten Lebenssituation verfällt er immer und immer wieder der Sünde (7,18f.21ff). Das ist seine Fleischlichkeit: jene Seite seiner Menschlichkeit, die er am liebsten nicht wahrhaben will und die doch immer sein Leben bestimmt.

(2) Sünde als Ungerechtigkeit und Gottlosigkeit

Das Fleisch des Menschen ist das Einfallstor der Sünde: Sie setzt bei seiner Aktivität ebenso an wie bei seinem Begehren, bei seiner Schwäche wie bei seiner Sinnlichkeit, letztlich bei seinem Wissen um die Unausweichlichkeit des Todes.

Was ist für Paulus Sünde?

Schaut der Apostel auf die konkreten Verfehlungen der Menschen, Juden wie Heiden, bestimmt er Sünde vor allem als Gottlosigkeit und Ungerechtigkeit (Röm 1,18–3,20).

„Gottlosigkeit" heißt nicht etwa die schlechthinnige Leugnung Gottes, der bare Atheismus oder der schiere Agnostizismus (das alles hat es in der Antike ohnehin so gut wie nicht gegeben). So paradox es

klingt, kann Gottlosigkeit nicht nur aus Laxheit und Interesselosigkeit erwachsen, sondern auch aus echtem Eifer für Gott und tiefer religiöser Sehnsucht: Gottlosigkeit besteht darin, für Gott zu halten oder als Gott zu erklären, was in Wahrheit nicht Gott ist, sondern Götze – ein von Menschen gemachtes, für ihre Zwecke taugliches, ihren Vorstellungen entsprechendes Gottes-Bild. Im Chor seiner jüdischen Kollegen hält der Apostel den Heiden vor, zwar aus der Schöpfung, ihrer Schönheit und ihrer Ordnung, auf einen souveränen Schöpfer-Gott geschlossen[16], aber dieser Einsicht nicht Folge geleistet, sondern sich ihre eigenen Götzenbilder verfertigt zu haben (Röm 1,20–23). Im Anschluß an seine prophetischen Vorgänger nimmt Paulus aber auch die Juden nicht von seiner Kritik aus: Zwar dürfen sie sich ihres Gottes rühmen (Röm 2,17; 3,2); aber sie sind sich ihres Gottes so sicher, daß sie nicht wahrhaben wollen, wie er sich durch den auferweckten Gekreuzigten in einer ganz neuen, unableitbaren und unüberbietbaren Weise als er selbst offenbart hat – so daß alle Gottesbilder, auch die scheinbar schriftgemäßen, zerbrochen werden müssen, um seines Geheimnisses inne zu werden (1Kor 1,17–25; 2,1–5).[17]

Die Konsequenz der Verkennung Gottes bei Juden und Heiden ist „Ungerechtigkeit" (Röm 1,18): eine Verzerrung der Wertmaßstäbe, ein Auseinanderklaffen von Denken und Handeln, vor allem eine Vergiftung der Lebensbeziehungen zu den anderen Menschen. Ungerecht zu sein, heißt, dem Nächsten nicht gerecht zu werden: ihm schuldig zu bleiben, was er an Solidarität, Zuwendung und Hilfe nötig hat und erwarten darf. Die Ungerechtigkeit zeigt sich als Heuchelei, als Lüge, als Haß, als Verachtung und Vergeltung: Wo der Nächste bejaht werden müßte, wird er von der Sünde verneint; wo er aufgebaut werden müßte, wird er niedergemacht; wo er angenommen werden müßte, abgestoßen; wo er kritisiert werden müßte, wird er gelobt; wo er ermahnt werden müßte, wird er bestätigt; wo er aufgerüttelt werden müßte, eingelullt.

Wiederum macht Paulus den Vorwurf Juden *und* Heiden. Auf eine kurze Formel gebracht: Die Juden hören zwar im Gesetz, was sie dem Nächsten schuldig sind; aber was es ihnen gebietet, vor allem im Dekalog und im Liebesgebot, übertreten sie noch und noch (Röm 2,17–24). Die Heiden hören zwar die Stimme ihres Gewissens (2,14f); aber was es ihnen sagt, schlagen sie noch und noch in den Wind (1,24–32).

(3) Sünde als Unheilsmacht

Weshalb folgen die Menschen nicht dem Guten, sondern dem Bösen? Paulus sucht nicht den naheliegenden Ausweg, den Menschen als Kreatur, als Fleischeswesen für böse zu erklären (wie es später die Gnosis getan hat); er hält an der biblischen Schöpfungstheologie fest. Aber Paulus sieht die Menschen nicht nur als einzelne Individuen, die über sich selbst frei bestimmen und verfügen können; er sieht sie vielmehr als geschichtliche Personen in Lebenszusammenhänge hineingestellt, die in einer unauflöslichen Mischung zwar einerseits durch Freude, Glück, Gerechtigkeit, Gemeinschaft und Liebe geprägt sind, aber andererseits durch Ungerechtigkeit, Gewalt, Krieg, Verbrechen, Not, Elend und Verderben. Dieser Kontext bestimmt das Denken und Fühlen, das Handeln und Wollen, das Wesen und Wirken der einzelnen Menschen mit – nicht so, daß sie fremdgesteuert wären, aber doch so, daß sie weder aus ihrer Haut noch aus ihrer Zeit herauskönnen.

Wie die positiven Vorprägungen auf das sittlich gute und richtige Handeln anderer Menschen zurückgehen, so die negativen auf deren Fehlverhalten. Paulus greift auf den großen Erfahrungsschatz der alttestamentlichen Weisheitstheologie zurück, wenn er als Grundgesetz des natürlichen Lebens einen untrennbaren Zusammenhang von „Tun" und „Ergehen" erkennt. Wie Hiob, Kohelet und Jesus hält er nichts von der naiven Variante dieses Modells, daß den Verbrecher schon bald seine gerechte Strafe ereilt, während der Gute die Früchte seiner Moralität ernten kann. Aber er hält dafür, daß jedes Handeln Folgen zeitigt, die wiederum jedes weitere Handeln mitbestimmen. Das gilt *a fortiori* für menschliches Fehlverhalten: Mag die Reue, mag der Wille zur Wiedergutmachung noch so groß sein – das Unrecht, das einmal begangen worden ist, läßt sich nicht mehr aus der Welt schaffen; es setzt sich immer wieder neu in Szene, indem es das weitere menschliche Leben belastet und neues Unrecht provoziert.[18] Bei Friedrich Schiller (1759–1805) heißt es im Wallenstein (Die Piccolomini V 1):

> Das eben ist der Fluch der bösen Tat,
> daß sie fortzeugend immer Böses muß gebären.

Schon Aischylos hat ähnlich gedacht (Agamemnon 758.763), und auch die biblischen Weisheitsbücher bezeugen diese leidvolle Einsicht. Durch das immer neue Fehlverhalten der Menschen baut sich eine Sphäre des Unheils auf, die sich wie eine bleierne Last auf das Leben der Menschen legt. Auch diese Unheilslast nennt Paulus „Sünde"; Sünde ist nicht nur individuelles Fehlverhalten, sondern auch kollektive Unheilsmacht, die von Anfang an (dafür steht die Gestalt Adams) menschliches Leben überschattet und fortwährend neues Unrecht hervorbringt.

Die Sünde übt ihre Macht nicht zuletzt deshalb über die Menschen aus, weil sie untrennbar auch mit den guten Seiten und den schönen Dingen des Lebens verbunden ist. Sie kann sich die edelsten Motive der Menschen unterwerfen: Sie verwandelt Frömmigkeit in Legalismus (vgl. Gal 4,8–11), Glaubenseifer in Glaubenshärte (Gal 1,13f), gerechten Zorn in Rachegelüste (vgl. Röm 12,19f), Engagement in Selbstüberhebung (vgl. 1Kor 4,6ff; 13,1ff), Wissensdurst in Herrschsucht (1Kor 8–10; Röm 14), Liebe in Unzucht (1Thess 4,4f) und das Streben nach Selbstverwirklichung in Egoismus (vgl. 1Kor 1,10ff.29ff); aus der Armut macht sie ein Motiv für Neid (Röm 1,29; Gal 5,21.26), aus Diskriminierung ein Motiv für Haß (vgl. 1Thess 5,15; 1Kor 13,7; Röm 12,17f), aus Mißachtung ein Motiv für Verurteilung (Röm 14,3); Freiheit nimmt sie zum Vorwand für Libertinismus (Gal 5,13), Gleichheit zum Vorwand für Faulheit (vgl. Phil 2,2ff) und Brüderlichkeit zum Vorwand für Gruppen-Egoismus (vgl. 1Thess 4,9–12). Selbst den Gesetzesgehorsam weiß sie sich zunutze zu machen, sogar mit Hilfe der Tora übt sie ihre Herrschaft aus (Röm 7,8ff.11f): Die Verbote reizen zur Übertretung (7,7f)[19]; den Gesetzestreuen aber gaukelt die Sünde vor, schon durch die genaue Befolgung der Gebote dem Anspruch Gottes gerecht werden zu können.[20] Das wäre indes, wie Paulus meint, ein frommer und deshalb besonders fataler Selbstbetrug (7,11). Wer ihm erliegt, hat sich dazu verführen lassen, bei allem Wissen um Gottes Gnade die eigenen Möglichkeiten gerechten Handelns zu überschätzen – und die Macht zu unterschätzen, welche die Sünde auch über ihn, den Gesetzesfrommen, hat. Das jedoch führt dazu, Gottes Gnade nicht in ihrer vollen Größe wahrzunehmen, die allein durch Jesu Kreuz und Auferstehung ansichtig wird (vgl. Gal 2,21).

Diesen Unheilszusammenhang macht Paulus an Adam fest – nicht historisierend, nicht psychologisierend, sondern typisierend (Röm 5,14). Wie in der Sündenfallerzählung Gen 3 vorgegeben, sieht der Apostel Adams Schuld darin, sein zu wollen wie Gott. In Röm 5 spricht Paulus deshalb vom Ungehorsam Adams (V. 19) und in Röm 7 davon, daß Adam gegen das elementare Gebot verstoßen habe: *„Du sollst nicht begehren!"* (Ex 20,17 par Dtn 5,21). Damit ist nicht nur der Trieb gemeint, die Sexualität und das Besitzstreben ungezügelt auszuleben, sondern letztlich das Verlangen, Herr über das eigene Leben zu werden und es durch immerwährende Steigerungen über sich selbst hinauszuführen. Das aber wäre nicht etwa der Inbegriff der Freiheit, sondern der Inbegriff der Hybris. Was den Menschen aus seiner Endlichkeit hinausführen soll, wirft ihn doch nur auf sich selbst zurück. Adam will Gott nicht Gott sein lassen; er will sich selbst zum Gott machen; er will das eigene Menschsein in seiner Menschlichkeit und Fleischlichkeit, also auch in seiner Verwiesenheit auf Gott als den Schöpfer nicht wahrhaben und annehmen. Das aber ist für Paulus die Grundsünde schlechthin; sie ist Gottlosigkeit, die zur Feindschaft gegen Gott führt (vgl. Röm 5,10; 8,7) und im Gefolge Ungerechtigkeit hervorbringt. Diese Grundsünde ist von Adam an in jedem Menschen lebendig; sie ist ihm als Unheilslast vorgegeben; sie wird je neu zur Versuchung; und sie wird den Menschen, wenn er auf sich selbst gestellt ist, immer wieder neu besiegen.

Welche Folgen hat es für die Adamskinder, unter dem Unrechtsregime jener Sünde zu leben, die auf Adam zurückgeht und von jedem Menschen verstärkt wird? Darauf richtet Paulus in Röm 7 sein besonderes Augenmerk.

(4) Der innere Zwiespalt

Der „fleischliche" Mensch ist *„unter die Sünde verkauft"* (7,14). Er steht unter ihrer Macht. Deshalb lebt er in einem tiefen Widerspruch: Es ist der Widerspruch zwischen Gut und Böse, zwischen Wollen und Vollbringen, zwischen Vernunft und Leidenschaft, zwischen Ethos und Begehren, zwischen Gerechtigkeit und Sünde, zwischen Leben und Tod. Der „alte Adam" handelt anders, als er will (7,15f); er macht, was er haßt, und unterläßt, was er liebt (vgl. 7,15); er weiß um das Gute und entscheidet sich für das Böse (7,19).

Dieser Widerspruch des Sünders besteht gegenüber dem Sittengesetz: Was ihm aus gutem Grund geboten ist, schlägt er in den Wind. Der Widerspruch des Sünders besteht gegenüber den anderen Menschen: Was sie brauchen, bleibt er ihnen schuldig. Der Widerspruch des Sünders besteht aber auch gegen das eigene Ich: Sünde ist Selbst-Widerspruch. Paulus diagnostiziert ihn einerseits als Widerspruch zwischen dem „*inneren*" und dem äußeren Menschen (7,22; vgl. 2Kor 4,16)[21], also zwischen dem einzig wahren Ich, so wie es von Gott geschaffen und gewollt ist, und dem fremdbestimmten Ich, zu dem es in der Geschichte geworden ist und sich selbst gemacht hat. Andererseits bestimmt Paulus den Selbst-Widerspruch des Sünders als Widerspruch zwischen dem „*Verstand*" und dem „*Fleisch*" (7,25), also zwischen der von Gott verliehenen Urteilskraft des Menschen und seiner Anfälligkeit für Selbstzweifel und Selbstvergötzung. Beide Mächte, Gut und Böse, Tod und Leben, Gerechtigkeit und Sünde, sind im Herzen des Menschen selbst lebendig. Die Sünde wirkt nicht nur von außen auf den Menschen ein, sie wirkt im Menschen selbst, durch ihn und mit ihm. Sie hat ihren Ort in seinem „*Leib*" (7,24), in seinem „*Fleisch*" (7,18.25) und seinen „*Gliedern*" (7,23). Gleichzeitig aber ist der Mensch doch bei „*Verstand*" (7,23.25); er will wirklich das Gute (7,21); in seinem Innersten stimmt er Gottes Gesetz zu (7,16.22); er weiß, daß recht ist, was es von ihm verlangt – und dennoch tut er es nicht.

Aus diesem Zwiespalt kommt der alte Adam nicht heraus. Das Ergebnis ist nichts anderes als der Verlust seiner Identität. Die Sünde führt zur Selbst-Entfremdung. Wenn Paulus schreibt, das „Ich" des Menschen sei „*unter die Sünde verkauft*" (7,14), es sei im „*Gesetz der Sünde gefangengenommen*" (7,23), zeigt er die Unfreiheit dessen auf, der dem Drang zum Bösen nachgibt und keinen anderen Halt als das Gesetz findet. Wenn er schreibt, daß nicht mehr dieses „Ich" handelt, sondern die Sünde, die sich in diesem Ich eingenistet hat (7,20), deckt er auf, daß sich das Ich im Machtbereich der Sünde ständig selbst negiert. Indem es sich durch die Befriedigung seines Begehrens zu verwirklichen sucht, scheint das Ich sein Leben zu steigern – und zerstört es doch im gleichen Augenblick. Der Mensch wird zum Un-Menschen, die Person zur Un-Person, das Ich zum Nicht-Ich. Der Mensch, der unter die Sünde verkauft ist, versteht sich selbst nicht mehr; er weiß nicht mehr, was er tut (7,15). So groß ist die Macht der Sünde, daß sie auch das Ich des Menschen in ihre Gewalt bringt und zum Mittel für die Erreichung ihrer Zwecke macht – selbst dort, wo „ich" um das Gesetz Gottes weiß.

Freilich wäre es nach Paulus zu kurz gegriffen, die Sünde nur als Selbst-Widerspruch des Menschen zu begreifen. Sie ist immer zugleich Widerspruch gegen Gott. Daß die Grundsünde im Begehren besteht, sein zu wollen wie Gott (in welchen Sublimationen auch immer), ist nicht vergessen, wenn der innere Zwiespalt des menschlichen Ich aufgedeckt wird. Gott, dem Adam widerspricht, ist nicht nur der Gesetzgeber, sondern der Schöpfer, der Erhalter und Vollender: der Vater, der seine Liebe denen schenkt, die sich als seine Feinde aufführen (Röm 5,6ff; 8,5ff). Adams Widerspruch gegen Gott ist zugleich Selbst-Widerspruch, weil er das eigene Geschaffen-Sein in Abrede stellt; und sein Selbst-Widerspruch ist immer zugleich Widerspruch gegen Gott, weil er sich nicht als den von Gott Geliebten und auf Gottes Liebe Angewiesenen bejahen will.[22]

(5) Der Schrei nach Erlösung

Was bleibt dem Menschen, der unter die Sünde verkauft ist? Die Möglichkeit der Selbsterlösung ist ihm nicht gegeben; wer an sie glaubt, wie später die Gnosis, verkennt seine Menschlichkeit. Die Möglichkeit der ethischen Sublimation ist ihm gleichfalls verwehrt; wer sie propagiert, wie die Stoiker[23], verkennt seine radikale Sündigkeit. Bleibt dann nur die Verzweiflung? Tatsächlich liegt in der *desperatio* ein Wahrheitsmoment – wird sie doch mit einem Mal des ganzen Schreckens der Welt ansichtig, und sei es nur so, wie er sich im Moment für das individuelle Leben zeigt. Dennoch wäre sie nach Paulus eine grundfalsche Konsequenz; denn sie nimmt die Möglichkeiten Gottes nicht ernst, die Sünde zu überwinden. In der Verzweiflung fixiert sich der an der Faktizität des Bösen leidende Mensch wiederum nur auf seine eigene Möglichkeit und Unmöglichkeit. Er begrenzt seinen Blick auf sich und Seinesgleichen. Das ist wiederum ein Triumph der Sünde.

Was also bleibt? Nicht die Selbsterlösung, nicht der Heroismus, nicht die Verzweiflung, sondern der Schrei nach Erlösung (7,24):

> *Ich elender Mensch!*
> *Wer wird mich aus diesem Leib des Todes retten?*

In diesem Schrei spreche „ich" meine ganze Not aus – und meine Hoffnung in aller Not. Dieser Schrei ist freilich nur dann ein Ausweg, wenn es jemanden gibt, der ihn hört – und ihn nicht nur hört, sondern auch erhört. Das freilich ist die elementare Glaubensüberzeugung des Paulus; seine Hoffnung richtet sich durch Jesus Christus auf Gott. Deshalb fährt er fort (7,25):

> *Dank sei Gott, durch Jesus Christus, unseren Herrn.*

Doch führt der Weg zum Dank, der die Glaubenserfahrung ernst nimmt, über die Klage und über die Frage nach Gott. Beides schwingt im Schrei nach Erlösung mit. Der Ausruf: *„Ich elender Mensch!"* ist Klage und Selbstanklage. Er bringt die scheinbare Ausweglosigkeit des menschlichen Lebens in völliger Illusionslosigkeit und absoluter Realistik zur Sprache. Paulus redet an dieser Stelle nicht anders, als es sein jüngerer Zeitgenosse Epiktet (50–130 n. Chr.), einer der bedeutendsten Stoiker, in seinen „Unterredungen" tut (Dissertationes I 3,5):

> *Was bin ich denn? Ein elender Mensch!*

Der elende Mensch ist der vom Schicksal geschlagene, der unglückliche, der verlassene, der scheiternde Mensch, der sich selbst fremd geworden ist und nicht mehr weiß, was er tut. Bei Paulus ist diese Diagnose wie bei Epiktet Selbstanklage; denn der Philosoph insistiert wie der Theologe darauf, das Elend des Menschen sei am

Ende auch immer seine eigene Schuld. Diese Schuld zu erkennen und einzugestehen, ist der schwierigste Schritt der Selbsterkenntnis – und doch führt nur er zum Ausweg des Menschen aus seinem Elend.

Der Ausruf, den Paulus macht, ist aber nicht nur wie bei Epiktet Selbstdiagnose und Rechenschaftslegung vor den Freunden, sondern Gebet: Gebet in der scheinbar paradoxen Form der Klage. Der Ruf richtet sich an Gott: Ihm wird die Schuld eingestanden; er aber wird zugleich angeklagt – als der, der dieses Elend zugelassen hat. Solche Klage ist, wie im Psalter zu lernen, alles andere als ein Sakrileg. Sie ist ein Herausschreien der Not, ein Protest gegen das Elend, eine Frage nach Gott: die Theodizeefrage in ihrer biblischen Gestalt. Die Klage bringt die Not des Beters zur Sprache, einschließlich seiner eigenen Schuld; und sie bringt diese Not vor Gott. Das ist entscheidend. Was sie von der bitteren Absage an Gott unterscheidet, ist, daß sie Gott herausfordern will, zu antworten, sich zu äußern und sich zu erklären. Die Klage wird zur Frage – wie in Röm 7,24.

Wer wird mich aus diesem Leib des Todes retten?

Die Frage könnte im Kontext des Römerbriefes rhetorisch erscheinen – aber sie ist es nicht für Adam, dem Paulus in Röm 7 Sprache verleiht. Adam, der sein Elend erkennt, stellt die Frage nach Gott. Gerade dadurch gerät er tiefer ins Gebet: Indem er nach Gott fragt, will er nicht mehr nur mit Gott reden, sondern im Grunde auf Gott hören.

Was er dann zu hören bekommt, meint Paulus im abschließenden Satz vom Christusgeschehen her feststellen zu können. Wenn der Beter, der zum „Hörer des Wortes" (Karl Rahner) geworden ist, wieder zu reden beginnt, wird er danken – wie Paulus es tut. Der Dank richtet sich an Gott: weil Gott sich durch Jesus Christus als derjenige erweist, der den Menschen aus dem *„Leib des Todes"* retten wird.

Der Schrei nach Erlösung ist Hoffnung wider alle Hoffnung (Röm 4,18). „Wider alle Hoffnung" – weil die Menschen sterben müssen; „Hoffnung" – weil Jesus für sie gestorben ist, damit sie leben können.

d) Leben im Angesicht des Todes

Nach Gen 4 und Röm 7 kennzeichnet es die Menschen zutiefst, daß sie sterben müssen. Der Tod ist nicht ein mehr oder weniger zufälliges Ereignis am Ende des Lebens. Der Tod ist vielmehr eine Wirklichkeit, die das menschliche Leben von Beginn an bestimmt und sich in der Sünde der Menschen, in der Zerstörung ihres eigenen Lebens, manifestiert. Insofern sie diesen Tod in seinen vielen Spielarten – und das von Gott ermöglichte Leben diesseits und jenseits dieses Todes sichtbar macht, ist die Bibel der Spiegel für die Wirklichkeit des Lebens.

(1) Die Anthropologie im Spannungsverhältnis der beiden Testamente

Im Vergleich mit den neutestamentlichen Texten erfaßt das Alte Testament ungleich mehr Lebens-Situationen und Lebens-Probleme, die kennen muß, wer der Wirklichkeit menschlichen Lebens inne werden will. Nicht nur die Propheten, nicht nur der Pentateuch und der Psalter, auch die häufig unterschätzte Weisheitsliteratur eröffnet hier eine Fülle von Einsichten in die Bedingungen und Folgen menschlichen Lebens, in sein Gelingen und Mißlingen, in Glück und Unglück, Tragik und Schicksal. Christliche Leserinnen und Leser, die mit der Bibel ihren Blick für die Lebens-Wirklichkeit schärfen wollen, sind aus diesem Grund bleibend an das *Alte* Testament verwiesen; wie wenig es veraltet und überholt ist, wird gerade hier sichtbar.

Umgekehrt werden im Neuen Testament die Augen für Dimensionen des Lebens geöffnet, die im Alten Testament nur hier und da (Gen 6,5; 8,21; Jer 13,23; 17,1; Hos 5,3f; Ps 51) und kaum in ganzer Schärfe in den Blick gekommen sind. Insbesondere gewinnt das Wissen um die erschreckende Macht des Bösen, das sich selbst die heiligsten Güter unterwirft, im Neuen Testament neue Konturen. Nicht zuletzt bricht, besonders bei Paulus und in seiner „Schule", aber auch bei Johannes die (letztlich auf Jesus zurückgehende) Erkenntnis durch, selbst das Gesetz könne nicht gegen die Sündenmacht an. Diese Erkenntnis erklärt sich aus der Christologie (und muß deshalb zwischen Juden und Christen strittig bleiben). Nicht nur, daß „in Christus" erhellt, das ewige Heil könne nicht durch Gesetzesgehorsam, sondern nur durch Jesus erwartet werden: An der von den Evangelisten erzählten Leidensgeschichte und am von Paulus verkündigten Kreuzestod Jesu (1Kor 1f), aber auch an der vom Philipperhymnus beschriebenen Selbstentäußerung des präexistenten Kyrios (2,6–11) und an der vom Logoshymnus festgestellten (Joh 1,1–18) Inkarnation des göttlichen Logos läßt sich nicht nur einerseits die alle Grenzen sprengende, auch alle alttestamentlichen Verheißungen weit übertreffende Intensität der Selbstmitteilung Gottes zur Rettung der Menschen ablesen, sondern auch andererseits die radikale Verlorenheit *aller* Menschen.

(2) Die Wirklichkeit des Menschen – sophokleisch und biblisch

In der „Antigone" des Sophokles, die nach Hegel das „absolute Exempel der Tragödie" ist, kommentiert der Chor in einem langen Gesang den sich anbahnenden Konflikt zwischen Kreon, dem Herrscher von Theben, und Antigone, die gegen das königliche Gebot den gefallenen Bruder begraben hat. Martin Heidegger (1889–1976) hat dieses Lied in seiner „Einführung in die Metaphysik"[24] ausführlich kommentiert. In seiner Übersetzung, die freilich philologisch nicht unumstritten ist[25], klingt es so (V. 332–375):

> Vielfältig das Unheimliche, nichts doch
> über den Menschen hinaus Unheimlicheres ragend sich regt.
> Der fährt aus auf die schäumende Flut
> beim Südsturm des Winters
> und kreuzt im Gebirg
> der wütiggeklüfteten Wogen.
> Der Götter auch die erhabenste, die Erde,
> abmüdet er die unzerstörlich Mühelose,
> umstürzend sie von Jahr zu Jahr,
> hintreibend und her mit den Rossen
> die Pflüge.

> Auch den leichtschwebenden Vogelschwarm
> umgarnt er und jagt
> das Tiervolk der Wildnis
> und des Meeres einheimisch Gerege
> der umher sinnende Mann.
> Er überwältigt mit Listen das Tier,
> das nächtigt auf Bergen und wandert,
> den raumähnigen Nacken des Rosses
> und den niebezwungenen Stier
> mit dem Holze umhalsend
> zwingt er ins Joch.

> Auch in das Getöne des Wortes
> und ins windeilige Allesverstehen
> fand er sich, auch in den Mut
> der Herrschaft über die Städte.
> Auch wie er entfliehe, hat er bedacht,
> der Aussetzung unter die Pfeile
> der Wetter, der ungattigen auch der Fröste.

> Überall hinausfahrend unterwegs, erfahrungslos ohne Ausweg
> kommt er zum Nichts.
> Dem einzigen Andrang vermag er, dem Tod,
> durch keine Flucht je zu wehren,

sei ihm geglückt auch vor notvollem Siechtum
geschicktes Entweichen.

Gewitziges wohl, weil das Gemache
des Könnens, über Verhoffen bemeisternd,
verfällt er auf einmal auf Arges
gar, Wackeres zum anderen wieder gerät ihm.
Zwischen die Satzung der Erde und den
beschworenen Fug der Götter hindurch fährt er.
Hochüberragend die Stätte, verlustig der Stätte
ist er, dem immer das Unseiende seiend
der Wagnis zugunsten.

Nicht werde dem Herde ein Trauter mir der,
nicht auch teile mit mir sein Wähnen mein Wissen,
der dieses führet ins Werk.

Was Sophokles für eine einzige nachmittägliche Aufführung im
Athener Theater geschrieben hat, wahrscheinlich für die Dionysien
des Jahres 442 oder 441 v. Chr., bleibt eine gültige, eine erschrekkend genaue Beschreibung menschlichen Lebens. Heideggers anver-
wandelnde Übertragung bietet eine eindrucksvolle Aktualisierung.
Was den Chor bewegt, ist das unheimliche Rätsel, das erschreckend
unergründliche Wesen des Menschen. Worin besteht es? Weshalb ist
der Mensch sich selbst so unheimlich?

Zwei Gedankenlinien überkreuzen sich. Die eine zeichnet die
große Macht des Menschen nach: Er erhebt sich über die Natur; er
unterwirft sich seine Umwelt; er schafft sich selbst seine Behausung;
er findet ins Denken hinein. Die andere Gedankenlinie aber zeichnet die letztliche Auswegslosigkeit menschlichen Lebens vor: Am
Ende steht er vor dem Tod, der alles zunichte macht, was sein Leben war. Nach Sophokles (und Heidegger) kann kein Mensch aus
diesem Dilemma herausfinden. Das gerade ist das Unheimliche, das
zugleich Erschreckende und geheimnisvoll Anziehende am menschlichen Wesen: daß dem Menschen, ihm allein, beides zuteil ist und
beides bewußt werden kann – seine große Macht und seine absolute
Endlichkeit. Indem er sich beides vor Augen hält, leuchtet ihm einerseits die Notwendigkeit ein, das Gute zu wählen. Er sieht durchaus die Chance des Mitleids, der Liebe. Gerade Antigone steht dafür. Ihre berühmtesten Worte sind (V. 523):

Nicht mitzuhassen, mitzulieben bin ich da.

Andererseits aber geht dem Menschen, wenn er auf seine Lebens-
wirklichkeit schaut, ebenso auf, daß selbst der Wille und die Praxis
der Moralität weder die Welt verbessern noch die Unausweichlich-

keit des Todes relativieren können. Antigone wird zum Opfer der Gewalt. Das Leben ist und bleibt eine Tragödie. Denn der Mensch kann sein Leben nur finden, indem er dem Tod entflieht – solange es geht. Deshalb wird er einerseits angetrieben, sich über die irdischen Vor-Gegebenheiten zu erheben; andererseits aber muß er sich in eben diesem Maße dem zu entziehen versuchen, was die Götter über ihn beschlossen haben. Deshalb entspricht sein Wagemut seiner Hybris, und sein Erfindungsreichtum ist die Kehrseite seiner Arglist: Der Mensch sieht sich selbst seiner Moralität beraubt, indem er über die ihm gesteckten Grenzen hinausgeht. *Dies* ist die Wirklichkeit des Menschen, wie Sophokles sie anschaut und Heidegger sie ausdeutet. Während der Athener Tragöde das Verhältnis der Menschen zu den Göttern als Angelpunkt ihres Glücks und Unglücks betrachtet, stellt der deutsche Philosoph seine Interpretation auf das ambivalente Verhältnis des Menschen zum Sein ab, dessen überwältigender Macht er ausgesetzt bleibt und die er doch mittels seiner Vernunft und Technik in den Griff zu bekommen versucht.

Schaut man vom Chorlied der Antigone her auf die alt- und neutestamentlichen Beispiel-Texte, wird man ihnen schwerlich vorwerfen können, daß sie vor der Wirklichkeit des menschlichen Lebens die Augen verschließen. Im Gegenteil: Die brutale Realität des Todes, die das ganze Leben überschattet, wird hier wie dort in illusionsloser Nüchternheit sichtbar gemacht. Das Hin-und-her-Gerissen-Sein des Menschen zwischen Gut und Böse wird ebenso im Alten und im Neuen Testament immer wieder zum Thema. Aber auch die Vision geglückten Lebens, die Erfahrung oder doch wenigstens die Hoffnung, beschützt zu sein und gerettet zu werden, lieben zu können und geliebt zu werden, sprechen sich in Gen 4 wie in Röm 7 und immer wieder in der Bibel aus. Wie bei Sophokles ist auch in der Genesis und bei Paulus der Mensch sich selbst ein Geheimnis.

Freilich tritt spätestens an dieser Stelle auch die Differenz zwischen dem sophokleischen und dem biblischen Menschen-Bild hervor. Sie geht auf die verschiedene Theologie zurück, die im Hintergrund steht. Antigone wie Kreon haben es mit verschiedenen Göttern zu tun, die lediglich begrenzte Macht haben, untereinander verfeindet sind und den Menschen nur die Wahl lassen, zwischen ängstlich-besorgter Verehrung und kühner Usurpation göttlicher Vorrechte ihre Lebenslinien zu finden. Konkret geht es um den Konflikt zwischen dem ungeschriebenen Gesetz der Götter und dem Kalkül der politischen Vernunft, das im Interesse der Polis, also der Wohlfahrt der Menschen, gleichfalls von Gott befohlen scheint.

Ganz anders der alt- und der neutestamentliche Text. Der Gott, den sie bezeugen, ist der einzige Gott, der Schöpfer des Menschen, der Herr der Geschichte, der gerechte und gnädige Richter, bei Paulus der Vollender des ewigen Heiles. Im Verhältnis zu diesem Gott ist der Mensch immer nur Geschöpf, immer nur Sünder, immer nur Glaubender, Liebender und Hoffender. Im Blick auf diesen Gott stellt sich die Wirklichkeit des menschlichen Lebens in einem anderen, stärkeren Lichte dar. Den Grund seines Lebens muß sich der Mensch nicht durch seine Arbeit selbst legen; er wird vielmehr von Gott unter seinen Füßen ausgebreitet. Das Geheimnis des menschlichen Lebens besteht nicht eigentlich in seiner Unheimlichkeit, sondern in der Liebe, die Gott ihm wider alle Erwartung und Erfahrung trotz seiner großen Sünde schenkt. Das Hin und Her zwischen Gut und Böse ist nicht nur Selbst-Widerspruch, sondern als solcher zugleich Widerspruch gegen Gott. Eben deshalb ist aber der Tod, in dem die Sünde sich zeitigt, nicht nur unabwendbares Fatum, nicht nur „Aporie", absolute Ausweglosigkeit, sondern Geschick, womöglich „Exitus": Ausgang aus dem irdischen und Eingang in ein neues, ewiges Leben – weil Gott, wenn er Gott ist, Herr über Leben und Tod ist. Die Hoffnung auf das Leben nach dem Tode hinwiederum ist die Voraussetzung dafür, einerseits im Unterschied zu den Griechen die Endlichkeit nicht nur als die Äußerlichkeit oder die Gefangenschaft, sondern als die Wirklichkeit des menschlichen Lebens zu betrachten, andererseits aber im Unterschied zum modernen Existentialismus diese Wirklichkeit nicht zum Absoluten zu erklären und dadurch zu vergöttlichen, sondern zum Endlichen und dadurch zu vermenschlichen.

An diese Zusammenhänge erinnert die Bibel: daß der Glaube an den *Einen* Gott und die Hoffnung auf das ewige Leben die Voraussetzung dafür bilden, der Wirklichkeit des Lebens ansichtig zu werden. Das Plädoyer, das die Bibel im Alten wie im Neuen Testament ablegt: daß diese Wirklichkeit nicht allein durch die Menschen, ihr Tun und Lassen, ihr Denken und Wollen, ihr Lieben und ihr Hassen, geprägt ist, schon gar nicht durch anonyme Schicksalmächte und mythische Götterkämpfe, sondern durch den Heilswillen des *„lebendigen und wahren Gottes"* (1 Thess 1,9).

(3) Die biblische Anthropologie in der Sprache der Gegenwart

Läßt sich das Glaubenswissen von der radikalen Bedrohtheit und der unendlichen Hoffnung menschlichen Lebens in seiner alt- und neutestamentlichen Gestalt bewahren und aktualisieren? Sicher nicht mit Besserwisserei; sicher nur so, daß die Fraglichkeit, die Unheimlichkeit des menschlichen Lebens nicht überspielt wird; vielleicht so wie in zwei Gedichten von Czeslaw Milosz (*1911)[26]. Vor dem Zweiten Weltkrieg einer der Avantgardisten polnischer Lyrik, während der deutschen Besatzung ein Untergrund-Autor, nach Kriegsende zunächst polnischer Kulturattaché in Paris und Washington, 1951 aber wegen der stalinistischen Repressionen zur Emigration nach Frankreich und den Vereinigten Staaten entschlossen, dann Professor für slawische Sprachen und Literatur in Berkeley, 1980 mit dem Literatur-Nobelpreis ausgezeichnet, variiert er in beiden Gedichten das Motiv des Paradieses. Im ersten Gedicht geht es um den Verlust des Paradieses, also um das Thema der „Erbsünde", der kollektiven Unheilsverstrickung, die auf Adam zurückgeht und sich in jedem Menschen wiederholt; im zweiten geht es um die Hoffnung auf einen Wiedergewinn, die im Glücks-Moment eines geschenkten Augenblicks aufbricht. Beides bestimmt die Wirklichkeit des Lebens: Urstand und Fall, aber auch Versöhnung und Neuschöpfung.

Das erste Gedicht ist 1957 in Frankreich (Montgeron) entstanden.

Wissenschaften

Seit jenem Augenblick, da der Arzt aus der kleinen Stadt
Im Haus mit der niederen Traufe die Nabelschnur zerschnitt,
Und Sauerampfer und Doste in Gärten wucherten,
Nester für die mit weißem Schimmel gesprenkelten Birnen,
War ich in Menschenhand. Sie hätten wohl meinen ersten
Schrei verhindern können, mit ihrer großen Hand
Die hilflose, Mitleid erregende Gurgel zudrücken können.
Von ihnen nahm ich die Namen der Vögel und Früchte,
In ihrem Land, dem mäßig wilden, wurde ich wohnhaft,
Dem mäßig fruchtbaren Land mit Wiese, Acker und Wasser,
Am Boden des Bootes, im Dickicht hinter der Tischlerei.

Ihre Wissenschaften fanden immerhin eine Grenze
In mir selbst, mein Wille aber war dunkel,
Meinen Absichten oder auch ihren wenig folgsam.
Andere, die ich nicht kannte, oder nur dem Namen nach,
Betraten mich und ich hörte, entsetzt,
In mir die knarrenden Kemenaten,
In die man nicht durch ein Schlüsselloch einzieht.
Für mich bedeuteten Kasimir und Hrehory nichts,
Weder Emilie noch Margarethe.
Aber ihr Unrecht und jedes ihrer Gebrechen
Mußte ich selbst wiederholen. Dieses erniedrigte mich,
so daß ich schreien könnte: Ihr, Verantwortlichen,
Euretwegen werde ich nicht, was ich will, sondern ich selbst.

Die Sonne fiel im Buch auf die Erbsünde.
Und manchmal, wenn in den Gräsern der Nachmittag summte,
Stellte ich mir die beiden mit meiner Schuld vor,
Wie sie im Paradies unterm Apfelbaum die Wespe zertreten.

Das zweite Gedicht hat Milosz 1974 in Kalifornien geschrieben:

Gabe

Der Tag war glücklich.
Der Nebel fiel früh herab, ich hatte im Garten zu schaffen.
Die Kolibris rasteten an der Blüte des Kaprifoliums.
Es gab in der Welt kein Ding, das ich hätte haben wollen.
Was Böses geschehen war, hab ich vergessen.
Ich schämte mich nicht zu denken, ich sei, wer ich bin.
Ich spürte keinerlei Schmerz im Leib.
Aufgerichtet sah ich das blaue Meer und die Segel.

2. Die Bibel als Anwältin für die Würde des Lebens

Die Bibel ist ein Spiegel für die Wirklichkeit des Lebens. Sie öffnet
die Augen für die Unausweichlichkeit des Todes; sie spricht von
Grausamkeit und Niedertracht, von Krankheit und Schwäche, von
Größenwahn und Mittelmäßigkeit, von halbem Gelingen und halbem Scheitern; sie redet von besten Absichten, die größtes Unheil
bringen, und von schwerer Schuld, die zu einem glücklichen Ende
kommt. Die Bibel beschreibt aber nicht nur die Wirklichkeit, sie beschreibt auch emphatisch die Würde des menschlichen Lebens –
ohne die Realität zu überspringen und ohne die Macht des Faktischen zu vergötzen.

Die Aussagen der Bibel über die Würde, den Wert, die Kostbarkeit
eines jeden Menschen sind Legion. Nach der Schöpfungsgeschichte
der Genesis ist der Mensch, als Mann und Frau, Gottes *„Ebenbild"*
(Gen 1,26f; 9,6). Das Deuteronomium entwickelt eine differenzierte
Sozialgesetzgebung, die von dem Grundgedanken geleitet ist, speziell
die Sklaven, Witwen, Waisen und Fremden, also die Schwachen der
israelitischen Gesellschaft, zu schützen – weil Gott sie nicht weniger,
eher mehr liebt als die reichen, mächtigen und angesehenen Israeliten
(Dtn 1,16; 5,14; 10,18; 14,29; 24,17.19ff; 26,12; 27,19 u.ö.). Die prophetische Kritik wird dort am schärfsten, wo die Rechte der Armen verletzt und die Würde der Schwachen mit Füßen getreten werden. Jesus
sagt seinen Jüngern, Gott habe jedes Haar auf ihrem Kopf gezählt
(Lk 12,7 par Mt 10,30; vgl. Lk 21,18); er proklamiert, daß der Mensch
nicht um des Sabbats, sondern der Sabbat um des Menschen willen da

ist (Mk 2,27). Paulus sagt, die ureigene Bestimmung des Menschen sei seine Freiheit (Gal 5). Der Jakobusbrief warnt mit prophetischer Schärfe davor, auf das Ansehen der Person zu schauen und die Armen zu benachteiligen (2,1–13; 5,1–6).

Doch lassen sich in der Bibel nicht auch ganz andere Töne vernehmen? Was ist mit der erschlagenen Erstgeburt der Ägypter (Ex 12f)? Was ist mit dem Wunsch nach Rache und Vergeltung, mit den Bitten um die Demütigung und Vernichtung der Feinde, die sich in den sog. Fluchpsalmen aussprechen?[27] Und was ist im Neuen Testament mit der Anweisung des (pseudepigraphen) Zweiten Johannesbriefes, theologischen Gegnern die Gastfreundschaft zu verweigern (2Joh 10)? Was ist mit der Diffamierung von „Ketzern" im Judasbrief (11–14) und im Zweiten Petrusbrief (2,20ff)? Was mit den Rachephantasien der Johannes-Apokalypse (z. B. 19,11–21)?

Es kann nicht darum gehen, jene Texte des Alten, aber auch des Neuen Testaments zu verdrängen, die eine partikularistische Ethik vertreten oder Gewalt als Mittel zum Zweck legitimieren. Aber es kommt darauf an, ihren geschichtlichen Hintergrund und ihr spezifisches Gewicht im Ganzen der Bibel Alten und Neuen Testaments zu erkennen. Es ist unmöglich, aus der Bibel nur den einen hohen Ton der Philanthropie herauszuhören. Aber es ist nötig, zu Gehör zu bekommen, was sie mit ihren großen Texten über die Würde des menschlichen Lebens sagt und worin die heutige Bedeutung dieser Aussage liegt – und wie diese Aussagen sich zu jenen anderen verhalten, die heute vielfach auf Ablehnung und Befremden stoßen, weil sie anscheinend die Würde des Menschen nicht hinreichend achten.

a) „Die Würde des Menschen ist unantastbar!"

Das Grundgesetz für die Bundesrepublik Deutschland beginnt mit den Worten (Art. 1, Abs. I):

> Die Würde des Menschen ist unantastbar. Sie zu achten und zu schützen ist Verpflichtung aller staatlichen Gewalt.

Diese Bestimmung steht an der Spitze der Grundrechte, die das ethische und juristische Fundament des staatlichen Gemeinwesens bilden, seine grundlegenden Rechtsgüter und wichtigsten Staatsziele beschreiben. Die Grundrechte stehen nicht zur Disposition; selbst durch eine Zweidrittelmehrheit des Bundestages dürfen sie nicht verändert werden. In dem Grund-Satz, daß die Würde des Menschen unantastbar ist, schlägt sich das Erbe der europäischen und nordamerikanischen Menschenrechtsdiskussion nieder. Ähnliche Bestimmungen finden sich auch in den Verfassungen anderer Staaten, die von der abendländischen Zivilisation geprägt sind. Wie verhält sich diese Tradition zum biblischen Erbe und seiner kirchlichen Vermittlung? Darüber wogt der Streit. Der Standard-Kommentar zum Grundgesetz weist darauf hin, daß die Idee der unveräußerlichen Personwürde eines *jeden* Menschen nicht nur von der sokratischen, platonischen und aristotelischen Philosophie stark beeinflußt ist, sondern zuletzt in der christlichen Naturrechtslehre (und damit in der biblischen Theologie und Anthropologie) gründet[28]:

> Insbesondere wird im Grundgesetz keine Diskrepanz zwischen „christlichem" und „profanem" Naturrecht erkennbar. Niemals ist es jedoch unjuristisch, wenn man zur Interpretation des von der Verfassung rezipierten, ihr vorausliegenden Rechts spezifisch christliche Lehren verwendet. [...] Die christliche Naturrechtsauffassung umspannt stets auch die gültige profane Lehre, selbst wenn es letztere ad hoc nicht wahrhaben will [...] Überhaupt läßt sich kaum eine laizistische Weltauffassung nachweisen, die nicht an ihrem Ursprung in das christliche Wertdenken einmündete. Sollte irgendwo das profane Naturrecht zu Abweichungen vom christlichen führen, so ist im Zweifel nichts anderes als die Überprüfung auf historische Abfälschungen nötig, um wieder auf die gemeinsame christliche Wurzel zu stoßen.

Aber der Verdacht ist nicht ausgeräumt, dies sei eine Selbsttäuschung, womöglich die große Lebenslüge der abendländischen Zivilisation, die sich von ihrer jüdisch-christlichen Vergangenheit nicht trennen könne. Der englische Mathematiker und Philosoph Bertrand Russell (1872–1970) urteilt ebenso lapidar wie pointiert[29]:

> Es ergibt sich die seltsame Tatsache, daß die Grausamkeit um so größer und die allgemeine Lage um so schlimmer waren, je stärker die Religion einer Zeit und je fester der dogmatische Glaube war. In den sogenannten Epochen des Glaubens, als die Menschen an die christliche Religion in ihrer vollen Ganzheit wirklich glaubten, gab es die Inquisition mit ihren Foltern, wurden Millionen unglückseliger Frauen als Hexen verbrannt und im Namen der Religion an unzähligen Menschen alle erdenklichen Grausamkeiten verübt.

Russell ist zuzugestehen, daß der Augenschein in vielerlei Rücksichten gegen die These Hegels spricht, die menschliche Freiheitsgeschichte sei die Wirkungsgeschichte der biblischen, speziell der neutestamentlichen Theologie. Mehr noch: Es ist eine traurige Wahrheit, daß die Menschenrechte in der Neuzeit gegen den Widerstand insbesondere der katholischen Kirche propagiert worden sind. Dennoch fragt sich, ob der Augenschein nicht trügt. Hat es nicht im Hintergrund all des Versagens von Christen doch eine Linie *biblischer* Tradition gegeben, die unter den geistesgeschichtlichen Bedingungen der Neuzeit zur Proklamation der Menschenrechte geführt hat?

Entscheidend ist die systematische Frage, ob die Vorstellung, der Mensch sei ein Wert an sich, er dürfe nie Mittel zum Zweck werden, ohne eine religiöse und speziell eine biblisch-theologische Basis überhaupt begründet werden kann. Auch hier gehen die Meinungen weit auseinander. Der Philosoph Hans Blumenberg hält dafür, daß nur in der Abkehr vom christlichen Absolutheitsanspruch, vom Monotheismus und von der Christozentrik, der moderne Emanzipationsgedanke habe entstehen können, an dem die Legitimität der Neuzeit hänge.[30] Freilich stellt sich Blumenberg mit dieser These in Gegensatz zu Immanuel Kant. Dieser hat nämlich notiert[31]:

Der erste Beweis der Wahrheit der christlichen Religion ergiebt sich nun von selbst und zwar aus der Bibel von deren Authenticität als heiliger Schrift man eben einen Beweis forderte. – Diese nämlich enthält eine so systematische Ordnung des Heils in sich von dem ursprünglichen Bösen, dem Ausgange desselben und der Bearbeitung der Menschen zum wahrhaften Guten wodurch sie der Seelichkeit fähig und würdig gemacht werden und zwar durch so viele Fälle des Kampfs mit dem Bösen das noch immer entgegenwirkt daß dieser Streit eine Lehre zu dem täglichen Bestreben des Menschen zum bessern aus Erfahrung an die Hand giebt u. mit der Vernunft übereinstimmig zum Text des Gottesdienstes besser als bloße reine Vernunftlehre beiträgt.

Wenn aber die Anthropologie der Bibel auch mit Berufung auf die Philosophie der Aufklärung offenbar nicht ohne weiteres verworfen werden kann, ist um so wichtiger, in Erfahrung zu bringen, was in der Bibel wirklich über die Menschen, ihre Würde und ihre Rechte zu lesen steht. Zwei Beispieltexte: Psalm 8, die Meditation eines israelitischen Weisen über die Stellung der Menschen in der Welt, und Joh 3,1–9, der Anfang des Glaubens-Gespräches, das Jesus mit Nikodemus über das falsche und wahre Leben führt.

b) Ein Beispiel aus dem Alten Testament: „Was ist der Mensch ...?" (Ps 8)

Psalm 8[32] gehört zu den bekanntesten Texten des Psalters und des gesamten Alten Testaments: gerade deshalb, weil er in seltener Intensität vom Menschen redet – freilich weniger, wie es neuzeitlichem Denken entsprechen würde, vom einzelnen Individuum, sondern vom Geschöpf Gottes, das seinen Platz inmitten der ganzen Schöpfung Gottes zugewiesen bekommt und einnehmen soll.

¹Dem Chorleiter. Nach der Githischen. Ein Psalm Davids
²Jahwe, unser Herrscher,
wie herrlich ist dein Name auf der ganzen Erde,
der deinen himmlischen Glanz widerspiegelt.[33]
   ³Aus dem Munde von Kindern und Babys
   hast du eine Macht gegründet[34]
   um deiner Gegner willen,
   um ein Ende zu bereiten dem Feind und dem Rächer.

⁴Wenn ich deine Himmel schaue, deiner Finger Werke,
den Mond und die Sterne, die du plaziert hast -
⁵was ist der Mensch, daß du seiner gedenkst,
und das Adamskind, daß du so für ihn sorgst
⁶und daß du ihn wenig geringer gemacht als ein göttliches Wesen
und ihn mit Herrlichkeit und mit Pracht gekrönt?

⁷Du hast ihn als König gesetzt über die Werke deiner Hände,
alles hast du ihm unter seine Füße gelegt:
⁸die Schafe und die Rinder all
und selbst die wilden Tiere des Feldes,
⁹die Vögel des Himmels und die Fische des Meeres,
die Wanderer auf den Wegen des Meeres.

¹⁰Jahwe, unser Herrscher,
wie gewaltig ist dein Name auf der ganzen Erde.

Der Psalm wird zwar (vom später hinzugefügten Eingangsvers) David zugeschrieben, stammt aber aller Wahrscheinlichkeit nach erst aus früher nachexilischer Zeit (5./4. Jh.). Freilich ist er kaum aus einem Guß. Vers 3 wirkt aufgrund seines Themas, seiner Metaphorik und seines Stils wie ein Fremdkörper; er scheint nachgetragen. Der Schlußsatz von Vers 2 schießt über die Parallele in Vers 10 hinaus, sprengt die Syntax und ist deshalb wohl gleichfalls sekundär. (Deshalb sind die betreffenden Zeilen in der Übersetzung ein wenig eingerückt.) Der Aufbau des ursprünglichen Psalmes ist klar. Die Verse 2 und 10 bilden einen Rahmen – eine Lobpreisung Gottes, die wie ein Refrain wirkt und dem Psalm einen dialogischen Charakter verleiht: Der Eingangs- und Schlußsatz werden von einer zum Gebet versammelten Gemeinde, der Mittelteil wird von einem Vorbeter gesprochen oder gesungen. Das Corpus besteht aus zwei großen Hauptteilen: einer Frage (V. 4–6) und einer Antwort (V. 7–9). Die Frage lautet: „*Was ist der Mensch …?*" Sie wird durch Vers 4 vorbereitet: Der Blick zum gestirnten Himmel in all seiner Größe und Pracht läßt die Beter der Kleinheit, der Unscheinbarkeit, der scheinbaren Unwichtigkeit des Menschen eingedenk werden und sie fragen, weshalb Gott dennoch den Menschen nicht nur so unendlich viel Aufmerksamkeit, Güte, Wohlwollen zuwendet, sondern auch so unverhältnismäßig viel Ehre erweist. Die Antwort des Psalmisten besteht nicht darin, den ersten Eindruck als optische Täuschung zu erklären, sondern darin, über den Wert des Menschen in den Augen Gottes und über die Aufgabe des Menschen in der Welt nachzudenken. Dies geschieht nicht in systematischer Art und Weise, nicht argumentativ und nicht reflexiv; es geschieht in der Form eines Gebetes und mit den Mitteln der Poesie. Der Psalm tritt nicht an, eine neue Anthropologie zu konzipieren und seinem gelehrigen Publikum zu vermitteln; er ist ein Gebet, das die israelitische Gemeinde zur gemeinsamen Besinnung auf die Grunddaten des Israel überlieferten Menschenbildes bringt. Frage und Antwort sind nicht in schulmäßiger Form aufeinander abgestimmt; es geht nicht um die präzise Benennung und die klare Lösung eines anthropologischen Problems. Beide, sowohl die Frage als auch die Antwort, weisen in das Geheimnis des Menschen ein, das in seiner Erschaffung durch Gott begründet ist. Die Frage ist schon ein Teil der Antwort, die Antwort im Grunde eine Variante der Frage. Was der Mensch sei – diese Frage kann nicht von einem objektiven Standpunkt aus kurz und bündig beantwortet werden; sie gewinnt notwendig die Form eines betenden Meditierens, in dem das Geheimnis nicht aufgelöst, sondern als Geheimnis sichtbar gemacht wird.

(1) Die Frage des Menschen nach sich selbst

Psalm 8 ist einzigartig innerhalb des Alten Testaments, weil er die Frage des Menschen nach sich selbst, nach seiner Identität, nach seiner Stellung in der Welt und nach seinem Ansehen vor Gott nicht nur implizit, sondern explizit stellt. Wodurch entsteht diese Frage? Anders als in vielen neuzeitlichen Anthropologien nicht durch individuelle Lebenserfahrungen oder kollektive Schicksalsschläge: nicht durch die Erfahrung der Trauer oder des Glücks, der Anfechtung oder der Sünde, des Leidens oder des Sterbens. Zwar sind diese Erfahrungen nicht ausgeblendet, im Gegenteil: Psalm 8 sieht die Kleinheit des Menschen, seine Schwachheit und Vergänglichkeit; deshalb wählt Vers 5a ein Wort für den Menschen, das (wie in Ps 9,21; 90,3; 103,14) seine Gebrechlichkeit zum Ausdruck bringt (manche übersetzen deshalb „Menschlein"); und in Vers 5b wird der Mensch parallel dazu „*Adamskind*" genannt, wohl doch zum Ausdruck seiner Sündigkeit. Aber die Beter des Psalms sehen nicht zuerst auf sich selbst, wenn sie die Frage nach dem Menschen stellen, sondern auf Gott und auf seine ganze Schöpfung. Vor der Frage des Menschen

nach sich selbst steht die Besinnung auf den Herr-Gott, in dessen
Namen die Welt entstanden ist; und die Frage stellt sich, indem der
Beter zum Himmel emporblickt, den Gott gemacht hat.
Nicht der Mensch an und für sich ist das Thema des Psalmes, son-
dern der Mensch als Geschöpf Gottes und damit als Teil der ganzen
Schöpfung Gottes.[35] Dieser Horizont der Frage wird auch die Antwort prägen. Psalm 8 ist für das gesamte Alte (und damit auch für das
Neue) Testament typisch: Die biblische Anthropologie ist auf die biblische *Theo*logie zurückverwiesen und deshalb in die Kosmologie
eingeordnet. Den Menschen aus seiner elementaren Gottesbeziehung
herauszunehmen und von der übrigen Schöpfung zu isolieren, wäre
Hybris: der Ausdruck einer Fixierung des Menschen auf sich selbst,
die in die Katastrophe führen muß. Folgt man dem Psalm, so kann
die Frage des Menschen nach sich selbst nur dann richtig gestellt und
die Antwort nur dann richtig gegeben werden, wenn der Blick auf
Gott und von ihm her auf die ganze Schöpfung gerichtet ist.
Erst in dieser Perspektive läßt sich die Frage erkennen, die den
Beter bewegt. Es ist eine echte, nicht nur eine rhetorische Frage.
Sie ist von großer Aktualität. Die Frage setzt an bei dem riesigen
Kontrast zwischen der unendlichen Weite und der blendenden
Schönheit des Kosmos auf der einen Seite und der Begrenztheit
und Hinfälligkeit des Menschen auf der anderen Seite. Von einem
heutigen Standpunkt aus gelesen, kann wohl noch eher als damals
ermessen werden, wie stark dieser Kontrast wirklich ist und wie irritierend er deshalb sein muß. Psalm 8 bleibt dem geozentrischen
Weltbild seiner Zeit verhaftet. Der Autor hat noch keine Vorstellung von den riesigen Weiten des Weltalls, das zwar einen durchaus
begrenzten Zeitraum darstellt, aber von solch enormen Ausmaßen
ist, daß die Vorstellung, der Mensch sei die „Krone der Schöpfung",
prima facie nur als Anmaßung erscheinen kann.
Sobald den Menschen die wahren Dimensionen und die wirklichen Strukturen des Weltalls auch nur in ersten Umrissen aufgegangen sind, haben sie die darin liegende Frage erkannt. Zu Beginn des
kopernikanischen Zeitalters schreibt Michel de Montaigne (1533–
1592) in seiner „Apologie des Raimund Sebundus" – im Rahmen
einer auf 1Petr 5,5 gestützten Mahnung zur Demut – über den Menschen und seine Weltsicht[36]:

> Mache er mir durch die Kraft seiner Schlußfolgerung begreiflich, auf
> welchen Fels er diese Vorzüge gegründet hat, die er vor der übrigen Na-
> tur zu haben meint. Wer hat ihm in den Kopf gesetzt, daß dieser bewun-
> derungswürdige Reigen des Himmelsgewölbes, das ewige Licht dieser
> Flammenkörper, die so erhaben über seinem Haupte kreisen, die unge-

heuren Bewegungen des unendlichen Meeres zu seiner Annehmlichkeit und seinen Diensten geschaffen und so viele Jahrhunderte in Gang gehalten werden? Läßt sich etwas Lächerlicheres ausdenken, als wenn dieses elende und erbärmliche Geschöpf, das nicht einmal seiner selbst Herr und von allen Seiten jeder Unbill ausgesetzt ist, sich für den Herrn und Meister des Alls ausgibt, von dem auch nur den geringsten Teil zu überschauen, geschweige denn zu beherrschen, nicht in seiner Macht steht?

Die Frage des Psalmisten, was der Mensch sei, führt freilich über die Mahnung zur Demut hinaus. Sie ist selbst ein Ausdruck der Demut. Sie bricht nicht nur angesichts des Kontrastes zwischen der Größe des Kosmos und der Begrenztheit des Menschen auf, sondern angesichts der Erfahrung Gottes, des Herrn der Heerscharen: Er, der alles geschaffen hat – wie kommt es, daß er sein besonderes Augenmerk und geradezu seine liebevolle Zuwendung ausgerechnet dem kleinen Menschenkind schenkt, das weder durch besondere Macht noch durch besondere Schönheit noch durch besonderen Glanz hervorzustechen vermag?

Diese Frage ist nicht von dem Zweifel bestimmt, ob denn Gott wirklich des Menschen „gedenkt" und sich um ihn „sorgt" (8,5). Dieser Zweifel prägt vielmehr die kosmogonischen und anthropogenen Mythen der Umwelt. Sie alle sind von der Unsicherheit geprägt: Will der angerufene Gott wirklich das Gute des Menschen? Und wenn er es will, wird er es auch vollbringen? Wo mit einer Vielzahl von Göttern zu rechnen ist, können diese Götter immer nur begrenzte Macht haben und müssen überdies in Konkurrenz zueinander stehen; dann aber können sich die Menschen immer nur als Spielball unterschiedlicher göttlicher Interessen oder gar als Opfer eines blinden Schicksals betrachten, das am Ende immer tragisch ist.[37] Psalm 8 unterscheidet sich von dieser mythischen Weltsicht grundlegend; er schöpft seine Zuversicht aus der Mitte israelitischer Theologie: Daß Gott der *eine* ist, der absolute Herrscher, *und* daß er des Menschen gedenkt, ist dem Psalmisten im Glauben gewiß. Nur: Weshalb ist diesem Gott, dem Herrn der Welt, am Menschen gelegen?

(2) Die königliche Würde aller Menschen

Schon die Weiterführung der Frage in Vers 6 unterstreicht die einzigartige Bedeutung, die dem Menschen, der doch ein Kind des Ursünders Adam ist, in Gottes Augen zukommt. Des Menschen Platz in der kosmischen Hierarchie, die der Psalm mit dem Weltbild der Antike voraussetzt, ist nur ein wenig unterhalb der himmlischen Wesen angesiedelt, die Gottes himmlischen Hofstaat bilden[38] und in seiner unmittelbaren Umgebung den Machtglanz seiner Herrlichkeit widerspiegeln (vgl. 1Kön 22,19; Hiob 1,6; Jes 6,1ff). Des Menschen Würde ist die eines Königs: Gott hat ihm eine Krone aufs Haupt gesetzt, die ein Abglanz seiner eigenen Herrlichkeit und seiner eigenen Pracht ist (vgl. Ps 29,1; 104,1). Was am Menschen faszinierend und schön ist, was Ausstrahlung hat und anziehend wirkt – das alles verdankt er Gott, der den Menschen so sehr erhöht hat, daß dieser darüber angesichts seiner eigenen Mediokrität nur staunen kann. Entscheidend ist, daß Psalm 8 dies von *jedem* Menschen sagt. Auch das unterscheidet ihn von den anthropologischen Mythen der Umwelt. Ob man nach Ägypten oder nach Babylonien, nach Ugarit oder nach Syrien schaut: Überall gilt als der eigentliche, als der einzig wahre Mensch der jeweils regierende König; und er allein ist dieser Mensch in Vollendung, weil er zugleich der Gott auf Erden ist. Psalm 8 hingegen spricht weder von einem himmlischen Urmenschen noch von einem „Gott-König", sondern unterschiedslos von allen Menschen, die auf Gottes Erde leben; und alle Menschen haben nur deshalb königliche Würde, weil kein Mensch Gott und weil Gott kein Mensch ist. Nur deshalb, weil Gott von absoluter Einzigkeit und Souveränität ist, kann er den Menschen so erhöhen, wie es Psalm 8 sagt.

(3) Der Mensch als Hüter der Schöpfung

Der königlichen Würde entspricht die königliche Aufgabe des Menschen. Bei seiner Antwort auf die Frage, was der kleine, arme und schwache Mensch in Gottes Augen sei, rekurriert Psalm 8 auf den priesterschriftlichen Schöpfungsbericht (Gen 1,1–2,4a)[39] und seine zentrale anthropologische Aussage (Gen 1,26ff), der Mensch sei Gottes Ebenbild[40]:

[26]*Und Gott sprach:*
Laßt uns Menschen machen nach unserem Bild,
uns ähnlich,
damit sie herrschen über die Fische im Meer und über die Vögel am
*   Himmel*
und über das Vieh und über alles Wild auf der Erde
und über alle Kriechtiere, die auf der Erde kriechen.

[27]*Und Gott schuf den Menschen nach seinem Bild,*
als Bild Gottes schuf er ihn,
männlich und weiblich schuf er sie.

Daß der Mensch Gottes „Ebenbild" sei, ist in der priesterschriftlichen Urgeschichte keine metaphysische Wesensbestimmung, sondern eine theologische Symbolaussage, die den Menschen in seiner Identität: nämlich in seiner Beziehung zu Gott und in seiner Beziehung zu den anderen Geschöpfen kennzeichnet. So wenig der Mensch Gott ist, so wenig ist der Mensch ein Tier. Er ist kein „nackter Affe". Er hat in Gottes Augen eine unvergleichliche Bedeutung. Er ist der Repräsentant Gottes auf Erden: weil Gott ihn ganz in seinen Dienst genommen hat. Dies ist die wichtigste Aussage: daß Gott den Menschen an seiner Herrscherfunktion partizipieren läßt. So wie Gott seine Herrschaft über die Menschen und die ganze Welt dadurch ausübt, daß er sie Tag für Tag neu ins Leben ruft und am Leben erhält, so soll auch der Mensch mit der ihm anvertrauten Vollmacht für seine Mit-Geschöpfe Sorge tragen.

Dieses *tertium comparationis* greift Psalm 8 auf. Vom Standpunkt eines menschlichen Betrachters aus läßt der Psalmist seinen Blick über die Tierwelt schweifen: erst zu den Schafen und Rindern, den längst domestizierten „Nutztieren" der Bauern und Hirten, dann auf die unbewohnten Flächen zu den wilden Tieren, die von den Menschen gejagt werden dürfen, weiter zu den Vögeln am Himmel und den Fischen im Meer, schließlich zu den sagenhaften Meeresungeheuern, die als Chaosmächte vorgestellt werden und bei Hiob die Namen Leviathan und Behemoth tragen (40,15 – 41,26), in Jes 51,9 Tannin und Rahab heißen und sich nach dem Jonabuch in jenem riesigen menschenfressenden Fisch verkörpern, der gleich den ganzen Propheten verschluckt, um ihn dann freilich sicher ans rettende Ufer zu transportieren (2,1–11).

An dieser Stelle ist noch einmal der Vergleich mit antiken Mythen aufschlußreich: Dort müssen die Menschen sich das ihnen (seit dem Neolithikum) lebensnotwendige Recht, Tiere zu halten und zu jagen, um ihr Fleisch zu essen, ihre Milch zu trinken und ihre Knochen und Felle zu verwerten, von den Göttern mühsam erkämpfen und durch Opfer immer wieder sanktionieren lassen.[41] Nach Psalm 8 erhalten sie dieses Recht in einer souveränen Geste von Gott selbst geschenkt. Diese Gnade Gottes annehmen zu dürfen, ist eine geradezu existentielle Entlastung, die zutiefst die Identität der antiken (und der modernen) Menschen prägt. Mehr noch: daß in der unheimlichen Welt des Unbekannten, des Unerforschten, des Unberechenbaren (wie es für Israeliten vor allem die offene See gewesen ist) nicht übermächtig böse Gottesmächte lauern, sondern Lebewesen hausen, die der Mensch beherrschen kann, befreit von einer archaischen Angst, deren aggressive und paralysierende Macht in altorientalischen Mythen wie dem Gilgamesch-Epos oder dem „Enuma Elisch"[42] eindrucksvoll zur Sprache gebracht wird.[43] Und umgekehrt: Traditionell gelten im Alten Orient nur die Könige als „Hirten" und „Jäger"; nur ihnen steht es zu, im Auftrage einer Gottheit das Hoheitsrecht des Fischens und Jagens, des Weidens und Schlachtens auszuüben. Anders Psalm 8: Gott hat einem jedem Menschen das Recht dazu gegeben; ein jeder Mensch ist in Gottes Augen von königlicher Würde.

Dieser typische Zug der Anthropologie von Psalm 8 ist in zweierlei Hinsicht zu präzisieren.

Erstens: Der Schöpfungsbericht der Genesis hält ausdrücklich fest, „Bild" Gottes sei der Mensch nur als Mann *und* als Frau[44]. Die Frau ist in keiner Weise dem Manne untertan; vielmehr sind Mann und Frau aufeinander angewiesen. Das Bild Gottes auf Erden sind sie nicht im Gegeneinander und Auseinander, sondern im Miteinander und Füreinander. Psalm 8 spricht diesen Gedanken zwar nicht explizit neu aus; aber er setzt ihn als gegeben voraus. Der geläufige Patriarchalismus des Alten (und des Neuen) Testaments findet an den anthropologischen Spitzenaussagen gerade keinen Anhalt.

Zweitens: Dem Psalmisten wie der Priesterschrift werden faktisch vor allem Israeliten vor Augen gestanden haben; doch zur Größe der Texte gehört, daß von diesen kulturgeschichtlichen Begrenzungen rein gar nichts erkennbar ist und statt dessen ganz generell und prinzipiell geredet wird: über den Menschen als solchen – als Adamskind und Gotteskind.

Zusammengefaßt: Weshalb gilt der Mensch etwas in den Augen Gottes? Der Psalm rekurriert weder auf heimliche Vorzüge noch auf den guten Willen der Menschen; schon gar nicht verweist er auf irgendeinen Aspekt, unter dem Gott des Menschen bedürfte. Er verweist nur auf die Verantwortung, die Gott dem Menschen übertragen hat: die Teilhabe an seiner Macht, als Schöpfer die Welt zu erhalten, und die Aufgabe, diese Macht in seinem Sinn zu gebrauchen. Die Frage: *„Was ist der Mensch, daß du seiner gedenkst?"* wird zur Frage: Wer ist Gott, daß er so für den Menschen sorgt?

(4) Gott als Schöpfer und Erhalter des Menschen und der ganzen Welt

Psalm 8 geht vom dankbaren Lobpreis Gottes aus und führt zum dankbaren Lobpreis Gottes hin. Damit markiert das Gedicht den genuinen Ort biblischer Anthropologie. In den Augen Gottes kommt dem Menschen ein unvergleichlicher Wert zu – und nur in den Augen Gottes kann ihm diese königliche Würde eignen. Der Psalm, voll von Hoheitsaussagen über Gott, ist geradezu ein kleines Kompendium alttestamentlicher Theologie. Gott wird nicht nur einfach als der Schöpfer und der Herr der Welt angerufen. Es wird die geradezu spielerische Leichtigkeit hervorgehoben, mit der Gott die

Welt erschaffen hat und täglich neu erschafft. Während babylonische und ägyptische, hethitische und griechische Mythen von schweren Götterkämpfen erzählen, in deren Gefolge die Welt entstanden ist, stellt der Psalm die Erschaffung der Welt als eine so leichte Arbeit dar, daß sie wie eine Fingerübung erscheinen könnte (V. 4: *„Werke deiner Finger"*; V. 7: *„Werke deiner Hände")*. Gerade der Vergleich zeigt, wie sehr es dem Psalm darum zu tun ist, die absolute Souveränität Gottes zu betonen.

Doch geht es keineswegs an, die Weltschöpfung als bloße Bekundung des göttlichen Machtwillens zu verstehen. Indem Gott durch die Erschaffung und Erhaltung der Welt seine Herrschaft begründet, erweist er sich immer zugleich als der, den die Israeliten *„unser Herrscher"* (V. 2.10) nennen können – weil seine Herrschaft immer zugleich ein personales Verhältnis zu seinem Volk Israel begründet (das u. a. im Psalmgebet zum Ausdruck kommt). Mehr noch: Gott erschafft und erhält die Welt, indem er ihr seinen Namen mitteilt (V. 2). Der Name steht für Gott selbst – er *ist* Gott selbst in seiner Offenheit für die Welt und den Menschen, d. h. in seiner Personalität und seiner Kreativität. Weil Gott einen Namen hat und diesen Namen nicht verschweigt, sondern mitteilt, können ihn die Menschen als ihren Herrscher anreden. Wenn die Welt (und mit ihr der Mensch) im Namen Gottes erschaffen ist, heißt dies, daß Gott sich als er selbst in seinem Schöpfungswerk zum Ausdruck bringt. Daß Gott seinen guten Namen für die Schöpfung hergegeben hat, zeigt, wie wertvoll sie für ihn ist.

Die radikale Theozentrik des Psalmes ist die Voraussetzung seiner radikalen Anthropologie. Der Vergleich mit dem Mythos ist in jeder Hinsicht erhellend. Nur weil der Psalm (ohne es selbst noch einmal begründen zu müssen) voraussetzt, daß Gott *einer* ist, vermag er ihn als den souveränen Herrn über die ganze Schöpfung zu sehen – anders als der Mythos, der zwar eine oberste und mächtigste Gottheit kennen kann, aber nie deren fragile Machtbasis verschweigen darf, die aus den latenten oder offenen Konflikten mit anderen Gottheiten resultiert. Nur weil der Psalm den Unterschied von Gott und Mensch an keiner Stelle verwischt, vermag er die königliche Würde eines jeden Menschen zu erkennen – anders als der Mythos, der seine einzige Hoffnung allein in die Vergöttlichung des Menschen setzen und deshalb immer nur einzelnen, immer nur besonders begünstigten, mächtigen und weisen Menschen unvergleichlichen Wert zuerkennen kann.

Die Konsequenz für die Menschen besteht darin, zu tun, was der Psalm nicht nur sagt, sondern konkret vollzieht: Gott zu loben. Die Macht, die dem Menschen übereignet wird, die Würde, die ihm zusteht, ist ebensowenig sein Verdienst wie seine selbstverständliche Mitgift. Sie ist nichts als Gnade – und deshalb ist sie nichts als eine Möglichkeit, Gott zu loben. Das Lob Gottes ist die Form jenes Lebens, in dem die Menschen zu sich selbst kommen; nur im Lob Gottes erweisen sie sich in ihrer Unvergleichlichkeit gegenüber allen anderen Geschöpfen.

(5) Die Tragweite der Anthropologie von Psalm 8

Doch so großartig die Aussagen des Psalms über den Menschen sind – sind sie nicht am Ende naiv? Tatsächlich sind viele Probleme ausgeblendet. Von Naturkatastrophen ist ebensowenig die Rede wie vom Mißbrauch der den Menschen verliehenen Macht über seine Mit-Geschöpfe, die Tiere – ein Mißbrauch, der freilich erst in letzter Zeit ungeheuere Ausmaße angenommen hat. Dennoch wäre das Urteil verfehlt, der Psalm male eine Idylle, er gaukle eine heile Welt vor. Er tritt nicht mit dem Anspruch an, ein umfassendes Bild der Wirklichkeit zu zeichnen. Dort aber, wo er bei seinem Thema ist, beim Menschen, verschweigt er dessen Not und Hilflosigkeit nicht, sondern macht sie im Gegenteil zum Ausgangspunkt seines Denkens. Freilich fixiert er sich nicht auf die Schwäche des Menschen, sondern konzentriert sich auf die Größe Gottes. Nur deshalb kann er positiv vom Menschen sprechen; und nur deshalb hat sein Wort Tragweite.

Innerbiblisch zeigt sich dies in zwei ganz unterschiedlichen Rekursen auf Ps 8. Der eine findet sich im Hiobbuch (7,17f).[45] Er steht am Ende der ersten Antwort, die Hiob seinem Theologen-Freund Elifas gibt, da dieser den leidgeprüften Mann auf den grundgütigen Gott verweist und ihn damit trösten will, daß Gott bislang immer noch alle gerettet habe, die auf ihn vertrauen. Doch Hiob kann diesen Optimismus nicht teilen; Elifas' Zuversicht nimmt Hiobs Problem, das unverschuldete Leiden, nicht ernst. Hiob erfährt Gott als einen Krieger, der wahllos seine vergifteten Pfeile aussendet, um die Menschen zu quälen (6,4). Ist der Mensch für Gott in Wirklichkeit nicht doch nur ein Sklave (7,1)? Verdankt Hiob sein Leben nicht der schrecklichen Absicht Gottes, sich dem Menschen gegenüber als Despot zu erweisen? Dann wäre alle Hoffnung dahin. Was ist aber dann mit den hochgemuten Aussagen über den Menschen als Ebenbild Gottes? Was ist mit der großen Antwort des 8. Psalmes auf die Frage, was der Mensch sei? Hiob greift diese Frage auf, aber er wendet sie gegen Gott:

> *[17]Was ist der Mensch, daß du so groß ihn achtest*
> *und gar dein Herz ihm schenkst?*

¹⁸Daß du ihn heimsuchst jeden Morgen
und jeden Augenblick prüfst?
¹⁹Wann endlich blickst du weg von mir
und läßt mir Ruhe – nur bis ich meinen Speichel heruntergeschluckt?
²⁰Habe ich gesündigt – was schadet es dir, du Menschenhüter?
Warum hast du mich zu deiner Zielscheibe gemacht?
Warum bin ich dir zur Last geworden?
²¹Und warum vergibst du mir nicht meine Schuld
und läßt meine Sünden nicht hingehen?

Das Gotteslob des Psalmes wird bei Hiob zur Klage – doch auch die Klage ist ein Gebet. Sie ist ein geradezu paradoxaler Ausdruck des Gottvertrauens. Indem der Beter seine Not vor Gott herausschreit, ihn anklagt, ihn herausfordert, ihn zur Verantwortung zieht – wendet er sich ihm zu: um zu fragen, ob Gott ihm zugewandt bleibt. Wer klagt, will gegen allen Augenschein wahrhaben, daß Gott doch da ist und des Menschen in seiner Hinfälligkeit „gedenkt" (7,7). Diese Widerspenstigkeit des Beters kommt nicht aus dem Nirgendwo; sie hat ihre Wurzeln in den großen Texten über Gott als Schöpfer und fürsorglichen Beschützer des Menschen. Hier liegt der Sinn des Rekurses auf Psalm 8. Dessen Aussage, daß der Mensch in Gottes Augen eine königliche Würde habe, dient nicht dazu, das Leiden Hiobs zu relativieren; sie ist auch nicht in der Lage, die Frage nach dem Sinn dieses Leidens zu beantworten: Aber sie ist die Grundlage dafür, daß die Frage überhaupt gestellt werden kann – und daß Hiob nicht in grenzenloser Resignation zu versinken braucht. Weil der Psalm in seinem Staunen über die königliche Würde eines jeden Menschen dessen Sterblichkeit nicht vergißt, kann er bei Hiob in seiner Klage über die Erbärmlichkeit seines Lebens zum Grund einer Hoffnung wider alle Hoffnung werden.

Der zweite Rekurs auf Psalm 8 findet sich im Neuen Testament, im Hebräerbrief (2,5–9)[46]. Er geht auf den Text der Septuaginta zurück und deutet christologisch:

⁵Denn nicht den Engeln hat er (Gott) die zukünftige Welt untertan gemacht,
von der wir reden.
Vielmehr bezeugt da jemand irgendwo mit folgenden Worten:
⁶Was ist der Mensch, daß du seiner gedenkst,
des Menschen Sohn, daß du auf ihn achtest?
⁷Erniedrigt hast du ihn für kurze Zeit unter die Engel,
mit Herrlichkeit und Ehre hast du ihn gekrönt,
⁸alles hast du ihm unter die Füße gelegt.

Denn indem er ihm alles unterworfen hat,
hat er nichts von der Unterwerfung unter ihn ausgenommen.
Jetzt aber schauen wir noch nicht, daß ihm alles unterworfen ist.
⁹Aber wir schauen den kurze Zeit unter die Engel erniedrigten *Jesus*
wegen seines Todesleidens mit Herrlichkeit und Ehre gekrönt,
damit er dank Gottes Gnade den Tod allen zugute geschmeckt hat.

Keine Frage, daß die christologische Exegese von Psalm 8 nicht dem historisch-kritisch zu ermittelnden Ursprungssinn entspricht. Aber ebenso keine Frage, daß Psalm 8 eine ausgezeichnete Möglichkeit bietet, das Christusgeheimnis zur Sprache zu bringen (vgl. 1Kor 15,26ff; Eph 1,20ff).[47] Weil der Psalm keinen Widerspruch zwischen der Niedrigkeit und der Erhöhung des Menschen durch Gott sieht, sondern eine gnadenverdankte Spannungseinheit, die auf das Geheimnis Gottes selbst verweist, kann er die Folie bilden, auf die das paradoxale Heilsgeschehen der Erniedrigung und Erhöhung *des Menschen* Jesus projiziert wird. Die Unterschiede zum ursprünglichen Wortsinn von Psalm 8 sind gravierend: Ist dort von der irdischen Herrschaft der Menschen über die Tiere die Rede, so hier von der himmlischen Herrschaft des einen Menschen Jesus über das ganze All. Dennoch bewahrt Psalm 8 auch im Kontext einer neutestamentlichen Schrift seine anthropologische Orientierungsfunktion. Die Frage, was der Mensch in Gottes Augen sei, kann nach Hebr 2 nur im Blick auf Jesus Christus beantwortet werden: nicht weil Jesus in archetypischer Weise ein himmlischer Urmensch wäre, der paradigmatisch die Bahn eines irdischen Lebens durchliefe, sondern weil er als Gottes Sohn bis in den Tod hinein Mensch geworden ist, um durch die Auferstehung von den Toten seinen Tod allen Menschen zugute kommen zu lassen. Nur daran, so der *Auctor ad Hebraeos*, kann wirklich ermessen werden, wie groß die Gnade ist, die Gott den Menschen schenkt: so groß, daß sie sogar darauf vertrauen dürfen, Gott lasse sie im Leben wie im Sterben nicht allein, sondern führe sie den langen, steinigen Weg ihres Lebens, um sie am Ende in die himmlische Ruhe eines ewigen Sabbats einziehen zu lassen (4,1–11)[48].

c) Ein Beispiel aus dem Neuen Testament:
„Wenn einer nicht wiedergeboren wird, ...“ (Joh 3,1–9)

Das Nikodemus-Gespräch (3,1–21) ist das erste in einer langen Reihe von großen Glaubensgesprächen, die sich durch das ganze Evangelium hindurchziehen. Bei diesen Dialogen handelt es sich nicht um die genaue Wiedergabe historischer Diskussionen, an denen Jesus beteiligt war; es handelt sich vielmehr um großartige theologische

Inszenierungen des Evangelisten: Er will an bestimmten *Typen* festmachen, was Glaube und was Unglaube ist, wer den Weg zu Jesus
findet und wer sich abwendet, wie man zu Jesus kommen kann und
welche Schwierigkeiten aus dem Weg geräumt werden müssen. Im
Johannesevangelium spricht niemals allein der irdische Jesus, sondern immer zugleich der erhöhte Herr; und er redet mit den Menschen, denen er auf dem Weg seines irdischen Lebens begegnet ist,
immer so, daß zugleich die Menschen, namentlich die Christen, in
der Gegenwart angeredet und auf ihre eigene Glaubens-Biogra-
phien, ihre eigenen Glaubens-Schwierigkeiten und ihre eigenen
Glaubens-Chancen angesprochen werden. Die Texte entziehen sich
einer psychologischen Interpretation. Sie wollen in signifikanten
Situationen an vielsagenden Fällen zentrale Themen christlicher
Theologie herausarbeiten. Sie sind so angelegt, daß immer der große Abstand zwischen Jesus, dem einzigen Offenbarer des Vaters,
und den Menschen, die in einer Welt der Finsternis leben, sichtbar
wird – gleichzeitig aber auch die Anstrengung Jesu, diesen Unterschied nicht trennend, sondern verbindend werden zu lassen. Jesus
und seine Gesprächspartner bewegen sich bei Johannes anfangs
immer auf ganz verschiedenen Gesprächsebenen. Was Jesus meint,
wird im Johannesevangelium regelmäßig mißverstanden – von den
Jüngern ebenso wie von den Gegnern, von den Sympathisanten
ebenso wie von den Skeptikern[49]: nicht weil Jesus in Rätseln sprechen würde, sondern weil er so klar und eindeutig von Gott spricht,
daß die im Irdischen befangenen Menschen es zunächst nicht recht
begreifen wollen. Deshalb muß Jesus bei seinen Antworten ganz anders, viel tiefer ansetzen, als seine Gesprächspartner gefragt haben;
er muß sie erst auf jene Gesprächsebene führen, auf der die wirklich wichtigen Themen diskutiert werden können und dann auch
eine Verständigung möglich wird. Daraus resultiert der Eindruck
der Künstlichkeit, den viele der johanneischen Gespräche erwek-
ken. Die Dialoge sind im Grunde versteckte Monologe. Sie sind
Offenbarungsworte Jesu: Sie legen Zeugnis davon ab, wer Gott ist –
und sie decken deshalb zugleich auf, *„was im Menschen ist"* (2,25).

Das Nikodemus-Gespräch beginnt mit folgenden Worten (Joh
3,1–9)[50]:

> *¹Es gab aber bei den Pharisäern einen Menschen, Nikodemus sein
> Name, eine führende Persönlichkeit der Juden, ²der kam des Nachts zu
> ihm und sagt ihm:*
> *„Rabbi, wir wissen: Du bist ein Lehrer, der von Gott gekommen ist. Denn
> keiner kann die Zeichen tun, die du tust, wenn nicht Gott mit ihm ist."*
> *³Jesus antwortete und sagte ihm:*

„Amen, Amen, ich sage dir:
Wenn einer nicht wiedergeboren wird,
kann er das Reich Gottes nicht schauen."
⁴Da sagt Nikodemus zu ihm:
„Wie kann ein Mensch geboren werden, wenn er schon alt ist? Kann er
etwa ein zweites Mal in den Leib seiner Mutter eingehen und geboren
werden?"
⁵Jesus antwortete:
„Amen, amen, ich sage dir:
Wenn einer nicht aus Wasser und Geist geboren wird,
kann er in das Reich Gottes nicht hineingehen.
⁶Was aus dem Fleisch geboren wird, ist Fleisch,
und was aus dem Geist geboren wird, ist Geist.
⁷Wundere dich nicht, daß ich dir gesagt habe:
Ihr müßt wiedergeboren werden.
⁸Der Wind weht, wo er will, und du hörst seine Stimme,
aber du weißt nicht, woher er kommt und wohin er geht.
So ist jeder, der aus dem Geist geboren ist."
⁹Da antwortete Nikodemus und sagte ihm:
„Wie kann das geschehen?"

(1) Die Frage des Nikodemus

Zwar wird Nikodemus durchaus eine historische Figur sein. Aber in
Joh 3 begegnet er weniger als individuelle Gestalt denn als Typ. Seine
paradigmatische Bedeutung liegt in einem Zweifachen. *Zum einen* ist
er ein *„Pharisäer"* (3,1a), *„eine führende Persönlichkeit der Juden"*
(3,1b), also ein Mitglied des Sanhedrin (vgl. 7,50), ein *„Lehrer Is-*
raels" (3,10). Damit ist er als Repräsentant des Judentums eingeführt.
Durch die Komposition des Johannesevangeliums wird dieser Zug
stark unterstrichen: Denn sein zweites großes Glaubensgespräch (Joh
4) wird Jesus nicht in Jerusalem, sondern in Samaria führen, nicht angesichts des Tempels auf dem Zion, sondern angesichts des Garizim
(des heiligen Berges der Samariter), nicht mit einem Mann, sondern
mit einer Frau, nicht mit einem einflußreichen Politiker, sondern mit
einer wenig angesehenen Person und nicht mit einem untadeligen
Vertreter seiner Zunft, sondern mit einer öffentlichen Sünderin.
Zum anderen ist Nikodemus der Sprecher jener Juden, die unter
dem Eindruck der wunderbaren Zeichen, die Jesus gewirkt hat, von
ihm fasziniert sind (vgl. 2,23ff) und ihn für einen Rabbi halten (3,1),
einen vollmächtigen Lehrer (3,2a), einen Gesandten Gottes (3,2b),
den wahren Propheten (6,14). Aus dieser Haltung heraus gelangt Nikodemus zu seinem Wort der Bewunderung, das den Gesprächsgang
eröffnet (Joh 3,2). Der Wunderglaube freilich, der Nikodemus be-

wegt, ist ambivalent; Joh 2,25 hat es gerade konstatiert. Einerseits bezeugt er durchaus eine erste Ahnung von Jesus, eine echte Sehnsucht nach Gott, ein großes Verlangen nach der Erfahrung wirklichen Lebens. Andererseits bezeugt der populäre Wunderglaube aber ebenso eine Fixierung auf konventionelle, ich-bezogene, Johannes würde sagen: weltliche oder irdische Vorstellungen von Glanz und Größe, Wahrheit und Freiheit, Glück und Erfüllung. Diese Ambivalenz spiegelt sich darin, daß Nikodemus „nachts" zu Jesus kommt (3,2): Nikodemus kommt im Schutz der Dunkelheit, weil er Angst hat, als Jünger zu gelten; zugleich kommt er aus jener kosmischen Finsternis, die entstanden ist, weil die Menschen die Dunkelheit mehr geliebt haben als das Licht (3,19; vgl. 1,5). Was Nikodemus zu Beginn des Gesprächs sagt, ist ein Ausdruck seines Wunderglaubens. Wie Jesus durch seine überraschende Intervention zeigt, die scheinbar gar nicht auf das ihm Gesagte eingeht, sondern sofort die Bedingung für das Eingehen ins Reich Gottes nennt, ist das Bekenntnis des Nikodemus zu Jesus im Grunde eine Frage: die Frage, wie er durch Jesus zum wahren Leben finden kann. (Modern und allzu individualistisch formuliert: Nikodemus stellt die Frage nach dem Sinn des Lebens.) Doch diese Frage ist zugleich der Ausdruck einer bestimmten Erwartung: Jesus möge sich endgültig und eindeutig als der erweisen, der er nach seinen bislang gewirkten Zeichen zu sein scheint.

(2) Die Hoffnung des Nikodemus: Sinnerfüllung durch gesteigertes Leben

Worin besteht die Erwartung, mit der Nikodemus seine versteckte Frage an Jesus heranträgt? Die Zeichen, die Jesus wirkt, sind im Johannesevangelium klar zu erkennen: Er verwandelt Wasser in Wein (2,1–11); er macht einen Fieberkranken gesund (4,46–54); er läßt einen Lahmen wieder gehen (5,1–9) und einen Blinden wieder sehen (9,1–7); er stellt Brot in Hülle und Fülle bereit (6,1–15); er holt einen Toten ins Leben zurück (11,1–44). Diese Wunder sind wirkliche Zeichen[51]: Sie geben zu verstehen, wer Gott ist – daß er die Menschen in der Nichtigkeit ihres Lebens und trotz ihrer Widerspenstigkeit gegen die Wahrheit nicht zurückstößt, sondern ihnen im Gegenteil das Leben in Fülle schenken wird (Joh 10,10). Freilich: Wer die konkreten Wunder Jesu nicht mehr als Zeichen für das wahre Leben, sondern bereits als Inbegriff der Erfüllung auffaßt, mißversteht, was Jesus offenbaren will. Beispielhaft wird dieser Fall im Anschluß an das Brotwunder vorgestellt (6,14f):

[14]Als die Menschen sahen, welches Zeichen er getan hatte, sagten sie: „Dies ist wahrhaftig der Prophet, der in die Welt gekommen ist."
[15]Weil Jesus aber wußte, daß sie kommen und ihn ergreifen wollten, um ihn zum König zu machen, zog er sich wieder auf den Berg zurück, er allein.

Zu Beginn seiner langen Rede über das wahre Himmelsbrot kommt Jesus auf diese Episode zurück (6,26):

Amen, amen, ich sage euch:
Ihr sucht mich nicht, weil ihr Zeichen gesehen habt,
sondern weil ihr von den Broten gegessen habt und satt geworden seid.

Jesus deckt auf, daß diejenigen, die ihn aufgrund des Brotwunders zu ihrem König machen wollen, nicht wirklich das Zeichen lesen können, das er gesetzt hat. Vielmehr wollen sie Jesus auf die Rolle dessen festlegen, der immer und immer wieder dafür sorgt, daß sie genug zu essen haben. Damit aber werden sie Gott nicht gerecht: Er wird ihnen Mittel zum Zweck der Befriedigung ihrer elementaren Lebensbedürfnisse. Indem sie den zu ihrem König machen wollen, der ihnen stets genügend zu essen gibt, werden sie aber auch sich selbst nicht gerecht: Sie reduzieren sich auf triebhafte Wesen, die scheinbar nichts anderes hoffen können, als stets einen vollen Magen zu haben. Keine Rede davon, daß es unwichtig wäre, genug Brot zum Leben zu geben; keine Rede davon, daß Jesus nicht auch gesandt worden wäre, um konkreter Not abzuhelfen. Aber sinngemäß gilt auch hier jenes Schriftwort Dtn 8,3, mit dem Jesus nach Mt 4,4 und Lk 4,4 die erste Versuchung Satans zurückweist:

Der Mensch lebt nicht vom Brot allein.

Dorothee Sölle hat diesen Kardinalsatz biblischer Anthropologie durch einen paraphrasierenden Kontrast noch unterstrichen[52]:

Der Mensch lebt nicht vom Brot allein, er stirbt sogar am Brot allein, einen allgegenwärtigen, schrecklichen Tod, den Tod am Brot allein, den Tod der Verstümmelung, den Tod des Erstickens, den Tod aller Beziehungen. Den Tod, bei dem wir noch eine Weile weitervegetieren können, weil die Maschine noch läuft, den furchtbaren Tod der Beziehungslosigkeit: Wir atmen noch, konsumieren weiter, wir scheiden aus, wir erledigen, wir produzieren, wir reden noch vor uns hin und leben doch nicht.

Daß der Mensch nicht nur vom Brot allein lebt, sondern am Brot allein sogar stirbt, läßt sich nicht nur so deuten, daß er neben seinen materiellen auch noch geistige Anlagen und Interessen hat, die nicht verkümmern dürfen. Das entspräche zwar einem humanistischen Menschenbild, nicht aber den vollen Konturen der biblischen Anthropologie. Das Brot, von dem im Deuteronomium wie in der synoptischen Versuchungserzählung und im Johannesevangelium die Rede ist, steht zwar für die physische, es steht aber auch für die geistige, selbst für die religiöse Nahrung. Menschliches Leben kennt nicht nur das Bedürfnis nach Essen und Trinken, sondern auch das Bedürfnis nach Sinn. Das Problem besteht darin, beides miteinander zu identifizieren – vordergründig oder hintergründig; und das Problem besteht ebenso darin, die Sinnfrage in der Befriedigung der eigenen Bedürfnisse beantwortet zu glauben. Das gerade ist aber das Thema, das die Brotrede Joh 6 verhandelt. Jene Juden, die Jesu habhaft werden wollen, um ihn zu ihrem König zu machen, stehen für jene Menschen, die ein gesteigertes irdisches für das wahre Leben halten und die Befriedigung ihrer physischen wie psychischen Lebensbedürfnisse für die Antwort auf die Sinnfrage nehmen.

Diese Rolle spielt Nikodemus im Gespräch mit Jesus. Er erwartet die Antwort auf seine Frage nach dem wahren Leben darin, daß Jesus sich ihm (und allen anderen) als jener große Wundertäter erweist, der in überreichem Maße zur Verfügung stellt, was die Menschen meinen, für ein erfülltes Leben zu brauchen. Nikodemus kommt zu Jesus. Doch er kommt nicht, um zu sehen – wie es ein wahrer Jünger tut (1,46); er kommt, um in seiner Erwartung bestätigt zu werden. Insofern ist sein Wort an Jesus nur die Kehrseite der Zeichenforderung, die unmittelbar zuvor im Anschluß an die Tempelaktion „die Juden"[53] an Jesus gerichtet haben (2,18). Die Zeichenforderung kann sich zwar dem Buchstaben der Schrift nach auf Dtn 13 und Dtn 18 berufen, ist aber dennoch ein Ausdruck des Unglaubens, weil sie fordert, was nur empfangen werden kann, und weil sie auf wunderbare Phänomene fixiert bleibt, wo es gälte, sich die Augen für Jesus selbst öffnen zu lassen. Die Frage des Nikodemus bezeugt keinen Unglauben, weil sie keine Forderung, sondern eine Bitte an Jesus impliziert, sich als Bringer des Lebens zu erweisen; aber gleichwohl will auch Nikodemus Jesus auf jene Erwartungen festlegen, die zwar menschlich, aber allzu menschlich sind und deshalb hinter sich selbst zurückbleiben. Jesus muß in dem langen Gespräch Nikodemus erst zeigen, wonach er wirklich fragt, wenn er nach Jesus als dem wunderbaren Lebensspender fragt.

(3) Fleisch und Geist

Das entscheidende Wort Jesu im Gespräch mit Nikodemus fällt gleich zu Beginn: Es ist das Wort von der Wiedergeburt. Es erklärt

sich nur auf der Grundlage der johanneischen Anthropologie, die in
Vers 6 auf den Gegensatz von *„Fleisch" (Sarx)* und *„Geist" (Pneuma)* gebracht wird. (Dieser Gegensatz liegt durchaus nicht auf einer
Ebene mit den paulinischen Aussagen in Röm 7!) Fleisch und Geist
bedeuten in diesem Wort nicht verschiedene Teile des Menschen,
etwa den Körper und den Verstand (darin stimmt Johannes mit Paulus überein). Fleisch und Geist stehen vielmehr für zwei verschiedene Lebensauffassungen und Lebensformen, mehr noch: für zwei
ganz verschiedene Grundlagen und zwei ganz verschiedene Ausrich-
tungen des Lebens.

Das *„Fleisch"*, von dem Joh 3,6 spricht, ist das menschliche Leben
in seiner Kreatürlichkeit – das Leben, das den Gesetzen der Natur
und den Gesetzen der Welt gehorcht. Das elementare Gesetz, dem
jedes natürliche Leben folgt, ist der Selbsterhaltungstrieb. Johannes
hat ihn auf seine Weise schon zu Beginn seines Evangeliums, im Prolog, angesprochen. Wenn er dort von der Möglichkeit des Glaubens
und der Gotteskindschaft redet, hat er zugleich jene Menschen im
Visier, deren Leben sich allein *„dem Willen des Fleisches"* und
„dem Willen des Mannes" verdankt (1,13): also dem Fortpflanzungs-
trieb, der weniger von seiner sinnlich-sexuellen, denn von seiner psy-
cho-religiösen Seite her betrachtet wird – als der Versuch, sich durch
die Nachkommenschaft sein eigenes Denkmal zu setzen.

Der Selbsterhaltungstrieb steckt tief in jedem Lebewesen, er steckt
tief in jedem Menschen. Es ist der Trieb zu leben: möglichst lange,
möglichst intensiv, möglichst gut. Der Selbsterhaltungstrieb zwingt
alle Menschen, ihr Leben in die eigene Hand zu nehmen. Er drängt
sie, etwas aus ihrem Leben zu machen: Er drängt sie, ihre Talente zu
nutzen; er drängt sie, ihre Fähigkeiten zu entwickeln; er drängt sie,
sich auf die eigenen Füße zu stellen; er drängt sie, sich selbst zu verwirklichen. Insofern ist der Selbsterhaltungstrieb eine produktive,
eine kreative Kraft, auf die jedes Geschöpf angewiesen ist.

Aber ein Leben, das *„dem Willen des Fleisches"* gehorcht, ist auch
ein reduziertes, ein uneigentliches, ein unwirkliches Leben – und
mag es noch so intensiv gelebt werden. Es beschränkt sich auf die
Erfüllung von Bedürfnissen – des Bedürfnisses nach Erfolg und Anerkennung, des Bedürfnisses nach Wohlstand und Glück, des Bedürfnisses nach Gesundheit und erfüllter Sexualität, kurz: des Bedürfnisses nach gesteigertem Leben, und auch des Bedürfnisses
nach Sinn und Bedeutung. Jeder Mensch ist Fleisch. Niemand kann
aus seiner Haut heraus. Aber ein Mensch, der auf das Fleischliche
beschränkt bliebe, ein Mensch, dem sein Fleisch das Leben wäre:
ein solcher Mensch würde sein Leben verlieren; er würde täglich

sterben, so erfolgreich, so anerkannt, so glücklich er auch schiene. Nikodemus ist jemand, der mit seiner Hoffnung auf den Wundertäter zwar auf dem Weg zu Jesus ist, aber gleichwohl noch „dem Willen des Fleisches" folgt: Er erwartet von Jesus die Bestätigung seines Vor-Urteils, die Erfüllung seines Begehrens.

Die Alternative zum Fleisch ist der Geist. „Geist" ist bei Johannes die Lebens-Macht schlechthin (6,63b): Der Geist ist die Schöpferkraft, die Leben spendet (6,63a); der Geist öffnet die Augen für die Wahrheit (vgl. 4,23; 14,17). Jesus ist es, allein er, der diesen Geist vermittelt – durch seine Worte (6,63) ebenso wie durch seine Gegenwart als Auferstandener inmitten seiner Jüngergemeinde (20,22): Gott selbst ist dieser Geist (4,24); denn indem er den Menschen durch Jesus Christus Licht, Wahrheit, Freiheit und Frieden schenkt, schenkt er sich ihnen selbst. Der Geist, von dem Joh 3,6 spricht, ist das wahre Leben – das Leben in seiner Bejahung durch Gott: das Leben, das von Gott bestimmt ist, von seiner Kreativität, von seiner Schöpferkraft, von seiner Liebe, die stärker ist als der Tod. Der Geist ist der Geist Gottes, den er in den Menschen wohnen läßt, um den Menschen, die in der Welt sind, das wahre Leben zu schenken: ein Leben, das wirklich lebenswert ist, ein Leben, das wertvoll ist, weil es Augen für die anderen Menschen hat, Augen für die Welt, Augen für Gott und ein Herz für die Liebe.

(4) Wiedergeburt zum Leben

Jeder Mensch ist Fleisch. Seine Hoffnung ist, Geist zu werden – erlöst zu werden von der Fixierung auf sich selbst (und sei sie noch so sehr religiös überhöht) und geöffnet zu werden für jene Gemeinschaft der Liebe, die Gott ihm durch seinen Sohn mit sich selbst und mit anderen Menschen schenken will. Wie ist dies möglich?

Joh 3,3 sagt: nur dadurch, daß der Mensch „wiedergeboren" wird. Der Satz ist, aus seinem Zusammenhang gerissen, mißverständlich – wie Nikodemus unmittelbar demonstriert. Das griechische Wort, das in Joh 3,3 steht, kann sowohl „von neuem" wie „von oben" heißen. Beide Bedeutungen schwingen mit. Die „Wiedergeburt" ist eine Geburt „von oben" (vgl. 3,12f.31; 8,23; 19,11.23): eine Geburt durch Gott (vgl. 1,13). Nikodemus versteht das johanneische Jesuswort als Paradoxon – keiner kann ein zweites Mal in den Leib seiner Mutter, um dann wieder geboren zu werden (3,4). Der Evangelist baut dieses Mißverständnis in den Gedankengang ein, um dann von der Geburt „aus Wasser und Geist" sprechen zu können (3,5). Er gibt zu verstehen: Die wahre Wiedergeburt geschieht als Geburt „von oben" in der Taufe.

Was aber heißt dann „Wiedergeburt"? Der Evangelist greift auf ein Ur-Symbol zurück, das in vielen Religionen bekannt ist und freilich sehr unterschiedliche Ausformungen erfahren hat.[54] Wiedergeburt kann Seelenwanderung und Reinkarnation genannt werden, aber auch das Hindurchgehen durch den Tod in ein ewiges Leben; nicht zuletzt kann Wiedergeburt eine Initiation heißen, in der ein Mensch aus der Profanität seines bisherigen Alltagslebens herauskommt und in die Heiligkeit des wahren, des erfüllten, des neuen Geistes-Lebens hineingelangt. Der Archetyp der Wiedergeburt *kann* – auf sehr verschiedene Weise – zentrale Motive authentischer Religiosität zur Sprache bringen: den Unterschied zwischen Heiligkeit und Profanität, die Verwiesenheit des Menschen an die Transzendenz, den Ernst der Religiosität, z.t. auch die Notwendigkeit und die gnädig gewährte Chance eines absoluten Neubeginns, in dem allererst Identität gefunden werden kann.

Johannes kann an den religiösen Archetyp anknüpfen. Dennoch ist seine Rede von der Wiedergeburt alles andere als eine Mythologisierung der Christusbotschaft. Vielmehr unternimmt der Evangelist den kühnen Versuch, das durch Jesus Christus begründete Heilsgeschehen in der Sprache des antiken Mythos zu artikulieren – um auf diese Weise den Mythos aufzuheben, d. h. seine verborgene Wahrheit ans Licht zu bringen. Die Unterschiede zu den alternativen Konzepten von Wiedergeburt sind essentiell. Joh 3,3 redet in keiner Weise von Seelenwanderung und Reinkarnation. Wo dies in der Antike (oder im Buddhismus) geschieht, ist nicht etwa an eine ständige Steigerung des individuellen Lebens durch immer neue Abwechslungen in immer neuen Daseinsformen gedacht, wie dies in den künstlichen Wiederbelebungen des Mythos die Hoffnung zu sein scheint, die gegenwärtig in Mode sind; Reinkarnation ist vielmehr Strafe (auch bei Plato), ist Verhängnis (auch bei den Stoikern): ist der anthropologische Ausdruck eines zyklischen Weltbildes, das keinen wirklichen Anfang und kein wirkliches Ende kennt, sondern nur die Wiederholung des immer Gleichen, das eben deshalb zutiefst tragisch ist. Joh 3,3 redet auch anders von Wiedergeburt als die antiken Mysterienreligionen[55], die gegenwärtig im Zeichen von New Age gleichfalls eine eigenartig konsumorientierte, gleichzeitig bewußtlose Renaissance erfahren, indem sie ein neues Bewußtsein beschwören und durch effektvolle Riten sinnfällig werden lassen; Wiedergeburt ist dagegen in den antiken Mysterienkulten vom Wissen um die unaufhebbare Tragik kosmischen und menschlichen Lebens getragen, deren Ursache in den ungelösten Konflikten der zahlreichen Gottheiten liegt; die Wiedergeburt vollzieht sich dadurch, daß der Myste rituell das tragische Sterben und Wiederaufleben einer

Gottheit nachahmt und dadurch göttlichen Lebens (sei es im Diesseits, sei es im Jenseits) teilhaftig wird, während die Gottheit durch den Ritus ihrerseits in ihrem dramatischen Geschick vergegenwärtigt wird, um zu sterben und neu zu leben. Wenn bei Johannes von Wiedergeburt die Rede ist, liegt die Pointe hingegen in der radikalen Neuschöpfung eines jeden Menschen, der sich aus der Finsternis seiner ichbezogenen Welt in das Licht der Gotteserkenntnis führen läßt.

Diese Pointe hat eine anthropologische und eine theologische Seite. Anthropologisch setzt das Wort einerseits in aller Nüchternheit und Klarheit voraus, daß der Mensch „*Fleisch*" ist und sterben muß; andererseits aber gibt es dem Glaubenswissen Ausdruck, daß Gott den Menschen zu einem ewigen Leben jenseits des Todes bestimmt hat und ihm kraft des Geistes (durch die Taufe) dieses ewige Leben bereits hier und jetzt zuteil werden läßt – nicht in vollendeter Fülle, aber ohne jeden Vorbehalt und ohne jeden Abstrich. Damit aber weist die anthropologische auf die zugrundeliegende theologische Pointe des Wortes: Gott hat sich durch Jesus Christus so rückhaltlos in die Welt der Menschen hineingegeben, daß er sie aus ihrem ureigenen Tod heraus in sein ureigenes Leben hineinholen kann, um ihnen in vollem Maße jene Liebe zugute kommen zu lassen, die zwischen dem Vater und dem Sohn lebendig ist (Joh 14,20f.23; vgl. 15,9; 17,24ff).

Das wahre Leben der Menschen ist weder durch den Rückzug aus der bösen Welt noch durch das Aufgehen in der Faszination des Kosmos zu finden, sondern nur in der Gnade Gottes, die den Tod zu überwinden versteht – schon mitten im Leben. Die Zuwendung Gottes zu den Menschen, die in Jesus Christus Person geworden ist, ist so intensiv und kreativ, daß denjenigen, die sich dieser Gnade öffnen, den Glaubenden also, ein neuer Ursprung eingestiftet, d. h. eine neue Identität vermittelt wird, die sie aus der Fixierung auf die Befriedigung ihres Begehrens herausholt und sie zur Liebe fähig macht.

d) Das Leben der Welt als Schöpfung und Gnade

Die biblische Anthropologie ist zutiefst dadurch gekennzeichnet, daß sie den Menschen im Gegenüber zu Gott sieht: als sein Geschöpf inmitten seiner Geschöpfe, als seinen Feind inmitten seiner Widersacher, zuletzt aber als sein geliebtes Kind inmitten einer versöhnten Welt (vgl. Röm 8). Der Mensch ist nur dadurch Mensch, daß Gott ihn erschaffen hat und, so jedenfalls das Zeugnis später alttestamentlicher und aller neutestamentlichen Texte, von den Toten auferwecken wird; der Mensch kann nur Mensch bleiben, wenn er Gott Gott sein läßt und sich nicht selbst zu seinem eigenen Gott macht. Zwischen dem Alten und dem Neuen Testament bestehen in dieser Hinsicht keine erkennbaren Unterschiede. Das Neue Testament setzt die alttestamentliche Schöpfungstheologie voraus und baut auf ihrem Fundament auf.

Die basalen Aussagen der Bibel über die Würde des Menschen finden sich im *Alten* Testament. Der neue Gedanke, der im Neuen Testament eingebracht wird, liegt in der christologischen Rückbindung der Anthropologie: Der unvergleichliche Wert, der in Gottes Augen dem Menschen zukommt, ist nicht nur in seiner unerklärlichen Wertschätzung durch den Schöpfer, nicht nur in einem Gedanken Gottes begründet, sondern realisiert sich in der Geschichte des Menschen Jesus, den Gott den Menschen in die Hände gibt, um ihnen dadurch die Möglichkeit endgültiger Rettung und im Vorgriff darauf schon gegenwärtiger Heilserfahrung zu schenken.

Die biblische Anthropologie läßt sich freilich in ihrer alt- und ihrer neutestamentlichen Gestalt der Gegenwart nur schwer vermitteln – weil der ihr zugrundeliegende Gottesglaube fragwürdig geworden ist. Vor allem aus zwei Gründen: Die Physik des 19. Jh. hat ein umfassendes, anscheinend stimmiges, jedenfalls überaus plausibles und erfolgreiches Weltbild entworfen, das ohne die „Hypothese Gott" auszukommen meint; und die menschlichen wie die ökologischen Katastrophen im Zeitalter der Massenvernichtungsmittel spitzen das Problem der Theodizee in einer Weise zu, daß es vielen Zeitgenossen gänzlich unlösbar erscheint.

Es kann an dieser Stelle nicht darum gehen, beide Gründe umfassend zu würdigen und zu kritisieren.[56] Es kann nur darum gehen, auf ihre anthropologischen Konsequenzen hinzuweisen und sie mit dem biblischen Zeugnis zu konfrontieren.

(1) Der Mensch als Gottes Mörder oder als Gottes Geschöpf?

Schon dem Psalmisten ist beim Blick zum Himmel aufgegangen, wie klein und unscheinbar doch eigentlich der Mensch ist. Michel de Montaigne hat daraus die Forderung der Demut abgeleitet. Aber auch er ist mit seinen Gedankengängen im Bereich des biblischen Schöpfungsglaubens geblieben. Anders jedoch, wenn das Weltall nicht als von Gott geordneter Kosmos, sondern als kalte Materie erscheint, von Myriaden Lichtjahren eisigen Schweigens beherrscht, entweder ohne Anfang und Ende oder aber in einen ewigen Kreislauf des Werdens und Vergehens gebannt.

Welche Konsequenzen *diese* Weltsicht für das Bild des Menschen hat, wird von kaum einem anderen klarer gesehen als von Friedrich

Nietzsche. Der 125. Aphorismus aus der „Fröhlichen Wissenschaft",
in erster Auflage 1882, in zweiter 1887 erschienen, trägt den Titel
„Der tolle Mensch"[57]. Wie Diogenes läuft dieser Mensch mit der
Lampe auf dem Marktplatz herum, um allerdings nicht einen Menschen zu suchen, sondern Gott – und zu verkünden, die Menschen
hätten ihn getötet:

> Wir alle sind seine Mörder! Aber wie haben wir dies gemacht? Wie
> vermochten wir das Meer auszutrinken? Wer gab uns den Schwamm,
> um den ganzen Horizont wegzuwischen? Was thaten wir, als wir diese
> Erde von ihrer Sonne losketteten? Wohin bewegt sie sich nun? Wohin
> bewegen wir uns? Fort von allen Sonnen? Stürzen wir nicht fortwäh-
> rend? Und rückwärts, seitwärts, vorwärts, nach allen Seiten? Giebt es
> noch ein Oben und ein Unten? Irren wir nicht durch ein unendliches
> Nichts? Haucht uns nicht der leere Raum an? Ist es nicht kälter ge-
> worden? Kommt nicht immerfort die Nacht und mehr Nacht? Müssen
> nicht Laternen am Vormittag angezündet werden? Hören wir nichts
> vom Lärm der Todtengräber, welche Gott begraben? Riechen wir
> nichts von der göttlichen Verwesung? – auch Götter verwesen! Gott
> ist todt! Gott bleibt todt! Und wir haben ihn getödtet! Wie trösten
> wir uns, die Mörder aller Mörder? Das Heiligste und Mächtigste, was
> die Welt bisher besass, es ist unter unseren Messern verblutet, – wer
> wischt das Blut von uns ab? ... Es gab nie eine grössere That, – und
> wer immer nach uns geboren wird, gehört um dieser That willen in
> eine höhere Geschichte, als alle Geschichte bisher war!

Der Aphorismus ist eine genaue Diagnose der Zeit – heute aktueller
denn je. Die Menschen, die sich dem Glauben an die Wissenschaft
verschrieben haben, töten Gott – indem sie ihn aus ihrem Leben verdrängen. Doch was tritt an die Stelle? Und was wird dann aus den
Menschen? Nietzsches Vision ist abgründig – und desto entsetzli-
cher, je mehr die Geschichte ihm recht gegeben hat. Nietzsche flüch-
tet sich in den Heroismus der Gottesmörder. Was Generationen vor
ihm als Inbegriff der Hybris schien – Nietzsche feiert es als befreien-
de Tat, als das Fanal einer neuen Epoche, als Beginn einer „höher-
en" Geschichte. Doch wer wird diese Geschichte schreiben? Wer
wird sie erleben? Und wer wird sie erleiden? Nietzsches Antwort
ist klar – in dieser neuen Welt ist Platz nur für den „Übermenschen".[58] Die natürliche Reaktion auf die Tötung Gottes ist – Wahn-
sinn. Etwas anderes bleibt der Masse nicht übrig. Nur wer der Sinn-
losigkeit ohne jedes *ressentiment* standhält, ist dem Tode Gottes
gewachsen; und nur wer dem Tode Gottes gewachsen ist, verdient
es, Mensch genannt zu werden. Die anthropologischen Konsequenzen dieser Philosophie hat Nietzsche in seinen zweiten „Unzeitge-

mäßen Betrachtungen", die „Vom Nutzen und Nachtheil der Historie für das Leben" handeln, kühl berechnet[59]:

> Das Ziel der Menschheit kann nicht am Ende liegen, sondern nur in ihren höchsten Exemplaren.

Das ist gegen den bürgerlichen Fortschrittsglauben ebenso gerichtet wie gegen die christliche Eschatologie. Die Aussicht ist erschrekkend – sie ist erschreckend inhuman. Die Masse der Menschen wäre ohne jede Würde, nur die wenigen Übermenschen hätten Ehre. So heißt es in der dritten „Unzeitgemäßen Betrachtung", die „Schopenhauer als Erzieher" feiert[60]:

> Die ungeheure Bewegtheit der Menschen auf der grossen Erdwüste, ihr Städte- und Staatengründen, ihr Kriegeführen, ihr rastloses Sammeln und Auseinanderstreuen, ihr Durcheinander-Rennen, von einander Ablernen, ihr gegenseitiges Überlisten und Niedertreten, ihr Geschrei in Noth, ihr Lustgeheul im Siege – alles ist Fortsetzung der Thierheit: als ob der Mensch absichtlich zurückgebildet und um seine metaphysische Anlage betrogen werden sollte, ja als ob die Natur, nachdem sie so lange den Menschen ersehnt und erarbeitet hat, nun vor ihm zurückbebte und lieber wieder zurück in die Unbewusstheit des Triebes wollte.

Wenn den „tierischen" Menschen wenigstens für einen Augenblick die schreckliche Misere ihres alltäglichen Lebens einmal bewußt werden kann, dann nur weil es einige ganz wenige große Vorbilder gibt[61]:

> Das sind jene wahrhaften Menschen, jene Nicht-mehr-Thiere, die Philosophen, Künstler und Heiligen; bei ihrem Erscheinen und durch ihr Erscheinen macht die Natur, die nie springt, ihren einzigen Sprung und zwar einen Freudensprung, denn sie fühlt sich zum ersten Male am Ziel ...

Die Visionen Nietzsches sind von bestürzender Aktualität – weil er die Leere eines dem Fortschrittsglauben geweihten Lebens messerscharf seziert. Ruht wirklich die ganze Sinnfrage auf den Schultern des Menschen, der Gott getötet hat, haben wirklich nur noch die „Übermenschen" eine Überlebenschance und eine Existenzberechtigung. Doch hier genau liegt das abgründige Problem der Anthropologie Nietzsches. Seine Hoffnung richtet Nietzsche auf die Ausbildung einer „Herrenrasse" – einer aristokratischen Gemeinschaft von Menschen, die, seien sie „Arier", Slaven, Araber, Juden oder Asiaten, stark und edel genug sind, den Nihilismus zu leben.[62] Was Nietzsche als Lösung sieht, erweist sich damit aber als der ärgste Ausdruck jener Krise, die er analysiert. Johann Baptist Metz hat mit großem Nachdruck darauf hingewiesen, das Echo auf die Rede vom Tode Gottes sei die Rede vom Tode des Menschen.[63]

Freilich reicht es nicht aus, die erschreckenden Konsequenzen einer intellektuellen Vertreibung Gottes aus der Welt an die Wand zu malen. Es müßte auch möglich sein, angesichts der Beobachtungen, die zur These vom Tode Gottes geführt haben, dennoch oder gerade von Gott zu sprechen – nicht als bloße Behauptung, sondern als Deutung der Wirklichkeit. Dies scheint, die Erkenntnisse der modernen Physik vorausgesetzt, prinzipiell möglich zu sein – nicht in dem Sinn, daß ein physikalischer Gottesbeweis doch erbracht werden könnte, wohl aber in dem Sinn, daß die mechanistische Welt-Anschauung, die einer atheistischen Weltsicht Nahrung zu geben schien, in den Naturwissenschaften überwunden worden ist.[64] Albert Einstein (1879–1955) schrieb 1939, als Jude schon aus Deutschland vertrieben, aber noch vor der Debatte um die ethische Erlaubtheit der Kernspaltung:

> Im letzten Jahrhundert und teilweise auch schon im vorhergehenden war die Ansicht weit verbreitet, daß Wissen und Glaube in unversöhnlichem Gegensatz zueinander ständen. Unter den fortschrittlichen Geistern herrschte die Überzeugung, es sei an der Zeit, den Glauben in steigendem Maße durch Wissen zu ersetzen; ein Glaube, der nicht selbst auf Wissen beruhte, galt als Aberglaube und war als solcher zu bekämpfen. [...]
> Aber das bloße Denken kann uns nichts mitteilen über die letzten und fundamentalen Ziele. Uns diese fundamentalen Ziele und Werte aufzustellen und sie im täglichen Leben des einzelnen zu befestigen, scheint mir nun die wichtigste Funktion der Religion im sozialen Leben der Menschen zu sein. [...]
> In der jüdisch-christlichen Tradition werden uns die obersten Grundsätze unseres Strebens und unserer Urteile überliefert. Sie verkörpern ein hohes Ziel, das wir mit unseren schwachen Kräften zwar nur sehr unvollkommen erreichen, das aber für unsere Wertmaßstäbe und unser Streben einen sicheren Ausgangspunkt darstellt.[65]

Trotz dieses Offenbarungs-Postulats eines Albert Einstein ist es schwierig, von Gottes Hinwendung zum Menschen zu reden, ohne den Blick künstlich auf die kleinen Lebenswelten einzuengen, in denen sich Glück und Schuld, Freude und Leid überschauen lassen. Wo es gelingt, dort ist die Inspiration durch biblische Texte wie Psalm 8 (und Kol 1,15–20) unüberhörbar. Ein bewegendes Beispiel liefert Paul Claudel (1868–1956); 1907 schreibt er in Tientsin (China) die dritte seiner fünf „Großen Oden" (zuerst erschienen 1910).[66] Sie trägt den Titel „Magnificat". Sie beantwortet nicht die drängende Frage nach der Erfahrbarkeit Gottes in der Welt. Aber

sie hält – wie Hiob – diese Frage offen; sie bezeugt den Glauben an
den Schöpfer-Gott angesichts einer unüberschaubaren Weite und
Vielfalt des Alls; vor allem jedoch weiß sie ohne jede Selbstüberhebung und jeden Wirklichkeitsverlust wiederum groß vom Menschen
zu denken – freilich nur, weil sie seiner Kleinheit inne ist und seine
Würde darin sieht, nicht nach dem Bilde jenes großen Widersachers
gestaltet zu werden, der prinzipiell Nein zum Dienen sagt *(non ser-
viam)*, sondern nach dem Bilde Gottes, wie es in Gottes und der
Menschen Diener (Mk 10,45; Lk 22,27) Jesus Person geworden ist
(vgl. 2Kor 4,4; Kol 1,15). Die entscheidenden Verse lauten in der
Übersetzung Hans Urs von Balthasars[67]:

> Inmitten des ganzen Alls, das nur stammelt, laß mich mein Herz be-
> reiten, wie einer, der weiß, was er zu sagen hat,
> Denn dieser abgründige Jubel der Kreatur ist nicht eitel, noch das in
> genauer Vigil von den Myriaden des Himmels bewachte Geheimnis.
> [...]
> In der Tat, Du hast uns die Große Nacht nach dem Tag geschenkt und
> die Wirklichkeit des nächtlichen Himmels.
> So wie ich da bin, ist auch er da, mit den Milliarden seiner Gegenwart,
> Und er gibt uns seine Unterschrift auf dem Lichtbildpapier mit sechs-
> tausend Plejaden,
> Wie der Angeklagte mit dem Druck seines tintebeschmierten Dau-
> mens unter dem Protokoll.
> [...]
> Und da und dort an äußersten Rändern der Welt, wo das Schöpfer-
> wirken noch dauert: die kosmischen Nebel,
> Wie wenn das gewaltig umgetriebene Meer aus seiner Erregung
> Mählich zur Ruhe kommt, da sieht man allseits noch Schaum, und aus
> der Tiefe steigen große Platten von getrübtem Salz.
> So spürt der Christ am Himmel des Glaubens das Allerheiligen-Ge-
> flimmer seiner lebendigen Brüder.
> Herr, nicht Blei, nicht Stein oder faulendes Holz hast Du Dir ange-
> worben in Deinem Dienst,
> Und kein Mensch wird festen Stand gewinnen im Bilde dessen, der
> sagte ‚non serviam’.
> Es ist nicht Tod, was über das Leben siegt, sondern Leben vernichtet
> den Tod, und er kann dawider nicht stehn!

(2) Der Mensch als Wolf des Menschen oder als Gottes Kind?

Der tiefe Verdacht, den die Kriegs- und Vernichtungsgeschichte der
Neuzeit begründet, besteht darin, daß Gott eine Illusion ist und daß
sich die pessimistische Diagnose *homo homini lupus* (Der Mensch ist
des Menschen Wolf) bewahrheitet[68] – weil Menschen abgrundtief ge-

demütigt, gar millionenfach umgebracht worden sind und weil Menschen sich als fähig zu so unendlich vielen Grausamkeiten erwiesen haben. Folgt man der Diagnose, die Arthur Koestler (1905–1983) 1940 angestellt hat, herrscht aufgrund des Nationalsozialismus und des Stalinismus über weiten Teilen der Erde „Sonnenfinsternis".[69] Jedes Flüchten in eine heile Welt des Glaubens verbietet sich. Aber welche Alternativen bestehen?

Neben der schlichten Verdrängung ist die häufigste Reaktion der Zynismus. In seiner Mischung von ironischer Distanzierung, kritischer Illusionslosigkeit, frechem Eigensinn und höhnischer Verunglimpfung der herrschenden Wertvorstellungen scheint er angesichts des Bösen bestehen zu können[70] – doch um welchen Preis? Gottfried Benn (1886–1956) hat dem weltanschaulichen Zynismus der Moderne 1912 in einem Gedicht mit dem Titel „Arzt" Sprache verliehen[71]. Die zweite „Strophe" des Gedichts lautet:

> Die Krone der Schöpfung, das Schwein, der Mensch –:
> Geht doch mit anderen Tieren um!
> mit siebzehn Jahren Filzläuse,
> zwischen üblen Schnäuzen hin und her,
> Darmkrankheiten und Alimente,
> Weiber und Infusorien,
> mit vierzig fängt die Blase an zu laufen –:
> Meint ihr, um solch Geknolle wuchs die Erde
> von Sonne bis zum Mond -? Was kläfft ihr denn?
> Ihr sprecht von Seele – was ist eure Seele?
> Verkackt die Greisin Nacht für Nacht ihr Bett –
> schmiert sich der Greis die mürben Schenkel zu,
> und ihr reicht Fraß, es in den Darm zu lümmeln,
> meint ihr, die Sterne samten ab vor Glück …?
> Äh! – aus erkaltendem Gedärm
> spie Erde wie aus andern Löchern Feuer
> eine Schnauze Blut empor –:
> Das torkelt
> den Abwärtsbogen
> selbstgefällig in den Schatten.

Benn, selbst praktizierender Facharzt für Haut- und Geschlechtskrankheiten in Berlin, stellt in diesem Gedicht den Arzt bezeichnenderweise nicht als Heiler und Helfer vor, sondern als zynisch-kalten Diagnostiker. In den Augen dieses Arztes ist der Mensch ein pathologischer Fall: ohne jegliche Würde, ein seelenloses Gewächs, ein lebendiger Kadaver, dahinvegetierend in einer unappetitlichen Mischung aus sozialer Verelendung, Bosheit, Krankheit und Schwäche! So abstoßend das Bild des Menschen ist, das dieses Gedicht zeichnet, und so entsetzlich vor allem die Perspektive ist, in der Menschen so erscheinen – so wenig hilft es, die Augen davor zu verschließen, daß es all die destruktiven und deprimierenden Krankheits-Phänomene gibt, die Gottfried Benn beschreibt, und daß sie dem menschlichen Leben all seine Würde zu nehmen scheinen. Jeder Besuch auf der Intensivstation eines Krankenhauses oder in der Pflegeabteilung eines Altenheims kann davon überzeugen.

Die Frage ist nur, ob den Menschen in ihrer ganzen Schwäche Gerechtigkeit widerfährt, wenn man sie so sieht, wie der „Arzt" des Gedichts. Das Problem seines sezierenden Blickes ist nicht nur die absolute Mitleidslosigkeit, sondern auch die *Reduktion* des Menschen auf seine physiologischen Funktionen, auf sein „Fleisch". Ob der Mensch Täter oder Opfer ist, ob er leidet, ob er sich oder andere quält – diese Frage wird nicht gestellt. In beiden Gestalten erweist er sich als würdelos und widerwärtig.

Wie aber kann den Menschen in ihrer ganzen Schwäche Gerechtigkeit widerfahren? Darf man sie so ansehen wie der „Arzt" Gottfried Benns? Darf man von der Brutalität und Niedrigkeit dessen, was Menschen nur allzu oft ihr Leben nennen müssen und nennen wollen, darauf schließen, daß der Mensch keine Seele habe – also nicht von Gott gewollt wäre? Das wäre eine Folgerung, die auf den schärfsten Protest der Bibel stieße. Gegen allen Augenschein ist im Alten wie im Neuen Testament noch und noch von einer Würde des Menschen die Rede, die er nicht verlieren kann, weil er sie sich nicht selbst verliehen, sondern von Gott als Geschenk empfangen hat.[72]

Um aber die Würde des Menschen angesichts der erniedrigenden Bitterkeit eines schier unendlichen Elends dennoch zu sehen, kann freilich nicht nur auf die unendliche Schöpfergüte und die unendliche Hoffnung auf Vollendung verwiesen werden; es müßte vielmehr als theologisch möglich, ja notwendig erwiesen werden, das Leiden, aber auch die Schuld, schließlich den Tod nicht nur als Ort der Gottesferne, sondern auch als Ort der Gottesnähe wahrzunehmen. Eine solche Möglichkeit setzt voraus, daß Gott selbst sich (als Schöpfer, Erhalter und Vollender des Menschen) an jede Stelle begibt, wo sich die menschliche Destruktivität austobt, um dort das Leben anfangen zu lassen. Ist diese Möglichkeit gegeben? Die neutestamentlichen Autoren halten dafür – indem sie eine Christologie entwerfen, in der Jesu Tod, der gewaltsame Tod eines Unschuldigen, das alles entscheidende Ereignis ist, durch das Gott rein aus Liebe die Sünde in Heil, die Schuld in Rettung, den Tod in ein endgültiges Leben verwandelt.

In den Spuren dieser Gedanken könnte sich auf überraschende

Weise erneut die Aktualität der johanneischen (als einer signifikant neutestamentlichen) Anthropologie erweisen. Gerade weil der Evangelist die absolute Transzendenz Gottes und das „ganz Andere" auch des Gottessohnes Jesus Christus betont, kann er auf der einen Seite „Fleisch" nennen, was am Menschen vergänglich, endlich, sterblich ist, aber auf der anderen Seite auch „Geist" nennen, was dem Menschen als Bejahung durch Gott widerfährt. Gerade weil Johannes den Mann aus Nazaret als den präexistenten Logos sieht, der schon vor Erschaffung der Welt im vollen Maße am Lichtglanz Gottes teilhat, kann er die Radikalität der „Fleischwerdung" (der Inkarnation) Jesu betonen, die zu nichts anderem als zur Rettung der Menschen in der Welt dient. Und gerade weil Johannes betont, daß Gott mit der Dahingabe seines Sohnes bis ans Äußerste seiner Liebe zur Welt geht (3,16), kann er von einer Würde und einem Wert reden, der dem Menschen immer zukommt, selbstverständlich auch dann, wenn er krank, schwach und elend ist, aber auch dann, wenn er sich noch so tief im Dunkel der Sünde verirrt hat.

Freilich: Das Leiden und Sterben bleibt eine Frage – auch eine Frage des Glaubens. Jeglicher Triumphalismus wäre verfehlt: er wäre seinerseits zynisch. Doch daß Verzweiflung nicht das letzte Wort ist – das kann nicht nur ein zweifelnd Glaubender, sondern auch ein glaubend Zweifelnder sagen. Sarah Kirsch (*1935) gibt der unwirklich-schönen Hoffnung auf eine endgültige Versöhnung von Mensch und Natur, von Himmel und Erde, von Schöpfer und Geschöpf Ausdruck, indem sie ihre Erwartung auf Lk 23,43 zulaufen läßt, jenes Wort der Vergebung und Verheißung, das Jesus dem Schächer zu seiner Rechten sagt[73]:

Dann werden wir kein Feuer brauchen

Dann werden wir kein Feuer brauchen
Es wird die Erde voll Wärme sein
Der Wald muß dampfen, die Meere
Springen, Wolken die milchigen Tiere
Drängen sich: ein mächtiger Wolkenbaum

Die Sonne ist blaß in all dem Glänzen
Greifbar die Luft ich halte sie fest
Ein hochtönender Wind
Treibts in die Augen da weine ich nicht

Wir gehn bloßen Leibs
durch Wohnungen türenlos schattenlos
Sind wir allein weil keiner uns folgt niemand
Das Lager versagt: stumm

Sind die Hunde sie wehren nicht
Den Schritt mir zur Seite: ihre Zungen
Aufgebläht ohne Ton sind taub

Nur Himmel umgibt uns und schaumiger Regen Kälte
Wird nie mehr sein, die Steine
Die ledernen Blumen unsere Körper wie Seide dazwischen
Strahln Wärme aus, Helligkeit
Ist in uns wir sind silbernen Leibs

Morgen wirst du im Paradies mit mir sein.

Der poetische Weg des Gedichts führt in das Jesus-Wort hinein, weil aus diesem Jesus-Wort die Möglichkeit einer Vollendung trotz des Todes und jenseits des Todes leuchtet – eine Möglichkeit, die menschliche Würde nicht im guten Willen, nicht in den besten Absichten, nicht im moralischen Handeln, schon gar nicht in großen Idealen begründet, sondern in einer Zu-neigung Gottes, der die Menschen nicht auf ihre Sterblichkeit und Schuldigkeit, ihre Krankheit und Schwäche festlegt, sondern sich ihnen eben darin, im Leiden wie im Tode, als der Gott des Lebens mit-teilt.

3. Die Bibel als Weisung zu gelingendem Leben

Die Bibel ist ein Buch des Lebens – auch insofern sie Weisungen zu gelingendem Leben gibt[74]. Eben dies meint das hebräische Wort *Tora,* das im Griechischen wie im Deutschen durchaus mißverständlich mit „Gesetz" wiedergegeben wird und in der Hebräischen Bibel den ersten und wichtigsten Teil des Kanons bezeichnet, die „fünf Bücher Mose" (Genesis, Exodus, Levitikus, Numeri, Deuteronomium). Martin Buber und Franz Rosenzweig haben in ihrer Bibelübersetzung darauf hingewiesen[75]. Die Bibel ist nicht in dem Sinn „Gesetz", daß sie eine detaillierte Liste von Geboten und Verboten mit genau abgemessenen Sanktionen und Gratifikationen aufstellen würde – im Neuen Testament schon gar nicht, entgegen einem weit verbreiteten christlichen Vorurteil jedoch auch nicht im Alten Testament. Wohl aber sind die alt- und neutestamentlichen Schriften auch angetreten, den *Anspruch* Gottes zur Geltung zu bringen, sein Recht auf Gehorsam, seine Vorschriften für ein Leben, das Gott und dem Nächsten gerecht wird. Zwar läßt sich immer wieder beobachten (auch schon im Alten Testament), daß zunächst vom Indikativ und dann erst vom Imperativ gesprochen wird: erst vom Zuspruch, dann vom Anspruch, erst von Gottes Wort, dann von des Menschen Antwort. Mehr noch: Die-

ses Gefälle von dem her, was Gott (durch Jesus Christus) für das Leben der Menschen tut, zu dem hin, was Menschen (durch Jesus Christus) für Gott und das Leben ihrer Mitmenschen tun sollen, ist für die
biblische Ethik geradezu konstitutiv – durchweg im Neuen, zumeist
aber gleichfalls im Alten Testament. An diesem Gefälle wird der absolute Primat der Gnade Gottes vor jedem menschlichen Tun sichtbar.

Freilich folgt aus diesem qualitativen Vorrang nicht im mindesten
eine Relativierung des sittlichen Anspruchs, der dem alt- und neutestamentlichen Evangelium innewohnt. Im Gegenteil: Es liegt alles
daran, daß die Menschen (in Israel, in der Kirche – und darüber hinaus) die Möglichkeiten gelingenden Lebens wahrnehmen, die ihnen
Gottes schöpferische und Versöhnung bringende Gnade schenkt: um
Gott die Ehre zu geben, aber nicht zuletzt auch, um wirklich zum
Nächsten – und auf diesem Wege zu sich zu finden.

a) Der Streit um die Ethik der Bibel

Doch so hoch auch immer der Stellenwert ist, den die Ethik innerhalb
der alt- und neutestamentlichen Schriften hat: Ist die Ethik der Bibel
noch aktuell? Ist sie zeitgemäß? Ist sie relevant? Viele haben Zweifel.
Tatsächlich kann gar keine Frage sein, daß sich die Zeitbedingtheit der
biblischen Theologie allenthalben auch in der Ethik zeigt. Die Institution der Sklaverei wird nirgends prinzipiell kritisiert – wiewohl es in der
alttestamentlichen Sozialgesetzgebung zahlreiche Beispiele dafür gibt,
das Schicksal der Sklaven erträglicher zu gestalten (Ex 21,1–6; Dtn
15,12–15 u.ö.)[76], und in der neutestamentlichen Gemeindeethik zahlreiche Versuche, die theologische Gleichberechtigung der Sklavinnen
und Sklaven auch praktisch umzusetzen (Gal 3,28; 1Kor 12,13; Phlm;
1Petr 2,18–25)[77]. Daß die alt- wie die neutestamentlichen Schriften
weithin (wengleich nicht durchweg) ein patriarchalisches Denken bezeugen, das den Frauen nur mindere Rechte zugestehen will, läßt sich
nicht leugnen.[78] Mehr noch: Zumal im Alten Testament scheint Gewalt
zur Durchsetzung eigenen Rechts und scheint der Krieg als Mittel der
Politik immer wieder sanktioniert worden zu sein – insbesondere wenn
es um „Glaubensfeinde" ging.[79] Aufgrund dieser und anderer Texte
mehren sich die Stimmen, die das biblische Welt- und Menschenbild
einschließlich des biblischen Ethos für zutiefst inhuman halten und deshalb entschieden verwerfen.[80] Ihnen treten in jüngster Zeit zahlreiche
Ethiken zur Seite, allesamt aus dem westlichen Deutschland, die eine
religiöse, speziell eine biblische Letztbegründung ethischer Werte und
Normen als schlicht nicht mehr vermittelbar einschätzen und deshalb
nach anderen als theologischen Normenbegründungen Ausschau hal-

ten: Wilhelm Weischedel (1905–1975) will die Ethik aus dem Geist der Skepsis begründen[81]; Ernst Tugendhat (*1930) setzt auf den *common sense* der zivilisierten Welt[82]; Walter Schulz (*1912) verzichtet bewußt auf den Entwurf einer absoluten Ethik und erklärt im vollen Wissen um die Unausweichlichkeit des Todes und die unaufhebbare Zweideutigkeit allen menschlichen Tuns gleichwohl nicht die Resignation, sondern die konkrete Arbeit am Abbau der realen Negativität als einzig wahre ethische Option – die aber nicht wirklich begründet, vielmehr nur als plausibel erfahren werden könne[83].

Doch gibt es zahlreiche andere Stimmen. Bemerkenswerterweise leben sie allesamt von anderen Erfahrungen als die westlichen Kritiker einer metaphysisch und religiös, gar theologisch begründeten Ethik. Hans Jonas (1903–1993), der große jüdische Philosoph, der mit seinem „Prinzip Verantwortung" wie kein zweiter die politische und ethische Diskussion der letzten Jahrzehnte beeinflußt hat, kommt angesichts der immensen Ausweitung der Möglichkeiten zur technischen Weltbeherrschung und Weltzerstörung, aber auch angesichts der radikalen Säkularisierung des wissenschaftlichen, politischen und industriellen Ethos zur Diagnose eines „ethischen Vakuums" und zu der Frage, ob ohne eine Wiedergewinnung und Erneuerung der moralischen Grundprinzipien und Grundwerte aus religiösen (speziell biblisch-theologischen) Wurzeln nicht das moralische Chaos eintreten würde, das zur Zerstörung der Welt führen müßte. Jonas urteilt über den Geisteszustand, die Abgründe und Perspektiven der Moderne[84]:

Ebendieselbe Bewegung, die uns in den Besitz jener Kräfte gebracht hat, deren Gebrauch jetzt durch Normen geregelt werden muß – die Bewegung des modernen Wissens in Gestalt der Naturwissenschaft – hat durch eine zwangsläufige Komplementarität die Grundlagen fortgespült, von denen Normen abgeleitet werden konnten, und hat die bloße Idee von Norm als solcher zerstört. [...] Nun zittern wir in der Nacktheit eines Nihilismus, in der größte Macht sich mit größter Leere paart, größtes Können mit geringstem Wissen davon, wozu. Es ist die Frage, ob wir ohne die Wiederherstellung der Kategorie des Heiligen, die am gründlichsten durch die wissenschaftliche Aufklärung zerstört wurde, eine Ethik haben können, die die extremen Kräfte zügeln kann, die wir heute besitzen und dauernd hinzuzuerwerben und auszuüben beinahe gezwungen sind. Für die unmittelbar uns selbst bedrohenden, an uns selbst noch heimgesuchten Folgen kann es die Angst, so oft der beste Ersatz für wirkliche Tugend und Weisheit; aber dies Mittel versagt gegenüber den entfernten Perspektiven, auf die es hier vor allem ankommt, zumal die Anfänge in ihrer Kleinheit meist unschuldig scheinen. Nur die Scheu vor der Verletzung eines Heiligen ist unabhängig von den Berechnungen und dem Trost der Ungewißheit noch ferner Folgen. Aber eine Religion, die nicht da ist, kann der Ethik ihre Aufgabe nicht abnehmen, und während sich von jener sagen läßt, daß es sie als menschenbestimmende Tatsache gibt oder nicht gibt, gilt von der Ethik, daß es sie geben muß. Es muß sie geben, weil Menschen handeln, und Ethik ist für die Ordnung der Handelnden und für die Regulierung der Macht zu handeln.

Hans Jonas hält die Integration der Moral in die Religion für nötig, weil er vermutet, nur die Ahnung des Heiligen, nur die Glaubens-Überzeugung einer nicht vom Menschen selbst gemachten, sondern von Gott geschaffenen Werte-Welt könne die tödlichen Kräfte des menschlichen Fortschrittswillens bremsen. Freilich ist Jonas keineswegs sicher, daß es die Religion, so nötig sie wäre, auch gibt. Es müßte erst gezeigt werden, daß sie existiert. Sie müßte um der Ethik willen aufgewiesen werden, die neu zu konzipieren unbedingt erforderlich sei.

Anders setzt Václav Havel (*1936) an, der tschechische Dichter und Staatsmann. In seiner Rede aus Anlaß der Verleihung des Friedenspreises des Deutschen Buchhandels am 15. Oktober 1989, die er nicht persönlich halten konnte, weil ihm die tschechoslowakischen Behörden einen Paß verweigert hatten, analysiert er die große Macht, die große Versuchung und die große Verantwortung des menschlichen Wortes. Zum Schluß dieses Vortrages heißt es[85]:

Hochmütig begann der Mensch zu glauben, er als Höhepunkt der Natur und Herr der Schöpfung verstehe die Natur vollständig und könne mit ihr machen, was er wolle.
Hochmütig begann er zu glauben, als Besitzer von Verstand sei er fähig, vollständig seine eigene Geschichte zu verstehen und sodann allen ein glückliches Leben zu planen, und dies gebe ihm sogar das Recht, jeden, dem die Pläne nicht gefallen, aus dem Weg zu wischen im Interesse einer angeblich besseren Zukunft aller, zu der er den einzigen und richtigen Schlüssel gefunden habe.
Hochmütig begann er von sich zu glauben, wenn er den Atomkern zertrümmern könne, sei er schon so vollkommen, daß ihm weder die Gefahr der atomaren Wettrüstung noch gar des Atomkrieges drohe.
[...]
Von alldem belehrt, sollten wir alle und gemeinsam gegen die hochmütigen Worte kämpfen und aufmerksam nach den Kuckuckseiern des Hochmuts in scheinbar demütigen Worten forschen. Dies ist ganz offenbar durchaus nicht nur eine linguistische Aufgabe. Als Aufruf zur Verantwortung für das Wort und gegenüber dem Wort ist dies eine wesenhaft sittliche Aufgabe.
Als eine solche ist sie allerdings nicht vor dem Horizont der von uns zu überblickenden Welt verankert, sondern erst irgendwo dort, wo jenes Wort sich aufhält, das am Anfang war und das nicht das Wort des Menschen ist.

Urteilt Hans Jonas unter dem Eindruck der industriellen Technik, nicht zuletzt der Atom-Wissenschaft und Atom-Wirtschaft, so Václav Havel unter dem Eindruck des moralischen Desasters, das die vierzig Jahre während kommunistisch-stalinistische Zwangsherrschaft in den Staaten des ehemaligen Ostblocks angerichtet hat. (Leider hat es in Deutschland kaum einen gegeben, der die ethische Katastrophe des Nationalsozialismus, insbesondere seines einzigartig aggressiven Rassismus und der millionenfachen Ermordung der Juden, ähnlich klar und scharf analysiert hätte.)

Eine Verbindung beider Ansätze wird bei Alexander Solschenizyn (*1918) sichtbar. In einem Vortrag, den er 1993 auf seinem Weg aus dem amerikanischen Exil in die russische Heimat gehalten hat, formuliert er eine radikale Kritik nicht nur des Stalinismus, sondern auch des westlichen Wohlstands-Kapitalismus – und hat seine einzige Hoffnung in der Rückbesinnung auf den Anspruch Gottes[86]:

> Wir gestatten unseren Bedürfnissen, ins Unermeßliche zu wachsen, und wissen schon nicht mehr recht, worauf wir sie richten sollen. Mit der dienstfertigen Hilfe von Handelsfirmen werden immer neue Bedürfnisse erfunden und aufgebläht, manchmal auch völlig künstliche. Wir jagen ihnen massenweise hinterher, und doch bleibt die Befriedigung aus, es wird sie nie geben.
> [...] Sich unter den komplizierter werdenden Umständen in unserer Gegenwart selbst zu beschränken ist der einzig wahre, rettende Weg – für uns alle.
> Er hilft uns auch, das Bewußtsein wiederzuerlangen, daß über uns der Eine, Allumfassende und Höchste ist, und – ein ganz verlorenes Empfinden – die Demut vor ihm.

Angesichts des Streits um die Aussagekraft und Relevanz der biblischen Ethik, aber auch des Postulates einer neuen theologisch begründeten Ethik ist die Exegese herausgefordert, in Erinnerung zu rufen, welche ethischen Perspektiven die alt- und neutestamentlichen Schriften eröffnen. Aus der großen Vielzahl von Texten können nur zwei herausgegriffen werden: für das Alte Testament der Dekalog, speziell das 9. und 10. Gebot, für das Neue Testament die Bergpredigt, speziell das Gebot der Feindesliebe.

b) Ein Beispiel aus dem Alten Testament: „Du sollst nicht begehren ...!" (Ex 20,17; Dtn 5,21)

Im „Großen Katechismus" schreibt Martin Luther[87]:

> So haben wir nu die zehen Gepot, ein Ausbund göttlicher Lehre, was wir tuen sollen, daß unser ganzes Leben Gott gefalle, und den rechten

Born und Rohre, aus und in welchen quellen und gehen müssen alles, was gute Werk sein sollen, also daß außer den zehen Gepoten kein Werk noch Wesen gut und Gott gefällig kann sein, es sei so groß und köstlich fur der Welt, wie es wolle, [...] Denn man wird noch lang kein Lehre noch Stände aufbringen, die den zehen Gepoten gleich sind.

Daß die Zehn Gebote eine grund-legende ethische Bedeutung haben, kann überhaupt nicht in Abrede gestellt werden. Nicht nur im Frühjudentum, auch im Neuen Testament wird sie klar herausgestrichen, bei den Synoptikern (Mk 10,19 parr) ebenso wie bei Paulus (Röm 13,9). Doch schon im Alten Testament selbst wird ihre Bedeutung unmißverständlich betont: Der Dekalog ist, der Darstellung des Pentateuch nach (Dtn 4,13; 5,22; 10,4; vgl. Ex 31,18), der einzige Text, den Gott nicht nur gesprochen, sondern selbst *geschrieben* hat.[88] Daß dieser Zug literarische Fiktion ist, kann nicht zur Debatte stehen. Entscheidend ist, daß auf diese Weise die theologische Überzeugung, dem Zehnwort komme singuläre Offenbarungsqualität zu, kräftig unterstrichen werden konnte.

Der Dekalog ist ursprünglich selbständig überliefert worden; er hat erst auf einer späteren Überlieferungsstufe seinen Platz im Pentateuch gefunden. Dort begegnet er in zwei Fassungen, Ex 20,2–17 und Dtn 5,6–21. Der Wortbestand ist zwar im wesentlichen identisch, weicht aber im einzelnen doch voneinander ab.[89] Die Frage, welche Fassung älter ist, wird bis heute kontrovers diskutiert. In jedem Fall scheint sicher, daß der Dekalog nicht bis zu den Wurzeln israelitischer Ethik zurückreicht, sondern erst in einer späteren Entwicklungsphase entstanden ist. Inspirierend hat vor allem die Ethik der Propheten Amos, Hosea, Jesaja, Jeremia und Micha gewirkt. Vieles spricht dafür, daß der Dekalog in der Zeit des Exils entstanden ist. Von Anfang an sollte er die Aufgabe erfüllen, eine grundlegende Orientierung der Ethik Israels zu leisten. Diese Absicht ist offenkundig erreicht worden.

Leider ist es an dieser Stelle aus Platzgründen unmöglich, den Dekalog als ganzen vorzustellen. Der Blick kann nur auf den Abschluß des Zehnwortes gelenkt werden, auf das 9. und 10. Gebot nach katholischer wie lutherischer Zählung (die hier übernommen wird), das 10. Gebot nach jüdischer und reformierter Zählung.[90] Die Schlußgebote des Dekalogs werden häufig unterschätzt. Sie erscheinen vielen nur als Nachtrag oder als Wiederholung der vorangegangenen Gebote. Dieser Eindruck ist falsch. An das Ende des Zehnwortes gestellt, hat das Verbot des Begehrens die Aufgabe, einen kräftigen Schlußakzent zu setzen. Zum einen soll es die vorangegangenen ethischen Mahnungen zusammenfassend bündeln, zum anderen soll

es warnend jenen Wesenszug *aller* Menschen hervorheben, der wie
kein zweiter zerstörerisch wirkt und deshalb am stärksten gezügelt
und kultiviert werden muß: das Begehren – das sexuelle Verlangen
ebenso wie das Streben nach Besitz und Herrschaft. Die Schlußgebote des Dekalogs nennen die vielleicht elementarste Voraussetzung gelingenden Lebens.

In einer Synopse werden die Gemeinsamkeiten und Unterschiede
zwischen beiden Fassungen schnell sichtbar.

Ex 20   Dtn 5
                          9. Gebot
[17]Du sollst nicht begehren   *[21]Und du sollst nicht begehren*
das Haus deines Nächsten.   *die Frau deines Nächsten.*

                          10. Gebot
Du sollst nicht begehren   *Und du sollst nicht begehren*
die Frau deines Nächsten   *das Haus deines Nächsten,*
                                                sein Feld
und seinen Knecht und seine Magd   *und seinen Knecht und seine Magd,*
und sein Rind und seinen Esel   *sein Rind und seinen Esel*
und alles,   *und alles,*
*   was deinem Nächsten gehört.*   *   was deinem Nächsten gehört.*

Die beiden Versionen stimmen in wesentlichen Motiven und Aussagen überein, unterscheiden sich aber an einem wichtigen Punkt:
Ex 20 setzt mit dem Verbot ein, das Haus des Nächsten zu begehren, und listet dann – aus der Perspektive eines Mannes – die Mitglieder und Besitztümer eines israelitischen Haushaltes auf, ange-
fangen mit der Frau; Dtn 5 dagegen setzt das Verbot, die Frau
des Nächsten zu begehren, voran und nennt erst dann *en bloc* das
Haus mit all den Menschen und Tieren, mit allen Mobilien und Im-
mobilien, die zu ihm gehören. Wie es scheint, kommt der Frau in
Dtn 5 eine höhere Stellung als in Ex 20 zu, wo sie dem Haushalt
eines Mannes zugeschlagen wird. Spricht das für ein höheres Alter
der Exodus-Fassung?[91] Sicher ist das keineswegs.[92] Denn der
Hauptunterschied zwischen beiden Versionen liegt eher darin, daß
im Deuteronomium zwischen dem Begehren nach der Frau eines
Nächsten als einem sexuellen Verlangen und dem Begehren nach
dem Haus eines Nächsten als einem Ausdruck der Habsucht unterschieden wird (was im hebräischen Urtext auch durch eine terminologische Differenzierung angedeutet wird), während im Exodus-
buch das Begehren durchweg auf den Besitz des Nächsten
bezogen wird. Unabhängig freilich von der literarkritischen Ent-

scheidung über das Alter der Texte bleibt die Aufgabe der exegetisch-theologischen Auslegung.

(1) Die Zehn Gebote als Wegweiser in das Land der Freiheit

Das Verbot des ungeordneten Begehrens läßt sich nur verstehen, wenn man es in das Ganze des Dekalogs einordnet. Zwei Beobachtungen drängen sich dann auf.

Zunächst: Dem gesamten Dekalog steht eine Präambel voran, die nicht sofort auf das den Israeliten ethisch Gebotene, sondern auf das Heilshandeln Gottes an Israel abhebt, näherhin auf das Exodusgeschehen, in dem Gott sein Volk aus dem Sklavenhaus Ägypten herausgeführt hat. Diese Präambel steht vor dem gesamten Dekalog, sie steht damit zugleich vor einem jeden der zehn Gebote. Mit der Präambel wird nicht nur klargestellt, von wessen Autorität die Zehn Gebote (nach der Überzeugung ihrer Autoren und Tradenten) getragen sind. Es wird zugleich der Imperativ im Indikativ begründet: Es ist die entscheidende Befreiungstat Gottes, die Israel überhaupt in die Lage versetzt, zu leben, wie es die Zehn Gebote vorschreiben, dann aber auch auf deren konsequente Einhaltung verpflichtet. Mehr noch: Daß Gott seinem Volk Israel die Zehn Gebote vorschreibt, ist selbst ein inneres Moment dieses seines Gnadenhandelns, zumindest aber eine notwendige Konsequenz aus dem Exodusgeschehen: Wenn Gott das Volk in das Land der Freiheit führen will, muß er ihm auch zeigen, wie es dort in Freiheit leben kann.

Von diesem Rückbezug auf das Exodusgeschehen sind die Gebote selbst in ihrem Charakter und ihrer Sinnrichtung geprägt. Sie treten Israel nicht als Katalog autoritärer Zwangsmaßnahmen Gottes entgegen; sie weisen Israel vielmehr auf jene Möglichkeiten eines glückenden Lebens hin, die durch die Befreiung aus der ägyptischen Sklaverei (die sich im babylonischen Exil zu wiederholen scheint) gegeben sind: Die Zehn Gebote sind Wegweiser in das Land der Freiheit, das Gott seinem Volk zum Geschenk macht; sie warnen davor, die geschenkte Freiheit nicht zu verspielen; sie machen auf lebenswichtige Einstellungen und Verhaltensweisen aufmerksam, die Israel beachten muß, wenn es Frieden und Freiheit bewahren will.[93]

Sodann: An der Spitze des Dekalogs stehen nach der Präambel drei (resp. vier) Gebote, die unmittelbar das Gottesverhältnis betreffen: das Verbot, fremde Götter zu verehren (mitsamt dem Bilderverbot), das Verbot, den Namen Gottes (etwa beim Schwören vor Gericht) zu mißbrauchen, und das Gebot der Sabbatheiligung, nach Ex 20,8–11 eingedenk der guten Schöpfungsordnung, nach Dtn 5,12–15 nicht zuletzt, um den Sklaven und den Arbeits-Tieren einen Ruhetag zu gönnen.

Die ethischen Gebote der sog. zweiten Tafel sind unter dem Vorzeichen dieser theozentrischen Weisungen zu lesen: Die sozialen Verhältnisse, die sie ordnen wollen, können nur dann gerecht sein, wenn die Gottesbeziehung im Lot ist; denn Gott allein ist es, der Israel das Leben ermöglicht. Umgekehrt ist eine notwendige Folge des in den drei ersten Geboten angesprochenen Gottesverhältnisses, im sozialen Bereich so zu leben, wie es die zweite Gebotstafel vorschreibt.

Auf das Verbot des Begehrens bezogen, folgt daraus zweierlei. *Erstens,* daß es als Konsequenz eines Gottesverhältnisses begriffen wird, in dem Gott als der bejaht wird, als der er sich Israel offenbart hat: als der Eine und Einzige, der seine Macht einsetzt, um sein Volk zu befreien. Und *zweitens,* daß es einen Weg weist, die von Gott geschenkte Freiheit nicht zu verspielen, sondern im konkreten Lebensvollzug wahrzunehmen.

Daraus resultiert die Normativität des Gebotes wie des gesamten Dekalogs. Literarisch mit der denkbar höchsten Autorität ausgewiesen (Gottes ureigenes Wort zu sein), steht die Verbindlichkeit der Weisung nicht zur Debatte, erhellt aber theologisch daraus, daß Menschen, die ihrem Begehren freien Lauf lassen, ihre Freiheit nicht etwa ausleben, sondern verlieren und die der anderen nicht etwa achten, sondern zerstören.

(2) Der Schutz der Familie und des Eigentums

Das Begehren, von dem zum Abschluß des Dekalogs gesprochen wird, richtet sich auf die Frau und auf den Besitz des Nächsten. Die Verwandtschaft mit dem 6. und 7. Gebot ist unübersehbar. Die Familie und der Besitz sind in der israelitischen Gesellschaft die Basis des politischen, sozialen und auch des religiösen Lebens – zumal für die Schicht der Vollbürger, die der Dekalog ursprünglich besonders anspricht.

Das 6. Gebot (Ex 20,14 par Dtn 5,18) verbietet in seiner ursprünglichen Form nicht jede Art von außerehelichem Geschlechtsverkehr; es untersagt vielmehr dem Mann jede sexuelle Beziehung mit der Verlobten oder Ehefrau eines anderen Mannes. Allerdings ist es so allgemein und grundsätzlich formuliert, daß es auch auf die Frau übertragen werden konnte und bald übertragen worden ist (vgl. Lev 20,10) und daß nicht nur das Einbrechen eines Mannes in eine fremde Ehe, sondern auch sein Ausbrechen aus der eigenen Ehe als Verstoß gegen Gottes Weisung gewertet werden konnte und gelegentlich auch so gewertet worden ist (Mal 2,14f).

Das 6. Gebot ist nicht eine spezielle Vorwegnahme des 7. Gebotes: Daß in Israel und speziell im Dekalog die Frau als Eigentum ihres Mannes gegolten hätte und dem Manne *deshalb* der Einbruch in eine fremde Ehe verboten sei[94], läßt sich nicht nachweisen. Das Verbot des Ehebruchs erklärt sich aber auch nicht aus einer Tabuisierung außerehelicher Sexualität. Eine Rolle mag gespielt haben, daß in der Umwelt Israels und auch in den Köpfen vieler Israeliten die Sexualität sakralisiert worden ist: der Geschlechtsverkehr als Nachvollzug einer heiligen Hochzeit der Götter, wie er in Fruchtbarkeitsriten begangen worden ist, die von den Propheten, voran Hosea (4,13f u.ö.) und Jeremia (3,1–13), als ehebrecherischer Götzendienst gebrandmarkt worden sind. Deshalb mochte es wichtig erscheinen, den sexuellen Trieb zu zügeln und auf die Ehe zu beschränken.[95] Entscheidend ist etwas anderes: der notwendige Schutz der Familie.

Die Familie ist die Keimzelle der israelitischen wie (nahezu) jeder menschlichen Gesellschaft. Sie ist nicht nur die kulturell vorgegebene Form der Lebens-Gemeinschaft von Mann und Frau (vgl. Gen 2,24); sie ist auch die kleinste ökonomische Einheit; sie ist der Schutzraum für Kinder und Alte; und sie ist in Israel nicht zuletzt die wichtigste religiöse Gemeinschaft, namentlich in der exilischen und nachexilischen Zeit.[96] Deshalb war um der privaten Lebenserfüllung und um des kollektiven Wohlergehens des ganzen Volkes willen kaum etwas wichtiger als funktionierende Familien.

Im Alten Testament finden sich genügend Beispiel-Geschichten, die von den verheerenden Folgen des Ehebruchs handeln. Der prominenteste Fall ist David, dessen begehrliche Liebe zu Batseba den Hethiter Urija, ihren Mann, das Leben kostet – was der Prophet Natan ebenso klug wie mutig als Verbrechen aufdeckt (2Sam 11f). Wer die Ehe bricht, zerrüttet die Beziehung zu seiner Ehefrau; er macht sein eigenes Familienleben wie das seines Nächsten kaputt; er erschüttert die nachbarschaftlichen Bindungen; er zerstört nicht zuletzt darin seine eigene Reputation und seine eigene moralische Identität.[97]

Das 6. Gebot schützt die Familie als den engsten, empfindlichsten und wichtigsten Lebensbereich, indem es die eklatanteste Form seiner Verletzung durch den *pater familias*, den Ehebruch, als Verstoß gegen Gottes Gebot kritisiert. Weil Gott seinem Volk und dessen einzelnen Mitgliedern ein Leben in geordneten und friedlichen Verhältnissen gewähren will, tritt er im Dekalog als Schutz-Herr der Ehe auf.[98] Deshalb ist der Ehebruch nicht nur ein Verstoß gegen die Rechte des Nächsten, sondern zugleich eine Sünde wider Gott (Gen 39,9; 2Sam 12,13; Ps 51,6).

Das 7. Gebot (Ex 20,15 par Dtn 5,19) untersagt, sich den Besitz eines anderen (Israeliten) widerrechtlich anzueignen. Es bezieht sich auch auf den besonders krassen Fall des Menschenraubes (Ex 21,16; Dtn 24,7; vgl. Gen 37,12–36; 40,15), läßt sich aber kaum darauf einschränken, sondern blickt auf all jene Besitztümer, die im 10. Gebot aufgezählt werden: Haus und Hof, Grund und Boden, Sklaven, Vieh und die gesamte bewegliche Habe. Im Hintergrund des Gebotes steht wohl weniger der Gedanke einer Unverletzlichkeit des Eigentums. Es läßt sich auch keine sakralrechtliche Begründung (wie im Deuteronomium angedacht) finden, nach der Gott allein der Eigentümer des ganzen Heiligen Landes ist und die Israeliten ihren Grund und Boden nur zu Lehen erhalten haben. Das 7. Gebot ist vielmehr im Rahmen des Dekalogs als eine Forderung der Gerechtigkeit eingeführt: Es gilt, die Arbeitsleistung wie die materielle Lebensgrundlage einer israelitischen Familie zu respektieren. In einer agrarischen Gesellschaft, ohne ein differenziertes Rechtswesen, ohne Polizei, ohne Sozialversorgung, ohne Versicherungen, ist die Bedeutung des 7. Gebotes für die Funktionsfähigkeit der israelitischen Gesellschaft und für die Überlebensmöglichkeit der breiten Masse israelitischer Familien kaum zu überschätzen. Überdies ist es ein Politikum ersten Ranges; denn in Israel konnte (wie in anderen antiken Gesellschaften) Vollbürger mit allen Rechten und Pflichten nur sein, wer über Grundbesitz verfügte.

Besondere sozialpolitische Bedeutung erhält das Gebot dort, wo es den Besitz der Schwachen gegen die Begehrlichkeit der Mächtigen schützt. Die prophetische Kritik eines Amos, eines Jesaja, eines Micha klingt an; die Sozialgesetzgebung des Deuteronomiums liegt nicht weit ab. Die Geschichte vom Weinberg Nabots 1Kön 21 liefert ein ebenso anschauliches wie drastisches Beispiel sowohl für die Versuchung der Starken, die Besitzrechte der Armen zu verletzen, als auch für die kriminelle Energie, die sie erzeugt. Doch während in der Kalendergeschichte, die Johann Peter Hebel (1760–1826) für sein „Schatzkästlein des Rheinischen Hausfreundes" aufgeschrieben hat[99], der Müller von Sanssouci immerhin schon auf das Kammergericht in Berlin verweisen kann und glücklicherweise auf einen Philosophen-König trifft, der es nicht zum Äußersten kommen läßt, geht es Nabot ans Leben, und muß erst der Prophet Elija, von Gott gesandt, auftreten, um Ahab, Israels König, zur Besinnung zu bringen.

Ob Raub und Diebstahl, ob Wucher, ob Erbschleicherei, ob Unterschlagung, ob Ausbeutung, ob Betrug, ob Lohndrückerei – alle offenen und heimlichen Eigentumsdelikte werden vom 7. Gebot erfaßt, nicht nur jene, die vom Neid der Armen auf die Reichen, auch jene, die von der Habgier der Mächtigen motiviert werden – vor allem aber jene alltäglichen, scheinbar gerade noch erlaubten, in Wirklichkeit aber schon verbotenen Übergriffe auf fremdes Eigentum, die weder durch Not noch durch Besitzgier begründet sind, sondern nur durch die Erwartung, nicht entdeckt zu werden: Gelegenheit macht Diebe.

Das 6. und 7. Gebot gehören auf das engste zusammen. Wie das eine die soziale Basis der israelitischen Gesellschaft schützen soll, so das andere die materielle; und wie das 7. Gebot die wirtschaftliche Grundlage der Familie schützen soll, so das 6. die persönliche, insbesondere das Vertrauen zwischen Mann und Frau.

(3) Das Begehren

Die beiden Schlußgebote des Dekalogs unterstreichen den Schutz der Familie und des Eigentums, den bereits das 6. und 7. Gebot gewährleisten sollten. Eine bloße Wiederholung ist nicht intendiert. Ebensowenig läßt sich eine Differenzierung nach verschiedenen Fällen – hier Menschenraub, dort Diebstahl allgemein; hier der Einbruch in eine fremde Ehe, dort die Lust auf die Frau eines Deportierten oder Vermißten – vornehmen. Entscheidend ist vielmehr, daß die beiden Schlußgebote im Unterschied zum 6. und 7. Gebot vom „Begehren" reden.[100] Gerade dadurch zeigt sich eine besondere Nähe zu Mi 2,1f[101]:

¹Weh denen, die Böses und Unrecht planen auf ihren Lagern,
um es im Morgengrauen auszuführen,
weil sie die Macht dazu haben.
²Sie begehren Felder und rauben sie,
Häuser und nehmen sie.
Sie bemächtigen sich des Mannes und seines Hauses,
eines Menschen und seines Eigentums.

Möglicherweise bildet dieses Prophetenwort aus dem 8. Jh. die Keimzelle des 9. und 10. Gebotes. Auch Micha will vor allem den Besitz des Schwächeren vor der Habgier des Stärkeren schützen. Auch ihm gilt als Quelle des Übels das *Begehren* nach dem Hab und Gut des Nächsten, zumal des Schwachen. Das Begehren hängt auf das engste mit dem Planen und dem Ausführen zusammen, ohne mit beidem identisch zu sein: Es setzt dem nächtlichen Planen seine Ziele; und es verleiht der zwielichtigen Ausführung im Morgengrauen die nötige Rücksichtslosigkeit und Durchsetzungskraft. Weder ist das Begehren nur ein Affekt, lediglich eine Gedankensünde; noch ist es die schon voll-

brachte Tat. Vielmehr ist es ein Wollen, das zum Vollbringen, ein Entschluß, der zur Ausführung, ein Gelüsten, das zur Befriedigung drängt.
Das Begehren ist ein innerer Trieb, der die Möglichkeiten der praktischen Umsetzung bereits einkalkuliert.

Bei Micha ist das Begehren wie im Dekalog eine elementare Macht,
die im Menschen wohnt und ihn dazu verleitet, den eigenen Bewe-
gungsspielraum, die eigenen Handlungsmöglichkeiten, die eigenen
Energieressourcen zu Lasten des Nächsten zu vergrößern. Das Begehren folgt dem archaischen Drang des Menschen, sich etwas *nehmen* zu
können. Insofern wohnt es als eine natürliche Kraft in jedem Menschen. Doch treibt ihn diese Kraft nicht nur dazu, das in seinen Besitz
zu bringen, was ihm zusteht, sondern auch das, was anderen gehört.
Die Omnipotenz-Phantasie, die hinter diesem elementaren Drang, etwas sein eigen zu nennen, steckt, ist so stark, daß sie den Menschen
antreibt, um ihrer wenigstens partiellen Verwirklichung willen auch
die Rechte seines Nächsten zu beeinträchtigen.

Indem das 9. und 10. Gebot das Begehren verbietet, führt es in
doppelter Hinsicht über die Verbote des Ehebruchs und des Dieb-
stahls hinaus bzw. tiefer in sie hinein: Einerseits verurteilt es nicht
nur Handlungen, die strafbar sind, sondern auch weit unterhalb des
Justitiablen jede Aktion, die das Freiheitsrecht des Nächsten tangiert. Andererseits verurteilt es nicht nur Handlungen, sondern
auch Motive, nicht nur die schlechte Tat, sondern auch den bösen
Willen. In den beiden Schlußgeboten setzt eine ethische Linie an,
die bis zu den Antithesen der Bergpredigt führt. Nicht erst der fla-
grante Ehebruch, schon der lüsterne Blick nach der Frau des Nächsten (vgl. Mt 5,28), allein die Vorstellung, sie zum Mittel der sexuellen Selbstbefriedigung zu machen, widerspricht dem Willen Gottes;
und nicht erst der vollbrachte Diebstahl, schon der begehrliche
Blick nach dem Eigentum des Nächsten, allein die Vorstellung,
durch unrechten Besitzerwerb das Leben steigern zu können, beein-
trächtigt die von Gott geschenkte Freiheit.

Mehr noch: Die beiden Schlußgebote sprechen, indem sie das Begehren kritisieren, die Grundsünde des Menschen schlechthin an –
den Trieb, groß sein zu wollen, selbst wenn es auf Kosten der anderen geht; die Einstellung, im Nächsten nicht den Mit-Menschen, sondern den Rivalen zu sehen; den Drang, das eigene Leben ohne
Rücksicht auszuleben und zu steigern, koste es, was es wolle. Dieses
Begehren, das zu Lasten des Nächsten ausgelebt sein will, ist die
originäre Haltung des Egoisten – der in seiner Ich-Sucht die Beziehungen zu den anderen Menschen und zu Gott zerstört. Wenn speziell auf das sexuelle Verlangen und auf die Habgier abgehoben wird,

so sind mit großem psychologischem und theologischem Wissen jene beiden Formen des Begehrens herausgehoben, die leichter als alle anderen die Menschen in ihre Gewalt zu bringen vermögen und stärker als alle anderen die Beziehungen zu den anderen Menschen zerstören können.

Mit seinen beiden Schlußgeboten deckt der Dekalog auf, was die Menschen zuletzt hindert, Gott als den anzuerkennen, der er in Wahrheit ist, und dem Nächsten zukommen zu lassen, was ihm gebührt. Das Begehren nach seiner Frau und nach seinem Hab und Gut erscheinen als Paradigmen einer Lebenseinstellung, in der Menschen so denken und so handeln, als gäben sie sich selbst ihr Gesetz und müßten auf Teufel komm raus ihre vermeintlichen und tatsächlichen Eigeninteressen verfolgen. Letztlich signalisiert das ungezügelte Begehren die Unwilligkeit der Menschen, die ihnen kreatürlich und ethisch gesteckten Grenzen zu akzeptieren, und damit signalisiert es ihren Eigen-Sinn, ihr eigener Gott zu sein.

c) Ein Beispiel aus dem Neuen Testament:
„Ich aber sage euch: Liebt eure Feinde!" (Mt 5,38–48)

Unbestritten ist das Gebot der Feindesliebe der Spitzensatz der Ethik Jesu (Mt 5,38–48; Lk 6,27–36).[102] Es gehört nicht nur zu den am meisten zitierten, sondern auch zu den am meisten geschätzten Worten des Neuen Testaments. Auch außerhalb der Kirchen finden sich viele, die das Ethos der Feindesliebe hochschätzen und Jesus gerade wegen dieser Weisung Respekt zollen, darunter so bedeutende Persönlichkeiten wie Mahatma Gandhi (1869–1948)[103] und der gegenwärtige Dalai Lama, Tenzin Gyatso (*1935)[104]. Umgekehrt kennzeichnet es den „Mann ohne Eigenschaften" bei Robert Musil (1880–1942), daß er das Gebot der Feindesliebe nicht im Kopf hat und mit ihm auch nichts anfangen kann, da es ihm von seiner Schwester in Erinnerung gerufen wird.[105]

Freilich trifft die Bergpredigt auch auf Widerspruch. Ist das Gebot der Feindesliebe nicht eine schlichte Überforderung, wie manche jüdischen Exegeten einwenden?[106] Schürt es deshalb nicht auf sublime Weise eine Aggressivität, die sich aus unterdrückten Rachegefühlen speist, wie Sigmund Freud meint?[107] Wird die Ethik der Feindesliebe nicht durch den Hinweis auf himmlischen Lohn eine sublime Einladung zur Selbstliebe, wie neuerdings Kritiker behaupten?[108] Ist die Forderung, dem Bösen keinen Widerstand zu leisten, nicht ein Zeichen der Schwäche, wie Friedrich Nietzsche argwöhnt?[109] Oder nur etwas für Heilige, aber nichts für Menschen, die mitten im Leben ste-

hen, zumal für Politiker, wie Max Weber (1864–1920) urteilt?[110] Ist
nicht das Gebot, dem Übeltäter zu verzeihen, im Grunde zynisch,
weil ungerecht und den Opfern unzumutbar, wie Fjodor Dostojewski
(1821–1888) den unglücklichen Iwan Karamasow fragen läßt?[111]

Antworten auf diese Fragen können sich nur aus einer genauen
Betrachtung des Textes ergeben[112]. Er lautet in seiner Fassung bei
Matthäus (5,43–48):

> *[43]Ihr habt gehört, daß gesagt worden ist:*
> Du sollst deinen Nächsten lieben (Lev 19,18)
> *und deinen Feind hassen!*
> *[44]Ich aber sage euch:*
> *Liebt eure Feinde*
> *und betet für die, die euch verfolgen,*
> *[45]auf daß ihr Söhne eures Vaters in den Himmeln werdet,*
> *weil er seine Sonne aufgehen läßt über Bösen und Guten*
> *und es regnen läßt über Gerechte und Ungerechte.*
> *[46]Aber wenn ihr nur die liebt, die euch lieben,*
> *welchen Lohn habt ihr?*
> *Machen nicht auch die Zöllner dasselbe?*
> *[47]Und wenn ihr allein eure Brüder grüßt,*
> *was tut ihr besonderes?*
> *Machen nicht auch die Heiden dasselbe?*
> *[48]Seid also vollkommen, wie euer himmlischer Vater vollkommen ist.*

Eine Parallele steht in der lukanischen Feldrede (6,27–36). Beide
Texte basieren auf der Redenquelle. Der Vergleich mit Lukas zeigt
sogleich, daß die für die Bergpredigt typische Form der Antithese
(„*Ihr habt gehört, daß [zu den Alten] gesagt worden ist: … Ich aber
sage euch: …*") nicht ursprünglich ist. Sie geht auf das Konto
(vor)matthäischer Redaktion. Die lukanische Version bietet über die
matthäische hinaus Motive, die in der Bergpredigt zur 5. Antithese gehören: das Verbot gewaltsamen Widerstandes (Lk 6,29 par Mt 5,39)
und das Gebot, zu geben, ohne auf Rückerstattung zu rechnen (Lk
6,30 par Mt 5,42). Welche Version ursprünglicher ist, steht dahin. Sachlich gehören die 5. und die 6. Antithese untrennbar zusammen. Das
Verbot, auf Gewalt mit Gegengewalt zu reagieren, zeigt, bis zu welchen Konsequenzen die Weisung zur Feindesliebe gültig bleibt.

(1) Seligpreisungen und ethische Weisungen

Am Beginn der matthäischen Bergpredigt stehen ebenso wie am Beginn der lukanischen Feldrede nicht ethische Gebote, sondern Seligpreisungen (Mt 5,3–12; Lk 6,20–23). Damit wird nicht nur erneut die
typisch biblische Begründung des Imperativs im Indikativ angezeigt.

Es wird zugleich die Ethik Jesu als Reich-Gottes-Ethik ausgewiesen.[113] Was Jesus fordert, ist durch sein Evangelium, seine „Frohe Botschaft", gedeckt, die Zeit sei erfüllt und Gottes Herrschaft sei nahegekommen (Mk 1,15). Die Seligpreisungen proklamieren das Recht, das im vollendeten Reich Gottes gilt und das Gott durch Jesus schon hier und jetzt verwirklicht sehen will: die Herrschaft der Gnade, die zumal den Armen, Weinenden, Hungernden, Trauernden zugute kommt und auf die Überwindung von Rache, Gewalt, Unterdrückung, Entfremdung und Schuld aus ist – und letztlich auf die endgültige Verwandlung des Todes ins Leben. Aus dieser Verheißung leben die Jünger, die Jesus mit der Bergpredigt zum Ethos der Feindesliebe ruft: Nicht in der Spekulation auf Entlohnung mit Zins und Zinseszins im kommenden Reich Gottes, sondern im Vertrauen auf die Verheißungstreue Gottes können und sollen sie selbst ihre Feinde lieben.

Das Gebot des Gewaltverzichts und der Feindesliebe erhält dadurch einen unverwechselbaren Klang. Carl Friedrich von Weizsäkker (*1912) schreibt über die Bergpredigt, er könne in etwa drei „Schichten" unterscheiden: die einer allgemein gültigen Ethik, die auf den kategorischen Imperativ oder die Goldene Regel hinauslaufe, die einer Gesinnungsethik, die auf die innere Einstellung der Menschen abstelle, und eine dritte, die im Indikativ der göttlichen Heilszusage gründe. Über diese drei Schichten urteilt von Weizsäcker[114]:

> Die allgemeine Ethik, die Ethik des allgemeinen Gebots, das allen Menschen so zu handeln befiehlt, wie sie selbst behandelt sein wollen, diese Ethik ist auch ohne Religion, außerhalb des religiösen Zusammenhangs, sehr wohl denkbar. Ihre größte Formulierung, die mir bekannt geworden ist, stammt von Kant: „Handle so, daß die Maxime deines Handelns jederzeit Prinzip einer allgemeinen Gesetzgebung sein könnte."
>
> Das Zweite: die Gesinnung. […] du sollst nicht nur nicht töten, du sollst nicht töten wollen. Du sollst nicht in dir den Impuls zulassen, der, wenn du ihm folgtest, töten würde. Das ist nun genauso unwidersprechlich. Kant hat das wiederum wunderbar gesagt: Es gibt nichts in der Welt, was ohne Einschränkung gut genannt werden kann, als allein ein guter Wille. Der gute Wille ist gefordert. Auch dieser Forderung kann man sich nicht entziehen, und ich glaube, alle Feststellungen, es sei nicht gefordert, denn es stehe nicht in unserer Macht, sind Heuchelei.
>
> Das Dritte: die Seligpreisungen. […] Die Erfahrung, die in diesem Indikativ ausgesprochen wird, ist der eigentliche Kern. Sie ist das, was macht, daß […] wovon hier die Rede ist, nicht Moral ist, sondern Religion. Es gibt ja einen tiefen Gegensatz zwischen reiner Moral und Religion. Die Moral, die den Trost dieses Indikativs der Seligkeit nicht hat, muß fordern bis zum Unmenschlichen, oder sie belügt sich selbst. Nur der, der das Geschenk bekommt, den anderen und sich

selbst lieben zu können, kann eigentlich die moralische Forderung an
eine Stelle setzen, wo sie lebendig macht und nicht tötet.

Die Nähe des Atomphysikers Weizsäcker zur protestantischen Theologie und Ethik ist bekannt. Was er an der Bergpredigt hervorhebt,
sagt er freilich nicht nur als gläubiger Christ, sondern zugleich als ge-
bildeter Zeitgenosse, als Wissenschaftler ebenso wie als *homo politi-
cus*. Indem er auf die innere Einheit von Glaube und Ethik abhebt,
wehrt er einer Gebotsmoral, der Jesu Bergpredigt tatsächlich nur als
Überforderung erscheinen könnte und die entweder zu Aufweichun-
gen des Anspruchs Jesu oder zu Sublimationen führen müßte. Daß
die Seligpreisungen den Antithesen vorangestellt werden, zeigt indes,
daß die Menschen sich nicht erst durch ihr moralisches Wollen und
Handeln die Gnade Gottes zu verdienen oder ihre Identität zu verschaffen verdammt sind, sondern daß Gottes Gnade immer schon ihrem Tun zuvorkommt und sie immer schon als Kinder ihres himmlischen Vaters gelten läßt und deshalb ihr Sein wie ihr Handeln auf
eine neue, der Herrschaft Gottes entsprechende Basis stellt.

Wer seinen Feind liebt, wie Jesus dies fordert, kann dies nur, indem er an sich zur Wirkung kommen läßt, was ihm Jesus als schöpferische Macht der Gnade Gottes zugesprochen hat. Dann aber wird
Liebe möglich; dann wird sie auch, im Alten wie im Neuen Testament, zum Gebot. Franz Rosenzweig hat darauf aufmerksam gemacht: Wird der Mensch dessen inne, daß Gott ihn liebt, dann ergibt sich *daraus* das Gebot zu lieben: nicht als heteronomes Gesetz,
sondern als ureigenes Wollen des von Gott Geliebten.[115]

(2) Nächstenliebe und Feindesliebe

Matthäus scheint das jesuanische Gebot der Feindesliebe scharf vom
alttestamentlichen Gebot der Nächstenliebe (Lev 19,18) abzugren-
zen. Doch dieser Schein trügt. Der Evangelist läßt Jesus nicht gegen
den Wortlaut und die Autorität der Tora angehen (vgl. 5,17–20), sondern gegen (essenische? pharisäische? zelotische?) Gesetzesauslegungen, die zu seiner Zeit im Frühjudentum wirkmächtig gewesen
sind. Genaueres Hinsehen zeigt den inneren Zusammenhang, aber
auch die spezifischen Unterschiede zwischen dem alttestamentlichen Gebot der Nächstenliebe und dem jesuanischen Gebot der
Feindesliebe, in dessen Licht auch seine Mahnung zur Nächstenliebe (Mk 12,31 parr) verstanden werden muß. Wenn Jesus das Gebot
der Feindesliebe formuliert, steht er in der Tradition des Alten Testaments – und sprengt zugleich deren Grenzen, indem er das Ethos
von Grund auf erneuert.

Im Heiligkeitsgesetz steht (Lev 19,17f)[116]:

> [17]*Trage gegen deinen Bruder nicht Haß in deinem Herzen!*
> *Weise deinen Nächsten freimütig zurecht,*
> *damit du nicht seinetwegen Schuld auf dich lädst!*
> [18]*Räche dich nicht*
> *und trage den Söhnen deines Volkes nichts nach!*
> *Liebe deinen Nächsten wie dich selbst!*
> *Ich bin Jahwe.*

Daß echte Nächstenliebe sich in der Überwindung von Groll und Rache, im Verzicht auf Vergeltung, in der Vergebung von Schuld, im Verzeihen von Fehlern erweist, wird bereits im alttestamentlichen Liebesgebot mit aller wünschenswerten Deutlichkeit gesagt. Zwar bleibt der
Gesichtskreis auf Israeliten begrenzt; es ist auch nicht von der Liebe
zu Schwerverbrechern, zu politischen Unterdrückern und religiösen
Verfolgern Israels die Rede. Aber andere Stellen (Lev 19,34; Dtn
10,19) beziehen ausdrücklich die „Fremden" ein: Immigranten,
„Gastarbeiter", Asylanten, Flüchtlinge, die als „Schutzbürger" in Israel leben[117]; und es bleibt dabei, daß wahre Nächstenliebe auch
schon im Alten Testament niemals nur den wohlgesonnenen Freunden gelten darf, sondern auch die Liebe zu persönlichen Feinden, zu
Schuldiggewordenen und zu Rechtsbrechern umfaßt. Im Frühjudentum ist daran immer wieder erinnert worden.[118] Die Begründungen
variieren, bleiben aber theozentrisch. Weil Gott in seiner Heiligkeit
Schuld und Sünde vergibt, sollen sich auch die von ihm geheiligten
Israeliten nicht von persönlichen Rachegefühlen fortreißen lassen
(Lev 19). Weil Gott die Fremden liebt, sollen es auch die Israeliten
tun – zumal sie ja doch selbst dereinst Fremde im Lande Ägypten gewesen sind und deshalb am eigenen Leib erfahren haben, wie es Fremden zu gehen pflegt (Dtn 10,18f).

Freilich wird im Judentum der Zeit Jesu hier und da auch über die
Grenzen der Nächstenliebe nachgedacht. Es sind keineswegs die
Lauen und Mittelmäßigen, sondern gerade die Ernsthaften, die
Frommen, die Reformer, die Erneuerer, die fragen, wie weit die
Pflicht zur Nächstenliebe wirklich geht. Sie fragen keineswegs, weil
sie sich moralischer Pflichten entledigen wollen, um sich ihr Leben
etwas leichter zu machen. Schon gar nicht fragen sie aus verstecktem
tem Egoismus. Sie decken vielmehr ein Grundproblem der Nächsten- und speziell der Feindesliebe auf: Heißt es nicht, die Ungerechtigkeit, die Gewalt, den Frevel zu bagatellisieren, wenn man die
Missetäter *nicht* verachtet und verurteilt? Können es die Opfer der
Gewalt gutheißen, wenn man auch die Übeltäter liebt? Kann Gott

wollen, daß die geliebt werden, die seinen Willen zum Schaden ihrer Mitmenschen mißachten? Verabscheut Gott nicht das Böse? Verurteilt er nicht in seiner Gerechtigkeit die Ungerechten? Dürfen dann aber die Menschen jene lieben, die andere hassen?

Besonders nachdrücklich wird so in Qumran gefragt. Geprägt von der tiefen Überzeugung, aufgrund der Gnade Gottes zu den „Söhnen des Lichtes" zu gehören, die von den Gott verhaßten „Söhnen der Finsternis", anderen Israeliten, namentlich den Sadduzäern, radikal geschieden sind, sehen sie sich vor allem nach der Gemeinderegel (1QS) von Gott auf das Gebot verpflichtet, die anderen „Söhne des Lichtes" so zu lieben, wie Gott sie liebt, die „Söhne der Finsternis" hingegen so zu hassen, wie Gott sie haßt.[119] Der Haß, der in Qumran gepredigt wird, hat freilich nichts mit Terror und Gewalt, nichts mit einer Verunglimpfung oder Schädigung des anderen zu tun. Der Haß gegen die „Söhne der Finsternis" ist strikt gewaltlos; er äußert sich nur in Abscheu und Abwendung, im möglichst radikalen Abbruch der Kontakte mit den „Frevlern" – weil man glaubt, auch Gott verabscheue sie, wende sich von ihnen ab und stoße sie weg.

Von *solchen* Gedanken setzt sich die matthäische Antithese ab – nicht ohne eine mißverständliche Formulierung, aber auch nicht ohne guten Grund. Jesu Gebot der Feindesliebe geht tatsächlich weit über alle bislang bekannten Parallelen im Judentum hinaus. Die Fallbeispiele, mit denen er sein Gebot illustriert und interpretiert, zeigen, wie viel er seinen Jüngern zumutet. Jesus fordert, sie sollten jemandem, der sie auf die eine Backe geschlagen hat, auch die andere hinhalten (Mt 5,39 par Lk 6,29a) – obwohl der Schlag, wenn er die rechte Backe trifft, besonders schimpflich und schmerzlich gewesen ist (müßte ein Rechtshänder doch mit dem Handrücken zugeschlagen haben). Jesus fordert, sie sollten jemandem, der ihnen in einem Gerichtsverfahren als Gläubiger das letzte Hemd genommen hat, auch noch den Mantel lassen (Mt 5,40) – obwohl im alttestamentlichen Gesetz (Ex 22,26; Dtn 24,12f) zum Schutz der Armen die Pfändung des Mantels verboten ist. (Die Parallele Lk 6,29b denkt an Raub.) Jesus fordert, sie sollten mit jemandem zwei Meilen gehen, der sie gezwungen hat, eine Meile mit ihm zu gehen (Mt 5,41) – obwohl die Möglichkeit, einen solchen Zwang auszuüben, wohl nur ein römischer Soldat, ein Angehöriger der vielfach verhaßten Besatzungsmacht, gehabt haben kann. Jesus fordert, sie sollten für diejenigen beten, die sie verfolgen (Mt 5,44 par Lk 6,28b), und diejenigen segnen, die sie verfluchen (Lk 6,28a) – auch wenn das Bekenntnis zu Jesus der einzige Grund der Pressionen ist.

Die Beispiele sind nicht nur provozierend, sie sind auch erhellend: Jesus sagt seinen Jüngern, daß der Anspruch der Liebe selbst dann nicht aufhört, wenn es um aggressive persönliche Feindschaft, um wirtschaftliche Ausbeutung, um politische Unterdrückung, um religiöse Verfolgung geht. Im Gegenteil: gerade dort, wo ihnen Gewalt entgegenschlägt, wo ihre Rechte verletzt werden, wo sie persönliche Schmach zu erleiden haben, wo andere an ihnen schuldig geworden sind – gerade dort sind die Jünger Jesu zur Feindesliebe gerufen. Kein Lebensbereich ist vom Gebot der Feindesliebe ausgenommen. Die Feindesliebe Jesu ist radikalisierte Nächstenliebe. Tendierte schon Lev 19,18 zum Gebot der Feindesliebe, zeigt die Bergpredigt, bis über welche Grenzen hinaus sich die Jünger Jesu für die Überwindung von Unrecht und Schuld engagieren sollen.

(3) Feindesliebe als radikale Agape

Die Liebe zu den Feinden, die Jesus einklagt, ist kein spontanes Gefühl der Sympathie, der Zustimmung, des freundlichen Wohlwollens oder der herzlichen Anteilnahme. Nur wenn er dies gemeint hätte, ließe sich der Einwand erheben, es sei unmöglich, wenn nicht gar unsinnig, Feindesliebe zu *fordern*. Doch kann dieses Mißverständnis nur im Deutschen (und im Englischen) auftauchen, nicht im Griechischen der Evangelientexte. Denn anders als das Deutsche (und Englische) differenziert das Griechische[120] terminologisch recht genau zwischen verschiedenen Arten der Liebe[121]: Es kennt den *Eros*, das elementare Hingerissensein vom Schönen, Wahren und Guten; es kennt die *Philia*, die erprobte und bewährte, auf Dauer angelegte Freundesliebe; und es kennt die *Storgé*, die natürliche Zuneigung zwischen Familienmitgliedern und Freunden. Im Gebot der Feindesliebe, griechisch überliefert, findet sich aber keiner dieser Termini, sondern die Verbalform von *Agape*. Dieses Wort ist im klassischen Griechisch wenig gewichtet. Durch die Septuaginta aber, die griechische Bibelübersetzung, ist es theologisch und ethisch gefüllt worden, nicht zuletzt durch die Gebote der Gottes- und der Nächstenliebe, vor allem aber durch die prophetische Theologie, daß Gott sein Volk Israel liebt, d. h. rein aus Gnade erwählt (zum Segen für alle Menschen), diesem Volk trotz dessen Schuld die Treue hält, eifersüchtig um seine Verehrung durch die Israeliten besorgt ist und in unerklärlicher Zuneigung seinen gerechten Zorn zu überwinden verspricht (Hos 11). Agape ist im alttestamentlichen wie im frühjüdischen, im jesuanischen wie im paulinischen und johanneischen Gebot der Nächstenliebe die vorbehaltlose Bejahung des anderen, die sich nach Kräften für ihn einsetzt: die Bereitschaft, Gemeinschaft mit ihm einzugehen; der Wille, seine Würde zu achten und seine Rechte zu fördern; die Suche nach Wegen der Verständigung mit ihm; das Mitleid mit seinem Leiden; die Verzeihung seiner Fehler und die Bitte um Vergebung der ihm zugefügten Schuld; die großherzige und umsichtige Hilfe in der Not.

Was *Agape* im Gebot der Feindesliebe heißt, wird durch den Kontext deutlich, namentlich wiederum durch die Beispiele, die Jesus gibt. Wer seinen Feind liebt, ist alles andere als passiv. Er vergilt Böses durch Gutes (Lk 6,27); er verzichtet auf Rache (Mt 5,39ff par Lk 6,29f; Mt 5,44 par Lk 6,27f); er reagiert auf Gewalt nicht mit Gegengewalt (Mt 5,39 par Lk 6,29); er läßt sich von erlittenem Unrecht nicht davon abhalten, dem in Not geratenen Gegner zu helfen (Lk 6,27b); er betet sogar noch für seine Folterer, daß Gott sich auch ihnen als Gott des Friedens und der Versöhnung zeige (Mt 5,44 par Lk 6,28). Feindesliebe erweist ihre Echtheit darin, dem Nächsten auch dann noch Gutes zu tun, wenn er Schlechtes getan hat und voraussichtlich weiter tun wird.

Doch geht die Feindesliebe darin bei weitem nicht auf. Jean Paul (1763–1825) merkt im „Siebenkäs" an[122]:

> Es ist leichter, sich für die Menschen aufzuopfern als sie zu lieben; es ist leichter, dem Feinde Gutes zu tun als ihm zu vergeben.

Die Feindesliebe erweist sich nicht nur in selbstlosem Dienen und tatkräftigem Helfen; sie erweist sich als *Agape*. Die Agape ist ihrem Wesen nach *Bejahung* – nicht des Unrechts, das ein Mensch begeht, wohl aber des Menschen, der es begeht. Sie zeigt sich als Unterstützung des Feindes – nicht in dem, was an seinem Handeln und Denken verurteilt werden muß, wohl aber in dem, was er zum Leben an Hilfe und Zuwendung braucht (Lk 6,28). Mehr noch zeigt sich die Agape in der Suche nach einer Gemeinschaft mit ihm – einer Gemeinschaft, die das geschehene Unrecht weder verdrängt noch verniedlicht, sondern überwinden will: und selbst dann noch nicht aufgekündigt wird, wenn der andere die angebotene Versöhnung verweigert. Eben deshalb äußert sich die Agape zugleich als Bitte um seine bessere Einsicht und seine Rettung vor dem Unheil; und sie zeigt sich als Mitleid, das seine Verfehlungen nicht gönnerhaft zu „verstehen" und leicht zu entschuldigen sucht, sondern an seiner Schwäche, seiner Fehlbarkeit, seiner Schuld Anteil nimmt. Dies freilich alles *coram Deo*; deshalb artikuliert sich die Agape als Fürbitte, die Gott darum angeht, den Angreifer und ungerechten Verfolger nicht vom Heil der Gottesherrschaft auszuschließen, sondern ihn an

Gottes Liebe teilhaben zu lassen (Lk 6,28b); und die Agape will durch das Gebet zum Segen werden, der den Fluchenden nicht auf seine Aufkündigung der menschlichen Gemeinschaft festlegt, sondern seinen Haß durch die Mitteilung der lebenspendenden Gnade Gottes zu überwinden bittet (Lk 6,28a). Die provozierend scharfen Forderungen, mit denen Jesus seine Agape-Forderung konkretisiert, zeigen den Jüngern, was die Feindesliebe alles von ihnen verlangen *kann* – *wenn* es gilt, die ihm durch Gottes Heilshandeln ermöglichte Gemeinschaft nicht abzusprechen, sondern zu vermitteln.

Die Konsequenzen sind hart. Zur Feindesliebe gehört, lieber Unrecht zu erleiden als Unrecht zu tun. Das ist schon eine Forderung Platos, die er Sokrates im Dialog mit Polos zuschreibt (Gorgias 469bc).

Polos:
Du also wolltest lieber Unrecht leiden als Unrecht tun?

Sokrates:
Ich will zwar keines von beiden. Doch wäre nötig, entweder Unrecht zu tun oder Unrecht zu leiden, zöge ich vor, Unrecht zu leiden statt Unrecht zu tun.

Man mag hoffen, durch den Verzicht auf Gegen-Gewalt den Gegner zur Besinnung zu bringen – eine Gewähr gibt es nicht, und ein Motiv, den Feind zu lieben, ist diese Hoffnung auch nicht. Feindesliebe setzt Leidensbereitschaft und Leidensfähigkeit um der Gerechtigkeit willen voraus (vgl. Mt 5,6.10). Wer seine Feinde liebt, gibt dem Bösen nicht nach, sondern nimmt es auf sich und hält es aus; er gibt ihm weder durch seine Taten noch durch seine Worte noch auch durch seine Gedanken neue Nahrung; um des Feindes und um der anderen Menschen willen nimmt er es vielmehr in das eigene Leiden hinein. Schon dadurch läßt er feindselige Aggressionen ins Leere laufen.

Doch geht die Feindesliebe selbst darin nicht auf. *Zum einen* orientiert sich Platos Maxime an der Pflicht des Menschen, *sich selbst* sittlich zu vervollkommnen und dadurch zufrieden sowie glücklicher zu werden (Gorg 474c–476a); Jesu Weisung aber zielt darauf ab, auch dem Feind die Wirklichkeit der Gottesherrschaft aufgehen zu lassen. Nach Plato schuldet man es sich selbst, dem Feind auch um den Preis eigenen Leidens Gutes zu tun, nach Jesus schuldet man es Gott und dem Nächsten – und insofern auch sich selbst. *Zum anderen:* Wäre Platos Maxime das letzte Wort, bliebe das Unrecht bestehen. Die Ethik der Bergpredigt setzt aber im Zeichen der nahegekommenen Gottesherrschaft auf die Möglichkeit, das Unrecht nicht nur zu entlarven und zu kritisieren, sondern – von Gott her – radikal zu überwinden. Die Feindesliebe will dem

Bösen nicht nur trotzen, sondern das Böse durch das Gute besiegen (Lk 6,27; vgl. Röm 12,21). Dies geschieht durch die Liebe zum Feind, indem sie das Böse nicht anrechnet, sondern die Schuld vergibt und die Gemeinschaft mit dem Übeltäter nicht aufkündigt, sondern neu zu begründen versucht. Die Feindesliebe, die Jesus fordert, ist auch dort, wo sie ohnmächtig scheint und ins Leiden führt, nicht nur Protest gegen das Unrecht, nicht nur Erweis moralischer Integrität, sondern eine schöpferische Macht, die stärker ist als der Tod.

Die Feindesliebe ist eine Haltung und Praxis, die nicht nur im Interesse menschlicher Lebensverhältnisse den Aggressionstrieb zu kontrollieren versucht, sondern an der Wiederherstellung schuldhaft zerstörter Beziehungen arbeitet, an der Überwindung von Schuld und Versagen, am Aufbau menschlicher Lebensverhältnisse, die zwar nicht frei von Konflikten sind, aber in der gewaltfreien, versöhnungsbereiten, konstruktiven Austragung von Konflikten eine Chance für die Entwicklung menschenwürdiger Verhältnisse sichtbar machen. Die Feindesliebe, wie Jesus sie fordert, ist nicht mit einer allgemeinen Menschheitsliebe zu verwechseln, die ebenso hochgemut wie unverbindlich und unwirksam ist. Zwar kennt das Gebot Jesu keine Grenzen; insofern ist es die *conditio sine qua non* einer universalen, anti-rassistischen, anti-sexistischen, anti-ideologischen, nicht-diskriminierenden Ethik. Aber die Liebe, für die Jesus seine Nachfolger gewinnen will, bewährt sich in Situationen konkret erlittener Feindschaft: nicht gegenüber einem abstrakten Widersacher, sondern im Angesicht des Nächsten, der die Treue bricht und das Vertrauen enttäuscht, der unlautere Absichten verfolgt und Großmütigkeit ausnutzt, der den eigenen Vorteil sucht und einem den eigenen Willen aufzwingen will. Dort ist die Liebe besonders schwer – und besonders wichtig: nicht nur als Idee, sondern als konkrete, entbehrungsreiche, häufig enttäuschende und dennoch notwendige Praxis. Nicht: „Seid umschlungen, Millionen" ist das Motto der Ethik Jesu, sondern: Du sollst deinen Nächsten lieben wie dich selbst – auch wenn er Dir schreiendes Unrecht zufügt, Dich belügt und bedroht, Dir Gewalt antut und Dich Deiner Rechte beraubt, und auch dann, wenn er Deine Liebe mit Haß beantwortet.

So anspruchsvoll sie ist, hat diese Feindesliebe doch mit naivem Enthusiasmus, mit einem idealisierten Menschenbild, mit einer optimistischen Weltsicht rein gar nichts zu tun. Im Gegenteil: Die Beispiele Jesu bezeugen einen nüchternen Realitätssinn. Jesus weiß, daß es Gewalt, Krieg und Verbrechen, Haß und Vergeltung, offene Rache und heimlichen Groll geben wird, solange diese Welt existiert. Aber er ist nicht der Meinung, daß die Ethik sich der Macht des faktischen Unrechts beugen müsse. Die Menschen, wie Jesus sie sieht, stehen natürlich immer in der Versuchung, auf Gewalt mit Gegengewalt, auf Schuld mit Vergeltung, auf Unrecht mit Rache zu reagieren – aber sie haben die Möglichkeit, dieser Versuchung zu widerstehen: wenn sie sich von Gott auf ihre Würde, ihre Verantwortung und ihre Hoffnung ansprechen lassen. Die Feindesliebe Jesu ist eine Haltung und Praxis, die vom Willen bestimmt ist, dem Nächsten auch dann Gerechtigkeit widerfahren zu lassen, wenn er der Ungerechtigkeit Nahrung gibt. Daß es äußerst schwierig ist, die Forderung der Feindesliebe zu erfüllen, läßt sich nicht leugnen; ein lebenslanger Lernprozeß ist vorausgesetzt, mit zahlreichen Rückschlägen und wohl nur fragmentarischem Gelingen. Aber daß die Forderung der Feindesliebe die Menschen, wie sie nun einmal sind, prinzipiell überfordert, kann schwerlich behauptet werden – so zahlreich die Beispiele verweigerter oder verzerrter Feindesliebe sind: Sie unterstreichen nur die Dringlichkeit des Gebotes. Wenn die Menschen Geschöpfe Gottes sind, begabt mit einem elementaren Gerechtigkeits- und Verantwortungsgefühl, ausgestattet mit einem Gewissen, angewiesen auf Zuneigung und Gemeinschaft, berufen zur Freiheit der Kinder Gottes – dann sind sie auch zur Feindesliebe fähig.

(4) Die Barmherzigkeit Gottes und die Liebe zu den Feinden

Als Begründung für sein Gebot verweist Jesus nur auf das Wesen und Handeln Gottes. Weder spielt das Kalkül eine Rolle, Gewaltlosigkeit sei der sicherste Weg, den Gegner zu gewinnen. Noch setzt Jesus auf einen moralischen Heroismus, der seine Integrität auch durch ein noch so widerliches Denken und Handeln anderer Menschen einfach nicht antasten lassen will. Nach dem Text des Matthäus (5,45) verweist Jesus zuerst auf eine Beobachtung, die alle machen können, die mit offenen Augen durch die Welt laufen und sie als Gottes Schöpfung wahrnehmen:

> Gott läßt seine Sonne aufgehen über Bösen und Guten,
> und er läßt es regnen über Gerechte und Ungerechte.

Der Blick in das Buch der Natur, den Jesus wirft, läßt Gott als den Erhalter der Welt sehen: als den, der nicht nur den Guten, sondern auch den Bösen, nicht nur den Gerechten, sondern auch den Ungerechten das Leben ermöglicht. Doch ist das Bild, das Jesus in der Natur gefunden hat, noch nicht ganz eindeutig. Wenn man es aus dem Zusammenhang reißt, läßt es sich auch ganz anders deuten, gleichfalls in ethisch höchst anspruchsvoller Weise, aber doch mit einer anderen Sinnspitze.[123] Seneca schreibt im vierten seiner Bücher „Über die Wohltaten", einen anderen Stoiker referierend (De Beneficiis IV 26,1):

> Wenn Du die Götter nachahmen willst, so laß auch dem Undankbaren Wohltaten zukommen; denn auch den Bösen geht die Sonne auf, und auch den Piraten stehen die Meere offen.

Dem Philosophen erscheint Gott als jemand, der notgedrungen, um den Weisen und Gerechten das Leben zu ermöglichen, auch den Törichten und Ungerechten das Lebens-Notwendige zur Verfügung stellen muß. Seinem Gesprächspartner sagt er (Ben IV 28,1):

> „Die Götter", magst du sagen, „gestehen auch vieles den Undankbaren zu."
> Doch sie bereiten es für die Guten. Die Schlechten aber haben daran Anteil, weil sie von den anderen nicht abgetrennt werden können. Es ist nun aber besser, den Bösen der Guten wegen zu nützen als die Guten der Bösen wegen zu benachteiligen.

Die Einsicht in *diese* natürliche Gesetzmäßigkeit führt Seneca, darin liegt die Stärke der Stoa, nicht zur Resignation, sondern zur Besinnung des Philosophen auf seine moralische Integrität; sie verbietet ihm, sich auf das Niveau der Undankbaren herabziehen zu lassen. Wie der Gott des Philosophen sich in seiner Sorge für die Guten nicht dadurch beirren läßt, daß er auch den Bösen das Leben ermöglicht, sondern diesen unvermeidlichen Nebeneffekt in Kauf nimmt, so läßt sich der wahre Philosoph in seiner Option für das Gute nicht dadurch irritieren, daß die Bösen sie ausnutzen, sondern nimmt gleichfalls diese unerwünschte, aber unvermeidbare Folge seines ethisch einwandfreien Denkens und Handelns in Kauf.

Ganz anders die Pointe bei Jesus: Der Vergleich aus der Schöpfung erklärt sich im Kontext der Reich-Gottes-Botschaft. Daß Gott die Sonne auch über den Bösen aufgehen und es auch über den Ungerechten regnen läßt, offenbart nicht die Grenze seiner Macht, sondern die Intensität seiner Barmherzigkeit (Lk 6,35f). Wie Jesus nach Mk 2,17 „gekommen" ist, „um die Sünder zu rufen, nicht die Gerechten", verkündet er Gott als den, der in der schöpferischen Kraft seiner Liebe die Sünder zur Umkehr bewegen will und ihnen über alle Erwartungen hinaus seine Gnade schenkt. Das Gleichnis vom verlorenen Sohn (Lk 15,11–32) ist der beste Kommentar. Ist aber Gott so, daß er im Vorausblick auf die eschatologische Vollendung seines Reiches sich schon jetzt nicht nur den „Guten" und „Gerechten", sondern auch den „Bösen" und den „Ungerechten" als rettender Gott, als Arzt und Helfer erweist und wirklich die Macht und den Willen hat, den Tod ins

Leben zu verwandeln, Unheil in Heil, Krieg in Frieden – dann fällt jede Grenze, die man der Nächstenliebe ziehen möchte; dann gibt es keinen Grund, mit Berufung auf Gott oder mit Berufung auf die Gerechtigkeit den Ungerechten die Liebe zu verweigern; es gibt im Gegenteil die Möglichkeit, dann aber auch die Notwendigkeit, im eigenen Denken und Handeln auch den „Bösen" und „Ungerechten" nicht nur Gerechtigkeit widerfahren zu lassen, sondern Liebe zu schenken. Die Feindesliebe, für die Jesus die Hörer des Evangeliums gewinnen will, ist die unabweisbare Konsequenz aus dem Heilsgeschehen der nahekommenden Gottesherrschaft, in dem sich nichts anderes als die Feindesliebe Gottes ausprägt (vgl. Röm 5).

d) Das Leben als Gabe und Aufgabe

Das Spezifikum biblischer Ethik liegt in ihrer Theozentrik begründet. Was geboten und verboten, was gut und böse, richtig und schlecht, erlaubt und unerlaubt, was wichtig und unwichtig, wertvoll und wertlos ist – all dies erschließt sich den biblischen Autoren (von den frühen Anfängen der alttestamentlichen Weisheit abgesehen) im Blick auf den, der sich in seinem Gnaden-Zuspruch und seinem Gnaden-Anspruch als der eine und einzige Gott offenbart hat.

(1) Ethik – alttestamentlich und neutestamentlich

Auf dem Gebiet der Ethik gibt es substantielle Gemeinsamkeiten zwischen dem Alten und dem Neuen Testament[124]: die Theozentrik, den Primat des „Indikativs" vor dem „Imperativ", die integrale Zugehörigkeit der Ethik zur Heilsverkündigung, den parakletischen Charakter der Ethik, die enge Verbindung zwischen Soteriologie und Ethik. All dies unterscheidet die biblische zugleich von jeder paganen Ethik. Trotz dieser substantiellen Gemeinsamkeiten gibt es selbstverständlich auch deutliche Unterschiede. *Einerseits* zeichnet sich das Alte Testament gegenüber dem Neuen durch eine viel größere Breite ethischer Weisungen aus – zumal dann, wenn man die Weisheitsliteratur einrechnet. Konkrete Weisungen für das Alltagsleben finden sich im Neuen Testament weit seltener als im Alten, auch wenn sie in der synoptischen Tradition (Bergpredigt), bei Paulus (vgl. 1Thess 4f; 1Kor 5–7; Röm 12) und im Jakobusbrief durchaus begegnen. Der gesamte Bereich der politischen Ethik fällt weitgehend aus[125]. Eine christliche Ethik auf biblischer Grundlage könnte deshalb unmöglich nur beim Neuen Testament ansetzen. Mehr noch: Keineswegs von ungefähr werden herausragende Texte alttestamentlicher Ethik, besonders der

Dekalog, aber auch das Liebesgebot, im Neuen Testament nicht nur als selbstverständlich verbindliche Weisungen zitiert, sondern in den Rang ethischer Hauptgebote eingewiesen.

Andererseits kennzeichnet die neutestamentliche Ethik die durchgängige Orientierung an Jesus, z.T. stärker an seiner Verkündigung, z.T. stärker am Grundgeschehen seines Todes und seiner Auferweckung. Das alttestamentliche „Gesetz" hat deshalb nicht schon aus sich selbst heraus Autorität (wie im Alten Testament und im Frühjudentum), sondern nur *durch* Jesus Christus normative Bedeutung. *Letztverbindlich* sind die Weisungen des Irdischen und Erhöhten – auch dort, wo sie im Widerspruch zum Gesetz stehen (vgl. Mk 10,2–12 parr: Ehescheidung). Zwar wird der ethische Anspruch der Tora nicht prinzipiell in Zweifel gezogen; er wird im Gegenteil prinzipiell bestätigt. Aber dennoch wird der im Alten Testament (genauer: in seinen jüngeren Schichten und seiner „kanonischen" Endgestalt) wie im Frühjudentum essentielle Rückbezug der Ethik auf das Gesetz im Neuen Testament – bei aller Pluralität seiner Positionen – immer wieder zum Gegenstand *kritischen* Nachdenkens: sei es, daß mit Berufung auf die Lehre (Mk 7,1–23) oder auf den stellvertretenden Sühnetod Jesu (Paulus) oder auf die Offenbarung Gottes durch den inkarnierten Logos (Joh 1,1–18) die soteriologische Überhöhung gesetzestreuer Moralität radikal kritisiert wird; sei es, daß in ausdrücklicher Auseinandersetzung mit konkurrierenden frühjüdischen Gesetzesauslegungen der wahre Wille Gottes mit Hilfe Jesu allererst im Gesetz aufgefunden werden soll (so in der Redenquelle, bei Matthäus und im Jakobusbrief). Im Gefolge der (mehr oder weniger ausdrücklichen) Orientierung der neutestamentlichen Ethik an den Weisungen Jesu Christi bleibt das Gebot der Feindesliebe *der* Spitzensatz der gesamt-biblischen Ethik und *das* Proprium der sittlichen Botschaft im Neuen Testament.

(2) Ethik – biblisch und gegenwärtig

Die Theozentrik scheint dem modernen Welt- und Menschenbild zu widersprechen. Führt die Theonomie nicht zu einer Heteronomie? Sieht sich der Mensch, mit Gottes Gebot konfrontiert, genauer: mit dem, was Menschen als Gottes Gebot deklarieren, nicht fremdbestimmt? Müßte nicht die Freiheitsgeschichte die Menschen fort von solchen Zwängen, hin zu einer autonomen Moral führen, die den Menschen als Subjekt, als ethisches Individuum ernst nimmt?[126]

Doch umgekehrt: Wie sieht das menschliche Leben, wie sieht ein humanes Ethos aus, das sich auf die *Lossage* von einem Gott gründet, der Gesetze erläßt und Weisungen erteilt, Forderungen aufstellt und Ansprüche anmeldet? Daß im Ergebnis eine größere Freiheit der Menschen herausspringe, ist nichts als eine schlimme Illusion. Viel klarer als die wohlmeinenden Propheten einer säkularisierten Utopie, die voll fröhlich schaffender, selbstbewußter und selbstverwirklichter Menschen wäre, hat Friedrich Hölderlin (1770–1843) gesehen. In seinem Gedicht „Der Archipelagus" beschwört er die beklemmende Atmosphäre einer Welt ohne Gott[127]:

> Aber weh! es wandelt in Nacht, es wohnt, wie im Orkus,
> Ohne Göttliches unser Geschlecht. Ans eigene Treiben
> Sind sie geschmiedet allein, und sich in der tosenden Werkstatt
> Höret jeglicher nur und viel arbeiten die Wilden
> Mit gewaltigem Arm, rastlos, doch immer und immer
> Unfruchtbar, wie die Furien, bleibt die Mühe der Armen.

Der Archipelagus, die Inseln zwischen Griechenland und Kleinasien, werden in diesem Hymnus zu einem Topos der ganzen Welt. Es ist eine Welt, die den Sinn für Gott verloren hat. Diese Welt ohne Gott ist die Hölle. Sie ist voll dynamischen Treibens, voll rastloser Geschäftigkeit, voll gewaltiger Energien, erfüllt von einem ungemein hohen Arbeits-Ethos. Aber es ist ein Reich des Todes, eine Welt voller Dunkelheit und Kälte (wie auch nach Dante die Hölle in ihrem tiefsten Schlund, dort, wo Luzifer selbst haust, nicht Feuer ist, sondern Eis[128]). Die Menschen, die in dieser Welt leben müssen, haben nichts als ihre Arbeit; sie müssen ja ihre Welt mit ihren eigenen Kräften aufbauen. Dann aber hören sie nur noch ihr eigenes Treiben. Sie können sich nur noch durch die Geräusche ihrer Arbeit verständigen. Dieser Krach aber zerstört jegliche Kommunikation. Jeder hört nur sich selbst – nur den Lärm seiner eigenen Anstrengung. Die Welt ist eine einzige Werkstatt, den technischen Möglichkeiten der Menschen ausgesetzt und auf diese Fertigkeiten angewiesen. Die Menschen, die in dieser Werkstatt leben müssen, verwildern; sie werden zu Furien – sie werden Abbilder jener griechisch-römischen Rachegottheiten, die jeden Gedanken an Verzeihen und Vergessen aus dem Herzen streichen und nur eines im Sinn haben: gnadenlose, unbarmherzige, unablässige Vergeltung – eine Rache, die weniger vom heiligen Zorn über Ungerechtigkeit genährt wird als vom Neid auf das Glück der anderen.

Der Widerspruch zwischen Theonomie und Autonomie löst sich auf, wenn Gott als derjenige geglaubt wird, der überhaupt erst Leben, Identität, Freiheit, Verantwortung begründet. Das freilich gehört zur Grundbotschaft des Alten wie des Neuen Testaments: Das Leben der Menschen, das es zu schützen und fördern gilt, ist nach biblischer

Auffassung zuerst Gabe, dann Aufgabe – weil es ein von Gott geschenktes, von Gott erhaltenes und von Gott beanspruchtes Leben ist. Die Abfolge von Gabe und Aufgabe ist unumkehrbar. Nur weil das Leben zuerst Gabe, dann erst Aufgabe ist, wird es mit all seinen Ansprüchen nicht spätestens dann zu einer fürchterlichen Überforderung, wenn die Menschen sich den Sinn ihres Lebens selbst geben sollen. Weil es aber Gabe ist, wird es auch zur Aufgabe. Freilich erklärt sich die Aufgabe in ihrem existentiellen Anspruch, den sie an die Menschen richtet, dann nicht aus der Anstrengung, ein moralisches Postulat zu erfüllen, einen politischen Traum zu verwirklichen, einer schönen Idee nachzujagen, sondern aus der Dankbarkeit, die Chance des Lebens wahrnehmen zu können und nicht verspielen zu müssen.

Bleibt die Frage, ob Gott in der Weise als Gott des Lebens erfahren werden kann, daß auch die Aufgabe, seinen Willen zu tun, als Gnade einleuchten kann. Diese Frage ist keineswegs so klar zu beantworten wie die theoretische, ob der Glaube an Gott für oder gegen die Freiheit gerichtet ist. Zwar scheint es angesichts vieler Leseerfahrungen möglich, zuversichtlich auf das Wort der Bibel zu verweisen, die Gott nicht als Despoten, sondern als den befreienden Herrn vorstellt. Doch sind damit nicht schon alle Zweifel ausgeräumt. Wie tief sie gehen, macht Elias Canetti in einer Tagebuch-Notiz deutlich, die seine zwiespältigen Eindrücke von der Bibel- und Talmud-Lektüre frommer Juden mitteilt:[129]

> Der Gottesgehorsam der Juden, das, was sie über die Jahrtausende gehalten hat, irritiert mich. In ihren wunderbarsten und weisesten Geschichten – immer wieder dieser Gehorsam. Wie liebe ich ihre *Lesenden,* die arm bleiben, weil sie lesen, und doch am höchsten und immerhin sehr hoch geachtet werden! Wie liebe ich die Gerechtigkeit, die sie von den Menschen fordern, ihre Geduld und oft ihre Güte! Doch immer verabscheue ich ihren Gehorsam vor der nie endenden Drohung Gott. Ich weiß, daß ich darin ein Kind meiner Zeit bin. Zuviel Gehorsam habe ich mit angesehen, und es läßt sich nicht einmal mehr sagen, daß der gegen Gott der gehorsamste war – aber vorbildlich war er immer, mit weniger mochten sich die Gewaltigen nie mehr zufrieden geben, die Verbeugungen, die ich als Kind sah, wiederholten sich vor den *sichtbaren* Herren mit furchtbarer Wirkung.
>
> Kann man aber ohne irgendeinen unsichtbaren Herren den sichtbaren widerstehen?
>
> Ein quälende Frage.

Ebenso quälend wie die Frage, die Canetti stellt, ist die Gewißheit, wie oft, wie brutal und wie unnachgiebig Menschen andere Menschen mit Berufung auf Gottes ehernes Gesetz, auf seinen unumstößlichen Willen, auf seine unnachgiebigen Forderungen gequält haben – so sehr, daß viele heute von biblischen Weisungen, von alt- und neutestamentlichen Geboten überhaupt nichts mehr hören wollen und können. Dennoch bleibt die Hoffnung, daß es gerade die Lektüre der Bibel sein wird, die jene angemaßten Berufungen auf Gottes Gebote als das zu demaskieren lehrt, was sie sind: Selbst-Vergötterungen im Gewande der frommen Aufrichtigkeit, also Heuchelei; und es bleibt die Hoffnung, daß es wiederum gerade die intensive, nüchterne und kritische Lektüre der Bibel sein wird, die ihre Gebote, mit dem Dekalog und der Bergpredigt an der Spitze, in all ihrer Unterschiedlichkeit als Weisung zu gelingendem Leben und mithin den Gehorsam gegen den Gott Abrahams, Isaaks und Jakobs als Voraussetzung der Freiheit entdecken läßt.

Daß eine solche Hoffnung zu hegen auch gegenwärtig trotz aller wohlbegründeten Zweifel nicht unmöglich ist, können Theologen auch von Ludwig Wittgenstein (1889–1951), dem großen Philosophen des Positivismus, lernen. In seinem lange Zeit verdrängten Ethik-Vortrag von 1930 urteilt er, indem er zugleich mit den Schwierigkeiten einer philosophisch-theologischen Begriffsbildung die unendlichen Möglichkeiten einer transzendental begründeten Ethik zum Ausdruck bringt[130]:

> Die Ethik aber, wenn sie überhaupt etwas ist, ist übernatürlich; und unsere Wörter drücken nur Tatsachen aus: wie eine Teetasse, und wenn ich einen ganzen Krug über sie leerte, nur eine Teetasse voll Wasser faßt.

4. Die Bibel – ein Wort zum Leben

Die Bibel ist ein Buch des Lebens, weil sie nicht nur die Wirklichkeit, nicht nur die Würde, nicht nur den Anspruch, sondern auch die ewige Hoffnung des Lebens beschreibt. Deshalb ist die Bibel ein Buch, mit dem man leben kann – und besser leben kann, als wenn man ihre Ratschläge und Hinweise in den Wind schlägt. Jedenfalls ist dies der Anspruch, der aus nicht wenigen biblischen Büchern zu hören ist. Läßt er sich auch heute noch vermitteln und einlösen – ohne Sentimentalität, aber doch in jener herzlichen Intensität, die dem „Buch der Bücher" angemessen ist? Vielleicht am ehesten so einfach und schlicht wie Matthias Claudius (1740–1815), der „Wandsbecker Bote", in seinem „Einfältigen Hausvater-Bericht über die christliche Religion", den er 1804 an seine neun Kinder gerichtet hat[131].

Wir wissen so wenig, wo wir herkommen, als wo wir hingehen, noch
was wir hier eigentlich sollen und sind; und wir haben nichts in Händen, darauf wir uns verlassen und damit wir uns trösten und unser
Herz stillen könnten.

Aber *Gott* hat unser Herz gestillt durch eine Schrift, die er selbst
frommen und heiligen Männern eingegeben hat, und die darum die
Heilige Schrift, die *Offenbarung* oder die *Bibel*, das Buch aller Bücher, genannt wird.

In diesem Buch finden wir Nachrichten und Worte, die kein Mensch
sagen kann, Aufschlüsse über unser Wesen und über unseren Zustand
und den ganzen Rat Gottes von unserer Seligkeit in dieser und jener
Welt.

So hoch der Himmel ist über der Erde, so hoch ist dieser Rat über
allem, was in eines Menschen Sinn kommen kann; und ihr könnet
diese *Schrift* nicht hoch und wert genug haben und halten. Doch ist
sie, versteht sich, nicht immer die Sache, sondern nur die Nachricht
von der Sache.

Manche werden die Sätze vielleicht ein wenig zu naiv finden, andere
hingegen jene zweite Naivität bezeugt finden, die nach Heinrich von
Kleist (1777–1811) nur haben kann, wer ein zweites Mal vom Baum
der Erkenntnis hat essen können[132].

FÜNFTER TEIL

DIE BIBEL ALS BUCH DES GLAUBENS

*J'aime les adorateurs inconnus au monde,
et aux prophètes mêmes.*

Blaise Pascal, Pensées[1]

Die Bibel ist das Buch des Lebens, weil sie die Augen für die Wirklichkeit Gottes öffnet. Deshalb aber ist die Bibel zugleich das Buch des Glaubens[2] – in einem zweifachen Sinn. Sie ist (erstens) ein Glaubensbuch, insofern sie in ihrer Ganzheit die *regula fidei*, die Norm, die kanonische Urkunde des Glaubens ist: *Was* der christliche Glaube glaubt, wird zuerst und alles andere entscheidend in der Bibel des Alten und Neuen Testaments gesagt. Die Bibel ist aber (zweitens) ein Glaubensbuch auch in dem Sinn, daß sie sagt, was eigentlich Glaube ist. Nicht nur *was,* auch *wie* der Glaube glaubt, wird in der Bibel zum Thema, in gleichfalls grundlegender Weise. Beide Seiten, die inhaltliche und die formale, die thematische und die existentielle, sind eng miteinander verbunden. Dem Inhalt muß die Art und Weise des Glaubens entsprechen; die Haltung und Praxis des Glaubens wird nicht zuletzt durch den Inhalt des Glaubens bestimmt: Sie muß dem Evangelium angemessen sein. Umgekehrt erschließt sich die Frohe Botschaft erst auf dem Weg eines Glaubens, der seinen Namen verdient: Wenn Jesus nach dem Markusevangelium dort, wo er auf die Notwendigkeit seines Leidens und Sterbens hinweist, bei seinen Jüngern auf Unverständnis und Widerspruch stößt, reagiert er nicht mit differenzierteren theologischen Erörterungen über den Sinn des Kreuzestodes, sondern mit dem Ruf in die Kreuzesnachfolge – nicht um kritischen Fragen auszuweichen und blinden Gehorsam zu verlangen, sondern weil er weiß, daß sich das Geheimnis seines Leidensweges nur dem erschließen kann, der ihn mitzugehen bereit ist (Mk 8,27–38; 9,31–37; 10,32–45).

Im gesamt-biblischen Vergleich zeigt sich allerdings, daß im Neuen Testament der Begriff und die Sache des Glaubens eine größere Bedeutung hat als im Alten Testament. Juden würden ihre Heilige Schrift wohl kaum ein „Buch des Glaubens" nennen. Nicht das typisch christliche Begriffspaar „Glauben und Leben" steht für sie im

Mittelpunkt, sondern „Lernen und Tun". Daß im Neuen Testament, schon in der frühen Evangelien-Überlieferung, häufig und betont vom *Glauben* die Rede ist, spiegelt wohl die missionarische Dynamik des Urchristentums wider, aber auch die Notwendigkeit der Selbstvergewisserung über die eigene Identität im Verhältnis zum Judentum. Wer also die Bibel insgesamt ein Buch des Glaubens nennt, muß wissen, daß er eine Bezeichnung wählt, die stark neutestamentlich geprägt ist. Daß dies trotz der hermeneutischen und theologischen Schwierigkeit, dem ersten Teil der christlichen Bibel gerecht zu werden, möglich ist, liegt darin, daß sich eben auch im Alten Testament – dem Wort wie der Sache nach – bleibend wichtige Aussagen über den Glauben finden, die für das Neue Testament grundlegend sind.

Welcher Art sind sie? Franz Kafka (1883–1924), der als deutschsprachiger Jude in Prag seine Bibel gelesen hat, schreibt[3]:

> Wer den Glauben hat, der kann ihn nicht definieren. Und wer ihn nicht hat, auf dessen Definition lastet der Schatten der Ungnade.

Tatsächlich: Wer in der Bibel nach klaren, eindeutigen Definitionen des Glaubens Ausschau hielte, würde enttäuscht. Im Gegenteil: Die biblischen Aussagen über den Glauben sind selbst die tiefste Erschütterung derer, die den rechten und den falschen, den ehrlichen und den heuchlerischen Glauben allzu selbstsicher meinen unterscheiden zu können. Sie sind freilich auch weit von einer Allerweltsrede entfernt, die schon ein diffuses Vertrauen in eine höhere Macht, ein ungefähres Überzeugtsein von übernatürlichen Realitäten mit dem Etikett des Glaubens versehen will. Beide Entstellungen zu vermeiden, ist die große und schwierige Aufgabe nicht zuletzt der Theologie. Paul Tillich (1886–1965) analysiert[4]:

> Es gibt kaum ein Wort der religiösen Sprache – weder der gelehrten noch der volkstümlichen –, das mehr Mißverständnissen, Entstellungen und fragwürdigen Begriffsbestimmungen ausgesetzt ist als das Wort „Glaube". Es gehört zu jenen Begriffen, die selber erst geheilt werden müssen, ehe sie zur Heilung des Menschen gebraucht werden können. Heute führt das Wort „Glaube" mehr in die Irre als zum Heil. Es verwirrt und erzeugt bald Skepsis, bald Fanatismus, Widerstand auf seiten des Verstandes und gefühlsmäßige Hingabe. Manchmal möchte man fast dazu raten, das Wort „Glaube" gänzlich aus dem Spiel zu lassen. Aber wie wünschenswert das auch sein mag, so ist es doch kaum möglich. Eine mächtige Überlieferung schützt dieses Wort. Und außerdem besitzen wir keinen anderen Begriff, der der Wirklichkeit gerecht wird, auf die das Wort „Glaube" hinweist. So gibt es zur Zeit keinen anderen Ausweg, als den Versuch zu unternehmen, dieses Wort neu auszudeuten und die irreführenden und sinnentstellenden

Vorstellungen, die sich im Laufe der Jahrhunderte beigesellt haben, auszuschalten.

Der Gesundungsprozeß, den das Wort „Glaube" durchmachen muß, kann nur dann erfolgreich sein, wenn es eine Kur bei den Heil-Quellen des Alten und Neuen Testaments macht.

1. Die Bibel als Urkunde des Glaubens

Der Glaube ist eine ganz persönliche Sache. Er kann immer nur unvertretbar der Glaube eines jeden einzelnen Menschen sein: das, was ein jeder Mensch als er selbst von Gott zu erkennen, in seiner Gottesbeziehung zu bejahen und mit seinem Gewissen zu vereinbaren vermag. Die biblischen Autoren, zumal die neutestamentlichen, wissen, daß dieser Glaube, an dem das ewige Leben hängt, keine menschliche Leistung ist, sondern Gnade. Doch so persönlich dieser Glaube ist – individualistisch oder subjektivistisch ist er gerade nicht. Denn wenn er mehr sein soll als ein vages Gefühl, mehr als eine private Meinung, wenn er keine Projektion menschlich-allzumenschlicher Sehnsüchte, Ängste, Träume, Erwartungen sein soll, kurz: wenn er Glaube im gesamt-biblischen Sinn des Wortes sein will – dann muß er nicht nur ein in der Gemeinschaft der Ekklesia gelebter, bekannter und gefeierter Glaube sein, er muß dann auch ein klares Profil, einen klaren Inhalt, eine klare Struktur haben. Gewiß darf der Glaube weder an ein abgeschlossenes Denkgebäude erinnern noch gar an eine trutzige Festungsanlage, in der man sich trefflich verschanzen kann, um von Zeit zu Zeit gut munitionierte Ausfälle in das feindliche Umfeld zu machen. Ebensowenig dürfte sich freilich das Bild eines nach allen Seiten offenen Unterschlupfes bieten, in dem man zwar viele und vieles aufnehmen, aber keine Heimat finden kann. Eher schon legt sich das biblische Bild des Hauses nahe – eines Hauses, in dem sich wohnen läßt, dessen Fenster und Türen aber nicht verriegelt und verrammelt sind, sondern bereitwillig und regelmäßig geöffnet werden: schon zur besseren Durchlüftung, vor allem aber zur Aufnahme neuer Bewohner: „*Wer anklopft, dem wird aufgetan*" (Mt 7,8).

Der Glaube der ekklesialen Gemeinschaft und der einzelnen Menschen innerhalb dieser Gemeinschaft braucht klare und verbindliche Orientierungen: einen großen Schatz an Glaubens-Sätzen, Glaubens-Überzeugungen, Glaubens-Bekenntnissen, aber auch an Glaubens-Fragen, Glaubens-Problemen, Glaubens-Erinnerungen. Von diesem

Schatz können sich die einzelnen Christen im Laufe ihres Lebens vielleicht nur jeweils einen kleineren Teil aneignen. Die Glaubens-Gemeinschaft aber, die Kirche, ist auf diesen Schatz im ganzen und in all seinen Bestand-Teilen angewiesen. Sie darf von ihm nichts verkaufen oder verlieren – so sehr sie freilich alle Sorgfalt und Mühe darauf verwenden muß, den Wert der Pretiosen immer wieder neu zu taxieren, den Straß auszusortieren und neue Kleinodien zu erwerben.

a) Die Frage nach Maß und Mitte des Glaubens

Was der Glaube glaubt, kann gegenwärtig durchaus aus dem Blick geraten: nicht nur in der Vielzahl der Anfragen, in der Vielfalt der Eindrücke und in der Widersprüchlichkeit der Überzeugungen, auch in der Unüberschaubarkeit des neuen Katechismus-Stoffes und der schier überbordenden Fülle neuer Erkenntnisse, Thesen und Fragestellungen der wissenschaftlichen Theologie. Was aber ist wirklich wichtig – und was ist von geringerem Rang? Was steht im Zentrum – und was eher an der Peripherie? Was ist ursprünglich – und was abgeleitet? Was bildet den Kern – und was ist Entfaltung? So darf nicht gefragt werden, um einer schleichenden Reduktion des Glaubensbekenntnisses Vorschub zu leisten; so muß aber gefragt werden, um (in jeder Generation neu) jene „Hierarchie der Wahrheiten" zu erkennen, von der das Zweite Vatikanische Konzil in seinem Ökumenismus-Dekret gesprochen hat. Über die Methode der ökumenisch arbeitenden Theologen heißt es dort (*Unitatis Redintegratio* 11):

> Beim Vergleich der Lehren miteinander sollen sie sich daran erinnern, daß es eine Ordnung bzw. „Hierarchie" der Wahrheiten der katholischen Lehre gibt, weil ihr Zusammenhang mit dem Fundament des christlichen Glaubens jeweils verschieden ist.

Der Satz ist in vielerlei Hinsicht aufschlußreich. Erstens hindert er, die Suche nach der Hierarchie der Wahrheiten als Rückzug auf einen *partiellen* Glauben mißzuverstehen. Zweitens hebt er die selbstverständliche Tatsache ins Bewußtsein, daß nicht alle Glaubens-Wahrheiten den gleichen Stellenwert besitzen: Die Trinitätstheologie ist weitaus zentraler als der päpstliche Unfehlbarkeitsanspruch; die Zurückweisung des Monophysitismus ist von ganz anderem Rang als die Ablehnung der Frauenordination.[5] Und drittens weist der Satz aus dem Ökumenismus-Dekret darauf hin, daß sich der Stellenwert einzelner Glaubens-Sätze und -Traditionen nicht nach den Vorlieben oder den Plausibilitäten, nicht nach dem Geschmack einer bestimmten Generation oder eines bestimmten Standes innerhalb der Kirche (auch nicht der

Hierarchie oder der Professorenschaft) bemessen kann, sondern nur nach dem Gesamt-Zusammenhang des christlichen Glaubens, d. h. aber nach jener Ordnung, die sich dann abzeichnet, wenn die Grundlage des Glaubens gut genug zu erkennen ist.

Es gilt also, Maß und Mitte des christlichen Glaubens zu suchen. Diese Suche wird niemals beendet werden können. Sie muß aber immer wieder begonnen werden; sie darf nicht in Halbheiten stekkenbleiben oder im Ungefähr verlaufen; sie darf auch nicht ins Niemandsland und nach Utopia führen; sie muß vielmehr auf jenen schmalen Weg stoßen, der in die Offenheit des Glaubens-Mysteriums hineinführt. Dann aber muß sie an der Bibel orientiert bleiben – nicht weil in der Heiligen Schrift der christliche Glaube in ganzer Länge und Breite bezeugt wäre[6], sondern weil die Bibel Norm und Richtschnur dieses Glaubens ist und in all ihrer Vielfarbigkeit das Auge für die Mitte und das Maß des Glaubens zu schärfen hilft.

Es kann freilich an dieser Stelle nicht darum gehen, auch nur die allerwichtigsten Glaubenslehren im Alten und Neuen Testament annähernd vollständig vorzustellen. *Pars pro toto* seien jeweils ein alttestamentlicher und ein neutestamentlicher Text etwas genauer portraitiert: das „kleine geschichtliche Credo" (Dtn 26,5–10) und das vorpaulinische Glaubensbekenntnis 1Kor 15,3–5, das bis in die Anfänge der Urchristentums zurückreicht.

b) Ein Beispiel aus dem Alten Testament: „Ein heimatloser Aramäer war mein Vater ..." (Dtn 26,5–10)

Im Alten Testament findet sich eine Reihe von Versuchen, in kurzen Bekenntnistexten wesentliche Elemente israelitischer Glaubensüberzeugungen zusammenzufassen, sei es aus liturgischen, sei es aus katechetischen Gründen.[7] Charakteristisch sind jene, die aus diesem Anlaß die Geschichte Israels in Erinnerung rufen[8]. Der wohl bekannteste dieser Texte ist das sog. „kleine geschichtliche Credo" Dtn 26,5–10.[9] Wurde es in den Anfängen der formgeschichtlichen Schule für eine uralte Bekenntnisbildung gehalten, die noch vor den großen Geschichtsquellen des Pentateuch anzusiedeln sei, ist heute die Überzeugung verbreitet, der Text sei eher jung, er stehe nicht am Anfang, sondern an einem gewissen Endpunkt alttestamentlicher Theologie (der dann freilich einen neuen Anfang gesetzt hat). Der Text lautet:

[5]Mein Vater war ein heimatloser Aramäer.

Er zog nach Ägypten,
lebte dort als Fremder mit wenigen Leuten

und wurde dort zu einem großen, mächtigen und zahlreichen Volk.
⁶Die Ägypter behandelten uns schlecht,
machten uns rechtlos
und legten uns harte Arbeit auf.

⁷Da schrieen wir zu Jahwe, dem Gott unserer Väter,
und Jahwe hörte uns
und sah unser Elend, unsere Mühsal und Bedrängnis.

⁸Und Jahwe führte uns aus Ägypten heraus
mit starker Hand und hocherhobenem Arm,
unter großen Schrecken, Zeichen und Wundern,
⁹und brachte uns zu dieser Stätte hin
und gab uns ein Land,
ein Land, das von Milch und Honig fließt.

¹⁰Und siehe,
jetzt bringe ich hier die Erstlinge von den Früchten des Landes,
das du mir gegeben hast, Jahwe.

Der Text ist klar aufgebaut und gut gegliedert. Die Verse 5b und 10 liefern den Rahmen. Sie weisen zugleich auf den „Sitz im Leben". Das Credo wird anläßlich eines Familienfestes gesprochen, das zu Beginn der Ernte im Tempel stattfinden soll (vgl. V. 11): als Dankopfer, mit dem der Familienvater im Namen der ganzen Sippe sein Glaubenswissen zum Ausdruck bringt, Gott allein habe dafür Sorge getragen, daß nun geerntet werden kann.

Die Rahmenverse bauen einen starken Kontrast auf[10]: Der einst heimatlose Aramäer ist nun ein seßhafter Bauer geworden, der eine gute Ernte erwarten darf. Im Mittelstück wird erklärt, wie es zu dieser Wende gekommen ist. Stil und Sprache der Verse weisen in die deuteronomische Theologenschule. Das Credo ist wohl kurz vor dem Exil formuliert worden. In der Form eines Gebetes werden wichtige Stationen der Geschichte Israels rekapituliert, als Machterweise Gottes interpretiert und als Begründung des Gotteslobes affirmiert. Die Verse 5 und 6 schildern in zwei dreigliedrigen Sätzen die Lage des Volkes in Ägypten, seine vorherige Größe und seine spätere Unterdrückung, die Verse 8–9 ebenfalls in zwei dreigliedrigen Sätzen die wunderbare Errettung des Volkes durch Gott, die Befreiung aus der Hand der Ägypter und die Gabe des Landes. Im Zentrum steht der wiederum dreigliedrige Vers 7, der vom Notruf des Volkes und seiner Erhörung durch Gott handelt. Die Abfolge der Motive Not (V. 6) – Klage (V. 7a) – Erhörung (V. 7b) – machtvolles Handeln Gottes (Vv. 8f) ist programmatisch: Es geht um die Erinnerung der Geschichte, in der die Identität Israels begründet liegt; und es geht um das Bekenntnis, daß Gott allein das entscheidende Subjekt dieser Geschichte ist. Israel hat gerufen, und Gott hat den Ruf erhört – dies ist der Angelpunkt des Bekenntnisses.

(1) Die Befreiung des Volkes

Der Beter, der das „Credo" sprechen soll, ist saturiert: Die Ernte hat begonnen; auf dem Feld ist genügend gewachsen; es gibt die Möglichkeit, ein Fest zu feiern; die Aussichten auf einen ertragreichen Abschluß der Erntearbeiten sind gut. Wozu ihn die deuteronomischen Theologen anleiten wollen, ist, in diesem Moment innezuhalten und seiner Geschichte zu gedenken. Das Motiv ist klar: Im Rückblick auf die Geschichte seines Volkes soll dem Beter aufgehen, daß er allen Grund zur Dankbarkeit hat. Sein gegenwärtiger Wohlstand ist nicht selbstverständlich. Er resultiert aus einer geschichtlichen Entwicklung, die im Grunde überhaupt nicht zu erwarten war und in keiner Hinsicht sein Verdienst ist, sondern allein auf Gottes gnädiges und machtvolles Eingreifen zurückgeht.

Worauf legen die deuteronomischen Theologen aus diesem Anlaß und zu diesem Zweck Wert? Wie erscheint die Geschichte Israels im Lichte des „kleinen historischen Credo"? Wie soll Israel sich selbst sehen, wenn es vor Gott tritt, um für sein Leben zu danken?

Stichwortartig und voller Anspielungen auf die älteren Überlieferungen werden wichtige Stationen der Geschichte Israels in Erinnerung gerufen. Entscheidend ist der Aspekt der Befreiung durch Gott aus Not und Unterdrückung. Aus diesem Grund ist weder von der vierzigjährigen Wüstenwanderung noch von der Gesetzgebung am Sinai die Rede, sondern vom Exodus und von der Landnahme.

Zu Beginn des Textes wird an den Ursprung des Volkes Israel erinnert. Der „Vater", von dem gesprochen wird, ist Jakob, der ja auch „Israel" heißt (Gen 32,29; 35,10); zusammen mit ihm stehen aber ebenso Abraham und Isaak im Blick. Wenn Jakob ein *„Aramäer"* genannt wird (vgl. Gen 24,4ff; ferner 31,24), ist damit einerseits an den ethnischen Ursprung der Israeliten erinnert[11], andererseits an ihre nomadische Lebensweise[12]. Gerade darauf kommt es dem Credo an: Der Stammvater der Israeliten sei *„heimatlos"* gewesen; gezwungen, von Ort zu Ort zu ziehen, habe er nirgends ein festes Zuhause gefunden. In stilisierender Steigerung wird damit ein Motiv aus der Genesis aufgenommen: daß nicht schon die Patriarchen selbst, sondern erst deren Nachkommen das Land Kanaan in Besitz nehmen sollten (12,7; 26,4; 31,13), während Abraham (Gen 12,10; 17,8; vgl. 20,1; 21,23.34), Isaak (26,3) und Jakob (37,1; vgl. 31,15) dort als Fremde gelebt hätten.[13]

Der Weg nach Ägypten, den Jakob auf Josephs Spuren wegen einer Hungersnot, die in Kanaan herrschte, gemacht hat, setzt diese Linie zunächst fort: Die Israeliten leben im Lande der Pharaonen als „Fremde"; sie sind „Schutzbürger" (vgl. Gen 47,1–4), die zwar keineswegs rechtlos sind, aber nicht zum „Staatsvolk" gehören und deshalb weder an die Schalthebel der Macht gelangen noch größeres Ansehen genießen (Joseph war die große Ausnahme von der Regel). Entscheidend ist freilich, daß die Ägypter den Israeliten selbst ihre bescheidenen Rechte genommen haben. Aus Schutzbürgern werden Sklaven. Wie es Israel sieht, geschieht dies nur aus Neid auf das Wachstum des Volkes und aus Angst vor lästiger Konkurrenz. Auch hier greift der Text auf Motive im Pentateuch zurück (Ex 1,9f; vgl. aber auch schon Gen 26,12–22). Die aufgezwungene Fronarbeit (vgl. Ex 1,11f; Num 20,15) markiert den Tiefpunkt in Israels Geschichte.

Dank des Eingreifens Gottes wird dieser Tiefpunkt jedoch zum Wendepunkt (vgl. Ex 3,7ff). Scheinen die Ägypter mit Hilfe ihrer wirtschaftlichen, sozialen und politischen Macht die Weltbühne zu beherrschen, erweist sich im Exodus doch Gott allein als Herr der Geschichte. Er führt Israel nicht nur aus Ägypten heraus; er führt es an *„diese Stätte"*, womit im weiteren Sinn das ganze Land Kanaan (Ex 23,20), im engeren der Tempel in Jerusalem auf dem Zion (Dtn 12,5), der Ort des Erntefestes, gemeint ist (vgl. Ex 15,17); und er gibt dem Volk das Land zu eigen, *„das von Milch und Honig fließt"* (vgl. Ex 3,8), also einen geradezu paradiesischen Wohlstand bereithält. Alle Probleme der Landnahme, von denen das Josuabuch und die folgenden Geschichtswerke zu berichten wissen, sind ausgeblendet. Von Widerständen und Rückschlägen, von Kriegslist und Kriegsglück, von Verrat und Niedertracht, von Taktik und Strategie ist nicht die Rede – nur von Gott, der seine Macht erweist.

Dtn 26,5–10 rekurriert auf den Exodus als das primordiale, identitätsstiftende Ereignis in der Geschichte Israels. Es ist ein Befreiungsakt Gottes – keineswegs nur im spirituellen, sondern im handfesten politischen und sozialen Sinn. Der Weg, den Gott leitet, führt heraus aus Sklaverei, Unterdrückung und Rechtlosigkeit, und er führt hinein in eine Freiheit, die sich nicht zuletzt ökonomisch definiert: als Möglichkeit, Besitz zu haben und den eigenen Lebensunterhalt mit eigener Hände Arbeit auf eigener Scholle zu verdienen.

Im Kontext des Erntedank-Festes ist diese Erinnerung nicht nur eine Selbst-Vergewisserung, sondern indirekt auch eine Selbst-Verpflichtung Israels. Das Pendant zum Gotteslob des kleinen geschichtlichen Credos ist die Sozialgesetzgebung des Deuteronomiums, die den politischen und juristischen Schutz wie die ökonomische Unterstützung der Schwachen gewährleisten soll, namentlich der Witwen und der Waisen, auch der Sklaven, nicht zuletzt der Fremden (vgl. nur 15,4.7–11; 26,11). Die Eigenart der Deuteronomisten besteht darin, die Israeliten nicht nur auf das sozial Gebotene zu verpflichten, sondern auch zu motivieren, daß sie die Richtigkeit dieser Gebote einsehen und die Weisungen willig befolgen. Ein entscheidendes Motiv, das immer wieder anklingt, ist die Erinnerung an die Zeit der eigenen Fremdlingsschaft in Ägypten. Israel hat in seiner Geschichte selbst erlebt, was Sklaverei und Unterdrückung bedeuten – wie könnte es dann ähnliche Unrechtsverhältnisse in seinem Inneren dulden!

(2) Das Handeln Gottes

So häufig das kleine historische Credo „ich" und „wir" sagt – sein eigentliches Thema ist Gott. Selbstverständlich ist Gott der Schöpfer, der seine Welt täglich neu ins Leben ruft und den Boden fruchtbar werden läßt. Besonders betont ist jedoch, daß Gott den Willen wie die Macht hat, sich in der Geschichte und zugunsten seines Volkes mächtig zu erweisen. Hier liegt das theologische Zentrum des Bekenntnistextes. Seine Macht demonstriert Gott an den scheinbar übermächtigen Ägyptern. Er agiert „mit starker Hand" (V. 8) – eine Anspielung auf die ägyptischen Plagen (Ex 3,19; 6,1); und er agiert „mit hocherhobenem Arm" (V. 8) – eine Anspielung auf die Vernichtung der ägyptischen Streitmacht beim Durchzug durch das Schilfmeer (Ex 15,6.12.16); er verbreitet Angst und „Schrecken" – wie bei den Ägyptern, die Israel nachsetzen (Ex 14,25; 15,14ff); und er tut „Zeichen und Wunder" – womit die Deuteronomisten wiederum die sieben Plagen in Erinnerung rufen, mit denen Gott die Ägypter straft (Ex 4,21; 8,19; 10,1; vgl. Dtn 6,22; 29,2; 34,11). Die Frage nach dem grausamen Schicksal der ägyptischen Erstgeborenen und dem Tod der ägyptischen Soldaten ist ausgeblendet. Entscheidend ist, daß die Übermacht Gottes herauskommt – das „ganz Andere", das Unerklärliche, Unerhörte, Unberechenbare und Unübersehbare seines Handelns. Und ebenso entscheidend ist, daß Gott seine ganze überirdische Macht zugunsten seines versklavten Volkes einsetzt. Gott wird im kleinen geschichtlichen Credo als Gott der Befreiung bekannt.

Seine Souveränität zeigt sich aber nicht nur im Exodus, sondern ebenso in der Landgabe. Wie sehr auch immer andernorts die militärischen Leistungen eines Josua und eines David, auch eines Juda, eines Gideon, eines Simson, eines Saul gerühmt werden – das „geschichtliche Credo" schreibt den Erfolg einzig und allein Gott zu.

Es dringt damit zu einer Theologie der Geschichte durch, die nicht dem Selbstruhm Israels und nicht der Legitimation „Heiliger" Kriege dient, sondern dem Ruhm Gottes und der Erkenntnis seiner gnädigen Macht (mag die Perspektive auch vorerst noch auf Israel beschränkt sein).

Überblickt man die Theo-Logik des kleinen Credo-Textes, so zeichnen sich drei Leitmotive ab, die Gottes Handeln in der Geschichte charakterisieren.[14]

Erstens: Gott ist sich selbst treu, indem er Israel treu bleibt. Er macht seine Verheißung wahr. Ohne daß es ausdrücklich gesagt zu werden brauchte, stehen die großen Versprechen, die er Abraham, Isaak und Jakob gegeben hat, im Hintergrund des deuteronomischen Summariums (vgl. Dtn 26,3). Das „geschichtliche Credo" zeigt, wie diese Verheißung wahr geworden ist: die Volk-Werdung schon in Ägypten, die Übergabe des Landes dann im Gefolge des Exodus.

Zweitens: Gott befreit das Volk aus der Sklaverei – wie es nach israelitischem Recht die Aufgabe eines bestimmten Verwandten gewesen ist, ein in die Sklaverei geratenes Familienmitglied auszulösen. Freilich setzt Gott nicht Geld ein, sondern Gewalt – weil die Versklavung Israels ihrerseits ein Gewaltakt gewesen ist, der nur durch Gegen-Gewalt hat beendet werden können, und weil er dem Pharao nichts schuldet, vielmehr der Pharao ihm die Freilassung der Israeliten schuldig ist. Überdies ist Gott kein „Verwandter" Israels. Vielmehr ist die Intensität der Beziehung zwischen Gott und seinem Volk nicht in einer irgendwie gearteten Gleichheit oder Partnerschaft, schon gar nicht (wie im Mythos) genealogisch vermittelt, sondern einzig und allein durch Erwählung und Begnadigung von seiten Gottes. Daß der Gott Israels ein Gott der Befreiung ist, macht sich prinzipiell am Exodusgeschehen fest und ist von daher eine Grunderfahrung Israels.

Drittens: Gott sieht die Not seines Volkes; er hört auf die Klageschreie und Bitten; er wendet dem Volk seine machtvolle Hilfe zu. Dieser Zug ist besonders betont. Er entspricht einer Ur-Erfahrung des Göttlichen in allen Religionen, die in Israel freilich im Zuge der Entwicklung zum Monotheismus und der Personalisierung der Gottesbeziehung besondere Farben erhalten hat. Das Ur-Vertrauen auf Gott, das im Alten Testament immer wieder bezeugt und durch noch so große Krisen letztlich nicht erschüttert, sondern allenfalls noch bestärkt wird, wurzelt in der Erfahrung, daß Gott nicht in majestätischer Unnahbarkeit fern allen irdischen Geschehens sein Genüge an sich selbst findet, sondern für Israel (und durch Israel für alle Menschen) da ist und in diesem Engagement sich als derjenige erweist, der begründete Klagen nicht ungehört verhallen läßt, sondern erhört und echte Bitten nicht abschlägt, sondern erfüllt.

Über das *Wie* des Handelns Gottes macht das „Credo" keine Aussage – entscheidend sind das *Daß* und das *Warum*. Gott ist fähig und willens, in der Geschichte zu handeln; und er greift ein, wenn Israel in Not ist und seine Hilfe braucht. Dtn 26,5–10 stellt Gottes Handeln nicht kategorial vor: Es gibt nicht neben menschlichen Handlungsträgern auch Gott als Subjekt der Geschichte, indem er punktuell eingreifen und den Ereignissen eine Wende in seinem Sinne geben würde. Vielmehr ist paradigmatisch die *ganze* Geschichte als Ort und Medium des Handelns Gottes gedacht; und es ist wohl vorausgesetzt, daß Gott seinen Willen durchsetzt, indem er Menschen in seinen Dienst stellt (oder in ihre Schranken weist) – ohne daß darüber spekuliert würde, wie dies gedacht und mit der Idee der menschlichen Freiheit in Einklang gebracht werden könnte. Freilich ist es auch nicht die Aufgabe eines Credo-Textes, derartige philosophisch-theologische Probleme aufzuwerfen und zu lösen. Wichtig ist das Glaubens-*Bekenntnis*: Gott handelt in der Geschichte; und er handelt so, daß er in umfassender Weise Israel das Leben ermöglicht. Dessen sollen die Israeliten betend gedenken.

(3) Die Gottesbeziehung Israels

Im Rückblick auf die Geschichte erhellt das „Credo", wie es um das Verhältnis Gottes zu Israel bestellt ist und wie es deshalb um das Gottesverhältnis Israels bestellt sein muß. Mehr noch: Dtn 26,5–10 ist selbst ein signifikanter Ausdruck jenes Gottesverhältnisses, das durch Gottes Handeln in der Geschichte gestiftet worden ist und von Israel betend wahrgenommen und ausgesprochen werden soll.

Zwei Aspekte dieses Gottesverhältnisses treten hervor: einerseits die radikale Theozentrik, andererseits die personale Intensität des Gottesverhältnisses.

Zunächst: Gott ist das Subjekt der Geschichte. Er „*führt ... heraus*" (V. 8), er „*bringt ... hin*" (V. 9a) und er „*gibt*" (V. 9b) – die Haupt-Verben des letzten Credo-Teiles beschreiben die Bewegung, die Gott in Gang setzt, und zugleich die Beziehung, die er zu Israel stiftet. Dies geschieht, weil Gott, wie es im Mittelteil (V. 7) heißt, „*hört*" und „*sieht*". Wenn er aber hört, *erhört* er; wenn er sieht, hat er ein *Einsehen*: Weil Gott wahrnimmt und bekümmert, was mit Israel geschieht – deshalb tritt er auf den Plan. Dies spiegelt sich in der Anrufung Gottes (V. 7) als „*Jahwe*" und als „*Gott unserer Väter*" (vgl. Ex 3,12–16). Der

„*Gott unserer Väter*" ist er als persönlicher Schutzgott der Patriarchen, der ihnen in ihrer Heimat- und Rechtlosigkeit beigestanden hat; als „*Jahwe*" ist er der Befreier, dessen Da-Sein Israel das Leben bringt.

Sodann: An Israel ist es allein, zu bitten (V. 7) und zu danken (V. 10). Beides, Bitte wie Dank, ist Ausdruck des Grund-Vertrauens zu Gott, das durch Gott selbst begründet worden ist. Die Bitte nimmt in Ägypten die Form eines dramatischen Klageschreis an – Zeichen der äußersten Bedrängnis, in die das Volk geraten ist. Der Dank nimmt im Jerusalemer Tempel die Form des Opfergebets an – Zeichen des Gehaltenseins in Gottes Gnadenmacht, die Israel im Gelobten Land erfährt. Entscheidend ist, daß Israel sich tatsächlich von Gott führen, sich tatsächlich von ihm an den Ort seines Lebens hinbringen und sich tatsächlich von ihm mit dem Leben beschenken läßt – und nicht versucht, sich seine Lebens-Grundlage selbst zu verschaffen oder selbst zuzuschreiben. Sich von Gott führen zu lassen, heißt, sich von ihm „*zu dieser Stätte*" (V. 9) bringen und vom ihm das Land geben zu lassen, heißt damit aber zugleich, ihn als den Herrscher anzuerkennen (vgl. 6,20ff), ihm als dem Retter zu vertrauen und ihn als den Geber des Lebens zu bejahen.

Das Gebet, das der Familienvater am Erntedankfest spricht, indem er *sub specie Dei* die Geschichte seines Volkes Revue passieren läßt, ist nicht der Ausdruck einer zurückgezogenen, kontemplativen Frömmigkeit, sondern einer bodenständigen, sozial sensibilisierten, praktisch orientierten Spiritualität, die weiß, worauf es im Leben ankommt, weil sie zu ahnen begonnen hat, worauf es Gott ankommt.

c) Ein Beispiel aus dem Neuen Testament:
„gestorben für unsere Sünden ... auferweckt am dritten Tage"
(1Kor 15,3–5)

Im Ersten Korintherbrief muß sich Paulus, von Fragen und Problemen der Gemeinde gedrängt, zum Schluß auch mit dem Thema der endzeitlichen Auferstehung der Toten auseinandersetzen, das in Korinth kontrovers diskutiert worden ist (15,12). Um seine Argumentation auf dem auch andernorts im Urchristentum Verkündeten aufzubauen, zitiert der Apostel zu Anfang ein uraltes Credo, wahrscheinlich das älteste Glaubensbekenntnis der Christen, 1Kor 15,3b-5[15]:

> *³Ich habe euch als erstes überliefert,*
> *was ich auch selbst empfangen habe:*
>
> *daß Christus gestorben ist für unsere Sünden gemäß den Schriften*
> *⁴und daß er begraben worden ist*

und daß er auferweckt worden ist am dritten Tag gemäß den Schriften
⁵*und daß er erschienen ist dem Kephas, dann den Zwölfen.*

Dieses Credo bildet nach wie vor das Zentrum des christlichen Glaubensbekenntnisses, das im Gottesdienst gesprochen wird. Wahrscheinlich geht es auf die Urgemeinde in Jerusalem zurück. Es zeigt, daß die organisierende Mitte allen christlichen Redens über Gott und die Welt dieses grundlegende Geschehen ist: Jesus Christus ist gestorben, nicht für sich selbst, nicht für Gott, sondern für uns, genauer: für unsere Sünden, also für uns Menschen, die wir allesamt Sünder sind; und dieser gestorbene und begrabene Jesus ist nicht im Tode geblieben, vielmehr hat Gott sich ganz und gar als er selbst erwiesen, indem er Jesus nicht nur in den Tod dahingegeben, sondern auch von den Toten auferweckt und zu seiner Rechten erhöht hat.

Der Text ist klar strukturiert. Er besteht aus zwei parallel gebauten Hauptaussagen: daß Jesus „*gestorben ist ... gemäß den Schriften*" und daß er „*auferweckt worden ist ... gemäß den Schriften*". Diese beiden Haupt-Sätze bauen den denkbar stärksten Kontrast auf: den Gegensatz zwischen Tod und Leben. Beiden Hauptaussagen ist jeweils eine kürzere Neben-Aussage zugeordnet. Daß Jesus begraben worden ist, unterstreicht die Realität seines Todes[16]; daß er dem Kephas und dann den Zwölfen erschienen ist, die Realität seiner Auferweckung „*am dritten Tage*".

(1) „*Gestorben für unsere Sünden gemäß den Schriften*"

Der Credo-Satz, Jesus sei „*für unsere Sünden*" gestorben, formuliert eine der ältesten und tiefgründigsten Deutungen des Todes Jesu. Die Interpretation ist ebenso wichtig wie mißverständlich und umstritten. Daß Jesus „für uns", „für die vielen", „für unsere Sünden" gestorben ist, weist seinen Tod als stellvertretenden Sühnetod aus.[17] Diese Vorstellung bereitet sehr vielen Menschen sehr viele Probleme. Wenn Rettung durch stellvertretende Sühne geschieht, gar durch den Tod des Sohnes Gottes: Ist Gott dann nicht ein grausamer Götze, der sich nur durch das vergossene Blut seines eigenen Sohnes von seinem Zorn abbringen läßt – einem Zorn, der letztlich aus beleidigtem Stolz resultiert? Und werden dann nicht die Menschen so abgrundtief schlecht gemacht, daß sie nur in peinlichste Selbst-Demütigungen flüchten können?[18] Mehr noch: Verletzt es nicht sowohl das Freiheitsstreben wie das Gerechtigkeitsempfinden, wenn persönlich zu verantwortende Schuld durch einen anderen als den Verursacher gebüßt werden soll?[19]

Diese Fragen können nur im Zuge einer genauen Exegese der Texte beantwortet werden. Der Schlüssel liegt nach 1Kor 15,3 und

anderen relevanten Texten im „Für" des Todes Jesu. Das „für uns"
kennzeichnet nicht nur das Sterben, es kennzeichnet auch das Leben
Jesu. Dietrich Bonhoeffer (1906–1945) hat sich, als Widerständler
verhaftet, im Untersuchungsgefängnis Tegel den Plan einer theologischen Arbeit über das Wesen des christlichen Glaubens zurechtge-
legt und dabei zur Frage „Wer ist Gott?" notiert[20]:

> Begegnung mit Jesus. Erfahrung, daß hier eine Umkehrung allen
> menschlichen Seins gegeben ist, darin, daß Jesus nur „für andere da
> ist". Das „Für-andere-da-sein" Jesu ist die Transzendenzerfahrung!
> Aus der Freiheit von sich selbst, als dem „Für-andere-da-sein" bis zum
> Tod entspringt erst die Allmacht, Allwissenheit, Allgegenwart …. Nicht
> die unendlichen, unerreichbaren Aufgaben, sondern der jeweils gegebe-
> ne erreichbare Nächste ist das Transzendente. Gott in Menschengestalt!
> Nicht wie bei den orientalischen Religionen in Tiergestalten als das Un-
> geheure, Chaotische, Ferne, Schauerliche; aber auch nicht in den Be-
> griffsgestalten des Absoluten, Metaphysischen, Unendlichen etc.; aber
> auch nicht die griechische Gott-Menschengestalt des „Menschen an
> sich", sondern „der Mensch für andere!", darum der Gekreuzigte. Der
> aus dem Transzendenten lebende Mensch.

Der entscheidende Gedanke des dichten Textes: Jesus sei nicht der
Mensch „an sich", wie es Griechen hätten denken können, sondern
„der Mensch für andere". Tatsächlich wird man dies als den Grundzug des gesamten Lebens Jesu ansehen dürfen: daß er nicht sich
selbst, sondern denen zu Gefallen gelebt hat, zu denen er sich gesendet wußte – *„den verlorenen Schafen des Hauses Israel"* (Mt 10,6;
15,24). Was aber heißt: „für" jemanden zu leben und dann auch zu
sterben?

Das griechische Wort, das dem deutschen „für" und dem lateinischen *pro* zugrunde liegt, heißt *hypér*. Es hat in der Regel drei Bedeutungen: (1.) anstelle, (2.) wegen und (3.) zugute. Daß Jesus „für uns"
gestorben ist, hieße also, er sei (1.) an unserer Stelle, (2.) unseretwegen und (3.) uns zugute gestorben. Was ist damit konkret gemeint?
Über den ursprünglichen Sinn der Glaubensformel können nur einige
Vermutungen angestellt werden. Leichter fällt es, die Credo-Formel
im Kontext der paulinischen Theologie zu interpretieren. Das soll im
folgenden geschehen – in der Gewißheit, daß Paulus den Sinn des vorpaulinischen Bekenntnisses nicht verfälscht, sondern vertieft. Dabei
zeigt sich, daß er, dem Duktus des Glaubensbekenntnisses folgend,
die Bedeutung des „für" im wesentlichen von der Anthropologie her
entwickelt, d. h.: im Blick auf die Lebenssituation der Menschen, die
aufgrund eigener und fremder Schuld im ganzen eine Unheilssituati-
on ist – wie sich zuletzt an der Unumgänglichkeit des Todes zeigt.

Das dritte der drei im *hypér* gegebenen Bedeutungsmomente ist das führende, das letztlich entscheidende: Jesus stirbt, damit wie sein Leben so auch sein Tod den Menschen *zugute* komme. Das aber heißt: So wie er gelebt hat, um den Menschen in Wort und Tat die Nähe der Gottesherrschaft zu vermitteln, so ist er auch gestorben, um ihnen Anteil am ewigen Leben im Jenseits geben zu können – und im Vorgriff auf die Vollendung bereits im Diesseits. So ist es jedenfalls die Intention Jesu gewesen, wie die Jünger Jesu im Licht des Ostermorgens glauben erkennen zu können und bekennen zu müssen. Die Herrenmahlstradition hält diese Glaubens-Erinnerung besonders klar und eindrücklich fest (Mk 14,22–25 parr; 1Kor 11,23ff).[21] Auf 1Kor 15,3 bezogen, wäre also zu folgern, daß Jesus gestorben ist, damit „wir", die bekennenden Christen, von „unseren" Sünden befreit werden, so daß diese Sünden nicht weiter „unser" Verhältnis zu Gott und „unser" Verhältnis zu den anderen Menschen, aber auch „unser" Verhältnis zu „uns" selbst zerstören, sondern ein neues Leben in der Kraft des Geistes möglich wird (Gal 5; Röm 12–15).

Wie aber kann dies geschehen? Die entscheidende Vorbedingung besteht darin, daß die Sünde im Geschehen der eschatologischen Rettung nicht einfach negiert, sondern in ihrem ganzen Gewicht ernstgenommen – und dann vollkommen überwunden wird. Das aber heißt: Im Prozeß der Sündenvergebung darf nicht zugedeckt, es muß vielmehr erst offenbar werden, daß die Sünde *erstens* eine kollektive Unheilsmacht ist, die sich in den Menschen immer wieder neu als Versuchung zur Gottlosigkeit und Ungerechtigkeit (Röm 1,18) in Szene setzt (vgl. Röm 7), und daß sie *zweitens* keine vom einzelnen Menschen ablösbare „Sache" ist, sondern ein personales Fehlverhalten, das untrennbar mit dem Sein und Werden, mit der Geschichte und der Identität der Menschen verbunden ist: Die Menschen sündigen nicht nur; sie *sind* Sünder – das ist eine Basis-Aussage biblischer Anthropologie (vgl. Ps 51), die sich bei Paulus nur in besonders klarer Form findet.

Aus dem ersten Punkt folgt, daß die Erlösung von der Sünde nicht individualisiert werden darf, sondern sich universalgeschichtlich vollziehen muß. Die Christen können nicht nur je für sich selbst auf Rettung hoffen, sondern immer nur zugleich auch für die anderen Menschen (und den gesamten Kosmos; vgl. Röm 8,19–27).

Aus dem zweiten Punkt folgt, daß Sündenvergebung sich im Grunde nur als eine eschatologische Neuschöpfung des Sünders vollziehen kann (vgl. 2Kor 5,17–21): nicht als ein Geschehen *am* Menschen, bei dem sein „Ich" unbeteiligt bliebe und nur von der

Sündenlast befreit würde, sondern als ein Geschehen *im* Menschen, bei dem sein „Ich" den Tod des Sünders stirbt und „in Christus" von Gott neu erschaffen wird (vgl. Gal 2,19f).

Beide Punkte könnten nur um den Preis der Banalität und Sentimentalität übersehen werden – so schwer es fällt, beide in den Blick zu nehmen. Bei James Joyce ist im „Ulysses" (nach der Übersetzung von Hans Wollschläger) zu lesen[22]:

> Ein Sentimentaler ist, wer genießen möchte, ohne die ungeheure Schuldnerschaft für etwas Getanes auf sich zu nehmen.

Diese Sentimentalität kann sich niemand leisten, dem es mit sich und den anderen Menschen, geschweige mit Gott ernst ist. Wer glauben sollte, sich von der Unheilsmacht der sündigen Welt freihalten zu können, täuscht sich selbst; wer meint, die Schuld auf die anderen schieben zu können, noch viel mehr. Wer darauf hofft, daß Gott in seiner Liebe beide Augen zudrückt und Fünfe gerade sein läßt, macht es sich zu leicht. Wer hingegen vor Gott seine Schuld erkennt und zu ihr steht und sie in einen Zusammenhang mit der Unheilslast der ganzen Menschheit bringt, hat die Chance der Vergebung.

Nimmt man beide Punkte zusammen, die Kollektivität und die Personalität der Sünde, so erhellt *zum einen,* daß die Menschen sich nicht selbst erlösen können (auch nicht durch Frömmigkeit und Gerechtigkeit und gute Werke der Nächstenliebe); wer anders denkt, verkennt die Übermacht der Sünde und die radikale Verderbtheit der Adamskinder. Die Menschen können nur durch Gott von ihrer Schuld befreit werden – nicht aufgrund ihrer Verdienste und Anstrengungen, nicht wegen ihrer Reue, auch nicht in Erwartung einer künftigen Besserung, sondern rein aus Gnade und Barmherzigkeit. Das gerade ist die Pointe bereits der alttestamentlichen Sühnetheologie[23], wie sie besonders dramatisch im Ritual des „Großen Versöhnungstages", dem *iom kippur,* zum Ausdruck gelangt (Lev 16). Dort setzt der Sühnegedanke den engen Zusammenhang von (bösem) Tun und (schlechtem) Ergehen voraus (vgl. Spr 24,12; 29,6). Damit Israel nicht vom Fluch seiner bösen Taten ereilt wird, schafft Gott die Möglichkeit, daß Israel sich in einem Ritus ent-schuldet (vgl. Lev 4,22–26). Im Sühnegeschehen ist Gott nicht Objekt, sondern Subjekt, nicht Empfänger von Ausgleichsleistungen und Demutserweisen, sondern Spender von Gnade. Der Sühnegedanke hat seine Pointe nicht darin, daß Gott zur Besänftigung seines Zornes ein Opfer dargebracht wird, sondern darin, daß Gott von sich aus den Menschen eine Möglichkeit verschafft, aus ihrer Sündenverfallenheit herauszugelangen. Alle theologische

Kritik, die am Gottesbild der alttestamentlichen und neutestamentlichen Sühnetheologie ansetzt, verkennt die Aussage der biblischen Quellen – wiewohl sie in der katechetischen Praxis, der Volksfrömmigkeit und teilweise auch der Dogmatik zahlreiche Anhaltspunkte finden konnte (und kann).

Zum anderen folgt aus der Kollektivität und Personalität der Sünde aber auch, daß die Erlösung nur von jemandem kommen kann, der einerseits selbst *nicht* dieser Sündenmacht Tribut leistet, sich aber andererseits um der Menschen willen so sehr mit ihnen identifiziert, daß er sich der von ihnen verursachten und erlittenen Sündenmacht *voll und ganz* aussetzt (vgl. 2Kor 5,21; Gal 3,13), also den Tod stirbt, in dem sich die Sünde auszahlt (Röm 6,23). Denn nur wenn jemand selbst von der Sünde frei ist, kann er andere von ihr befreien; und nur wenn er die Sünde bis zur bitteren Neige erleidet, geschieht diese Befreiung nicht an der Sünde vorbei, sondern durch die Sünde hindurch und ist die Erlösung nicht ein reines Dekret, das Gott bezüglich der Menschen erläßt, sondern ein personales Geschehen, in das Menschen als Menschen in ihrer Schuldigkeit und Sterblichkeit einbezogen sind.

Dies nimmt die urchristliche Verkündigung für Jesus, den Sohn Gottes, den für die Menschen Gestorbenen und durch Gott von den Toten Auferweckten, in Anspruch. Die Soteriologie ist also an die Christologie zurückgebunden – wie umgekehrt die Christologie die Soteriologie notwendig impliziert. Jesu Tod kann den Menschen nur deshalb zugute kommen, weil er der Sohn Gottes ist – und Sohn Gottes ist er als der, den Gott in den Tod dahingegeben und von den Toten auferweckt hat (Röm 4,25), damit er als Erhöhter für die Seinen eintritt (Röm 8,32ff). Sein Sterben ist nichts anderes als Ausdruck radikaler Liebe und radikalen Gottvertrauens; insofern aber der totenerweckende Gott selbst diese Liebe erweist, hat es dann *coram Deo* die Kraft, die sündigen und sterblichen Menschen an jenem Leben teilhaben zu lassen, das der für andere Sterbende seinerseits ganz von Gott her und ganz auf Gott hin (vgl. Röm 6,10; 1Kor 15,28) lebt.

Daraus ergibt sich, daß Jesu Tod den Menschen, die allemal und radikal Sünder sind, nur deshalb *zugute*kommen kann, weil Jesus *ihretwegen* und *an ihrer Stelle* gestorben ist.

Zunächst: Wenn mit 1Kor 15,3 bekannt wird, Jesus sei *„um unserer Sünden willen gestorben"*, wird damit festgestellt, daß er sich sein Sterben nicht selbst hat zuschulden kommen lassen – weder durch Aggressivität noch durch Fahrlässigkeit oder durch Martyriumssehnsucht (um theoretische Fälle zu nennen). Wären daran irgendwelche Zweifel erlaubt, könnte nicht behauptet werden, er sei um „unseretwillen" und „uns zugute" gestorben. Jesus ist unschuldig verurteilt worden. Er wurde zum Opfer ungerechter Gewalt. Wer für seine Kreuzigung verantwortlich war (nach allem, was man heute wissen kann, einige Sadduzäer aus dem Kreis um Hannas und Kajaphas im Zusammenspiel mit Pontius Pilatus[24]), hat schwere Schuld auf sich geladen. Doch käme in soteriologischer Hinsicht alles darauf an, diese Schuld nicht zu historisieren und zu individualisieren, sondern im Kreuzestod Jesu offenbart zu sehen, woran *alle* Menschen als einzelne wie als Gemeinschaft im Grunde mit Gott und mit sich selbst dran sind: Insofern Jesus sein Sterben allen zugute kommen läßt, identifiziert er am Kreuz alle Menschen als Sünder, um aller Menschen Sündenschuld in seinem Tode auf sich zu nehmen und durch seinen Tod zu überwinden. Umgekehrt: Wenn die Glaubenden bekennen dürfen, daß Jesu Sterben sie von ihrer Sündenschuld erlöst, müssen sie auch bekennen, daß Jesus nicht nur ihnen zugute, sondern auch *ihretwegen* gestorben ist. Das gerade geschieht in 1Kor 15,3. Mit der Hoffnung der Glaubenden auf eschatologische Rettung durch den gekreuzigten Jesus ist ihr ehrliches Eingeständnis verbunden, durch ihre eigene Sündigkeit sein Sterben mit verursacht zu haben – nicht im juristischen oder moralischen, sondern im theologischen, nämlich durch Jesus Christus vor Gott geltenden Sinn.

Sodann: Wenn Jesus, weil „wir" Sünder sind, „unseretwegen" gestorben ist, damit sein Tod „uns zugute" käme, kann er dies nur, wenn er auch „an unserer Stelle" gestorben ist. Alles andere wäre weder der Personalität der Sünde noch der Notwendigkeit der eschatologischen Neuschöpfung des Sünders adäquat. Nur wer sich aus nichts als Liebe so sehr mit den Sündern identifiziert, daß er den von ihrer Sünde verursachten Tod stirbt, kann sie aus Sündern zu neuen Menschen machen, die nicht mehr auf ihre Sünde und ihren Tod festgelegt, sondern durch Gott zum Glauben, zur Hoffnung und zur Liebe befreit sind.

Die Verbindung des Sühne- mit dem Stellvertretungsgedanken kommt durch Jes 53, das Vierte Lied vom Gottesknecht, in den Blick[25]: Gott leistet Sühne, indem er gelten und zur Wirkung kommen läßt, daß der Gottesknecht für andere Menschen, sogar für seine Feinde eintritt und ihre Unheilslast auf sich nimmt, um sie von ihnen fortzuschaffen. Was Jes 53 von einer idealen Gestalt erhofft, realisiert sich 1Kor 15,3 zufolge in Jesus Christus. Der Kreuzestod Jesu zeigt, wie rückhaltlos er sich rein aus Liebe den Menschen hingibt, wie total er sich in seinem Sterben mit den Sündern zu deren Heil identifiziert.

Zusammengefaßt: In einer Welt der Ungerechtigkeit und der Sünde kann Jesu Tod nur deshalb den Sündern zugute kommen, weil er „ihretwegen" und „an ihrer Stelle" gestorben ist.

Wenn 1Kor 15,3 weiter sagt, Jesu Tod *„für unsere"* Sünden sei *„gemäß den Schriften"* geschehen, ist damit vielleicht nicht nur auf eine spezielle Stelle im Alten Testament verwiesen, etwa das Vierte Lied vom Gottesknecht, sondern auf die Heilige Schrift Israels insgesamt – und damit auf Gott: Gott ist im Tode Jesu alles andere als ein Zuschauer, der sich an einem grausamen Schauspiel weidet; noch gar ist er der finstere Rächer, der das Blut seines eigenen Sohnes sehen und die Menschen in den Staub gebeugt wissen will. Vielmehr ist er derjenige, der sich selbst gibt, indem er seinen Sohn dahingibt. Und Jesus ist im Kreuzesgeschehen, folgt man dem urchristlichen Bekenntnis und seiner narrativen Explikation in den Evangelien, nicht das von Gott eingesetzte Mittel zum heiligen Zweck, sondern freie Person – und ja selbst Gottes Sohn; nicht Kadavergehorsam, nicht der Wunsch der Selbstkasteiung führen ihn ins Leiden, sondern sein Vertrauen auf Gott und seine Liebe zu den Menschen. Gleichzeitig erweist sich, daß der Einwand nicht zieht, Stellvertretung widerstreite dem Gedanken der Selbstbestimmung. Vielmehr ist es nach 1Kor 15,3 und zumal der paulinischen Auslegung (vgl. Gal 5) gerade so, daß es überhaupt erst der stellvertretende Sühnetod Jesu ist, der die Menschen von der Herrschaft der Sünde wie des Todes befreit und ihnen die Freiheit der Gotteskinder schenkt, indem Gott aus Liebe ihre Identität als Liebe bestimmt.

Fazit: Der Sühne- und der Stellvertretungsgedanke, der sich in 1Kor 15,3 widerspiegelt, ist eine herausragende, theologisch unverzichtbare Möglichkeit, die Heilsbedeutung des Todes Jesu angesichts einer menschlichen und geschichtlichen Situation auszusagen, die zutiefst von der Macht der Sünde geprägt ist. Im Lichte der Auferweckung erhellt, daß Gott dem Sterben Jesu als dem Kulminationspunkt seiner „Proexistenz"[26] diese Heilsbedeutung zukommen läßt. Die Verkündigung des Todes Jesu steht mit der Verkündigung der Auferweckung Jesu in einem untrennbaren Zusammenhang: nicht nur deshalb, weil die Jünger erst an Ostern begriffen haben, was das Sterben ihres Meisters bedeutet, sondern deshalb, weil Tod und Auferweckung Jesu in der Beziehung zwischen Jesus und Gott und deshalb auch im Heilsgeschehen eine Einheit bilden. Die Struktur der Credoformel spiegelt diesen Konnex. Nicht zuletzt darin liegt ihre Präzision.

(2) *„Auferweckt am dritten Tag gemäß den Schriften"*

In hartem Kontrast ist neben die Aussage vom Sterben und Begräbnis Jesu die Aussage von seiner Auferweckung gesetzt. Es gilt, beides zu sehen: den Zusammenhang zwischen diesen grund-legenden

Ereignissen und den qualitativen Sprung, der zwischen ihnen liegt. Auferweckt ist der gestorbene und begrabene Jesus. Der Auferweckte ist kein anderer als der Irdische, der in der Konsequenz seiner Sendung den Tod erlitten hat.[27] Das, wofür Jesus gelebt hat und gestorben ist, wird im Auferweckungsgeschehen nicht überholt, sondern bejaht und universal zur Wirkung gebracht. Wie einerseits die Bedeutung des Todes Jesu erst im Licht seiner Auferweckung erhellt, so wird andererseits durch die Auferweckung der Tod Jesu weder revidiert noch annulliert, sondern exponiert und dynamisiert: Er wird durch die Auferweckung nicht weggeblendet, sondern ins rechte Licht gesetzt; was er nach Jesu Intention sein sollte, nämlich Gottes Mittel zur Rechtfertigung der Gottlosen, wird durch die Auferweckung nicht überholt, sondern eschatologisch in Kraft gesetzt. Das ist kein Willkürakt Gottes, sondern innere Konsequenz des gesamten Heilsgeschehens. Der Tod Jesu ist die irreversible, weil unüberbietbare Konsequenz der Liebe Gottes und der Liebe Jesu zu den Menschen, die Gottes Feinde sind (Röm 5,6–10); weil aber im Tode die Proexistenz Jesu *aufgipfelt*, ist und bleibt Jesus Christus der Auferweckte *als* der Gekreuzigte. Viel später wird dieses Grundmotiv im johanneischen Osterevangelium erzählerisch ausgestaltet werden: Der „ungläubige" Thomas erkennt seinen *„Herrn und Gott"* (20,28) an seinen Wundmalen – die den Auferstandenen also immer noch zeichnen (20,24–29)[28] und die er auch nie verlieren wird.

Die Auferweckung ist zutiefst ein Geschehen zwischen dem einen Gott und dem einen Sohn Gottes, Jesus (vgl. 1Kor 8,6). Gott selbst ist der Angefragte und der Handelnde im Grundgeschehen des Todes wie der Auferweckung Jesu – angefragt, ob er Jesus wirklich verlassen hat (Mk 15,34) oder gegen allen Augenschein doch zu seinem Knecht (Apg 3,13.26) steht; handelnd, insofern er seine ihm allein vorbehaltene Vollmacht, Tote zu erwecken (Röm 4,17), an Jesus und durch Jesus wahrgenommen hat. In der Credoformel spiegelt sich die Theozentrik des Ostergeschehens dadurch wider, daß nicht, wie es später in der Kirchen- und Theologensprache geläufig geworden ist, von der Aufer*stehung*, sondern von der Auf*erweckung* Jesu gesprochen wird. So wenig es angeht, zwischen beiden Redeweisen einen Gegensatz zu konstruieren, so nötig ist es, beides zu unterscheiden. Wenn man (auch mit dem Neuen Testament, auch schon mit Paulus) von der Aufer*stehung* Jesu redet, hat man die göttliche Vollmacht Jesu, des Gottessohnes, vor Augen: Der Tod kann ihn nicht festhalten, weil Jesus seinem Wesen und seiner Geschichte nach zu Gott, dem Vater, gehört; Jesus selbst besiegt den Tod, indem er ihn ohne Sünde aus Liebe zu den

Menschen *in* seiner essentiellen Zugehörigkeit zu Gott erlitten hat.

Redet man hingegen von der Aufer*weckung* Jesu, will man die Tat *Gottes* festhalten: Er hat seinen Sohn nicht im Grab gelassen, sondern von den Toten auferweckt. So formuliert 1Kor 15,4, der älteste Bekenntnistext. Gerade im Blick auf die spätere Entwicklung, die doch etwas einseitig die Christologie auf Kosten der *Theo*-logie zu gewichten versucht war, läge viel daran, die uralte Rede von der Aufer*weckung* Jesu im Gedächtnis zu behalten. Im Griechischen steht das Verb im Passiv; es ist ein sog. „theologisches Passiv", ein *passivum divinum*: Um den Gottesnamen nicht aussprechen zu müssen, wird Gottes Handeln in einer passiven Verbform umschrieben. Betont wird damit: Die Auferweckung ist ein Handeln Gottes am getöteten Jesus; der Glaube an die Auferstehung Jesu ist immer zuerst Glaube an Gott, der die Macht hat, Tote zu erwecken, und diese Macht eschatologisch an Jesus Christus erwiesen hat.

Der Blick auf die griechische Sprachgestalt des Bekenntnisses fördert aber noch einen weiteren Bedeutungsaspekt zutage: Das Verb „*auferweckt*" steht im Perfekt. Das Griechische erfaßt mit dieser Zeitform (anders als das Deutsche) eine in der Vergangenheit liegende, abgeschlossene (insofern „perfekte") Handlung, deren Wirkung aber in der Gegenwart noch anhält und somit die Gegenwart weiter (bleibend) bestimmt. Die Wahl dieses Tempus ist in 1Kor 15,4 signifikant. Einerseits wird durch das Perfekt die Einmaligkeit des Auferweckungsgeschehens betont, das für die Menschen in der Vergangenheit liegt (während es vor Gott die menschlichen Kategorien des „früher" oder „später" nicht gibt): Die Auferweckung ist, von Gott gewirkt, ein unverwechselbares und unwiederholbares Ereignis, das zwar die Grenzen von Raum und Zeit durchbricht, aber in der Geschichte für bestimmte Menschen zu bestimmten Zeiten an bestimmten Orten erfahrbar geworden ist (vgl. 1Kor 15,5–9). Andererseits wird durch das Perfekt aber auch klargestellt, daß die Auferweckung kein vergangenes Geschehen geworden ist, über das die Zeit hinweggegangen wäre. Vielmehr hat die Auferweckungstat Gottes gegenwärtige Wirkungen, die ein Wesensmoment dieser einmaligen Tat selbst sind. Die Metapher der Auferweckung weist auf ein Leben hin, das nicht mehr vom Tode überschattet ist, sondern ganz von Gottes Gegenwart und Lebendigkeit bestimmt wird.

Weiter heißt es im vorpaulinischen Text, Jesus sei „*am dritten Tag*" von den Toten auferweckt worden.[29] Die Bedeutung dieser Wendung ist umstritten. Soll man daran denken, daß Jesus an einem Freitag gestorben und nach Lukas wie Johannes am ersten Tag der

Woche, also an einem Sonntag den ersten Jüngern erstmals erschienen ist – wie auch nach den neutestamentlichen Grabeserzählungen (Mk 16,1–8 parr) die Frauen in der Frühe des Sonntags das Grab leer gefunden haben? Diese Überlegung läßt sich nicht ganz von der Hand weisen. Immerhin wird sehr bald nicht der Sabbat, sondern der Sonntag zu *dem* christlichen Fest-Tag. Dennoch ist die Angabe der drei Tage sicher mehr als eine chronologische Information. Vielmehr wird deutlich genug auf ein nicht sehr stark betontes, aber doch immer wieder einmal aufgenommenes Motiv aus dem Alten Testament angespielt, das am hellsten in Hos 6,1f ertönt:

> ¹*Kommt, wir wollen zum Herrn zurück,*
> *denn er hat uns zerrissen, er wird uns auch heilen;*
> *er hat uns geschlagen, er wird uns auch verbinden.*
> ²*Er macht uns lebendig nach zwei Tagen,*
> *am dritten Tag wird er uns wieder aufrichten,*
> *und wir werden leben vor seinem Angesicht.*

Vermutlich wird man in 1Kor 15,4 die chronologische mit der theologischen Aussage zusammensehen müssen. Die Wendung *„am dritten Tage"* rekurriert also einerseits auf die Tatsächlichkeit des Todes und die geschichtliche Wirkung der Auferweckung Jesu, weist aber vor allem andererseits Gott als den Retter Jesu aus (vgl. noch Jon 2,1).

Auf dieser theologischen Linie liegt dann wiederum die Bemerkung, daß die Auferweckung Jesu ebenso wie sein Sühnetod *„gemäß den Schriften"* erfolgt sei. Erneut ist wohl nicht gezielt auf einzelne alttestamentliche Belegstellen hingewiesen, die man etwa als „Schriftbeweis" für die Auferstehung Jesu bemühen könnte, sondern auf das gesamte Heilshandeln Gottes am Volk Israel, wie es sich in der Heiligen Schrift Israels widerspiegelt. Gesagt wird: Das Handeln Gottes am Auferweckten ist endzeitlich und end-gültig; es entspricht Gottes Heilsplan und läßt ihn aufgipfeln.

Dem Bekenntnis zur Auferweckung Jesu ist die Erinnerung an die Erscheinung, die Kephas und die Zwölf gehabt haben, zugeordnet. So wie die Aussage über das Begräbnis Jesu die Realität seines Todes unterstreicht, erhellt die Aussage über die Erscheinungen Jesu die Realität seiner Auferweckung. Die Sprache ist theologisch gewählt. Sie stammt aus alttestamentlichen Theophanie-Erzählungen (Ex 3,2–10; 3,16; 6,2–8): Gott erscheint, indem er, ohne seine Transzendenz zu verlieren, sich offenbart. Der Akzent liegt darauf, daß *Gott* sich sehen und hören läßt (in welchen Brechungen und durch welche Medien auch immer). So auch in 1Kor 15,5: Nicht daß Petrus und die Zwölf Jesus haben sehen können, steht im Vordergrund, sondern daß Jesus in Erscheinung getreten ist; *er* hat sich von Petrus und den Zwölfen sehen lassen.

Die Erscheinungs-Aussage führt die Auferweckungs-Aussage in dreifacher Hinsicht interpretierend weiter. *Erstens:* Wenn Jesus „erscheint", ist klar, daß er als Auferweckter, wiewohl er der gekreuzigte Mensch aus Nazaret bleibt, ganz und gar auf die Seite Gottes gehört. Er partizipiert in vollkommener Weise am Leben Gottes selbst. Die Auferweckung Jesu ist in keiner Hinsicht eine Rückkehr ins irdische Leben; dann müßte er ja wieder unter den Bedingungen von Raum und Zeit wirken und leiden – und abermals sterben. Läßt man für den Augenblick alle weiteren historischen Rückfragen fort, müßte man in jedem Fall sagen, daß die Auferweckung Jesu von qualitativ anderer Art ist als die des Lazarus (Joh 11,1–44) oder des Jünglings von Naïn (Lk 7,11–17) oder der Tochter des Jaïrus (Mk 5,35–43 parr). Jesus kehrt durch seine Auferweckung nicht in sein irdisches, sondern in sein himmlisches Leben zurück, das er in seiner ungeteilten Offenheit für den Vater und in der ungeteilten Offenheit des Vaters für ihn lebt.

Zweitens: Die Auferweckung Jesu führt nicht dazu, daß Jesus seine Rolle im Heilsdrama ausgespielt hätte. Im Gegenteil: Jesus partizipiert nicht nur am Leben, sondern ebenso an der Vollmacht Gottes. Wie er als Irdischer für die Aufrichtung der Herrschaft Gottes gewirkt hat, so auch als Auferweckter – nur nicht mehr unter den Bedingungen irdischer Existenz, sondern in der Unbedingtheit göttlicher Freiheit. Wie dies geschieht, erhellt daraus, daß er gerade *„Kephas und den Zwölfen"* erscheint: jenen Menschen also, die er schon zu Lebzeiten in seine Nachfolge gerufen hat, die ihn aber in der Stunde des Leidens ausnahmslos verleugnet und verlassen haben. Daß er sich von ihnen sehen läßt, bedeutet, daß er, der Auferstandene, jene Lebensgemeinschaft und Vertrauensbeziehung auf eine ganz neue Weise wieder lebendig werden läßt, die er bereits als Irdischer gestiftet hat, die aber schuldhaft von Petrus und den Zwölfen zerstört worden ist. Deutlicher kann kaum gesagt werden, daß der Auferstandene sich in derselben Weise den Schwachen und Sündern zuwendet, wie sich der Irdische gerade zu den Sündern gesandt wußte (Mk 2,17).

Drittens: In den alttestamentlichen Theophanieerzählungen zielt die Erscheinung immer auf Sendung. So auch in 1Kor 15,5: Jesus erscheint Kephas und den Zwölfen. Bezeichnenderweise werden nicht die Eigennamen, sondern die „Amtsbezeichnungen" genannt. Simon ist „Kephas" als *der* Jünger Jesu[30]; die Zwölf sind von Jesus eingesetzt worden, um seinen Anspruch auf *ganz* Israel zu symbolisieren und als

Stammväter des eschatologischen Gottesvolkes zu fungieren (Mk 3,13–19)[31]. Damit ist vollends klar: Die Erscheinung Jesu zielt darauf, die Jünger-Gemeinde neu zu konstituieren. Die Verkündigung des Evangeliums, die zur Bildung christlicher Gemeinden führen soll, liegt in der Konsequenz der Auferweckung Jesu.

In der Reflexionssprache der Theologie ist es schwer, das Geheimnis des Auferweckungsgeschehens zu würdigen. Besser scheint es den Künstlern zu gelingen – in Vergangenheit und Gegenwart. Das grandiose Auferstehungsbild, das Matthias Grünewald für den Isenheimer Altar gemalt hat (1515 fertiggestellt), ist das vielleicht bekannteste Beispiel. Wie stark aber gerade auch die orthodoxe Bildtradition heutige Menschen anzusprechen vermag, geht aus der Beschreibung eines Freskos in der Nikolaos-Orfanos-Kapelle zu Thessalonich hervor, die sich in Peter Handkes Bericht über die Reise seines Sohnes zum Schauplatz eines seiner früheren Romane findet[32]:

> Es zeigte nicht die übliche Auferstehung des Gottessohns, sondern einen der Augenblicke danach. Es ist das eine Szene, wie ich sie, dabei von klein auf mit jeder Station des Evangeliums bildvertraut, noch nie gesehen habe. Weder schwebt der Gottessohn, von den Toten erweckt, da auf aus dem offenen Grab, noch begegnet er, eine der üblichen Fortsetzungsszenen, da den von dort weggelaufenen Leichensalbfrauen. Der Maler zeigt eine Episode dazwischen. Der spürbar gerade Auferstandene ist für sich allein und geht so, in dem wallenden weißen Leichentuch, durch eine unbevölkerte Landschaft, vor dunklen Erdhügeln mit vereinzelten Bäumen, unter einem tiefdunkelblauen, in meiner Erinnerung weltraumschwarzen Himmel. Es wird, ausgenommen die beim Gehen erhobenen Segensfinger, keine Handlung dargestellt als dieses Wehen und dieses zügige Ausschreiten in der sonst menschenleeren Frühe, dabei die Augen wie auch die Achseln des von den Toten Zurückgekehrten empfänglich und durchlässig für alles Licht und alle Morgenluft der Welt. Wer hat schon solch einen Auferstandenen erfahren? Und mein Ich-Erzähler denkt: „Das ist das Bild, mit dem die Welt neu anfangen wird."

Die Auferweckung ist kein isoliertes Wunder, das die Göttlichkeit Jesu beweisen soll. Alles Mirakulöse muß aus der Osterverkündigung ferngehalten werden. (Auch das leere Grab wirft ja, folgt man den neutestamentlichen Texten, mehr Fragen auf, als es Antworten gibt.) Die Auferweckung dient gewiß der Bestätigung der Sache und der Person Jesu angesichts seines Kreuzestodes: Schien der Kreuzestod den Anspruch Jesu zu widerlegen und seine Reich-Gottes-Verkündigung zu falsifizieren, so erweist die Auferweckung, daß Gott seinen Boten Jesus im Recht sieht und sich auf seine Seite stellt. Doch ist diese Bestätigung alles andere als eine nachträgliche, gar rein dekretorische Legitimation. Gott bestätigt Jesus vielmehr, indem er ihn voll und ganz bejaht. Dies kann nur bedeuten, daß er sich ihm in absoluter Rückhaltlosigkeit und schöpferischer Liebe zuwendet und ihm dadurch *vollkommenen* Anteil an seinem ureigenen Leben wie seiner ureigenen Vollmacht gewährt. Die Auferweckung geschieht „im Zuge der Erhöhung"[33]: Der Auferstandene kann in der Kraft Gottes von Gott her und auf Gott hin (Röm 6,10; 1Kor 15,28) machtvoll wirken und als er selbst in Erscheinung treten.

Die Auferweckung ist also nicht *in dem Sinn* ein historisches Ereignis wie der Tod Jesu. Die Kreuzigung kann (ziemlich) genau datiert und lokalisiert werden – die Auferweckung ist ein *meta*-historisches Ereignis. Aber sie ist deshalb doch nicht ungeschichtlich. Sie ist kein Mythos. Vielmehr ist sie *der* Ausweis der geschichtsmächtigen Handlungskraft Gottes selbst. Die Auferweckung hat geschichtliche Wirkungen, die nicht nur äußerlich bleibende Folgen, sondern Wesensmomente des Auferweckungsgeschehens sind. Die Auferstehung Jesu verändert die Geschichte; als Auferstandener macht Jesus sich denen erfahrbar, die durch die Predigt des Evangeliums zum Glauben gelangen; insofern die Auferstehung Jesu auf die eschatologische Vollendung vorausgreift und die endzeitliche Auferstehung der Toten begründet (vgl. 1Kor 15,20–28), läßt sie die Geschichte als einen begrenzten Zeit-Raum entstehen, den Gott erschaffen und den Menschen so eingerichtet hat, daß sie ihre Identität im Gegenüber zu Gott und zu den anderen Menschen finden (freilich auch verlieren) können. Im gleichen Maße, wie die Auferweckung Jesu die Geschichte transzendiert, konstituiert sie die Geschichte von der eschatologischen Zukunft Gottes her, die sie antizipiert.

d) Der Glaube der Bibel – der Glaube der Kirche – der Glaube der Christen

Das kann die Bibel zeigen: Worauf es beim Glauben vor allem anderen ankommt. Dieses *Prae* ist sowohl zeitlich wie auch sachlich gemeint. Zeitlich: Das Alte und Neue Testament liegt vor den zahlreichen dogmatischen Entscheidungen der Konzilien (die im Grunde nichts anderes wollen, als die biblische Wahrheit vor Verzerrungen zu bewahren und in ihren verschiedenen Aspekten zu entfalten); es liegt vor den zahlreichen Lehrschreiben, die von Päpsten und Bischöfen verfaßt worden sind (deren Ziel im Grunde nur darin bestehen kann, zum genaueren Hören auf das Wort der Schrift einzuladen); es liegt vor den zahlreichen Werken der Theologen (die, wenn sie gut sind, im Kern allzumal Schriftauslegung treiben). Das zeitliche *Prae* weist aber auch auf ein sachliches: Vor allem anderen, was im Glauben zu bedenken ist, liegt das, was in der *einen* Schrift des Alten und des Neuen Testaments bezeugt ist. Hier ist der Ursprung, die Grundlage für die gesamte weitere Lehrentwicklung der Theologie und der Kirche. Was immer Christen als ihre persönliche Glaubensüberzeugung bekennen, was immer sie als ihren persönlichen Zugang zu Gott erfahren mögen, ist außerordentlich vielfältig und muß es sein. Hier aber, im Grundgeschehen des Todes und der Auferweckung Jesu, ist Maß und Mitte des personalen wie des ekklesialen Bekenntnis-Glaubens vorgegeben.

(1) Der Inhalt des Glaubens – alttestamentlich und neutestamentlich

Der Inhalt des Glaubens, den die Bibel beschreibt, ist im Grunde theozentrisch. Es geht darum, wahrzunehmen und zu bezeugen, wer Gott ist. Die Grundidee der alttestamentlichen Theologie: daß Gott der *Eine* ist, der Schöpfer der Welt, nicht eine unpersönliche Macht, nicht die gesichtslose Fülle des Seins, nicht der „unbewegte Beweger" des Aristoteles, nicht das Ur-Prinzip des Kosmos, sondern der in der Geschichte durch Menschen Handelnde – in der Relation zu Israel, das er zu seinem Volk erwählt hat. Die Grundidee der neutestamentlichen Theologie: daß Gott seine rettende Macht unüberbietbar und unwiderruflich im Geschehen des Kreuzestodes und in der Auferweckung Jesu erwiesen hat.

Vergleicht man zentrale Glaubens-Aussagen des Alten und des Neuen Testaments miteinander, so kommen sie in der radikalen Theozentrik überein. Mußte im Zuge der alttestamentlichen Theologiegeschichte auch erst langsam das Bewußtsein von der Einzigkeit Gottes und der Bedeutung dieser Glaubenseinsicht für das Verständnis der Schöpfung, der Geschichte, des Gottesvolkes und des einzelnen wachsen, so hat sich doch für die neutestamentlichen Autoren die Heilige Schrift Israels insgesamt als Zeugin eines radikalen Gottes-Glaubens dargestellt, den Jesus selbst geteilt hat und der die nachösterlichen Autoren davor bewahrt hat, im Zuge der Entwicklung einer Auferstehungs- und Erhöhungschristologie in einen Bi-Theismus abzugleiten. Umgekehrt ist das neutestamentliche, christologisch aufgeschlossene Zeugnis der Einheit und Einzigkeit Gottes für die ersten Christen nicht nur die Bestätigung des alttestamentlichen Monotheismus, sondern dessen eschatologische Qualifikation und verbindliche *Neu*interpretation: Gott ist der Eine und Einzige *als* der Vater Jesu Christi. Entspricht es schon der alttestamentlichen Theologie, besonders dem

Deuteronomium und Deuterojesaja, Gottes Einheit und Einzigkeit nicht metaphysisch oder spekulativ, sondern soteriologisch begründet zu sehen, d. h. in der Selbst-Offenbarung Gottes zum Heil Israels, so wird dieser Gedanke von den neutestamentlichen Theologen, besonders von Paulus und Johannes radikalisiert: Gottes Identität ist jene Liebe zu den Sündern, die im Tode und der Auferweckung des Sohnes Gottes universales Heil erschafft.

Damit hängt ein zweiter wesentlicher Punkt zusammen, der das Alte und das Neue Testament zu einer spannungsvollen Einheit verbindet. Am „kleinen geschichtlichen Credo" kann abgelesen werden, daß von Gottes Heilshandeln nur als einem *geschichtlichen* Machterweis geredet werden kann: Die Menschen sind *in ihrer Geschichte* der Ort und das Medium der Offenbarung Gottes. Hinter diese Erkenntnis kann keine christliche Theologie zurück. Die neutestamentlichen Autoren verfolgen sie denn auch allesamt weiter, wenn sie – auf je unterschiedliche Weise – die *Geschichte* Jesu von Nazaret zu *der* offenbarungstheologischen Achsenzeit erklären. Gleichzeitig aber halten sie mit dem Glauben an die Auferweckung Jesu von den Toten das Ende und die transzendentale Vollendung der Geschichte fest. Die alttestamentlichen Aussagen über die Geschichtlichkeit des Offenbarungshandelns Gottes bleiben hingegen weitgehend innergeschichtlich orientiert (so sehr sie die Erschaffung der Welt durch Gott voraussetzen mögen). Damit bleiben sie zwar eine stetige Warnung jeder christlichen Eschatologie vor spirituellen Verflüchtigungen und eschatologischen Vertröstungen, geben aber doch einen noch begrenzten Horizont zu erkennen, der dem Gottsein Gottes nicht wirklich gemäß ist. Wenn in späten Texten des Alten Testaments (besonders im Danielbuch) dieser rein innergeschichtliche Horizont aufgesprengt wird und der Blick auf eine Zukunft jenseits der Geschichte frei wird, geschieht dies zunächst um den Preis einer durch und durch negativen Wertung der Geschichte (auch der Geschichte Israels), die ihren Eigenwert kaum mehr erkennen läßt. Dies ändert sich im Neuen Testament, nicht durchweg, aber doch im ganzen. Denn dadurch, daß ein geschichtliches Ereignis, das Wirken und Sterben Jesu, als *das* Heilsereignis erkannt und verkündigt wird, das in das Reich Gottes hineinweist, kann die Bedeutung der Geschichte nicht nur protologisch, von der Schöpfung her, sondern eschatologisch, von der Vollendung her, verstanden werden, die in Jesu Tod und Auferweckung vorweggenommen und recht eigentlich begründet wird, insofern Gott sich hier bereits als der erweist, der „*alles in allem*" ist (vgl. 1Kor 15,20–28). Da aber der Sinn (oder der Unsinn) der Geschichte wegen der Freiheit der Menschen nicht schon in ihrem Anfang ein für allemal festgelegt, sondern erst im Blick auf ihr Ende erschlossen sein kann, ist es das Grund-Ereignis des Todes und der Auferweckung Jesu, in dem – für den christlichen Glauben – die Geschichte in ihrer *Ganzheit* und in ihrer *umfassenden Bedeutung* aufscheint: als Zeit-Raum, in dem die Menschen durch Christus ihre Identität eingestiftet bekommen, in dem sie aber nicht eingesperrt, sondern zu einer Hoffnung auf ein Jenseits dieser Geschichte befreit sind.

(2) Der Glaube an Gott – biblisch und gegenwärtig

Wenn es richtig ist, daß die Würde und Hoffnung der Menschen einzig und allein in Gott selbst begründet liegt, seiner schöpferischen und versöhnenden Macht, ist es eine Lebens-Notwendigkeit, daß das in der Bibel bezeugte Glaubens-Wissen nicht verloren geht, sondern erhalten bleibt. Dag Hammerskjöld (1905–1961), der schwedische Politiker und nachmalige UN-Generalsekretär, der im Rahmen einer Friedensmission durch einen Flugzeugabsturz über dem Kongo sein Leben verloren hat, notiert in sein Tagebuch[34]:

> Gott stirbt nicht an dem Tag, an dem wir nicht länger an eine persönliche Gottheit glauben, aber wir sterben an dem Tag, an dem das Leben für uns nicht länger von dem stets wiedergeschenkten Glanz des Wunders durchstrahlt wird, von Lichtquellen jenseits der Vernunft.

Freilich ist es nicht einfach, diese Ahnung wachzuhalten – in der Orientierung an der Heiligen Schrift, aber auch in der Orientierung an der Geschichte und am Zeit-Geschehen. Wie sollte es auch leicht sein, wenn wirklich der Gott der Bibel vor Augen steht! Dennoch gibt es Beispiele, Versuche, Annäherungen. Orientiert man sich noch einmal an den beiden biblischen Beispiel-Texten, sind insbesondere solche Versuche interessant, die von Gottes Geschichtsmächtigkeit und vom Grundgeschehen des Todes wie der Auferweckung handeln.

Den Glauben an Gottes Geschichtsmacht und Verheißungstreue aufrechtzuerhalten und neu zur Sprache zu bringen, ist schwer – vor allem angesichts des Holocaust, der doch gerade das von Gott erwählte Volk trifft, das nach dem „kleinen geschichtlichen Credo" für Gottes Befreiungstat danken soll. Wie könnte diese entsetzliche Katastrophe mit dem biblischen Gottesglauben zusammengehen? Über die *Frage* wird man schwer hinauskommen. Wer als Christ meint, Antworten zu haben, sollte sich den Mund verbieten. Viel wichtiger ist es für ihn, auf die Fragen und Klagen der Juden zu hören – so wie sie zum Beispiel Nelly Sachs (1891–1970) zum Ausdruck bringt[35]:

WARUM die schwarze Antwort des Hasses
auf dein Dasein, Israel?

Fremdling du,
einen Stern von weiterher
als die anderen.
Verkauft an diese Erde
damit Einsamkeit fort sich erbe.

Deine Herkunft verwachsen mit Unkraut -
deine Sterne vertauscht
gegen alles was Motten und Würmern gehört,
und doch von den Traumsandufern der Zeit
wie Mondwasser fortgeholt in die Ferne.

Im Chore der anderen
hast du gesungen
einen Ton höher
oder einen Ton tiefer -

der Abendsonne hast du dich ins Blut geworfen
wie ein Schmerz den anderen sucht.
Lang ist dein Schatten
und es ist späte Zeit für dich geworden
Israel!

Wie weit dein Weg von der Segnung
den Äon der Tränen entlang
bis zur Wegbiegung
da du in Asche gefallen,

dein Feind mit dem Rauch
deines verbrannten Leibes
deine Todesverlassenheit
an die Stirn des Himmels schrieb!

O solcher Tod!
Wo alle helfenden Engel
mit blutenden Schwingen
zerrissen im Stacheldraht
der Zeit hingen!

Warum die schwarze Antwort des Hasses
auf dein Dasein
Israel?

Wie steht es mit dem christlichen Grundbekenntnis zum Tode und
zur Auferstehung Jesu? Darüber dürften Christen nicht schweigen,
darüber müßten sie reden – doch mit welchen Worten? Gelungene
Beispiele diesseits theologischer Reflexionen sind nicht eben häufig.
Walter Jens hat vollkommen recht, wenn er notiert[36], daß in der

(deutschen) Literatur der Nachkriegszeit im Grunde nur ein einziges christologisches Thema immer und immer wieder variiert worden ist: das Leiden des Mannes aus Nazaret. Genauer noch müßte gesagt werden, daß Jesus immer wieder als Opfer ungerechter Verhältnisse, als unverstandener Außenseiter, als Vorbild in seiner Gewaltlosigkeit und Feindesliebe gesehen wird, kaum aber als der, dessen Tod das eschatologische Heil vermittelt.

Anders Peter Huchel (1903–1981). Ohne die neutestamentlichen Texte zu zitieren, handelt er in seinem Gedicht „Die neunte Stunde" vom Tode Jesu, indem er eine archaische Szene beschreibt, die sowohl das Verstricktsein des Menschen mit seiner Sündenschuld in den Tod Jesu erkennen läßt als auch jenen unendlichen Horizont, der sich in der Stunde des Todes Jesu öffnet[37]:

DIE NEUNTE STUNDE

Die Hitze sticht in den Stein
das Wort des Propheten.
Ein Mann steigt mühsam
den Hügel hinauf,
in seiner Hirtentasche
die neunte Stunde,
den Nagel und den Hammer.

Der trockene Glanz der Ziegenherde
reißt in der Luft
und fällt als Zunder hinter den Horizont.

Diesem Todes-Gedicht mag ein Oster-Gedicht zur Seite gestellt werden, auf das Walter Jens selbst als große Ausnahme von der Regel hinweist. Johannes Bobrowski (1913–1965) hat es im April 1961 verfaßt[38].

Ostern

Dort noch Hügel,
die Finsternis, aber
die Steige sind recht, aus der Ferne
die Ebenen nahn, mit dem Wind
herüber ihr Schrei.

Über den Wald. Der Fluß
kommt, die Birkenschläge
gehn an die Mauer, Türme,
Gestirn um die Kuppeln, das goldne
Dach hebt an Ketten ein Kreuz.

Da
in die finstere Stille
Licht, Gesang, wie unter

der Erde erst, Glocken, Schläge,
der Stimmen Hähnegeschrei
und Umarmung der Lüfte,
schallender Lüfte, auf weißer
Mauer Türme, die hohen
Türme des Lichts, ich hab
deine Augen, ich hab deine Wange,
ich hab deinen Mund, es ist
erstanden der Herr, so ruft,
Augen, ruf, Wange, ruf, Mund,
ruf Hosianna.

Der Osterspaziergang, den das Gedicht beschreibt, ist so ganz anders als jener berühmte, den Goethe seinen Faust zusammen mit Wagner machen läßt. Aber vielleicht führt er weiter. Er beginnt nicht am hellen Morgen, sondern in der dunklen Nacht. Er führt nicht zur Freude über die herrlich glänzende Natur, sondern zum Glauben an die Auferwekkung des Gekreuzigten. Das erste, was dem nächtlichen Wanderer in der Dämmerung sichtbar wird, ist das Kreuz. Der Ton des Glockengeläuts mischt sich mit dem Hahnenschrei – der einst den dreifachen Verrat des Petrus begleitet hat: Er ist nicht vergessen, aber verwandelt. Er kündet nicht vom Ende, sondern von einem neuen Anfang, der Himmel und Erde, den ganzen Kosmos erfüllt. Dieser neue Anfang ist eine neue Begegnung mit dem auferstandenen Jesus, die alle Sinne anspricht und eine einzige Antwort ermöglicht: Hosianna, zu deutsch: „Hilf doch!" – der alte Bittruf an Gott, den König, er möge doch seinem Volk Israel, nachdem er es aus tiefer Not errettet habe, weiter helfend nahe bleiben (Ps 118), und nach dem Neuen Testament der Bittruf an Jesus, den Sohn Gottes, da er als König des Friedens auf einem Eselsfüllen in die Heilige Stadt Jerusalem einreitet, um dort für Israel und für alle Menschen zu sterben (Mk 11,9f; Mt 21,9.15; Joh 12,13).

2. Die Bibel als Buch über den Glauben

Die Bibel ist nicht nur insofern ein Glaubensbuch, als sie den Inhalt des Glaubens klärt. Sie stellt gleichzeitig vor Augen, was Glaube heißt: nicht nur das, was landläufig Glaube genannt wird, sondern das, was wirklich den Namen den Glaubens verdient. In der Bibel ist beides gleich wichtig, entgegen manchem Trend in der Glaubens-Katechese: Schien man früher (und jüngst wiederum) vor allem am „Was" des Glaubens interessiert, an möglichst umfassendem Katechismuswissen, so gab (und gibt) es zwischenzeitlich die Tendenz, das Wesen des Glaubens vor allem in der Qualität der Beziehungen zwischen den Menschen und mit Gott zu sehen, ohne hinreichend auf den Inhalt des Bekenntnisses einzugehen. Beides führt in eine Sackgasse.

a) Glaube als Bekenntnis und Vertrauen

Die Heilige Schrift rückt nicht nur den Inhalt, sondern auch den Vollzug des Glaubens ins rechte Licht. Was aber ist Glaube? Martin Buber hat in seiner 1950 erschienenen Schrift „Zwei Glaubensweisen"[39] sehr viel zur Präzisierung dieser Frage beigetragen, indem er zwei Arten des Glaubens unterscheidet: den Du-Glauben und den Daß-Glauben. Der Du-Glaube sei dadurch geprägt, daß der Glaubende sich Gott als einer ihm zugewandten Person gegenüber wisse, die immer schon seine Identität begründe und die er als seinen Schöpfer bejahe, indem er sich vertrauend in ihm festmache. Der Daß-Glaube hingegen sei dadurch geprägt, daß er auf einer Lebens-Entscheidung beruhe, Gott bestimmte Handlungen, bestimmte Willensäußerungen zuzutrauen und sie, weil sie von ihm kommen, auch zu akzeptieren. Martin Buber ist der Auffassung, die erste Glaubensweise („Emuna") sei typisch alttestamentlich-jüdisch, aber auch charakteristisch jesuanisch, während die zweite („Pistis") typisch christlich und zuerst paulinisch sei. Darüber läßt sich streiten. Zuzugeben ist freilich, daß zumal in der späteren Geschichte des Christentums, speziell der religiösen Unterweisung und der Katechismus-Literatur, der Glaube vornehmlich als ein Fürwahrhalten von Heilstatsachen verstanden worden ist (die von der Kirche zu glauben vorgelegt werden).[40] Entscheidend ist jedoch der Hinweis Bubers, daß der Glaube genuin biblisch ein Lebensprozeß ist, in dem ein Ur-Vertrauen auf Gott das Denken, Wollen und Handeln bestimmt, nicht nur des einzelnen, auch der Gemeinschaft. Wie zeigt sich dies im Alten Testament? Und spiegelt es sich weiterhin im Neuen?

Zwei Texte können im folgenden ein wenig näher vorgestellt werden. Aus dem Alten Testament ein Wort, das Jesaja dem König Ahas entgegenhält (Jes 7,9), aus dem Neuen Testament die Geschichte, die von der Heilung der blutflüssigen Frau handelt (Mk 5,25–34).

b) Ein Beispiel aus dem Alten Testament: „Glaubst du nicht, so bleibst du nicht!" (Jes 7,1–17)

Unter den Stellen, die im Alten Testament betont vom Glauben reden, ragen vier hervor: zunächst das Wort über Abrahams Glauben als Basis der ihm von Gott zuerkannten Gerechtigkeit (Gen 15,6), das im

Neuen Testament besonders von Paulus geschätzt, nämlich als Schrift-
beleg für die Rechtfertigungslehre herangezogen wird (Röm 4,3.9; Gal
3,6; vgl. Jak 2,23); sodann das Wort des Propheten Habakuk (2,4) über
den Glauben als Lebens-Form des Gerechten, das der Apostel gleichfalls als Beleg für das *sola fide* bemüht (Röm 1,17; Gal 3,11; vgl. Hebr
10,38); schließlich zwei Stellen im Jesaja-Buch[41], 7,9 und 28,16. Beide
setzen eine ähnliche Pointe. In 28,16 heißt es:

> *Darum – so spricht Jahwe, der Herr:*
> *Seht her, ich lege einen Grundstein in Zion,*
> *einen harten und kostbaren Eckstein,*
> *ein Fundament, das sicher und fest ist:*
> *Wer glaubt, weicht nicht.*

Der Satz ist die Travestie eines prophetischen Heilsorakels. Er wendet sich gegen Priester und andere Propheten, die sich auf Gottes
unumstößliche Erwählung berufen, dank derer Zion mitsamt seinen
politischen, sozialen und religiösen Institutionen eine unangreifbare
Festung geworden sei. Demgegenüber hebt Jesaja darauf ab, daß es
allein der Glaube sei, der Festigkeit und Sicherheit in der Erwählung
Gottes begründe. Auch diesen Vers zieht Paulus heran, um seine
Rechtfertigungsthese in der Heiligen Schrift abzustützen (Röm 9,33;
10,11; vgl. 1Petr 2,6).

Die Sachparallele Jes 7,9 hingegen hat kein direktes Echo im
Neuen Testament gefunden – obwohl es sich um das vielleicht funda-
mentalste, aussagekräftigste Glaubens-Wort des Alten Testaments
handelt. Es gehört zu einem Bericht über die Konfrontation des Propheten Jesaja mit König Ahas, der Juda 741–725[42] regiert hat:[43]

> [1]*In jenen Tagen des Ahas, des Sohnes Jotams, des Sohnes Usijas, da*
> *zogen Rezin, der König von Aram, und Pekach, der Sohn Remaljas,*
> *der König von Israel, gegen Jerusalem heran, es zu bestürmen, aber*
> *sie konnten's nicht erstürmen.*
> [2]*Als nun dem Hause David gemeldet ward:*
> *„Aram hat sich in Efraim gelagert!",*
> *da zitterte sein Herz und das Herz seines Volkes, wie die Bäume des*
> *Waldes im Sturmwind zittern.*
> [3]*Jahwe sagte zu Jesaja:*
> *„Geh hinaus, dem Ahas entgegen, du mit deinem Sohn Schear-Jaschub,*
> *an das Ende der Wasserleitung des oberen Teiches auf die Straße, die*
> *zum Walkerfeld führt,* [4]*und sprich zu ihm:*
> *,Hüte dich und fürchte dich nicht!*
> *Dein Herz soll nicht weich werden wegen dieser beiden Holzklötze,*
> *dieser rauchenden Stummeln, wegen des glühenden Zornes Rezins und*
> *Arams und des Sohnes Remaljas.*

⁵Weil Aram, Efraim und der Sohn Remaljas Böses gegen dich planen und sprechen:
⁶Hinauf gegen Juda wollen wir ziehen, es an uns reißen und für uns erobern und dort den Sohn Tabeals zum König machen,
⁷deshalb spricht Gott, Jahwe:
Das kommt nicht zustande,
das wird nicht geschehen!
⁸Denn das Haupt von Aram ist Damaskus,
und das Haupt von Damaskus ist Rezin.
  Noch 65 Jahre,
  und Efraim wird zerschlagen
  und aufhören, ein Volk zu sein.
⁹Das Haupt von Efraim ist Samaria,
und das Haupt von Samaria ist der Sohn Remaljas.
    Glaubt ihr nicht, so bleibt ihr nicht!'"

¹⁰Weiter redete Jahwe (durch Jesaja) zu Ahas:
¹¹"Fordere dir ein Zeichen von Jahwe, deinem Gott, sei's tief aus der Totenwelt oder hoch aus der Höhe."
¹²Da sprach Ahas:
"Ich will nichts fordern, um Jahwe nicht zu versuchen!"
¹³Darauf sprach er (Jesaja):
  "Hört doch, ihr vom Hause Davids:
  Reicht's euch nicht, Menschen zu ermüden?
  Müßt ihr auch noch meinen Gott ermüden?
¹⁴Darum wird Jahwe euch von sich aus ein Zeichen geben:
Siehe, die junge Frau wird schwanger werden und einen Sohn gebären,
und den wird sie nennen Immanuel.
  ¹⁵Butter und Honig wird er essen,
  bis er versteht,
    das Böse zu verwerfen und das Gute zu wählen.
¹⁶Denn ehe der Junge versteht,
das Böse zu verwerfen und das Gute zu wählen,
wird das Land verödet sein, vor dessen beiden Königen dir graut.
¹⁷Jahwe wird Tage kommen lassen
über dich und dein Volk und das Haus deines Vaters,
wie man sie nicht mehr erlebt hat,
seit Efraim von Juda abgefallen ist –
  durch den König von Assur.

Jes 7 spiegelt ein Stück israelitischer Zeitgeschichte. In einem doppelten Sinn: *Einerseits* reflektiert der Text die militärischen, politischen, sozialen und religiösen Turbulenzen, die in Jerusalem zur Zeit des sog. „syrisch-efraimitischen Krieges" 734/33 v. Chr. herrschen (vgl. 2Kön 16). Dieser Krieg entsteht, weil der König von Aram, dem Gebiet um Damaskus, mit dem König des Nordreichs

Israel koaliert, um sich Luft gegenüber der assyrischen Großmacht zu verschaffen, die auf Syrien Druck ausübt. In diese Koalition soll Ahas, der König des Südreichs Juda, hineingezwungen werden, um die Schlagkraft des Bündnisses zu erhöhen. Zu der Zeit, da die berichtete Szene spielt, planen Rezin und Pekach offenbar einen Angriff auf Jerusalem, um den Widerstand Judas gegen den antiassyrischen Pakt zu brechen und an die Stelle des Davididen Ahas einen gefügigen Nachfolger[44] auf den Thron zu setzen. Ahas reagiert schnell: Er bereitet die Stadt Jerusalem auf eine Belagerung vor; und er wird schließlich den assyrischen Großkönig Tiglat-Pileser III. (745–727) um Hilfe gegen die syrisch-efraimitische Koalition angehen – mit dem Ergebnis, daß dieser die Gelegenheit zum Krieg nutzt, Syrien/Aram als Staat beseitigt, (das Nordreich) Israel auf einen unbedeutenden Ministaat zusammenschrumpfen läßt und Juda zu einem Vasallenstaat (erster Ordnung) macht. Die eingefangene Szene steht am Beginn dieser Ereigniskette.

Andererseits ist der Text in seiner Überlieferungsgeschichte (die durch das Druckbild der Übersetzung angedeutet sein soll) eine Reflexion der weiteren politischen Entwicklung. Jes 7,1–17 ist augenscheinlich nicht ganz einheitlich. Der Text ist (mehrfach) überarbeitet worden. Die verschiedenen Wachstumsschichten ganz genau voneinander abzuheben, ist freilich schwierig.[45] Die Keimzelle des Textes ist ein relativ ausführlicher Bericht über einen Auftritt des Propheten: Jesaja soll zu Beginn des Krieges Ahas Mut zu einer Politik machen, die nicht von der Angst vor Aram und Efraim, sondern vom Vertrauen auf Gottes Verheißungstreue bestimmt wird. Dieser Bericht muß später als das beschriebene Ereignis, er wird kaum von Jesaja selbst verfaßt worden sein, eher von einem seiner Schüler in der Zeit nach dem syrisch-efraimitischen Krieg, dem Tode des Ahas und dem Regierungsantritt seines Nachfolgers Hiskija. Die erste Bearbeitung verfolgt zu einem deutlich späteren Zeitpunkt[46] das Interesse, die historische Bedeutung der damaligen Szene und das Eintreffen der jesajanischen Prophetie festzuhalten: nicht nur das Ende Arams und Efraims, auch das Gericht über den verstockten Ahas, das die im gleichen Zuge angeschlossenen Verse 18ff beschreiben. Die zweite Bearbeitungsschicht steht im Interesse einer theologischen Verallgemeinerung und Aktualisierung. Einerseits wird die Haltung des Ahas zum Paradigma jenes Unglaubens erklärt, der immer Israels Unglück bedeutet hat; andererseits wird der *Immanuel* zu einer geradezu messianischen Gestalt. Das Interesse am Glaubenswort gebietet, daß die Auslegung sich im wesentlichen auf dieser Wachstumsschicht des Textes bewegt.

Jes 7,1–17 ist ungeachtet seiner verschiedenen Überarbeitungen klar gegliedert. Zu Beginn wird die geschichtliche Situation skizziert (7,1f). Dann folgen zwei Szenen des Propheten (7,3–9.10–17). Die erste Szene wird nur in der Form eines göttlichen Auftragswortes geschildert (dessen Erfüllung als selbstverständlich vorausgesetzt wird), die zweite dann direkt erzählt. Die erste Szene enthält ein Wort der Verheißung an Jerusalem, zugleich aber eine Warnung, das Glaubens-Logion in Vers 9, das (nun) den Akzent trägt; die zweite Szene enthält die Ankündigung eines von Gott gesetzten Zeichens: die Geburt eines Kindes mit dem Namen Immanuel.

(1) Die Strategie der Angst

Vers 2 hält ohne jede Beschönigung fest, welch verheerende Wirkung die Nachricht von den Angriffsplänen Arams und Efraims beim Herrscherhaus ausgelöst hat: Das blanke Entsetzen regiert; Unsicherheit macht sich breit; Panik bricht aus. Weder das Herrscherhaus, also der König selbst mitsamt seiner Familie und seinem Hofstaat, noch die (große Mehrheit der) Bevölkerung Jerusalems scheinen der Verheißung des Propheten Natan zu vertrauen, die dem davidischen Königsgeschlecht ewigen Bestand dank Gottes mächtiger Gnade zugesagt hat (2Sam 7).

Die Angst, die deshalb um sich greift, äußert sich in hektischen politischen Aktivitäten. Daß Jesaja dem König gerade an das *„Ende der Wasserleitung des oberen Teiches auf die Straße, die zum Walkerfeld führt"* (V. 3), entgegengehen soll, wird kaum von ungefähr sein. Ohne daß es im Text weiter ausgeführt zu werden brauchte, spricht alles dafür, daß Ahas dort Arbeiten inspiziert, die mit den Verteidigungsvorbereitungen für den erwarteten Angriff auf Jerusalem zu tun haben. Vermutlich ging es um ein Bauvorhaben zur Sicherung der Wasserversorgung in Belagerungszeiten.

Diese Maßnahme, so sinnvoll sie scheint, wird freilich durch die von Gott befohlene Aktion des Propheten kritisch beleuchtet. Er kennt den hohen Preis, den Ahas für seine Verteidigungsstrategie zahlen muß und auch zu bezahlen bereit ist. Aus 2Kön 16 geht hervor, daß sich der König auf einen Vertrag mit Tiglat-Pileser einlassen wird, der ihm zwar die Aggressoren aus Aram und Efraim vom Halse hält, zugleich aber die juristische Oberhoheit Assurs über Juda festschreibt. Zum Zeitpunkt, da die Szene auf der Walkerfeldstraße spielt, ist die Entscheidung offenbar noch nicht gefallen. Jesaja will rechtzeitig warnen. Er sieht hellsichtig die Gefahren einer Anbindung Judas an Assur – die dann auch bald eingetreten sind (vgl. 2Kön 16): Nicht nur, daß der Hunger der Großmacht mit der Teil-Unterwerfung Jerusalems keineswegs gestillt, sondern erst richtig erwacht ist – die Anerkennung der politischen Vorherrschaft Assurs hat auch Folgen im Bereich des Religiösen und Kultischen. Ahas wird genötigt (und willens) sein, den Tempelschatz für Tributleistungen zu plündern (2Kön 16,8), vor allem aber das Heiligtum in Jerusalem zu renovieren, den altehrwürdigen Brandopferaltar salomonischer Herkunft beiseite zu schieben und an seiner Stelle einen neuen Opferaltar nach dem Vorbild des assyrischen Hochaltars in Damaskus zu errichten (2Kön 16,9–16).

Diese Entwicklung sieht Jesaja – mit prophetischer Nüchternheit – hellsichtig voraus. Er weiß, wohin die Strategie der Angst führt, die Ahas verfolgt: zur Abwendung von Gott und zur Anerkennung des assyrischen Königs als Herr über Juda. Wie weit Ahas gehen wird, beweist das Hilfeersuchen, das 2Kön 16,7 in der Sprache altorientalischer Diplomatie zitiert:

> *Ahas sandte Boten zu Tiglat-Pileser, dem König von Assyrien, und ließ ihm sagen:*
> *„Ich bin dein Knecht und dein Sohn.*
> *Komm herauf und rette mich aus der Hand des Königs von Aram und des Königs von Israel, die sich gegen mich aufgemacht haben.“*

Im Gefolge seiner Politik muß Ahas dem assyrischen König jene Prädikate verleihen, die einzig und allein Gott zu kommen: Nur als *Gottes* Knecht und *Gottes* Sohn (vgl. Ps 2) dürfte sich der Mann auf dem Davidsthron sehen; nur *Gott* dürfte er sich anvertrauen, nur *ihn* um Hilfe bitten, wenn er seine davidische Identität wahren will. Ahas' Brief kommt einer Selbstverleugnung gleich.

Nach Jes 7 weiß der Prophet sich gesandt, diese Entwicklung nach Möglichkeit abzuwenden, in jedem Fall aber dem König die Augen für die Wirklichkeit zu öffnen. Durch seine Aktion deckt Jesaja auf, wie sehr sich das Herrscherhaus von seiner Angst um den eigenen Fortbestand hat gefangennehmen lassen: Es steht in der Gefahr, seine Identität zu verlieren, weil die anscheinend kluge, in Wirklichkeit kurzsichtige Bündnispolitik des Königs auf den Verrat am Jahwe-Glauben hinausläuft.

(2) Die Verheißung der Rettung

Jesaja rät Ahas in der bedrohlichen Lage, in der er sich zusammen mit ganz Jerusalem und Judäa zweifellos befindet, keineswegs zur Passivität. Er drängt ihn vielmehr im Namen Gottes zu einer gänzlich anderen Politik, die einen einzigen Leitstern des Handelns vor sich sieht: den Glauben an Gott. Und er zeigt ihm, wie sich die Wirklichkeit *coram Deo* darstellt.

Auch wenn dies in der exegetischen Literatur keineswegs unumstritten ist, scheint doch die Aktion Jesajas *diesmal* auf den Tenor der Verheißung abgestimmt zu sein. Jedenfalls sagt er mehrfach das baldige Ende der Aggressoren voraus[47], am klarsten zum Schluß in Vers 16, aber ebenso deutlich in den Versen 7 und 8: Beiden Hauptstädten der feindlichen Staaten, Damaskus und Samaria, fehlt der Glanz der Erwählung durch Gott; beiden Königen, die als Heerführer operieren, fehlt die göttliche Legitimation – dem einen, Rezin, als Heiden, dem anderen, Pekach, als Usurpator. Wer mit den Augen Gottes die Lage betrachtet, erkennt dies – und damit die Grundlosigkeit der lähmenden Angst, die Ahas befallen hat. Er sieht dann auch, daß der ganze Schrecken, der das Herz des Ahas weich wie flüssiges Wachs macht (V. 4), nicht etwa von einem flammenden Inferno ausgelöst wird, das übermächtige Feinde entfesseln, sondern keine andere Ursache hat als das Glimmen zweier Holzscheite, die zwar noch rauchen und qualmen, aber nicht mehr lange brennen, sondern bald verlöschen werden (V. 4).

Jesaja weiß sich autorisiert, im Namen Jahwes ein Zeichen anzukündigen, das Ahas mitsamt dem ganzen Herrscherhaus auf den Weg des Glaubens zurückführen soll. Das Angebot eines Zeichens ist ungewöhnlich genug. Viel eher ist ja die Verweigerung eines Zeichens Sache des Propheten – bis hin zu Jesus (Mk 8,11ff parr; Mt 16,1–4 par Lk 12,54ff; Joh 2,18f). Daß hier von der Regel abgewichen wird, zeigt, wie sehr nach des Jesaja Überzeugung Gott engagiert ist, um Ahas von seinen politischen Plänen abzubringen, die allenfalls zu Scheinerfolgen führen können. Ursprünglich mag „nur" ein Legitimationszeichen gemeint sein, das Ahas bewegen soll, Jesajas Worte ernst zu nehmen. Im Laufe der Überlieferungsgeschichte wird es freilich zum Zeichen einer Verheißung voller messianischer Dimensionen.

Wenn Ahas das Angebot des Propheten ablehnt, posiert er in der Maske des Frommen, der Gott nicht für seine Zwecke in Anspruch nehmen will (vgl. Dtn 6,16). In Wirklichkeit erwartet der König gar nichts von Gott. Mehr noch: Ein Machterweis Gottes im Sinne des Propheten würde nur seine Kreise stören.

Zum Zeichen der – möglichen – Rettung Judas und Jerusalems soll nach Jesajas Worten die Empfängnis und Geburt eines Kindes werden, dem seine Mutter den Namen „*Immanuel*" gibt (7,14).[48] Die Bedeutung dieses Verses ist umstritten. Im Matthäusevangelium wird er christologisch ausgelegt (1,23). Durch alttestamentliche Neu-Interpretationen wie Mi 5,1–5 ist eine messianische Deutung vorbereitet. Wie in der Septuaginta vorgegeben, wird bei Matthäus die *„junge Frau"* als *„Jungfrau"* verstanden, also der Glaube zum Ausdruck gebracht, die Herkunft des Messias liege ganz allein in Gott.[49] Daß dies freilich auch schon der ursprüngliche Sinn der jesajanischen Prophetie gewesen sei, ist höchst ungewiß. Daß der Prophet an eine jungfräuliche Empfängnis und Geburt gedacht habe, wird man kaum in den Vers hineinlesen dürfen. Hat er überhaupt an den Messias gedacht? Oder an ein Kind des Ahas? Oder an einen (weiteren) eigenen Sohn? Oder wird ihm der Immanuel zum Sinnbild des neuen Israel? Oder weiß Jesaja selbst nicht, wer dieses Kind ist? All diese Deutungen sind erwogen worden[50]; für alle lassen sich gute Gründe beibringen; doch alle werfen erhebliche Probleme auf – nicht zuletzt deshalb, weil das Wort in der historischen Sprechsituation sicher eindeutig gewesen ist, aber diese Klarheit im Prozeß der Textüberlieferung verloren hat und so für verschiedene Deutungen offen geworden ist. Am leichtesten läßt sich vorstellen, daß Jesaja eine bestimmte, für uns heute aber unbestimmte Frau (aus dem Gefolge des Ahas oder aus dem Publikum) ins Auge gefaßt und ihre Schwangerschaft und Kindsgeburt vorausgesagt hat. Entscheidend ist der sprechende Name des Kindes. *„Immanuel"* kann prinzipiell auch eine Bitte meinen: Gott *sei* mit uns. Doch liegt vom Kontext her eine indikativische Deutung des Namens näher: Gott *ist* mit uns. Was dies bedeutet, ergibt sich vor allem aus Vers 16: Das Kind, das demnächst das Licht der Welt erblicken soll, wird zum lebendigen Zeichen dafür, daß Gott inmitten seines Volkes für dessen Leben sorgt: Bevor der Junge aus dem Säuglingsalter erwachsen sein wird (Jes 8,3f läßt an drei Jahre denken), werden die Feinde Jerusalems aus dem Feld geschlagen sein und ihr Land wird sich in eine Wüstenei verwandelt haben.[51]

(3) Die Bedingung des Glaubens

So groß freilich die Verheißung ist, mit der Jesaja im Auftrag Gottes die ängstlichen Vorbehalte des Ahas überholen will, so wenig wird sie sich automatisch realisieren, und so scharf bleibt der Ton der Warnung und der Kritik. Daß sich die Verheißung in einer für Israel positiven Weise realisiert, daß also die vorausgesagte Niederlage des Rezin und des Pekach das Glück und nicht etwa das Unglück Jerusalems und des davidischen Hauses sein wird – das setzt voraus, daß der König auf Jesajas Worte hört und sich von ihm bewegen läßt, seine Angst zu überwinden und seine Politik der Anlehnung an Assur zu beenden. Das kommt insbesondere im Glaubens-Wort 7,9b heraus.

Die angemessene Reaktion auf die gespannte Lage ist weder panische Angst (V. 2) noch hektische Betriebsamkeit (V. 3) noch gar heuchlerische Demut (V. 12), sondern Ruhe und Gelassenheit (V. 4). Weil Gott Gott ist und deshalb zu seiner Verheißung steht, kann und muß Ahas nicht nur seine Furcht überwinden, sondern sich auch hüten, wie bisher fortzufahren. Die Bearbeiter des Textes, die das Glaubenswort eingefügt haben, meinen: Jesaja habe die Gefahr gesehen, daß Ahas sich von ihm nicht beeindrucken läßt; aber der Prophet habe dem König dennoch die Möglichkeit der Umkehr nicht versagen wollen. Deshalb ist das entscheidende Glaubens-Wort als negativer Bedingungssatz formuliert, mithin als Warnung – eine Warnung, die nun freilich alle Menschen in Israel, namentlich die politisch Verantwortlichen, sich zu Herzen nehmen müssen.

Das Glaubens-Wort fällt aus dem traditionellen Rahmen des Textes heraus. Hatten sich die voranstehenden Verse die Gattung des prophetischen Heilsorakels zunutze gemacht, das dem König, seinem Haus, seiner Stadt und seinem Volk den Beistand seines Gottes verheißt, so wird nun (wie in 28,16) diese Zusage konditioniert: Nur wenn Ahas und die Mitglieder seines Hauses ebenso wie alle Jerusalemer glauben, werden sie Bestand haben; sonst werden sie untergehen.

Der Text arbeitet mit einem Wortspiel, das im Deutschen schwer wiederzugeben ist, weil das Wort „glauben" etymologisch von „lieb" abzuleiten ist und deshalb die Grundbedeutung „sich etwas lieb, vertraut machen" hat[52], während das hebräische Äquivalent *(hæ^æmîn)* mit „fest sein", „sicher sein", „beständig sein" zusammenhängt und deshalb die Grundbedeutung „sich festmachen" trägt[53]. Im Hebräischen klingt der Satz:

> *'im lo' tamînû kî lo' te'âmenû.*

Martin Buber übersetzt[54]:

> Wenn ihr nicht vertraut, so bleibt ihr nicht betreut.

Hans Walter Wolff versucht, den Anklang an das ins Deutsche entlehnte „Amen" einzufangen[55]:

> Wer kein Amen erklärt, der kein Amen erfährt.

Hans Wildberger läßt das Wortspiel außer acht, um den Sinn besser einzufangen[56]:

> Wenn ihr nicht glaubt, so habt ihr keinen Bestand.

Die hier gewählte Übertragung, die der aller großen Bibelübersetzungen der christlichen Kirchen entspricht, geht auf Martin Luther zurück, der sich nach langen Diskussionen für die Wiedergabe entschieden hat (Deutsche Bibel von 1545: WA Deutsche Bibel 11/1 43):

> Gleubt jr nicht, So bleibt jr nicht.

Der Glaube, zu dem Jesaja aufruft, ist nicht etwa die Bekehrung zum Bekenntnis des einen Gottes. Die scheinheilige Abwehr des Zeichen-Angebots (V. 12) setzt ja voraus, daß Ahas sich auf Jahwe beruft. Es geht auch nicht so sehr um die Überzeugung von der Richtigkeit des jesajanischen Orakels (analog zu 2Chr 20,20). Vielmehr soll Ahas mit seinem Glauben ernst machen. Das heißt: Er soll sich wiederum auf die Gültigkeit der Beistandsverheißung Gottes besinnen. Sein Glaube besteht nicht darin, diese Verheißung trotz ihrer Unanschaulichkeit für richtig zu halten, sondern aus dieser Verheißung zu leben, zu denken und zu handeln. Der Glaube, den Jesaja von Ahas und den Seinen fordert, besteht darin, daß sie sich mit ihrem ganzen Leben und all ihrer Hoffnung einzig und allein in Gott festmachen; in ihm sollen sie ihren Halt suchen, ihm sollen sie vertrauen.

Wenn Ahas zu diesem Glauben gefunden und diesen Glauben praktiziert hätte, wäre ihm mit seinem gesamten Hause Bestand verliehen worden. Er wäre nicht weich geworden (V. 4), sondern stark. Er hätte dann aber seine Politik radikal ändern und jede Verbindung mit Assur aufgeben müssen. Eine konkrete Alternative macht der Text nicht sichtbar. Er beläßt es bei seiner Warnung. Zwar bleibt die jesajanische Weissagung bestehen, daß Aram und Efraim untergehen; und zum Zeitpunkt, da 7,9 eingearbeitet worden ist, hat sie sich längst als richtig erwiesen. Aber Jerusalem, so gibt der Text zu verstehen, wird sich mitsamt dem davidischen Königshaus nur dann aus dem Sog der kriegerischen Selbstzerstörung retten können, wenn es zu glauben beginnt. Ohne diesen Glauben ist es verloren.

(4) Glaube als Vertrauen

Jes 7,9 hat Bedeutung weit über die Situation der Entstehung hinaus. Weil der Text es im Anschluß an die jesajanische Prophetie vermocht hat, das Wesen des Glaubens in einer denkbar knappen Wendung auf den Begriff zu bringen, kann an ihm paradigmatisch gezeigt werden, was für die alttestamentliche Rede vom Glauben typisch ist.

Erstens: Glaube ist Ausdruck radikaler Theozentrik. Daß die Israeliten ihre Existenz als Volk (und als einzelne) allein Gott verdanken und allein Gott gegenüber verantworten müssen, kommt in Glaubens-Worten wie Jes 7,9 und 28,16, aber auch Gen 15,6 und Hab 2,4 klar zum Ausdruck.

Zweitens: Glaube ist radikales Gott-Vertrauen. Es ist radikal, weil es die Israeliten in ihrem Lebensvollzug von Grund auf bestimmt und weil es sich allein in dem *einen* Gott festmacht, der selbst sicher, fest und unerschütterlich ist, indem er sich selbst und seinen Verheißungen treu bleibt (vgl. nur Dtn 7,9; Jes 49,7; Ps 31,6; 146,6). Dieses Vertrauen bewährt sich zumal dort, wo anscheinend alles gegen den Glauben spricht: in Situationen der Anfechtung durch Niederlagen und Bedrückungen. Die Bewährung besteht nicht darin, sich nichts anmerken und sich nicht anfechten zu lassen, sondern die Stunde der Not als Zeit der Gnade Gottes und deshalb als Chance der Bewährung zu erkennen.

Drittens: Glaube ist nicht nur eine Überzeugung von der Verläßlichkeit Gottes, sondern immer zugleich eine Praxis der Gerechtigkeit und Verläßlichkeit, die aus der Treue zu Gott die Kraft zur Solidarität aufbringt. Weil der Glaube Gott als den Herrn der Geschichte erkennt, will er auch die Geschichte zum Ort des Glaubensgehorsams werden lassen; und weil der Glaube Gott als den Schöpfer des Lebens erkennt, will er auch jene Kräfte stärken, die nicht den Tod, sondern das Leben fördern.

Viertens: Glaube ist nicht *nur* die Sache des einzelnen, sondern immer zugleich *auch* die Sache der ganzen Gemeinschaft des Volkes Israel. Wie der Glaube nicht eigentlich aus der Entscheidung des einzelnen erwächst, sondern aus der kollektiven Erinnerung an Gottes Handeln in der Geschichte, so führt er nicht nur zur Erneuerung des persönlichen, sondern zugleich zur Erneuerung des gesamtisraelitischen Gottesverhältnisses.

Fünftens: Der Glaube begründet die Identität Israels wie der einzelnen Israeliten. Er ist nicht in dem Sinne Bedingung des Lebens und des Heiles, daß er eine menschliche Vorleistung wäre. Aber wie der Schwund des Glaubens zum Verlust der Identität führt, so begründet der Glaube die Identität des Volkes (wie seiner Mitglieder), die sich Gottes gnädiger Erwählung und mächtiger Verheißungstreue verdankt.

c) Ein Beispiel aus dem Neuen Testament: „Tochter, dein Glaube hat dich gerettet!" (Mk 5,25–34)

Unter den Wundergeschichten des Markusevangeliums[57] sind nicht wenige, die den Glauben zum Thema machen. Keine nährt das Vorurteil, die Wunder sollten den Glauben an die Göttlichkeit Jesu legitimieren. Keine leistet der Mirakelfreudigkeit Tribut, die (auch) in der Antike weit verbreitet gewesen ist. Aber jede hebt auf ihre Weise unterschiedliche Aspekte eines intensiven Vertrauensglaubens hervor, der in der Begegnung mit Jesus und durch die Begegnung mit ihm entstehen kann; und jede signalisiert, daß jenes eschatologische Heil, das Jesus mit dem Nahekommen der Gottesherrschaft vermittelt, nicht nur spirituell, sondern auch leiblich und sozial zu verstehen ist.

Gewiß bleibt die Frage der Historizität ein Problem.[58] *Daß* Jesus Wunder gewirkt hat, steht nicht zur Debatte; doch *welche* er gewirkt hat, läßt sich nur schwer entscheiden. Die neutestamentlichen Wund*erzählungen* verfolgen jedenfalls im Regelfall nicht das Ziel, ein bestimmtes Ereignis im Leben Jesu zu protokollieren. Sie wollen stilisieren und typisieren. Mögen auch einzelne Fälle im Hintergrund stehen, sind die Texte doch dazu angetan, am einzelnen Beispiel den Gesamt-Eindruck des vollmächtig wirkenden Jesus[59] einzufangen. Gerade darin aber liegt ihre theologische Bedeutung – auch für die Glaubensthematik. Die synoptischen, speziell die markinischen Wundererzählungen, die vom Glauben handeln, geben den Eindruck wider, den Jesu Wunderwirken bei *Christen* hinterlassen haben, die von den Machttaten hören. Deshalb sind auch die Glaubens-Worte nicht nur historisch, sondern bleibend theologisch relevant.

Von den zahlreichen Beispieltexten sei Mk 5,25–34 ausgewählt, die Heilung der Blutflüssigen[60]: weil es sich um eine der eher seltenen Frauengeschichten innerhalb des Neuen Testaments handelt und weil die Glaubensthematik in einer ebenso befremdlichen wie dramatischen und intensiven Weise zur Sprache kommt. Die Erzählung ist (redaktionell) in einen anderen Wunderbericht eingebaut. Jesus befindet sich, von Jaïrus um Hilfe für seine todkranke Tochter gebeten, auf dem Weg zu dessen Haus (5,21–24). Der Zwischenfall mit der blutflüssigen Frau verzögert das Eintreffen dort, so daß Jesus wie Jaïrus unmittelbar nach der Heilung der blutflüssigen Frau mit der Nachricht vom zwischenzeitlichen Tod des Mädchens konfrontiert werden (5,35). Der Text lautet[61]:

> [25]*Es war eine Frau, die an Blutungen litt, zwölf Jahre lang,* [26]*und sie hatte viel erlitten von vielen Ärzten und ihre ganze Habe verbraucht. Doch nichts hatte es genutzt, es war nur noch schlimmer mit ihr gekommen.*
> [27]*Weil sie von Jesus gehört hatte, kam sie in der Menge von hinten an ihn heran und berührte sein Gewand.*
> [28]*Denn sie sagte sich:*
> *„Wenn ich auch nur sein Gewand berühre, werde ich gerettet."*
> [29]*Da trocknete sogleich die Quelle ihres Blutes, und sie merkte an ihrem Leibe, daß sie von ihrem Leiden geheilt war.*

³⁰Und sogleich, da Jesus in sich merkte, daß eine Kraft von ihm ausgegangen war, drehte er sich in der Menge um und fragte:
„Wer hat mich an meinem Gewand berührt?"
³¹Da sagten ihm seine Jünger:
„Du siehst doch, die Menge bedrängt dich, und du fragst:
Wer hat mich berührt?"
³²Und er schaute umher, die zu sehen, die das getan hatte.

³³Die Frau aber, voll Furcht und Zittern, weil sie wußte, was ihr geschehen war, kam und fiel vor ihm nieder und sagte ihm die ganze Wahrheit.
³⁴Er aber sagte zu ihr:
„Tochter, dein Glaube hat dich gerettet!
Geh hin in Frieden und sei gesund von deinem Leiden!"

So schlicht die Geschichte daherkommt, so gut ist sie erzählt und so tiefgründig ist sie. Zu Anfang wird in zwei Sätzen eine lange Krankengeschichte, und mehr noch: eine ganze Biographie vor Augen gestellt. Ohne viel Aufwand, ohne jedes Pathos, ohne falsche Nebentöne entsteht von vornherein eine ungemein dichte Atmosphäre. Man ahnt, was für die Frau auf dem Spiel steht. Die Dramatik der Begegnung spiegelt sich im Tempo der Erzählung. Zu Anfang ist die Geschichte voller Bewegung: Ganze Menschenscharen bevölkern die Szene. Jesus ist in großer Eile unterwegs zum Haus des Jaïrus. Die Jünger sind bei ihm und werden, wie so häufig bei Markus, eine eher unrühmliche Rolle spielen. Alles drängt hinter Jesus her, alles pulsiert um ihn herum, alles ist voller Leben. Und doch kommt jetzt alles nur auf ein einziges an: auf die Begegnung der blutenden Frau mit Jesus.

Nachdem die Frau Jesus am Gewand berührt hat und die *„Quelle ihres Blutes"* mit einem Mal ausgetrocknet ist (V. 29), stockt auch der Fluß der Erzählung. Jetzt wird ganz genau, ganz langsam, ganz behutsam erzählt. Jesus dreht sich in der Menge um. Es scheint, alle bleiben stehen. Ruhe kehrt ein. Jesus schaut und fragt. Ein Gespräch wird möglich: das Gespräch zwischen Jesus und der Frau. Auf dieses Gespräch steuert die Erzählung hin. Auf dieses Gespräch kommt alles an.

(1) Die Not der Frau

Markus erzählt eine Frauengeschichte. Die Frau leidet unter einer Frauenkrankheit: Ständige Blutungen quälen sie.[62] Das ist nicht nur ein körperliches, es ist auch nicht nur ein seelisches Leiden. Das wäre schon schlimm genug. Doch das Problem dieser Frau ist weit größer: Blutungen zu haben, heißt in Israel (und anderswo), unrein zu sein (vgl. Lev 15,19–33). Ständige Blutungen zu haben, heißt, permanent unrein zu sein. Unreiner Blutfluß ist nach Ez 36,17 ein Zeichen der Sünde. Daß Blutungen Unreinheit verursachen und Sünde symbolisieren, ist Ausdruck eines archaischen Tabudenkens, das bis heute verbreitet ist. Nach israelitischem Recht hat eine Frau während ihrer Menstruation und nach einer Geburt (wegen des damit verbundenen Blutverlustes) eine Vielzahl von Reinheitsgeboten zu beachten und ebenso jeder, der mit ihr Umgang pflegt. Nicht nur, daß der Geschlechtsverkehr verboten ist (Lev 15,24; 18,19.29; 20,18); eine „unreine" Frau muß sich hüten, überhaupt nur einen anderen Menschen zu berühren: Sie würde auch ihn verunreinigen. Selbst die Gegenstände, die sie berührt, übertragen ihre Unreinheit auf alle anderen, die mit ihnen in Kontakt kommen (Lev 15,20–23.26f). Am Gottesdienst kann sie nicht teilnehmen (Lev 12,1–8).

In Israel kennt man zwar Riten, die eine Frau sieben Tage nach Ende der Menstruation (Lev 15,28ff) und dreiunddreißig Tage nach der Geburt eines Sohnes bzw. sechsundsechzig Tage nach der Geburt einer Tochter (Lev 12,1–8) wieder von dieser Unreinheit befreien. Doch was helfen diese Reinigungsriten bei dauernden Blutungen durch zwölf Jahre hindurch? Die Konsequenzen, die sich für die Frau aus ihren permanent unregelmäßigen Blutungen ergeben, sind verheerend. Mögen die Reinheitsvorschriften ursprünglich *auch* Schutzbestimmungen gewesen sein – für die blutflüssige Frau haben sie fatale Folgen. Zwar scheint sie eine vermögende, wirtschaftlich unabhängige Frau gewesen zu sein. (Wie anders hätte sie jahrelang das stattliche Honorar von Ärzten bezahlen und den Entschluß in die Tat umsetzen können, allein zu Jesus zu kommen?) Doch Sexualität, Zärtlichkeit, jeder Körperkontakt, jeder normale Umgang mit anderen Menschen, jeder normale Gebrauch häuslicher Gegenstände ist ihr verboten. Sie ist nicht nur sozial, sie ist auch religiös zurückgesetzt – und dies nicht aus Skrupulosität, auch nicht aus männlichem Unterdrückungswillen[63], sondern aus einer elementaren Scheu vor dem Blut als dem Träger des Lebens, das allein Gott gehört. Die Frau hat mit dem Verdacht zu leben, ihre ständigen Blutungen seien ein Zeichen großer Sünde. Für die Frau steht also alles auf dem Spiel: ihre Gesundheit, ihre soziale Existenz, ihre Kultfähigkeit, ihr ganzes Leben.

In dieser Situation, da alle anderen Heilungsversuche fehlgeschlagen sind, wendet sie sich an Jesus.

(2) Vertrauen auf Jesus – Begegnung mit Jesus – Heilung durch Jesus

Jesus sagt der Frau zum Schluß: „*Tochter, dein Glaube hat dich gerettet*" (V. 34). Doch verdient es wirklich den Namen des Glaubens, wie die

Frau sich Jesus gegenüber verhält? Die Frage ist nicht leicht zu beantworten. Die Initiative der Frau spricht für ihre Entschiedenheit. Was
sie zu Jesus treibt, ist fast der Mut der Verzweiflung. Sie nimmt ein hohes Risiko in Kauf: Wenn sie Jesus berührt, und sei es nur am Gewand,
macht sie auch ihn unrein. Sie muß mit Restriktionen rechnen. Wird
ihre Tabu-Verletzung nicht auf sie selbst zurückfallen? Dennoch über-
schreitet sie die ihr vom Kult-Gesetz gesteckten Grenzen, weil sie ihre
einzige Chance darin sieht, in Kontakt mit Jesus zu kommen. Jesus ist
ihre letzte Hoffnung. Nachdem alle anderen Versuche fehlgeschlagen
sind und sie finanziell an den Rand des Ruins gebracht haben, setzt
sie alles darein, die Chance zu nutzen, die ihr Jesus zu bieten scheint.

Doch wie sie den Kontakt zu Jesus herstellt, signalisiert eine tiefe
Ambivalenz. Einerseits ist das Berühren des Gewandes ein uralter
Gestus der Bitte. Er zeigt noch einmal, daß die Frau jetzt ihre ganze
Hoffnung auf Jesus setzt. Andererseits ist die Vorstellung der Hilfe,
die das Verhalten der Frau bestimmt, tief von magischen Vorstellungen geprägt: wenn sie glaubt, allein der körperliche Kontakt reiche
zur Heilung. Daß sie Jesus nicht offen gegenübertritt, sondern sich
heimlich, ohne ihn anzusprechen, von hinten an ihn heranstiehlt,
zeigt die Zwiespältigkeit ihres Verhaltens, das durch eine untrennbare Mischung von Zwang, Furcht und Hoffnung bestimmt scheint.
Zwar heißt es, die Frau habe von Jesus gehört und sei deshalb zu
ihm gekommen (V. 27). Nach ihrem Verhalten zu urteilen, hat sich
in ihr aber aufgrund des Gerüchtes, das sie von Jesus vernommen
hat, ein Jesus-Bild entwickelt, das ihn als einen großen Wundertäter
darstellt, der von heilender Energie geradezu aufgeladen ist, so daß
eine kurze Berührung am Gewand genügen muß, um den Funken
überspringen zu lassen. Diese Vorstellung ist populär. Sie ist auch
verständlich. Doch ist sie Glaube?

Die Geschichte scheint der Frau zuerst recht zu geben. Jesus bemerkt bei sich (V. 30), daß eine Kraft (im Griechischen: eine dýnamis)
von ihm ausgegangen ist. Und es heißt (V. 29), daß schon aufgrund
ihrer Berührung der Blutfluß versiegt. Doch endet die Erzählung bezeichnenderweise nicht mit dieser Notiz. Die Geschichte geht weiter,
und sie muß weitergehen. Die Frau vertraut zwar darauf, daß Jesus sie
heilen kann; aber die Formen, in denen dieses Vertrauen sich ausdrückt, sind problematisch. Ihr Bild von Jesus entspricht nicht der
Wirklichkeit Jesu; ihre stumme Bitte um Heilung ist von magischen
Vorstellungen gezeichnet.

Wie gelangt die Frau aus dieser Ambivalenz heraus? Die Wun-
dergeschichte sagt: nur durch Jesus – nur dadurch, daß *er* sie zum
Glauben führt. Als Jesus bemerkt, was passiert ist, übernimmt er

die Initiative und gibt sie bis zum Schluß der Erzählung nicht wieder ab. Er bleibt stehen; er dreht sich um; er fragt; er schaut umher. Durch dieses Verhalten Jesu entsteht eine völlig neue Lage. War alles zuvor in großer Eile abgelaufen, herrscht jetzt große Ruhe. War zuvor die Menge hinter Jesus hergelaufen und hatte sich die Frau von hinten an Jesus herangestohlen, so stehen sie einander jetzt Aug' in Aug' gegenüber. War zuvor alles trotz der großen Hektik in vollkommenem Schweigen geschehen, so wird jetzt geredet, in aller Ruhe, in vollem Ernst, schließlich in großem Frieden.

Was passiert durch Jesus mit der Frau? Jesus will sie nicht bloßstellen, er will sie auch nicht zur Rede stellen – immerhin hat sie ihn ja unrein gemacht. Er will sie nicht in eine inquisitorische Situation hineinziehen, aber er will ihr die Möglichkeit geben, sich zu offenbaren und sich ihm anzuvertrauen. Er will ihr die Gelegenheit geben, wirklich in Kontakt mit ihm zu gelangen, nicht nur durch die verstohlene Berührung des Gewandes, sondern durch ein offenes Gespräch. Diese Chance nimmt die Frau wahr. Zwar hätte sie die Möglichkeit gehabt, im Schutz der Menge unterzutauchen; das soll wohl die Zwischenfrage der Jünger verdeutlichen (V. 31). Aber die Frau versteckt sich nicht. Sie läßt sich von Jesus anreden, sie läßt sich von ihm anschauen, sie läßt sich von ihm erkennen: Indem sie sich nicht versteckt, kommt es durch Jesus dazu, daß „sie weiß, was mit ihr geschehen ist" (V. 33). In ihr bricht die Ahnung auf, wer Jesus in Wahrheit ist und wer sie selbst durch Jesus geworden ist.

Deshalb tritt sie vor, fällt Jesus zu Füßen und sagt ihm „die ganze Wahrheit" (V. 33). Das meint keineswegs nur das Bekenntnis, ihn berührt und damit unrein gemacht zu haben. Vielmehr sagt ihm die Frau alles, was sie bewegt, alles, was sie ist und hat. Durch die Begegnung mit Jesus, dadurch, daß Jesus sich umwendet und sie anblickt und anredet, macht die Frau eine tiefe Entwicklung durch – von Heimlichkeit zur Offenheit, vom Versteck in der Menge zum Heraustreten vor Jesus, vom Schweigen zum Reden, von magischer Kontaktaufnahme zu personaler Begegnung.

Erst nachdem sie diese Entwicklung durchlaufen hat, fällt das inhaltsschwere Glaubenswort. Das ist für das markinische Glaubensverständnis entscheidend: Vom Glauben kann nur dort sinnvoll gesprochen werden, wo mehr als eine dumpfe Ahnung von der Besonderheit Jesu durchbricht. Vom Glauben kann nur dort gesprochen werden, wo der Anfang eines Vertrauens sichtbar wird, das nicht auf den *eigenen* Vorstellungen über Jesus beruht, sondern auf der *Selbst-Vorstellung* Jesu. Dann erst ist das Vertrauen nicht nur eine vage Hoffnung, von Jesus Hilfe zu erfahren, sondern ein personaler Akt, der die Erkennt-

nis und Anerkenntnis der Wahrheit des eigenen Lebens mit der Erkenntnis und Anerkenntnis der Wahrheit Jesu verbindet.

Vermutlich denkt der Erzähler (der Evangelist) aber nicht nur an
das *Ergebnis* dieser Entwicklung, sondern auch an die *Entwicklung*
selbst. Glaube hieße dann, aus einem verkrampften in ein gelöstes
Verhältnis zu Jesus zu finden, aus einem magisch affizierten in ein
personal integriertes; Glaube hieße, Jesus nicht nur als den großen
Wundertäter zu suchen, der die körperlichen und seelischen Wunden heilt, sondern als den Boten Gottes, dem man unbesorgt die
ganze Wahrheit anvertrauen kann; Glaube hieße, in der Begegnung
mit Jesus die heilende, die schöpferische Kraft der Herrschaft Gottes
wahrzunehmen. Glaube wäre weniger ein Zustand denn ein Prozeß –
ein Prozeß, der aus den Fixierungen auf die eigenen Erwartungen,
Sehnsüchte, Vorstellungen über Gott und Jesus hinaus- und in die
Freiheit des Bestimmt-Werdens durch die Heilsmitteilung und
Selbst-Offenbarung Gottes durch Jesus hineinführt.

Dieser Glaube kann sich nur in der Begegnung mit Jesus entwickeln.
Jesus ist es, er ganz allein, der dafür sorgt, daß der Glaube der Frau zu
sich selbst kommt. Er ignoriert souverän die Tabus, die das alttestamentliche Reinheitsgesetz sanktionieren sollte. Er weist die Frau weder ob ihrer Grenzverletzung noch ob ihrer Heimlichkeit oder ihrer
magischen Wundergläubigkeit zurück. Vielmehr entdeckt er, was die
Frau bewegt. Er bringt zum Vorschein, wer diese Frau in Wahrheit ist
und weshalb sie zu ihm kommt. Sein Schluß-Wort in Vers 34 interpretiert nicht, was die Frau *von sich aus* in die Begegnung mit Jesus einbringt. Jesus spricht vielmehr der Frau den Glauben erst *zu*. Das
Wort, das er ihr zum Schluß sagt, ist ein ebenso großer Ausdruck seiner Vollmacht und seiner Kreativität wie seiner Heil-Kraft. Indem Jesus sich der Frau zuwendet und sie ins Gespräch zieht, bringt er jene
existentielle Wahrheit ins Spiel, die durch das Nahen der Gottesherrschaft offenbart wird: die Wirklichkeit der Menschen als derer, die radikal auf Gott angewiesen sind und von Gott aus ihrer Not errettet
werden.

Diese Wirklichkeit ist im strengen Sinn eine Wirklichkeit des
Glaubens: Sie wird erst im Glauben offenbar; und sie entsteht erst
durch den Glauben – indem sie von Gott durch Jesus erschaffen
wird.[64] Jesus, der sich berühren läßt und seine heilende Kraft ver-
strömt, der sich umwendet und nach der Frau Ausschau hält, der
sie nach ihrem Tun befragt und sie zu sich kommen läßt, der sie die
ganze Wahrheit zu sagen ermutigt und sie als seine Tochter gesund
in Frieden gehen läßt – dieser Jesus schenkt der kranken Frau ein
neues Leben, indem er ihr den Glauben ermöglicht.

Erst im Glauben findet die Frau zu wirklichem Frieden und wahrer Heilung. Zwar hat es schon in Vers 29 geheißen, das Bluten habe aufgehört, aber erst zum Schluß in Vers 34 sagt Jesus zu der Frau: *„Gehe hin in Frieden und sei gesund von deinem Leiden!"* Das ist nicht etwa eine erzählerische Nachlässigkeit des Evangelisten. Vielmehr zeigt sich, daß das Heil der Herrschaft Gottes für die Frau in seinen vollen Dimensionen erst in dem Moment erfahrbar wird, wo nicht nur ihr körperliches und seelisches Leiden geheilt ist, sondern wo sie zum Glauben findet und Jesus sie auf ihren Glauben hin als Tochter anredet, um ihr auf diese Weise zu verstehen zu geben, daß er sie liebt und ihr deshalb die Gemeinschaft mit sich zuspricht. Aufgrund ihres Glaubens, den Jesus selbst hervorgerufen hat, gehört die Frau zur Familie Jesu, damit aber zur Gemeinschaft Gottes – und eben dies ist ihr Leben, das ihr Glaube begründet. Wie ihre Krankheit nicht nur ein körperliches Leiden war, sondern zugleich eine soziale Stigmatisierung und eine (unbeabsichtigte, aber wirksame) religiöse Diskriminierung, so besteht ihre Heilung nicht nur in der Beendigung ihres physiologischen Leidens, sondern auch in ihrer Aufnahme in die Gemeinschaft mit Jesus und in ihrer Anteilhabe an jenem Frieden Gottes, der allen Unfrieden überwindet, weil er aus der eschatologischen Vollendung stammt.

(3) Wunderglaube und Kreuzesnachfolge

Markus erzählt von der Heilung der blutflüssigen Frau nicht nur deshalb, weil er eine typische Szene aus der Geschichte Jesu festhalten will. Vielmehr scheint ihm der Wunderbericht auch geeignet, die Glaubensbiographie der markinischen Gemeinde aufzuarbeiten. Wenn der Eindruck nicht trügt, hat sie – wenigstens zu einem erheblichen Teil – in der Zeit, bevor das Evangelium entstanden ist, eine Beziehung zu Jesus Christus aufgebaut, die stark an Jesus als dem vollmächtigen Wundertäter orientiert gewesen ist. Jedenfalls gehören Sammlungen von Wundergeschichten zu den wichtigsten Traditionen, die mündlich oder schriftlich in der vormarkinischen Gemeinde umgelaufen und von Markus in sein Evangelium aufgenommen worden sind. Tatsächlich vermitteln die Wundergeschichten ja ein faszinierendes Bild Jesu, bis heute: Nicht nur seine unvergleichliche Vollmacht, sondern auch seine Zuwendung zu Kranken, Schwachen, Benachteiligten, Behinderten wird kaum je deutlicher als gerade in den Wundererzählungen.

Der Evangelist Markus ist weit davon entfernt, dieses Bild zu zerstören. Immerhin besteht mehr als die Hälfte seines Evangeliums aus Wundererzählungen. Er sieht die Faszination, die von den Wundern ausgeht, durchaus als Möglichkeit, einen Weg zu Jesus zu finden. Aber für ihn wäre es sehr problematisch, wenn man bei der Vorstellung des vollmächtigen Wundertäters stehenbliebe. Das verdeutlicht Markus nicht zuletzt am Beispiel der Jünger, die auf der einen Seite zwar von den Machttaten Jesu angezogen werden, auf der anderen Seite aber in der Passion allesamt scheitern und Jesus verlassen (14,50). Markus will mit seinem Evangelium deutlich machen, daß die Vollmacht, die Jesus in seinen Machttaten zum Ausdruck bringt, letztlich nur vom Gesamtzusammenhang des Weges Jesu her begriffen werden kann, der aber entscheidend durch seine Passion geprägt ist. Der Glaube, von dem in den Wundererzählungen gesprochen wird, muß deshalb, um wirklich Glaube genannt werden zu können, Jesus als den sehen, der die Gottesherrschaft vollmächtig nahebringt und in der Konsequenz dieser seiner Sendung in die Passion hineingegangen ist. Anders gesagt: Der Glaube, von dem in den Wundererzählungen die Rede ist, muß zur Nachfolge und letztendlich zur Kreuzesnachfolge bereit sein.

In der Erzählung von der blutflüssigen Frau ist dies allenfalls von ferne angedeutet. Die letzte Wundererzählung des Markusevangeliums indes (10,46–52), die Heilung des blinden Bartimäus, schildert, daß der Kranke, dem Jesus auf seinen Glauben hin sein Augenlicht wiedergeschenkt hat, aufsteht und Jesus auf seinem Weg nachfolgt – der ihn nach Jerusalem und damit ins Leiden hinein führen wird.

Was der markinischen Gemeinde mit der Erzählung von der blutflüssigen Frau im Kontext des gesamten Evangeliums gesagt wird, ist also: So wie auch diese Frau am Anfang, weil sie etwas von Jesus gehört hat, Vertrauen zu dem großen Wundertäter gefaßt hat, aber erst durch die Begegnung mit dem wirklichen Jesus von ihren magischen Vorstellungen befreit und in eine intensivere, eine reflektiertere, eine personale, eine wahre Beziehung zu Jesus hineingekommen ist, genauso muß auch die markinische Gemeinde aus ihrer Fixierung auf den Wundertäter heraus- und dafür in einen Glauben hineinfinden, der auch das Leiden, auch das Kreuz Jesu bejaht.

Spätestens an dieser Stelle zeichnet sich ab, daß zwischen dem Vertrauens- und dem Bekenntnisglauben kein Gegensatz gesehen werden *kann*. Wer wirklich Jesus als den Christus und den Gottessohn bekennen will, kann dies nur aus einer Lebenspraxis heraus, die von Vertrauensglauben und Kreuzesnachfolge geprägt ist. Und umgekehrt: Wer den Weg des Glaubens nachvollzieht, den die blutflüssige Frau dank Jesu gegangen ist, wird in die Erfahrung hineingeführt, wer dieser Jesus in Wahrheit ist, und wird dann auch zum Bekenntnis dieses Jesus als des Christus geführt.

d) Leben im Glauben – Glauben im Leben

Durch den Glauben entsteht wahres Leben – und wahres Leben ist immer schon Ausdruck (bewußten oder unbewußten) Glaubens. Diese Dialektik kommt in der Heiligen Schrift klar zum Ausdruck – als Ausdruck ihrer radikalen Theozentrik.

(1) Der Glaubensvollzug – alttestamentlich und neutestamentlich

Im Vergleich zeigt sich, daß es zwischen den alt- und den neutestamentlichen Aussagen über die Art und Weise des Glaubens zwar bezeichnende Unterschiede, aber keinen wesentlichen Gegensatz gibt. Vielmehr heißt Glaube im Alten wie im Neuen Testament grundlegend Vertrauen. Dieses Vertrauen richtet sich auf Gott. Die Vertrauenswürdigkeit Gottes erschließt sich in den Gotteserfahrungen, die er möglich gemacht hat. Hier ergeben sich selbstverständlich Unterschiede zwischen dem Alten und dem Neuen Testament; denn die neutestamentlichen Glaubens-Texte basieren allesamt auf der – wie immer vermittelten – Erfahrung Gottes durch Jesus, den Irdischen (von dessen Wirken und Leiden erzählt wird) wie den Auferstandenen und Erhöhten (von dessen Eintreten für die Sünder im Gottesdienst Zeugnis abgelegt wird). Auch bei Paulus, bei Johannes und im Hebräerbrief ist diese Deutung des Glaubens als Vertrauen entscheidend.[65]

Ist also schon auf dieser Seite Bubers erhellende Gegenüberstellung der alt- und der neutestamentlichen Glaubensweise fragwürdig, so auch auf ihrer Kehrseite. Schon sehr bald kommt in der Geschichte Israels das Bewußtsein auf, daß das ererbte Glaubensvertrauen nicht einfach selbstverständlich ist und also nicht ohne weiteres mit den anderen Israeliten im Anschluß an die früheren Generationen weitergegeben werden kann, sondern angefragt wird, reflektiert werden will, sich auf sich selbst besinnen muß. In den großen Krisen der Geschichte Israels wird zunehmend deutlicher, daß der Glaube nicht nur Lebens-Form und Lebens-Inhalt ist, sondern ausdrückliches Bekenntnis werden muß, Glaubens-Entschluß und Lebens-Entscheidung. Daß er seinem Wesen nach Wagnis ist, kein allgemeines Gottvertrauen, sondern ein existentielles Sich-Festmachen in Gott, kann dadurch nur desto deutlicher werden. Indem aber der Glaube Bekenntnischarakter gewinnt, hebt er zugleich einerseits die Notwendigkeit einer *individuellen* Glaubens-Entscheidung hervor (und sei es die bewußte Aneignung der ererbten Religiosität), während er andererseits eben dadurch ein *gemeinschaftlich* gelebter und bekannter Glaube wird (nicht nur im Gottesdienst). Die Dialektik von Vertrauensglaube und Bekenntnisglaube, die sich im Alten Testament entwickelt hat, teilt sich dem

Neuen Testament mit und gewinnt durch den Bezug auf die Person Jesu Christi neue Dimensionen. Wegen der Beziehung auf Jesus Christus ist es dann auch so, daß im Neuen Testament (nahezu durchweg, jedenfalls bei allen großen Autoren) der Glaube zum theologischen Schlüsselwort wird.

Nicht nur im Neuen, auch schon im Alten Testament, jedenfalls in Jes 7,9 und 28,16, in Hab 2,4 und in Gen 15,6, kommt der Gedanke zum Ausdruck, daß der Glaube Heil vermittelt und Leben schafft. Entgegen der vulgären Auffassung, nach alttestamentlicher Lehre müsse man sich sein Heil durch gute Werke verdienen, zeigen gerade diese Stellen, wie stark schon in Israels Heiliger Schrift das Wissen um die *radikale* Angewiesenheit menschlichen Lebens auf Gottes Gnade ausgeprägt ist – auch wenn unbedingter Tora-Gehorsam als notwendiger Ausweis echten Glaubens angesehen wird (was „in Christus" nicht mehr so gelten kann, wie es alttestamentlich und jüdisch gemeint ist). Wenn im Neuen Testament – bei allem Wissen um die Notwendigkeit des Gehorsams gegenüber Gottes Geboten – die Auffassung, es sei im Grunde *allein* der Glaube, der das Heil vermittle, führend wird, so liegt dies wiederum an der christologischen Ausrichtung des Glaubens: Ist doch das Kommen, das Leben, das Sterben, das Auferstehen und Herrschen des Gottessohnes Jesus die von Gott gnädig gewährte *einzige* Möglichkeit, aus der Feindschaft gegen Gott herauszukommen – eine Möglichkeit, die wahrzunehmen eben „Glaube" ist und die gegeben wird, indem Jesus die ihm vertrauenden Menschen in seine eigene Gottesbeziehung hineinnimmt.

Wird in den neutestamentlichen Schriften, nimmt man einmal alles in allem, aufgrund der Christozentrik die Gnadenverdanktheit des Glaubens klarer als in den meisten alttestamentlichen Aussagen, so wird umgekehrt an vielen alttestamentlichen Stellen nicht nur die untrennbare Einheit von Glaube und Ethik, sondern auch die gesellschaftliche, selbst die politische Dimension des Glaubens deutlicher sichtbar als im Neuen Testament. Werden also die alttestamentlichen Texte, im Lichte des Neuen Testaments gelesen, vor dem Mißverständnis bewahrt, Glaube sei menschliche Leistung, gar Verdienst, so werden umgekehrt die neutestamentlichen Texte, im Lichte des Alten Testaments gelesen, vor der Engführung bewahrt, Glaube sei eine rein individuelle oder lediglich ekklesiale Lebens-Orientierung. Daß zwischen dem Alten und dem Neuen Testament eine *Spannungs*einheit besteht, machen gerade jene großen alt- und neutestamentlichen Texte deutlich, die den Lebens-Vollzug des Glaubens beschreiben.

(2) Das Vertrauen des Glaubens – biblisch und gegenwärtig

Daß Leben nur im Glauben zu sich selbst kommt und der Glaube sich nur als Wesensvollzug des ganzen Menschen realisieren kann, ist von der biblischen Theologie her evident. Läßt sich diese Evidenz auch außerhalb des Raumes alt- und neutestamentlicher Anthropologie nachvollziehen? Gewiß nicht in dem Sinne einer nachträglichen *Bestätigung* zentraler biblischer Aussagen – aber vielleicht doch in dem Sinne, daß deren Proprium auch im Horizont soziologischer, pädagogischer und psychologischer Gedankengänge als plausibel erscheinen kann. Dann wäre zwar die Lebensnotwendigkeit biblischen Glaubens nicht bewiesen; wohl aber wäre ein Ansatzpunkt markiert, der die Relevanz der biblischen Glaubens-Aussagen erkennen hilft.

Die Chancen dafür stehen nicht schlecht. Denn einerseits wird der philosophischen, pädagogischen und psychologischen Anthropologie zunehmend selbst die Begrenztheit ihres Fragehorizontes bewußt. Damit erweisen sich alle früher unternommenen Versuche, das Phänomen des Glaubens soziologisch oder psychologisch abzuleiten und damit als obsolet zu erweisen, selbst als obsolet. Andererseits zeigt sich, daß innerhalb human- wie sozialwissenschaftlicher und allemal philosophischer Frage- und Forschungshorizonte (zunehmend?) Strukturmomente des menschlichen Lebens sichtbar werden, an die sich eine theologische Reflexion anknüpfen läßt.[66] Ein gutes Beispiel liefert der Philosoph und Soziologe Helmuth Plessner (1892–1985)[67]. Er arbeitet (grundlegende zoologische Studien weiterführend) heraus, daß der Mensch seinem Wesen nach nicht nur auf sich selbst bezogen, sondern immer zugleich „exzentrisch" ist. Das meint: Zwar ist er einerseits zum Denken, zur Reflexion, zur Emotion fähig; jeder Mensch entwickelt (im Regelfall) ein personales Zentrum, eine unverwechselbare Identität. Aber zu dieser Identität gehört auch, daß der Mensch sich nicht in sich selbst finden kann; er kann nicht in sich selbst zur Ruhe kommen und kann sich nicht selbst genug sein. Er ist vielmehr elementar auf den Bezug zu seiner Mit-Welt angewiesen. In dieser Mit-Welt geht er jedoch nicht symbiotisch auf, sondern tritt ihr immer mit der Distanz gegenüber, die aus seinem Denkvermögen und seiner reflektierten Emotionalität resultiert. Er sieht die Dinge als Objekt – wie er auch über sich selbst nachdenken kann. Das aber bedeutet: Aufgrund seiner Angewiesenheit auf die Mit-Welt und seines Selbst-Bewußtseins wird er permanent zur Transzendierung seiner selbst und seiner Welt geführt. Damit aber wird er, wenn er diesem seinem ur-menschlichen Impuls nur folgt, vor die Frage nach Gott gestellt. Helmuth Plessner[68]:

Exponiertheit und beschränkte Weltoffenheit als Kennzeichen menschlicher Grundverfassung geben einer ambivalenten Lage Ausdruck, die bald in Überlegenheit, bald in Schwäche und Unsicherheit manifestiert wird. Unbehaustheit und planend-gestalterisches Können, das die Dinge im Griff hat, begegnet auf Schritt und Tritt der Chance einer übermächtigen Drohung, den Dingen ausgeliefert zu sein und ihnen zu erliegen. [...] Nur ein Äußerstes bietet zu dieser Aufgebrochenheit das Gegengewicht und gibt ihm entsprechenden Rückhalt: ein Äußerstes an Macht und Hoheit. Nähe und Ferne müssen in ihm aufgehoben sein, weil beide im räumlich-zeitlichen Sinne das Verhalten beherrschen. [...] Ohne ein solches Gegenüber kommt offenbar menschliches Verhalten in seinem ambivalenten Verhältnis zu seiner fragmentarischen Welt nicht aus. Wie es gestaltet und als was es verstanden wird, ob als anonyme Macht oder als Person, hängt von der Art der Daseinsbewältigung ab, in der es sich spiegelt und die es wiederum stützt. [...] Soll das nun heißen, das Numinose sei eine Schöpfung des Menschen, und wenn nicht eine bewußte Schöpfung, dann jedenfalls eine Spiegelung und Projektion, der er verfällt, weil er von sich nicht loskommt? Feuerbach hat so gedacht und die Abspaltung einer überirdischen Sphäre auf die unerfüllten Bedürfnisse zurückführen wollen, denen kein anderer Ausweg gelassen sei. Sicher ist das Problem so nicht zu lösen. Wenn die Genesis sagt, Gott schuf den Menschen ihm zum Bilde, trifft sie mit der Ebenbildlichkeit genauer das Verhältnis der Korrespondenz. Diesseits der Theologie läßt sich nur behaupten, daß beide füreinander sind und sich die Waage halten. Daß [...] Personifikation mit Identifikation gleichbedeutend sei, die dem Individuum kraft des Namens gewährt wird, zeigt im Kleinen den gleichen Vorgang wie hier im Großen: die Angewiesenheit des Menschen auf ein Gegenüber, mit dem – mag es auch keine personalen Züge besitzen – er sich gleichsetzen kann: als der Macht, durch die er lebt – gleichsetzen freilich nur in dem paradoxen Abstand, der äußerste Ferne und unvermittelte Nähe vereint.

Konfrontiert man diese Anthropologie mit den biblischen Glaubensaussagen, ergibt sich ein facettenreiches Bild. Denn *zum einen* halten gerade die alt- und neutestamentlichen Aussagen über den Glauben fest, daß die Identität der Menschen einerseits schon durch ihre Erschaffung und mehr noch durch ihre Errettung im transzendenten Gott verwurzelt ist, sich andererseits aber gerade wegen ihrer Theozentrik geschichtlich zeitigt. Im Glauben nehmen die Menschen wahr, daß sie ihr Leben in allen Dimensionen allein Gott verdanken – und daß sie es mit den anderen Menschen und allen anderen Geschöpfen in dieser Welt leben müssen und leben können. *Zum anderen* aber halten die biblischen Aussagen fest, daß dieser Glaube gerade nicht durch die Selbsttranszendenz des Menschen entsteht, sondern durch die Selbst-Offenbarung Gottes in der Welt, durch die er zugleich mit der Wirklichkeit des Menschen auch den Glauben erschafft. Ist der biblische Glaubensbegriff also einerseits geeignet, die faktische Gebrochenheit des Menschen nicht zu verdrängen, sondern gerade in Verbindung mit seiner substantiellen Offenheit für Gott zu thematisieren, so radikalisiert er andererseits die Einsicht in die Transzendentalität des Menschen: indem er die Identität gerade nicht im Selbstvollzug des (über sich selbst hinausweisenden) Subjekts, sondern in der Zuwendung Gottes zu ihm begründet sieht.

Wie aber kann dieser Glaube als *Wesens*zug des von Gott begnadeten Sünders zur Sprache kommen? Der Glaube, den die Bibel bezeugt, ist *einfach*. Er ist alles andere als simpel und naiv. Aber er ist nichts anderes als die Besinnung des *ganzen* Menschen in *all* seinen Lebensvollzügen auf den *einen* Gott und das *eine* zum wahren Leben wirklich Notwendige; Glaube ist der Versuch, aus der Bejahung Gottes heraus einfach *alles* zu sehen, zu beurteilen, zu behandeln. Die Einfachheit des biblischen Glaubens-Zeugnisses in schlichter und gerade deshalb intensiver Sprache zu bezeugen, ohne alles Wortgeklingel und ohne jeden Betroffenheits-Kitsch, dafür in großer Nähe zum biblischen Text und in starker Konzentration auf seine Botschaft, ist nur wenigen gegeben. Ein Beispiel liefert Clemens Brentano (1778–1842). Er hat es unternommen, zu allen Sonntagsevangelien der damaligen katholischen Perikopenordnung kleine Gedichte zu verfassen. Diese Gedichte, von der Germanistik sträflich vernachlässigt und notorisch unterschätzt, wollen eine neue *Biblia pauperum* sein, die das Christusgeschehen den einfachen Menschen nahebringt: freilich nicht mehr, wie im Mittelalter, mit Hilfe großer Bilderzyklen an den Kirchenwänden, sondern, dem Bildungsstand der Zeit angepaßt, nun auch mit den Mitteln der Poesie, in der Brentano (der „Des Knaben Wunderhorn" mit gesammelt und herausgegeben hat) den einfachen und klaren Ton der Volkslieder wiederfinden wollte. Am dritten Sonntag nach Epiphanie stand Mt 8,5–13 auf dem Leseplan, die Heilung des Knechtes des Hauptmanns von Kafarnaum. In seinem Gedicht kombiniert Brentano diesen Text mit der Notiz Mt 8,1, daß Jesus, von jenem Berg herabsteigend, auf dem er gerade seine große Predigt gehalten hat (Mt 5–7), mit einer ganzen Reihe von Wundern (Mt 8–9) beginnt[69]:

Am dritten Sonntage nach Epiphanie
    (Mt 8,1)

Steig, o Herr, vom Berg hernieder,
Streck die Hand aus, mach mich rein.

Herr, ich glaub', heil' meine Glieder,
Laß des Hauptmanns Knecht mich sein.

Dein nicht würdig ist die Decke
Meines Hauses, ist zu schlecht,
Sprich ein Wort nur, und erwecke
Zur Gesundheit Deinen Knecht.

„Nach dem Glauben dir geschehe!" -
Glauben, den Er selten fand, -

Herr, den Glauben mir erhöhe,
Stoß mich nicht ins finstre Land.

Das Gedicht erfaßt schon in den beiden ersten Zeilen die Grund-Bewegung Jesu: Sein Herabsteigen vom Berg wird zum Bild für die *Deszendenz* des Gottessohnes, sein vorbehaltloses, rückhaltloses Sich-Einlassen in die Niederungen menschlicher Geschichte mit-samt ihrer Kontingenz, einschließlich des Leidens. Sein Ausstrecken der Hand wird zum Zeichen für seine Suche nach einer heilenden Begegnung mit den Menschen. Die „Karriere" Jesu, die steil nach unten führt, und die Kontaktaufnahme durch Jesus, der den Men-schen berührt – darin liegt die ganze Hoffnung eines Menschen, der sich als Sünder weiß und um Erlösung bittet. Seine Antwort kann nur der von Jesus selbst geweckte und „erhöhte", d. h. zu sich selbst gebrachte Glaube sein, der weiß, daß ein Mensch nicht, niemals, un-ter keinen Umständen und in keiner Hinsicht, würdig ist, Gott zu erfahren, und dennoch wissen darf, daß Gott seine Bitte um die hei-lende Nähe Jesu nicht zurückweist, sondern erhört.

3. Die Bibel – ein Anstoß zum Glauben

Die Bibel ist ein Buch des Glaubens, insofern sie klärt, *was* der Glaube glaubt und *wie* der Glaube glaubt. Dadurch wird sie aber auch zu einem Buch, das Glauben wecken, Glauben fördern, Glau-ben stimulieren, Glauben läutern will. Wenn das Markusevangelium das programmatische Wort Jesu in die Forderung, an das Evangeli-um zu glauben, einmünden läßt (Mk 1,15), und wenn Johannes zum Schluß seines Werkes mitteilt, er habe sein Buch geschrieben, um den Glauben an Jesus Christus zu fördern (20,30f), so sind dies nur zwei neutestamentliche Beispiele, die für viele biblische stehen.

Gerade der enge Zusammenhang zwischen dem Wie und dem Was des Glaubens macht die Bibel zu einem immer neuen Aufruf zum Glauben – bis heute. Offenbar kann sie nach wie vor Menschen zum

Glauben führen. Die Zeugnisse sind Legion. Viele entbehren freilich nicht einer gewissen Peinlichkeit. Wer allzu vollmundig von Erweckungserlebnissen beim Schriftstudium zu erzählen weiß, erweckt den Verdacht, nicht wirklich zum Hörer des Wortes geworden zu sein. Um so wichtiger sind jene Selbst-Zeugnisse, die nicht in unkritische Selbstvergötzung ihrer Erkenntnisse und Verwandlungen verfallen, sondern in heiterem Ernst und gelassener Genauigkeit von dem zu berichten wissen, was die Bibel bei der Lektüre mit ihnen angestellt hat.

Besonders witzig und intensiv, nicht ohne Selbstironie und nicht ohne existentiellen Ernst, hat Heinrich Heine über seine Beziehung zur Bibel Auskunft gegeben. Der Frömmelei ebenso unverdächtig wie jeder christlichen Autoritätshörigkeit, ein Jude, der in jungen Jahren formell zum Christentum konvertierte, um sich, wie er selbst gesagt hat, das Eintrittsbillet für die bürgerliche Gesellschaft zu verschaffen, war Heinrich Heine ein Mensch, der Zeit seines Lebens in kritischer Distanz zur offiziellen, institutionellen Religiosität gelebt hat, der aber dann doch, sehr spät, aber um so bewußter, entschiedener und selbstkritischer zum Glauben gefunden hat, ohne sich freilich einer christlichen Kirchen- oder wiederum einer jüdischen Synagogengemeinde anzuschließen. Auf diese seine Glaubenserfahrung zurückblickend, schreibt er „zu Paris, im Wonnemonat 1852" in der Vorrede zur 2. Auflage seines in Frankreich für Franzosen geschriebenen Buches „Geschichte der Religion und Philosophie in Deutschland"[70]:

Ich habe mich bereits in meinem jüngsten Buche, im „Romanzero", über die Umwandlung ausgesprochen, welche in Bezug auf göttliche Dinge in meinem Geiste stattgefunden. Es sind seitdem mit christlicher Zudringlichkeit sehr viele Anfragen an mich ergangen, auf welchem Wege die bessere Erleuchtung über mich gekommen ist. Fromme Seelen scheinen danach zu lechzen, daß ich ihnen irgendein Mirakel aufbinde, und sie möchten gern wissen, ob ich nicht wie Saulus ein Licht erblickte auf dem Weg nach Damaskus, oder ob ich nicht wie Barlam, der Sohn Boers, einen stätigen Esel geritten, der plötzlich den Mund auftat und zu sprechen begann wie ein Mensch? Nein, Ihr gläubigen Gemüter, ich reiste niemals nach Damaskus, ich weiß nichts von Damaskus, als daß jüngst die dortigen Juden beschuldigt worden, sie fräßen alte Kapuziner, und der Name der Stadt wäre mir vielleicht ganz unbekannt, hätte ich nicht das Hohe Lied gelesen, wo der König Salomo die Nase seiner Geliebten mit einem Turm vergleicht, der gen Damaskus schaut. Auch sah ich nie einen Esel, nämlich keinen vierfüßigen, der wie ein Mensch gesprochen hätte, während ich Menschen genug traf, die jedesmal, wenn sie den Mund auftaten, wie Esel sprachen. In der Tat, weder eine Vision, noch eine seraphitische Verzückung, noch eine Stimme vom Himmel, auch kein merkwürdiger

Traum oder sonst ein Wunderspuk brachte mich auf den Weg des Heils, und ich verdanke meine Erleuchtung ganz einfach der Lektüre eines Buches – Eines Buches? Ja, und es ist ein altes, schlichtes Buch, bescheiden wie die Natur, auch natürlich, wie diese, ein Buch, das werkeltätig und anspruchslos aussieht, wie die Sonne, die uns wärmt, und wie das Brot, das uns nährt; ein Buch, das so traulich, so segnend gütig uns anblickt, wie eine alte Großmutter, die auch täglich in dem Buche liest, mit den lieben, bebenden Lippen, und mit der Brille auf der Nase – und dieses Buch heißt auch ganz kurzweg: das Buch, die Bibel. Mit Fug nennt man diese auch die Heilige Schrift; wer seinen Gott verloren hat, der kann ihn in diesem Buche wiederfinden, und wer ihn nie gekannt, dem weht hier entgegen der Odem des göttlichen Wortes. Die Juden, welche sich auf Kostbarkeiten verstehen, wußten sehr gut, was sie taten, als sie bei dem Brande des zweiten Tempels die goldenen und silbernen Opfergeschirre, die Leuchter und Lampen, sogar den hohenpriesterlichen Brustlatz mit den großen Edelsteinen im Stich ließen und nur die Bibel retteten. Diese war der wahre Tempelschatz.

Heinrich Heine – der Romantiker als Bekenner, der Schriftsteller als Bibelleser, der Spötter als frommer Zeuge des Glaubens, der Poet als nüchterner Analytiker seiner Bekehrung. Gerade aus dem Munde eines solchen Bibellesers kann aufgehen, was die Bibel ist: ein Buch, das nicht nur vom Glauben Zeugnis ablegt, sondern auch Glauben wecken kann – indem es vom Glauben erzählt und im Glauben die Chance der Wahrnehmung Gottes, damit aber auch die Chance gelingenden Lebens erkennen läßt.

SECHSTER TEIL

DIE BIBEL ALS BUCH DER KIRCHE

Die Krähen schrein
Und ziehen schwirren Flugs zur Stadt:
bald wird es schnei'n –
wohl dem, der jetzt noch – Heimat hat!
Friedrich Nietzsche, Der Freigeist[1]

Die Bibel ist das Buch der Kirche – nicht in dem Sinn, daß es ihr zu eigen, gar zu Willen wäre, ihr Besitz und Eigentum, wohl aber in dem Sinn, den Martin Luther 1542 in seinem „Exempel, einen rechten christlichen Bischof zu weihen", kurz und bündig so formuliert hat[2]:

> Die heilige Schrift ist das Buch von Gott, dem heiligen Geist, seiner Kirche gegeben, darin sie lernen muß, was sie sey, was sie thun, was sie leiden, wo sie bleiben solle.

Selbstverständlich ist der erste Teil der christlichen Bibel, das Alte Testament, in erster Linie nicht das Buch der christlichen Kirche, sondern das Buch Israels. Es den Juden nicht abzusprechen, sondern *ihre* Heilige Schrift sein zu lassen, ist die *conditio sine qua non* eines jeden Gebrauchs durch Christen. Schließlich haben sie es aus der Hand von Juden als Zeugnis israelitisch-jüdischer Glaubens-Geschichte empfangen und bejaht. Aber nicht nur das Neue Testament, sondern auch das Alte Testament darf doch insoweit Buch der Kirche genannt werden, als die „ekklesiologischen" Vorstellungen, die es verfolgt[3], auch für die christliche Kirche aufbauend und ermunternd, ernüchternd und ermahnend, kritisierend und verpflichtend sind. Mehr noch: Die Kirche würde sich von ihren Wurzeln abschneiden, würde sie das Alte Testament nicht mehr – ebenso wie das Neue – als ihr Buch betrachten: nicht als das Buch, das ihr gehört, vielmehr als die Urkunde des Evangeliums, dem sie gehört.

Buch der Kirche kann die Bibel in zweierlei Hinsicht genannt werden: Einerseits ist sie im Alten Testament ein Buch aus Israel *für* Israel und dann (vermittelt durch Jesus) auch *für* die Kirche, wie das Neue Testament insgesamt ein Buch aus der werdenden *für* die werdende Kirche ist: Die alt- und neutestamentlichen Schriften wollen – auf ganz unterschiedliche Weise – eine Gemeinschaft des Glaubens stiften; sie wollen nicht nur einzelnen Mut zum Leben

vor Gottes Angesicht machen, sondern durch die Erinnerung an die
gemeinsame Teilhabe an Gottes Gnade auch Wege gemeinschaftli-
chen Glaubens und Lebens vor Gott zeigen. Andererseits lassen
sich in der Bibel sehr konkrete Vorstellungen *über* die Kirche, die
Gemeinschaft der Glaubenden, finden: welche Aufgabe sie hat, welche Lebensform sie suchen muß, welche Autorität sie beanspruchen
darf, welchen Dienst sie leisten soll.

1. Die Bibel als Buch für die Kirche

So sehr die Bibel ein Buch des Glaubens ist und so sehr dieser Glaube unvertretbar und unverwechselbar der Glaube eines jeden einzelnen Menschen ist, so sehr stiftet dieser Glaube doch eine Gemeinschaft und so sehr will die Bibel deshalb auch von Christen als
Buch gelesen werden, das *für* die Kirche geschrieben ist. Die biblischen Schriften sind nicht in einem luftleeren Raum geschrieben
und überliefert worden; sie setzen vielmehr das Gottesvolk Israel
und die Ekklesia als Schreib-Raum voraus: Sie sind aus diesen Glaubens-Gemeinschaften heraus entstanden, um ihrerseits in sie hinein
zu wirken und sie aufzubauen: Sie wollen den Glaubenden die Wirklichkeit Gottes und den Anspruch seines Willens aufgehen lassen,
um sie zur Anerkennung seiner Heiligkeit und zur Bejahung seiner
Gnade zu führen, aber auch um sie zu kritisieren, wo sie verweltlichen oder sektiererisch werden.

Daß diese „Auferbauung" nicht das *einzige* Ziel der biblischen
Schriften gewesen ist, versteht sich. Soweit im Alten wie im Neuen
Testament historische Stoffe (einschließlich der Geschichte Jesu) behandelt werden, stehen die Autoren vor allem in der Verantwortung,
den überlieferten Ereignissen und den beteiligten Personen Gerechtigkeit widerfahren zu lassen. Zwar wird zu Recht immer wieder darauf hingewiesen, daß nicht das (typisch neuzeitliche) Interesse, zu
wissen, wie es genau gewesen ist, die biblischen Historiographen bestimmt hat, sondern die Absicht der Vergegenwärtigung und Aktualisierung. Aber dies führt doch nur in Ausnahmefällen zu einer
Funktionalisierung der geschichtlichen Erinnerung, viel häufiger indes zu einer Kritik der Gegenwart anhand der Maßstäbe, die Gott
in der Vergangenheit durch sein bestimmtes Handeln gesetzt hat.

Doch so wenig der Aufbau Israels bzw. der Ekklesia das einzige,
alles bestimmende Ziel der biblischen Schriften gewesen ist, so sehr
kann doch positiv festgestellt werden, daß sie *(erstens)* im Zuge ihrer
Rezeptionsgeschichte faktisch diese Wirkung gehabt haben, wie trotz

aller gegenteiligen Beobachtungen zumal die Kanonisierung beweist, und daß sie *(zweitens)* nicht selten auch schon ursprünglich eine derartige Intention verfolgt haben.

a) Wem gilt die Bibel?

Die Bibeln, die im Buchladen angeboten werden, können von allen gekauft und gelesen werden, die sich für dieses Werk interessieren. Die Leser müssen nicht getauft und nicht Mitglieder einer Synagogen- oder einer Kirchengemeinde sein; sie können rein aus historischer Neugier oder aus gesellschaftlicher Konvention dieses „Buch der Bücher" erwerben, verschenken und vielleicht auch selber lesen. Es gibt keine Arkandisziplin; und es gibt selbstverständlich auch für agnostische oder atheistische oder indifferente Leser die Möglichkeit, zu begreifen, was in der Bibel steht. Insofern ist die Bibel nicht nur für Juden und Christen da, sondern für alle Menschen, die lesen wollen und lesen können.

Freilich muß dieser moderne Befund historisch differenziert werden. Paulus hat seine Briefe nicht an alle Welt, schon gar nicht an ein heutiges Lesepublikum, sondern aus bestimmten Anlässen an die Christengemeinden in Thessalonich, in Korinth, in Philippi, in Kolossä (Phlm), in Galatien oder in Rom gerichtet. Zwar greift er darin immer wieder auf seine Missionspredigt zurück; aber die Briefe sind doch in den Binnenraum der Ekklesia gerichtet. Ebenso geben die vorangestellten sieben Sendschreiben an die Christengemeinden in Ephesus, Smyrna, Pergamon, Thyatira, Sardes, Philadelphia und Laodizea genau an, für wen Johannes seine „Apokalypse" aufgeschrieben hat: Wiewohl sie sich mit weltgeschichtlichen Konstellationen auseinandersetzt, richtet der Seher seine Worte doch direkt nur an diese sieben Gemeinden in Kleinasien. Auch die Evangelisten haben, wenngleich sie es nicht ausdrücklich sagen, die Christen ganz bestimmter Gemeinden, vielleicht in Antiochien, in Ephesus oder auch in Rom, als Adressaten vor Augen. Selbst die sogenannten „Katholischen Briefe" (1/2Petr; 1–3Joh; Jak; Jud), die – ebenso wie der Hebräerbrief und z.T. wohl auch schon die Deuteropaulinen (Kol; Eph; 1/2Tim; Tit) – nicht an eine einzelne Ortsgemeinde gerichtet sind, sondern eine größere Zielgruppe, eine allgemeine („katholische") Adresse haben, gehen nicht einfach in die ganze Welt hinaus, sondern sind für Gemeinden einer bestimmten Region zu Problemen ihrer Zeit (z. B. 1Petr: Kleinasien) ausgefertigt worden.

Die Ausnahme von der Regel dürfte das lukanische Doppelwerk sein. Im Vorwort des Evangeliums wie der Apostelgeschichte finden

sich Hinweise darauf, daß Lukas mit seinen Büchern nicht nur die
kirchliche Öffentlichkeit sucht, um die christliche Katechese auf eine
gesicherte Grundlage zu stellen (1,4), sondern darüber hinaus das ge-
bildete hellenistische Publikum seiner Zeit erreichen will, um es aus
erster Hand über jenes Geschehen um Jesus von Nazaret und die Christengemeinde zu informieren, *„das sich ja nicht in irgendeinem Winkel
zugetragen hat"* (Apg 26,26).[4] Dafür spricht zum einen der ambitio-
nierte Stil des Vorworts, das sich die Konventionen hellenistischer Geschichtsschreibung zunutze macht, und zum anderen die Widmung an
den *„hochverehrten Theophilos"* (Lk 1,3; Apg 1,1), der vermutlich
auch als Mäzen gewirkt und dann nicht zuletzt für die Verbreitung
des Buches Sorge getragen hat, wohl auch durch den antiken Buchhandel.

Ähnlich wie im Neuen Testament, wenngleich erheblich kompli-
zierter, gestaltet sich die Lage im Alten Testament. Direkte Angaben
zu den Adressaten finden sich so gut wie nicht. Allenfalls lassen sich
aus den Texten selbst auf indirektem Wege Schlußfolgerungen ziehen.[5] Wie sicher und wie unterschiedlich diese Folgerungen im einzelnen auch immer sind, ist doch zweierlei klar. *Erstens* richten sich die
alttestamentlichen Schriften durchweg an Israeliten – sei es im Heiligen Land, sei es später auch in der Diaspora. Zwar ist gerade bei den
Propheten unübersehbar, daß sie nicht nur über Israel, sondern auch
über die „Heiden" und gelegentlich nicht nur *über* sie, sondern auch
zu ihnen geredet haben; aber die Sammlung und Fortschreibung ihrer
Worte und Texte geschieht dann doch in Israel für Israel. *Zweitens*
wollen die alttestamentlichen Bücher (wie die neutestamentlichen)
nicht ewige Wahrheiten für alle Zeiten festschreiben, sondern die Israeliten in einer bestimmten geschichtlichen Situation aufgrund geschichtlicher Anlässe auf konkrete Themen anreden.

Freilich verändert sich die Lage im Alten wie im Neuen Testament mit dem Prozeß der Kanonisierung. Dessen Anfänge liegen
bereits dort, wo ältere Texte in späteren Zeiten nicht vergessen
oder ausgesondert, sondern aufbewahrt, gesammelt, neu zusammengestellt, ergänzt und bearbeitet, vor allem aber wieder und wieder
gelesen werden. Zu diesen Anfängen gehört dann auch, daß die
Texte von ihren ursprünglichen Adressaten nicht nur für den eigenen Gebrauch aufbewahrt, sondern auch an andere Gruppen weitergegeben werden, die ursprünglich gar nicht angeschrieben gewesen
sind und dennoch die Texte gerne und dankbar und mit Gewinn lesen, so daß sie ihrerseits die Schriftrollen in Ehren halten und anderen weitergeben können. (Im Neuen Testament ist dieser Vorgang
zuerst bei den Paulusbriefen zu beobachten.) Was in diesen Anfän-

gen angelegt ist, setzt sich später fort: wenn zum einen Christen erkennen, daß die Bibel Israels auch für sie geschrieben ist (vgl. nur 1Kor 9,10; 10,11; Röm 4,23f; 15,4), und wenn zum anderen Juden wie Christen jeweils ihren Kanon Heiliger Schriften festlegen.

Diese Wirkungsgeschichte ist kein Mißverständnis, sondern eine legitime Konsequenz aus dem Anspruch wie der Botschaft der (meisten) biblischen Schriften[6]: Denn erstens galt es für Juden wie für Christen, sich in späterer Zeit der eigenen, identitätsstiftenden Vergangenheit zu erinnern; und zweitens haben die biblischen Schriften in dem Maße, wie sie in einer bestimmten Situation wirklich das Evangelium zu Wort gebracht haben, auch über diese Situation hinaus Geltung.

Im Prozeß der Kanonisierung kristallisiert sich ein untrennbarer Zusammenhang von Bibel und Kirche heraus. Einerseits erkennt die Gemeinschaft der Glaubenden im Laufe der Zeit, welche der Schriften für sie normative Bedeutung haben, weil sie die Offenbarung Gottes authentisch bezeugen. Andererseits stellt sie sich damit zugleich unter den kritischen Maßstab dieser Schriften und legt das Versprechen ab, sich von ihnen prägen zu lassen. Ein Nebeneffekt dieser Kanonisierung ist, daß die Bibel auch über die Kirche hinaus eine größere Öffentlichkeitswirkung erzielt – vor allem dann im Zeitalter der Massenmedien. Doch ist diese welt-weite Wirkung immer ekklesial vermittelt.

Zielen also die biblischen Schriften darauf, eine Gemeinschaft des Glaubens zu bilden, so müssen sich umgekehrt die von der Bibel bestimmten Glaubens-Gemeinschaften fragen, wie sie durch die Bibel aufgebaut worden sind und weiter aufgebaut werden können. Der Blick der Christen muß dabei sowohl in das Alte wie auch in das Neue Testament fallen. Als Beispiel aus dem Alten Testament sei der Lobgesang Tobits (13,1–18), als Beispiel aus dem Neuen Testament die Paraklese des Hebräerbriefes (10,32–39) ausgewählt.

b) Ein Beispiel aus dem Alten Testament:
„Bekennt euch zu ihm, ihr Söhne Israels, vor den Völkern!"
(Tob 13,1–18)

Das Buch Tobit[7] wird von den Protestanten zu den „apokryphen", von den Katholiken und den Orthodoxen zu den „deuterokanonischen" Schriften gezählt. Deshalb findet es sich zwar in allen katholischen Bibelausgaben, aber keineswegs (mehr) in den meisten protestantischen – wie es auch in den jüdischen Bibeln fehlt. Der Grund für diesen Unterschied liegt darin, daß Tobit nur in griechischer

Sprache vorliegt und dadurch zwar Aufnahme in den hellenistisch-frühjüdischen „Kanon" der Septuaginta gefunden hat, den im wesentlichen die römischen Katholiken und die Orthodoxen übernommen haben, nicht aber in die *Biblia Hebraica* des Judentums. Vom Humanismus beeindruckt, hat schon Luther das Buch aufgrund seiner griechischen Sprache „nicht der Heiligen Schrift gleich gehalten". Allerdings hat er es, wie die anderen „Apokryphen" auch, noch in einem Anhang seiner Deutschen Bibel abgedruckt. Doch ist diese Praxis im letzten Jahrhundert leider außer Kurs geraten.

Daran freilich, daß Tobit „nützlich und gut zu lesen" sei, wie Luther über alle deuterokanonischen Schriften geurteilt hat (WA Deutsche Bibel XII 110)[8], besteht kein Zweifel. Origenes gibt eine weit verbreitete Auffassung der Alten Kirche wieder, wenn er auch das Tobitbuch als Lektüre empfiehlt, die besonders für Katechumenen geeignet sei[9]:

> Wenn man den Anfängern einen Abschnitt der göttlichen Schriften sagt, in denen es nichts Dunkles zu geben scheint, nehmen sie ihn mit Freuden an. So ist es bei dem Buch Ester, bei Judit und sogar bei Tobit und den Vorschriften der Weisheit.

Bis heute ist das Buch beliebt. Nur wenige Gestalten der Bibel ziehen die Aufmerksamkeit der Künstler so lange und so intensiv auf sich wie Tobit und Tobias.[10] Das hängt nicht nur mit dem hohen literarischen Niveau und der anrührenden Geschichte, sondern auch mit der theologischen Qualität und der spirituellen Intensität des Buches zusammen. Joseph Wittig, von seiner katholischen Kirche lange Zeit verkannt, von den Protestanten als Bibelkenner hoch geachtet, schreibt im Jahre 1939 zur damals geplanten Revision der Luther-Bibel[11]:

> Mir würde das Buch Tobias in der neuen Ausgabe der Lutherbibel sehr fehlen, zumal es mir schon leid tut, daß es von Luther nicht der Heiligen Schrift gleich gehalten worden ist. Denn gerade in diesem Buche kommt das Geheimnis der Bibel ganz offen zum Ausdruck, diese Verbindung der beiden Wirklichkeiten, des Urgrundes unseres Lebens und der zeitlichen Leiblichkeit unseres Lebens, dieses Verwobensein des göttlichen Geheimnisses, der göttlichen Offenbarung, und unseres alltäglichen Lebens, das wir sonst immer, wenn überhaupt, erst „hinterher" erkennen.

Die Bedeutung des Tobitbuches[12] liegt nicht zuletzt darin, daß es an der Gestalt seines Titelhelden paradigmatisch den Weg des Glaubens nachzeichnet: vom Erwerb des religiösen Erbes, das von den früheren Generationen überkommen ist, über die Krise dieses traditionellen Glaubens, die sich nur im Gebet aushalten läßt, hin zum Lobpreis Gottes dank der ganz neuen, authentischen und intensiven Erfahrung seiner Gnade.[13] Das Buch Tobit ist eine Lehrerzählung in romanhafter resp. novellenartiger Form. Der Text ist in mehreren Stufen entstanden.[14] Die Grundschrift greift ein indoeuropäisches Märchen auf[15], das von der wunderbaren Gewinnung einer von einem Unhold beherrschten Braut handelt, wobei dem Bräutigam der Geist eines dankbaren Toten überraschend zur Hilfe kommt, den der Held zuvor aus Mitleid begraben hat.[16] Dieser Märchenstoff wird im Lichte von Gen 24, dem Bericht über die Brautwerbung Isaaks, erzählt, auf den Jahweglauben bezogen, in die Zeit sowohl nach der Reichsteilung (931 v. Chr.) als auch – einer symbolischen Simultaneität verpflichtet – nach dem Untergang des Nordreichs (722 v. Chr.) und in den Raum der assyrischen Diaspora verlegt. Tobit ist ein nach Ninive verschleppter Naftalit, der aufgrund unglücklicher Umstände nicht nur seinen Besitz, sondern auch sein Augenlicht verliert und daraufhin seinen Sohn Tobias auf eine Reise nach Medien schickt, um dort von einem Glaubensbruder ein Darlehen zurückerstattet zu bekommen. Dank der wunderbaren Begleitung durch den Engel Rafael, der ihm in Gestalt eines jungen Mannes zur Seite steht, kommt Tobias nicht nur an das dringend benötigte Geld und überdies an eine Medizin für den erblindeten Vater, sondern gewinnt vor allem die schöne Sara zur Frau, die er in der Hochzeitsnacht von einem Dämonen befreit.

Diese Geschichte, wohl um die Mitte des 3. Jh. v. Chr. in Ägypten entstanden[17], verfolgt die didaktische Absicht, Juden zu zeigen, wie auch in der Diaspora authentisches jüdisches Leben nach den Geboten Gottes möglich ist: wenn das Familienleben intakt ist und wenn die Glaubensbrüder im Lobpreis Gottes, aber auch in der Praxis barmherziger Solidarität zusammenfinden und zusammenhalten. Dieses Programm erschien attraktiv genug, eine Reihe von Ausgestaltungen an sich zu ziehen, die teils in Palästina, teils in der ägyptischen Diaspora, teils in Zeiten friedlicher Ruhe, teils in Zeiten antisemitischer Pogromstimmungen vorgenommen worden sind. Im Zuge der Erweiterungen ist auch der große Lobgesang Tobits 13,1 – 14,1 entstanden, der vor dem abschließenden Testament (14,2–11) die Abenteuer, die Tobias in der Fremde erlebt hat, die gefährlichen Zuspitzungen und die glücklichen Wendungen zum Anlaß nimmt, um *coram Deo* über die Identität Israels in der Diaspora, seine möglichen Gefährdungen und seine großen Hoffnungen zu meditieren:

[1]Und Tobit schrieb ein Gebet zum Jubel auf und sagte:

[2]Gepriesen sei Gott, der lebt in Ewigkeit, und sein Königtum,
denn er züchtigt und erbarmt sich,
*   er führt ins Totenreich hinab und führt wieder herauf,*
und keinen gibt es, der seiner Hand entflieht.

³*Bekennt euch zu ihm, ihr Söhne Israels, vor den Völkern!*
Denn er selbst hat uns unter sie zerstreut.
⁴*Dort weist auf seine Größe!*
Rühmt ihn vor allem, was lebt!
Denn er selbst ist unser Herr und Gott,
er selbst unser Vater in alle Ewigkeit.
⁵*Und er wird uns züchtigen ob unserer Ungerechtigkeit*
und sich wieder erbarmen
 und uns zusammenführen aus allen Völkern,
 wohin immer ihr unter sie zerstreut worden seid.
⁶*Wenn ihr euch hinwendet zu ihm mit eurem ganzen Herzen und eurer*
 ganzen Seele,
um vor ihm die Wahrheit zu tun,
dann wird er sich zu euch hinwenden
und nicht mehr sein Angesicht vor euch verbergen.
⁷*Und seht, was er mit euch tun wird,*
und bekennt ihn mit eurer vollen Stimme
und preist den Herrn der Gerechtigkeit
und rühmt den König der Ewigkeit!

⁸*Ich will ihn im Land meiner Gefangenschaft bekennen,*
 und ich weise auf seine Macht und Größe im Volk der Sünder:
 Kehrt um, ihr Sünder, und tut Gerechtigkeit vor ihm!
 Wer weiß, ob er euch wollen wird und euch Barmherzigkeit erweist?
⁹*Ich will meinen Gott rühmen*
und meine Seele den König des Himmels,
und sie wird jubeln über seine Größe.

¹⁰*So sollen alle sprechen und ihn in Jerusalem bekennen:*
 Jerusalem, Stadt des Heiligen,
 er wird dich strafen wegen der Werke deiner Söhne
 und sich der Söhne der Gerechten wieder erbarmen.

¹¹*Bekenne den Herrn nur recht*
 und preise den König der Ewigkeit,
 damit sein Zelt wieder aufgebaut werde, dir zur Freude!
¹²*Und er möge in dir die Gefangenen frohmachen*
und in dir die Geplagten lieben –
für alle Geschlechter bis in Ewigkeit.
¹³*Viele Völker werden von weither kommen zum Namen Gottes,*
 des Herrn,
Geschenke in den Händen haltend, Geschenke für den König des
 Himmels.
Von Geschlecht zu Geschlecht werden sie dir Jubel darbringen.
¹⁴*Verflucht sind alle, die dich hassen,*
 gesegnet werden alle sein, die dich bis in Ewigkeit lieben.
¹⁵*Freue dich und juble über die Söhne der Gerechten!*
Denn sie werden zusammengeführt werden,

und sie werden preisen den Herrn der Gerechten.
O, selig, die dich lieben,
sie werden sich freuen über deinen Frieden.
[16]*Selig, die getrauert haben wegen all deiner Züchtigungen,*
denn über dich werden sie sich freuen, alle deine Herrlichkeit
schauend,
und sie werden sich freuen bis in Ewigkeit.

Meine Seele preise Gott, den großen König,
[17]*denn aufgebaut wird Jerusalem aus Saphir und Smaragd,*
deine Mauern mit kostbarem Stein
und die Türme und Zinnen in reinem Gold,
und die Plätze Jerusalems werden mit Beryll, Rubin und Stein aus
Ofir gepflastert
[18]*Und all seine Gassen werden Alleluja singen,*
und sie werden lobsingen: Gepriesen sei Gott,
der dich erhöht hat bis in alle Ewigkeit.

Das Jubellied (V. 1) besteht aus zwei Strophen zu je drei Teilen. Die erste Strophe (Vv. 2–9) fordert die Israeliten zum Gotteslob auf und verheißt denen, die umkehren, Gottes grenzenloses Erbarmen. Vers 2 bildet den Aufgesang, der das Thema des Lobliedes nennt: Gottes gerechte Strafe für die Israeliten und seine machtvolle, schöpferische Zuneigung zu den reuigen Sündern. Die Verse 3–7 enthalten in Form einer Aufforderung zum Gebet die Hauptaussagen der ersten Strophe, insbesondere die Verheißung, daß die unter die Heiden verstreuten Juden wieder nach Jerusalem zurückkehren werden. Die Verse 8–9 fassen diese Hoffnung in der Form einer Selbstverpflichtung des Sängers zusammen, der seine Zuhörer zum Mitsingen einladen will.

Die zweite Strophe gibt den Inhalt dieses Jubelgebetes an: ein großes Preislied auf die heilige Stadt Jerusalem, die nun ihrerseits zum Gotteslob aufgefordert wird, weil Gott sie nach Jahren der Erniedrigung zu einem Ort endgültiger Heimat für die Israeliten und einer Stadt eschatologischen Glanzes machen wird. Vers 10 nennt, entsprechend Vers 2, das Thema: die Strafe und das Erbarmen Gottes über Jerusalem. Die Verse 11–16c fordern Jerusalem zum Gotteslob ob der unaufhörlichen Gnade auf, die ihr mit Gottes Rettungsaktion insbesondere durch die Rückführung der Diasporajuden zuteil wird. Der Schlußteil 16d-18 beginnt wiederum mit einer Selbstverpflichtung des Sängers zum Gotteslob, in das nun die (Menschen in den) Gassen Jerusalems einfallen werden.

Der lange Text hat eine komplizierte Entstehungsgeschichte hinter sich.[18] (Das Druckbild soll wiederum die verschiedenen Wachstumsschichten, die sich literarkritisch abheben lassen, sichtbar machen.) Die Basis des Kapitels (im Text ganz links gedruckt) liefert eine erste Redaktion des gesamten Tobitbuches, die wahrscheinlich in Jerusalem, vielleicht um 220 entstanden ist; sie greift einen Hymnus auf Gottes Barmherzigkeit auf, schreibt ihn zu einem Gebet des Tobit um und setzt ihn als einen Kommentar ein, der die spirituelle „Summe" der Geschichte zieht: Gott in seiner Gerechtigkeit und Güte zu loben, um in der Bewegung der Umkehr des Erbarmens Gottes teilhaftig zu werden. Dieses Lied ist von einer dritten und letzten, ca. 40 Jahre später wiederum in Jerusalem entstandenen Redaktion des Buches stark ausgebaut worden (im Text ein wenig eingerückt), in der die Hoffnung der Diasporajuden auf Heimkehr nach Jerusalem zum großen Thema gemacht wird. Zu diesem Zweck wird in der nun entstehenden zweiten Strophe ein alter Hymnus auf Jerusalem (im Text am weitesten eingerückt) aufgenommen und bearbeitet. (Auf dieser, der abschließenden Redaktionsebene sind die folgenden Überlegungen zur Interpretation angesiedelt.)

Im Aufbau des Buches bildet Tobits Gebet das Pendant zu seiner großen Abschiedsrede (4,1–21), die er Tobias mit auf den Weg nach Medien gibt. Liegt der Akzent dort auf der Mahnung zur praktischen Solidarität der jüdischen Glaubensbrüder in der Diaspora, so hier auf ihrer gläubigen Hoffnung, schließlich doch wieder in Jerusalem wohnen zu dürfen. Den Weg von der Moral zum Gebet zeichnet das gesamte Buch nach: Israel ist seinem Wesen nach nicht einfach eine Solidargemeinschaft, sondern das erwählte Volk Gottes, das freilich Nächstenliebe praktizieren muß. Indem das Tobitbuch von den Geboten zum Gotteslob führt (vgl. 4,19), geht es nicht über die Ethik hinweg, sondern tiefer in sie hinein: Es deckt den Wurzelgrund des *Sollens* in einem Gott verdankten *Sein* auf, das allein auf Erwählung und Barmherzigkeit beruht; indem aber der Tobitroman die Spiritualität aus der praktischen Solidarität hervorgehen läßt, redet er keiner Moralisierung des Gottesverhältnisses das Wort, sondern bestimmt Israels Identität, derer die Glaubenden betend inne werden, als eine *geschichtliche* Wirklichkeit, die Gerechtigkeit als Kehrseite der Frömmigkeit notwendig macht.

Tobit, den die Verfasser und Redaktoren des Buches an einen Ort in ferner Vergangenheit stellen, zieht die Lehren aus der Geschichte und prognostiziert deren weiteren Verlauf: sowohl die noch ausstehenden (zur Abfassungszeit des Buches teils schon vergangenen, teils noch anhaltenden) Züchtigungen des Volkes als auch die darauf folgenden (für die Verfasser teils schon realisierten, teils noch zu erwartenden) Gnadenerweise, die schließlich in eine eschatologische Zukunft einmünden (V. 18).

(1) Das Gotteslob als Wesensvollzug Israels

Wozu Tobit aufruft, führt er selbst paradigmatisch vor: das Gotteslob. Gott zu loben, heißt nicht, seine Bedeutung zu steigern, gar
sein Handeln schönzureden, seine Taten in ein günstiges Licht zu
rücken oder nach Gründen für seine Anerkennung zu suchen. Gott
zu loben heißt vielmehr, wahrzunehmen, wer er ist, was er will und
wie er handelt; denn wer zu einer solchen (wie auch immer gebro-
chenen) Wahrnehmung Gottes in der Lage ist, wird Gott loben,
wenn er ausspricht, was ihm aufgegangen ist.

Was Tob 13 im einzelnen als Gotteslob anführt, ist nicht unbedingt originell, aber signifikant. Es ist aus dem Rückblick auf die
Geschichte Israels wie deren paradigmatischer Individuation in der
Geschichte Tobits und seines Sohnes Tobias gewonnen. Vers 2 gibt
den Ton an. Die Ewigkeit des lebendigen Gottes[19] (Vv. 7.11; vgl. V.
18) erweist sich in seiner Raum und Zeit übergreifenden Größe (Vv.
4.8.9.16), die sich in Raum und Zeit für Israel als verläßliche Gerechtigkeit (V. 7; vgl. V. 15) und schöpferische Barmherzigkeit (Vv.
2.5.8.10) manifestiert. Gott wird als König angerufen, mithin als sou-
veräner Herrscher über Israel und die ganze Welt (Vv. 7.11.13.16),
der – wie wiederum am Paradigma der Geschichte Tobits abgelesen
werden kann – seinen Heilsplan in die Tat umsetzt (12,18).

Worin dieser Plan besteht, sagt V. 2 und wiederholt V. 10. Gott
erweist sich als Erzieher seines Volkes. Wie es der antiken, auch
der biblischen (vgl. Spr 3,12) Pädagogik plausibel schien, erzieht er
durch Strafen und durch Gunsterweise; wie es der biblischen Theologie in hellenistisch-jüdischer Zeit plausibel erscheint, sind aber
Gottes Strafen nicht nur gerecht, sondern auch ausgesprochen milde
(vgl. Ps 74; Weish 16f), während seine Gunst jedes Maß sprengt und
auch immer schon die Strafen bestimmt, die nämlich nicht Ausdruck
der Abkehr Gottes von seinem Volk, sondern Mittel der Hinkehr
Israels zu seinem Gott sind. Eben dies hat Tobit in seinem „spontanen" Dankgebet 11,14 erkannt. Sein Lobpreis führt diesen Grundgedanken aus, indem er ihn auf die Geschichte ganz Israels bezieht:
Seine Zerstreuung unter die Völker ist die gerechte Strafe für seine
„*Ungerechtigkeit*" (V. 5); seine zukünftige, dann aber endgültige
Heimholung nach Jerusalem ist die unverdiente Gnade, mit der
Gott den Umkehrenden entgegenkommt und ihnen über alles Er-
warten neues Leben schenkt.

Tobit stellt schon einleitend in Vers 2 fest, daß die Dimensionen
dieses Heilshandelns nur in den Kategorien einer Neuschöpfung erfaßt werden können. Was Gott tut, wenn er sich den Israeliten voller

Erbarmen zuwendet, ist eine Auferweckung von den Toten. Denn fern von Gott leben sie im Schattenreich des Todes; die ganze Welt wird ihnen zum Hades. Wendet Gott sich ihnen aber wieder zu, leben sie auf. Damit wird zweierlei deutlich: daß Gottes Macht alles menschliche Vermögen übersteigt (so sehr sie sich – wie zum Beispiel durch Rafael – in menschlicher Gestalt verkörpert) und daß die Rettung alle menschlichen Erwartungen übersteigt – auch schon in ihren innergeschichtlichen Dimensionen, wie Tobits Beispiel zeigt.

Das Halleluja, das er anstimmt (V. 1), soll anstecken (Vv. 8ff). Die *„Söhne Israels"* (V. 3) sollen in seinen Lobgesang einfallen: schon in der Diaspora (Vv. 3f) und dann erst recht nach ihrer Heimkehr in Jerusalem (V. 10) – wie auch ganz Jerusalem Gott loben soll (Vv. 11.15). Dieser allgemeine Jubel ist eine Vorwegnahme des eschatologischen Halleluja, das die von Gott mit aller Pracht geschmückte Stadt Jerusalem ertönen läßt (V. 18). Wo dieses Lied erklingt, nimmt Israel wahr, wer Gott ist – und vollzieht damit zugleich, wozu Gott es berufen hat. Im Gotteslob entspricht Israel seiner Berufung; es spricht aus, was es durch Gott ist: sein Volk, das er zur Herrlichkeit bestimmt. Das Gotteslob ist ein Wesensvollzug Israels.

Israel kann das Lied zur Ehre Gottes freilich nur dann ehrlichen Herzens anstimmen, wenn es sich zur Umkehr bereitgefunden hat. Vers 6 beschreibt ihre Frucht als Leben in der Wahrheit: Indem Israel sich auf Gott besinnt und im Gebet vor Gott neu als Gemeinschaft sammeln läßt, wird es der Wirklichkeit Gottes gerecht.

(2) Hoffnung auf Heimat in Jerusalem

War die erste Fassung des Lobgebets eine allgemein gehaltene Meditation über Gottes Barmherzigkeit, so versucht die Schluß-Redaktion, insbesondere durch die Einarbeitung des Jerusalem-Hymnus, eine Konkretion im Blick auf die Lebenssituation der Diaspora-Juden. Deren Leben inmitten der Heiden wird als Strafe wegen der Ungerechtigkeit Israels erklärt (V. 5), deren Zeichen die verweigerte Solidarität mit den Glaubensbrüdern (vgl. 4,5–19) und deren Wurzel der Abfall von Gott ist (vgl. 1,4f), auch in der Form der Gebotsmißachtung (vgl. 3,4). Die Diaspora erscheint nicht nur als Ort der Zerstreuung (V. 3b) und der Ferne von Jerusalem, sondern zugleich als Ort der *„Gefangenschaft"* (Vv. 8.12) und der Belastung (V. 12) durch die Sünder (V. 8). Anschauungsmaterial liefert die Ungerechtigkeit, die Tobit unter der Regentschaft Sanheribs in Ninive angetan worden ist (1,19f); es geht nicht um regelrechte Verfolgung, aber um Diskriminierung und Willkür.

Die große Hoffnung der Diaspora-Juden und der ganzen *„Stadt* *des Heiligen"* (V. 10) besteht in der Heimkehr nach Jerusalem.[20] Dort werden die Verstreuten gesammelt, um endgültig Frieden zu finden (V. 15). „Tobit" denkt an ein eschatologisches Ereignis (V. 18). Jerusalem wird von Gott selbst wieder aufgebaut werden, in einem geradezu überirdischen Glanz (V. 17), der nichts anderes als Gottes ureigene Herrlichkeit widerspiegelt (vgl. V. 11c). Gott wird, so „prophezeit" Tobit, zwar Jerusalem zwischenzeitlich erniedrigen müssen, wird dann aber mitten in dieser Stadt seine Liebe schöpferisch werden lassen: Er wird die vormals unter den Heidenvölkern Gefangenen befreien und ihnen die Freude seiner Gegenwart vermitteln (V. 12); und er wird diejenigen belohnen, die um der Gezüchtigten willen getrauert haben, indem er sie gleichfalls zur eschatologischen Freude führt (V. 16b).

Die Heimkehr der Exulanten nach Jerusalem wird von der Hinkehr der Heiden zu Jerusalem begleitet (V. 13). Die prophetische Hoffnung auf die eschatologische Wallfahrt der Völker zum Zion[21] wird vom Tobitlied geteilt und akzentuiert (vgl. 14,6). Die Heiden werden den „*Namen*" des einen Gottes erkennen (V. 13), und sie werden deshalb nach Jerusalem ziehen, weil sie den Tempel als „*Wohnung des Höchsten*" erkennen, „*erbaut für alle künftigen Generationen*" (1,4). Die eschatologische Stunde, die Tob 13 ankündigt, besteht darin, daß sich nicht nur alle Juden, sondern auch die Heiden zum Gotteslob zusammenfinden und in Jerusalem ihre endgültige, von Gott bereitete Heimat finden.

(3) Israels Berufung in der Diaspora

Die Redaktoren, die das Tobitbuch um den Lobgesang in Kapitel 13 erweitert haben, reden die Diaspora-Juden von Jerusalem aus an und wollen ihnen die Bedeutung der „*Stadt des Heiligen*" (V. 10) ans Herz legen. Gleichzeitig reden sie die Juden der Diaspora auf deren Berufung *in* der Diaspora an. Ihre wesentliche Möglichkeit und Aufgabe nennt Vers 3: „*vor den Völkern*" sich zu Gott bekennen. Damit ist gewiß auch das Festhalten am Hauptgebot (Dtn 6,4f) gemeint. Die Fortführung in Vers 4 und die Variante in Vers 8 zeigen jedoch, daß auch konkret an die Verkündigung des geschichtlichen Heilshandelns Gottes gedacht wird, wie es im Tobitlied zur Sprache kommt. Die „*Söhne Israels*" schulden dieses Bekenntnis ihrem Gott, sie schulden es aber – trotz deren Ungerechtigkeit – auch den Heiden, in deren Mitte sie als Gefangene und Bedrückte (V. 12) leben. Daß Gott sie wegen der Sünden Israels unter die Völker zerstreut hat, wird zur Aufgabe und Chance, ihnen die Größe Gottes zu verkünden.

Tobit, der sich in Vers 8 als Vor-Beter derer präsentiert, die im Lande ihrer Gefangenschaft das Gotteslob anstimmen, weist auf die erhoffte Wirkung dieses Zeugnisses hin: Selbst ein Ausdruck der einsichtsvollen Umkehr zu Gott (V. 6), soll es die Sünder – nach dem Kontext müssen die Heiden gemeint sein – zur Umkehr bewegen: in der Hoffnung, daß Gott sich ihnen dann ebenso gnadenreich zuwenden wird, wie er es den Israeliten gegenüber praktiziert (V. 6). Diese Umkehr besteht – wie bei den Juden – in der frommen Bejahung des einen Gottes und in der Praxis einer Gerechtigkeit, die der Gerechtigkeit Gottes (verstanden als *iustitia distributiva*) entspricht.

Vers 13 drückt dann auch die Hoffnung aus, daß diese Umkehrpredigt Erfolg haben wird. Zwar ist und bleibt die eschatologische Wallfahrt der Heiden das Heils-Werk *Gottes*; aber das schließt in keiner Weise aus, daß er sich des Zeugnisses speziell der Diaspora-Juden bedient. Wie Israel sein Leben in einem Gotteslob findet, das aus der Abkehr von der Ungerechtigkeit hervorgeht und in der solidarischen Unterstützung der Glaubensbrüder ein Echo findet, so gehört es auch zu Gottes Erziehungsplan, daß Israel seine Sendung in der Diaspora erkennt und erfüllt – und daß Gott auf diesem Weg seinen universalen Heilsplan in die Tat umsetzt.

c) Ein Beispiel aus dem Neuen Testament: „Was ihr braucht, ist Ausdauer" (Hebr 10,32–39)

Der Hebräerbrief[22] ist wegen seiner Sprache, seiner Thematik und seines Denkstils nicht nur eine der schwierigsten und anspruchsvollsten, sondern auch eine der unbekanntesten und unzugänglichsten Schriften des Neuen Testaments. Wie aktuell und relevant er aber ist, zeigt sich sofort, wenn man die geschichtliche Situation betrachtet, in der er entstanden ist, und die pastoraltheologische Strategie bedenkt, die der Verfasser mit seinem Schreiben verfolgt.[23] Ein Schlüsseltext ist Hebr 10,32–39:

> [32] *Erinnert euch aber der früheren Tage,*
> *da ihr, eben erleuchtet, manchen Leidenskampf auszustehen hattet:*
> [33] *Einerseits durch Schmähungen und Bedrängnisse zum Schauspiel gemacht,*
> *habt ihr andererseits Gemeinschaft mit denen gewonnen,*
> *die gleiches erlebt hatten.*
> [34] *Denn ihr habt mit den Gefesselten gelitten*
> *und den Raub eures Vermögens mit Freuden hingenommen,*
> *da ihr euch eines besseren Besitzes habhaft wußtet,*
> *eines, der bleibt.*

³⁵Werft also euren Freimut nicht weg, der großen Lohn erhält.
³⁶Was ihr braucht, ist Ausdauer,
damit ihr den Willen Gottes tut
und so die Verheißung empfangt.
Denn nur noch ganz kurz,
und der Kommende wird kommen und nicht zaudern (Jes 26,20^LXX),
³⁸mein Gerechter aber wird aus Glauben leben,
doch wenn er zurückweicht,
wird meine Seele kein Gefallen an ihm finden (Hab 2,3f).
³⁹Wir aber sind nicht solche, die zurückweichen in den Untergang,
sondern die glauben zum Gewinn des Lebens.

Der Text faßt in ekklesiologischer Absicht wesentliche ethische und spirituelle Intentionen des Briefes zusammen. Zuvor hat der Verfasser in konzentrierten und höchst anspruchsvollen Darlegungen (7,1 – 10,18) seine christologische Leitidee entwickelt, daß Jesus Christus, als Heilsmittler zwischen Gott und den Menschen gesehen, *„Priester auf ewig nach der Ordnung Melchisedeks"* ist (Ps 110,4: Hebr 5,6).[24] Daraus hat er ab 10,19 die Konsequenz gezogen, die Glaubenden sollten sich voll Zuversicht Jesus anvertrauen und von ihm zu Gott führen lassen. 10,32–39 verbindet diese Mahnung mit dem Rückblick auf die Vergangenheit der angesprochenen Christen und mit der Verheißung ihrer endgültigen Rettung aufgrund ihres Glaubens. Es folgt in Hebr 11 die Erinnerung an die *„Wolke von Zeugen"* (12,1) aus der Geschichte Israels, die allesamt in schwierigen Zeiten und unter mancherlei Entbehrungen den heilsnotwendigen Glauben gelebt haben.

(1) Die Schwerhörigkeit und Lustlosigkeit einer Gemeinde

Der Hebräerbrief wendet sich an Christen der zweiten oder dritten Generation (2,3), denen der Elan der Anfangszeit abhanden gekommen ist (vgl. 10,32–35). Der Autor hat wohl eine bestimmte Gemeinde und in dieser Gemeinde besonders eine bestimmte Gruppe von Christen vor Augen; aber er weiß, daß die Schwierigkeiten, mit denen sie zu kämpfen hat, nicht nur die Probleme dieser Gemeinde und dieser Gruppe sind, sondern die der ganzen Generation. Der Hebräerbrief sieht die Kirche als „wanderndes Gottesvolk"[25]: als Gemeinschaft, die auf dem Weg ist. Aber er sieht auch, daß den Christen der Weg lang wird (vgl. 10,36; 12,1f): Die Knie werden weich, die Arme werden schlaff (12,12); die Beine beginnen zu stolpern (vgl. 12,13); die Orientierung fällt zusehends schwerer (vgl. 2,1; 3,10); einige Weggefährten drohen zurückzubleiben (4,1), andere sich zu verirren (2,1; 3,10); ein Ende des Weges scheint nicht abzusehen. Die Folge sind Lustlosigkeit und Trägheit (6,12), Ungeduld

(10,36) und Ängstlichkeit (vgl. 10,39), übrigens auch nachlassender Gottesdienst-Besuch (10,25).

Die gegenwärtige Schwäche ist der Gemeinde keineswegs von Haus aus eigen. Sie hat schon einigen Stürmen getrotzt; sie könnte bereits auf eine stolze Vergangenheit zurückblicken. Sie hat nicht nur das Klima des Unverständnisses, der Ausgrenzung, der Diskriminierung, der Verleumdung und Verachtung ertragen, das in der Anfangszeit allenthalben den christlichen Gemeinden (wie anderen Außenseitern) entgegengeschlagen ist (10,33). Sie hat auch regelrechte Verfolgungen erlitten (10,32ff; 12,4–13; 13,3.23). Zwar ist ihr die Herausforderung des Martyriums erspart geblieben; sie hat noch nicht „bis aufs Blut widerstanden" (12,4). Aber einige Christen aus der Gemeinde sind aufgrund ihres Glaubens inhaftiert worden (13,3; vgl. 10,34; 13,23); einigen ist, gleichfalls aufgrund ihres Glaubens, das Vermögen konfisziert worden (10,32ff). All das hat die Gemeinde mutig, solidarisch, geduldig und zuversichtlich durchgestanden (vgl. 10,32–36). Doch scheint dies für die Bewältigung der neuen Herausforderung kaum eine Hilfe zu sein.

Das Problem, das es jetzt zu lösen gilt, ist anderer Art: Es ist nicht der Druck von außen, dem man standhalten müßte; es ist nicht die Gefahr einer Glaubensspaltung, die man abwehren müßte; es ist auch kaum (wie die ältere Forschung gemeint hat) die Tendenz zu einer Re-Judaisierung, die der Verfasser bekämpfen will (vgl. 13,9ff). Es sind schlicht und einfach die Mühen der Ebene, die Probleme bereiten. Der christliche Glaube wird alltäglich; spektakuläre Missionserfolge bleiben aus; das große Thema, das alle mitreißen könnte, fehlt; das eschatologische Heil, von dem das Evangelium spricht, ist nicht unmittelbar zu erfahren; vor allem aber fällt es der Gemeinde zunehmend schwer, sich auf das Hören des Evangeliums zu konzentrieren und das Überzeugende, Aufbauende, Wegweisende, Ermunternde, Tröstende, Anspornende der christlichen Botschaft zu erkennen (5,11ff). Ihre Schwerhörigkeit (5,11) ist die Ursache ihrer Lustlosigkeit, ihrer Irritationen über den Weg des Christseins und ihres mangelnden Engagements in der Gemeinde.

(2) Besinnung auf den Ursprung

Der *Auctor ad Hebraeos* weiß, daß er die Krise der Gemeinde nicht lösen kann, wenn er an den Symptomen herumkuriert; er muß das Problem an der Wurzel packen. Deshalb geht er zu den Wurzeln des christlichen Glaubens zurück. Er gibt keine Durchhalteparolen aus; er verbreitet keinen Zweckoptimismus; er rät nicht, die langsamen Wanderer eben abzuhängen und die unsicheren Kantonisten

nur laufen zu lassen (4,1). Er nimmt die Gemeinde als ganze ins Gebet und mutet ihr zu, neu über die Grundlagen ihres Glaubens nachzudenken (5,11 – 6,3). Ganz Theologe, ist er der festen Überzeugung, daß die beste Motivation für engagiertes Christsein das
gläubige *Verstehen* des Evangeliums ist, die reflektierte Bejahung
seines Zuspruchs und Anspruchs, die intellektuelle und spirituelle
Aneignung seines theologischen Gehalts.

Der „Grundkurs des Glaubens", den der Verfasser mit seinem
Schreiben konzipiert, ist weder ein Lehrbuch der Dogmatik noch
ein erster Universal-Katechismus, sondern eine Einführung in die
Prinzipien des christlichen Glaubens, die zugleich eine neue Praxis
des Glaubens initiiert. Im Grunde ist der Hebräerbrief eine Mysta-
gogie in die Gnadenerfahrung. Er unternimmt den groß angelegten
Versuch, das Heilsgeschehen des Todes Jesu in der Sprache des israelitischen Kultes neu zu interpretieren, und zwar nicht in theoreti-
scher, sondern immer zugleich in doxologischer und praktischer Absicht. Indem der Hebräerbrief den Weg beschreibt, den der
Hohepriester Jesus zurücklegt, um den Menschen einen Zugang zu
Gott zu eröffnen, skizziert er auch die Richtung des Weges, den
Christen auf ihrer irdischen Pilgerschaft zurücklegen müssen, um
dereinst mit Christus in die himmlische Ruhe eines ewigen Sabbats
eingehen zu können (4,1–11).

Wie finden die Christen auf den rechten Weg? Und wie werden
sie es schaffen, diesen Weg bis zum Ende zu gehen?

(3) Hinschauen zu Jesus – Hinhören auf Gottes Wort

Das erste und wichtigste ist: auf Jesus zu schauen (2,9; 3,1; 12,2; vgl.
7,4; 8,5; 9,28; 12,14) und die Ohren für das Wort Gottes aufzusper-
ren, das durch Jesus gesagt wird (2,1; 12,25f; vgl. 3,7.15f; 4,2.7). So
notwendig Geduld und Ausdauer, Leidensfähigkeit und Zuversicht,
Solidarität und Rechtgläubigkeit sind, um den Weg des Lebens zu
gehen: Entscheidend ist es, zum Hörer jenes Wortes zu werden,
*„das Gott viele Male und auf vielerlei Weise einst zu den Vätern
durch die Propheten gesprochen hat, in dieser Endzeit aber zu uns
durch den Sohn"* (1,1f). Das aufmerksame Hören setzt freilich den
Aufbau einer personalen Beziehung zu Jesus Christus voraus. Diese
Beziehung kann aber nur dann entstehen, wenn die Christen Jesus
so zu sehen lernen, wie er wirklich ist; nur dann können sie ihn als
den bejahen, der er nach Gottes Willen für sie sein will.

Am genauen Hinschauen zu Jesus und am genauen Hinhören auf
das Wort, das Gott durch ihn spricht, hängt die Identität des Glau-

bens. Freilich ist ein scharfes Auge ebensowenig selbstverständlich wie
ein gutes Ohr. Das richtige Hören und Sehen muß erst gelernt werden.
Wer den Hebräerbrief studiert, macht Exerzitien im Sehen und Hören.
Ziel ist die präzise Wahrnehmung des christologischen Heilsgeschehens. Es ist eine Wahr-nehmung im genauen Sinn des Wortes: nicht
nur das Erkennen dessen, was mit Jesus wirklich geschehen ist und
wer Jesus in Wahrheit ist, sondern auch die Bejahung, das Für-Wahr-
Nehmen dessen, was er nach Gottes Willen für die Menschen sein soll.

Was vor Augen tritt, wenn man ganz genau hinschaut, ist zunächst
ernüchternd, vor allem aber realistisch: Es ist das Todesleiden Jesu
(2,9), es ist die Schmach und Schande seines Kreuzestodes (12,2;
vgl. 11,26; 13,13). Wer genauer hinschaut, sieht freilich gerade im
Leiden auch die Treue Jesu zu seiner Sendung (3,1f), sein glauben-
des Vertrauen auf Gott (12,2) und seine Solidarität mit den Sündern
(12,3). Wer jedoch das Geschick Jesu und vor allem sein Sterben,
wie es nottut, im Lichte des Glaubens betrachtet, wird sehen, daß
er gerade um dieses seines Leidens willen „*mit Herrlichkeit und
Ehre gekrönt*" ist (2,9). Und wer seinen Blick auf diese Weise geschärft hat, lernt, darauf zu hoffen, daß am Ende der Geschichte
der wiederkommende Jesus Christus zu sehen sein wird, wie er erscheint, um die zu retten, die auf ihn warten (9,28; vgl. 12,14).

Ähnlich facettenreich wie das Sehen ist das Hören. Wer seine Ohren für die Stimme öffnet, die Gott „*heute*", in der eschatologischen
Gegenwart Jesu Christi, erhebt (3,7–19; 4,7), vernimmt scharfe Worte der Kritik, die alle Illusionen zerstören, die Menschen über sich
selbst, über Gott und die Welt haben (4,12). Es sind die Worte des
Richters, der von den Menschen Rechenschaft über ihr Leben verlangt (4,12f). Wer aber vor dieser Stimme sein Herz nicht verschließt (3,7–19), kann durch die Worte des Gerichts hindurch den
Klang des Evangeliums vernehmen (4,2): die große Verheißung endgültiger Gemeinschaft mit Gott (4,6–11); und er wird Geschmack
finden an jenem „*guten Wort*" (6,5), das Gott spricht, indem er
durch Jesus die Sünden vergibt (1,3).

Die Leser des Hebräerbriefes gehen in eine Schule des Sehens
und des Hörens. Die erste Lektion, die sie lernen müssen: die Dinge
zu sehen, wie sie wirklich sind, und die Realitäten zu akzeptieren. Im
Falle Jesu heißt das: So verlockend es sein mag, sich ein Christusbild
auf Goldgrund auszumalen, das die ganze Herrlichkeit des Gottessohnes unmittelbar widerzuspiegeln scheint, so notwendig ist es, die
Augen vor den *bruta facta* des Lebens Jesu nicht zu verschließen:
vor seiner Anfechtung (2,18) und Anfeindung (12,3), vor seiner
Angst und seinen Tränen (5,7), vor seiner Erniedrigung (2,9) und

seiner Schmach (11,26; 13,13), vor seinem Leiden (2,9f.18) und seinem Tod am Kreuz (12,2). Andernfalls wird der Glaube zur Ideologie, bestenfalls zur Gnosis. Der *Auctor ad Hebraeos* betont diesen Punkt nicht so sehr, weil er doketistische Tendenzen in der Gemeinde zu fürchten hätte. Ihm ist ein anderer Aspekt wichtig: Wer das Leiden Jesu nicht wahrhaben will, kann auch sein Mit-Leid mit den Menschen nicht sehen, sein Verständnis für die Irrenden, seine Solidarität mit den Schwachen, seine Barmherzigkeit mit den Sündern (4,14 – 5,4). Gerade das ist aber für die Adressaten wichtig: Wenn sie sehen, daß Jesus mit ihrer Schwachheit mitfühlen kann, weil er in seinem menschlichen Dasein selbst in Versuchung geführt worden ist (4,15), können sie glauben, daß sie auf ihrem langen und beschwerlichen Weg nicht alleingelassen sind, sondern in Jesus Christus einen verständnisvollen (5,2) und mitfühlenden (4,15) Weggefährten haben, der ihnen treu zur Seite steht (12,3).

Freilich setzt dies voraus, daß der Blick nicht an der Oberfläche haften bleibt, sondern in die Tiefe dringt. So wichtig der Realitätssinn des Glaubens ist, so notwendig ist es, die geschichtlichen Ereignisse bis auf den Grund zu durchschauen. Wer seine Augen dafür schärft, wird sehen, daß in der Erniedrigung Jesu der rettende Gott am Werk ist. Deshalb wird er zugleich sehen, daß der Tod Jesu nicht das Ende ist, sondern ein ganz neuer Anfang: der Anfang des ewigen Lebens Jesu zur Rechten Gottes, da er wie in seinem irdischen Leben für die sündigen Menschen eintritt (7,25), und der Anfang eines neuen, eines zweiten, besseren Bundes, den Gott den Menschen gnädig gewährt, damit allen, die glauben, das Erbe ewigen Lebens zuteil wird (7,22; 8,6–13; 9,15–22; 10,16.29; 12,24 und 13,20).

Ähnlich steht es mit dem Hören. Zwar mag für viele Menschen der Gedanke verführerisch klingen, daß über ihre Schuld geschwiegen und über ihre Fehler der Mantel des Vergessens gebreitet wird. Dennoch kann ihre wahre Hoffnung nur darin bestehen, daß ihr Versagen ungeschminkt zur Sprache kommt; sonst würde es nur verdrängt und könnte nicht wirklich vergeben und überwunden werden. Das Wort Gottes, das Jesus mitteilt, redet in schonungsloser Offenheit von der Wirklichkeit menschlichen Lebens mitsamt seiner Schwäche und Begrenztheit (4,12f), um dann vom Heilswillen Gottes zu handeln, der durch den Hohenpriester Jesus die Schuld der Menschen tilgt. Diese Dialektik von Gericht und Heil stellt der *Auctor ad Hebraeos* in den Mittelpunkt seiner Theologie des Wortes Gottes: nicht weil er auf die Zerknirschung des Sünders setzte, auch nicht weil er einem naiven Heilsoptimismus begegnen müßte, der Gottes Gnade billig macht und sich allzu schnell bei der schlechten

Verfassung der Gemeinde tröstet, sondern weil er der Wahrheit die Ehre geben muß und den Christen den Ernst ihrer Lage verdeutlichen will, gleichzeitig aber die Macht und den Willen Gottes, den Glaubenden noch in ihrer gegenwärtigen Misere die schöpferische Kraft seines Wortes spürbar werden zu lassen (4,12).

Das aufmerksame Hinschauen zu Jesus, dem das genaue Hören auf Gottes Wort entspricht (2,1; 4,2; vgl. 5,9), führt zur Konzentration auf das Wesentliche: auf das, was dem Leben Richtung und Ziel gibt. Das Eigentliche aber, so ist der Verfasser des Hebräerbriefes überzeugt, ist unsichtbar. Es ist unsichtbar, weil es erst in der transzendenten Zukunft zum Vorschein kommen wird (11,1.7); und es ist unsichtbar, weil es zu Gott gehört. Gott aber ist unsichtbar (11,27), weil er der „ganz Andere" ist, der sich menschlichem Sinnen und Trachten entzieht. Diese unsichtbare Wirklichkeit Gottes müssen die Christen in der Welt zu sehen lernen. Darin kann ihnen Mose ein Vorbild sein. Von ihm sagt der Hebräerbrief, an seinen Auftritt vor dem Pharao denkend (11,27):

Wie einer, der den Unsichtbaren sieht, hielt er stand.

Der Blick für Gott verleiht Mose den Mut, der Wut des Pharao zu trotzen und das Volk Israel aus dem Sklavenhaus Ägypten in die Freiheit zu führen. Der Blick der Christen darf gewiß nicht über die Realitäten hinweghuschen. Aber er muß sich durch die raum-zeitlichen Ereignisse hindurch auf das richten, was dem äußeren Auge verborgen bleibt, aber die eigentliche Wirklichkeit ist: Gottes Heilsplan.

Wiederum ganz ähnlich beim Hören: Das Wort, das Gott „*jetzt*" durch seinen Sohn spricht, ist nicht irgendein Wort unter vielen; es ist nicht schon häufig formuliert worden, es wird durch Jesus Christus zum ersten und zum letzten Mal gesagt, ein für allemal (7,27; 9,12.26ff; 10,10). In diesem Sinne ist das Wort unerhört. Es erklingt nicht mehr in der Vielzahl und Vielfalt prophetischer Stimmen aus der Geschichte Israels, sondern in jener end-gültigen Klarheit und Eindeutigkeit, die durch die Identität und Integrität des menschgewordenen Gottessohnes (2,14) gestiftet wird (1,1f). *Dieses* Wort muß gehört werden, und es muß *so* gehört werden, wie Gott es zum Heil der Menschen gesprochen hat.

Deshalb ist das Hören, zu dem der Hebräerbrief anleiten will, ein Aufhorchen, das zum Gehorchen (5,9; 11,8), ein Verstehen, das zum Einverständnis wird (12,25f). Es kommt darauf an, daß die Hörer das Wort Gottes so in sich aufnehmen, daß sie es aus ganzem Herzen bejahen und zur bewegenden Kraft ihres Lebens werden lassen (4,2).

(4) Vertrauen auf Gott

Wer zu Jesus hinschaut und auf seine Stimme hört, dem kann vor allem eines klarwerden: die Verheißungstreue Gottes (4,1; 6,13–20; 10,23). Gott ist zuverlässig; er steht zu seinem Wort; man kann sich auf ihn verlassen (11,11). Was er einmal versprochen hat, wird er auch vollbringen; was er geschworen hat, wird ihn nicht reuen (3,18; 4,3–11; 6,13–20; 7,20f). Das Problem ist freilich, daß dieser Heilswille Gottes keineswegs ohne weiteres plausibel ist und daß ihm die gegenwärtige Lebens-Erfahrung der Gemeinde, an die der Hebräerbrief adressiert ist, sogar zu widersprechen scheint. Das Vertrauen in die Verheißungstreue Gottes ist den Christen fraglich geworden. Es gibt nur einen, der dieses Vertrauen begründen kann: Jesus. Er, der sich selbst erniedrigt hat und der zur Rechten Gottes erhöht worden ist, bürgt dafür, daß Gott sein Vorhaben wahr macht, den Menschen ihre Schuld zu vergeben und sie durch den Tod hindurch in ein neues Leben zu retten. Deshalb müssen die Christen ihren Blick so fest auf Jesus richten, deshalb so genau auf das hören, was Gott durch ihn sagt. Was ihnen an Jesus aufgehen kann, ist das Vertrauen auf Gott, anders gesagt: der Glaube. Am Glauben aber hängt die ganze Hoffnung der Christen.

Der Hebräerbrief redet anders vom Glauben als die anderen Autoren des Neuen Testaments. Zwar weiß er um die Notwendigkeit des rechten Bekenntnisses (4,14; 10,23). Er weiß auch um das Wagnis der Umkehr und den Mut zur Bekehrung (6,1ff). Aber das steht für ihn nicht im Mittelpunkt der Glaubens-Thematik – weil hier nicht das Problem liegt, das die Gemeinde zu bewältigen hat. Seine eigene Auffassung von dem, was den Glauben ausmacht, bringt der Autor in 11,1 auf eine kurze Formel. Sie ist freilich heiß umstritten, weil sie vor erhebliche exegetische Probleme stellt. Am besten scheint die Übersetzung:

> *Glaube heißt, unter dem zu stehen, worauf zu hoffen ist,*
> *der Wirklichkeit überführt zu sein, die man nicht sieht.*

Was ist gemeint? Das erste: Der Glaube lebt von der Hoffnung. Sie allein verleiht ihm die nötige Standfestigkeit im Leben. Wer glaubt, setzt auf die transzendente Zukunft, weil er darauf vertraut, daß sich in ihr Gottes Verheißung erfüllen wird – obwohl in der Gegenwart nicht sehr viel dafür spricht. Das zweite: Der Glaube ist nicht nur eine Reaktion von Menschen; er ist zuerst eine Aktion Gottes. Gott allein bewirkt den Glauben (vgl. 13,9). Wer glaubt, wird von Gott selbst mit der Wirklichkeit des eschatologischen Heilsgeschehens konfrontiert: Er wird sowohl seiner eigenen Schwäche und Bedürftigkeit gewiß als auch der Gnade, die ihm wider alle Erwartung und gegen allen Augenschein geschenkt ist (2,9; 4,16; 10,29; 12,15).

Beide Momente erläutert der *Auctor ad Hebraeos* anhand einer langen Reihe von Glaubens-Beispielen aus der Geschichte Israels (11,4–40). Ob Abel, ob Henoch, ob Noah, ob Abraham und Sara, Isaak und Jakob, Josef und Mose, ob Rahab und die Richter, ob die makkabäischen Märtyrer: Eine ganze *„Wolke von Zeugen"* (12,1) steht für die Einsicht in die Vergänglichkeit des irdischen Lebens und das Vertrauen auf die Unverbrüchlichkeit der Heilsverheißung Gottes (11,13–16). Mit diesen *„Alten"* (11,2) sind die Christen zu einer Pilgerschar verbunden – weil Gott *„sie nicht ohne uns zur Vollendung führen wollte"* (11,40).

Aus der Hoffnung, an die er sich hält, gewinnt der Glaube sowohl die Geduld (6,12.15; 10,32.36; 12,1ff.7), den langen Weg der irdischen Pilgerschaft zu gehen, als auch die Zuversicht (3,6.14; 4,16; 10,19.35), das Ziel der Wanderung, das himmlische Jerusalem (12,22), zu erreichen. Geduld und Zuversicht sind Wesensmerkmale des Glaubens (10,19–39). Beide resultieren aus dem Vertrauen in die Zuverlässigkeit Gottes und dem Wissen, daß der Weg noch lang werden wird. Die Geduld des Glaubens hat mit Sturheit und Lethargie ebenso wenig zu tun wie mit Resignation und Unbeständigkeit, sehr viel aber mit Ausdauer und Beharrlichkeit, Gelassenheit und Demut; sie ist die Fähigkeit, auch in schwierigen Zeiten warten zu können und sich durch Enttäuschungen nicht entmutigen zu lassen. Die Zuversicht hat mit naivem Optimismus und unverwüstlichem Frohsinn ebenso wenig zu tun wie mit Ängstlichkeit und Kraftlosigkeit, sehr viel aber mit Freimut und Offenheit, Beherztheit und Freude; sie ist die Fähigkeit, auch angesichts der menschlich-irdischen Begrenztheit die ganze Größe und Weite der Gnade Gottes zu spüren.

(5) Mitgehen mit Jesus

Wie kann der Glaube gelebt werden? Er ist ein Weg, der das ganze Leben bestimmt. Er ist ein Weg zu Gott, und er ist deshalb ein Weg mit Jesus: ein Weg, den man mit Jesus geht, weil man sich von ihm mitnehmen läßt. In der synoptischen Tradition ist von der Nachfolge als der Lebensform der Jüngerschaft die Rede. Das Stichwort fehlt im Hebräerbrief. Die Herausforderungen und Konkretionen sind andere. Und dennoch gibt es substantielle Übereinstimmungen: Jesus geht voran; die Seinen folgen ihm. Sie imitieren nicht einfach das, was Jesus tut; sie gehen hinter ihm her – auf dem Weg, den er bahnt.

Der Hebräerbrief sieht Jesus als den, der den Christen auf dem Weg zu Gott vorangeht, indem er zugleich diesen Weg bahnt. Es ist, unter soteriologischem Aspekt betrachtet, der Weg der Heiles, der von der Erde durch die Himmel und den Vorhang des Tempels in das Allerheiligste, vor das Angesicht des lebendigen Gottes führt (4,14ff; 6,19f; 9,1–28; 10,19f). Unter spirituellem Aspekt betrachtet, ist es der Weg des Glaubens, der durch die Annahme der irdischen Kontingenz hindurch zum Sehen des Unsichtbaren, zum Hören des Unerhörten, zum Warten auf die Vollendung und zum Vertrauen auf Gott führt. Jesus ist der „Anführer ... des Glaubens" (12,2), wie er der „Anführer des Heiles" (2,10) ist. Daß er als Hoherpriester den Glaubenden das Heil Gottes vermittelt und sie als Geheiligte vor Gott hinstellt, setzt neben seiner Einsetzung durch Gott auch seinen Glauben und sein Mitleid mit den Menschen voraus (4,14 – 5,10)[26]. Da er durch seine Inkarnation (2,14) sich den Menschen in allem gleichgemacht hat (2,17), ohne jedoch zu sündigen (4,15), ist „Anführer" eine präzise Metapher für die Rolle, die Jesus im Heilsdrama spielt: Er steht ganz am Beginn des eschatologischen Geschehens, weil er es ist, der endlich damit anfängt, Gottes Willen zu tun (10,7.9: Ps 40,8f), d. h. in absoluter Treue zu seiner Sendung, letztlich durch die Hingabe seines Lebens den Menschen das Heil Gottes zu bringen (10,1–10). Gerade als Anführer ist er aber auch der Urheber des ewigen Heils (5,9) – wie er als Anführer auch der Vollender des Glaubens ist (12,2): derjenige, der erfüllt, was der Glaube glaubt, und bewahrheitet, wie der Glaube glaubt.

Der Weg, auf dem die Glaubenden Jesus folgen, ist, vom Ausgangspunkt her betrachtet, ein Exodus aus der Welt der Sünde (13,11ff). Es ist wie die Befreiung aus einem Gefängnis (vgl. 12,1). Es ist nicht nur die Absage an die heidnische Vergangenheit mit ihren „toten Werken" (6,1; 9,14). Es ist auch die Absage an das Böse, vor dessen Verführung kein Christ gefeit ist. Die Sünde besteht für den Hebräerbrief im Grunde darin, das Sinnen und Trachten nicht vom Ewigen, sondern vom Vergänglichen, nicht vom Beständigen, sondern vom Unsteten, nicht vom Himmlischen, sondern vom Irdischen beherrschen zu lassen (vgl. 2,15–18; 4,15; 5,1ff). Ihr Wesen ist Ungehorsam gegen Gottes Willen (3,12.16–19; 4,6.11), ihre Symptome sind Habgier (13,5) und Ehebruch (13,4), Egoismus (13,1) und Ungerechtigkeit (12,11), ihr Ergebnis ist Bosheit (3,12), Schwachheit (7,28), Leichtfertigkeit (12,14–17), Nachlässigkeit, Feigheit (10,39) und Selbstbetrug (3,13). Aus den Fesseln der Sünde (12,1) müssen die Menschen um ihres Heiles willen befreit werden. Das können sie freilich nicht aus eigener Kraft. Nur durch das Selbstopfer des Hohenpriesters Jesus, der die Sünden sühnt, werden die Menschen ihre Sünden los. Der Auszug aus der Welt der Sünde ist nichts als Gnade – und *von daher* bleibende Aufgabe.

Vom Ziel her gesehen, ist der Weg, den Jesus bahnt, der *„Weg in das Heiligtum"* (9,8). Es ist ein *„Hinkommen zu Gott"* (7,25; 10,1.22; 11,6), zum *„Thron der Gnade"* (4,16),

> *zum Berg Zion,*
> *zur Stadt des lebendigen Gottes, dem himmlischen Jerusalem,*
> *zu Abertausenden von Engeln,*
> *zur festlichen Versammlung*
> *und zur Gemeinde der Erstgeborenen, die im Himmel verzeichnet sind,*
> *und zu Gott, dem Richter aller,*
> *und zu den Geistern der schon vollendeten Gerechten,*
> *und zum Mittler eines neuen Bundes, Jesus,*
> *und zum Blut der Besprengung, das lauter schreit als das Blut Abels.*

So schwer einzelne Aussagen dieses Satzes (12,22ff) zu verstehen sind, ist seine Pointe doch klar: Das Ziel des Weges ist die vollkommene Gemeinschaft mit Gott und Jesus Christus, die dadurch zugleich eine vollkommene Gemeinschaft von Engeln und Menschen, von Lebenden und Toten ist. Es ist eine himmlische Wirklichkeit, die sich freilich schon dort auf Erden abschattet, wo Menschen in der Gemeinschaft des Glaubens den Weg mit Jesus aus der Welt der Sünde zum unvergänglichen Reich Gottes (12,28) angetreten haben.

Keine Frage, daß die Partizipation an dieser vollendeten *Communio* alles andere als selbstverständlich ist: Sie kann nur ganz und gar Gnade sein. In der Glaubenskrise, in der die Gemeinde des Hebräerbriefes sich befindet, kommt es freilich nicht so sehr darauf an, das *sola gratia* einzuschärfen, sondern darauf, ihr wieder nahezubringen, daß dank Jesu der Weg zu Gott wirklich offensteht. Deshalb mahnt der Verfasser an einer entscheidenden Stelle des Briefes, nachdem er das christologische Heilsgeschehen in allen Einzelheiten rekapituliert hat (7,1 – 10,18), nun auch tatsächlich *„hinzuzutreten"* (10,22; vgl. 4,16) – aufrichtig, zuversichtlich, freimütig und voller Glauben.[27] Das „Hinzutreten" meint nicht speziell die Eucharistie, sondern den gesamten Vollzug des Lebens in Glaube, Hoffnung und Liebe (10,22–25). Es ist Gottes-Dienst, nicht allein im kultischen, sondern im existentiellen, auch im ethischen Sinn des Wortes (9,14; 13,15f).

(6) Weg-Gemeinschaft im Glauben

Der Verfasser des Hebräerbriefes beläßt es nicht bei prinzipiellen Ausführungen zum Wesen des Christseins. Er skizziert auch, welche Perspektiven christlichen Gemeinschafts-Lebens sich in der Zeit der irdischen Wanderschaft eröffnen.[28] Zwar sind viele Hinweise, die er gibt, allgemein und konventionell. Dennoch sind sie genau auf die Lebens-Situation der Gemeinde abgestimmt. Die Mahnungen richten sich nie an die einzelnen Christen, sondern durchweg an die Gemeinde als ganze. Besonderes Gewicht hat die Spiritualität. Wie die Beziehung zu Gott und zu Jesus Christus durch den Glauben bestimmt sein soll, so die Beziehung zu den Mit-Christen durch die Sorge um die Schwachen (4,1; 12,13), durch die Verantwortung für die Gefährdeten (12,15), durch die gemeinsame Arbeit am innergemeindlichen Frieden (12,14), durch das Mit-Leid mit den Leidenden (10,34), durch die Solidarität mit den gefangenen und gefolterten Christen (13,3), durch gegenseitiges Ermuntern und Ermahnen (3,12f; 10,24f), durch wechselseitige Achtung und Anerkennung (10,24), auch durch den Gehorsam gegenüber den Vorstehern, da ihnen der Dienst an der Lebendigkeit des Glaubens obliegt (13,17). Der regelmäßige Besuch des Gottesdienstes wird angemahnt (10,25), weil die (tägliche?) Versammlung der Gemeinde der wichtigste, vielleicht der einzige Ort gemeinsamer Martyria, Liturgia und Diakonia ist.

Die Ethik des Schreibens, die in seiner Spiritualität wurzelt, ist eng mit derjenigen des Apostels Paulus verwandt (vgl. 1Thess 4,1–12; 5,1–22; Röm 12,9–21). Gemeinsam ist die Betonung der Bruderliebe (10,24; 13,1), der Gastfreundschaft (13,2), der Diakonie (6,10), der ehelichen Treue (13,4), des einfachen Lebens (13,5) und der „guten Taten" (10,24), besonders der caritativen Unterstützung der Armen (13,5.16). Die Konkretionen bleiben offen, aber die Stoßrichtung ist klar: Stärkung der innergemeindlichen Koinonia (10,33), Mahnung zur Solidarität mit den Schwachen; Ermutigung, die vorhandene Energie zu nutzen (10,32–39), Wahrnehmung der bereits geschenkten Gnade, Vertrauen auf den rettenden Gott. Anders als bei Paulus fehlt der Blick für die Nicht-Christen. Von einer Konventikel-Ethik ist das Schreiben gleichwohl weit entfernt. Nicht die Begrenzung der Nächstenliebe auf die Mit-Christen, sondern die Notwendigkeit der innergemeindlichen Agape ist das Anliegen des „Briefes".

(7) Das ekklesiologische Leitbild

Der Hebräerbrief entwickelt keine eigentliche Lehre von der Kirche. Aber er ist ekklesiologisch äußerst relevant. Er zeichnet die Kirche als eine Gemeinschaft des Glaubens, die weiß, daß sie noch lange nicht am Ziel angelangt ist, sondern noch einen weiten Weg vor sich hat. Das bewahrt vor jedem ekklesiologischen Triumphalismus –

wie es umgekehrt die *Gemeinschaft* der Christen um so wichtiger werden läßt. Wenn die Glaubenden trotz der Widerstände, mit denen sie zu kämpfen haben, gleichwohl zusammenbleiben, dann nur, weil Jesus ihr Anführer und Vorläufer ist, der sie nicht verläßt und sie mit auf den Weg zu Gott nimmt. Auf Jesus schauend, auf sein Wort hörend, auf seinem Weg gehend erkennen die Glaubenden, wozu sie berufen sind. Die Kirche lebt von der Hoffnung, daß sich am Ende der Zeit gegen allen Wankelmut, gegen alle Schwäche und alles Zaudern der Menschen doch der lebendige Gott durchsetzen wird und seine große Verheißung wahr macht: daß es jenseits dieser Geschichte, die scheinbar ganz vom Tode beherrscht wird, eine vollkommene *communio sanctorum* geben wird, in der alle, die auf Gott vertrauen, ihr endgültiges Zuhause finden.

Diese Hoffnung verändert schon das Leben in der Gegenwart. Keine Rede davon, daß die Christen im irdischen Jammertal auf ein besseres Jenseits vertröstet werden. Im Gegenteil! Erst die Hoffnung auf Gott ist es, die das Vorläufige, Begrenzte, Vergängliche des irdischen Daseins erkennen – und annehmen läßt: im Vertrauen darauf, daß Gott sich schon hier und jetzt verständlich macht, um die Menschen von der Last ihrer Vergeblichkeit zu befreien.

Die Kirche als Gemeinschaft derer, die auf dem langen Weg zu Gott sind, indem sie Jesus folgen: das ist nicht nur ein schönes Bild aus ferner Vergangenheit; es ist ein großes Bild für die Zukunft.

d) Der Aufbau der Kirche mit der Kraft des Anfangs

In Hermann Hesses (1877–1962) Gedicht „Stufen" finden sich die Zeilen[29]:

> Und jedem Anfang wohnt ein Zauber inne,
> Der uns beschützt und der uns hilft zu leben.

Dem Exegeten ist dieser Satz aus der Seele gesprochen – gerade wenn es um Fragen der Ekklesiologie geht. Denn daß sich die Kirche (die katholische wie die evangelische) gegenwärtig in einer tiefen Krise befindet, wenigstens in Westeuropa und namentlich in Deutschland, läßt sich schwer bestreiten. Einerseits ist ihre gesellschaftliche Bedeutung in den letzten Jahren und Jahrzehnten erheblich zurückgegangen. War sie noch in den Gründerjahren der Bundesrepublik die bestimmende soziale und kulturelle Kraft, die entscheidend die Wertordnung des Grundgesetzes geprägt hat, so ist ihr politischer und gesellschaftlicher Einfluß seitdem erheblich gesunken. Zwar wird sie weiterhin, vor allem in ihren Amtsträgern, zahlreicher öffentlicher Ehrungen zuteil. Sie gilt auch nach wie vor bei vielen als moralische Autorität. Aber gleichzeitig steht sie wie selten zuvor im Kreuzfeuer öffentlicher Kritik; der Einfluß von Christen auf die Politik schwindet; ihr Wort hat weniger Gewicht.

Der Rückgang gesellschaftspolitischer Relevanz ist die Kehrseite einer innerkirchlichen Krise. Volkskirchliches Leben löst sich immer weiter auf; die Identifikation mit der Kirche wird immer weniger selbstverständlich; die Zahl der Kirchenaustritte steigt, die Zahl der regelmäßigen Gottesdienstteilnehmer nimmt ab; die Weitergabe des Glaubens an die nächste Generation erweist sich als außerordentlich schwierig; speziell in der katholischen Kirche signalisiert der Rückgang der Priesterzahlen tiefe Unsicherheiten über die Bedeutung des kirchlichen Amtes; Pfarrer und engagierte „Laien" sind über ihre Rolle in den Gemeinden unsicher; in allen Kirchen fehlt das große Thema, das die Christen begeistern könnte.

Gewiß darf man über diesen krisenhaften Erscheinungen die positiven Entwicklungen nicht vergessen. Vermutlich sind in Deutschland selten so viele Menschen *freiwillig* zum Gottesdienst gegangen wie heute. Sicher hat es in keiner Phase der Kirchengeschichte eine so große Bereitschaft zur aktiven Mitarbeit von „Laien" gegeben – und so große (freilich immer noch zu kleine) Freiräume für die Entfaltung ihrer Initiativen. In den Kirchen der südlichen Hemisphäre und des ehemaligen Ostblocks haben sich Entwicklungen abgespielt, die einerseits die Identität der Kirchen auf eine harte Bewährungsprobe gestellt, andererseits aber die moralische Autorität der Orts-Kirchen vergrößert haben. Doch läßt sich die problematische Situation im Westen nicht verkennen. (Und wer weiß, was auf die Kirchen des Südens und Ostens noch zukommen wird?) Genau betrachtet, signalisieren die Krisen-Symptome nicht nur eine Krise der pastoralen Strategien und institutionellen Strukturen, sondern eine Krise der ekklesialen Identität in einer demokratischen und pluralistischen Wohlstandsgesellschaft.

Demgegenüber wird man in neutestamentlicher Zeit zwar keine idealen Zustände erkennen, aber doch eine Zeit des Aufbruchs, der neuen Ideen, der starken Anziehungskraft, der elanvollen Entwicklung, nicht zuletzt eine Zeit hoher spiritueller Qualität und moralischer Integrität. Das Neue Testament liefert keine Vorbilder für eine reiche, mächtige, siegreich triumphierende Kirche; wohl aber liefert es viele Vorbilder für eine Kirche, die angefochten und dennoch kraftvoll ist, angefeindet und dennoch überzeugend, bedrängt und dennoch dynamisch, schwach und dennoch stark, im Gegenwind und dennoch voller Energie. Nicht zuletzt in diesen Bildern liegt die ekklesiologische Relevanz des Neuen Testaments, heute mehr denn je.

Der Hebräerbrief liefert ein Beispiel, wie in einer Situation der inneren Auszehrung Heilung gerade nicht durch das Herabschrauben der spirituellen, ethischen und theologischen Ansprüche oder das Absenken des homiletischen und didaktischen Niveaus erreicht werden kann, sondern nur, wie Erich Gräßer im Vorwort seines Kommentares gesagt hat, durch „bessere Theologie"[30]. Diese Theologie ist „besser" als die alte, wenn sie den Blick für die Wirklichkeit des Heilshandelns Gottes in Jesus Christus schärft und dann von Gottes Gnade zu reden vermag: nicht langweilig, sondern lebendig; nicht langatmig, sondern genau; nicht ausweichend, sondern sachlich; nicht niederschmetternd, sondern aufbauend; nicht mißverständlich, sondern klar; nicht überschäumend, sondern nüchtern.

Im Lichte des Tobitbuches kann den Christen aufgehen, daß die Diasporasituation, in der sie gegenwärtig weithin leben[31], nicht nur Geschick ist, sondern zugleich Auftrag: die Berufung nämlich, inmitten der Heiden und selbst angesichts allen Leidens das Lob Gottes zu singen – mit den unschuldigen Opfern wie mit den schwachen Sündern. Freilich kann dieses Zeugnis nur dann glaubwürdig sein, wenn den Christen zum einen aufgeht, daß sie mit Tob 13 ein *jüdisches* Gotteslob mitzusingen eingeladen sind, das sie als solches, als *alttestamentliches* Erbe hüten müssen, und wenn sie daraus zum anderen die Konsequenz ableiten, die Stimme zum Lobpreis Gottes nicht zu erheben, ohne auf die Gebete und Lieder der *heutigen Juden* zu hören.

Schaut man freilich in die Landschaft der Gegenwartsliteratur, der Gegenwartsmusik, der Gegenwartskunst, fällt es zwar nicht so schwer, in vielen, vielen Stimmen ein – wenn auch noch so schwaches – Echo dieses Lobgesanges zu vernehmen; doch gibt es nur wenige, die an diesem alles entscheidenden Punkt über die gängige (und notwendige) Kritik an der „Amtskirche" hinauskommen. Einer von ihnen ist Peter Huchel – in ganz zarten Andeutungen und ganz wenigen Hinweisen, aber mit dem nötigen Gespür für den Geist eines Ortes, den Menschen der Arbeit und dem Gebet, der Diakonie und der Spiritualität, der Gemeinschaft und der Einsamkeit geweiht haben[32]:

BRETONISCHER KLOSTERGARTEN

Der Mittag breitästiger Ulmen.
Der Gichtbrüchige schläft
im Klappstuhl aus Segeltuch.

Engel, schmerzliche Geheimnisse,
gehen durch hohes Gras
und rufen versunkene Namen.

Der leichte Widerhall von Schritten,
Bittgänge, Gespräche im Laub,
nur von der Amsel vernommen.

2. Die Bibel als Buch über die Kirche

So wie die Bibel, im ganzen und in vielen Einzelheiten betrachtet, ein Buch *für* die Kirche ist, läßt sie sich auch in wichtigen ihrer Texte als ein Buch *über* die Kirche lesen: als ein Buch, das darüber nachdenkt, was „Kirche" ist, worin sie wurzelt, welche Bedeutung sie in Gottes Augen hat, worin ihr Wesen und ihre Sendung bestehen. Das gilt ganz zweifellos für die meisten Schriften den Neuen Testaments[33], beginnt aber auch schon im Alten Testament. *Spätestens* mit dem babylonischen Exil wird Israel von den meisten der kanonisierten Texte nicht mehr als eine gegebene ethnische, soziologische oder politische Größe vorausgesetzt, sondern als eine Glaubens-Gemeinschaft betrachtet, die angesichts innerer Zerrissenheit und äußerer Bedrohung ihre Identität sowohl in einem ausdrücklichen, theologisch reflektierten Bekenntnis als auch in einer signifikanten, institutionell abgesicherten Praxis darstellen muß. Diese alttestamentlichen Positionsbestimmungen können zwar von der christlichen Ekklesia nicht ohne weiteres übernommen werden – weil sie das *alt*testamentlich-jüdische Proprium der Texte respektieren muß und ihrerseits auf den Primat der Christologie mit all seinen Folgen für eine universalistische Soteriologie verpflichtet bleibt. Aber auf einem ganz anderen Blatt steht, daß die einschlägigen Texte nicht nur ein großes „ekklesiologisches" Potential aufweisen, das zu vernachlässigen ausgesprochen fahrlässig wäre, sondern daß sie als integrale Bestandteile des Alten Testaments kanonischen Rang genießen und deshalb Anspruch darauf haben, auch von Christen zu ihrer ekklesiologischen Orientierungsleistung befragt zu werden.

a) Die Kirche der Gegenwart – die Kirche des Anfangs – die Kirche der Zukunft

Die Kirche ist nur durch den Kanon Kirche; der Kanon des Alten und Neuen Testaments ist nur durch die Kirche Kanon. Im pneumatischen Geschehen der Inspiration ist dieser wechselseitige Zusammenhang begründet. Daraus aber folgt, daß die Normativität der Heiligen

Schrift gerade auf dem Felde der Ekklesiologie, der Selbstreflexion und der Praxis der Kirche, greifen muß: Das „Buch der Bücher" muß das Selbstverständnis und muß die Praxis der Ekklesia bestimmen, sonst wäre sie nicht die *apostolische* Kirche.[34] Wie läßt sich diese Normativität der Heiligen Schrift verstehen?

Mit Biblizismus ist niemandem gedient. Eine romantische Verklärung des Urchristentums (oder gar der vorstaatlichen Zeit Israels) führt in die Irre. Daß zwischen dem Neuen Testament und der Gegenwart knapp zweitausend Jahre ins Land geflossen sind, darf in keiner Weise relativiert werden: Die sozialen und die kulturellen Rahmenbedingungen ekklesialen Lebens haben sich grundlegend gewandelt; die geschichtlichen und theologischen Entwicklungen der nachbiblischen Zeit können nicht einfach beiseitegeschoben werden. Jeder Versuch einer Repristination urgemeindlicher Lebensformen endet bestenfalls im Sektiererischen. Die Bibel hält nicht die Patentlösungen für die kirchlichen Probleme der Gegenwart bereit. Wer dies verkennt, verfehlt nicht nur die geschichtliche Bedeutung der Heiligen Schrift; er steht auch in der Gefahr, die Heilige Schrift zu instrumentalisieren.

Und dennoch: Die Anfänge ekklesiologischen Denkens im Neuen wie aber auch im Alten Testament sind alles andere als nur erste, tastende, unsichere, unausgegorene Orientierungsversuche, die durch spätere Entwicklungen überholt wären. Sie behalten vielmehr unüberholbar und irreversibel ihre normative Kraft – nicht aus dem formalen Argument, daß nun einmal auch sie zum Kanon gehören, sondern aus dem inhaltlichen Argument, daß sie von einzigartiger Qualität sind. Diese Relevanz folgt zum einen aus ihrer untrennbaren Verbindung mit der biblischen Geschichte Israels resp. der Ekklesia und zum anderen aus ihrer Prägung durch die Ursprungserfahrungen des jüdischen resp. christlichen Glaubens, neutestamentlich vor allem durch das Christusgeschehen.

Die Orientierung am biblischen Ursprung läuft also nicht auf eine Kopie alt- und neutestamentlicher Gemeinde-Modelle und Kirchen-Bilder hinaus, wohl aber auf die kritische Infragestellung der gegenwärtigen Ekklesiologien, wie sie (mit konfessionellen Unterschieden) in den großen christlichen Kirchen entwickelt worden sind; und mehr noch liefe sie auf die Suche nach Impulsen und Kriterien, Maßstäben und Vorgaben für eine ebenso zeit- wie schriftgemäße Ekklesiologie hinaus. Walter Dirks hat in anderem Zusammenhang geschrieben[35]:

> Die Bibel ist kein Rezeptbuch und auch keine Waffe, und der neue Name für Mission heißt Kommunikation. Die Bindung an das Buch ist nicht unser Privileg, sondern eine Kraft, die uns sensibel machen

kann für den Nebenmenschen, für *die* Nebenmenschen, für die Zukunft der Menschheit, sensibel auch für Gott.

Auf das Feld der Ekklesiologie übertragen, hieße dies, die Bibel weder zum Legitimationsinstrument für progressive oder konservative Kirchenkonzeptionen zu machen, die aus ganz anderen als den biblischen Quellen gespeist worden sind, noch sich in die angeblich heile Welt des Anfangs zurückzuträumen, wohl aber zu fragen, wie die gegenwärtig zu entwickelnde und zu verantwortende Ekklesiologie aus der Orientierung am Ursprung so Gewinn ziehen kann, daß die Kirche für viele Menschen eine wirkliche Heimat im Glauben werden kann.

Viele, viele Texte der Heiligen Schrift bieten sich als Beispiele an. Nur zwei können ausgewählt werden: die große Szene der Rekonstituierung Israels nach dem babylonischen Exil, die in Neh 7–10 vor Augen geführt wird, und die wirkungsgeschichtlich höchst einflußreichen und höchst umstrittenen Ausführungen im Ersten Petrusbrief über das allgemeine Priestertum der Glaubenden (2,4–10).

b) Ein Beispiel aus dem Alten Testament: „Als er das Buch öffnete, erhob sich das ganze Volk" (Neh 8,1–12)

Ekklesiologisch relevante Positionen sind im Alten Testament erst seit dem Deuteronomium und der Priesterschrift greifbar.[36] Beide Werke gehen vom Zusammenbruch Israels (Judas) und von der Katastrophe des babylonischen Exils aus; und beide sehen eine Zukunft nicht so sehr in der Wiederherstellung des *Staates* als vielmehr in der Konstituierung einer radikal reformierten *Gemeinde* Israel, die ihre Identität nicht in erster Linie politisch, sondern religiös und ethisch begreift und sich deshalb nicht so sehr vom Königtum und von Truppenkontingenten, sondern vom Gesetz und vom Tempelkult her entwirft. Im Zuge dieser Neuorientierung gilt das Interesse zunächst ganz der kollektiven Größe Israel. Erst langsam wird die Aufmerksamkeit auch den Strukturen gewidmet, die dann aber nicht den Hierarchien des untergegangenen Staates verpflichtet sind, sondern Modelle priesterlicher und prophetischer Leitung aufnehmen.[37]

Um diesen ekklesialen Prozeß zu rekonstruieren und zu verstehen, könnten die Bücher Esra und Nehemia von besonderem Interesse sein, weil sie (gegen Ende der persischen Zeit, also etwa in der Mitte des 4. Jh.) Israels „Stunde Null" beschreiben: die vom Kyros-Edikt 538 ermöglichte Rückführung der Deportierten nach Jerusalem und die erste Organisation jüdischen Lebens unter persischer Oberhoheit in Jerusalem und Judäa. Beide Bücher gehören eng zusammen. Sie sind kompositorisch und inhaltlich aufeinander abgestimmt. Die Restitution Israels wird in drei großen Etappen beschrieben: Esr 1–6 schildert die Heimkehr der ersten Deportierten, die mit dem Bau des Tempels beginnen und das Werk trotz der Störaktionen der Samariter erfolgreich vollenden. Esr 7–10 handelt von der Rückkehr einer zweiten Gruppe von Exulanten unter Esra, der auf die Störungen des Gemeinschaftslebens mit dem Verbot der Mischehen antwortet und damit eine Katharsis des Volkes bewirkt. Neh 1–10 schließlich wiederholt das Schema, indem von der Entsendung des Nehemia als Statthalter nach Juda und seiner Arbeit am Wiederaufbau der Mauer um Jerusalem berichtet wird, der trotz aggressiver Störmanöver der Feinde Israels glücklich vollendet und dann mit einer großen Liturgie gefeiert wird. Hier liegt der Höhepunkt der ganzen Komposition.

Der Gottesdienst beginnt nach Neh 7,72b – 8,12 mit der Verlesung des Gesetzes und einem Tag der Freude[38]:

[72b]Als nun der siebente Monat herangekommen war und die Kinder Israels in ihren Städten waren, [1]versammelte sich das ganze Volk wie ein Mann auf dem Platz vor dem Wassertor, und sie baten Esra, den Schriftgelehrten, das Buch des Gesetzes des Mose zu holen, das Jahwe Israel geboten hatte.

[2]Und Esra, der Priester, brachte das Gesetz vor die Gemeinde, vor Männer und Frauen und alle, die es schon verstehen konnten, am ersten Tag des siebenten Monats, [3]und er las daraus vor auf dem Platz vor dem Wassertor vom frühen Morgen bis zum Mittag in Gegenwart der Männer und Frauen und derer, die es schon verstehen konnten. Und die Ohren des ganzen Volkes waren für das Buch des Gesetzes geöffnet.

[4]Und Esra, der Schriftgelehrte, stand auf einer hölzernen Kanzel, die man dafür errichtet hatte, und es standen neben ihm Mattitja, Schema, Anaja, Uria, Hilkija und Maaseja zu seiner Rechten, aber zu seiner Linken Pedaja, Mischaël, Malkija, Haschum, Haschbaddana, Secharja und Meschullam.

[5]Und Esra öffnete das Buch vor den Augen des ganzen Volkes, denn er überragte alles Volk; und als er das Buch öffnete, erhob sich das ganze Volk.

[6]Und Esra pries Jahwe, den großen Gott, und das ganze Volk antwortete: „Amen! Amen!" mit erhobenen Händen, und sie knieten und warfen sich vor Jahwe nieder, das Angesicht zur Erde.

[7]Und Jeschua, Bani, Scherebja, Jamin, Akkub, Schabbetai, Hodija, Maaseja, Kelita, Asarja, Josabad, Hanan und Pelaja, die Leviten, unterwiesen das Volk im Gesetz, während das Volk an seinem Platz blieb. [8]Und sie lasen aus dem Buch des Gesetzes Gottes vor, klar und verständlich, so daß man die Lesung verstand.

2. DIE BIBEL ALS BUCH ÜBER DIE KIRCHE

9Und es sprach Nehemia, das ist der Statthalter, und Esra, der Priester und Schriftgelehrte, und die Leviten, die das Volk unterwiesen, zum ganzen Volk:
„Dieser Tag ist Jahwe, eurem Gott, heilig;
trauert nicht und weint nicht!"
Denn das ganze Volk weinte, als es die Worte des Gesetzes hörte.
10Und er sprach zu ihnen:
„Geht
und eßt fette Speisen
und trinkt süße Getränke
und gebt denen ab, die nichts haben,
denn dieser Tag ist unserem Herrn heilig.
So seid nicht bekümmert,
denn die Freude an Jahwe ist eure Stärke."
11Und die Leviten geboten dem ganzen Volk Schweigen und sprachen:
„Seid still,
denn dieser Tag ist heilig,
seid nicht bekümmert!"
12Da ging das Volk hin, um zu essen und zu trinken und anderen abzu-geben und ein großes Freudenfest zu feiern.
Denn sie hatten die Worte verstanden, die man ihnen kundgetan hatte.

Es folgen die Feier des Laubhüttenfestes (8,13–18) und (vermutlich sekundär erweitert) ein großer Bußgottesdienst (9,1–37), der in die allgemeine Verpflichtung auf die gehorsame Befolgung des Geset-zes einmündet (10,1–40).

Der ganze Text läßt sich nicht als genaue Nacherzählung eines historischen Geschehens aus dem Jahre 445 begreifen. Etwa hun-dert Jahre nach den berichteten Ereignissen entstanden, konstruiert er vielmehr eine archetypische Szene: eine idealisierte Ursprungssi-tuation, in der anschaulich wird, was ein für allemal Israels Wesen ausmacht. Das ganze Volk ist versammelt, um die Worte des Geset-zes zu hören und das große Freudenfest der Rückkehr nach Jerusa-lem zu feiern. Signifikant ist der Vergleich mit einer anderen, ähnlich einschneidenden Situation: der Auffindung und Verlesung des Ge-setzbuches unter Joschija, wie sie von 2Kön 22f und im Nachgang dazu in 2Chr 34 erzählt wird. Während dort die Initiative vom from-men und demütigen König ausgeht, der die Ältesten und alle Ein-wohner zusammenruft, versammelt sich hier das Volk nicht auf Ge-heiß seiner Oberen, sondern aus freien Stücken; während dort der König den Befehl gibt, ihnen den Gesetzestext vorzulesen, ist es hier das Volk selbst, das den Schriftgelehrten und Priester Esra ein-mütig um die Verlesung bittet; und während dort das Verlesen des Textes beim Volk Entsetzen ob der drohenden Strafe auslöst, mün-

det es hier in ein großes Freudenfest ein. Die Tendenz zur Idealisie- •
rung ist unübersehbar: Das Volk hat aus der Geschichte gelernt; es
weiß, wann die rechte Zeit zum Hören und zum Feiern gekommen
ist; und es ist bereit, dem Wort des Gesetzes zu folgen. Hatte noch
kurz zuvor die Laxheit des Volkes zu einer tiefen Krise geführt (Esr
9), ist nun der Wandel vollzogen: Das große Aufbau- und Reform-
werk Esras ist geglückt. In sicheren Mauern vor feindlichen Nachstellungen geschützt und innerhalb Jerusalems zu einer festlichen
Gemeinschaft vereint, kann das Volk seine ganze Lebenskraft aus
der Tora beziehen. Die Situation des Lesens und Übersetzens, des
Hörens und Verstehens, des gesammelten Schweigens und des hei-
ter-ernsten Feierns, des öffentlichen Gottesdienstes und des häusli-
chen Familienfestes spiegelt die idealen Verhältnisse der jüdischen
Glaubens-Gemeinschaft, die der Autor in die Stunde des nachexilischen Neuanfangs zurückprojiziert.

(1) Das Hören auf das Gesetz

Der ganze Vormittag des denkwürdigen Festtages ist der Verlesung
des Gesetzes gewidmet. Es handelt sich um das bekannte *„Gesetz des
Mose"* (V. 1), also um die Tora. Vermutlich setzt der Verfasser bereits
den Pentateuch in einer Fassung voraus, die der kanonischen sehr
nahe kommt. Die Tora ist nicht nur jenes Buch, das die entscheidenden Vorschriften des rechten Wandels vor Gott in dem von Gott zuge-
wiesenen Heiligen Land enthält. Es ist zugleich die Urkunde des Bundes, der unverbrüchlich Gültigkeit hat und dessentwegen Gott sein
Volk trotz dessen großer Sündenschuld gerettet hat (1,5.8f; vgl. Dtn
30,1–4)). Daß die „fünf Bücher Mose" nach alttestamentlich-jüdi-
scher Auffassung den „Kanon im Kanon" bilden, also *die* Richtschnur
eines gerechten und heiligen Lebens vor Gott ziehen, wird unmißverständlich zum Ausdruck gebracht: Israel wird seiner Identität inne, indem es auf das Gesetz hört, von dem vorausgesetzt ist, daß es sich um
das geoffenbarte Gotteswort handelt (1,7; 8,14).

Dieses Hören des Wortes Gottes wird von Neh 8 mit feierlicher
Umständlichkeit als Wesensmerkmal Israels herausgearbeitet. Der
Text orientiert sich am Ablauf eines Synagogengottesdienstes, wie
er sich in Babylon zu entwickeln begonnen hatte. Mehr noch: Er
hat ätiologischen Charakter; er soll vorgeben, wie fürderhin in Israel Gottesdienst gefeiert werden soll.[39] Die Wiederherstellung des
Tempels und des Kultes ist vorausgesetzt (Esr 6,13–22). Das Interesse haftet nun am Wort-Gottesdienst, in dem das Gesetz vorgelesen, ausgedeutet, verstanden und bejaht werden muß. Was wird an
diesem Gottesdienst hervorgehoben?

Erstens: Die entscheidende Figur ist Esra, der Lektor, eingeführt als Priester und als Schriftgelehrter. Als Priester kommt es ihm zu, das Heilige Buch, die Tora-Rolle, zu holen und zu öffnen; als Schriftgelehrtem kommt es ihm zu, auf einer erhöhten Kanzel das Gesetz vorzulesen. Daß er von namentlich genannten Israeliten, offenkundig Laien, rechts und links flankiert wird, symbolisiert, daß er nicht aus eigener Vollmacht heraus seines Amtes waltet, sondern als Repräsentant Israels. So ist er in Esr 7,1–10 eingeführt worden: als gesetzeskundiger Lehrer, der sein Leben dem Torastudium gewidmet hat, und als von Gott Begnadeter, der deshalb beim persischen Großkönig und in Jerusalem für Israel erreichen wird, was nur immer möglich ist.

Auf Schriftgelehrte und Priester vom Format eines Esra wird Israel angewiesen sein; nur durch sie kann es jeweils neu mit dem Wort Gottes konfrontiert, an ihm gemessen, von ihm auferbaut werden.

Zweitens: Zur gottesdienstlichen Versammlung kommen *alle* Israeliten zusammen – nicht nur die Männer, auch die Frauen, selbst die Kinder und Jugendlichen, soweit sie den Sinn des Vorgelesenen schon verstehen können. Die Ganzheit und Einheit des Volkes ist besonders betont. Nachdem die vorangegangenen Kapitel des Werkes immer wieder von Störungen des Wiederaufbaus berichtet hatten, und zwar nicht nur von äußeren Bedrohungen (Esr 4; Neh 4.6), sondern auch von innerem Unfrieden (Esr 9; Neh 5), scheinen jetzt alle Probleme gelöst: Das Hören auf das Gesetz vereint die Israeliten zu einer Gemeinschaft des Glaubens.

Immer dann, wenn die Israeliten sich auf das Wort des Gesetzes konzentrieren, es hören und sich auslegen lassen, um es zu verstehen und zu bejahen, gewinnen sie die Kraft, nicht nur dem Druck von außen standzuhalten, sondern auch von den inneren Auseinandersetzungen nicht zerrieben zu werden.

Drittens: Im Moment, da Esra die Torarolle öffnet, erhebt sich das ganze Volk (V. 5) – Ausdruck seiner Ehrfurcht vor dem geschriebenen Wort Gottes. Durch weitere Zeichen wird diese Wertschätzung der Tora unterstrichen: Esra steht auf einem erhöhten Podest, einer Lehrkanzel; die Menschen schauen zu ihm als dem Schriftgelehrten und Lektor auf. Esra beginnt seine Lesung mit einem kurzen Lobgebet, das Volk antwortet mit Amen, erhebt die Arme zum Himmel, kniet nieder und betet Gott an. Kein Zweifel: Es soll deutlich werden, von welch grund-legender Bedeutung der Akt ist; die liturgische Verehrung gilt nicht der Buchrolle, sondern ihrem Inhalt, dem Gesetz des Mose selbst, sofern es auf Gott zurückgeht. Das Vorgele-

sene kann nur verstehen, wer es als Wort Gottes aufnimmt und sich
deshalb im Gebet auf das Hören vorbereitet.

Israel muß das Wort Gottes in der Form der Heiligen Schrift achten
und verehren. Es lebt vom Hören auf das Wort. Es muß deshalb in
seinen Wortgottesdiensten immer wieder an die Tora erinnert werden.

Viertens: Von den Leviten wird das Vorgelesene ausgelegt. Die Darstellung ist nicht ganz konzis. Die theologische Pointe ist aber zu erkennen. Esra hat sich der vorangehenden Darstellung (Esr 8) zufolge
selbst um Leviten bemüht, damit es in Jerusalem nicht nur genügend
„Diener für das Haus unseres Gottes" (8,17) gebe, sondern auch Männer von Einsicht (8,18), die im Gesetz zu Hause sind. Die Aufgabe der
Leviten ist nach Neh 8,7f wohl nicht die Übersetzung des hebräischen
Schrifttextes in die aramäische Umgangssprache[40], sondern die Interpretation und Applikation des Gesetzes. Die Leviten stehen tiefer als
Esra: Der höchste Rang kommt der Torarolle und ihrer Verlesung zu.
Die nötige Vermittlung zum Leben des Volkes Israel leisten die Levi-
ten als Exegeten und Hermeneuten.

Das Gesetz des Mose fordert gehorsame Beachtung in der Lebenspraxis Israels. Das setzt voraus, daß es von (möglichst) *allen* Israeliten
verstanden werden kann. Dieses Verstehen meint einerseits das Wahrnehmen der buchstäblichen Text-Bedeutung, andererseits die Einsicht
in die praktische Lebensrelevanz der Tora, was ihre sinngemäße Übersetzung in die jüdische Alltagswelt voraussetzt. Diese Auslegung ist
die Aufgabe der Schriftgelehrten, auf deren Torakenntnis und Le-
bens-Klugheit die Israeliten deshalb angewiesen bleiben.

Zur Idealisierung der Anfangszeit gehört es, wenn der Autor zum
Abschluß notiert, das Konzept des Esra sei voll und ganz aufgegangen; die Leviten hätten nicht nur ihre hohe Auslegungskunst demonstriert; das ganze Volk habe auch *verstanden,* was vorgelesen worden
sei: ein Verstehen, das Einverständnis meint.

(2) Das Fest der Freude über Gottes Weisung

Der ganze Vormittag (8,1–8) ist der Vorlesung und Auslegung des Gesetzes gewidmet, der Nachmittag einem Fest (8,9–12), das mit einem
großen Mahl begangen wird. Damit wird nicht nur die „existentielle"
Bedeutung des vormittäglichen Geschehens unterstrichen; es wird zugleich die Freude Israels über die Tora und das Verstehen ihrer
Lebens-Weisung zum Ausdruck gebracht. Das Gesetz wird offenbar
nicht als *„Joch"* gesehen, das *„weder unsere Väter noch wir zu tragen
vermochten"* (Apg 15,10), sondern als Geschenk, das Gottes Bundes-

treue verdankt ist und Israel die spirituellen wie ethischen, die historischen wie theologischen Grundlagen seiner Existenz schafft. Den
theologisch entscheidenden Gedanken spricht Esra in Vers 10 aus:
Zwar darf sich das Volk freuen, in einer Stadt mit festen Mauern zu
wohnen; sein politisches Sicherheitsbedürfnis ist durch die guten Beziehungen zur persischen Oberhoheit und durch die gute Organisation des Wachdienstes (Neh 7,1ff) befriedigt. Aber die wahre Stärke Israels ist doch Gott allein. *Er* ist Israels Zufluchtsort; er ist das
„Bollwerk", das nicht überrannt werden kann: in der machtvollen
Bundestreue, die er übt (vgl. 1Chr 16,27; vgl. Ps 8,3).

Der Tag der Gesetzes-Lektüre ist ein heiliger Tag: von Gott selbst
ausgewählt, von seinem Wort geprägt, von seinem Volk begangen.
Wie 8,1–8 ist auch 8,9–12 nicht psychologisch oder historisierend,
sondern ätiologisch zu interpretieren: Es entsteht eine ideale Szene,
die Israels weitere Praxis des Gesetzesgehorsams und des Gottesdienstes bestimmen soll. Der 1. Tag des 7. Monats (Tischri), an dem
das Fest gefeiert werden soll, ist durch Lev 23,24 und Num 29,1 als
Neujahrstag ausgewiesen, der durch eine große Volks-Versammlung
festlich begangen werden soll. Deshalb ist er nach Esr 3 der gegebene Tag für den Baubeginn am Tempel, die Errichtung eines proviso-
rischen Altars und die Wiederaufnahme des Opferkultes. Nach Neh
8 schließt sich der Bogen wieder an diesem Tage: Der Tempel steht;
nun wird die Gemeinde Israels re-konstituiert. Deshalb ist dieser Tag
heilig – gemäß göttlichem Stiftungswillen als Neujahrsfest und gemäß göttlichem Gnadenakt als Fest der Freude über das Gesetz.[41]

Wie Esra zuvor das Gesetz des Mose vorgelesen hat und die Leviten es ausgedeutet haben, so fordern sie jetzt das Volk auf, den Tag
Gottes festlich und freudig zu begehen. Sie müssen das Volk zuerst
davon abbringen, zu weinen und zu trauern (8,9). Das Weinen ist
nicht ein Ausdruck der Scham über die eigene Sündhaftigkeit oder
der Angst vor der gerechten Strafe Gottes, sondern der Trauer über
die unheilvolle Geschichte Israels, die mit der Zerstörung des ersten
Tempels an ihrem Tiefpunkt angelangt war (vgl. Esr 3,12). So berechtigt diese Trauer an sich ist, so wenig darf sie jetzt die Freude
über den Neubeginn in den gesicherten Mauern Jerusalems und
über das Gesetz des Mose trüben, dessen Sinn den Israeliten gerade
nahegebracht worden ist.

Dem Verstummen der Trauergesänge entspricht die Festlichkeit
des Freudenmahles. Bei seiner Gestaltung soll einiger Aufwand be-
trieben werden: Fettes Fleisch gilt als besonders feine Speise, süßer
Wein als besonders edles Getränk. Entscheidend ist indes, daß zur
Eß-Kultur auch die Sorge für die Armen gehört (wie die Septuagin-

ta sinngemäß deutet): Nach Dtn 15,11f ist es die Pflicht eines jeden Israeliten, seine Hand für die Bedürftigen zu öffnen. Nach Neh 8 wird diese Pflicht am Tag der Gesetzesfreude vorbildlich erfüllt. Nicht nur das gepflegte Essen, erst das Teilen läßt die Fest-Gemeinde als Gemeinschaft entstehen. Das diakonische Interesse ist zum Schluß als Pendant zum spirituellen stark betont. Das steht in den besten Traditionen alttestamentlicher Ekklesiologie.

(3) Zur „Ekklesiologie" von Neh 8

Das ekklesiologische Modell, das Neh 8 verbindlich machen will, fußt auf einem sicheren Fundament. Die Basis des nachexilischen Gemeindelebens ist das Vertrauen auf den treuen Gott. Diese Theozentrik setzt das Schuldeingeständnis der Israeliten ebenso voraus wie die Freude über die neue Gnade, die ihnen mit der Beendigung der babylonischen Gefangenschaft, der Rückführung nach Judäa und dem Wiederaufbau Jerusalems zuteil geworden ist.

Im Horizont dieser radikalen Theozentrik steht die Orientierung am Gesetz. Es ist für Neh 8 das Buch der Weisungen, die Gott Israel für ein gedeihliches Leben im gelobten Land gegeben hat (8,1). Insofern ist es die Urkunde des jüdischen Glaubens und der Kanon jüdischen Lebens. In einer christlichen Lektüre von Neh 8 bliebe zwar zu beachten, daß die Tora für die Jesus-Gläubigen nicht Gottes *letztes* Wort sein kann; vor allem aber bliebe zu lernen, welche außerordentliche Wertschätzung der Heiligen Schrift (in Form der Tora) entgegengebracht, welcher Rang ihrer Lektüre eingeräumt und welche Mühe auf ihre Auslegung verwandt wird. Die „Kirche" lebt aus dem Lesen und Verstehen der Heiligen Schrift.

Die ekklesiale Gemeinschaft, die aufgrund der Bundestreue Gottes entsteht und dank der Schrift-Lektüre lebendig wird, ist (schon) nach Neh 8 eine Gemeinschaft der Martyria, Liturgia und Diakonia: der Martyria durch die Verkündigung des Willens Gottes in der Form der Schrift-Exegese; der Liturgia durch die Rezitation und Applikation der Tora, aber auch durch Gebet und Akklamation, durch Proskynese und andächtiges Hören; der Diakonia durch das Teilen der Speise beim abschließenden Festmahl. Hier liegt das Modellhafte, das Vorbildliche der „Ekklesiologie" von Neh 8.

c) Ein Beispiel aus dem Neuen Testament:
„Ihr aber seid das auserwählte Geschlecht, das Königshaus,
die Priesterschaft, der heilige Stamm" (1Petr 2,4–10)

In der Reformationszeit hat Martin Luther immer wieder 1Petr 2,4–10
zitiert, um den katholischen Klerikalismus (wie er ihn gesehen hat) zu
überwinden und auf die prinzipiell gleichen Rechte und Pflichten *aller*
Christenmenschen zu pochen.[42] Im Bestreben, die hierarchische Engführung traditionalistischer Ekklesiologien aufzusprengen, greift die
Kirchenkonstitution des Zweiten Vatikanischen Konzils *(Lumen Gentium* 10.34) den gleichen Passus aus dem Ersten Petrusbrief auf, um
aus ihm den Gedanken eines allgemeinen Priestertums *aller* Glaubenden und Getauften abzuleiten, das im aktiven Mitvollzug *(actuosa
participatio)* der Eucharistie, aber auch im Gebet und in einem heilig-
mäßigen Leben zum Ausdruck komme. In den nachkonziliaren ökumenischen Verständigungsprozessen hat sich der Rekurs auf 1Petr 2
als außerordentlich fruchtbar erwiesen, um zu Annäherungen und
Klärungen in der Amtsfrage zu gelangen.[43]
Der Text lautet[44]:

⁴Geht zu ihm hin,
dem lebendigen Stein,
* der zwar von den Menschen verworfen,*
* bei Gott aber auserwählt kostbar ist,*
⁵und laßt euch wie lebendige Steine als ein geistiges Haus aufbauen:
zu einer heiligen Priesterschaft,
um geistige Opfer darzubringen, die Gott gefallen, durch Jesus Christus.

⁶Deshalb steht in der Schrift:
Siehe, ich setze in Zion einen Eckstein, auserwählt und kostbar,
und wer an ihn glaubt, wird nicht zuschanden (Jes 28,16[LXX]).
⁷Euch also gilt sein Wert, den Glaubenden;
denen aber, die nicht glauben,
ist der Stein, den die Bauleute verwarfen,
gerade er, zum Grundstein geworden (Ps 118,22[LXX]),
⁸und zum Stein des Anstoßes und Felsen des Ärgernisses (Jes 8,14);
sie stoßen sich an ihm, weil sie dem Wort nicht gehorchen,
* wozu sie auch bestimmt sind.*
⁹Ihr aber seid das auserwählte Geschlecht,
das Königshaus,
die Priesterschaft,
der heilige Stamm (Ex 19,6[LXX]),
das Volk, zu eigen erworben,
auf daß ihr die Ruhmestaten dessen verkündet,
der euch aus der Finsternis in sein wunderbares Licht gerufen hat;

¹⁰die ihr einst kein Volk (Hos 1,6) *ward,*
jetzt seid ihr Volk Gottes,
die ihr kein Erbarmen gefunden hattet (Hos 1,9),
jetzt habt ihr Erbarmen gefunden.

Der Passus richtet sich an Christen, die in Kleinasien als bedrängte Minderheit und insofern als *„Fremde"* (1,1.17; 2,11) in der *„Diaspora"* (1,1) leben.[45] Die Christen leiden nicht etwa unter ihren jüdischen, sondern unter ihren heidnischen Mitbürgern und nicht etwa unter staatlicher Verfolgung, sondern unter alltäglicher Verleumdung und Diskriminierung (1,6; 2,12.18ff; 3,8f.14.17; 4,4.12–19; 5,8f). Diese Anfeindungen machen den Adressaten schwer zu schaffen; nach der Auffassung des Verfassers[46] sind sie aber auch geeignet, ihnen ihre Erwählung, ihre Christusbeziehung und ihre Berufung (1,2) in neuer Intensität aufgehen zu lassen (5,12).

In diesem Zusammenhang steht 2,4–10. Der Passus enthält die ekklesiologische Kernaussage des Briefes (ohne daß – wie im ganzen Brief – das Stichwort *Ekklesia* fiele). Der Autor arbeitet, wie es für ihn typisch ist[47], mit vielen Zitaten und Anspielungen aus der Heiligen Schrift (des Alten Testaments). Im ersten Satz (Vv. 4f) formuliert er seine These, um sie dann im folgenden (Vv. 6–10) mit starkem Rückhalt an biblischen Aussagen über das Gottesvolk Israel zu begründen. Die These arbeitet mit der Kombination zweier benachbarter Bildfelder: In 2,4b.5a verwendet der Text die alttestamentlich und frühjüdisch weit verbreitete Stein-Metaphorik, in 2,5b die gleichfalls gut biblische Metapher des Hauses. Die argumentative Ausführung orientiert sich an dieser Vorgabe: In 2,6ff nimmt der Verfasser die Metapher des Steines, in 2,9f die des Hauses auf.

(1) Die Erwählung durch Gott

Der gesamte Abschnitt ist von einer starken Erwählungstheologie geprägt. Sie ist primär christologisch angelegt (2,4.6), wird dann aber konsequent ekklesiologisch gewendet (2,9). Darin nimmt der Passus einen Grundgedanken auf, der sich wie eine Klammer um den gesamten Brief legt: Nach dem Präskript sind die Adressaten die *„auserwählten Fremden in der Diaspora"* (1,1); nach dem Postskript richtet der Verfasser Grüße der römischen Mitchristen aus, die er *„die in Babylon Mitauserwählten"* nennen kann (5,13).[48]

Die Pointe der Erwählungstheologie ist (wie schon in der zugrundeliegenden alttestamentlichen und frühjüdischen Tradition) nicht die Propagierung eines elitären Selbstbewußtseins der Christen (als ob sie etwas Besseres als die anderen Menschen wären), sondern die Erinnerung daran, daß sie ihre Zugehörigkeit zum Gottesvolk nichts anderem verdanken als Gottes Gnade, durch Gottes Gnade aber auch tatsächlich verwandelt worden *sind*. Als Erwählte stehen die Christen *einerseits* der profanen Welt gegenüber. Sie sind ihr fremd geworden, weil sie aus ihr ausgesondert und ihr nicht mehr ausgeliefert sind: Ihnen ist eine Lebensperspektive jenseits der alten Fixierungen auf Lebenssteigerungen durch Bedürfnisbefriedigung eröffnet (4,1–11); und ihnen eröffnet sich die Möglichkeit, selbst das ungerechte Leiden, daß die anderen ihnen zufügen, als Zuwendung Jesu zu erfahren (2,18–25)[49]. *Andererseits* hat Gott die Christen „*zu eigen*" erworben, wie Vers 9 in leichter Anspielung auf Jes 43,21 erklärt. Dies ist durch den Kreuzestod Jesu geschehen, mit „*dem wertvollen Blut Christi*" (1,19). Gottes Eigentum zu sein, erinnert die Christen an den unerhörten Aufwand, den Gott zu ihrer Rettung getrieben hat, aber auch an die Unverbrüchlichkeit und Unüberbietbarkeit der Gottesbeziehung, in die sie hineingestellt worden sind.

Diese Erwählung gilt nicht nur den Juden, sondern auch den Heiden (1,14.18; 2,10.25; 3,6; 4,3) – ein Gedanke, den der Erste Petrusbrief voraussetzt, ohne ihn entfalten zu müssen. Die Erwählung gilt Männern und Frauen (3,1.7), Alten und Jungen (5,5), Armen und Reichen (3,3), Sklaven und Sklavenhaltern (2,18ff). So klein die Christengemeinden auch sind – schon an ihrer sozialen, ethnischen, religiösen und geschlechtlichen Zusammensetzung (vgl. 1Kor 1,26ff; 12,13; Gal 3,28) läßt sich ablesen, daß sie sich einem *universalen* Heilshandeln Gottes verdanken und daß Gott in der Ekklesia eine ganz neue, alle gesellschaftlichen und religiösen Konventionen sprengende Gemeinschaft erstehen läßt, die schon ein Vor-Bild der erst noch für das Evangelium zu gewinnenden Menschheit darstellt.

Der Schlußvers des Passus macht die Dimensionen dieses Geschehens mit Worten des Hosea-Buches deutlich (die ursprünglich gegen die bundesbrüchigen Israeliten gerichtet sind): Die Heiden-Christen zählten einst nicht zum Volk Gottes; sie waren geradezu ein „*Nicht-Volk*", das Gegenteil einer von Gott zusammengeführten und zusammengehaltenen Glaubens-Gemeinschaft – ein Haufen unwissender (1,14) und irregeleiteter (2,25) Menschen, die sich, von den eigenen Leidenschaften umgetrieben (1,14; 4,2ff), einem unsteten (1,14), angepaßten (4,3) und sinnlosen (1,18) Leben ergeben hatten. Jetzt aber gehören sie – dank Gottes Erbarmen – zu Gottes Volk: Sie haben eine begründete Hoffnung auf das ewige Leben (1,3f; 3,15f); sie sind zum „*Glauben an Gott*" (1,21) gekommen; sie sind der Wahrheit des Glaubens gewiß geworden (1,22a); sie haben Bruderliebe gelernt und erfahren (1,22b);

sie sind von der Nichtigkeit ihres bisherigen Lebens freigekommen (4,1–6); vor allem aber gehören sie zu Jesus Christus (2,4f.21–25; 3,18), der sie zusammenführt und ihnen Heimat gibt (2,25).

Der Erste Petrusbrief macht die Erwählung der Christen an der Taufe fest.[50] Sie ist das Sakrament der Berufung zum ewigen Leben und deshalb der Eingliederung in die Ekklesia (2,9). Ihrer Wirkung nach ist die Taufe eine Wiedergeburt (1,3.23; 3,21): Sie führt aus dem Tod heraus ins Leben, indem sie aus dem bisherigen, von der Sünde beherrschten Dahin-Vegetieren befreit und zu jener *„lebendigen Hoffnung"* führt, die in der Auferstehung Jesu von den Toten begründet ist und sich deshalb auf die Teilhabe am ewigen Heil richten darf (1,3ff). Diese Wirkung erzielt sie nach 1,23ff durch das Evangelium, das Wort Gottes: nämlich durch den stellvertretenden Sühnetod Jesu (1,18; vgl. 2,21–25), dessen Heilsbedeutung gemäß Gottes Willen in der apostolischen Verkündigung nicht nur ausgesagt, sondern mit-geteilt wird. Die komplementäre „aufsteigende" Linie nennt 3,21: Ekklesiologisch betrachtet, ist die Taufe eine *„Bitte"*[51]; als solche ist sie Ausdruck eines Glaubensvertrauens, dem kraft der Auferweckung Jesu die Erhörung gewiß ist; und sie richtet sich auf die *„Reinigung des Gewissens"*, d. h. einerseits auf die Befreiung von der Sünde und andererseits (gut hellenistisch gedacht) auf die Konstituierung personaler Identität und Integrität: das Wissen um sich selbst, um das eigene Sollen und Vollbringen.[52]

(2) Die Prägung der Glaubenden durch Jesus Christus

Das Kirche-Sein der Glaubenden, das der Erste Petrusbrief beschreibt, gründet auf der Heilstat Jesu Christi, die Gottes Heilsplan entspricht, und vollzieht sich in ihrer Christusförmigkeit, die ihrerseits dem Willen Gottes gemäß ist. Die Verse 4 und 5 beschreiben stichwortartig die Bewegung des Christseins in der Kirche: *„Geht zu ihm hin ... und laßt euch aufbauen ...!"* Nach 1Petr 2,4 führt der Weg, den die Christen gehen sollen, zum leidenden Jesus, den Gott durch sein Leiden zum Mittler ewiges Heiles hat werden lassen. Es ist der Weg der Hoffnung, des Glaubens und der Liebe[53]. Er wird von denen zurückgelegt, die erkennen und mit Leben erfüllen, was in der Taufe an ihnen geschehen ist, und sich darin festmachen, daß er als leidender Gottesknecht für sie den stellvertretenden Sühnetod gestorben ist (1,18f; 2,21–25; 3,18), im Zuge seiner Proexistenz bis in das Reich der Toten hinabgestiegen ist (3,19) und als Erhöhter Gottes die *„Gewalten und Mächte"* ausschaltet, die sich gegen Gott und die endgültige Rettung der Menschen stellen (3,21f).

Hin zu Jesus zu gehen, der als Leidender und Auferstandener *der* Heilsmittler ist, und sich von Gott mit seinem Geist für seinen Dienst in die Kirche einfügen zu lassen – das ist für „Petrus" Glaube: das Bekenntnis zum Gekreuzigten, die spirituelle und ethische Solidarität mit dem geschundenen Gottesknecht, die Nachahmung der Gewaltlosigkeit und Leidensbereitschaft des Gekreuzigten (2,18–25). Unglaube aber ist es, nicht wahrhaben zu wollen, daß der blutig gestorbene (1,19) Jesus wirklich *der* alles tragende und bestimmende Baustein in Gottes Heilsplan ist; wenn aber sich diejenigen, die an Jesus, dem Gekreuzigten, Anstoß nehmen (V. 8), von ihm abwenden und das Evangelium verwerfen, verschließen sie sich zugleich dem Wirken des Geistes, dessen Schöpferkraft die Wirklichkeit erstehen läßt; deshalb ist die Konsequenz des Unglaubens der Verlust der Wirklichkeit: die Nichtigkeit, wie Vers 5 mit Jes 28,16 zu verstehen gibt.

Wer hingegen zu Jesus hingeht, kann selbst zu einem „*geistigen Haus"* (2,5) aufgebaut werden – und muß dies nur mit sich geschehen lassen. Die Parallelisierung zwischen dem lebendigen Stein Jesus (V. 4) und den lebendigen Steinen, zu denen die Christen gemacht werden sollen (V. 5), kommt nicht von ungefähr. Der qualitative Unterschied zwischen Christus und den Christen wird nicht nivelliert, vielmehr wird gesagt, wie er sich soteriologisch und ekklesiologisch auswirkt. Indem sie zu Jesus gehen und sich glaubend, hoffend und liebend von ihm prägen lassen, stellen sie sich nicht nur in den Dienst Jesu, sondern werden von ihm kraft des Geistes wirklich verwandelt: Sie gewinnen (schon hier und jetzt) Anteil an dem, was Jesus in seiner Beziehung zu Gott und zu den Menschen als eschatologischer Heilsmittler ist – freilich nicht als je einzelne, sondern als jene pneumatische Gemeinschaft, die sie in ihrer Christusförmigkeit rein aus Gnade werden.

(3) Die Glaubenden als Volk Gottes

Wozu die Glaubenden erwählt worden sind, formuliert der Verfasser mit Hilfe einer Vielzahl alttestamentlicher Bilder, die er zu einer neuen Gesamtaussage montiert. Er nimmt diese ekklesiologischen Metaphern Israels ohne weitere Differenzierungen und ohne jede Problematisierung für die Gemeinde der Jesus-Gläubigen in Anspruch.[54]

Vers 5 spricht von einem „*geistigen Haus"*. Die Metapher des Hauses (vgl. 4,17) spiegelt nicht nur die soziologischen Gegebenheiten des antiken Christentums wider, das sich (nach jüdischem Vorbild) in Haus-Gemeinden organisiert hat.[55] Sie ist vor allem theologisch motiviert. Nach 4,17 ist die Gemeinde das „*Haus Gottes"*. Vor ihrem alttestamentlichen Hintergrund (vgl. Jer 25,29; Ez 9,6) zeichnet sich die Bedeutung dieser Prädikation klar genug ab: Die Christen sind ein Haus, das (erstens) Gott selbst errichtet hat und das (zweitens) Gott geweiht ist, also ein Tempel: ein von Gott bestimmter Ort, an dem er sich gegenwärtig setzt und zu seinem Dienst in der Form von Gebet und Opfer einlädt.[56] Dies wird von Ersten Petrusbrief christologisch gedacht: Der Tempel wird ganz und gar am Eckstein Jesus ausgerichtet (2,6)[57]; und die Steine, mit denen er aufgeführt wird, sind die Glaubenden, die durch Gottes Erwählung lebendig geworden sind (2,5).

Auf dieser Linie liegt 2,5. *„Geistiges Haus"* ist die Kirche, insofern sie durch das Wirken des Geistes entsteht und im Zuge dessen dem Geist Gottes Raum gibt. Das Pneuma ist nach dem Ersten Petrusbrief das Movens der eschatologischen Selbstmitteilung Gottes, der einerseits Menschen heiligt (1,2), indem er im Vorgriff auf die futurische Vollendung schon jetzt durch den Tod hindurch Leben schafft (vgl. 3,18; 4,6.14), und andererseits Menschen befähigt, authentisch, glaubwürdig und überzeugend von Gott Zeugnis abzulegen (1,11f). Als „Haus des Geistes" ist die Kirche also eine Gemeinschaft, die einerseits, allein schon durch ihre Existenz in der „Fremde", die Barmherzigkeit Gottes mit den Menschen bezeugt (2,10) und andererseits mitten in der Welt den Dank an Gott abstattet, das Lob Gottes singt und ihn durch Worte wie durch Taten als den bezeugt, der die verirrten und unwissenden Menschen *„aus der Finsternis in sein wunderbares Licht"* ruft (2,9).

Die zweite ekklesiologische Qualifizierung der Glaubenden in Vers 5 lautet: *„heilige Priesterschaft".* Was gemeint ist, erschließt sich am ehesten aus der Variation in Vers 9. Dort rekurriert der Brief auf Ex 19,6, ein Wort, mit dem Gott am Sinai den Israeliten durch Mose seine Entscheidung, einen Bund zu schließen, mitteilt:

> [5]*Wenn ihr auf meine Stimme hört*
> *und meinen Bund wahrt,*
> *so werdet ihr mein Eigentum unter allen Völkern sein.*
> *Denn mir gehört die ganze Erde.*
> [6]*Aber ihr sollt mir ein Königreich von Priestern*
> *und ein heiliger Stamm werden.*

Ex 19 betont die Erwählung Israels aus den Völkern, seine Zugehörigkeit zum Herrschaftsbereich Gottes, damit den unvergleichlichen Wert, den es in Gottes Augen hat. *„Königreich"* ist Israel, weil Gott, der König, es zu seinem Krongut macht und deshalb nicht nur als seinen großen Schatz erkennt, sondern zugleich aus der Knechtschaft löst und mit der Freiheit beschenkt; *„Priester"* sind die Israeliten, insofern sie in einzigartiger Nähe zu Gott stehen, freien Zugang zu ihm haben

und der Ehre seines Dienstes gewürdigt sind; „*heiliger Stamm*" sind
sie, weil sie das von Gottes Heiligkeit bestimmte Volk bilden, das seiner Gemeinschaft teilhaftig ist und deshalb in die Lage versetzt werden, Gottes Willen auch wahrhaftig zu tun.

Der Erste Petrusbrief knüpft an diese Aussagen an. (Mit der Septuaginta liest er freilich abweichend vom hebräischen Text „*Königshaus, Priesterschaft*".) Auch für ihn ist der Gedanke der Auserwäh-
lung durch Gott, der Unterschiedenheit von der Welt und der
essentiellen Zugehörigkeit zu Gott, entscheidend. Er hebt darauf ab,
daß es die Gemeinschaft der Christen sei, der dank Gottes Gnade die
Freiheit und Würde von Königen, die Gottesnähe von Priestern und
die Gotteszugehörigkeit von Heiligen zuteil wird, die der Heiligkeit
Gottes entsprechen (1,16: Lev 19,2): Zum Königspalast wird sie durch
die Präsenz Gottes; zur Priesterschaft durch ihren von Gott eingesetz-
ten Opferdienst (V. 5); zum „heiligen Stamm" durch ihre Partizipation
am Leben Gottes.[58] Freilich ist dies christologisch vermittelt: Die Kö-
nigswürde kommt ihnen – paradoxal genug – gerade durch ihre Gemeinschaft mit dem leidenden Gottesknecht (2,21–25) zu; der Zugang
zu Gott ist ihnen nur durch den Sühnetod Jesu eröffnet (1,18–21); heilig sind sie, insofern sie durch Jesus zum wahren Leben der Gotteskinder „*wiedergeboren*" sind (1,3.23; vgl. 3,21).

Durch Gottes Gnade werden die Glaubenden, wer immer sie zuvor
gewesen sind, Gottes Volk. Vers 9 spricht zuerst – im Anschluß an
Jes 43,20[LXX] vom „*auserwählten Geschlecht*" (griech.: *génos*). „*Geschlecht*" meint ursprünglich eine ethnische Gruppe, die durch ihre
gemeinsame Herkunft verbunden ist. Schon in Jes 43,20 ist diese Bedeutung theologisch aber transzendiert: Gottes Erwählung stiftet die
Zusammengehörigkeit der Israeliten; seine Gnade steht im Ursprung
Israels. Der Erste Petrusbrief braucht diese Vorstellung nur noch auf
die Christen zu übertragen und christologisch zu verankern: Als solche, die Gott durch Jesus Christus erwählt und geprägt hat (1,2), bilden die Glaubenden das „*auserwählte Geschlecht*".

Damit ist bereits die Prädikation als „*Volk Gottes*" (V. 10) vorge-
zeichnet. Das griechische Wort *laós* (schon V. 9fin) trägt ein schweres
theologisches Gewicht.[59] In der Septuaginta ist es *terminus technicus*
für Israel als *Gottes*volk. Im Ersten Petrusbrief wird damit zusammenfassend die Würde der Christen (konkret: der Heidenchristen)
bezeichnet. Im Lichte von 1,2 und 1,10ff wird die Stiftung des christlichen Gottesvolkes im Grundgeschehen des Todes wie der Auferwekkung Jesu als Gipfelpunkt des geschichtlichen Heilswirkens Gottes an
und mit Israel gesehen: Die Propheten haben Einblick in Gottes Heils-

plan gewonnen, indem sie seine Verheißung vernommen haben, eine eschatologische, immerwährende, unverbrüchliche Gemeinschaft der Glaubenden zu gründen; diese Hoffnung, so der Petrusbrief, realisiert sich in der christlichen Gemeinde. Die Pointe der Rede von Gottes *Volk* liegt nach 1Petr 2 nicht so sehr in der prinzipiellen Gleichheit all seiner Glieder (die eher vorausgesetzt ist) als in der (christologisch vermittelten) Theozentrik der Ekklesiologie: Gott stiftet eine Gemeinschaft der Glaubenden, Liebenden und Hoffenden, indem er die Menschen aus der Welt der Sünde heraus und hinein in die Gnadenwirklichkeit der Heilsherrschaft Jesu Christi führt (5,14).

(4) Die priesterliche Dienst des Volkes Gottes

Mit der doppelten, deshalb besonders betonten Qualifikation der Ekklesia als *„Priesterschaft"* (2,5.9) ist nicht nur ihre Würde beschrieben, die aus ihrer radikalen Zugehörigkeit zu Gott resultiert, sondern zugleich ihre Berufung und Verpflichtung. Vers 5 sieht sie darin, *„geistige Opfer darzubringen, die Gott gefallen"*. Die Sprache ist, zumindest heute, mißverständlich. Was heißt Opfer?[60] Ganz gewiß denkt der Brief weder an mehr oder weniger subtile Bestechungsversuche Gottes noch an asketische Buß-Leistungen, die Selbstkasteiungen als Ausdruck gesteigerter Frömmigkeit ansieht und den Verzicht auf Lebensgenuß als Ausdruck der Gottzugehörigkeit fordert. Sondern er denkt an die Hin-gabe des ganzen Lebens an Gott – aus Dank dafür, daß es Gott verdankt ist. Dies ist im Sinne von 1Petr 2,5 weder kultisch noch eucharistisch engzuführen. Vielmehr gibt der Kontext hinreichend über eine umfassende Bedeutung Auskunft. *Zum einen* zeigen die Verbindungen, die das Stichwort „heilig" herstellt, daß an den Lebenswandel der Christen gedacht ist: Da sie vom heiligen Gott zur Heiligkeit berufen sind (1,16: Lev 19,2), haben sie auch die Möglichkeit und die Verpflichtung, *„heilig"* zu leben. Das meint: Sie leben in einer Haltung radikaler Hingabe an Gott, die sich aus dem umfassenden Bestimmt-Werden durch Gottes Gnadenmacht ergibt und sich vor allem in konsequenter Bruderliebe zeigt (1,22; 2,17; 4,8). Diese Liebe erweist sich in der Fähigkeit und Bereitschaft zum Verzeihen (4,8), im Mitleid (3,8), in der Feindesliebe (3,9), in der Demut (3,9), in der Gastfreundschaft (4,9a), in der wechselseitigen Bejahung und Wertschätzung der anderen (3,1.7) und im Dienst an den anderen nach Maßgabe des jeweiligen Charismas (4,20).

Zum anderen klärt Vers 9, daß die vollmächtige und anspruchsvolle Verkündigung des Evangeliums die Berufung des priesterlichen Gottesvolkes ist. Die „Großtaten" Gottes bestehen in all seinen geschichtlichen Machterweisen, vor allem jedoch in der Auferweckung Jesu, der gelitten hat und als Gottesknecht gestorben ist, und in jenem unvordenklichen Gnadenereignis, das die Berufung (der Heiden) aus der Finsternis in das Licht, also aus dem Tode zum Leben und im Zuge dessen, solange dieser Äon währt, aus der Gottferne in das Gottesvolk darstellt. Diese Verkündigung besteht nicht nur in der Missionspredigt (die wohl eher die Sache von wenigen gewesen ist); sie besteht aber durchaus darin, die Not einer Bedrängnis zur Stunde des freimütigen, aber sanftmütigen, des furchtlosen, aber gottesfürchtigen Glaubens-Zeugnisses werden zu lassen (3,15f). Nicht zuletzt besteht sie aber für die Mehrheit der Gemeindeglieder in jenem klaren christlichen Lebensstil, der gewiß Befremden auslöst (2,11), weil die Glaubenden nicht mehr wie bisher alles mitmachen (4,4), der aber dann, wenn er von Enthusiasmen und Rigorismen, von Besserwisserei und Überlegenheitsdünkel frei ist, auch diejenigen überzeugen wird, die jetzt noch die Christen schmähen (2,12.15; 3,16).

Dieser priesterliche Dienst ist in 2,5 durch zwei Angaben näher bestimmt: erstens soll er Gott gefallen, zweitens sei er *„durch Christus"* vollzogen. Das erste Moment stellt auf die Theozentrik des konkreten Christseins ab. Wie sich die Erwählung der Glaubenden, ihre Begnadigung und ihre Hoffnung einzig und allein Gott verdankt, so besteht auch ihr christliches Leben darin, sich Gott zu überantworten. Dies freilich geschieht nur *„durch Christus"*. Damit ist nicht nur – ein weiteres Mal – festgehalten, daß die Christen nicht aufgrund ihrer eigenen Verdienste, nicht aufgrund ihrer Glaubenstreue und Leidensfähigkeit, nicht aufgrund ihrer Bruder- und Feindesliebe gewürdigt sind, zum Volk Gottes zu gehören, sondern einzig und allein durch Gottes freie Gnadenwahl, die im Tode Jesu eschatologisches Ereignis geworden ist. Gleichzeitig ist ausgedrückt, daß die Christen – nicht nur als einzelne, sondern als Gemeinschaft – am Lebens-Dienst und an der Lebens-Übergabe des leidenden und sterbenden Jesus an Gott teilhaben (2,21–25). Diese Partizipation ist nicht etwa so zu verstehen, als könnten die Christen *von sich aus* etwas zur Erfüllung des göttlichen Heilsplanes beitragen; wohl aber ist zum Ausdruck gebracht, daß Gott die Christen durch Christus in seinen Dienst nimmt – und zwar so, daß er, der für sie Gestorbene, sie so prägt, daß sie zum lebendigen Zeugnis der Gnade Gottes in der Welt werden. *Das* ist der priesterliche Dienst, zu dem sie bestellt sind.

Zusammengefaßt:

Das Verhältnis zwischen „allgemeinem" und „speziellem" Priestertum wird in 1Petr 2 nicht diskutiert; ebensowenig geht es um spezifi-

sche Kompetenzen, gar Rechte der Gemeindeglieder. Das bleibt bei
der ökumenischen Diskussion zu beachten. Wohl aber wird von der
Bedeutung und Berufung der Ekklesia gehandelt. Sie findet sich in
einer Welt vor, die nicht wahrhaben will, was die Christen bezeugen, und deshalb ausgrenzen will, was zu Jesus gehört. Dieser Anfeindung können sich die Glaubenden weder durch den Rückzug in
eine Wagenburg des rechten Glaubens noch durch die Flucht aus der
Realität in eine Schein-Welt heilen Lebens entziehen. Vielmehr sind
sie berufen und befähigt, durch ihren Gottesdienst und ihre Lebenspraxis inmitten der Welt vom Geist ein „Haus" aufbauen zu lassen,
das von Gottes Gegenwart erfüllt ist, und in diesem „geistigen Haus"
ihres Amtes als Priester zu walten, die sich von Gott durch Jesus
Christus in den Dienst der Verkündigung nehmen lassen.

d) Kirchen-Bilder für heute und morgen

Wer heute auf die Kirchen in Deutschland und West-Europa schaut,
wird wohl kaum mehr spontan an das bekannte Gottesdienstlied denken, das Joseph Mohr 1876 (also im Kulturkampf) geschrieben und
vertont hat[61]:

> Ein Haus voll Glorie schauet
> weit über alle Land,
> aus ew'gem Stein' erbauet
> von Gottes Meisterhand.
>
> Gott, wir loben dich,
> Gott, wir preisen dich.
> O laß im Hause dein
> uns all geborgen sein.

Zwar wird der Wunsch des Refrains von vielen geteilt, in der Kirche
ein Haus der Geborgenheit, des Friedens und der Sicherheit zu fin-
den.[62] Viele denken an eine so reale Zufluchtsstätte, wie sie Rainer
Kunze (*1933) 1968, also im Jahr der Niederschlagung des Prager
Frühlings, in seinem Gedicht über einen Pfarrer aus der ehemaligen
DDR beschreibt[63]:

> PFARRHAUS
> (für pfarrer W.)
>
> Wer da bedrängt ist findet
> mauern, ein
> dach und
> muß nicht beten

Viele denken aber auch an einen Vorschein jener *Heimat*[64], die im
Sinne von Ernst Bloch (1885–1977) etwas ist „das allen in die Kindheit scheint und worin noch niemand war"[65]. Aber die wenigstens würden die Kirche dann oder deshalb als „Haus voll Glorie" betrachten,
das Gott selbst mit seiner „Meisterhand" hoch auf einem Berg mit
Steinen für die Ewigkeit errichtet hat; und ob es wünschenswert
wäre, daß ihnen ein solches Kirchen-Bild vorschwebte, bleibt doch
sehr die Frage: Ist denn die Kirche für die Ewigkeit und nicht vielmehr für die Zeit errichtet? Zwar ist der Anklang des Liedes an die
große Verheißung der Bergpredigt unüberhörbar, daß die Jünger
„*Licht der Welt*" seien und ihre Gemeinschaft einer „*Stadt, oben auf
einem Berge*" gleiche, die von niemandem übersehen werden könne
(Mt 5,14). Aber die Pointe hat sich erheblich verändert: Während
Matthäus auf die „*guten Werke*", vor allem die Liebe der Jünger abhebt, die den Menschen so einleuchten, daß sie in die Lage versetzt
werden, Gott preisen zu können (5,16)[66], schaut der Autor des Liedes
auf die Kirche als hierarchische Institution. Das ist eine zeit- und theologiegeschichtlich naheliegende, aber ziemlich gravierende Blickver-
zerrung (deren Wurzel die undialektische Identifizierung der Kirche
mit dem schon gegenwärtigen Reich Gottes sein dürfte).

Heute sind eher andere Augentrübungen beim Blick auf die Kirche chronisch. Die einen sehen, ähnlich wie in Kafkas Roman, ein
düsteres Schloß mit unendlich vielen Fluren und Gebäuden, das
einst ein stattlicher Herrschaftssitz gewesen sein mag, nun aber
längst zu einem Verwaltungsgebäude umfunktioniert worden ist und
eine riesige Bürokratie beherbergt, die ebenso undurchschaubar wie
abweisend, ebenso perfekt wie steril ist – weshalb man tunlichst einen großen Bogen um das vom Schloß beherrschte Terrain schlägt:
das Leben spielt sich außerhalb ab. Den anderen schwebt das Bild
einer sturmumtosten Hallig vor Augen, die durch meterhohe Dei-
che gegen das Hereinschwappen der alles verschlingenden Fluten geschützt ist – weshalb alle Energie der Bewohner darauf verwendet
werden muß, an keiner einzigen Stelle einen auch noch so kleinen
Dammbruch zuzulassen: alles wäre verloren.

Beides sind Zerrbilder. Wer biblisch denkt, wird andere Metaphern vorziehen, um die Wirklichkeit, aber auch um die Verheißung der Kirche zu beschreiben. Am ehesten vielleicht doch das
alte Bild des Schiffes[67] – das heute anders gedeutet werden müßte
als durch Jahrhunderte hindurch[68]: Vor Augen könnte ein seetüchti-
ges und sturmerprobtes Boot auf großer Fahrt stehen, das nicht
ängstlich im Schutz der Küsten bleibt, sondern sich weit hinaus aufs
offene Meer wagt, nicht in einer Odyssee, sondern auf festem Kurs,

gesteuert von einer gut eingespielten Crew, in der alle Mitglieder
ihre spezifische Aufgabe haben und sich auf einander verlassen können; ein Segler, der sich durch Gegenwind nicht vom Kurs abbringen, sondern in Bewegung setzen läßt; gewiß kein Seelenverkäufer,
aber auch kein Luxusliner, eher ein Frachter, der interkontinentale
Verbindungen knüpft und Menschen Arbeit gibt und jeden Hafen
anläuft, der ihm auf seiner Route offensteht – und an den „Schiffer-
spruch" erinnert, den Joseph von Eichendorff (1788–1857) seinen
„Geistlichen Gedichten" beigegeben hat[69]:

> Wenn die Wogen unten toben,
> Menschenwitz zuschanden wird,
> Weist mit feur'gen Zügen droben
> Heimwärts dich der Wogen Hirt.
> Sollst nach keinem andern fragen,
> Nicht zurückschaun nach dem Land,
> Fass das Steuer, lass das Zagen!
> Aufgerollt hat Gottes Hand
> Diese Wogen zum Befahren
> Und die Sterne, dich zu wahren.

Eichendorffs Gedicht weist freilich schon darauf hin: Das alte und
schöne Bild des „Schiffleins Kirche", das Geborgenheit und Sicherheit verspricht, ist, genau betrachtet, nicht gerade ein anheimelndes
Bild. Im Neuen Testament hat die nautische Metapher zudem ihre
ganz eigene Pointe. Worin sie liegt, kann eine Episode aus der Apostelgeschichte illustrieren (27,14–44).[70] Hans Urs von Balthasar hat
darauf hingewiesen[71]. Das Schiff, auf dem Paulus als Gefangener
nach Rom überführt werden soll, gerät in einen schweren Wirbel-
sturm. Weil es nicht mehr gegen den Wind gedreht werden kann, läßt
es sich nicht mehr steuern; man *„gibt es auf"* und *„läßt sich treiben"*
(27,14). Da keine Wetterbesserung eintritt, reagiert die Besatzung gemäß seemännischer Erfahrung mit Notmaßnahmen: Zuerst holt sie
das Beiboot ein (27,16f), dann verstärkt sie den Schiffsrumpf mit Tau-
en (27,17a), dann wirft sie voller Panik die Treibanker (27,17b), dann
geht der Ballast (27,18), danach die *„Schiffsgeräte"* (27,19), schließlich
die Ladung über Bord (27,38). Doch alles hilft nichts; das Schiff ist
nicht zu retten. Es strandet an einer Sandbank, *„es bohrt sich tief ein
und sitzt unbeweglich fest"* (27,41a); das Heck wird durch die Bran-
dungsbrecher zerschlagen (27,41b). Alle Mann müssen über Bord –
und alle erreichen das Land, teils schwimmend, teils festgeklammert
an *„Planken und anderen Schiffstrümmern"* (27,44). Auf diese Weise
sollte sich die Verheißung erfüllen, die Paulus in einem Traum zuteil
geworden ist (27,22):

Keiner von euch wird sein Leben verlieren,
aber das Schiff wird untergehen.

Wie die Schiffahrt ist auch der Schiffbruch nicht nur eine „Daseinsmetapher"[72], sondern ein Bild ekklesialen Lebens. Wer die Kirche als
ein Schiff anschaut, mit dem Menschen über das Meer des Lebens fah-
ren können, wird, folgt er der Bibel, dann auch dieses Bild der Apostelgeschichte nicht ausblenden können: Dieses Schiff wird scheitern –
aber alle Menschen, die auf dem Schiff sind, werden gerettet.

3. Die Überlieferung der Bibel in der Kirche

So wie einerseits die Bibel ein Buch *für* und *über* die Kirche ist, so
ist andererseits die Bibel *in* der Kirche und *durch* die Kirche überliefert worden. Zwar äußert sich schon seit Jahrhunderten immer
wieder der immer wieder modern und kritisch sich gebende Verdacht, die Kirche sei der geradezu institutionelle Verrat an der biblischen Lehre und speziell an der Sache Jesu. Tatsächlich ist ja auch
gar nicht in Abrede zu stellen, daß die Ekklesia die Gemeinschaft
der (gerechtfertigten) Sünder ist, die noch und noch hinter den biblischen Weisungen zurückbleibt. Insofern ist genügend Anlaß zur
Selbstkritik gegeben.

Gleichwohl ist der Verdacht nichts anderes als ein pseudo-aufklä-
rerisches Klischee. Denn nüchtern betrachtet, ist die Kirche auch der
Ort, da die Bibel lebendig geblieben ist: nicht nur als Dokument der
Geistesgeschichte, nicht nur als literarisches Kunstwerk, nicht nur als
Quelle für die Geschichte des Alten Orients und der Spätantike,
sondern als Gotteswort in Menschenwort, als Buch des Lebens und
als Buch des Glaubens. Die Überlieferung der Bibel und ihre jeweils
neue Aktualisierung geschehen dadurch, daß sie im Gottesdienst
vorgelesen und ausgedeutet wird; sie geschieht dadurch, daß im Re-
ligionsunterricht und in der Gemeindekatechese Bibelarbeit betrie-
ben wird; sie geschehen dadurch, daß es in den Gemeinden Bibelkreise gibt, die sich der Lektüre der Heiligen Schrift widmen; und
sie geschieht nicht zuletzt dadurch, daß in den Häusern der Kir-
chen-Mitglieder, von den Familien wie von einzelnen Glaubenden,
die Bibel erzählt, betrachtet und gelesen wird.

Die Tradierung der Bibel gehört zu dem, was die Kirche zur Kirche macht. Die Kritik der jeweils gegenwärtigen Gestalt der Kirche
durch ihre Konfrontation mit dem Wort der Schrift ist deshalb nicht
etwa eine Last, die sie zu tragen hat, sondern Kraft, von der sie ge-

tragen wird – zumal die Kritik, wenn sie wirklich (und nicht nur vorgeblich) biblisch ist, in jedem Fall konstruktiv wird. Umgekehrt ist aber die kulturgeschichtliche Feststellung, daß die alt- und neutestamentliche Bibel ohne die Kirche (wie die *Biblia Hebraica* ohne das Judentum mit seinen vielen Synagogen und Schulen) längst zu einer – vielleicht kostbaren – Antiquität geworden wäre, keineswegs nur das Resultat eines mehr oder weniger glücklichen Zufalls, sondern ein der (christlichen) Bibel zutiefst entsprechendes Faktum: ist doch die Bibel nicht zuletzt deshalb geschrieben, um die Ekklesia aufzubauen.

Daß die Menschheit das Wissen um die Bibel Alten und Neuen Testaments, ihre Botschaft und ihren Gehalt, vor allem der Kirche verdankt (nicht nur den Amtsträgern, sondern dem ganzen Volk der Glaubenden), ist wiederum ein wichtiger Grund ihrer Wertschätzung: ein Grund, der fester ist als noch so heftige Erschütterungen durch die Kritik an kirchlichen Strukturen und pastoralen Strategien. Gott sei Dank gibt es, allen Unkenrufen zum Trotz, nach wie vor viele, die dieses Faktum nicht vergessen haben und hier eine der stärksten Wurzeln ihrer Zugehörigkeit zur Kirche sehen.

Was ihnen wichtig ist, können sie bei Peter Handke beschrieben finden. In seinem „Märchen aus den neuen Zeiten" heißt es[73]:

In diesem Jahr 1997 machte ich es mir zur Regel, möglichst keine Meßfeier zu versäumen; die fand ohnedies nur zweimal im Monat statt, der Priester war auch noch zuständig für eine andere Gemeinde in den Seine-Höhen. Ich wurde an jedem Sonntagmorgen ungeduldig, dorthin zu kommen, fürchtete, zu spät zu sein für das „Kyrie eleison!", ging im Laufschritt. [...]

Was mich, den Soundso aus dem slowenischen Dorf Rinkolach in der Jaunfeldebene betraf, so mußte der Meßgang sein! Hier in der Allerweltsbuch an jedem zweiten Sonntag zusammen mit ein paar anderen das Slawische zu hören, das war dabei nicht die Hauptsache. Aber es öffnete mich erst einmal, nein, riß mich auf. So hoch auch die Töne wurden, so tief wirkte auf mich der Klang. Keine Kindheit brachte er mir zurück, sondern der Mensch wurde ich mit ihm, der ich bin, oft zittrig, doch nicht wehrlos.

[...] Und vor allem sah Gregor Keuschnig durch die Zeremonie das, was er für sich allein tat, gegründet und gelichtet, wenigstens für eine kurze Strecke seines Heimwegs zum Weitertun. Und nur zu bald drängte es ihn schon, sich dort in der Kirche wieder den Frieden holenzugehen. [...]

Sooft ein Mitglied der Gemeinde im Singsangrussisch, aus einem Brief, fast immer des Heiligen Paulus, vorgetragen hatte, antwortete der Geistliche darauf: „Friede mit dir, Leser!" Wenn er hinter die Ikonenwand verschwand, trug er seine Bibel geschultert. Und am stärksten von allen Lesungen ist mir jener Satz an die Leute von Ephesos

im Gedächtnis geblieben, ungefähr, sie seien nun, als Gefolge des Gekreuzigten, keine Passanten mehr, sondern hätten ein Haus.
Wie langweilten und ärgerten mich manchmal die Heiden, von denen
ich dann draußen bald wieder selbst einer war. Obwohl ich bei den
slawischen Wörtern des Vaterunser so anders aufhorchte als bei den
romanischen, war das noch immer, zusammen mit dem Glaubensbekenntnis, die einzige Stelle der Liturgie, wobei ich mich ausgeschlos-
sen fühlte. Auch fehlte mir, aus meinen gewohnten katholischen Messen, jener Augenblick, da der Priester ausrief: „Sursum corda! Erhebt
die Herzen!" (Oder habe ich das bis jetzt nur überhört?) Und seltsam
hat es mich angemutet, daß der Ostkirchenpriester, zur Fleisch-und-
Blut-Werdung des Brots und des Weins, damit diese vollzogen sei,
noch ausdrücklich die entsprechenden Beschwörungsworte aussprach,
während im katholischen Ritus zur Verwandlung die reine Erzählung
ausreichte: „Am Abend, bevor Jesus gekreuzigt wurde, nahm er das
Brot ...": Dieses Verwandeln allein durch Erzählen blieb mir näher.

Der Gottesdienstbesuch, beginnend mit dem „Herr, erbarme dich",
gipfelnd in der Nach-Erzählung des letzten Abendmahles Jesu, ist für
den Erzähler eine Quelle des Lebens, das weg von der „heidnischen"
Zerstreuung, hin zum Hause Gottes und im Gefolge dessen hin zum
eigenen Ich führt, das sich erhoben, gesteigert, zu sich selbst gebracht
weiß. Diese Wirkung geht von der Liturgie vor allem deshalb aus, weil
die Heilige Schrift (speziell das Neue Testament) gelesen wird. Der
Priester, der die Bibel schultert; der Zuruf an den Lektor: „Friede mit
dir, Leser!", der an die Johannes-Apokalypse gemahnt (1,3); das Wort
aus dem Epheserbrief (2,19), die Heiden seien nun *nicht mehr Fremde und Beisassen [...], sondern Mitbürger der Heiligen und Hausgenos-
sen Gottes*[74]; schließlich die Abendmahlsüberlieferung, die durch das
reine Erzählen mit neutestamentlichen Worten die Verwandlung bewirkt[75] – Handkes genaue Beobachtungen lassen eine ganze Galerie
starker Bilder entstehen. Ihr aller Thema ist der Dienst, den die Kirche durch ihre Liturgie an der Bibel leistet, indem die Heilige Schrift
im Gottesdienst als „Wort des lebendigen Gottes" vorgelesen wird,
und der Dienst, den die Heilige Schrift an den Glaubenden leistet, indem sie bei denen, die sich zum Gottesdienst versammelt haben, bewirkt, was sie besagt: Frieden und Verwandlung durch die Anteilgabe
am Geiste Gottes.

SIEBTER TEIL

DIE BIBEL ALS BUCH DES WORTES GOTTES

Nah ist
Und schwer zu fassen der Gott.
Wo aber Gefahr ist, wächst
Das Rettende auch.

Friedrich Hölderlin, Patmos[1]

Buch des Lebens kann die Bibel nach ihrem eigenen Selbstverständnis nur deshalb sein, weil sie gleichzeitig Buch des Glaubens ist, und Buch des Glaubens kann sie nur deshalb sein, weil sie zugleich das Buch des Wortes Gottes ist. Aber es gilt auch umgekehrt: Die Bibel kann nur deswegen „Buch des Wortes Gottes" sein, weil sie das „Buch des Glaubens" und zugleich das „Buch des Lebens" ist; denn der Glaube, von dem die Bibel spricht, ist weder ein formalisiertes Bekenntnis noch ein abstraktes Katechismuswissen noch eine fromme Illusion, sondern eine lebendige Bejahung Gottes, die sich einer neuen Lebens-Einstellung und -Praxis mitteilt. Die Bibel ist „Buch des Wortes Gottes", weil sie ihren Leserinnen und Lesern eine Ahnung von der Wahrheit Gottes vermittelt und weil sie zum Vertrauen auf diesen Gott einlädt. Das ist die Basis des „Glaubens", den die Bibel bezeugt, und des Lebens, das sie beschreibt und eröffnet.

Der Genitiv „Wort Gottes" läßt sich freilich in doppelter Weise verstehen: als *genitivus objectivus* und *subjectivus*. Der Genitiv kann auf der einen Seite den Inhalt dessen wiedergeben, wovon die Bibel spricht, und er kann auf der anderen Seite den Ursprung wiedergeben, dem sich diese Bibel verdankt. Die Bibel ist das Wort Gottes, weil sie von Gott handelt, und die Bibel ist das Wort Gottes, weil sie letztlich von Gott stammt. Beide Aspekte sind wichtig, beide gehören zusammen wie die zwei Seiten ein und derselben Medaille.

Der katholische Alttestamentler Fridolin Stier (1902–1981) schreibt in seinen meditativen Tagebuch-Notizen unter dem Datum des 24. Januar 1969[2]:

> In der Bibel aber wird von Gott, wenn von ihm gesprochen wird, nicht als von einem Seienden gesprochen, sondern als von einem Sprechenden, der selbst spricht,

und nicht die von Gott Sprechenden haben das Wort, sondern die
von Ihm als Sprechendem Angesprochenen.

Sie von ihm als Anredenden, von sich als Angeredeten, von ihm als
Rufendem, von sich als Angerufenen, je von beiden zugleich; denn vom
Anredenden ist nicht, es sei denn zugleich vom Angeredeten zu reden.

Stier faßt in wenigen Sätzen ein Proprium biblischer Theologie zusammen: daß Gott sich den Menschen erschließt, indem er sich die
Menschen erschließt; daß er sich den Menschen öffnet, indem er sie
für sich öffnet; daß er zu den Menschen spricht, indem er sie über
sich sprechen läßt. Gerade deshalb aber offenbart Gott in seiner Anrede an die Menschen nicht nur irgend etwas *von* sich, sondern *öffnet sich ganz*; und er offenbart sich nicht nur dadurch, daß er etwas
von sich mitteilt, sondern indem er *sich selbst* mit-teilt. Er offenbart
sich, indem er Menschen (im Vorgriff auf die Vollendung) Anteil an
seinem Leben gibt; und indem er die Menschen mit seiner Gnade
beschenkt, offenbart er sich.

Deshalb kann die Bibel nur insoweit qualifizierte Rede *über* Gott
sein, wie sie Rede *durch* Gott ist; und insoweit sie *durch Gott* qualifizierte Rede ist, redet sie auch *über* Gott – so vielfältig immer ihre
Themen und Fragestellungen sein mögen. Der „subjektive" und der
„objektive" Aspekt des Genitivs „Wort Gottes" lassen sich zwar unterscheiden, aber nicht voneinander trennen. Beide Aspekte sind
komplementäre Größen.

1. Die Bibel als Wort über Gott

Das wichtigste Thema der Bibel ist – Gott. Die biblischen Schriften,
wie immer sie auch im einzelnen verstanden und ausgerichtet sind,
kommen letztlich doch in einem Punkt überein: Sie wollen eine Vorstellung davon vermitteln, wer Gott ist. Sie wollen nicht nur irgend-
eine Ahnung von einem höheren Wesen vermitteln – was schon viel
wäre. Sie wollen vielmehr eine deutliche Vorstellung vom wahren
und lebendigen Gott vermitteln (1Thess 1,9). Auf sehr unterschiedliche Weise, in immer neuen Anläufen und den verschiedensten Brechungen wollen sie im Alten Testament mitteilen, daß der Gott Israels der Gott des Lebens, der Gott der Verheißung, der Gott der
Gerechtigkeit ist, und im Neuen Testament, daß der Gott Jesu der Vater ist, der aufgrund seiner Liebe zu den Menschen, für die Jesus
Mensch geworden ist, auch aller Menschen Vater ist und werden will.

Vielleicht ist gegenwärtig kaum etwas wichtiger, als sich durch die

Bibel wieder einen Sinn für Gott geben zu lassen. So resistent sich auch trotz aller Säkularisierungsschübe eine religiöse Grundstruktur der Menschen erweist, so diffus ist doch bei vielen die ausgesprochene oder längst verstummte Rede von Gott geworden. Und so lebendig das Gebet, der Gottesdienst, das Glaubensgespräch – Gott sei Dank! – in vielen Gemeinden sind, so groß ist die Versuchung, den Glauben zum Besitzstand zu erklären und die religiöse Sprache von der angeblich gottlosen Sprache der Welt abzuschirmen, um sie nur noch im Getto kleiner Gruppen von Gleichgesinnten zu pflegen.

a) Reden von Gott – Schweigen von Gott – Hören auf Gott

Wie aber redet die Bibel von Gott? Nicht so, daß sie ihn zum Objekt macht! Nicht so, daß sie ihn auf den Begriff bringt! Nicht so, daß sie ihn auf ein Bild festlegt! Die Gebote des Dekalogs (Ex 20,4.7; Dtn 5,8.11):

> *Du sollst dir kein Bildnis machen!*
> *Du sollst den Namen Gottes nicht mißbrauchen!*

sind die entscheidenden Voraussetzungen biblischer Theologie. Sie verbieten weder die Rede von Gott; noch gar wenden sie sich gegen die bildende Kunst.[3] Wohl aber wenden sie sich gegen eine Theologie, die zu sicher weiß, was Gott ist und was nicht, wo er zu finden ist und wo nicht, wer ihm zugehört und wer nicht. Und sie wenden sich gegen jedes gedankenlose, jedes scheinbar selbstverständliche Aussprechen des Namens Gottes. Peter Handke notiert[4]:

> Gebraucht jemand im Schreiben ganz selbstverständlich das Wort „Gott", so fällt mir das Weiterlesen schwer.

Der Grund für diese Reserve ist nur allzu berechtigt. „Gott" ist ein Wort, das nicht einfach in unsere normale Sprache paßt. Wenn das Wort überhaupt eine Bedeutung haben soll, dann muß es die Vorstellung eines unendlichen Abstandes zwischen Gott und der Menschenwelt zum Ausdruck bringen. Das Gespür zurückzugewinnen, daß jedes Reden von Gott im Grunde unerhört und nur dank der Gnade Gottes dennoch möglich ist; das Glaubenswissen sich anzueignen, daß jedes Bild von Gott zerstört werden muß und daß Gott den Menschen, wie Christen sagen dürfen, dennoch in Jesus Christus sein Bild, das einzig wahre Bild gezeigt hat (2Kor 4,4; Kol 1,15): Kaum etwas wäre für die Religiosität und wohl auch für die Moralität und Humanität der Menschen wichtiger.[5] Die Spannung zwischen der Notwendigkeit, das Geheimnis Gottes zu wahren, und der Notwendigkeit, doch immer wieder neu von Gott zu reden, durchzieht die ganze biblische Verkündigung.

Von Gott zu reden und dabei nicht nur Worte zu machen, setzt voraus, den Namen Gottes nicht zu häufig und nicht zu selbstsicher im Munde zu führen. So häufig und intensiv Gott auch in der Bibel Alten und Neuen Testaments zur Sprache kommt – aus der Heiligen Schrift ist nicht zuletzt zu lernen, daß von Gott nur reden kann, wer auch von Gott zu schweigen vermag. Damit Gott selbst zu Wort kommen kann, wie *er* sich äußern will, muß zunächst jede *menschliche* Rede von Gott aufhören (vgl. 1Kor 1,18–25). Der Mensch muß zuerst lernen, auf Gott zu *hören* – und dann kann er von ihm sprechen. Søren Kierkegaard (1813–1855) hat geschrieben[6]:

> Und was widerfuhr ihm dann, wenn anders er wirklich innerlich betete? Etwas Wunderliches widerfuhr ihm; allmählich, wie er innerlicher und innerlicher wurde im Gebet, hatte er weniger und weniger zu sagen, und zuletzt verstummte er ganz. Er ward stumm, ja, was dem Reden vielleicht noch mehr entgegengesetzt ist als das Schweigen, er ward ein Hörender. Er hatte gemeint, beten sei reden; er lernte: beten ist nicht bloß schweigen, sondern ist hören.

Was Kierkegaard vom Beten sagt, gilt ähnlich von jeder Gottesrede. Wenn sie wirklich etwas zu sagen hat, gibt sie nicht wieder, was Menschen sich ausgedacht, sondern was sie von Gott vernommen haben; genauer: sie spiegelt das Denken jener wider, die Gott befähigt hat, nicht nur immer das Echo ihrer eigenen Stimme zu wiederholen, sondern auf jene Stimme zu lauschen, die Gott inmitten ihres Schweigens erhebt. So hat es Paulus im Römerbrief kurz und bündig für seine Predigt des Evangeliums formuliert (10,17):

> *Der Glaube kommt vom Gehörten,*
> *das Gehörte aber durch das Wort Christi.*

Der Glaube setzt die Predigt des Evangeliums voraus. Er kann sich nicht selbst begründen, sondern wächst aus dem Hören auf die Freudenbotschaft, die Gott durch seinen Boten ausrichten läßt (vgl. Röm 10,16: Jes 53,1). Dieses Kerygma aber erwächst wiederum aus dem Hören. Die Predigt des Apostels ist nicht wegen seiner rhetorischen Kompetenz glaubwürdig, sondern wegen seiner Fähigkeit, jenes Wort wahrzunehmen und weiterzusagen, das Gott durch Jesus Christus spricht. Der Apostel verkündigt, was er – im Glauben – hört. Nur *dieses* Wort hat Gewicht; aber dieses Wort hat auch tatsächlich *Gewicht*: Es stellt vor die Notwendigkeit des Glaubens.

Die Gedankengänge des Apostels sind eine konsequent neutesta-

mentliche Entfaltung genuin biblischer Theologie. Wenn vorauszuset-
zen ist, daß Gott sich äußert, kann theologisch nur das relevant sein,
was auf Offenbarung beruht und von den Menschen, denen sie zuteil
geworden ist, nicht verfälscht worden ist. Und wenn umgekehrt die
Menschen Gottes Geschöpfe sind, die Gott zur eschatologischen Vollendung bestimmt, dann können sie auch dank Gottes Gnade ihn so
sehen und hören, wie er für sie sichtbar und hörbar sein will.

Was aber ist von Gott wahrzunehmen, wenn Menschen zu Hörern
des Wortes geworden sind? Zwei Schlüsseltexte seien ausgewählt:
die Berufung des Mose nach Ex 3, die in der Selbstoffenbarung Gottes als Jahwe gipfelt, und das Gleichnis vom verlorenen Sohn nach
Lk 15, das Jesu Verkündigung Gottes als Vater plastisch werden läßt.

b) Ein Text aus dem Alten Testament:
„Ich bin, der ich bin" (Ex 3,1–14)

Wenn es im Alten Testament einen Text gibt, der Israels Gotteserfahrung brennpunktartig zusammenfaßt, dann ist es die Erzählung von
der Berufung des Mose am brennenden Dornbusch Ex 3.[7] Was hier
berichtet wird, ist ein Reflex der israelitischen Urerfahrung Gottes,
die zum Zentrum der gesamten Theologie und des gesamten Glau-
benslebens dieses Volkes (und dank seiner auch der Christen) geworden ist. Die Stellung im Kontext unterstreicht die Bedeutung der Perikope. Israel ist in Ägypten unterdrückt. Das Volk Gottes muß schwere
Fronarbeit leisten. Es scheint keine Zukunft mehr zu haben. In dieser
Stunde tiefster Erniedrigung tritt Gott auf den Plan. Er nimmt die Initiative an sich. Er will sein Volk aus Ägypten herausholen und in das
Gelobte Land, das jetzt noch von anderen Völkern bewohnt wird, hin-
einführen, um es seinem Volk zu eigen zu geben. Um dieses Ziel zu
erreichen, erscheint er Mose, dem aus Ägypten geflohenen Mörder
eines ägyptischen Aufsehers[8], der auf dem Sinai bei seinem Schwieger-
vater seinem Beruf als Hirte nachgeht:

> *[1]Als Mose die Schafe und Ziegen seines Schwiegervaters Jitro, des
> Priesters von Midian, weidete, trieb er eines Tages das Vieh über die
> Steppe hinaus und kam zum Gottesberg, dem Horeb.*
> *[2]Dort erschien ihm der Engel Jahwes in einer Flamme mitten aus dem
> Dornbusch heraus.*
> *[3]Und er sah:*
> *Siehe, da brannte der Dornbusch im Feuer und verbrannte doch nicht.*
> *[4]Da sagte Mose:*
> *„Ich will dorthin gehen und mir diese große Erscheinung da ansehen:
> Warum verbrennt denn der Dornbusch nicht?"*
> *[5]Als Jahwe sah, daß er hinzutrat, um nachzusehen, da rief Gott ihm*

mitten aus dem Dornbusch zu:
„Mose, Mose!"
Der sagte:
„Hier bin ich."
Und er sagte:
„Tritt nicht näher heran!
Ziehe deine Schuhe von deinen Füßen!
Denn der Ort, wo du stehst, ist heiliger Boden."
⁶Dann sagte er:
„Ich bin der Gott deines Vaters,
der Gott Abrahams, der Gott Isaaks und der Gott Jakobs."
Da verhüllte Mose sein Gesicht, denn er fürchtete sich, zu Gott hinzu-
blicken.
⁷Da sagte Jahwe:
„Ich habe das Elend meines Volkes in Ägypten gesehen,
und ihre laute Klage über ihre Antreiber habe ich gehört.
Ich kenne sein Leid.
⁸Ich bin herabgestiegen,
es aus der Hand Ägyptens zu befreien
und aus jenem Land hinauszuführen in ein schönes und weites Land,
in ein Land, das von Milch und Honig fließt,
in das Gebiet der Kanaaniter, Hetiter, Amoriter, Perisiter, Hiwiter und
Jebusiter.
⁹Jetzt, siehe, ist der Klageschrei der Israeliten zu mir gedrungen,
und ich habe die Drangsal gesehen, wie die Ägypter sie bedrängen.
¹⁰Nun aber geh hin, denn ich will dich zum Pharao senden,
und führe mein Volk, die Israeliten, aus Ägypten heraus!"

¹¹Da sagte Mose zu Gott:
„Wer bin ich, daß ich zum Pharao gehen und die Israeliten aus Ägypten
herausführen könnte?"
¹²Da aber sagte Gott:
„Ich will ja mit dir sein!
Ja, dies sei dir das Zeichen, daß ich dich sende:
Wenn du das Volk aus Ägypten herausgeführt hast,
werdet ihr Gott an diesem Berg dienen."
¹³Da sagte Mose zu Gott:
„Siehe, wenn ich zu den Israeliten komme und ihnen sage:
‚Der Gott eurer Väter, er hat mich zu euch gesandt',
und sie mich fragen: ‚Wie ist sein Name?' -
was soll ich ihnen sagen?"
¹⁴Da sagte Gott zu Mose:
„Ich bin, der ich bin."
Und er sagte:
„So sollst du den Israeliten sagen:
‚Ich bin' hat mich zu euch gesandt."

Ex 3 ist eine beeindruckende Erzählung – schon unter literarischen, mehr noch unter theologischen Gesichtspunkten. Der Text hat eine längere Entstehungsgeschichte durchlaufen, bis er seine kanonisch gewordene Endgestalt erreicht hat, die auf den Pentateuch-Redaktor zurückgeht.[9] Ex 3 verbindet eine ganze Reihe gewichtiger Theologoumena: die Theophanie im Dornbusch, die Beauftragung des Mose, die Verheißung der Befreiung aus Ägypten, die Offenbarung des Jahwe-Namens und die Identifizierung Jahwes mit dem „Gott der Väter".

Im Kontext des Pentateuch ist Ex 3 als Erzählung von der Berufung des Mose zu lesen, sein Volk aus der ägyptischen Sklaverei herauszuholen und durch die Wüste in das Gelobte Land, das Reich der Freiheit, zu führen. Typische Kennzeichen einer Berufungserzählung, wie sie aus den Prophetenbüchern bekannt sind (vgl. Jes 6; Jer 1), finden sich in der Erzählung vom brennenden Dornbusch wieder: die Beauftragung des Erwählten; dessen Einwände, die seine Unwürdigkeit betreffen; die Zurückweisung der Einwände und die Ankündigung eines Zeichens, das dem Berufenen Mut machen soll.

Doch begegnen die traditionellen Elemente in charakteristisch abgewandelter Gestalt. Die Pointe der Erzählung ist die Verbindung zwischen dem Auftrag an Mose und der Selbstoffenbarung Gottes. *Sie* trägt den Akzent. Nicht biographische Details, sondern theologische Klarstellungen interessieren die Erzähler. Der Auftrag, der Mose erteilt wird, betrifft das Ur-Ereignis der Geschichte Israels, den Exodus. An dieses Datum erinnert man sich in Israel nicht aus historischer Neugier oder aus nostalgischen Gefühlen, sondern aus dem aktuellen Interesse, sich theologisch der von Gott geschaffenen Identität des eigenen Volkes zu vergewissern, sich ethisch über die gottgewollte Gesellschaftsform in Israel zu orientieren und vor allem sich spirituell auf das Gottsein Gottes einzulassen. Im Vordergrund steht die Gottesfrage. Eben deshalb ist die Pointe des Textes die Offenbarung des Jahwe-Namens.

Jahwe, der Gott Israels, ist der Gott der Befreiung. Als solcher ist er freilich nicht einfach evident. Er muß vielmehr jeweils neu als Jahwe, als Gott des Exodus, entdeckt und bejaht werden. Dieser Prozeß wird in Ex 3 erzählt. Die Geschichte von der Berufung des Mose ist ein Paradebeispiel narrativer Theologie. Der Text greift verschiedene, in Israel (und z.T. auch in der Umwelt) bekannte Traditionen der Gottesrede auf, um sie in die Spitzenaussage Ex 3,14 einmünden zu lassen.

(1) Gottes Heiligkeit

Ex 3 setzt beim elementaren Wissen um die Heiligkeit Gottes an. Der
Boden, auf dem der brennende Dornbusch steht, ist *„heilig"* (3,5).
Wenn von Heiligkeit gesprochen wird, ist immer die Sphäre Gottes im
Gegensatz zur Sphäre der Menschen gemeint. Heilig ist, was zu Gott
gehört und sich dem Macht- und Einflußbereich des Menschen entzieht. *Der* Heilige ist Gott. Gott ist heilig, insofern er Gott ist und nicht
Mensch: insofern er der *ganz Andere* ist – ganz anders, als die Welt und
die Menschen, gerade die Frommen, sich ihn vorstellen mögen (Jes 6).
   Das Wissen um Gottes Heiligkeit, das Ex 3 illustriert, ist freilich nicht
spezifisch alttestamentlich. Es ist, in welchen Brechungen und Abschat-
tungen auch immer, allen Religionen geläufig. Der Religionswissen-
schaftler Rudolf Otto (1869–1937) hat die archaische Erfahrung des
Heiligen als das *mysterium tremendum et fascinosum* beschrieben: als
die Erfahrung eines Geheimnisses, das die Welt transzendiert und wegen seiner absoluten Fremdheit, Energiegeladenheit und Überlegenheit die Menschen einerseits erschreckt, andererseits aber anzieht.[10]
Diese Erfahrung wird in Ex 3 plastisch und (bewußt?) „archaisch" beschrieben: Gottes Heiligkeit strahlt auf seine Umgebung wie eine starke
Energiequelle aus: Das ganze Areal um den brennenden Dornbusch ist
„heilig". Die Wüste ist gerade in ihrer Kargheit, ihrer Menschenleere
und ihrer Weite der „natürliche" Ort der Gegenwart des „ganz anderen" Gottes.[11] Daß die Szene an einem Berg spielt, läßt einen uralten
Topos der Gottes-Erfahrung (innerhalb und außerhalb Israels) anklin-
gen – dem höchsten Gott kommt es zu, sich an einem höchsten Punkt
der Erde zu offenbaren, Zeichen seiner Majestät und Größe. Mose
muß die Sandalen von seinen Füßen ablegen – denn das Leder stammt
von einem toten und somit unreinen Tier. Das Feuer steht für die alles
verzehrende Leidenschaft des Gottes, der sich als Gott offenbart: Es
brennt nieder – und es leuchtet und erwärmt. Daß der Dornbusch
brennt und nicht *ver*brennt, zeigt das Überirdische des Vorganges. Daß
Mose sein Gesicht verhüllt, entspricht dem elementaren Wissen eines
Menschen, sterben zu müssen, wenn er Gott anschaut (Ex 33,20).
   All diese ritualisierten Gesten und wunderbaren Phänomene gehören zum Schatz der antiken (und modernen) Religionsgeschichte. Sie
bezeugen die Scheu vor dem Numinosen und das Wissen um seine
überweltliche Macht. Entscheidend ist dann aber, wie die archaische
Gottesvorstellung, daß Gott als der Heilige der *ganz Andere* ist, in Ex
3 neu definiert wird. Das religiöse Ur-Wissen um die Heiligkeit Gottes
taugt als Einsatzpunkt für die Erzählung, aber es ist nicht ihr Endpunkt. Im Kontext des Pentateuch betrachtet, werden die religiösen

Archetypen, die Ex 3 zitiert, theologisch identifiziert und präzisiert. Die Wüste ist nicht einfach nur der Ort der Abgeschiedenheit von allem menschlichen Treiben und deshalb der gegebene Ort der Gottes-Erfahrung, sondern der Lebens-Raum, in dem sich Mose den Nachstellungen der Ägypter hat entziehen können und in dem Israel vierzig Jahre lang sich auf den Einzug in das Gelobte Land vorbereiten wird. Der Berg ist nicht nur der erhabene Topos numinoser Mächte, sondern der Sinai bzw. der Horeb, d. h. der Berg der Gesetzgebung und des primordialen Gottesdienstes, zu dem Israel dank der Befreiungstat Gottes fähig sein wird. Das Verhüllen des Gesichts ist nicht nur Ausdruck einer archaischen Scheu vor dem Göttlichen, sondern einer Ehrfurcht, die Gottes Gottsein im gesamten Lebensvollzug gerecht zu werden versucht. Die Heiligkeit Gottes ist nicht nur ein Ausdruck seiner reinen Transzendenz, sondern ebenso seiner machtvollen, alle Vorstellungen und Erwartungen durchbrechenden Selbstbekundung in der Geschichte. Die Flamme, die aus dem Dornbusch schlägt, ist nicht nur ein Archetyp göttlicher Offenbarung, sondern Zeichen der brennenden Eifersucht[12], in der Gott um den Dienst seines Volkes bemüht ist.

(2) „Der Gott deines Vaters"

Ein zweiter Schritt wird getan, wenn Gott sich Mose im unmittelbar folgenden Satz als „Gott deines Vaters" vorstellt (Ex 3,6)[13]. Auch diese wahrhaftig patriarchalische Gottesbekundung reflektiert eine archaische Gotteserfahrung, die nicht nur Israel eigen ist, sondern im Alten Orient vielfach bekannt ist, vor allem bei nomadischen Stämmen. Der „Gott der Väter" ist jener Gott, der eine Familie auf ihren Wanderungen begleitet, die besten Weidegründe und die stärksten Quellen finden läßt und notfalls auch im Kampfe unterstützt. Der Gott der Väter ist jener Gott, mit dem eine Sippe gute, verläßliche, prägende Erfahrungen gemacht hat: die Erfahrung des mächtigen Beistandes, der zuverlässigen Hilfe, der dauernden Nähe. Der „Gott der Väter" ist der Gott, der den Seinen die Treue hält – wenn sie ihm die Treue bewahren. Der Gott der Väter ist der Gott, von dem ein Stamm jene Geschichten zu erzählen weiß, die seine Identität begründen.

Auch in Israel weiß man solche Geschichten zu erzählen: insbesondere von Abraham, Isaak und Jakob, vom Auszug aus Ur in Chaldäa, von der Wanderung ins Gelobte Land, von der langen Fremdlingsschaft in Israel, von der Verheißung zahlreicher Nachkommenschaft an Abraham, Isaak und Jakob. Ruft das Theologoumenon „Gott deines Vaters" eine typische Gotteserfahrung altorientalischer Nomadenstämme wach, so präzisiert die Weiterführung *„Gott Abrahams, Gott Isaaks und Gott Jakobs"*, daß Gott sich Israel nicht nur im allgemeinen Sinn als der Nahe, der Begleiter und der Beschützer eines Volksstammes, sondern im konkreten Sinn als der Schöpfer und Wegführer Israels offenbart, speziell aber als der Gott der Verheißung, der wahr macht, was er gelobt hat. Mit Abraham, Isaak und Jakob ist nicht nur die Erfahrung der Erwählung verbunden, die nichts anderes als Gottes freie Entscheidung ist, seinen Segen auf den Patriarchen ruhen zu lassen, sondern auch das Versprechen, Israel zu einem großen, starken und mächtigen Volk werden zu lassen, das auf dem ihm zugesagten Land in Freiheit leben kann.

(3) *„Ich bin, der ich bin"* (Ex 3,14)

Der Gott der Väter, der durch die Patriarchenerzählungen als der *„Gott Abrahams, Isaaks und Jakobs"* bekannt ist, offenbart sich Mose als Gott der Befreiung. Er identifiziert sich als Jahwe. Hier liegt die Zielaussage des Textes. Sie wird überlegt entwickelt. Auf den Einwand des Mose, nicht würdig und fähig zu sein, die ihm übertragene Sendung (V. 10) auszuführen (V. 11), antwortet Gott zuerst mit der emphatischen Versicherung: *„Ich will ja mit dir sein"* (V. 12). Diese Zusage greift auf ein elementares Bedeutungsmoment seiner Selbstoffenbarung als *„Gott deines Vaters"* zurück. Als solcher ist er ja der, der immer *mit* den Seinen ist, indem er sie beschützt und ihnen hilft. Diese allgemeine Zusage gewinnt allerdings durch die Situation, in der Mose geschickt werden soll, eine neue Bedeutung. Daß Gott *„mit"* Mose und durch ihn *„mit"* seinem Volk ist, äußert sich zum einen in Gottes Entschluß, nun auf den Klageschrei des Volkes zu hören und als der Retter zu handeln, und zum anderen in Gottes Verheißung, Mose zu befähigen, die Befreiung ins Werk zu setzen. Das Zeichen, das Gott seinem Gesandten als Hinweis darauf gibt, daß er mit ihm geht, ist freilich in geradezu paradoxer Weise kein Wunder, das auf staunenerregende Weise die Legitimation des Propheten erhellt, sondern ein geschichtlicher Vorgang, der sich erst dann ereignen kann, wenn Mose seinen Dienst getan hat: die Anbetung Gottes an eben jenem Ort, da Gott dem Mose erscheint (V. 12).

An dieser Stelle erfolgt der letzte Schritt zum Gipfelpunkt des Textes. Wiederum benutzt der Erzähler einen Einwand des Mose, um gewissermaßen Gott selbst das Wort geben zu können. Das traditionelle Motiv der Berufungserzählung, die Unsicherheit und das Unverständnis des Berufenen, wird für den Erzähler zu einem Mittel, die Theodramatik der Erzählung zu steigern. Auf die Frage des

Mose, als wen er den Israeliten den ihn sendenden Gott vorstellen könne, antwortet Jahwe mit einer Deutung seines Namens – mit dem er sich als er selbst zu erkennen gibt und anreden läßt.

Vers 14 ist der entscheidende Offenbarungssatz des Textes (und des gesamten Alten Testaments). Die Verständnis- und Übersetzungsprobleme sind allerdings groß. Ex 3,14 ist ein Satz, der nur aus zwei Verben mit der Grundbedeutung „sein/werden" und einem Relativpronomen besteht, im Hebräischen:

> 'æhejæ 'aschær 'æhejæ.
> Ich bin, der ich bin.

Das klingt tautologisch, ist es aber nicht. Freilich ist die Formulierung so offen, daß verständlich wird, weshalb der Satz in sehr unterschiedlicher Weise gedeutet worden ist. Die Interpretationen beginnen schon im Alten und im Neuen Testament, und sie ziehen sich durch die Theologiegeschichte bis heute durch; sie sind immer typisch für die Theologie und die Frömmigkeit einer bestimmten Zeit.

Vier Deutungstypen lassen sich schon im Rahmen der biblischen Überlieferung unterscheiden.[14]

Erstens: Die Septuaginta übersetzt:

> Ich bin der Seiende.

Die Interpretation, die dieser Wiedergabe zugrunde liegt, ist tiefgründig. Sie kann so verstanden werden, als behaupte Gott nur seine Existenz. Mose, der nach Gottes Namen fragt, würde an die schiere Identität Gottes verwiesen: Er allein ist der wahre Gott. Doch geht der Sinn der Septuaginta-Übersetzung darin vermutlich nicht auf. Denn gleichzeitig will sie wohl festhalten, daß Gott allein der wahrhaftig Seiende ist: Nur er ist Person; nur er ist in Wahrheit ein „Ich"; nur in ihm ist die Wirklichkeit gegeben – während alles andere, was die Menschen als Realität erachten, nur in ihm, dem einzig Wahren und einzig Seienden, besteht.

Eine solche Auslegung des hebräischen Urtextes von Ex 3,14 weist eher in das Reich der philosophischen als der genuin biblischen Theologie und eher in die Zeit des Hellenismus als in die vorexilische Zeit der Entstehung von Ex 3: Sie läßt sich leichter als eine philosophisch-theologische Extrapolation denn als eine historisch-theologische Interpretation des Offenbarungssatzes verstehen. Aber sie kann schwerlich als schlechthin falsch abgewiesen werden. Es bleibt zu fragen, ob die Ausdeutung den Ursinn des Textes verfälscht – oder unter anderen Vorzeichen etwas zum Ausdruck bringt, was in ihm durchaus angelegt ist.

Zweitens: Die Vulgata übersetzt:

> *Ego sum qui sum.*

Sollte damit nicht gleichfalls einfach die Behauptung der Existenz
Gottes gemeint sein, ließe sich der lateinische Satz auch geradezu
als Zurückweisung der mosaischen Frage nach Gottes Namen verstehen: Mose will zwar um der Israeliten willen wissen, welchen Namen
Gott hat; Gott aber gibt seinen Namen nicht preis. Er entzieht sich
dem Ansinnen, sich durch die Offenbarung seines Namens den Menschen preiszugeben. Auch indem er sich Israel und Mose zuwendet,
wahrt er seine Unverfügbarkeit und Freiheit. So jedenfalls interpretiert der große jüdische Philosoph und Theologe Philo von Alexandrien (ca. 13 v. Chr.–45/50 n. Chr.) den griechischen Text: Gott, dem
alles Sein zukommt, kann eben deshalb, weil er Gott ist, kein Name
angemessen sein; *das* werde Mose offenbart.[15]

Doch ist dies tatsächlich die Pointe des Textes? Die Unverfügbarkeit Gottes ist tatsächlich ein Grundgedanke biblischer Theologie.
Gott kann nicht auf den Begriff gebracht werden, auch nicht von der
Heiligen Schrift. Aber es bleibt der Zusammenhang mit Vers 12 zu
beachten. Ex 3,14 ist eher eine Zusage Gottes an Mose und Israel als
eine Absage. Das bliebe bei einer Gesamtauslegung zu bedenken.

Drittens: Im deutlich erkennbaren Rückbezug auf Ex 3,14 formuliert
die neutestamentliche Apokalypse ihre zentrale Gottesprädikation
(1,4.8):

> Der da ist,
> der war
> und der da kommt.

Offenbar ist dem Seher Johannes vor allem der Gedanke der Be-
ständigkeit, der Treue Gottes zu sich selbst wichtig: Gott ist der, der
in Zukunft derselbe ist wie heute und wie gestern. Ganz ähnlich
heißt es im Midrasch Rabba zu Ex 3,14:

> Ich bin, der ich war,
> ich bin jetzt,
> und ich bin in Zukunft.

Der Vorteil dieser Interpretation liegt darin, daß sie die zeitliche Dynamik, den futurischen Sinn der hebräischen Wendung einzufangen in
der Lage ist. Es ginge dann im wesentlichen um Gottes Verheißungstreue: Gott ist mit sich selbst identisch, indem er zu seinem Wort steht
und bewirkt, was er angekündigt hat.

Daß in Ex 3,14 dieser Gedanke mitschwingt, wird man um so weniger ausschließen können, als Ex 3 ja den Zusammenhang mit der Patriarchen-Überlieferung und also der Verheißungsgeschichte ausdrücklich herstellt. Freilich fragt sich, ob damit schon der spezifische Bedeutungsakzent nachgezeichnet ist, den die Beziehung zum Exodus als jener Befreiungstat Gottes setzt, die Israel im Grunde erst ins Leben ruft.

Viertens: In deutlicher Aufnahme von Ex 3,14 heißt es in Ex 6,7:

> *Ich will euch als mein Volk zu mir holen,*
> *und ich will für euch Gott sein,*
> *damit ihr erkennt, daß ich Jahwe bin, euer Gott,*
> *der euch aus dem Frondienst in Ägypten herausführt.*

Der Sinn der Selbstvorstellung Gottes wird in der festen Zusage seines befreienden Handelns gesehen, das sein Verhältnis zu Israel dauerhaft konstituiert. Ähnlich denkt Hosea. In einem prophetischen Gerichtswort findet sich eine Persiflage von Ex 3,14, gerichtet gegen jene, die allzu leichtfertig glauben, sich auf die Zusage Gottes verlassen zu dürfen – ein Auftragswort Gottes an seinen Propheten (Hos 1,9):

> *Er sagte:*
> *Gib ihm den Namen „Nicht mein Volk"!*
> *Denn ihr seid nicht mein Volk,*
> *und ich bin nicht der „Ich bin" für euch.*

Beide Rekurse setzen voraus, daß Ex 3,14 eine Selbstzusage Gottes enthält: *für* sein Volk Israel da zu sein und da zu bleiben. Dieses Dasein für Israel ist nicht nur eine freie Entscheidung, die Gott trifft, sondern geradezu der Inbegriff seines Wesens und Handelns.

Tatsächlich scheint diese Auslegung dem ursprünglichen Sinn des Verses besonders nahezukommen, weil sie die Verbindung der Selbstoffenbarung Gottes mit dem Exodus-Geschehen aufnimmt. Freilich dürfen darüber die anderen Aspekte nicht vergessen werden: So sehr Jahwe der Gott *für* Israel ist, dessen Gottsein untrennbar mit der Erwählung, Führung und Rettung seines Volkes verbunden ist, so wenig kann er (auch von Israel) auf diese Rolle festgelegt werden; so sehr er sich gerade im Exodus-Geschehen als er selbst erweist, so sehr muß sein Befreiungsakt als Ausdruck seiner Verheißungstreue interpretiert werden; und so sehr seine Identität in seinem geschichtsmächtigen Handeln besteht, so sehr geht er in diesem Handeln nicht auf, sondern ist und bleibt der eine und der einzige Gott, der sich aus freien Stücken als er selbst erweist, indem er Israel rettet.

(4) Gott als Jahwe

Nimmt man die Schwierigkeiten und Möglichkeiten der philologischen Exegese von Ex 3,14 auf und faßt sie zusammen, so wird man vier Momente der Selbstzusage Gottes unterscheiden und verbinden können.[16]

Ein erstes Moment der Gottesrede, das Ex 3,14 vorstellt, ist das der *Ausschließlichkeit Gottes*: „Ich bin, der ich bin." Die Vorstellung, daß Israel nur einen einzigen Gott anzubeten hat, mehr noch: die Vorstellung, daß es überhaupt nur einen einzigen Gott gibt – einen einzigen, der nicht nur für Gott gehalten wird, sondern es in Wahrheit ist: diese langsam gewachsene Glaubens-Einsicht Israels wird in die Exodus-Geschichte zurückprojiziert. Indem Gott sich als der Befreier und als der „mit" Mose Seiende diesem seinem Gesandten zusagt, verpflichtet er gleichzeitig auch Mose darauf, *nur* auf das Wort Jahwes zu hören, und verpflichtet er Israel darauf, nur ihn, nur Gott als den Befreier zu verehren.

Ein zweites Moment ist die *Unverfügbarkeit Gottes*: „Ich bin, der *ich* bin". Die Vorstellung, daß Menschen von gleich zu gleich mit Gott verkehren könnten, wird durch Ex 3,14 als unmöglich erwiesen. Gott ist derjenige, der seine Gottheit, seine Unterschiedenheit von der Welt und den Menschen wahrt, aber gerade seine Freiheit für die Menschen und für *ihre* Freiheit einsetzt. Gott muß jedes Bild zerstören, das Menschen sich von ihm machen. Er muß es nicht eigentlich um seinetwillen, sondern um der Menschen willen zerstören: weil er sie nicht der Täuschung ihrer eigenen Götter-Bilder überlassen kann und weil die Hoffnung der Menschen auf ein Leben in Freiheit nur dann realisiert werden kann, wenn Gott sich als der erweist, der er auch wirklich ist.

Ein drittes Moment ist die *Zuverlässigkeit Gottes*: „Ich *bin,* der ich bin". Gott ist nicht unzuverlässig; er handelt nicht willkürlich. Er verhängt auch kein blindes Schicksal über die Menschen. Das war zwar in der Antike weithin die Erfahrung der Menschen mit ihren Göttern. Jahwe aber ist zuverlässig, er ist treu. So wie er sich dem Mose zugesagt hat, so ist er, und so bleibt er auch.

Ein viertes Moment ist schließlich Gottes *Da-Sein für* sein Volk Israel: „Ich bin, der ich *für euch* bin". Das „für euch" steht zwar nicht im Text, darf aber sinngemäß eingetragen werden. Gott ist so da, er ist so mit Mose und mit seinem Volk Israel, daß er Mose befähigt, Israel aus dem Sklavenhaus Ägypten herauszuführen in die Freiheit.

Gerade dieser letzte Punkt, daß Gott so bei Israel ist, daß er Israel befreit, hat innerhalb der alttestamentlichen Theologiegeschichte die größte Wirkung hinterlassen. Vor allem in den prophetischen Büchern[17] findet sich immer wieder der Rekurs auf dieses Ereignis der Befreiung Israels aus Ägypten – ganz häufig freilich nicht nur als Bestätigung der Erwählung Israels durch Gott, sondern gleichzeitig als Erinnerung an Israels Verpflichtung, nun auch so zu leben, wie es einem Volk entspricht, dessen Existenz sich der Befreiung aus dem Sklavenhaus in Ägypten verdankt, und als Mahnung, im Verhältnis zu Nicht-Israeliten, etwa zu den Fremden, nicht das zu verspielen, was im Exodus für Israel geschichtliche Wirklichkeit geworden ist.

c) Ein Beispiel aus dem Neuen Testament:
„Ein Mann hatte zwei Söhne ...“ (Lk 15,11–32)

Das große Thema Jesu ist die prophetische Ankündigung, daß die Herrschaft Gottes nahegekommen sei (Mk 1,15). Die Reich-Gottes-Verkündigung ist aber zuerst und zuletzt Verkündigung *Gottes*. Daß die Gottesherrschaft tatsächlich die Herrschaft *Gottes* ist, keineswegs aber die Herrschaft von Menschen und daß sie deshalb auch nicht von Menschen in ihre eigenen Hände genommen werden kann, sondern ganz und gar die Sache *Gottes* bleibt: das gehört schlechthin zum Kern der Reich-Gottes-Verkündigung Jesu (vgl. Mk 4,26–29). In den Gleichnissen, die Jesus erzählt, in den Machttaten, die er wirkt, in den Streitgesprächen, die er führt, läßt Jesus eine ebenso charakteristische wie profilierte Vorstellung von Gott entstehen. Diese Gottes-Rede knüpft an die besten alttestamentlichen und frühjüdischen Traditionen an – war aber offenbar doch unerhört und vielen anstößig. Auf diese Gottes-Rede ist Jesus von seinen Gegnern festgelegt worden; diese Gottes-Rede prägt aber auch die nachösterliche Erinnerung an Jesus.

Es gibt eine Vielzahl von Bildern, in denen Jesus gleichnishaft von Gott spricht. Einige sind sehr bekannt, andere weniger. Das zentrale Bildwort, das er wählt, um die Wirklichkeit und das Handeln Gottes zu bezeichnen, ist die Rede von Gott als Vater. Wie sie zu verstehen ist, wird wohl nirgends deutlicher als im Gleichnis „vom verlorenen Sohn“ Lk 15,11–32[18]:

[11]Ein Mann hatte zwei Söhne.
[12]Der jüngere von ihnen sagte zum Vater:
„Vater, gibt mir den mir zustehenden Teil des Vermögens!“
Da teilte der Vater den Besitz unter ihnen auf.

[13]Nach wenigen Tagen, nachdem er alles zu Geld gemacht hatte, wan-

derte der jüngere Sohn aus in ein fernes Land. Und dort verschleuderte er sein Vermögen in einem heillosen Leben. ¹⁴Als er aber alles verschwendet hatte, kam eine schwere Hungersnot über jenes Land, und er begann zu darben. ¹⁵Da ging er hin, um sich an einen der Bürger jenes Landes zu hängen; der schickte ihn auf seine Felder zum Schweinehüten. ¹⁶Er gierte danach, sich den Bauch mit den Schoten vollzuschlagen, welche die Schweine fraßen; aber niemand gab ihm davon.

¹⁷Da ging er in sich und sagte:
„Wie viele Tagelöhner meines Vaters haben Brot im Überfluß, ich aber komme hier vor Hunger um!
¹⁸Ich will mich aufmachen, zu meinem Vater gehen und ihm sagen: ‚Vater, ich habe gesündigt gegen den Himmel und gegen dich. ¹⁹Ich bin nicht mehr wert, dein Sohn zu heißen, stell mich wie einen deiner Tagelöhner!'"

²⁰Dann machte er sich auf und ging zu seinem Vater.
Als er aber noch fern war, sah ihn sein Vater und wurde von Mitleid ergriffen, und er lief und fiel ihm um den Hals und küßte ihn.
²¹Da sagte der Sohn zu ihm:
„Vater, ich habe gesündigt gegen den Himmel und gegen dich; ich bin nicht mehr wert, dein Sohn zu heißen."
²²Der Vater aber sagte zu seinen Knechten:
„Schnell, holt das beste Gewand und zieht es ihm an! Und steckt ihm einen Ring an die Hand, und gebt ihm Schuhe an die Füße! ²³Und bringt das Mastkalb her und schlachtet es, wir wollen essen und fröhlich sein! ²⁴Denn dieser mein Sohn war tot und lebt wieder; er war verloren und ward wiedergefunden."
Und sie begannen zu feiern.

²⁵Sein älterer Sohn aber war auf dem Feld. Und als er kam und sich dem Hof näherte, hörte er Musik und Tanz ²⁶und rief einen der Knechte und fragte, was das bedeuten solle.
²⁷Der aber sagte ihm:
„Dein Bruder ist gekommen, und da hat dein Vater das Mastkalb schlachten lassen, weil er ihn gesund wiederbekommen hat."
²⁸Da wurde er zornig und wollte nicht hineingehen.

Sein Vater aber kam heraus und redete ihm gut zu.
²⁹Doch er erwiderte dem Vater:
„Sieh, so viele Jahre diene ich dir, und nie habe ich eines deiner Gebote übertreten, und mir hast du nie auch nur einen Ziegenbock geschenkt, daß ich mit meinen Freunden ein Fest hätte feiern können. ³⁰Kaum aber ist der hier gekommen, dein Sohn, der dein Vermögen mit Huren aufgefressen hat, da hast du für ihn das Mastkalb geschlachtet."
³¹Er aber sagte ihm:
„Kind, du bist immer bei mir, und alles, was mein ist, ist dein. ³²Aber jetzt muß man sich doch freuen und ein Fest feiern; denn dein Bruder war tot und lebt wieder, er war verloren und ward wiedergefunden."

Lukas macht diese Parabel zum Abschluß einer kleinen Kette von Gleichnissen, die allesamt von Verlorenem und von der Freude des Wiederfindens handeln.[19] Mit diesen Gleichnissen, so stellt es der Evangelist dar, reagiert Jesus auf den Vorwurf von Pharisäern und Schriftgelehrten, mit Zöllnern und Sündern Gemeinschaft zu pflegen und sogar zu essen (15,1f). Das letzte dieser Gleichnisse, das vom verlorenen Sohn, ist nicht nur das längste, sondern auch das facettenreichste und tiefgründigste. Lukas hat den Text sicher stilistisch überarbeitet und redaktionell mit den Gleichnissen vom verlorenen Schaf (15,3–7) und von der verlorenen Münze (15,8ff) zusammengestellt. Aber er hat in die Substanz des Textes kaum eingegriffen. Auch wenn dies gelegentlich bestritten worden ist, geht das Gleichnis als ganzes im wesentlichen auf Jesus zurück.[20]

Das Gleichnis besteht nach der Exposition (15,11f), die von der Erbteilung unter den beiden Kindern spricht, aus zwei großen Teilen. Der erste Teil erzählt die Geschichte des jüngeren, ausgewanderten, gedemütigten und reuevoll heimgekehrten, der zweite die des älteren, zu Hause gebliebenen, arbeitsamen und dienstfertigen Sohnes. Beide Teile sind eng aufeinander bezogen. Durch die Eröffnungsszene und den refrainartigen Kernsatz, daß der jüngere Sohn des Vaters, der Bruder des älteren Sohnes, verloren war und wiedergefunden wurde (15,24.32), sind sie fest miteinander verklammert. Vor allem aber sind sie inhaltlich miteinander verbunden: Die zweite Hälfte des Gleichnisses bezieht sich auf die erste zurück; sie setzt sie voraus, reflektiert sie und versucht, zu einem Urteil über die Geschichte des jüngeren Sohnes zu kommen.

(1) Der Weg des jüngeren Sohnes

Das Augenmerk gilt zuerst dem jüngeren Sohn, der um die – vorzeitige – Erbteilung gebeten hat.[21] Seine Geschichte wird in drei Abschnitten erzählt: zunächst sein tiefer Fall, mit dem seine hochgemute Ausreise endet (15,13–16), sodann seine reuevolle Einsicht in seine verzweifelte Lage, seine Erinnerung an die Zustände im Hause seines Vaters und sein Entschluß zur Heimkehr (15,17ff), schließlich die völlig überraschende, all seine Erwartungen weit übertreffende Wieder-Aufnahme im Hause des Vaters (15,20–24).

Daß sich ein Nachgeborener ausbezahlen läßt und in die Diaspora auswandert, ist weder ungewöhnlich noch verwerflich, sondern durchaus verständlich und natürlich. Das Problem des jüngeren Sohnes beginnt nicht schon mit seinem Verlangen nach dem Erbe und mit seiner Ausreise, sondern erst mit dem Lebenswandel, den er in der Fremde führt.²² Das Gleichnis wartet mit einer Fülle negativer sittlicher Wertungswörter auf, die allesamt besagen, daß er sich seine Lage selbst zuzuschreiben hat. Was ihm sein älterer Bruder vorwirft, das Erbe mit Huren durchgebracht zu haben (V. 30), entspricht der Wahrheit. Die Hungersnot, die sein Gastland heimsucht, deckt schließlich auf, wie katastrophal seine Lage ist. Der Sohn, der mit einem offenbar ansehnlichen Erbe ausgestattet war, steht mit leeren Händen da. Die Hungersnot treibt ihn in bittere Armut und tiefe Selbsterniedrigung. Gehörte er früher als Sohn und Erbe zum Hause seines Vaters, so ist er jetzt gezwungen, sich in die Abhängigkeit von einem Heiden zu begeben. Daß er, ein Jude, genötigt ist, sich zum Schweinehüten, also zum Weiden unreiner Tiere (Lev 11,7) schicken zu lassen, und daß er, Sohn reicher Eltern, danach giert, Schweinefutter zu essen, zeigt, wie sehr er heruntergekommen ist und wie ausweglos seine Lage ist: Er hat sein Leben verspielt.

Wenn es für ihn dennoch einen Ausweg gibt, so nur deshalb, weil er seinen Vater hat. Am Tiefpunkt seiner Karriere angelangt, kommt der jüngere Sohn – endlich – zur Besinnung. Die Erinnerung an die Lebensumstände im Hause seines Vaters läßt ihn Hoffnung schöpfen, dort besser als hier leben zu können. Freilich besteht seine Hoffnung nur darin, unter die Tagelöhner gezählt zu werden, die wenigstens nicht Hunger zu leiden brauchen, sondern mehr als genug zum Essen haben. Bereits dies wäre ein reiner Gnadenakt des Vaters. Auf mehr darf der Sohn keineswegs hoffen, hat er doch durch die von ihm selbst verlangte Ausbezahlung jeden Anspruch auf weitere Unterstützung, geschweige auf Teilhabe am väterlichen Besitz verloren. Die Hoffnung auf Rückkehr ist beim jüngeren Sohn aber nicht ein Ausdruck der Verzweiflung, sondern echter Reue: Daß er des Vaters gedenkt, läßt in ihm nicht nur die Hoffnung auf eine Besserung seiner Lebensverhältnisse aufkeimen, sondern führt ihn auch zum Bekenntnis seiner Schuld und zur Bitte um Barmherzigkeit.²³

Entscheidend ist freilich der letzte Abschnitt der ersten Gleichnishälfte. Bleibt die bisherige Geschichte durchaus noch im Rahmen des Wahrscheinlichen, so wird dieser Rahmen durch das Verhalten des Vaters gesprengt. Ohne Frage liegt hier, bei ihm, der Schwerpunkt in der Geschichte des jüngeren Sohnes. Nicht belohnte Reue, sondern überschwengliche Liebe ist das Thema. Bevor der Sohn noch sein Schuldbekenntnis sprechen kann, ist ihm sein Vater schon entgegengelaufen und hat ihm, von Mitleid erfüllt, längst vergeben. Hier liegt das Überraschungsmoment der Parabel. Was der Vater seinem Sohn zuteil werden läßt, ist ungleich mehr, als dieser erwarten durfte. Während der Sohn nur darauf hoffen mochte, einem *Tagelöhner* gleichgestellt zu werden, um sich seinen Lebensunterhalt *verdienen* zu können, nimmt ihn der Vater in allen Ehren wieder als *Sohn* auf und *schenkt* ihm in seiner Freude viel mehr, als er zum Leben braucht. Das Fest, mit dem die Geschichte ausklingt, inszeniert nicht nur das unerwartete *happy end.* Es wird auch zum Zeichen, daß der Vater den zurückgekehrten Sohn nicht nur wieder den sein läßt, der er früher gewesen ist, vor seiner Abreise, vor seinem tiefen Fall und vor seiner Umkehr. Das Festgewand, das ihm geholt, der Ring, der ihm angesteckt, das Mastkalb, das für ihn geschlachtet wird – all dies zeigt, daß der Vater den Sohn mit Ehrenbezeugungen geradezu überhäuft.[24] Nicht die alte, schuldhaft verspielte Sohnschaft wird restituiert, vielmehr wird eine neue, eine gesteigerte, auf Umkehr und Vergebung gegründete Sohnschaft gestiftet – eine Sohnschaft, die ganz von der Wiedersehensfreude und der Dankbarkeit für die Rettung seines Lebens geprägt ist. Nur weil der Vater in seiner Liebe eine ganz neue Qualität seiner Beziehung zu seinem Sohn stiftet, kann der jüngere Bruder eine Zukunft als sein Sohn haben – denn seine Ansprüche hat er ja verwirkt und *de jure* gibt es nichts mehr an ihn zu verteilen. Daß aber dennoch das Freudenfest gefeiert wird, zeigt, wie kreativ die Liebe des Vaters ist. Das Fest ist der Ausdruck einer Gemeinschaft, die auf radikaler Bejahung beruht und deshalb der reinen Freude über Umkehr und Vergebung, Wahrheit und Liebe Ausdruck geben kann. Dieses Fest läßt den verlorenen Sohn wieder lebendig werden. Allein der Liebe seines Vaters verdankt er sein Leben: Er war wirklich tot – und er ist auf eine ganz wunderbare Weise zu einem ganz neuen Leben erwacht.

(2) Der Zorn des älteren Sohnes

Freilich: So großartig die Geschichte des jüngeren Sohnes zu enden scheint, so wenig selbstverständlich, so unerhört, so anstößig ist dieses Ende. Diese Problematik spiegelt sich in der zweiten Gleichnishälfte. Der ältere Sohn, der gleichfalls seinen Anteil am väterlichen Vermögen erhalten hatte (V. 12), kommt, weil er auf dem Feld gearbeitet hat, von draußen herzu und will, sobald er den Grund der Feier erfahren hat, auch draußen bleiben. Er verschließt sich in der Position, die er immer schon eingenommen hat und auch weiter einnehmen will: in der Position dessen, der ein treuer *Diener* seines Vaters ist und als solcher gewürdigt werden will (V. 29). Daß der Ältere wirklich ganz in der Arbeit aufgegangen ist, die er als Dienst am Vater versteht, darf nicht im mindesten bezweifelt werden. Daß er für sich in Anspruch nimmt, niemals auch nur ein einziges Gebot des Vaters übertreten zu haben (V. 29), wird vom Gleichnis nicht als

Anmaßung, sondern als zutreffende Aussage hingestellt. Daß er allen Grund hat, das liederliche Leben seines jüngeren Bruders zu verurteilen, steht nicht zur Debatte.

Dennoch erweist sich die Position, die der ältere Sohn einnimmt, im Kontext des Gleichnisses als zutiefst problematisch. Diese Position macht ihn nicht nur zum Ankläger seines Bruders wie seines Vaters; sie hindert ihn auch daran, sich über die Rückkehr, das Wiederfinden, das neue Leben seines Bruders zu freuen: Weil er auf seiner Position meint beharren zu müssen, will er draußen vor der Tür bleiben. Sein Standpunkt *scheint* der Standpunkt der Gerechtigkeit zu sein. In Wahrheit ist er jedoch der Standpunkt eines Menschen, der seine eigene Identität im wesentlichen daran bemißt, daß er die *Gebote* seines Vaters beachtet (V. 29), und der deshalb den Wert auch der anderen Menschen, selbst seines Bruders, an ihrer Arbeitsleistung wie ihrer Moralität mißt, an ihrem Gebotsgehorsam und an der Zahl wie am Gewicht ihrer Gebotsübertretungen. Er betrachtet sich selbst als den untadelig Gerechten und legt seinen jüngeren Bruder auf dessen Geschichte als Sünder fest – und kann ihn nicht mehr als seinen Bruder anschauen (V. 30).

Auch um diesen Sohn sorgt sich der Vater. Auch zu ihm geht er hin. Auch ihn will er gewinnen. Er bestreitet nicht im mindesten die Verdienste, die Dienstwilligkeit, die Arbeitsleistung seines Ältesten. Ebensowenig tritt er an, die Verfehlungen seines Jüngsten zu relativieren (V. 32). Aber er versucht dem Älteren die Augen für die *Wirklichkeit* zu öffnen. Zum einen täuscht er sich über seinen wahren Status, wenn er sich nur als gehorsamen Knecht seines Vaters sieht; in Wahrheit ist er ja sein „*Kind*" (V. 31) und hat immer schon vollen Anteil an allem, was des Vaters ist. Zum anderen übersieht er, was sich durch die Liebe seines Vaters zu seinem jüngeren Bruder inzwischen verändert hat: Der Verlorene ist wiedergefunden worden; aus dem Tod ist neues Leben entstanden. Wer dies wahrzunehmen versteht, darf (und muß) sich freuen. Wer hingegen das Fest nicht mitfeiern will, erweist sich als jemand, der nicht nur aufgrund seiner untadeligen Gebotsmoral verstockt ist, sondern auch aufgrund seiner Unfähigkeit zur Trauer wie zur Freude einen empfindlichen Realitätsverlust erleidet.

(3) Die Liebe des Vaters

Im ganzen Gleichnis ist der Vater die entscheidende Bezugsperson.[25] Nicht weniger als zwölf Mal steht das Wort im griechischen Text. Der Vater der beiden Söhne teilt das Vermögen auf (V. 12); an ihn erinnert sich der jüngere Sohn in seiner Not (V. 17); er hat offenbar schon immer nach seinem verlorenen Sohn Ausschau gehalten und sieht ihn jedenfalls schon von Ferne herankommen (V. 20a); er hat Mitleid, läuft ihm entgegen, fällt ihm um den Hals, ohne sein Schuldbekenntnis abzuwarten (das er mit Stillschweigen übergeht), und küßt ihn (V. 20b); er gibt alle Anweisungen für ein rauschendes Fest (Vv. 22f); er erkennt und deutet die Situation (Vv. 24.32); er geht auch zu seinem älteren Sohn hinaus und versucht ihn, ungeachtet seiner Vorhaltungen, aus seiner Verhärtung zu lösen und zur Mitfeier zu bewegen (Vv. 31f).

Das Verhalten des Vaters gegenüber beiden Söhnen ist ungewöhnlich genug. *Er* sprengt das Schema des Üblichen. Beide Söhne bleiben, der eine aus Reue, der andere aus Zorn, in den Grenzen einer Gerechtigkeit stecken, die nach dem Prinzip von Verdienst und Belohnung, Verfehlung und Bestrafung funktioniert und allenfalls großzügige Ausnahmeregelungen erlaubt, die aber das Grundprinzip nicht verletzen. Der Vater durchbricht diese Grenze. Was er tut, ist unter seiner Würde: Ein orientalischer Patriarch läuft nicht; schon gar nicht eilt er einem mißratenen Sprößling entgegen, ihn zu umarmen und zu küssen; ob er sich zu einem verstockten Kind hinausbemüht, um es hereinzubitten, ist mehr als fraglich; und wenn er es dennoch tut, bricht er mit der Konvention. Aber nur deshalb, weil der Vater unter seiner Würde handelt, kann er seinen verlorenen Sohn wiederfinden und seinen älteren Sohn, der draußen bleiben will, hereinbitten. Weil der Vater seine beiden Kinder *liebt,* handelt er unter seiner Würde. Das ist die einzige Chance des jüngeren – wie dann auch des älteren Sohnes: die Chance eines Freudenfestes, das einen ganz neuen Anfang ermöglicht, weil es die Sünde ebenso wie die Gesetzlichkeit zu überwinden vermag.

(4) Gott – *Abba*

Der Vater, von dem das Gleichnis erzählt, darf nicht mit Gott *identifiziert* werden (vgl. Vv. 18.21). Dennoch kann kein Zweifel bestehen, daß die Parabel von Gott als dem handelt, der durch Jesus seine Herrschaft als eine Herrschaft der zuvorkommenden und schöpferischen Gnade heilschaffend und Sünden vergebend nahekommen läßt. Insbesondere der Refrain, in dem von der Wieder-Belebung des Gestorbenen die Rede ist, spiegelt die eschatologische Macht Gottes wider. Die Ungewöhnlichkeit des väterlichen Denkens und Handelns im Gleichnis reflektiert die eschatologische Außerordentlichkeit des göttlichen Wollens und Handelns im Heilsgeschehen der Gottesherrschaft. Die

Botschaft von Gott, die das Gleichnis ausrichtet, ist klar: Gott wartet nicht nur auf die Umkehr der Sünder; er ist dieser Umkehr in seiner Liebe immer schon voraus. Aus freien Stücken überwindet Gott nicht nur die Schuld, die Menschen angehäuft haben, und die Verstockung, die aus verletztem Gerechtigkeitsgefühl resultiert; er sprengt in seinem Gnadenhandeln *alle* Grenzen auf, die Menschen glauben, seiner Barmherzigkeit ziehen zu müssen. Gottes Vergebung schafft eine eschatologisch-neue Wirklichkeit, deren symbolischer Ausdruck das Fest der Freude über das Wiederfinden der Verlorenen und die Auferstehung der Toten ist.[26] Weil Gottes Liebe diese schöpferische Kraft hat, *kann* sie eine Gemeinschaft zwischen Brüdern stiften, die durch Schuld und Gesetzlichkeit zerstört war und durch die Vergebung der Schuld und die Überwindung der Gesetzeshärte eine neue Qualität bekommt.

Die Gottes-Vorstellung, die sich in Lk 15,11–32 artikuliert, findet eine genaue Entsprechung in der Gebets-Anrede Jesu. Im Aramäischen lautet sie *Abba*[27]. Sie hat sich im Neuen Testament zwar nur an drei Stellen in der Muttersprache Jesu erhalten (Mk 14,36; Gal 4,6; Röm 8,15), steht aber ohne Frage auch hinter zahlreichen anderen Versen, in denen Jesus zu Gott als seinem Vater betet, nicht zuletzt im Vaterunser. *Abba* ist im Aramäischen ursprünglich ein Wort der Kleinkindersprache, das im Deutschen etwa mit ‚Papa‘ zu übersetzen wäre. In neutestamentlicher Zeit aber ist es zu einem Wort mutiert, mit dem auch erwachsene Menschen ihren Vater anreden: Ausdruck tiefen Vertrautseins, aber auch tiefer Verehrung. *Abba* wäre deshalb wohl am ehesten zu übersetzen mit „lieber Vater". Die Abba-Anrede drückt ursprünglich die Intensität und personale Qualität *der* Beziehung aus, in die Jesus selbst sich als *der Sohn* (Mt 11,25ff par Lk 10,21f) hineingestellt sah. Das Vaterunser zeigt aber, daß Jesus seine Jünger an dieser seiner Sohnschaft und damit an *seinem*, Jesu ureigenem Gottesverhältnis rückhaltlosen Vertrauens, radikalen Glaubensgehorsams und lebenspendender Nähe partizipieren läßt.

Jesu Metapher der Vaterschaft Gottes ist heute problematisch geworden, weil vor allem von Frauen gefragt wird, ob sie nicht Gott in einer sehr subtilen Weise als ein männliches Wesen vorstellt.[28] Das wäre ganz gewiß ein Mißverständnis. Der Kontext belegt eindeutig, daß Jesus mit der Vater-Anrede nicht im mindesten einem patriarchalischen Gottes-Bild Tribut leistet. Zwar gibt es im Neuen Testament keine Parallele zu dem einen oder anderen alttestamentlichen Vers, vor allem im Jesajabuch, in dem Gott ausdrücklich Mutter genannt wird (Jes 49,15; 66,13; vgl. 46,3f; Num 11,12; Dtn 32,18; Ps 131,2; Hiob 38,8f.28f). Aber immerhin kann Jesus in Lk 15,8ff im

Rahmen seiner Reich-Gottes-Predigt von einer Frau erzählen, die zehn Drachmen hat, eine davon verliert und nicht eher ruht, als bis sie diese zehnte Drachme gefunden hat, um dann mit ihren Nachbarinnen und Freundinnen ein Fest des Wiederfindens zu feiern – ohne jeden Zweifel ein Bild für Gott, der sich über jeden Verlorenen freut, den er wiederfindet: wie sich der Vater des Gleichnisses vom verlorenen Sohn über sein Kind freut. Die Pointe, daß Jesus Gott als Vater anredet, liegt also nicht darin, sein Geschlecht, sondern die Art und Weise seines Handelns zu bestimmen (vgl. Lk 13,20f). In der Gottesverkündigung Jesu ist „Vater" nicht Gegensatz zu „Mutter", sondern einerseits zu „Despot" und andererseits zu „Partner". Gott als Despot oder als Partner der Menschen zu sehen, ist in der Umwelt Jesu weit verbreitet (und bis heute beliebt). Beide Gottesbilder wären indes eine groteske Verzeichnung der Wirklichkeit. Zwar übt Gott, wie Jesus ihn verkündigt, Herrschaft aus; sein Anspruch ist unbedingt; sein Wille muß unter allen Umständen erfüllt werden. Aber ein Despot übt seine Macht aus, um die Menschen zu unterdrücken (vgl. Mk 10,42); Gottes Herrschaft hingegen führt zur Befreiung. Und gewiß ist es so, daß Gott, wie Jesus ihn verkündet, den Menschen heilend, helfend und vergebend nahekommt; aber er steht doch – zu ihrem Glück – nicht auf einer Stufe mit ihnen, sondern bleibt der unverfügbare Gott.

In der Anrede Gottes als *Abba*, wie sie durch das Gleichnis interpretiert wird, erscheint Gottes Liebe nicht als Gegensatz, sondern als Inbegriff seiner Macht und Gottes Herrschaft nicht als Bedrückung, sondern als Befreiung der Menschen. Gott, wie Jesus ihn als „lieben Vater" verkündet, hat nichts mit jenem unglücklichen alten Mann zu tun, den Wolfgang Borchert (1921–1947) in seinem Drama „Draußen vor der Tür" ob der entsetzlichen Greuel, die er hilflos mit ansehen mußte, nur verzweifelt die Hände ringen und zu dem Kriegs-Heimkehrer Beckmann weinerlich sagen läßt[29]:

> „Mein Junge, mein armer Junge! Ich kann es nicht ändern! Ich kann es doch nicht ändern!"

Wäre Gott, der Vater, in seiner Liebe ohne Macht, wäre er am Ende wirklich jene Jammergestalt. Wie hingegen das Gleichnis vom verlorenen Sohn Gott als Vater verkündet, besteht seine Größe in seiner Liebe und seine Macht in seiner Barmherzigkeit, wie umgekehrt sein Mitleid eine schöpferische Kraft entwickelt und seine Gnade den Tod ins Leben verwandelt.

(5) Die Werbung um die Zuhörerschaft

Worauf Jesus mit dem Gleichnis vom verlorenen Sohn zielt, wird durch seine Erzählstrategie deutlich. Entscheidend ist, daß die Parabel einen offenen Schluß hat. Wie der ältere Bruder auf die Zurede seines Vaters reagiert, wird nicht mehr erzählt. Der erste Teil des Gleichnisses hat einen runden Schluß: Das Fest der Versöhnung wird gefeiert. Ob der ältere Bruder aber mitfeiern wird, bleibt offen. Nimmt man dieses Erzählgefälle des Gleichnisses wahr, legt sich die Vermutung nahe, Jesus habe es Menschen erzählt, die sich von ihrer eigenen Gottesvorstellung und Glaubensbiographie her eher mit dem älteren als mit dem jüngeren Sohn identifiziert hätten. Bestände das Gleichnis nur aus dem ersten Teil, wäre es eindrucksvoll genug. Es wäre dann als eine Parabel zu erklären, mit der Jesus z. B. Zöllnern und Dirnen erklären würde, weshalb er sich im Namen Gottes gerade ihnen zuwendet und daß eine Umkehr ihnen die Chance ihres Lebens eröffnet, weil Gott in seiner Güte viel großzügiger ist, als sie es sich erträumen mögen.

Aber die zweite Hälfte des Gleichnisses deutet darauf hin, daß Jesus dieses Gleichnis Menschen erzählt haben wird, die mit dieser seiner Gottesverkündigung Probleme haben und gegen seine Art und Weise, im Namen Gottes mit reuigen Sündern umzugehen, Widerspruch einlegen – im Namen einer Gerechtigkeit, die sich an genauer Gebotserfüllung messen läßt. Indem Jesus ihnen durch seine Geschichte den älteren Bruder als Identifikationsfigur anbietet, verwikkelt er diese seine Hörer in seine Reich-Gottes-Erzählung. Mit dem offenen Schluß fordert er sie heraus, zu seiner Art der Gottesverkündigung Stellung zu beziehen: Wollen und können sie sich tatsächlich darüber freuen, daß Gott als Vater seine Liebe zu den Menschen so ähnlich erweist, wie es in dem Gleichnis dieser Vater gegenüber dem jüngeren Sohn tut? Oder meinen sie, im Widerspruch gegen diesen Gott verharren zu müssen? Nehmen sie Jesus *seine* Verkündigung Gottes ab? Oder sehen sie in dessen Liebe nur eine Ungerechtigkeit?

Das Gleichnis ist aber alles andere als eine Provokation jener Zuhörer, die von Gott im Grunde anders als Jesus denken. Es will auch nicht ihre Vorbehalte als Engstirnigkeit und kleinliche Gesetzlichkeit bloßstellen. Es will sie vielmehr für Gott, wie Jesus ihn sieht und verkündet, *gewinnen*. Sie sollen sich überzeugen lassen, daß es gut ist, wenn Gott ähnlich handelt wie der Vater in Jesu Gleichnis. Sie sollen erkennen, daß sie verhärtet sind und sich Illusionen hingeben, wenn sie auf der Gebotsmoral des älteren Sohnes beharren. Sie sollen sich am Ende darüber freuen, daß der Vater seinem verlorenen Sohn seine ganze Liebe schenkt. Und sie sollen wünschen, am Festmahl der Gottesherrschaft teilzuhaben, das Gott durch Jesus ausrichtet.

Ob man nun speziell (wie Lukas) an Pharisäer und Schriftgelehrte als ursprüngliche Adressaten des Gleichnisses denkt oder auch allzu selbstsichere Jünger angesprochen glaubt: Jesus erzählt die Geschichte so eindringlich und gut, daß sie *jederzeit* und bei *allen* Lesern und Hörern die Einsicht wecken kann, wie existentiell sie darauf angewiesen sind, daß Gott so ist, wie Jesus ihn verkündigt.

d) Der eine Gott und die vielen Worte über Gott

Gott ist der Eine und Einzige; und doch läßt er sich in keinem Worte einfangen. Er ist der *Deus semper maior* – der je größere Gott; und doch erfährt ihn Elija nicht im Sturm, nicht im Erdbeben, nicht in der Feuersbrunst, sondern *„im Flüstern eines leisen Wehens"* (1Kön 19,12 [Zürcher Bibel])[30] und begegnet er den Jüngern in der Gestalt des erniedrigten (Phil 2,6–11) und armen (2Kor 8,9) Jesus. Er ist der „ganz andere", der Heilige, der jedes menschliche Gottesbild zerstören muß; und doch wird man mit Nikolaus von Kues (1401–1464) sagen dürfen, Gott, Jahwe, Jesu *Abba,* sei in seiner geschichtsmächtigen Nähe zugleich ganz anders als alles ganz andere, er sei eben *non aliud* – „nicht anders".[31]

(1) Die Rede von Gott – alttestamentlich und neutestamentlich

Lange Zeit hat man die Gottes-Verkündigung Jesu (und des ganzen Neuen Testaments) in einen Gegensatz zu alttestamentlichen und frühjüdischen Gottes-Vorstellungen bringen wollen. Tatsächlich ist die *Abba*-Anrede ein Spezifikum der Gebetssprache Jesu. Doch steht sie in einer langen Tradition der Gottesverkündigung Israels.[32] Im Alten Testament wird Gott durchaus immer wieder einmal als Vater angeredet.[33] Das große Bußgebet aus dem Synagogengottesdienst vielleicht schon der Zeit Jesu beginnt: *„Abinu Malkenu"* – „Unser Vater, unser König."[34] Die Vater-Anrede artikuliert auch im Alten Testament und im Frühjudentum ein besonderes Verhältnis des Vertrauens und der Zuwendung zu Gott. Jesus kann daran anknüpfen und die Vorstellung radikalisieren. Anders gesagt: Die Selbstvorstellung Gottes als Jahwe ist unüberholbar und irreversibel. Wie wahr sie ist – das dürfen Christen mit dem Neuen Testament glauben, erschließt sich im Nahekommen der Gottesherrschaft durch die Person Jesu und im Grundgeschehen seiner Auferweckung von den Toten.

Stellt man die alt- und die neutestamentliche Gottesrede insgesamt nebeneinander, zeigt sich ein höchst spannungsvolles Verhältnis.[35] Auf der einen Seite kann gar nicht in Abrede gestellt werden, daß die alttestamentliche Gottesrede viel facettenreicher, viel bildkräftiger, viel farbiger, viel weitgespannter als die neutestamentliche ist: daß er nicht nur als „lieber Vater" angeredet, sondern auch als Mutter (Jes 49,15; 66,13), auch als Arzt (Ex 15,26) und als hochbetagter, würdenschwerer König (Dan 7), nicht zuletzt als gewaltiger Gesetzgeber (Ex 19ff), selbst als Krieger (Ex 15,3; Ps 24,8), gar als Dämon (Ex 4,24) erfahren werden kann. Auf der anderen Seite führt aber die neutestamentliche Gottesrede doch wohl zu einer größeren Konzentration und Eindeutigkeit: Daß Gott in seinem ureigenen Wesen und Handeln nicht alles in gleicher Weise und gleicher Intensität ist, was ihm alttestamentliche Texte zuschreiben, läßt sich schon aus dem Alten Testament selbst ersehen. Seinem ureigenen Wesen nach offenbart er sich als Jahwe. *Daß* dies tatsächlich so ist und *wie* diese Selbstoffenbarung zu verstehen ist, erschließt sich durch die Gottesverkündigung Jesu und die ihr nachfolgende Theologie der neutestamentlichen Autoren: Gott ist der Abba Jesu und als solcher der Vater aller Menschen – nicht nur der Stammes- oder Nationalgott Israels, der „Schild" seines erwählten Volkes (Dtn 33,29), sondern wirklich, wie ja schon Deuterojesaja gewußt hat, „*auch der Heiden*" Gott (Röm 3,29): sowohl als ihr Schöpfer, als auch als ihr Erlöser.

(2) Die Rede von Gott – biblisch und gegenwärtig

Die Farbigkeit und Tiefenschärfe der biblischen, der alt- und der neutestamentlichen Gottesrede wiederzugewinnen, ist so notwendig wie schwierig. Wie notwendig sie ist, kann man nicht nur von Theologen und Kirchenmännern hören. Botho Strauß (*1944) kennzeichnet den „modernen" Menschen, der ein Leben ohne Gott führen will, als „Gegenwartsnarr"[36]:

> Es ist lachhaft, ohne Glaube zu leben. Daher sind wir voreinander die lachhaftesten Kreaturen geworden, und unser höchstes Wissen hat nicht verhindert, daß wir uns selbst für den Auswurf eines schallenden Gottesgelächters halten.

> Gott ist von allem, was wir sind, der ewig Anfangende, der verletzte Schluß, das offene Ende, durch das wir denken und atmen können.

> Niemand, der sich herausgestellt hat aus seinen unmittelbaren Verhältnissen, seien es die des Geldverdienens oder die eines blinden Forschungsdrangs, einer selbstberauschten Vernunft, wird leben können, ohne irgendwo Zuflucht zu suchen. Ein Höheres als den Gipfel seiner Freiheit wird er nötig haben, in dessen Schutz und Namen er erst das

Äußerste an Kräften sammelt. Je aufrechter er sich herausgestellt hat, um so stärker wird er durch seinen Unterwerfungsdrang.

Doch so überzeugend das Postulat, so groß die Schwierigkeit, gegenwärtig im Kontakt mit der biblischen Gottesrede zu bleiben.[37] Probleme bereitet nicht nur die viel beklagte Säkularisierung der westlichen Gesellschaften. Sie führt zwar, besonders in Deutschland, tatsächlich zu einem Substanzverlust der Gemeinden, zum besorgniserregenden Schwund theologisch-religiösen Basiswissens, zum Abbruch christlicher Glaubenspraxis. Sie erweist sich aber, bei Lichte besehen, eher als Abwendung von der kirchlichen Lehre und vom institutionell verfaßten, verbindlich gelebten Christentum denn als Abkehr von der Religiosität. Gerade in letzter Zeit zeigt sich nämlich auch, daß die Säkularisierungsschübe im Wirbel „postmoderner" Lebenskonzepte durchaus mit einer neuen Religionsfreudigkeit einhergehen können. Buchhandlungen machen beste Umsätze mit esoterischer Literatur. Firmen verordnen ihren Managern Kurse für positives Denken und transzendentale Meditation. Fernsehsendungen, die Lebenshilfe mit allerlei religiösen Betrachtungen verbinden, erzielen beachtliche Einschaltquoten. Das Interesse für fernöstliche, indianische und afrikanische Religionen ist nach wie vor immens. Das Phänomen ist zutiefst ambivalent. Einerseits scheint es zu bestätigen, daß die Religiosität eine Konstante menschlicher Existenz ist, auch in der Moderne. Andererseits signalisiert es eine tiefe Unsicherheit in den transzendentalen Suchbewegungen vieler heutiger Menschen. Sie lassen sich auf eine eher vage, konsumorientierte, gewiß pluralistische, in jedem Fall synkretistische Religiosität ein, die mit einem eigentümlichen Ausweichen vor der Frage nach einem persönlichen Gott einhergeht. Die Religiosität der Menschen gerät in den Sog einer breiten geistigen Strömung, die in den letzten Jahren gerade in Deutschland zu einem tiefgreifenden Wandel des Lebensklimas geführt hat: Aus einer Konflikt- und Risikogesellschaft ist eine Erlebnisgesellschaft geworden[38]. Zur Steigerung des eigenen Lebensgefühls ist – neben vielem anderen – auch das Religiöse durchaus willkommen; es wird freilich funktionalisiert: als Mittel zur Befriedigung des Bedürfnisses nach Selbsterfahrung, Selbstverwirklichung und Selbsttranszendenz. Dies alles kann freilich nur eine große Leere übertünchen – einen Abgrund, der in den politischen Katastrophen dieses Jahrhunderts klafft und deshalb nicht nur auf die westlich, speziell die deutsche Gesellschaft beschränkt ist.
    Die Figur eines solchen Zeitgenossen zeichnet Andrzei Szczypiorski (*1924)[39]. Sein Romanheld Kamil ist ein Don Juan, dem man im von

Deutschen besetzten, dann kommunistisch beherrschten Polen „das Herz herausgerissen hat" und der sich deshalb in einen nicht endenden Reigen von Liebesaffären stürzt, um am Ende, vor einem eher spielerischen Suizidversuch bewahrt, bei Kaffee und Kognak zu räsonieren:

> ... es gibt keine Chance mehr, die Hungrigen zu nähren, die Durstigen zu tränken, die Besorgten zu trösten, es bleibt nur der Kummer und auch das Gefühl, so vieles vertan zu haben, doch möchte ich jetzt auf meine Sache zurückkommen, ja, ich trinke gern einen Kognak, eine Tasse Kaffee und ein Gläschen Kognak erlauben, Illusionen zu hegen, die Welt hätte eine Chance zu überdauern, vielleicht existiert diese Chance auch für mich, darum eben, es fällt mir schwer, das auszudrükken, darum ganz einfach empfinde ich eine große Enttäuschung, ich bin sehr enttäuscht vom lieben Gott, ich glaube an Gott, das ist ein wenig altmodisch, doch sichert es eine Art von Komfort, von persönlicher Bequemlichkeit, was haben wir letzten Endes für eine Wahl ... um auf Gott zurückzukommen, ich habe nur die Wahl zwischen ihm und dem Nichts, in diesem Sinn ist Er mir viel näher, ich kann Ihn mit irgendwelchen Attributen ausstatten, ich kann Ihn nach meinem Bild und Gleichnis gestalten, mit dem Nichts kann man nichts anfangen ...

In dieser Lage die Einheit und Einzigkeit Gottes zur Sprache zu bringen, sein Wesen als Jahwe, die Unüberbietbarkeit seines Heilshandelns durch seinen Sohn Jesus Christus, setzt wohl voraus, nicht einfach die Distanz der biblischen Theologie zur modernen Religiosität „aufgeklärter" bürgerlicher Zeitgenossen zu markieren, sondern in den Fragen, die heutige Menschen (die Christen eingeschlossen) nach erfülltem, sinnvollem Leben, nach Alternativen zur Konsum- und zur Erfolgswelt stellen, die – häufig irregeleitete – Suche nach wirklicher Freiheit und nach ernsthafter Begegnung mit einem „Du" zu erkennen, das jenseits menschlicher Begrenzungen ist. Es käme ja im Versuch einer Neuaneignung und Neuinterpretation biblischer Theologie nicht darauf an, Gott herbeizureden, sondern – den Blick durch die Heilige Schrift geschärft – wahrzunehmen, wo und von wem er sich als *Jahwe* und als *Abba* finden läßt. Kurt Marti hat es verstanden, dieses Ziel in wenigen Zeilen zu beschreiben, indem er sich von Lk 17,20f inspirieren läßt, um die Wirklichkeit und Lebendigkeit Gottes in einer neuen Sprache auszudrücken[40]:

> Gott: nicht irgendwo
> nicht irgend anderswo.
> Kein Etwas.
> Nicht Besitzbar.
> Mitten unter uns.
>
> Sagt der Galiläer.

Die Schwierigkeiten, Jesus dieses Wort zu glauben, sind mit dieser
Zuversicht freilich noch nicht aus dem Weg geräumt. Viele, auch jüdische und christliche Bibelfreunde, werden ihre Gottes-Erfahrung
womöglich eher in Tagebuch-Notizen widergespiegelt finden, die
Elias Canetti 1966 gemacht hat: voller skeptischer Untertöne gegenüber der biblischen Gottesrede, seiner eigenen Faszination eher miß-
trauend, und dennoch sich von der Intensität der biblischen Sicht
Gottes und der Welt anziehen lassend:[41]

> Wie kann es sein, daß der *Ton* der Bibel dich ins Herz trifft, deren
> Gott dich dermaßen abstößt, und sie handelt nur von ihm. Denn
> ohne Gott würde die Bibel dich nicht ins Herz treffen.
>
> So muß es ein Schmerz um Gott sein, was dich trifft, um den zähen, lei-
> denschaftlichen, nie ermüdenden Versuch, einen Schöpfer zu schaffen
> und am Leben zu erhalten, der für unser Unglück Verantwortung trägt.
>
> Denn es ist unerträglich zu denken, daß dieses sinnlose Chaos sich in
> niemand zusammenfaltet, ordnet und verträgt.
>
> Die Faltung, die Ordnung, der Vertrag: das Unternehmen der Bibel.

Wenn dies mit Hilfe der Bibel gelänge: daß die Frage nach Gott nicht
ad acta gelegt, sondern als eine existentielle Frage, als ein brennendes
Problem, als eine nie endende, immer wieder stimulierende Herausforderung, besser: als ein Gnadengeschenk begriffen würde – viel
wäre schon geholfen. Wenn diese Frage nach Gott im Bekenntnis des
einen, für Christen: des drei-*einen* Gottes beantwortet würde – erst
dann freilich wäre das Glaubens-Zeugnis der Bibel zum Ziel gekommen: ohne daß deshalb die *Frage* nach Gott verstummen würde.

2. Die Bibel als Gott verdanktes Wort

Alle Erzählungen der Bibel, ob in ihnen das Stichwort „Gott" vorkommt oder nicht, sind geprägt von der Erfahrung Gottes, in der
einen oder in der anderen Weise. Das ist kein aufgesetztes Urteil
frommer Theologen über die Heilige Schrift, sondern das Selbstzeugnis der biblischen Autoren. Am eindrucksvollsten ist das Wort
eines Propheten, das in die jüngeren Bestandteile des Jesajabuches
Aufnahme gefunden hat (Jes 61,1f) und nach dem Lukasevangelium
die Basis der Selbstvorstellung Jesu in der Synagoge seiner Heimatstadt Nazaret bildet (Lk 4,18f):

> [1]*Der Geist Gottes, des Herrn, ruht auf mir;*
> *denn er hat mich gesalbt.*
> *Er hat mich gesandt,*

den Armen das Evangelium zu bringen,
zu heilen, deren Herz verwundet ist,
den Gefangenen die Befreiung zu verkünden
und den Gefesselten die Erlösung,
²auszurufen ein Gnadenjahr des Herrn
und einen Tag der Vergeltung unseres Gottes,
da alle Trauernden getröstet werden.

Das prophetische Evangelium ist insgesamt, in Wort und Tat, eine Wirkung des Geistes, den Gott auf diejenigen herabkommen läßt, die er sendet.[42] Im Neuen Testament knüpft der Apostel Paulus an dieses prophetische Selbstverständnis an, wenn er für seine Verkündigung in Anspruch nimmt (1Kor 2,3ff):

³Ich bin in Schwachheit und Furcht und voller Zittern zu euch gekom-
men,
⁴und mein Wort und meine Predigt bestanden nicht in überredenden
Worten der Weisheit,
sondern im Erweis des Geistes und der Kraft,
⁵damit euer Glaube nicht auf der Weisheit von Menschen beruhe,
sondern auf Gottes Kraft.

Das Evangelium will nicht überreden, sondern überzeugen; überzeugen kann es nur, wenn es die Wahrheit sagt. Diese Wahrheit ist die grausam am Kreuz endende Geschichte Jesu – in der sich wider alle Erwartung Gott als er selbst in der Überfülle seiner Gnade mitteilt. Diese Wahrheit aber ist den Menschen, auch dem Apostel, nicht ohne weiteres zugänglich; sie leuchtet ihnen nicht aus ihren eigenen Sehnsüchten und Erwartungen, nicht aus ihrer eigenen Rationalität und Glaubenserfahrung ein; sie kann nur dann im Evangelium zur Sprache kommen, wenn es der Geist Gottes selbst ist, der sie zu Wort kommen läßt.

Noch direkter beansprucht Johannes, der Seher der Apokalypse, prophetische Inspiration. Gleich zu Beginn seines Werkes heißt es unmißverständlich (Offb 1,9ff):

⁹Ich, Johannes, euer Bruder und in Jesus euer Gefährte in der Be-
drängnis und im Reich (Gottes) und in der Geduld, wurde wegen des
Wortes Gottes und des Zeugnisses für Jesus
auf die Insel Patmos verschleppt.
¹⁰Ergriffen vom Geist,
hörte ich am Tag des Herrn hinter mir eine laute Stimme wie eine Posaune,
¹¹die sagte:
„Was du siehst, schreib in ein Buch
und sende es an die sieben Gemeinden,
nach Ephesus und nach Smyrna und nach Pergamon und nach Thyati-
ra und nach Sardis und nach Philadelphia und nach Laodizea."

Die Selbst-Stilisierung des prophetischen Sehers ist deutlich genug. Der Geist ergreift Johannes; im Geist hört er die Stimme des Herrn; diese Stimme fordert ihn gebieterisch auf, die Visionen, die ihm zuteil werden, aufzuzeichnen, in ein Buch zu fassen und an die sieben Gemeinden in Kleinasien zu senden: So entsteht die Apokalypse.

Mit diesen Selbstzeugnissen muß sich auseinandersetzen, wer den Autoren und ihren Schriften gerecht werden will. Doch wie lassen sich diese Selbstzeugnisse verstehen? Wie lassen sie sich ernst nehmen, ohne daß man in fundamentalistische Sackgassen gerät? Und wie lassen sie sich geschichtlich einordnen, ohne daß man den Notausgang relativistischer Verflüchtigungen suchen muß?

a) Inspiration! – Inspiration?

Das Selbstbewußtsein nicht weniger biblischer Autoren, im Namen Gottes geredet und geschrieben zu haben, ist nach Ausweis derer, die ihre Schriften gesammelt und tradiert haben, keine Selbstüberhebung, sondern wahre Selbsteinschätzung, die in ähnlicher Weise für alle biblischen Schriftsteller und Schriften gültig ist: Die Bücher des Alten und Neuen Testaments resp. ihre Verfasser sind „inspiriert"; die Texte sind entstanden durch das Wirken des Heiligen Geistes (lat.: *Spiritus Sanctus*). Schulmäßig formuliert Origenes diese Überzeugung[43]:

> Es wird aber jedenfalls ganz deutlich in der Kirche verkündigt, daß dieser heilige Geist einen jeden von den Heiligen, Propheten und Aposteln inspiriert hat und daß kein anderer Geist in den Alten war als in denen, die bei der Ankunft Christi inspiriert wurden.

Freilich zeigt sich von Anfang an das große Problem, sachgerecht von der Inspiration der Heiligen Schrift zu reden.[44] Das Vierte Esrabuch, eine um 100 n. Chr. entstandene frühjüdische Apokalypse, findet für den Vorgang der Inspiration das Bild vom Trinken eines Kelches mit feurigem Wasser, den Gott dem Autor darreicht, und malt dann eine traumhafte Szene aus, in der „Esra" vierzig Tage und Nächte lang fünf Schreibern nicht nur die nach der Legende im babylonischen Exil abhanden gekommenen („vierundzwanzig") Bücher des (alttestamentlichen) Kanons, sondern weitere siebzig Bücher voll apokalyptischen Geheimwissens diktiert (14,38–44)[45]:

> [38]Am folgenden Tag, siehe, da rief mich eine Stimme und sagte: „Esra, öffne deinen Mund und trinke, was ich dir zu trinken gebe." [39]Ich öffnete meinen Mund, und siehe, ein voller Becher wurde mir gereicht; er war wie mit Wasser gefüllt, dessen Farbe aber war dem

Feuer gleich. [40]Ich nahm ihn und trank. Als ich aber getrunken hatte, sprudelte mein Herz Verständnis hervor, und meine Brust schwoll an von Weisheit. Mein Geist aber bewahrte die Erinnerung. [41]Mein Mund öffnete sich und schloß sich nicht wieder.

[42]Der Höchste gab den fünf Männern Einsicht. So schrieben sie das Gesagte der Reihe nach in Zeichen auf, die sie nicht kannten, und saßen vierzig Tage lang da. Sie schrieben am Tag [43]und aßen in der Nacht ihr Brot. Ich redete am Tag und schwieg nicht in der Nacht. [44]In den vierzig Tagen wurden vierundneunzig Bücher geschrieben.

Der Text ist eine theologische Symbolerzählung.[46] Seine Bilderwelt kann nicht aufgelöst, sie will einfach angeschaut werden. Die Darstellung ist höchst eindrucksvoll, von großer poetischer Faszination und spiritueller Kraft, freilich auch reichlich massiv. Sie erweckt den Eindruck, Inspiration entstehe im Rausch, in der Ekstase, in der Verzückung und Entrückung; der menschliche Verstand müsse ausgeschaltet werden, damit Gott durch einen inspirierten Menschen zu Wort kommen kann.

Ähnliche Gedanken verfolgt Philo. Er zieht in seiner Mose-Biographie aus der Lektüre des Pentateuch die Schlußfolgerung, die Tora sei im ganzen inspiriert[47]:

> Die Worte (der Tora) wurden teils von Gott selbst durch Übersetzung des göttlichen Propheten gesagt, teils in Form von Frage und Antwort als Gottes Wille verkündet, teils von Moses selbst, da er inspiriert und innerlich ergriffen war.

Auch Philo begreift die Inspiration als ein ekstatisches Phänomen.[48] Positiv geht es ihm darum, die Gott-Innigkeit, die vollkommene Offenheit des Propheten zu Gott zu betonen: Ein Mensch kann wiedergeben, was Gott sagt – wenn Gott ihn aus seinen normalen, profanen Lebenszusammenhängen herausgenommen und ihn ganz und gar für die himmlische Wirklichkeit geöffnet hat. Allerdings hält Philo dafür, der eigene Verstand des Propheten müsse vollkommen ausgeschaltet werden, damit der Heilige Geist durch den prophetischen Sprecher zu Wort kommen kann[49]. Damit bleibt er einem enthusiastischen, spektakulären Inspirationsverständnis verhaftet.

Die Selbst-Darstellung der biblischen Autoren ist wesentlich nüchterner. Zwar wissen sie von atemberaubenden Visionen (Jes 6,1–13; Am 1,1; Gal 1,15f; Offb 1,2), von Himmelsstimmen (Jer 1,4–19) und Engelsworten (Offb 2,1.12.18 u.ö.) zu berichten. Aber das Spektakuläre, das Mirakulöse, das Effektvolle ist ihnen daran gerade nicht wichtig, sondern die Befreiung zur ureigenen Identität und Sendung. Paulus nimmt für sich in Anspruch (1Kor 14,19):

Ich will in der Gemeinde lieber fünf Worte mit Verstand reden,
damit ich auch andere unterweisen kann,
als zehntausend in (ekstatischem) *Zungengestammel.*

Zurückhaltendere Ausführungen zur Inspiration wären deshalb präziser. Sie finden sich schon in biblischer Zeit. Josephus Flavius läßt sich nicht auf Spekulationen über das Wie der Inspiration ein, hält aber sehr wohl dafür, daß die prophetisch begabten Verfasser der biblischen Bücher „unter der Anhauchung Gottes" geschrieben haben und deshalb befähigt worden sind, die Wahrheit der Geschichte zu erkennen.[50] Ähnlich liegen die Aussagen neutestamentlicher Autoren (und der meisten Rabbinen[51]). Nach Mk 12,36 hat David *„im Heiligen Geist"* Ps 110,1 *(„Setz dich zu meiner Rechten ...!"*) gesprochen.[52] Im pseudonymen Zweiten Timotheusbrief, der unter dem Namen des Apostels Paulus wohl um die Jahrhundertwende geschrieben worden ist, sind die *„heiligen Schriften"* (3,15) des Alten Testaments *„von Gott eingehaucht"* (3,16)[53], weshalb sie *„zur Belehrung, zur Beweisführung, zur Zurechtweisung und zur Erziehung in Gerechtigkeit"* taugen. Noch voller tönt das Zeugnis, das der gleichfalls pseudonyme Zweite Petrusbrief, die wahrscheinlich jüngste Schrift des Neuen Testaments, ablegt (1,20f):

> [20]*Keine Prophetie der Schrift ist Sache eigenwilliger Auslegung;*
> [21]*denn niemals ist eine Prophetie vom Willen eines Menschen ausgegangen,*
> *sondern vom heiligen Geist getrieben haben Menschen von Gott gesprochen.*

Der Vers redet nicht nur von einzelnen prophetischen Weisungen oder lediglich von den Prophetenbüchern des Alten Testaments, sondern von der (alttestamentlichen) Schrift als ganzer.[54] Sie ist insofern Prophetie, als sie den gültigen Zuspruch und verbindlichen Anspruch Gottes zu formulieren weiß; als Prophetie geht sie aber auf das Wirken Gottes selbst zurück. Erst bei den Vätern setzt sich die Auffassung von der Inspiration nicht nur des Alten, sondern auch des Neuen Testaments durch. Tertullian (ca.160–nach 220) war es, der den Begriff *inspiratus* eingeführt hat.[55] Von dieser Zeit an ist er, wie umstritten er auch war, untrennbar mit der Einschätzung der Bibel des Alten und Neuen Testaments als Heilige Schrift und als Kanon verbunden.

Freilich ist der Sprachgebrauch noch lange sehr offen. Man spricht ziemlich unbefangen auch davon, daß Schriften der Kirchenväter und andere bedeutende Werke des Christentums inspiriert seien[56]: weil sie wesentliches zum Verständnis des Evangeliums beitragen. Nicht alle als inspiriert geltenden Schriften sind auch kanonisiert; aber alle kanonisierten gelten als inspiriert. Selbstverständlich finden sich auch außerhalb der Heiligen Schrift wesentliche Einsichten des Glaubens; insofern ist der offenere Begriff der Inspiration nicht unberechtigt. Doch diese Feststellung darf nicht dazu führen, die Normativität der Bibel zu relativieren. Umgekehrt aber ist diese Normativität – das ist der entscheidende und bleibend wichtige Gehalt der jüdischen und christlichen Inspirationslehre – darin begründet, daß Gott Menschen befähigt hat, sein Wort zu hören und aufzuschreiben.

Freilich ist mit dieser Feststellung immer noch nicht die Frage geklärt, was Inspiration bedeutet und welche Konsequenzen sich aus dem Verständnis der Inspiration für das Verständnis biblischer Texte, aber auch an dem Verständnis der biblischen Texte für das Verständnis der Inspiration ergeben.[57] An zwei biblischen Texten sei dieser Frage nachgegangen: an der Berufungsvision des Jeremia (1,4–10) und an dem Anspruch, den Paulus im Ersten Thessalonicherbrief artikuliert, als Apostel mit seinem Evangelium das Wort Gottes zu verkünden (2,13).

b) Ein Beispiel aus dem Alten Testament: „Jahwes Wort geschah zu mir!" (Jer 1,4–10)

Kein anderes biblisches Buch hat ein so dramatisches Schicksal erlebt wie das des Propheten Jeremia.[58] Nicht nur, daß es in seiner kanonischen Gestalt das Ergebnis eines langen, langen Wachstumsprozesses ist, der zu immer neuen Ergänzungen, immer neuen Anlagerungen und Ausbauten, immer neuen Fortschreibungen und Aktualisierungen, auch zu immer neuen Umdeutungen und Einordnungen geführt hat; das gilt ähnlich auch für die anderen großen Prophetenwerke. Bei Jeremia hingegen steht bereits der Beginn der Buchproduktion im Zeichen stärkster Turbulenzen. Der Anfang seiner schriftlichen Aufzeichnungen schien auch schon das Ende zu sein. Durch Bücherverbrennung und Autorenverfolgung sollte die Publikation seiner prophetischen Worte verhindert werden. Nur dank der von Gott ermöglichten Zähigkeit, Leidensfähigkeit und Gedächtnisleistung des Propheten hat diese Unterdrückungsaktion einen gegenteiligen Effekt erzielt.

Nach der (sicher theologisch stilisierten und mit anekdotischen Zügen angereicherten, im Kern aber doch wohl historischen) Erzählung des Kapitels 36[59] erhält der Prophet „*im vierten Jahre Jojakims*", also 605 v. Chr., den Auftrag, alle ihm offenbarten Worte

„gegen Israel und Juda und alle Völker" (V. 2) in eine Buchrolle zu schreiben, um sie auf diese Weise festzuhalten und den Israeliten wieder und wieder ins Gedächtnis zu rufen, damit sie vielleicht doch Wirkung zu zeigen begännen (Vv. 3.7). Den Anlaß bildet ein großer, am Jerusalemer Tempel ausgerufener Bußtag, an dem das Volk angesichts der Bedrohung durch den babylonischen Großkönig Nebukadnezzar auf den Schulterschluß mit dem Königshaus eingeschworen werden soll, das sich, um Schlimmeres zu verhüten, auf eine geschmeidige Politik der Annäherung festgelegt hatte. Jeremia diktiert seinem Schreiber Baruch *„alle Worte, die Jahwe zu ihm gesprochen hatte"* (V. 4), und, selbst mit Redeverbot belegt, beauftragt er ihn, im Tempel die Schriftrolle vorzulesen (Vv. 6f). Nachdem dies zu verschiedenen Gelegenheiten geschehen ist (Vv. 8.9–15), wird die Rolle schließlich von Kabinettsmitgliedern zum König gebracht, der sie sich in seinem Winterpalast, mit seinen Getreuen und Beratern vor dem offenen Kamin sitzend, von Jehudi vorlesen läßt:

> [23]*Sooft nun Jehudi drei oder vier Spalten gelesen hatte, schnitt sie der König mit dem Federmesser ab und warf sie in das Feuer auf dem Kohlenbecken, bis das Feuer auf dem Kohlenbecken die ganze Rolle verbrannt hatte.* [24]*Und niemand erschrak oder zerriß seine Kleider, weder der König noch einer seiner Diener, die all diese Worte mitanhörten.* [25]*Selbst als Elnatan, Delaja und Gemarja in den König drangen, die Rolle nicht zu verbrennen, hörte er nicht auf sie.* [26]*Vielmehr befahl der König dem Prinzen Jerachmeël, ferner Seraja, dem Sohn Asriëls, und Schelemja, dem Sohn Abdeëls, den Schreiber Baruch und den Propheten Jeremia festzunehmen.*

Hinter der eiskalten Ruhe des Königs und seines Hofstaates verbirgt sich maßlose Erregung über den Inhalt des Vorgelesenen. Vermutlich denkt der Erzähler, daß sie gerade die radikale Tempelkritik (7,1–15) des Jeremia und seine Unheilsprophetie über das grausige Ende des Königs (22,13–19) gehört haben. Der Vorwurf lautet (V. 29):

> *Warum hast du darauf geschrieben, der König von Babel werde kommen und dieses Land verheeren und die Menschen darinnen wie das Vieh vertilgen?*

Der Zynismus der Macht, den Jojakim in seinem gespenstischen Autodafé zelebriert, will sich den Anschein der Stärke geben – und ist doch nichts als Schwäche. Die Angst vor dem geschriebenem Wort des Propheten reißt den König zu Gewaltakten hin. Indem er das Buch verbrennt, hofft er, es unschädlich zu machen; indem er den Propheten wie den Abschreiber ins Gefängnis sperren will, hofft er, die unbequemen Kritiker mundtot zu machen. Diese „Hoffnung" hat getrogen.

Die Vernichtung des einzigen Textexemplars, der Alptraum eines
jeden Autors, treibt Jeremia nicht in die Verzweiflung. Dank Gottes
Willen weiß er sich nicht nur der Verhaftung zu entziehen, er sieht
sich auch zu einer neuen Aufzeichnung der Worte berufen (36,28):

> *Nimm dir wieder eine Rolle*
> *und schreibe darauf all die Worte,*
> *die auf der Rolle standen,*
> *die Jojakim, der König von Juda, verbrannt hat.*

Wiederum diktiert er Baruch; wiederum schreibt Baruch alles ge-
treulich auf, die verbrannten Worte – und noch viele weitere.

Jer 36 ist geeignet, in selten intensiver Weise die untrennbare Einheit zwischen dem Werk und der Biographie eines biblischen Autors
vor Augen zu stellen. Elie Wiesel (*1928) schreibt über ihn[60]:

> Jeremia war ständig hin- und hergerissen zwischen Gott und Israel,
> Israel und anderen Völkern, großen Mächten und kleineren, seiner
> verlorenen Kindheit und seinem unerträglichen Alter. Er verblüfft
> und interessiert, weckt alle Leidenschaften vom äußersten Haß bis
> zur absoluten Treue, er ist ein Außenseiter und wird als solcher miß-
> verstanden. Er ist, kurz gesagt, ein Überlebender, ein Zeuge. Als ein-
> ziger der Propheten sagte er die Katastrophe voraus, stand sie durch
> und lebte weiter, um Bericht zu erstatten. Er allein schlug Alarm vor
> dem Feuer, und schon von den Flammen versengt, fuhr er fort, davon
> zu sprechen zu jedem, der hören wollte.

Daß ein Buch das Schicksal seines Verfassers bestimmt, ihm Verfolgung und Verleumdung, aber auch postume Anerkennung und Verehrung einträgt – das wird in der gesamten Bibel kaum je deutlicher
als beim Propheten Jeremia; und daß umgekehrt ein Prophet mit
seiner Biographie zum lebendigen Zeichen seiner Verkündigung
und auf diesem Wege zum wesentlichen Thema des ihm gewidme-
ten Buches wird – auch das wird in der Bibel am Beispiel des Jeremia besonders klar: von seiner charismatischen Ehelosigkeit (16,1f)
über seine Bedrohung (11,18–23), Mißhandlung (20,1–6) und Inhaf-
tierung wegen mißliebiger Prophetie (Kap. 37) bis zu seiner Ver-
schleppung nach Ägypten, wo er verschollen ist (Kap. 42ff).[61]
Was hat diesen Menschen bewogen, so zu leben, so zu leiden –
und so zu reden und zu schreiben? Wem hat er sich verantwortlich
gefühlt, indem er, abgesehen von kurzen Episoden, Zeit seines Lebens ein Außenseiter gewesen ist? Die Spur zu einer Antwort führt
über die Berufungsvision, die in 1,4–10 aufgezeichnet ist[62]:

> *4Und Jahwes Wort geschah zu mir:*
> *5"Noch ehe ich dich im Mutterleib geformt,*

habe ich dich erkannt,
noch ehe du aus dem Mutterschoß hervorgekommen,
habe ich dich geheiligt:
zum Propheten für die Völker habe ich dich bestimmt."

⁶Da sagte ich:
"Ach, Herr Jahwe,
siehe, ich kann nicht reden,
ich bin ja zu jung."

⁷Aber Jahwe erwiderte mir:
"Sag nicht: Ich bin zu jung,
sondern zu wem ich dich auch senden werde, sollst du gehen,
und was ich dir auch auftragen werde, sollst du sagen.
⁸Fürchte dich vor ihnen nicht;
denn ich bin mit dir, dich zu retten,
Spruch Jahwes."

⁹Dann streckte Jahwe seine Hand aus
und ließ sie meinen Mund berühren,
und Jahwe sagte zu mir:
"Siehe, ich lege meine Worte in deinen Mund.
¹⁰Siehe, am heutigen Tag setze ich dich ein über Völker und König-
reiche:
auszureißen und niederzureißen,
zu vernichten und umzustürzen,
zu bauen und zu pflanzen."

Der thematische Bogen spannt sich weiter bis zu Vers 19. Zunächst werden zwei weitere Visionen geschildert und ausgedeutet: Jeremia sieht einen Mandelzweig (hebr.: *schaqed*), der ihm zeigt, wie wachsam (hebr.: *schoqed*) Gott auf sein Wort (und mithin auch auf dessen Verkünder) achtet (1,11f); und er sieht einen dampfenden, nach Norden geneigten Kessel, der sich ihm als Symbol des von Norden, d. h. aus Babylon zu erwartenden Unheils für Israel erschließt (1,13–16). Schließlich lenkt der Schluß der Komposition wieder auf die Eingangsszene zurück, wenn der Sendungsauftrag, der in der Berufung angelegt ist, präzisiert wird (1,17ff). Jer 1,4–10 ist in seiner vorliegenden Gestalt nicht einheitlich. Der Text ist durch die Hände vieler Anhänger des Jeremia gegangen, die aber auf ihre Weise doch Typisches gerade dieses Propheten eingefangen haben.

(1) Die Berufung des Propheten

Jes 1,4–10 ist nach dem Schema eines Berufungsberichts gestaltet, wie es ähnlich in Ex 3, aber auch in Ri 6,11–24 und 1Sam 9,1 –

10,16 begegnet. Im Vergleich mit den Texten über die Berufung seiner prophetischen Kollegen Jesaja und Ezechiel ist immer aufgefallen, wie schlicht und nüchtern bei Jeremia von der ursprünglichen, alles weitere bestimmenden, über sein Leben entscheidenden Erfahrung berichtet wird, von Gott in Dienst genommen und gesendet zu sein. Jesaja wird von der Erde in den himmlischen Thronsaal Gottes versetzt, wo er der gewaltigen Heiligkeit Gottes und damit zugleich der ungeheuren Schuldhaftigkeit seiner eigenen Person und seines eigenen Volkes ansichtig wird (Jes 6). Ezechiel sieht den Himmel sich öffnen und Gott im Gewittersturm aus dem Norden daherbrausen und mitten in der düsteren Wolkenfront den Glanz der himmlischen Herrlichkeit aufleuchten (Ez 1). Auch Jeremia weiß nicht nur von einer Audition, sondern auch von einer Vision (1,9). Doch bleibt dies vergleichsweise unspektakulär – nicht weil Jeremia Scheu hätte, zu erzählen, was er von Gott gesehen hat, sondern weil für ihn das innere, das existentielle Moment der Berufung das alles entscheidende ist: Signifikant scheint bei ihm nicht, daß er ekstatisch in die Sphäre Gottes hineinversetzt, sondern daß er als Mensch, als geschichtliche Person, als junger Israelit ganz und gar von Gott in Beschlag genommen worden ist. Er ist *in persona:* in seiner Geschichte und seinem Geschick, in seinem Wollen, Denken und Handeln, in seinem menschlichen Wesen das von Gott eingesetzte Medium seiner Kommunikation mit Israel.

Jeremia ist der Sohn eines Priesters aus Anatot, einer 5 km nordöstlich von Jerusalem gelegenen Landgemeinde, die zum Gebiet des Stammes Benjamin gehört (1,1). Offenbar vermögend, kann er, selbst kein Priester, Grundbesitz erwerben (Kap. 32) und sich einen Schreiber, eben Baruch, leisten, den er 609 in Dienst nimmt und lange Jahre beschäftigt. Vielleicht gehört er zu den „offiziellen" Tempel- und Hofpropheten, deren Aufgabe es war, dem König wie dem ganzen Volk mit Rat und Tat, mit Gebeten und Gottesdiensten, mit Warnungen und Mahnungen zur Seite zu stehen (vgl. 14,1 – 15,9; 19,1). Doch ist dieser sein Brotberuf nichts im Vergleich zu der Berufung, die ihm zuteil geworden ist und die ihm ein für allemal sagt, wie er von nun an seines prophetischen Amtes zu walten hat. Nicht weniger als 45 Jahre dieses Dienstes lassen sich aus dem Jeremiabuch belegen.

Mit größtem Nachdruck arbeitet der Text (wohl schon auf der Basis jeremianischer Notizen) heraus, was die Berufung bedeutet: Jahwe ruft Jeremia aus seinen alltäglichen, seinen normalen, seinen professionellen Lebensverhältnissen heraus, um ihn ganz und gar in den Dienst des Propheten hineinzurufen. Beides, das Heraus- und das

Hineinrufen, ist allein als ebenso unvorhersehbare wie unwiderrufliche, ebenso souveräne wie gnädige Tat Gottes gekennzeichnet. Wer von Gott berufen wird, ist von ihm „erkannt" und „geheiligt" (V. 5), um von ihm „bestimmt" (V. 5b) und „eingesetzt" zu werden (V. 10b). Jeremia wird „erkannt", nicht insofern er durch besondere Vorzüge die Aufmerksamkeit Gottes weckte, sondern insofern Gottes erwählender Blick unter allen Menschen, die er im Gedächtnis hat, gezielt auf ihn, diesen einen, fällt, um ihn für seine Sendung zu qualifizieren. Jeremia wird „geheiligt", nicht insofern er moralisch untadelig zu leben hätte, sondern insofern Gott ihn in eine ganz und gar von seinem Willen und Wesen bestimmte Lebenssphäre hineinstellt, um ihn zum Diener seines Wortes werden zu lassen. Jeremia wird „bestimmt", nicht insofern sein freier Wille ausgeschaltet würde, sondern insofern Gott sich seiner Person als Mittler bedient, ihn an die entscheidenden Stellen führt und ihn zur rechten Zeit das rechte Wort sagen läßt. Und Jeremia wird „eingesetzt über Völker und Königreiche", nicht insofern er als ihr Herrscher fungierte, sondern insofern er über sie seine prophetischen Worte zu sprechen hat.

Jeremia geht auf[63], dies alles sei schon vor seiner Zeugung und Geburt von Gott so geplant und gedacht gewesen. Damit sagt er auf der einen Seite, daß es Gottes ewigem Heilsratschluß entspreche, ihn an seinen Platz als Prophet zu stellen und mit seinem Verkündigungsdienst zu beauftragen. Und auf der anderen Seite sagt Jeremia, daß es nicht im mindesten sein Verdienst, sein Anspruch, seine Lebensleistung gewesen sei, die ihn zum Propheten qualifizierte, sondern ganz allein Gottes Gnade, die ihn sein und werden läßt, was er ist.[64] Über seinem Leben steht nicht das Wort des Rene Descartes (1596–1650): cogito ergo sum (Ich denke, also bin ich), sondern dessen Umkehrung: cogitor ergo sum (Ich bin erdacht, also bin ich).[65]

Die Indienstnahme des Propheten ist von einer unbedingten Beistandsverheißung getragen (V. 8): Gott wird immer „mit" seinem Propheten sein, selbst in den dunkelsten Stunden seines Lebens; und er wird ihn „retten", selbst aus tödlicher Gefahr. Die Beistandsverheißung macht von vornherein klar, wieviel Leiden und Anfechtung, wieviel Bedrohung und Verfolgung, wieviel Verkennung und Verleumdung auf den Propheten warten. Jeremia wird in eine Welt hineingesendet, die sich zwar den Anschein der Frömmigkeit gibt, in Wahrheit aber ein Leben gegen Gott führt. Daß Gott in den schweren Stunden der Mißerfolge und Zurückweisungen, der Anfechtung und Bedrückung „mit" Jeremia sein wird, heißt nicht, daß er seinen Propheten wunderbar aus jeder Not und jedem Elend befreit, sondern daß er mit Jeremia zusammen an der Taubheit und Verblendung sei-

nes erwählten und geliebten Volkes leidet; und daß er seinen Propheten „*rettet*", bedeutet nicht, daß er ihn vor dem Leiden bewahrt, aber
daß er ihn in seinem Leiden nicht zugrunde gehen läßt, indem er mit
ihm mitleidet und ihm seine Nähe durch das Leiden erweist.

(2) Die Autorität des Propheten

Die Vollmacht, die dem Propheten zukommt, ist allein die Macht
des Wortes. Nach Vers 10 (der vermutlich auf die Hand eines Re-
daktors zurückgeht) ist Jeremia „*über die Völker und die Königreiche eingesetzt*".[66] Das erinnert zum einen daran, daß Jeremia sich
Zeit seines prophetischen Wirkens immer auch mit dem Wohl und
Wehe der Heidenvölker auseinandergesetzt und als der politische
Prophet, der er gewesen ist, Israel immer auch im Mächtespiel der
anderen Nationen und Regierungen gesehen hat. Zum anderen
weist der Vers darauf hin, welch enorme Autorität und Verantwortung dem Propheten gegeben ist. So bedeutende Rollen auch immer
Jojakim und seine Beamten, vor allem aber Nebukadnezzar, seine
Heerführer und seine Vasallen auf der Weltbühne spielen mögen –
in den Augen des Glaubens werden sie durch den scheinbar ohn-
mächtigen und erfolglosen Jeremia allesamt an die Wand gespielt.
Er hat die Hauptrolle: weil nur er etwas zu sagen hat, was wirklich
wichtig und gültig ist. Er, der Prophet, ist ihnen allen über, Königen
und Generälen, Kanzlern und Priestern: weil *er* auf Gott zu hören
und Gottes Wort zu sagen begnadet worden ist. Die Autorität des
Propheten weist sich nicht durch äußeren Glanz, durch Macht und
Ansehen aus. Im Gegenteil: Der Prophet erleidet das Schicksal der
einfachen Leute in Israel, die niemand fragt und die sich dem Willen
der Mächtigen beugen müssen; Jeremia bestimmt nicht die Richtli-
nien der Politik, noch nicht einmal im kleinen Staate Juda, geschweige im großen Babylon. Er wird vielmehr immer wieder zum Opfer
der herrschenden Machtpolitik. Zuletzt teilt er gar das Schicksal
der Verschleppten und Verschollenen, deren Namen niemand
kennt. Aber in all dieser Erniedrigung kommt es doch letztlich nur
auf ihn an, den Gott in seinen Dienst genommen hat: auf das, was
er sagt, und auf das, was er erlebt.

Jeremia selbst weiß freilich, daß ihn von Haus aus nichts dazu qua-
lifiziert, diese Rolle zu spielen. Im Gegenteil: Schaut er auf seine natürlichen Fähigkeiten, weiß er, daß Gottes Auftrag ihn überfordert.
Er hat sich nicht im mindesten nach der Rolle des Propheten gedrängt. Wie in den Berufungsszenen anderer Propheten und Retterge-
stalten auch (Ex 3,11; Ex 4,10ff; Ri 6,15; Jes 6,5), wendet Jeremia seine

totale Unfähigkeit ein, um auf diese Weise von seinem Auftrag loszukommen. Nicht, daß er zweifelte, ob Gottes Ruf wirklich ihm gegolten hätte, läßt ihn Bedenken äußern, sondern daß er, sobald er auf die eigene Person schaut, meinen muß, Gott habe die falsche Wahl getroffen. Wenn Jeremia einwendet, aufgrund seiner Jugend nicht reden zu können (V. 6), deutet er nicht auf einen Sprachfehler (vgl. Ex 4,10), auf Schüchternheit oder mangelnde rhetorische Bildung hin, sondern darauf, daß er, der Gottes Wort verkünden soll, mangels Erfahrung von sich aus nichts zu sagen hat.[67] Im Einwand des Jeremia spiegelt sich auf der einen Seite das existentielle Wissen um die eigene Unwürdigkeit, das freilich geradezu eine *conditio sine qua non* ist, um dann wirklich mit der Autorität Gottes auftreten zu können. Auf der anderen Seite deutet der Einwand darauf hin, von welch schöpferischer Macht Gottes berufendes Wort ist: Er selbst, und nur er macht den Propheten zu jenem Boten, den er sich ausersehen hat.

Die Konsequenz im Leben des Jeremia kann nur eine zweifache sein: radikaler Verzicht auf Ansehen der eigenen Person und radikaler Gehorsam gegenüber Gott, der ihn sendet (V. 7b) und der ihm seine ureigene, seine wahre Identität erst vermittelt, indem er ihn beruft (V. 8). Gottes Gegen-Rede in Vers 7 bestreitet nicht, was Jeremia eingewendet hat: Tatsächlich ist er noch sehr jung. Aber Gott lenkt den Blick des Jeremia von dem weg, was er ist, hin zu dem, was Gott aus ihm macht. Jeremia muß aus der Fixierung auf seine Unfähigkeit, also aus der Fixierung auf seine Person gelöst und zur Konzentration auf das Wort Gottes geführt werden. Da er sich aber zum Propheten hat berufen lassen, stellt er sich mit all seinen Fähigkeiten und Fertigkeiten, mit all seiner Geduld und Leidensfähigkeit, die er im Zuge seines prophetischen Wirkens erst erwerben wird, in den Dienst der Verkündigung.

(3) Die Macht des Wortes Gottes

Das Wort, das Jeremia, obgleich eigentlich unfähig, dennoch vollmächtig verkünden soll, ist das Wort Gottes. Gottes Wort hat Macht. Es wird zum geschichtlichen Ereignis: zuerst in der Anrede des Propheten, dann in der Verkündigung durch den Propheten. Die sogenannte „Wortereignisformel" leitet die Berufungsszene ein (1,4); sie wird sich auch in den Versen 11 und 13 und dann immer wieder im Jeremiabuch finden. Mag sie auch redaktionell sein, nimmt sie doch das Spezifikum prophetischen Redens auf: Indem Gott das Wort ergreift und sich äußert, stellt er sofort eine neue geschichtliche Situation her. Sein Wort hat schöpferische Macht. Es verändert die Wirklichkeit: Es „*geschieht*". Die Wirkung zeigt sich zuerst am Propheten. Durch seine Berufung bekommt er nicht nur eine neue Aufgabe zugewiesen, er wird ein neuer Mensch, dessen Lebensaufgabe (im doppelten Sinn des Wortes) darin besteht, vollmächtiger Künder des Wortes Gottes zu sein. Der Prophet erfährt das Ergehen des göttlichen Berufungs- und Auftragswortes als Widerfahrnis eines Wortes, das ihn unbedingt angeht und ganz mit Beschlag belegt – so daß er fortan mit sich geschehen lassen darf und muß, was dieses Wort ihm zu sagen hat. Es wird für ihn Ereignis, indem es ihn aus seinem bisherigen Leben herausruft und in ein neues Leben des Dienstes am Wort Gottes hineinstellt.

Davon handelt der knappe Visionsbericht in Vers 9. Ähnlich wie nach Jes 6,7 die Lippen des Propheten, der als unreiner Mensch aus einem unreinen Volk stammt, erst mit einer glühenden Kohle vom himmlischen Brandopferaltar verbrannt werden müssen, damit Jesaja Gottes Worte aussprechen kann, so berührt hier, weit weniger dramatisch gestaltet, Gott den Mund des Jeremia, um seine Worte in ihn zu legen. Die intime Geste des Berührens ist ein Ausdruck unverbrüchlicher Beistandsverheißung und gültiger Vollmachtsübertragung. Gottes Berührungsgeste ist einerseits ein Bild dafür, daß er Jeremia befähigt, die Worte zu finden und auszusprechen, die Gott ihm eingegeben hat, und andererseits dafür, daß aus dem Munde des Jeremia nur das Gewicht und Bedeutung hat, was aus Gottes Eingebung stammt.

Gerade weil Jer 1,9 auf jede großartige Ausgestaltung verzichtet, gewinnt die Szene größte Eindringlichkeit. Es ist ein Geschehen, das sich einzig und allein zwischen Gott und seinem Propheten abspielt und das mit grellen Scheinwerfern auszuleuchten (historisch, psychologisch, soziologisch) sich verbieten müßte. Was im Interesse der Menschen, zu denen Jeremia gesendet wird, allenfalls mitgeteilt werden kann, ist dies: Gott berührt den Mund des Propheten; er legt ihm seine Worte in den Mund – und deshalb kann der Prophet, Mensch der er ist und bleibt, zum Sprachrohr Gottes werden.

Wenn dieser Prophet dann auftritt und verkündet, was Gott ihm eingegeben hat, kommt seinem Wort die Autorität des Wortes Gottes zu, so sehr es das von diesem Propheten verkündete Wort ist und bleibt, das nur *er* gefunden und nur er zu *verantworten* hat. Indem Gott den Weg wählt, seinen Willen zu bekunden, indem er einen Menschen, dessen Geschichte und Individualität genau bekannt sind, zu seinem Sprecher macht, setzt er sein Wort der Gefahr des Mißverstehens, der Ablehnung, der Verdrehung und der Unterdrükkung aus. Doch diese Wehrlosigkeit ist nicht nur gewissermaßen der

Preis, den Gott zahlt, um die Freiheit der Menschen zu achten; sie ist zugleich die Konsequenz seiner vorbehaltlosen Anteilnahme am Leben der Menschen, die er retten will.

c) Ein Beispiel aus dem Neuen Testament:
„ ... was es in Wahrheit ist: Gottes Wort" (1Thess 2,13)

Unter den neutestamentlichen Texten, die nicht nur den Anspruch erheben, durch menschliche Worte das Wort Gottes zu bezeugen, sondern auch das Verhältnis zwischen Gotteswort und Menschenwort theologisch reflektieren, ragen neben der Apokalypse die paulinischen Briefe hervor. Aufschlußreich ist schon, was der Apostel in seinem ältesten Brief schreibt, den er etwa in den Jahren 50 oder 51 von Korinth aus an die noch ganz junge Christengemeinde von Thessalonich gerichtet hat.[68] Dort heißt es (1Thess 2,13):

> *Auch dafür danken wir Gott unablässig,*
> *daß ihr, als ihr das Wort der Botschaft Gottes von uns empfangen habt,*
> *es nicht als Wort von Menschen angenommen habt,*
> *sondern als das, was es in Wahrheit ist:*
> *Gottes Wort,*
> *das in euch, den Glaubenden, wirksam ist.*

Die Danksagung gibt einen eminenten theologischen Anspruch zu erkennen, wie sie freilich auch eine strenge theologische Selbstverpflichtung voraussetzt: den Anspruch, im vollen Sinn das Wort Gottes zu verkünden, und die Selbstverpflichtung, es auch tatsächlich als Wort Gottes zu verkünden. Wie stellen sich dieser Anspruch und diese Selbstverpflichtung dar, wenn man 1Thess 2,13 im Lichte der anderen Paulus-Briefe betrachtet?

(1) Die Verkündigung des Wortes Gottes durch den Apostel

Nach 1Thess 2,13 kommt in der Botschaft des Apostels Gott selbst zur Sprache. Die Wirkmächtigkeit *seines* Wortes prägt die Evangeliumsverkündigung des Apostels; sie manifestiert sich auch im Glauben der Gemeinde. Hinter der Botschaft des Apostels steht aber nicht nur formal oder prinzipiell die Autorität Gottes; vielmehr ist Gott, so wie Paulus es versteht, der eigentliche Sprecher jenes Wortes, das die Predigt artikuliert, und der Apostel ist das Medium Gottes: der Mensch, dessen sich Gott bedient, um sein Wort den Menschen zu sagen.

Diese Vorstellung des Evangeliums kennzeichnet die gesamte paulinische Theologie des Apostolats und des Evangeliums. In der geläufigen Wendung „Evangelium Gottes"[69] bzw. „(Jesu) Christi"[70] lassen sich *genitivus objectivus* und *genitivus subjectivus* zwar unterscheiden, aber nicht voneinander trennen: Die christliche Botschaft handelt von Gott und von Jesus Christus – doch nur deshalb, weil Gott und durch ihn auch Jesus Christus Urheber des Evangeliums sind: nicht nur dadurch, daß sie die Verkündigung einmal angestoßen haben und weiter ermöglichen, sondern auch dadurch, daß sie sich in ihr selbst zu Wort melden, indem sie sich des Apostels als ihres Sprechers bedienen. Es ist deutlich, daß hinter dieser theologischen Qualifizierung des Evangeliums und seiner Verkündigung sowohl die Berufungserfahrung des Apostels als auch seine spezifische pneumatische Begabung stehen, die sein prophetisches Selbstverständnis decken.

Freilich ist dem Apostel auch klar, daß aus diesem hohen Anspruch eine strenge Selbstverpflichtung folgt: das Evangelium nämlich so zu predigen, daß es tatsächlich als Wort Gottes gehört und angenommen werden kann. Das betrifft sowohl die Form wie auch den Inhalt der Verkündigung. Beides wird vom Apostel Paulus in seinen Briefen häufig problematisiert.

Im Ersten Thessalonicherbrief hat Paulus, um möglichen Mißverständnissen vorzubeugen, den Blick auf die Form der Verkündigung und die Lebensweise des Verkündigers gelenkt (2,1–12). Die Integrität, die Einfachheit, das Engagement, die Sachlichkeit, die Freundlichkeit sind Zeichen eines authentischen Apostolates (vgl. 1Kor 3,1f; 4,9–21; 9,19–27; 2Kor 11–13).

Freilich setzt die theologische Qualität der Evangeliums-Verkündigung auch die Authentizität ihres Inhalts voraus. Im Ersten Thessalonicherbrief war er nicht so umstritten, wohl aber in den meisten Hauptbriefen. Im Ersten Korintherbrief bindet Paulus gegen die enthusiastische Versuchung der Pneumatiker, das Evangelium in Weisheitsspekulationen aufzulösen, die theologische Qualität und die Überzeugungskraft des Evangeliums streng an seine Darlegung als *„Wort vom Kreuz"* zurück (1,17f). Im Galaterbrief, mit dem Paulus gegen christliche Nomisten die *„Wahrheit des Evangeliums"* (2,5.14) zu verteidigen trachtet, zeigt er den Zusammenhang zwischen dem Inhalt und dem göttlichen Ursprung des Evangeliums bereits in der einleitenden Themenangabe des Briefes auf (1,12)[71]: Daß das Evangelium, das Paulus verkündet, nicht, wie ihm vorgeworfen wird, nach Menschenart erweicht ist, führt er darauf zurück, daß er es nicht von einem Menschen empfangen hat, sondern durch eine Offenbarung. Damit ist ihm umgekehrt die Aufgabe gestellt, das Evangelium auch tatsächlich gemäß dieser Offenbarung zu vermitteln. Das geschieht im folgenden durch den Ausweis der Rechtfertigungslehre als soteriologische Konsequenz der Kreuzestheologie.

In dieser Konformität mit seinem Inhalt, die durch die Art und Weise seiner Verkündigung verifiziert wird, kommt dem Evangelium des Apostels von seiner Stiftung durch Gott her eschatologische Autorität zu. Das folgert Paulus in 2Kor 5,18ff. Als von Gott eingesetzter (V. 19) Botschafter Jesu Christi repräsentiert Paulus gegenüber den Hörern des Wortes den Erhöhten und partizipiert deshalb an dessen Vollmacht. Weil ihn Jesus Christus ganz in seinen Verkündigungsdienst stellt und Gott sich seiner als Sprecher bedient, kann und muß Paulus seinerseits mit der Autorität des Kyrios zur Versöhnung mit Gott einladen.

(2) Gottes Macht im Evangelium

Insofern das Evangelium als Wort Gottes und Rede Jesu Christi verkündet wird, kommt ihm die Kraft zu, von Gott her das Heilsgeschehen, das in Christus sich ereignet, geschichtlich zu vergegenwärtigen, und zwar gerade dadurch, daß es mit dem Ruf zum Glauben vor die Alternative Leben oder Tod stellt, um das Leben zu vermitteln. Bereits im Ersten Korintherbrief gewinnt dieser Gedanke Gestalt. Das Evangelium ist eine eschatologische Macht – und zwar dadurch, daß seine Identität als „Wort vom Kreuz" im Widerspruch zu aller „Weltweisheit" steht (1,17f), werde sie von Griechen oder von Juden oder von Christen vertreten (1,22f; vgl. 2,1–5). Im Kontext einer Welt-Geschichte, die von der Unheilsmacht der Sünde verunstaltet wird, gerade deshalb aber der Ort des törichten Heilshandelns Gottes ist, wirkt dieses Evangelium eine eschatologische Scheidung: Auf der einen Seite offenbart es den Unglauben in jeder Gestalt und überantwortet ihn dem Gericht; auf der anderen Seite pro-voziert es den Glauben und erweist sich darin als „Kraft Gottes" (vgl. 2,5), die Rettung wirkt; denn in ihm offenbart Gott (vgl. 2,7ff) den gekreuzigten Christus als seine eigentliche Kraft und Weisheit (1,24).
Noch deutlicher wird Paulus in der Überschrift des Römerbriefes (1,16)[72]:

> Ich schäme mich des Evangeliums nicht,
> denn es ist Gottes Kraft zur Rettung für jeden, der glaubt.

„Evangelium" ist hier nomen actionis. Es bezeichnet nicht nur den Inhalt der christlichen Botschaft, auch nicht nur deren Verkündigung; „Evangelium" steht vielmehr für den gesamten Vorgang, daß Gott seinen eschatologischen Willen, alle Menschen aufgrund ihres Glaubens zu retten, kraftvoll in die Tat umsetzt, und zwar dadurch, daß er das Evangelium seines Sohnes (1,3f.9) durch den Mund des

Apostels proklamiert. Von daher hat die Verkündigung des Apostels an der eschatologischen Dynamik des Heilsgeschehens teil, das aufgrund der Selbstmitteilung Gottes in Jesus Christus universale Dimensionen gewinnt. Das Evangelium, dessen sich der Apostel nicht schämt, ist selbst eine soteriologische Größe. Es ist das Manifest der Gerechtigkeit Gottes, die seinen Zorn je und je aufhebt (1,17f; 3,21f); insofern kommt ihm Offenbarungsqualität zu (1,17). Dies erhellt freilich nur dort, wo das Evangelium im Glauben, den es fordert und weckt, angenommen wird.

(3) Die Menschlichkeit des Evangeliums

So eng freilich Paulus aufgrund seiner Berufung und seiner pneumatischen Befähigung die Verbindung zwischen dem Wort Gottes, das durch Jesus Christus ergeht, und der apostolischen Evangeliumsverkündigung knüpft – wenn es darauf ankommt, versäumt er nicht, beides voneinander zu unterscheiden.

Auf der einen Seite macht er selbst immer wieder deutlich, wie stark – gewiß aufgrund der ihm zuteil gewordenen Gnade – seine persönliche Beteiligung am Missionswerk ist: wie hoch sein Einsatz[73], wie groß seine Mühen[74], wie stark sein Eifer[75], wie intensiv sein Engagement (1Kor 9) sind. Das alles bildet nicht nur den äußeren Rahmen der Evangeliumsverkündigung, sondern prägt sich ihr selbst ein. 1Thess 2,8 hebt dies ausdrücklich hervor:

Da wir euch so zugetan waren,
haben wir uns entschlossen,
euch nicht nur am Evangelium Gottes Anteil zu geben,
sondern an unserem eigenen Leben;
denn ihr ward uns lieb geworden.

Die Mitteilung des Evangeliums, so sehr sie ein pneumatisches Geschehen ist und bleibt, setzt doch Menschen voraus, die es mit ganzem Herzen verkündigen; nur dann kann es Menschen finden, die es mit ganzem Herzen bejahen. Wie Paulus das Evangelium einerseits als Evangelium Gottes und Jesu Christi kennzeichnen kann, vermag er andererseits auch von „meinem" oder „unserem Evangelium" zu reden[76]: selbstverständlich nicht, um seine Verfügungsgewalt über das Evangelium, sondern um umgekehrt die Verfügungsgewalt des Evangeliums über ihn auszudrücken – aber um doch gleichzeitig auch herauszustellen, daß er das, was er als Evangelium verkündet, mit seinen eigenen Worten sagt und mit seiner eigenen Person verantwortet. Dazu ist er als Apostel berufen und befähigt. Das Wort

Gottes ergeht durch das Wort von Menschen; anders könnte es von Menschen nicht als Wort Gottes angenommen werden.

Wenn aber Paulus auf der einen Seite seine persönliche Verantwortung für das Evangelium herausstreicht, heißt dies *auf der anderen Seite:* So wenig seine Predigt vom Wort Gottes getrennt werden darf, so wenig darf sie mit ihm gleichgesetzt werden. Tatsächlich ist dem Apostel das bewußt. In der beginnenden Auseinandersetzung mit den korinthischen „Superaposteln" (2Kor 11,5; 12,11), die Wunder und Zeichen als Ausweis göttlicher Vollmacht reklamieren, bringt er es unmißverständlich zur Sprache. In 2Kor 4,7 sagt er:

Wir aber haben diesen Schatz in irdenen Gefäßen.

Der Schatz, von dem Paulus spricht, ist der apostolische Verkündigungsdienst. Er ist ein Schatz, weil er das Evangelium, Gottes rettendes Wort, sagen darf (vgl. 4,1–6). Das irdene Gefäß, profan, billig und zerbrechlich, in dem dieser Schatz aufbewahrt wird, ist aber, wie die folgenden Verse ausführen (4,8ff), Paulus selbst. Er ist ein irdenes Gefäß, weil er als sterblicher Mensch immer nur in der Bedrängnis, in der Anfechtung, im Leiden, in Hinfälligkeit und Schwäche das Evangelium verkünden kann.

(4) Das starke Wort Gottes – das schwache Wort des Apostels

Die Differenzierung zwischen dem Wort Gottes und der Verkündigung des Apostels ist aus theozentrischen wie aus anthropologischen Gründen essentiell: Die apostolische Predigt, durch die Person des Apostels vor-getragen, vermag unbeschadet ihrer theologischen Identität und Integrität nicht schon die ganze Fülle des Wortes Gottes zu realisieren; sie bleibt hinter ihr zurück, und zwar nicht nur von Fall zu Fall, sondern prinzipiell, wenn anders es tatsächlich das Wort Gottes ist, in dessen Dienst der Apostel steht.

Daß Paulus – an zentraler Stelle seiner apostolatstheologischen Ausführungen – eine qualitative Differenz zwischen dem Wort Gottes und der apostolischen Predigt festhält, bewahrt ihn vor einem fundamentalistischen Offenbarungs- und Evangeliumsverständnis. Allerdings relativiert diese Differenz nicht die Autorität und Relevanz der Predigt, im Gegenteil. Gerade hier kommt erneut, und zwar mit existentiellem und theologischem Ernst, jene eschatologische Paradoxie zur Geltung, die in der Auferweckung und Erhöhung des Gekreuzigten aufgipfelt. Der Satz (2Kor 4,7a):

Wir aber haben diesen Schatz in irdenen Gefäßen

fährt fort (4,7b):

damit das Übermaß der Kraft Gott vorbehalten bleibe
und nicht von uns ausgehe.

Der Vorbehalt, den Paulus gegenüber seiner eigenen wie gegenüber
jeder anderen vollmächtigen Evangeliumsverkündigung äußert, erweist sich als theozentrisch begründet. Wie der Kontext zeigt, geht
es Paulus *zum einen* um die Wirkung, die das Wort der Predigt bei
seinen Hörern auslöst: Sie soll nicht den Ruhm des Verkündigers
mehren (vgl. 2Kor 3,5; 12,9f; ferner 1Kor 2,3ff), sondern allein die
dankbare Verehrung Gottes, die im Grunde nichts anderes als Gnade ist (2Kor 4,15). Schon deshalb muß die Differenz, die zwischen
dem Wort Gottes und dem Wort des Apostels besteht, sowohl theologisch gewahrt bleiben als auch in der konkreten Verkündigungstä-
tigkeit zum Ausdruck kommen.

Paulus geht es aber nicht nur zum einen um die Hörer, sondern
ebenso *zum anderen* um die Verkündiger des Evangeliums. Würden
sie die Überzeugungskraft, die ihre Predigt hat, mit der alles überra-
genden Kraft gleichsetzen, die Gott allein zukommt, würden sie
Gott selbst nicht gerecht werden und sich in fataler Weise über sich
selbst täuschen. Daß seine Gegner genau darin befangen sind, ist der
Verdacht, den Paulus – wohl nicht ohne Grund – wegen ihres Sich-
Rühmens (vgl. 2Kor 10,12–18; 11,18.30; 12,1) gegen sie hegt.

Beide pragmatischen Motive setzen eine theologische Grundüberzeugung voraus: Gott behält sich die eschatologische Überfülle der
(rettenden) Kraft vor, weil sie im gegenwärtigen Äon nur auf diese
Weise voll zur Wirkung kommen kann: nämlich als jene Kraft, die
durch das Unscheinbare wirkmächtig ist und durch den Tod Leben
schafft (2Kor 4,12). Diese Paradoxie wiederum verdankt Paulus
nicht abstrakter Spekulation, sondern dem Blick auf den Gekreuzigten. Sein eigenes Leiden als Apostel ist Partizipation am Leiden Jesu
Christi, so wie seine Hoffnung auf Leben allein in der Auferweckung
des Gekreuzigten begründet ist (2Kor 4,14).

Dann aber erhellt der christologische Sinn dessen, daß Gott den
Schatz seines Wortes irdenen Gefäßen anvertraut: Gerade dadurch,
daß das Leben des Apostels ein „Sein zum Tode" ist, und zwar
nicht nur in einem allgemein anthropologischen, sondern auch in einem spezifisch apostolatstheologischen Sinn: nämlich als Partizipation an der Todes-Proexistenz Jesu – gerade dadurch wird das *Leben*
Jesu am Leib und am sterblichen Fleisch des Apostels offenbar: als
das Leben des auferweckten Gekreuzigten (4,11f; vgl. Gal 4,13f).
Das aber bedeutet: Für Paulus ist es nicht allein die substantielle

Verbindung mit dem Wort Gottes, sondern ebenso die qualitative Differenz zu ihm, welche die theologische Identität und die authentische Wirkung der apostolischen Predigt ausmacht.

In 2Kor 10–13 spitzt Paulus diesen Gedanken noch einmal zu.[77] Theo-logie, Kreuzeschristologie und Apostolatstheologie sind auf das engste verbunden. In 2Kor 13,3f wird zugleich der Anlaß der paulinischen Klarstellungen ganz deutlich.

> [3]*Denn ihr verlangt einen Beweis,*
> *daß in mir Christus spricht,*
> *der ja euch gegenüber nicht schwach,*
> *sondern unter euch stark ist.*
> [4]*Denn wurde er auch aus Schwachheit gekreuzigt,*
> *lebt er doch aus Gottes Kraft.*
> *Sind wir so auch in ihm schwach,*
> *so werden wir uns doch mit ihm aus Gottes Kraft*
> *euch gegenüber als lebendig erweisen.*

Die Differenzierung zwischen dem kräftigen Wort Gottes und dem schwächlichen, aber gleichwohl vollmächtigen Wort des Apostels trägt nicht nur dem eschatologischen Vorbehalt Rechnung; sie allein entspricht auch dem eschatologischen Grundereignis, daß Gott seine ganze Stärke in der Auferweckung des Gekreuzigten ausspielt. Weil von Gottes Gnade gilt (2Kor 12,9):

> *Sie erweist ihre Kraft in der Schwachheit,*

deshalb gilt von der Predigt des Apostels (2Kor 12,10):

> *Wenn ich schwach bin, bin ich stark!*

d) Gotteswort durch Menschenwort

Was in der Heiligen Schrift zu Papier gebracht worden ist, verdankt sich nicht einfach der Phantasie, der Einbildungskraft, der Intelligenz, der Sensibilität, der Frömmigkeit, der Weisheit ihrer Autoren – es verdankt sich all dem, insofern es sich im Grunde Gott selbst verdankt. Das kann vom Propheten Jeremia wie vom Apostel Paulus und vielen anderen biblischen Autoren gelernt werden. Zwischen den alt- und den neutestamentlichen Schriften gibt es in dieser Hinsicht, was ihren Anspruch angeht, keinen substantiellen Unterschied. Allerdings ist es nach neutestamentlicher Glaubensüberzeugung der Gottessohn Jesus Christus, durch den Gott seinen Geist den Verkündern des Evangeliums vermittelt; und selbstverständlich setzen die neutestamentlichen Autoren immer schon die (alttestamentliche)

„Schrift", die Bibel Israels, als kanonisches Glaubenszeugnis voraus – unabhängig von der Frage, welchen Umfang für sie das „Alte Testament" gehabt hat.

Gerade die Beispiele Jeremia und Paulus zeigen hingegen auch, wie untrennbar das, was sie sagen und schreiben, mit ihrer eigenen Person, ihrer einzigartigen Biographie, ihrem unverwechselbaren Charakter, ihrer Bildung und ihrem Herkommen, ihrem Temperament und ihren rhetorischen wie literarischen Fähigkeiten verknüpft ist. Eine Theologie der Heiligen Schrift, die dem Selbstzeugnis wie dem in ihrer Botschaft begründeten Anspruch der biblischen Schriften gerecht werden will, muß deshalb beides aufnehmen und in Beziehung zueinander setzen: die reine Gnadenverdanktheit der Texte und ihre Prägung durch die Persönlichkeit ihrer Verfasser wie die Zeit ihrer Entstehung, nicht zuletzt auch durch die Glaubens- und Lebenswelt ihrer ursprünglichen Adressaten und späteren Tradenten. Das freilich ist schwer.

(1) Die Berufung von Menschen zur Aufzeichnung der Heiligen Schrift

Im Bereich der Katholischen Theologie hat erst das Zweite Vatikanische Konzil mit seinem Dekret über die Offenbarung einen Durchbruch erzielt.[78] In *Dei Verbum* 11 liest man:

> Das von Gott Offenbarte, das in der Heiligen Schrift textlich *(litteris)* enthalten ist und vorliegt, ist unter dem Anhauch des Heiligen Geistes aufgezeichnet worden. Denn die Bücher des Alten wie des Neuen Testaments als ganze *(integros)* mitsamt all ihren Teilen hält die heilige Mutter Kirche aus apostolischem Glauben für heilig und kanonisch, weil sie, durch Inspiration des Heiligen Geistes geschrieben (vgl. Joh 20,31; 2Tim 3,16; 2Petr 1,19ff; 3,15f), Gott zum Urheber haben *(Deum habent auctorem)* und als solche der Kirche selbst übergeben sind.

Die Formulierung ist – an dieser Stelle – noch durchaus mißverständlich. Fundamentalisten könnten sich auf diesen Satz stürzen und mit Berufung auf die göttliche Autorschaft jedes menschliche Deuteln am Buchstaben der Heiligen Schrift verbieten. Doch das Konzil denkt anders. Es bleibt nicht bei der Behauptung stehen, Gott sei der „Autor" der Schriften, sondern klärt im weiteren ziemlich genau, wie diese Aussage zu verstehen ist:

> Zur Abfassung der Heiligen Bücher hat Gott Menschen erwählt, die ihm durch den Gebrauch ihrer eigenen Möglichkeiten und Kräfte *(facultatibus ac viribus suis)* dazu dienen sollten, all das und nur das, was er – in ihnen und durch sie wirksam – selbst wollte, als echte Autoren schriftlich zu überliefern.

Der Satz ist etwas kompliziert. Der zugrundeliegende Gedanke ist aber klar: So sehr Gott der „Urheber" und insofern *auctor* der Heiligen Schrift ist, so sehr ist sie von Menschen als „echten Verfassern" geschrieben worden. Gott hat sie als *„veri auctores"*, als echte Schriftsteller, mitsamt all ihren menschlichen (ergo: Gott verdankten) Fähigkeiten und Möglichkeiten in seinen Dienst gestellt, um durch sie genau das auszudrücken, was er den Menschen mitteilen wollte: jene Wahrheit, die ihr Leben bedeutet.

Weil das Dokument die menschliche Verfasserschaft der biblischen Schriften betont, ist es gerade nicht das Zeugnis eines vielleicht gut gemeinten und stark auftretenden, aber im Grunde hilflosen Fundamentalismus, sondern das Zeugnis einer geschichtlich vermittelten Inspirationstheologie; und weil es die Artikulationsfähigkeit der biblischen Verfasser nicht nur auf ihre ureigene sprachliche Kompetenz, sondern im letzten auf das schöpferische Wort Gottes zurückführt, ist es gerade nicht das Zeugnis eines vielleicht zeitkonformen und modernen, aber im Grunde relativistischen Historismus, sondern das Zeugnis einer theologisch aufgebrochenen Literaturtheorie. Die Stärke von *Dei Verbum* besteht darin, daß es (nahezu) durchweg die ganze Spannung sichtbar macht, die dadurch aufgebaut wird, daß die biblischen Schriften von Menschen für Menschen geschrieben worden sind und daß gerade auf diese Weise *Gott* sich so mitteilt, wie er sich zu erkennen geben will. Gottes Wort kommt nicht als eine ewige Wahrheit unvermittelt vom Himmel herab, um dann mit heiligen Buchstaben aufgezeichnet zu werden. Die Bibel ist „kein vom Himmel gefallenes Buch, das rein übernatürliche Mitteilungen enthält"[79]. Sie ist freilich auch weder als ideologischer Reflex ökonomischer Verhältnisse in der Antike[80] noch als Niederschlag zeitloser Ideen über Gott und die Welt[81] oder als Sammlung archetypischer Urbilder aus den Tiefen des kollektiven Unbewußten[82] zu begreifen. Sie ist eine in langer Zeit entstandene Sammlung von Texten, die dank der Gnade Gottes geschichtliche Gottes- und Glaubenserfahrungen bezeugen – eine Sammlung, die in ihren beiden Haupt-Teilen, dem Alten und dem Neuen Testament, für die Kirche grund-legende, sinn-stiftende, normative Bedeutung hat.

(2) Vorstellungen der Inspiration

Daß sich *Dei Verbum* zurückhält, das *Wie* der Inspiration zu beschreiben, ist eher eine Stärke als eine Schwäche. Mehr als Jeremia und Paulus darüber mitteilen, mehr als Ezechiel und Jesaja und Johannes (oder auch Lukas in der Apostelgeschichte) anschauen lassen, gibt es über den *Vorgang* der Inspiration nicht zu sagen; wo aber die biblischen Autoren schweigen oder nur Bilder sprechen lassen, darf kein noch so frommer und gelehrter Theologe die Lücken ausfüllen und die griffigen Formeln prägen. Wie allein schon die Diskretion den biblischen Autoren das Ausplaudern intimster Vorgänge zwischen Gott und ihnen verboten hat, so müßte es allein schon die Quellenlage sein, die den Exegeten jede psychologische Durchleuchtung und sozialgeschichtliche Herleitung von Berufungs- und Inspirationserfahrungen verbietet.

Was in Aufnahme der biblischen Zeugnisse über die Inspiration gesagt werden kann, ist bedeutend genug. Vor allem: Offenbarung und Inspiration sind ein eminent personales Geschehen, in dem Gott sich als Person dadurch zu erkennen gibt, daß er Menschen als Menschen anspricht und befähigt, ein Wort über ihn zu sagen, das in einer gegebenen Situation wahr ist und deshalb über diese Situation hinaus (wenngleich nie unabhängig von ihr) bleibenden Bestand hat, also wahr bleibt.

Darum aber, wie die mit der Inspiration verbundene Wahrheit zu verstehen, wie mithin die Inspiration selbst zu deuten sei, dreht sich seit Jahrhunderten der Streit der Gelehrten. Traditionell denkt man an eine *Verbalinspiration*.[83] Ihr zufolge ist der ganze Textbestand der Heiligen Schrift inspiriert, jedes Buch, jede Perikope, jeder Satz. An dieser Auffassung ist richtig, daß der biblische *Text* der entscheidende Bedeutungsträger ist und durch die Jahrhunderte bleibt. Problematisch wird sie freilich, wenn sie (wie in der altprotestantischen Orthodoxie und im neuthomistischen Katholizismus) voraussetzen würde, daß jeder einzelne Satz, jedes einzelne Wort, jeder einzelne Buchstabe dem menschlichen Verfasser von Gott durch den heiligen Geist diktiert worden wäre, so daß die Beteiligung der Verfasser an der Entstehung der Schriften und deren Prägung durch die Situation ihrer Entstehung geleugnet, damit aber die Bibel geschichtlichem Erklären und Verstehen prinzipiell entzogen würde. Doch ist die Vorstellung der Verbalinspiration nicht notwendig an diese Engführung gebunden.

Ein alternatives Konzept liegt in der Idee einer *Realinspiration* vor[84]. Sie setzt bewußt nicht voraus, daß Gott jeden einzelnen Bestandteil der Heiligen Schrift den menschlichen Verfassern direkt vorgegeben haben müsse, sondern beschränkt sich (in ihrer neueren Form) auf die Annahme, die in der Bibel bezeugte „Sache", ihr wesentliches Thema, also ihr „Evangelium" sei ihnen durch den Geist eingegeben und sie hätten dann die richtigen Worte für diese Botschaft gesucht und gefunden, so daß die von Gott geoffenbarten Heilswahrheiten tatsächlich zur Sprache gekommen sind. Diese Theorie ist

insofern hilfreich, als sie das Augenmerk auf den *theologischen Gehalt*
der Heiligen Schrift richtet; tatsächlich gibt es ja eine Spannung zwischen den Buchstaben der Schrift und dem Evangelium, das es bezeugt. Das Wort Gottes ist nicht einfach mit dem geschriebenen Wort
der biblischen Texte identisch. Problematisch wird es hingegen, wenn
ein Konzept von Realinspiration verfolgt würde, das von den überlieferten Texten und ihren historischen Verfassern abstrahierte und nicht
mehr die untrennbaren Zusammenhänge zwischen Geist und Buchstabe wie zwischen Botschaft und Geschichte würdigte. Doch scheint es
durchaus möglich, dieser Gefahr zu entgehen.

Ein drittes Konzept spricht von *Personalinspiration.*[85] Die alt- und
neutestamentlichen Autoren gestalten die Texte frei, sind darin aber
von Gottes Geist erfüllt, so daß sie das wahre Evangelium erkennen
und dann auch die für ihre Zeit richtigen Worte finden. Die Stärke
dieses Modells liegt darin, daß die Produktivität der biblischen Verfasser und die Personalität der Offenbarung gewürdigt werden. Problematisch wird diese Auffassung, wenn sie die Texte nur autorzen-
triert, nicht auch leser- und sachorientiert betrachtet. Das würde
nicht nur literaturwissenschaftlichen Erkenntnissen über die Entstehung und Wirkung von Texten, sondern auch der alten theologischen
Einsicht in die Verwobenheit von Schrift und Tradition widersprechen. Doch ist es gleichfalls möglich, diese Verengung zu vermeiden.

Ein viertes Modell ist die *Ekklesialinspiration.*[86] Sie setzt weniger
bei den einzelnen Verfassern an, als vielmehr bei den Gemeinden, in
denen und für die das „Buch der Bücher" geschrieben worden ist.
Die Autoren erscheinen als Sprecher ihrer Gemeinden, die von deren Glaubens-Wissen getragen und gehalten sind; die Texte werden
von den Gemeinden als Gotteswort in Menschenwort erkannt und
überliefert. Die Stärke dieses Modells liegt darin, daß es die Verwur-
zelung der biblischen Schriften in Israel und der Ekklesia erkennt
und die Entstehung der Heiligen Schrift als theologische Konsequenz der Erwählung Israels und der Kirche durch Gott würdigt.
Seine Schwäche liegt darin, daß es die Schrift als Funktion der israelitischen bzw. kirchlichen Gemeinschaft erscheinen lassen könnte
und die Bedeutung der Schrift nur auf dem Umweg über die Bedeutung Israels wie der Ekklesia erklärt, nicht aber zugleich die Schrift
als Vor-Gabe der Glaubensgemeinschaft betrachtet.

Eine Alternative zwischen den verschiedenen Inspirations-Theolo-
gien braucht nicht konstruiert zu werden. Wenn es eine Interdepen-
denz von Form und Inhalt gibt und die biblischen Texte nie das Pro-
dukt anonymer Produktionsfaktoren, sondern immer das Werk von

Autoren und Tradenten innerhalb Israels und der Urkirche sind, spricht sehr viel dafür, daß von der Inspiration der Texte immer nur im Hinblick auf ihre Verfasser und ihren Gehalt, von der Inspiration ihrer „Sache" immer nur im Hinblick auf die Texte wie die Autoren und Gemeinden, von der Inspiration der biblischen Autoren immer nur im Hinblick auf die von ihnen verfaßten Texte und die von ihnen intendierte „Sache" wie ihre Gemeinden und von der Inspiration Israels und der Ekklesia immer nur im Hinblick auf die in ihrer Mitte entstandenen und gelesenen Texte mitsamt ihrer Botschaft und die als ihre Sprecher und Verkündiger wirkenden Autoren geredet werden kann.

Wichtig ist nur, daß die Inspirationstheologie sich nicht mit einem enggeführten Postulat der „Irrtumslosigkeit" der Heiligen Schrift verbindet, sondern die Wahrheit, die von der Bibel bezeugt wird, als „Wahrheit um unseres Heiles willen" versteht *(Dei Verbum* 11)[87].

(3) Gottes Rede durch Menschen nach Menschenart

Was aber bedeutet es, daß der heilige und ewige Gott sich in menschlicher Sprachgestalt offenbart und damit seine Willensbekundung der ganzen Begrenztheit geschichtlicher Kontingenz und der ganzen Vieldeutigkeit menschlicher Rede aussetzt? *Cur Deus auctor?*

Um eine Antwort auf diese Frage anzudeuten, greift das Konzil (in *Dei Verbum* 12) einen Gedanken des Augustinus auf (was auch in ökumenischer Sicht bemerkenswert ist). In seinem Buch über den Gottesstaat schreibt Augustinus[88]:

> Gott spricht durch Menschen nach Menschenart, weil er, indem er so redet, uns sucht.

Die These, die Augustinus aufstellt, ist von größter Aussagekraft: Gott spricht nicht unmittelbar, er spricht durch Menschen zu uns. Er teilt sich uns nicht auf seine eigene göttliche, sondern auf unsere menschliche Art mit. Er bedient sich nicht seiner eigenen Gottessprache, er bedient sich unserer Menschensprache. In dieser Sicht sind die biblischen Autoren nicht lebloses Sprachrohr Gottes, sie sind vielmehr als lebendige Personen am Prozeß des Schriftwerdens beteiligt. Dennoch bleibt der Gedanke erhalten, der gerade namhaften Autoren des Alten und Neuen Testaments wichtig gewesen ist: daß die Worte, mit denen sie auch nur irgend etwas Relevantes ausdrücken konnten, die Texte, mit denen sie auch nur irgend etwas Wichtiges mitteilen konnten, im genauen Sinn des Wortes *inspiriert* sind, also im Geiste *Gottes* geschrieben sind.

Das Argument, das Augustinus für seine These aufstellt, ist eminent theologisch. Gott spricht durch Menschen nach Menschenart
aus einem einzigen Grund: um die Menschen zu suchen und die
Menschen zu finden. Augustinus schwebt also nicht nur der Gedanke vor, daß Gott, wenn er sich Menschen überhaupt verständlich machen will, die Sprache von Menschen sprechen muß. Das ist im
Grunde evident. Augustinus setzt viel tiefer an. Er setzt bei dem
Glaubenswissen an, daß Gott den Menschen sucht, um ihn zu finden, dort wo er ist, und um sich ihm zu schenken, so wie er ist.
Daß aber Gott den Menschen sucht, ist ein Grundmotiv alttestamentlicher und neutestamentlicher Theologie. Das Gleichnis vom
verlorenen Sohn ist das klassische Beispiel. Daß Gott sich durch
Menschen nach Menschenart mitteilt, ist also nicht nur hermeneutisch, sondern soteriologisch begründet. Es ist ein integraler Bestandteil seines Heilswerks. Daß er Menschen zu Sprechern *seines*
Wortes macht, ist ein authentischer Ausdruck seines *Heils*willens.

(4) Das Wort Gottes in der Form der Heiligen Schrift

Aus den Erwägungen zur Inspiration folgen zwei Konsequenzen für
die Einschätzung der Heiligen Schrift.

Einerseits: Sie ist wirklich das „Wort des lebendigen Gottes" (als
das es in der gottesdienstlichen Lesung identifiziert wird). Diese
Qualifizierung ist keine falsche Etikettierung, sondern Anerkennung des Selbstverständnisses wichtiger biblischer Autoren und
Konsequenz aus der Grundbotschaft, die sie verkünden. Wenn Gott
wirklich entschlossen ist, sich durch Menschen mitzuteilen, dann ist
es ein inneres Moment dieses Selbstmitteilungswillens Gottes, daß
er Menschen befähigt, so von ihm zu sprechen, daß ihr Wort glaubwürdig ist. Dies könnte man nur in Abrede stellen, wenn man gleichzeitig den Kern des biblischen Gottesglaubens leugnen würde. Blaise
Pascal zu zitieren (1623–1662)[89]:

> Ansi, sans l'Écriture, qui n'a que Jésus Christ pour objet, nous ne con-
> naissons rien, et ne voyons qu'obscurité et confusion dans la nature de
> Dieu et dans la propre nature.

Die Christozentrik des Blicks auch auf das Alte Testament ist zwar
nach heutigem Kenntnisstand kritikwürdig; aber es bleibt dabei, daß
der Blick der Glaubenden für Gott, für den Nächsten und für die
eigene Person durch die Bibel weit geöffnet und ohne den Blick in
die Heilige Schrift allzu leicht getrübt wird.

Andererseits: Es ist geradezu ein Akt der Selbsterniedrigung des

Wortes Gottes, wenn es „durch Menschen nach Menschenart" ausgerichtet wird, auch in der Form der Heiligen Schrift. Diese Differenz
hat nichts mit der traditionellen Abwertung des Schriftlichen gegenüber dem Mündlichen zu tun, das angeblich frischer, unmittelbarer,
spontaner ist. Vielmehr muß auch dann, wenn noch so große Worte
zur Qualifizierung prophetischer Reden und Heiliger Schriften ange-
bracht sind, der qualitative Unterschied zwischen dem ureigenen
Wort Gottes selbst und seinen menschlichen Vermittlungen im
Auge bleiben. Wie es einen untrennbaren Zusammenhang zwischen
dem lebendigen Wort Gottes und der Heiligen Schrift gibt, so auch
einen unaufhebbaren Unterschied.

Der Unterschied ist auch den biblischen Autoren bewußt, nicht
nur einem Jeremia und einem Paulus. Mit einer gehörigen Portion
konventioneller Selbstkritik und literarischen Selbstbewußtseins
schließt der Verfasser des Zweiten Makkabäerbuches, indem er
(frühestens 124 v. Chr.) über sein Geschichtswerk sagt (15,38f):

38Ist es gut erzählt und aufgebaut, entspricht dies meiner Absicht; ist es
aber schwach oder mittelmäßig – so war mir nur dies erreichbar. 39Denn
so wie unvermischten Wein, ist auch pures Wasser zu trinken, ungesund.
Wie aber Wein, mit Wasser gemischt, lieblich ist und den Genuß ange-
nehm abrundet, so ist es auch die Komposition, mit der die Anlage der
Erzählung das Ohr der Leser erfreut.
Dies sei nun das Ende.

Wie immer es um die Richtigkeit der medizinischen Einschätzung
von Wein- und Wassergenuß bestellt sein mag: Der Autor steht
nicht an, mögliche Schwachstellen seiner Geschichtserzählung einzu-
räumen, die selbstverständlich auf sein Konto gehen – so wie er andererseits im Hinblick auf die erhoffte Publikumswirkung sein stetes
Bemühen um gutes Erzählen betont, d. h. um die richtige Mischung
von Erzählung und Reflexion. Dort, wo in der Bibel ein Autor selbst
sich zu Wort meldet, spricht er auch von seinem eigenen Anteil am
Entstehen der Schrift.

Noch bescheidener gibt sich der Enkel Jesus Sirachs, der (nach
130 v. Chr.) das Werk seines Großvaters ins Griechische zu übersetz-
zen unternommen hat und im Vorwort seine Leser bittet:

Ihr seid also gebeten, mit Wohlwollen und Aufmerksamkeit die Lektüre
zu betreiben und dort Nachsicht zu üben, wo es scheinen könnte, daß
wir trotz allen Mühens bei der Übersetzung in gewissen Fällen nicht
ganz den rechten Sinn getroffen haben. Denn es hat nicht dieselbe Aus-
druckskraft, ob etwas im originalen Hebräisch gelesen oder in eine an-
dere Sprache übertragen wird.

Die Hinweise biblischer Autoren auf ihren guten Willen und ihre begrenzten Möglichkeiten zeigen, daß selbst (oder gerade) in der Heiligen Schrift das Wort Gottes nur in gebrochener Form begegnet. Dieser qualitative Unterschied hängt damit zusammen, daß vor der Bezeugung die Offenbarung, vor der Reflexion die Erfahrung, vor der Theologie die Geschichte steht. Am Beispiel Jesu wird dies ganz deutlich. Kein geschriebenes und kein gepredigtes Wort kann die Authentizität Jesu selbst auch nur annähernd erreichen – auch wenn die Evangelien nicht nur die einzigen, sondern kraft des Geistes auch die authentischen Zeugnisse von Jesus sind. Mit den Worten Reinhold Schneiders (1903–1958)[90]:

> Christus hat nicht geschrieben und nicht zu schreiben befohlen. Er hat nicht „gedacht". Er hat gelebt; er ist lebendes Wort. Und auch heute redet das Buch nur, weil er lebt und weil wir im Lichte des über die Welt gesandten Geistes das Licht sehen.

Inwieweit aber gehört diese Differenz selbst zum Vorgang der Offenbarung und der Inspiration? Den entscheidenden Hinweis gibt das Zweite Vatikanische Konzil in *Dei Verbum* 13:

> In der Heiligen Schrift offenbart sich also, stets unbeschadet der Wahrheit und Heiligkeit Gottes, eine wunderbare *Herablassung* der ewigen Weisheit, „damit wir die unaussprechliche Güte Gottes kennenlernen und [erfahren], zu welch großer Herablassung er sich aus Sorge und Bemühung um unsere Natur bereitgefunden hat"[91]. Denn Gottes Worte, durch Menschenzungen ausgedrückt, sind menschlicher Rede ähnlich geworden, wie einst des Ewigen Vaters Wort, durch die Annahme des Fleisches menschlicher Schwachheit, den Menschen ähnlich geworden ist.

Bleibt die inkarnationstheologische Schlüsselaussage auch terminologisch ungenau (ist doch der präexistente Logos nach Joh 1,14 wirklich „Fleisch" und nicht nur dem Fleisch *ähnlich* geworden), so ist doch der Grundgedanke von *Dei Verbum* 13 schlüssig und präzise: So wie es ein Ausdruck der Suche Gottes nach den verlorenen Menschen ist, durch Menschen nach Menschenart zu sprechen, ist es ein Ausdruck der gnädigen Herablassung Gottes, sein Wort dem unzureichenden Worte schwacher Menschen anzuvertrauen. Das hat im übrigen auch Johann Georg Hamann (1730–1788) gesehen, der „Magus des Nordens", einer der eigenwilligsten und einflußreichsten Schriftsteller-Philosophen des „Sturm und Drang". Im menschlichen, „niedrigen" Stil der Heiligen Schrift erkennt er eine tiefe theologische Bedeutung[92]:

> Es gehört zur Einheit der göttlichen Offenbarung, daß der Geist Gottes sich durch den Menschengriffel der heiligen Männer, die von ihm

getrieben worden, eben so erniedrigt und seiner Majestät entäußert, als der Sohn Gottes durch die Knechtsgestalt, und wie die ganze Schöpfung ein Werk der höchsten Demut ist.

Zusammengefaßt: Wenn Gott sein Wort durch das Wort von Menschen spricht, gibt es einen essentiellen Zusammenhang zwischen dem Selbstmitteilungswillen Gottes und zumal jenem Glaubens-Zeugnis von Menschen, das sich in den heiligen Büchern des Alten und Neuen Testaments niedergeschlagen hat. Wenn aber im Wort dieser Menschen tatsächlich das Wort Gottes zur Sprache kommen sollte, gibt es auch einen unaufhebbaren Unterschied zwischen dem lebendigen Wort Gottes und dem Buchstaben der Heiligen Schrift. Diese Spannung läßt sich nicht auflösen. Sie zu nutzen, wäre die Aufgabe einer ebenso theologischen wie historischen Auslegung.

(5) Das Geheimnis der Inspiration

Ist es möglich, den biblischen Gedanken, daß es inspirierte Menschen als Vermittler der Wahrheit Gottes gebe, auch heute verständlich zu machen? Prinzipiell sollte dies gelingen, ist doch die Rede von der Inspiration eines Dichters, eines Musikers, eines Künstlers durchaus geläufig – auch wenn ihr ursprünglich mythischer bzw. religiöser Klang kaum mehr gehört wird.[93] Jeder Schriftsteller und Redner weiß, daß man nach dem treffenden Ausdruck *suchen* muß und die rechten Worte nur *finden* kann, jeder Philosoph und Theologe, daß die besten Ideen *kommen* und die guten Gedanken *gefaßt* sein wollen, jeder Mensch, daß einem etwas Neues *einfällt* und man die Wahrheit nur *einsehen* kann. In all diesen Redewendung spiegelt sich – wie gebrochen auch immer – das Wissen wider, daß bei aller notwendigen Handwerkskunst das, was geistig wirklich zählt, eigentlich nicht *gemacht,* sondern nur *empfangen* werden kann: Es ist der Aus-druck einer gegebenen Wirklichkeit, die von Menschen nur wahrgenommen werden kann und dann freilich ins Wort gehoben, ins Bild gefaßt, in Töne gesetzt werden muß: so, daß die Wirklichkeit nicht mehr in ihrer Zurhandenheit und Nützlichkeit für die Menschen erscheint, sondern (zweckfrei) in ihrer ursprünglichen Eigenheit[94].

Richard Strauss (1864–1949) schreibt[95]:

Die Melodie gehört zu den erhabensten Geschenken, die eine unsichtbare Gottheit der Menschheit gemacht hat. Der melodische Einfall, der mich plötzlich überfällt, auftaucht, ohne daß eine sinnliche Anregung von außen oder eine seelische Emotion vorliegen, erscheint in der Fantasie unmittelbar, unbewußt, ohne Einfluß des Verstandes. [...] Wenn ich des Abends beim Komponieren an einer Stelle stecke und

trotz eifrigen Nachdenkens keine ersprießliche Weiterarbeit mir möglich scheint, klappe ich Klavier und Skizzenbuch zu, lege mich schlafen,
und am Morgen ist die Fortsetzung da! Durch welchen geistigen oder
physischen Prozeß? [...] Das Motiv ist Sache der Eingebung. Die meisten begnügen sich damit. In der Entfaltung des Einfalls aber zeigt sich
erst die wahre Kunst. [...] Melodien bauen ist eines der schwersten technischen Probleme. Ich lasse sie abliegen und warte, bis die Fantasie bereit ist, mir weiter zu dienen. Das kann lange dauern, sehr lange. Eine
Melodie, die aus dem Augenblick geboren scheint, ist fast immer das
Ergebnis mühevoller Arbeit, langen Nachdenkens bei größerer Muße
oder gefördert durch seelische Erregung. Manchmal fließt die Produk-
tion sehr schwer, manchmal ist die Eingebung im Augenblick da.

Rainer Kunze zitiert diesen Passus in seinem Tagebuch und kommentiert ihn am 9. Dezember 1992[96]:

Immer wieder fragen Menschen, wie ein Gedicht entsteht. So, würde
ich sagen, genau so wie eine Melodie.

Inspiration ist nötig, aber sie macht die Handwerkskunst, das Ho-
beln, das Drechseln und das Ausfeilen, nicht überflüssig, sondern
fordert sie ein. Wie der Künstler nicht weiß, woher seine Einfälle
kommen, weiß er sehr genau, wie viel Anstrengung sie ihm abverlan-
gen, um ihnen Form zu geben.

Freilich bleibt die Frage, wo und von wem die Inspiration kommt
und wer oder was die Kraft verleiht, die Wirklichkeit anzuschauen
und auszuhorchen, um sie erkennen und gestalten zu können. Plato
hat an die Welt der transzendentalen Ideen gedacht, die als göttliche
Wirklichkeit immer schon da sind und sich den Menschen zeigen,
wenn er sich ihnen öffnet, so daß jedes Erkennen ein Wieder-Erken-
nen ist. Heute haben andere Theorien größere Plausibilität. Psycho-
analytiker verweisen mit Freud auf das individuelle oder mit Jung auf
das kollektive Unbewußte, dessen Bilder zu Tage fördern kann, wer
dank glücklicher oder unglücklicher Lebensumstände über die nötige
psychische Sensibilität verfügt. Soziologen mögen auf den Schatz an
Einsichten und Erfahrungen verweisen, der einer bestimmten Kultur
eigen ist und in gegebenen historischen und individuellen Situationen
von genügend gebildeten oder hinreichend naiven Menschen angefragt und angerufen werden kann. Als Theologe wird man all diesen
Erklärungs- und Ableitungsversuchen mit einiger kritischer Reserve
gegenüberstehen. Eine platonisierende Metaphysik läßt sich mit biblischer Theologie kaum vereinbaren. Daß es psychische und soziale Bedingungen produktiver Geistigkeit gibt, läßt sich nicht in Abrede stellen; aber daß sie als Erklärung hinreichen, ist keineswegs gesagt.

Theologisch liegt es nahe, tatsächlich an das Wirken des Pneuma zu denken, durch das Gott die von ihm erschaffenen Menschen für die von ihm geschaffene Wirklichkeit aufschließt. So betrachtet, ist jede richtige Erkenntnis, jeder geglückte Ausdruck, jedes treffende Bild, jede klingende Melodie Ergebnis einer Inspiration. Die unverwechselbare Inspiration der biblischen Autoren und Schriften läge hingegen darin, nicht nur die von Gott geschaffene Wirklichkeit zu erfassen, sondern das Offenbarungshandeln Gottes in der Geschichte Israels und der Geschichte Jesu, und zwar nicht in der Weise einer nachträglichen Reflexion oder Meditation, sondern einer ursprünglichen Bezeugung, die an den Kairos der von Gott gesetzten Stunde gebunden ist.

Anscheinend ist es auch durchaus möglich, die Inspiriertheit der biblischen Autoren (weniger der Texte oder der von ihnen bezeugten Sache) nicht nur theologisch zu analysieren, sondern auch poetisch zu bezeugen.

Zwei Beispiele.

Nelly Sachs beschreibt die Mittlerfunktion jenes Daniel, unter dessen Namen die alttestamentliche Apokalypse überliefert ist[97]. Sie sieht den Propheten inmitten der Glaubens- und Leidensgemeinschaft Israel und zugleich als den, der herausgestellt worden ist, um zu sehen und zu sagen, was Gottes ist:

DANIEL mit der Sternenzeichnung
erhob sich aus den Steinen
in Israel.
Dort wo die Zeit heimisch wurde im Tod
erhob sich Daniel,
der hohen Engel Scherbeneinsammler,
Aufbewahrer des Abgerissenen,
verlorene Mitte zwischen Anfang und Ende
    setzend.

Daniel, der die vergessenen Träume noch
hinter dem letzten Steinkohlenabhang hervorholt.

Daniel, der Belsazar Blut lesen lehrte,
diese Schrift verlorener Wundränder,
die in Brand gerieten.

Daniel, der das verweinte Labyrinth zwischen
Henker und Opfer durchwandert hat,

Daniel hebt seinen Finger
aus der Abendröte
in Israel.

Johannes Bobrowski beschreibt eine Johannes-Ikone, die sich in seinem Besitz befunden hat (27.10.1960). Diese Ikone, die (wie es Tradition war) den Apostel mit dem Verfasser des Evangeliums und der
Apokalypse identifiziert, zeigt Johannes, wie er viel tiefer und viel
weiter blickt als all seine Zeitgenossen und wie sich ihm Bilder zeigen, die weit über seine Zeit hinaus bis in das sogenannte „Tau-
sendjährige Reich" hineinreichen: in den Terror des Nationalsozialismus und des Zweiten Weltkrieges. Was er sieht, ist erschreckend;
aber es ist die Wahrheit[98]:

Ikone

Türme, gebogen, verzäunt
von Kreuzen, rot. Finster
atmet der Himmel, Joann
steht auf dem Hügel, die Stadt
gegen den Fluß. Er sieht
kommen das Meer mit Balken,
Rudern, räudigen
Fischen, der Wald
wirft sich herab in den Sand.
Her vor dem Wind
geht der Fürst, er schwenkt
Fackeln in beiden Händen, er streut
lautlose Feuer
über die Ebenen aus.

3. Das lebendige Wort Gottes und die Heilige Schrift

In seinen Tagebüchern erzählt Fridolin Stier folgende Geschichte[99]:

> Eine „Geschichte" formt sich in meinem Kopf. Die Geschichte heißt:
> Das Wort Gottes kommt in die Stadt. Ich sehe Gestalten, Szenen
> schweben mir vor.
> Plötzlich war das Gerücht da, lief durch die Stadt, wollte nicht mehr
> verstummen. Die Kirchenblätter warnten: Niemand lasse sich täu-
> schen! Das Wort Gottes kann gar nicht „kommen", es ist gekommen,
> vorzeiten ist es gekommen. Wir besitzen es in den heiligen Büchern,
> und wir haben „Experten", die es für die „Laien" auslegen, zurechtle-
> gen, mundgerecht machen.
> Aber das Wort Gottes kam doch in die Stadt. [...]
> Es war Sonntag. Das Wort Gottes kam in die Kirche der Stadt. Die
> Geistlichkeit bereitete ihm einen feierlichen Empfang. Ein Thron war
> bereitgestellt, und das Wort Gottes nahm Platz. Man brannte ihm
> Weihrauch. Und dann hob der Prediger an, das Wort Gottes zu prei-

sen, und sagte, das Wort Gottes rede in einer alten Sprache und habe sich die Zunge der Prediger geliehen, um sich allen verständlich zu machen. Und so sprach er darüber, aber das Wort Gottes selbst kam nicht zu Worte. Die Leute merkten es. Sie fanden die Rede des Predigers schal und fingen an, nach dem Wort zu rufen. Das Wort, schrieen sie, das Wort! Aber das Wort Gottes war nicht mehr in der Kirche. Es war weitergegangen. Auf dem Thron lag ein altes Buch. [...] Und dann kam das Wort Gottes zu einem namhaften Bibelgelehrten, dessen Buch vom *Wesen und Wirken des Wortes Gottes* demnächst erscheinen sollte. „Sie kommen mir höchst gelegen", sagte der Professor, „von meinem Buch haben sie wohl gehört? Ich läse ihnen gern einiges vor." Das Wort Gottes nickte: „Lesen, sie, Herr Professor, ich bin ganz Ohr." Er las, es schwieg. Als er zu Ende gelesen, das Manuskript weggelegt hatte, sah er auf, und da sah er den Blick ... Er wagte nicht zu fragen. Endlich sprach das Wort Gottes: „Meisterhaft, Herr Professor, mein Kompliment! Aber – ob sie es wohl verstehen? Wissen Sie, als Objekt betrachtet, besprochen, beschrieben, wird mir seltsam zumute, grad, als ob ich meine eigene Leiche sähe.... Einmal schreiben Sie, und das finde ich sehr treffend, ich wollte primär nicht Wahrheiten offenbaren (für wahr zu haltende Wahrheiten, sagten Sie), ich wolle vielmehr den Menschen selbst. Das wär's, Herr Professor, das!" Und da war wieder dieser Blick. Das Wort Gottes erhob sich und schritt zur Tür. „Was wollen Sie von mir?", schrie der Professor ihm nach. „Sie will ich", sagte das Wort Gottes, „Sie!" Die Tür schloß sich leise.

Die Geschichte gibt zu denken. Da sie von einem Theologen erdacht worden ist, der selbst ein bekannter Bibelwissenschaftler und ein guter Prediger gewesen ist, wird man als ihre Moral schwerlich die Aufforderung heraushören, an die Stelle akribischer Textuntersuchungen massive Betroffenheitslyrik zu setzen. Aber man wird wohl doch herauslesen, daß es eine Kunst ist, aus der Heiligen Schrift wirklich das Wort Gottes herauszuhören und dann mit der Sprache der Bibel zum Klingen zu bringen. Darauf aber käme es gerade an. Das Wort Gottes ist nicht einfach mit den Buchstaben der Heiligen Schrift identisch. Es kann sich in ihnen sogar verbergen. Aber es ist auch nicht unabhängig von ihnen zu finden. Daß es gefunden sein will und daß es in der Heiligen Schrift wie nirgends sonst gesucht werden kann, steht nicht in Frage, ist es doch das Wort des lebendigen Gottes, das die Menschen haben will, um sich von ihnen aufnehmen zu lassen. Doch es zu finden, setzt vor allem die Bereitschaft voraus, sich von ihm suchen, finden, ansprechen, aufschließen, in Besitz nehmen und verstehen zu lassen. Das wäre die wahre Kunst des Bibellesens.

ACHTER TEIL

DIE BIBEL – EIN LESE-BUCH

Wêger wêre ein lebemeister denne tûsend lesemei-
ster; aber lesen unde leben ê got, dem mac nieman
zuo komen.   Meister Eckhardt, 8. Spruch[1]

Die Bibel ist ein Lese-Buch: ein Buch, das gelesen werden, wieder und
wieder gelesen werden will: im Gottesdienst und zu Hause, in Gruppen und allein, in der Kirche und im Kindergarten, in der Universität
und in der Schule, von Alten und Jungen, Männern und Frauen, Gebildeten und Ungebildeten, Starken und Schwachen. Im geschichtlichen Vergleich läßt sich aufweisen, daß kein anderes Buch die Lesekultur so stark geprägt und gefördert hat wie die Bibel[2] – wohl
deshalb, weil die Kultur des Lesens schon in der Bibel selbst angemahnt und gefördert wird[3]. Freilich muß von Anfang an klar sein,
daß das Lesen der Bibel kein harmloses Vergnügen ist, das zur Kulti-
vierung des Feierabends taugt, sondern eine existentielle Herausforderung, die den ganzen Leser fordert. Søren Kierkegaard bemerkt[4]:

> ... dies Buch, das Wort Gottes, ist für mich ein äußerst gefährliches
> Buch, und es ist ein herrschsüchtiges Buch, gibt man ihm den kleinen
> Finger, so nimmt es die ganze Hand, gibt man ihm die ganze Hand, so
> nimmt es den ganzen Mann und kehrt vielleicht mein ganzes Leben
> völlig um und um nach einem ungeheuerlichen Maßstab.

Was also hat es mit dem Lesen der Bibel auf sich? Wie läßt sich ihr
Wort verstehen? Und was macht es mit denen, die es begreifen wollen?

1. „*Er soll darin lesen alle Tage seines Lebens!*" (Dtn 17,19)

In dem utopischen Programm eines Königsgesetzes, das Dtn 17,14–20
entwirft, findet sich unter mancherlei Anweisungen, die den König vor
Machtmißbrauch und Synkretismus warnen, mit besonderer Betonung
abschließend ein Gebot, das auf die spirituelle Wurzel seines König-
tums hinweist: die regelmäßige Lektüre der Heiligen Schrift in Form
der Tora, die ihm den Weg zur Gerechtigkeit und zur Frömmigkeit
weist (Vv. 18ff). Bedeutung hat dieser Passus für ganz Israel: An der
regelmäßigen Erinnerung seiner Geschichte durch die Lektüre des

Gesetzes hängt seine Identität (31,10ff). Große Vorlese-Stunden bezeichnen denn auch wichtige Etappen der Geschichte Israels. Das gilt für die Verkündigung des am Sinai offenbarten Gesetzes durch Mose (Ex 24,7f) und für die öffentliche Verlesung des unter Joschija wieder aufgefundenen Gesetzes (2Kön 23,2f), für die *lectio divina* des Esra (Neh 8,1–9) wie für das Lesen des Baruchbuches (1,3ff), aber auch für die dramatische Lektüre des Jeremia-Buches (Kap. 36). Ps 1 identifiziert den Weisen als den, der seine *„Freude an der Weisung Jahwes"* hat und deshalb in der Tora *„murmelt bei Tag und bei Nacht"* (V. 2). Doch vom deuteronomischen Bildungsprogramm (vgl. noch 4,9; 6,6f; 11,19f) und seinen nachexilischen Konkretionen werden nicht nur die Großen und die Gebildeten, sondern auch die einfachen Leute erfaßt. Im 1. Jh. v. Chr. entwickeln sich auch auf dem flachen Lande (in Palästina wie in der Diaspora) Ansätze eines Schulwesens, die – dank der Bibel – unter den Juden einen hohen Alphabetisierungsgrad entstehen lassen (vgl. Apg 17,11).[5]

So macht es keine großen Probleme (trotz Joh 7,15), sich Jesus, den Zimmermannssohn, als den Leser der Heiligen Schrift vorzustellen, als den ihn Lukas zu Beginn der öffentlichen Wirksamkeit in der Synagoge von Nazaret portraitiert (4,16ff) und als der er von den Evangelisten auch andernorts präsentiert wird (Mk 2,25 parr; 10,3 par; 12,10 parr; 12,26 parr; Mt 21,16; Lk 10,26). Die Notwendigkeit und Wertschätzung des Lesens spiegelt sich in weiteren neutestamentlichen Texten. Paulus beschwört die Gemeinde zum Schluß seines ältesten Briefes, er solle *„allen Brüdern"* vorgelesen werden (1Thess 5,27); nach dem (pseudepigraphen) Kolosserbrief mahnt er sogar (4,16)[6]:

Und wenn der Brief bei euch gelesen ist, sorgt dafür, daß er auch in der Gemeinde von Laodizea gelesen wird, und ebenso bei dem von Laodizea, daß auch ihr ihn lest.

Nach dem (gleichfalls pseudonymen) Ersten Timotheusbrief fordert Paulus sein *„Kind im Glauben"*, den idealen Gemeindeleiter Timotheus auf (4,13)[7]:

Fahre fort mit dem Vorlesen, mit der Ermahnung, mit dem Lehren, bis ich komme.

Nebenbei wird auf diese Weise verdeutlicht, daß es die vornehmste Pflicht des Bischofs ist, die Bibel vorzulesen und auszulegen. Das würde, den Pastoralbriefen zufolge, in bester paulinischer Tradition stehen. Denn der Apostel selbst wird von dem Zweiten Timotheusbrief als Büchernarr vorgestellt (4,13), der, seinen Tod vor Augen, keinen größeren Wunsch hat, als seine Buchrollen und Pergamente

wieder zur Hand zu haben. Mit den Schriftrollen wird die Bibel Is-
raels gemeint sein, mit den Pergamenten vielleicht schon christliches
Schrifttum (das sehr früh die moderne Form des „Buches", d. h. des
Codex mit Papyrus- resp. Pergamentblättern nutzte).[8]

Doch so wichtig vom Alten und vom Neuen Testament her das Lesen der Schrift ist – was ist wahres und richtiges Lesen?

Der Kunstgeschichtler Adelbert Alexander Zinn berichtet[9] von
einer Abendgesellschaft, auf der die Frage gestellt wurde: Wann lesen die Menschen von heute die Bibel?

> Einer, der es wissen konnte, sagte, wenn man diejenigen bei solcher
> Betrachtung ausscheide, die lediglich aus wissenschaftlichem Inter-
> esse an sie herankämen, so könne man die „Bibelnäscher" und die
> „Bibelleser" unterscheiden. Die Näscher stöberten zuweilen in der
> Heiligen Schrift herum, um nach einem gefälligen Satz zu suchen, der
> sich gut verkosten lasse und ihnen bekömmlich scheine. Manche steck-
> ten sich ein so gefundenes Bibelblümchen gern ins Knopfloch und gin-
> gen damit spazieren. Anderen genügte die Bestätigung, daß irgendein
> Handeln, das sie für richtig hielten, auch aus der Bibel so gedeutet
> werden könnte, wie sie es taten. Bei den Bibellesern, die auch in vie-
> lerlei Klassen zerfielen und gar nicht einheitlich seien, wäre das an-
> ders. Da seien zunächst diejenigen zu nennen, die morgens, abends
> und manchmal auch noch zwischendurch ihre Bibelkost haben müß-
> ten. Sie hielten sich meist an eine vorgeschriebene Ordnung und
> machten dabei die Erfahrung, daß man ein gutes Wort immer auf
> eine neue Art schmecken kann. Vielleicht ist der Hunger einmal grö-
> ßer und einmal kleiner, oder die geistige Zunge auf dies oder jenes
> besonders eingestellt. Übergegessen hat sich die Bibel noch keiner,
> für den sie einmal Brot war, das „satt macht hier und dort".
> Dann aber wurde derjenigen gedacht, für die es beim Bibellesen auch
> um das Brot geht, aber die es haben wollen, weil sie am Verhungern
> sind, jener Menschen, die sich in mannigfaltiger Not des Leibes und
> der Seele durch die Bibel erquicken oder sich von ihr wohl auch eine
> Wegzehrung für die längste aller Wanderschaften besorgen lassen. Ih-
> rer sind nicht so wenige, wie man sich wohl denkt.
> Es gibt auch solche Bibelleser, denen das Herz von Glück und Dank
> voll ist. Sie lesen „um Gott zu loben und zu preisen", obwohl sie wis-
> sen, daß Gott nicht viel an dem Ruhm gelegen sein kann, den wir ihm
> machen. Um solche Bibelleser ist ein besonderer Glanz.

Lesen ist eine Kunst. Jede Kunst muß geübt werden. Das Wichtigste,
was beim Bibellesen gelernt werden muß, ist Sorgfalt, Genauigkeit,
Langsamkeit. Die Bibel eignet sich nicht zum schnellen Konsum – jedenfalls dann nicht, wenn sie zum Buch des Lebens und des Glaubens
werden soll. Daß die biblischen Schriften des Alten, aber doch wohl

auch des Neuen Testaments immer und immer wieder rezitiert werden sollten, so daß man sie – im Idealfall – schließlich auswendig
wußte, gibt auch der modernen Leserschaft einen deutlichen Hinweis.
Gewiß: Für wen wäre dieser Anspruch nicht eine hoffnungslose
Überforderung? Wer ist ein so besessener Leser wie Marcel Proust
(1871–1922), der – auch mit der Bibel – ganze „Tage des Lesens"[10]
verbringt? Aber dennoch: Nicht hektisch die Bibel zu lesen, sondern ruhig, nicht flüchtig, sondern konzentriert, nicht abgelenkt, sondern gesammelt, mit genauem Blick für die erzählten Situationen
und Figuren, mit nach-denklicher Betrachtung der Argumente und
Folgerungen – das ist ab und an vielleicht doch möglich, und wenn
es möglich ist, wird es zum Geschenk. So bezeugt es z. B. Marcel
Proust, der von seiner Bibellektüre schreibt:

> Oft habe ich im Lukasevangelium, wenn ich auf die Doppelpunkte
> traf, die es vor jeder der zahlreichen Stellen unterbrechen, die fast
> die Form eines Lobgesanges haben[11], das Schweigen des Gläubigen
> gehört, der sein lautes Lesen unterbrach, um dann die folgende Stro-
> phe anzustimmen wie einen Psalm, der ihn an die älteren Psalmen er-
> innerte[12]. Diese Stille erfüllte noch die Pause im Satz, der sich geteilt
> hatte, um sie einzuschließen, und der davon seine Form behalten hat.
> Mehr als einmal brachte sie mir beim Lesen den Duft einer Rose, den
> der durch das Fenster eindringende Lufthauch in dem hohen Saal mit
> der versammelten Gemeinschaft verbreitet und sich in zweitausend
> Jahren nicht verflüchtigt hat.

2. „Verstehst du denn auch, was du liest?" (Apg 8,30)

In die Anfänge der christlichen Mission gehört der Darstellung der
Apostelgeschichte zufolge eine pittoreske Szene, die einen eifrigen
Leser über die Auslegung der Heiligen Schrift zur Taufe führt (8,26–
40)[13]: Philippus trifft auf der Straße von Jerusalem nach Gaza einen
äthiopischen (d.i. nubischen) Eunuchen, Finanzminister seiner Köni-
gin, der, ein Gottesfürchtiger, auf dem Rückweg von einer Jerusalem-
Wallfahrt in seiner Kutsche Jes 53,7f liest; vom heiligen Geist bewegt,
springt Philippus auf und verwickelt den Beamten in ein Schriftge-
spräch:

30„Versteht du denn auch, was du liest?"[14]
31„Wie könnte ich, wenn niemand mir den Weg zeigt?"

Von dieser Frage und Gegenfrage bestimmt, läßt Lukas das Schrift-
gespräch einen (in seinem Sinn) idealen Verlauf nehmen. Dem frommen Leser aus Äthiopien ist klar, daß er zwar den Text entziffern

und seinen buchstäblichen Sinn erfassen kann; aber er ahnt, daß er
das Sinnpotential der jesajanischen Verse damit noch nicht er-
schöpft hat; insbesondere weiß er nicht, wer der leidende Gottesknecht sein soll, den Jes 53 beschreibt (V. 34). Philippus, vom Geist
erfüllt, erweist sich als der Hermeneut, den der gottesfürchtige Käm-
merer sucht. Er geht vom gelesenen Text aus, um von ihm her zur
Christusverkündigung zu gelangen.[15] Indem er aber den Äthiopier
in diesen hermeneutischen Prozeß einbezieht, führt er ihn nicht nur
zum Verstehen des christologischen Hintersinnes, der dem Jesaja-
Text für Christen zukommt, sondern gleichzeitig zum Einverständnis mit ihm – einem Einverständnis, das in der „spontanen" Bitte
um die Taufe sogleich jene existentielle Konsequenz zieht, die dem
Gottesknechtlied angesichts Jesu Christi gemäß ist.

Der Text ist hermeneutisch aufschlußreich[16]: Er weiß vom Problem des Verstehens. Er setzt an beim Lesen des Textes und beim
Entziffern seines buchstäblichen Sinnes. Er fragt weiter nach den
christologischen Implikationen eines (alttestamentlichen) Schrifttextes. Er weist auf seinen Anspruch hin wie auf die Herausforderung
des Lesers, auf diesen Anspruch zu antworten. Und er weiß, daß
ein Verstehen, das dem Anspruch des Textes folgt, auf das Einverständnis mit seiner Aussage zielt.

a) Das Problem des Verstehens

Die lukanische Perikope lenkt den Blick sowohl auf den Leser,
der zum Verstehen geführt werden muß, als auch auf den Text, der
richtig gelesen und verstanden, dessen Intention dann aber auch bejaht und in die Tat umgesetzt sein will.

(1) „Verstehst du denn auch ...?"

Das Verstehen hängt entscheidend von der richtigen Einstellung des
Lesers ab: Er muß den Text wahrnehmen; er muß zu seiner Aussage
Stellung nehmen; er muß dem Autor gerecht werden; er muß sich
mit der Wirkungsgeschichte des Textes auseinandersetzen; er muß
sich über sich selbst klar werden.

Daß dies gelingt, ist keineswegs ausgemacht. Es gibt unendlich
viele Barrieren, die das Verstehen behindern. In der Bibel selbst
wird daran erinnert, daß es die Ungunst der Verhältnisse sein kann,
die Mißverständnisse und Illusionen, aber auch Desinteresse und
Mißbrauch der Schrift bewirkt. Im Buch der Sprüche 29,18 heißt es
nach der Septuaginta, die vom hebräischen Urtext abweicht[17]:

Es gibt keine Exegeten in einem gesetzlosen Volk!

Probleme können aber auch beim Leser selbst auftreten. Er kann durch Vorurteile, Unkenntnis, Leichtfertigkeit, Oberflächlichkeit blockiert sein. In der gewohnten Drastik Johann Georg Lichtenbergs (1742–1799)[18]:

Wenn ein Affe hineinguckt, so kann freilich kein Apostel heraus sehen.

Der Leser kann aber auch durch Vorkenntnis, Wissen, Sorgfalt und Aufmerksamkeit aufgeschlossen sein und den Text zum Sprechen bringen – mit Eichendorffs berühmter Strophe, die den Titel „Wünschelrute" trägt und den Zyklus „Sängerleben" beschließt[19]:

Schläft ein Lied in allen Dingen,
Die da träumen fort und fort,
Und die Welt hebt an zu singen,
Triffst du nur das Zauberwort.

So wie der Dichter nicht etwa die Welt beschwört, um sie poetisch zu fixieren, sondern umgekehrt nach jenem Wort sucht, durch das sie ihre Lebendigkeit erweist, und wie, durch ein solches Zauberwort berührt, die Dinge dieser Welt aufwachen und zu singen beginnen, so dürfte ein Leser der Bibel nicht etwa mit seinen Worten die Worte der Bibel auf einen bestimmten Klang festlegen, sondern müßte im Gegenteil seine Worte der Auslegung durch das Wort der Bibel erklingen lassen und wäre dann auf diese Weise zum Werkzeug geworden, daß aus toten Buchstaben lebendiger Geist wird.

Der Diakon Paulus schreibt in seiner Vita über Gregor den Großen[20], daß der Heilige Geist dem päpstlichen Exegeten „in Gestalt einer Taube, weißer als Schnee" erschienen sei, um ihm die Geheimnisse der Heiligen Schrift zu erschließen. Folgt man dieser Legende, der eine populäre Ikonographie entspricht, könnte also nicht nur ein biblischer Text und sein Autor, sondern auch sein Leser inspiriert sein – und auf diese Weise den Text verstehen. Die Bedeutung des richtigen Lesens und Verstehens läßt sich kaum schöner beschreiben. Die Legende aus dem 8. Jh., mag sie auch *ad maiorem papae gloriam* verfaßt sein, klingt wie ein Präludium zur hermeneutischen Diskussion der letzten Zeit. Nach Hans Georg Gadamer (*1900) ist der Leser der Dialogpartner des Textes.[21] Der Sinn eines Textes entwickelt sich – oder verstellt sich – in den Köpfen und Herzen eines Lesers, der mit dem Text ein Gespräch führt.[22] Dieses Gespräch kann nur dann zur Verständigung (auch im Dissens) führen, wenn es der Leser lernt, *beim* Lesen und *durch* das Lesen für das offen zu werden, was er liest.[23]

(2) „ ..., *was du liest?* "

Das Verstehen bezieht sich auf das Gelesene, also auf den Sinn des Textes. Worin aber liegt dieser Sinn? Und gibt es ihn überhaupt? In der neueren literaturwissenschaftlichen Diskussion wird der Akt des Lesens bisweilen so sehr betont, daß man den Gedanken einer im Text als solchem liegenden Bedeutung ablehnt und statt dessen von einem Generieren des Sinns durch den Leser spricht.[24] Das ist überzogen. Zwar kann die Aktivität des Lesers im Prozeß des Verstehens schwerlich überschätzt werden. Aber wenn das Wort „Verstehen" einen Sinn hat, kann nicht eigentlich von der Konstruktion, sondern nur von der Re-Konstruktion des Textsinnes und nicht von der Produktivität, sondern nur von der Re-Produktivität des Lesers gesprochen werden. Gewiß: Wer literarische Texte als archäologische Fundstätten verschütteter Bedeutungen betrachtet, erstarrt im Klassizismus. Wer sich hingegen auf Umberto Eco (*1932) beruft und einen literarischen Text nur als „Maschine zur Erzeugung von Interpretationen" ansieht[25], entgeht kaum der Gefahr der Beliebigkeit – und hätte am Ende auch den Linguisten und Romancier gegen sich.[26]

Ein jeder Text ist von einem bestimmten Autor in einer bestimmten Situation mit einer bestimmten Intention für bestimmte Leser geschrieben worden. Insofern hat er einen geschichtlichen Ursprungssinn. Diese ursprüngliche Bedeutung zu erforschen, ist die Aufgabe und Chance geschichtlichen Verstehens. Gewiß sind immer nur mehr oder weniger starke Annäherungen möglich. Den Versuch zu unternehmen, ist aber das Ethos jeder Philologie – und *in biblicis* von geradezu grundlegender Bedeutung: besteht doch nur auf diesem Wege die Möglichkeit, (zumindest approximativ) zur Intention des inspirierten Autors und zum ursprünglichen Sinn des inspirierten Textes vorzustoßen.

Doch fragt sich dann weiter, ob der Sinn des Textes in dem aufgeht, was er nach dem Willen seines Verfassers und dem Eindruck seiner Leser besagt hat. Das ist keineswegs ausgemacht. Michel de Montaigne bemerkt[27]:

> Un suffisant lecteur descouvre souvant ès escrits d'autruy des perfections autres que celles que l'autheur y a mises et apperceües, et y preste de sens et des visages plus riches.

Freilich fragt sich, ob der Leser dem Text diesen reicheren Sinn *ver*leiht oder *ent*leiht. Im ersten Fall wäre er nur eine Projektionsfläche für die mehr oder weniger assoziativen Einfälle und Gedanken der Leser. Im zweiten Fall hingegen könnte die Auslegung dem Textsinn auch dann entsprechen, wenn sie sich nicht mit der *intentio auctoris* deckt. Daß dies prinzipiell möglich ist, liegt schon im Prozeß der Verschriftung. Paul Ricoeur (*1913) hat darauf aufmerksam gemacht: Dadurch, daß ein Text geschrieben steht und gelesen werden kann, verselbständigt er sich von seinem Verfasser; das ist die Chance seiner weiteren Wirkung.[28] Von einer *legitimen* Verselbständigung und Weiter-Wirkung könnte aber nur dann gesprochen werden, wenn ein Text, in einer bestimmten Situation geschrieben, etwas zu sagen hat, was über seinen situativen Gebrauchswert hinausgeht. Im Falle der biblischen Schriften heißt dies: Die alt- und neutestamentlichen Texte schreien geradezu nach aktualisierenden Applikationen, sofern und soweit sie – im Sinne von Röm 1,16f – dem Evangelium als der rettenden Macht Gottes Sprache zu verleihen imstande gewesen sind. Das ist aber gerade ihr (mehr oder weniger stark ausgeprägter) Anspruch.[29]

Nimmt man diesen Anspruch ernst, so hat das Verstehen dessen, was im Alten und Neuen Testament zu lesen steht, zwei Aspekte: erstens das Begreifen der historischen Ursprungsbedeutung und zweitens das Begreifen der jeweils aktuellen Gegenwartsbedeutung der biblischen Texte. Beide Aspekte sind aufeinander bezogen, aber nicht gleichgewichtig. Der erste Aspekt hat im Raum der Ekklesia kriterielle Bedeutung, wenn anders die Bibel der Kanon ist. Der zweite Aspekt ergibt sich aus dem ersten, wenn anders die Bibel die Heilige Schrift ist.

b) Das Verstehen der Ursprungsbedeutung

Wie wichtig es ist, einen Autor in seiner ureigenen Intention ernst zu nehmen, und wie schwierig es ist, ihn richtig zu verstehen, illustriert im Neuen Testament der Zweite Petrusbrief (3,15f)[30]:

> [15]*Die Langmut unseres Herrn erachtet als Rettung, wie euch auch unser lieber Bruder Paulus gemäß der ihm gegebenen Weisheit geschrieben hat;* [16]*wie er auch in allen Briefen davon redet, in denen manches schwer zu verstehen ist, was die Ungelehrigen und Ungefestigten verdrehen, wie sie es auch mit den übrigen Schriften zu ihrem eigenen Verderben tun.*

Auch Paulus selbst ringt mit dem Problem, daß seine Schriften richtig verstanden werden. Im Ersten Korintherbrief hat er Anlaß, ein Mißverständnis geradezurücken, das ein früheres (verloren gegangenes) Schreiben an die Gemeinde verursacht hat (1Kor 5,9ff)[31]:

> [9]*Ich habe euch in dem Brief geschrieben, daß ihr nicht mit Unzüchtigen Umgang pflegen sollt;* [10]*nicht überhaupt mit den Unzüchtigen dieser Welt, den Habgierigen und Räubern und Götzendienern; sonst müßtet*

*ihr aus dieser Welt auswandern. ¹¹Jetzt habe ich euch aber geschrieben,
keinen Umgang zu pflegen, wenn ein sogenannter Bruder ein Habgieri-
ger oder Unzüchtiger oder Götzendiener oder Lästerer oder Trunken-
bold oder Räuber ist: Mit einem solchen sollt ihr nicht zusammen essen.*

Im Zweiten Korintherbrief muß Paulus große Verständigungspro-
bleme mit der Gemeinde lösen und schreibt deshalb (1,13f)[32]:

*¹³Nicht anderes schreiben wir euch, als was ihr lest und versteht; ich
hoffe aber, daß ihr es auch völlig verstehen werdet,¹⁴ so wie ihr uns
zum Teil schon verstanden habt: daß wir euer Ruhm sind, so wie ihr
unser seid – am Tage unseres Herrn Jesus.*

Im Alten Testament wird das Bemühen eines Autors, dem ursprünglichen Sinn des Verfassers gerecht zu werden, im Prolog zu Jesus
Sirach greifbar, wenn der Enkel des großen Weisheitslehrers angibt,
wie große Mühe er sich mit der richtigen Übersetzung gemacht hat.

Das – anstrengende – Bemühen, den Autor eines Textes in seiner
Intention zu verstehen, wird also schon im Alten und Neuen Testament
selbst problematisiert. Dieses Problem stellt sich allerdings gegenwärtig
unter neuen Vorzeichen. Zwar hat sich die Schriftauslegung seit der Antike immer auch um den Literalsinn der biblischen Schriften geküm-
mert[33]; aber erst in der Neuzeit setzt sich die Überzeugung durch, er
sei der ureigene Sinn eines Textes. Nachdem im 19. Jh., im Gefolge der
Aufklärung und ihrer Kritik durch Hegel, das historische Denken zum
Durchbruch gekommen ist[34], ist es ein Gebot der intellektuellen Red-
lichkeit und Glaubwürdigkeit, sich auf das Geschäft des historischen
Verstehens einzulassen. Anders als es der Fundamentalismus wahrhaben will[35], entspricht dieser historische und kritische Ansatz durchaus
dem Selbstverständnis und der theologischen Würdigung der biblischen Schriften: Sie sind Gotteswort durch Menschenwort.

Daß auf die Vielfalt der Sprach-Formen, die Zeitbedingtheit der
Ausdrucksweise, die Situationsgebundenheit der Schriften geachtet
werden muß, ist ein Grundsatz der Schriftauslegung, der in der katholischen Kirche (die sich in ihren Theologen und Amtsträgern lange gegen diese Einsicht gesperrt hat) inzwischen geradezu dogmatisiert
worden ist. In der Offenbarungskonstitution des Zweiten Vatikanischen Konzils heißt es über die wissenschaftliche Exegese (*Dei Verbum* 12)[36]:

Da aber Gott in der Heiligen Schrift durch Menschen nach Menschenart gesprochen hat[37], muß der Interpret der Heiligen Schrift, um zu
durchschauen, was Er selbst uns mitteilen wollte, sorgfältig erforschen, was die Hagiographen wirklich zu sagen beabsichtigten und
Gott durch ihre Worte kundzutun gefiel.

Um die Intention der Hagiographen zu eruieren, sind unter anderem auch die *literarischen Gattungen* zu beachten. Denn die Wahrheit wird in Texten, die auf verschiedene Weise historisch, prophetisch oder poetisch sind, oder in anderen Sprachformen (*dicendi generibus*) jeweils anders dargelegt und ausgedrückt. Nötig ist ferner, daß der Interpret nach dem Sinn forscht, den der Hagiograph in einer bestimmten Situation, entsprechend den Bedingungen seiner Zeit und Kultur, mit den in jener Zeit verwendeten literarischen Gattungen auszudrücken beabsichtigte und ausgedrückt hat.[38] Will man nämlich richtig verstehen, was ein heiliger Autor mit seiner Schrift aussagen wollte, so ist genau sowohl auf jene gewohnten, angeborenen Weisen des Denkens, Sprechens und Erzählens zu achten, die zu Zeiten des Hagiographen herrschten, als auch auf jene Formen, die in jenem Zeitalter beim Umgang der Menschen untereinander allenthalben verwendet zu werden pflegten.

Die Geschichtlichkeit der biblischen Schriften steht nicht in Konkurrenz zu ihrer theologischen Dignität, sondern ist deren adäquater Ausdruck. Nach Hans Urs von Balthasar muß die „Sprache des Fleisches" lernen, wer das Wort Gottes im Wort der Bibel verstehen will.[39]

Die Hinweise für die Exegeten setzen die Pluralität der Formen und Gattungen in der alt- und neutestamentlichen Bibel voraus. Sie beherzigen auch, was seit langem (vor allem in der protestantischen, dann aber zunehmend auch in der katholischen Bibelwissenschaft) herausgestellt worden war: die Zeitgebundenheit der biblischen Sprache und die Parallelen zur zeitgenössischen Umwelt.

Die weit verbreitete Sorge, durch das Sich-Einlassen auf die historische Forschung werde die Wahrheit der Bibel relativiert, entspringt einer unbegründeten Angst. Gewiß führt das geschichtliche Verstehen der Bibel fort von der Fixierung auf eine Reihe zeitloser Sentenzen, die scheinbar steil von oben nach unten, jenseits von Raum und Zeit den Hütern der Orthodoxie mitgegeben wurden und alle Wahrheit in sich halten. Aber es führt zugleich hin zur Konzentration auf den geschichtlichen Prozeß der Selbstmitteilung Gottes durch die Inspiration menschlicher Verfasser, mit ihren Worten so von ihm Zeugnis abzulegen, daß die Wahrheit erkennbar ist, die er den Menschen um ihres Heiles willen mitteilen wollte (*Dei Verbum* 11). Geschichtliches Verstehen kann nur gelingen, wenn das Motto des Jesus Sirach gilt (6,27):

Frage und forsche, suche und finde!

Nur wer ohne Scheuklappen und Berührungsängste alle erreichbaren Informationen heranzieht, nur wer keinen Vergleich der biblischen Schriften mit der zeitgenössischen Literatur scheut, nur wer keiner kri-

tischen Frage nach dem Quellenwert und dem Proprium biblischer
Texte ausweicht, wird den wahren Wert, die tatsächliche Aussage, die
wirkliche Relevanz der alt- und neutestamentlichen Texte erkennen.
Wer sich aber auf diesen Weg einläßt, erweitert den Horizont der
Bibellektüre ganz erheblich. Die Worte der Heiligen Schrift nicht
unmittelbar auf die Gegenwart zu beziehen, sondern zunächst in *ihrer* Zeit stehen zu lassen und *dort* zu betrachten, gibt den Texten
nicht nur jene Freiheit, auf deren Respekt sie Anspruch haben, sondern eröffnet auch der heutigen Leserschaft allererst die Möglichkeit, das Wort der Bibel so zu hören, wie es ursprünglich geklungen
hat. Goethe schreibt im „Wilhelm Meister"[40]:

> Ich bin überzeugt, daß die Bibel immer schöner wird, je mehr man sie
> versteht, d. h. je mehr man einsieht und anschaut, daß jedes Wort, das
> wir allgemein auffassen und im besonderen auf uns anwenden, nach
> gewissen Umständen, nach Zeit- und Ortsverhältnissen einen eige-
> nen, besondern, unmittelbar individuellen Bezug gehabt hat.

Indes: Die Aufgabe, den ursprünglichen Sinn zu verstehen, den ein
Text nach der Auffassung seines Autors und dem (intendierten)
Verständnis seiner ersten Leser hat, ist schwer zu erfüllen. Die Zeit,
die seit der Entstehung vergangen ist, läßt sich nicht überspringen.
Nicht nur, daß die wenigsten die Bibel in ihren Originalsprachen lesen können – die sozialen Lebensverhältnisse haben sich grundlegend gewandelt, ebenso das Weltbild, die Wertvorstellungen, die Bildung, die ganze Kultur. Zwar gibt es gewiß anthropologische
Konstanten: Damals wie heute fragen Menschen nach dem, was gut
und schlecht ist; sie stehen vor dem Problem des Todes und der Erfahrung des Leidens wie des Glücks und der Freude. Aber wie sie
diese Probleme sehen und diese Fragen stellen, welche Voraussetzungen sie machen und welchen Eindrücken sie folgen, ist doch
sehr unterschiedlich. Das schließt keineswegs ein spontanes, unmit-
telbares Verstehen der Schrift aus; aber es birgt auch die Gefahr
zahlreicher Mißverständnisse und Halb-Wahrheiten.
   Die Verständnisprobleme zu lösen, die sich aus dem zeitlichen
Abstand und der kulturellen Differenz zwischen der Entstehungszeit der biblischen Texte und der Gegenwart ergeben, setzt voraus,
die Sprache der Bibel zu lernen. Das meint nicht nur, im Hebräischen, Aramäischen und Griechischen kundig zu werden. Es meint
vor allem, auf die Art und Weise, die Formen und Gattungen biblischen Sprechens zu achten, auf die zeitgeschichtliche Situation biblischer Texte und ihren kulturgeschichtlichen Hintergrund, auf den
Anlaß und die Adressaten der Schriften, auf die Persönlichkeit des

Verfassers und die Umgangsformen der Zeit, auf das Vorwissen und
das Weltbild, die soziale Lage und den Bildungsstand des Autors wie
der Adressaten, auf die Vorgeschichte und die Nachgeschichte der
Texte, auf Schulbildungen und Traditionsketten, auf theologische
Entwicklungen und Abbrüche, auf Abhängigkeiten von der Kultur
der Umwelt und den Versuch der kritischen Auseinandersetzung
mit alternativen Religionen und Weltanschauungen.
Das ist gewiß ein weites Feld. Aber je weiter es begangen und je
genauer es vermessen ist, desto besser läßt sich die geschichtliche
Bedeutung eines biblischen Textes bestimmen. Tatsächlich kommt
es darauf an, ihn wortwörtlich zu verstehen: Bei jedem Text, jedem
Satz, jedem Wort muß der Wert der Aussage geprüft und das Gewicht der Bedeutung gewogen werden. Die größte Schwierigkeit,
die Sprache der Bibel zu verstehen, ergibt sich aus falschen Plausibilitäten der Gegenwart. Insbesondere erweist sich die Historisierung
der biblischen Schriften als große Last. Nicht wer den Schöpfungsbericht als Alternative zur Evolutionstheorie deutet, hat ihn wortwörtlich verstanden, sondern wer ihn als theologische Symbolerzählung
versteht, die in der Auseinandersetzung mit babylonischen Kosmos-
Mythen eine genuin israelitische, auf Jahwe bezogene Schöpfungs-
lehre entwickelt.

Wer diese Arbeit professionell betreibt, muß eine Reihe methodischer
Arbeitsschritte beachten[41]: Er muß sich des genauen Wortlautes eines
Textes vergewissern; er muß die Entstehungsverhältnisse einer Schrift
klären, also ihren Verfasser und ihre Adressaten bestimmen, ihre Entstehungszeit und ihren Entstehungsort eingrenzen und ihren Anlaß
rekonstruieren; er muß den Kontext einer Perikope beachten, ihre
Form und ihre Gattung, aber auch ihre Entstehungsgeschichte, d. h.
ihre mündlichen und schriftlichen Vorstufen sowie ihre redaktionel-
len Bearbeitungen; er muß auf traditionelle Motive und formelhafte
Wendungen achten; er muß Einflüsse aus der paganen Literatur identifizieren und religionsgeschichtliche Vergleiche anstellen.
  Dies geschieht seit langer Zeit mit hoher Energie und einigem aske-
tischen Kraftaufwand.[42] Gewiß vermögen die Ergebnisse nicht immer
zu überzeugen. Sicher erweckt manche Arbeit den Eindruck eines
Glasperlenspiels. Fraglos stehen gerade auch Bibelwissenschaftler in
der Gefahr, die ihnen anvertrauten Texte so zurechtzubiegen, daß sie
sich stromlinienförmig dem Zeitgeist anpassen. Schon Heinrich Heine
hat sich über die rationalistischen Exegeten seiner Zeit vom Schlage
eines Heinrich Eberhard Gottlob Paulus (1761–1851)[43] lustig gemacht und dessen „natürliche" Erklärung von 1Kön 17,4 persifliert[44]:

Rationalistische Exegese

Nicht *von* Raben, nein *mit* Raben
Wurde Elias ernähret -
Also ohne Wunder haben
Wir die Stelle uns erkläret.

Ja anstatt gebratner Tauben
Gab man ihm gebratne Raben,
Wie wir deren selbst mit Glauben
Zu Berlin gespeiset haben.

Doch so gewiß es schlechte Exegesen gibt, so wenig kann geleugnet werden, daß die historisch-kritische Bibelforschung im ganzen das Wissen über die Welt der Bibel ungemein bereichert und das Verständnis der Bibel-Worte erheblich vertieft hat. Stark ist die Exegese immer dann, wenn sie sich bei den „großen" und den „kleinen", bei den bekannten und den unbekannten, bei den alten und den jungen Bibeltexten darauf verstanden hat, Geist und Buchstabe, Situation und Intention, Absicht und Wirkung in ihrem inneren Verhältnis so darzustellen, daß der Zusammenhang mit der spezifisch biblischen Theologie sichtbar wird. Bei Friedrich Hölderlin steht zu lesen[45]:

> der Vater aber liebt,
> Der über allen waltet,
> Am meisten, daß gepfleget werde
> Der feste Buchstab, und Bestehendes gut
> Gedeutet.

Diejenigen Bibelleser, die keine professionelle Exegese betreiben, werden auf die Hilfe der Fachleute angewiesen bleiben, um den historischen Ursprungssinn der Texte zu rekonstruieren. An Hilfen besteht kein Mangel. Die Schwierigkeit besteht eher darin, in der Flut der Angebote das beste herauszufischen.[46] Aber auch dann, wenn diese Informationsmöglichkeiten nicht oder nur sehr begrenzt zur Verfügung stehen, gibt es durchaus Möglichkeiten, das ureigene Wort der Bibel besser kennenzulernen.[47] Der beste Weg ist sicher die intensive Lektüre der Bibel selbst.[48] Doch um nicht in ein Netz von Vorurteilen eingesponnen zu werden, ist es beim Bibellesen sinnvoll und notwendig, auch die einfachen, allen Schriftlesern zugänglichen Hilfsmittel zu nutzen und die Bibellektüre gezielt zu gestalten. Aufschlußreich ist bereits, die Texte der Bibel nicht nur (wie in den gottesdienstlichen Perikopenordnungen) portionsweise zu verkosten, sondern das ganze Menü zu genießen: also nicht nur einzelne Abschnitte aus einem Geschichtsbuch oder einem Evangelium oder einem Apostelbrief, sondern die ganze Schrift. Dadurch kann nicht nur der Stellenwert einzelner Sequenzen deutlicher werden; es kann sich auch ein Gespür für die Eigenart, die Schwerpunkte, die Absichten der verschiedenen biblischen Autoren herausbilden. Das Ziel wäre gewiß erst dann erreicht, wenn die ganze Bibel gelesen wäre – als differenzierte Einheit aus dem Alten und dem Neuen Testament. Dieses Ziel wird freilich den meisten unerreichbar bleiben. Es wird auch mühsam sein, die ganze Bibel sukzessive von der ersten bis zur letzten Zeile durchzuarbeiten. Hilfestellungen geben Lesepläne, wie sie seit der Antike in Gebrauch sind. Hieronymus hat für eine junge Tochter aus gutem Hause einen solchen Fahrplan entworfen[49]: Sie solle beginnen mit den Psalmen und Weisheitsbüchern des Alten Testaments, fortfahren mit den Evangelien und Apostelbriefen, dann bei den historischen und prophetischen Büchern des Alten Testaments anlangen und zum Schluß (nunmehr offenbar gegen erotische Versuchungen gewappnet) das Hohelied studieren. Auch wenn man heute vielleicht anders denkt – die Orientierung etwa an den Lese-Ordnungen der Liturgie oder an Losungs-Worten und Leseplänen der Bibelgesellschaften oder auch an den Stichwortregistern der gängigen Bibelausgaben können eine große Hilfe sein.

Hilfreich ist es auch, bei einzelnen Texten genau auf ihren Aufbau zu achten: Wie sind sie angelegt? Was betonen sie, und was vernachlässigen sie? Was setzen sie voraus, und was erklären sie? Bei erzählenden Texten: Welche Personen treten auf? Welche Rollen spielen sie? Wie kommunizieren sie miteinander? Wie sind sie einander zugeordnet? Bei argumentativen und rhetorischen Texten: Welches Thema wird verhandelt? Welche Kontroverse wird ausgefochten? Welche Gründe und Gegengründe werden angeführt? Bei poetischen Texten: Welche Stilmittel werden gebraucht? Welche Strukturen werden gebaut? Welcher Wortschatz wird verwendet?

Speziell bei den Evangelien, aber auch bei manchen alttestamentlichen Geschichtswerken kann eine synoptische Lektüre aufschlußreich sein[50]: Was ist verschiedenen Autoren bei der Darstellung des gleichen Gegenstandes wichtig oder unwichtig? Welche Gemeinsamkeiten gibt es und welche Unterschiede? Die großen heutigen Bibelausgaben, die Luther-Bibel ebenso wie die (reformierte) Zürcher Bibel und die (katholische) Einheitsübersetzung geben darüber hinaus zahlreiche weitere Hinweise zum vergleichenden Lesen, indem sie zu den verschiedenen Perikopen und ihren einzelnen Sätzen Parallelstellen anführen. Wer sich die Mühe macht und die Zeit nimmt, diesen Parallelen zu folgen, wird mit manchem Fund belohnt. Insbesondere ist es erhellend, dort, wo neutestamentliche Autoren das Alte Testament zitieren, die Fundstelle nachzuprüfen und den aufgenommenen Vers in seinem ursprünglichen Zusammenhang kennenzulernen.

Überdies bietet vor allem die Einheitsübersetzung den Service, in knappen Einleitungen zu den biblischen Büchern kurz über deren Entstehungsgeschichte und Bedeutung zu informieren.[51] Schließlich sind neben der Einheitsübersetzung auch die großen protestantischen Bibelausgaben mit nicht wenigen Anmerkungen versehen, die schwierige Ausdrücke und historische Daten erklären.[52]

Gewiß: Wer diese Informationen nutzt, kommt nicht unbedingt schneller mit der Lektüre vorwärts. Aber er macht „die Entdeckung der Langsamkeit" (Sten Nadolny): Er kann eher in die Tiefe bohren – und sich vielleicht in jenem Bibelleser wiederfinden, den Martin Gutl porträtiert[53]:

Der Ziehbrunnen

Ich pumpe und pumpe,
es kommt kein Wasser.
Nur der Schweiß
kommt mir.
Einer sagt: „Nur Mut!"
Ich gebe nicht auf.
Endlich! Da fließt es:
helles, kristallklares Wasser!

Wie oft sitze ich
über einem Bibelvers
und lese und lese
und denke nach und betrachte,
bis mich plötzlich
ein Wort ergreift.
Ich bete, bin still,
lange Zeit,
bis das Wort mich ganz erfüllt
und als Verheißung mich trägt.

Im Brunnen tief unten
ist Wasser.
Ich brauche nur die Ausdauer,
das Wasser langsam heraufzupumpen.
Ein Wort Gottes
ist wie das Wasser
tief unten im Brunnen.
Es braucht lange Zeit,
bis sich mir
sein Sinn erschließt.

c) Das Verstehen der Gegenwartsbedeutung

Mit der Suche nach dem Ursprungssinn verbindet sich die Suche nach der Gegenwartsbedeutung biblischer Texte. Diese Form der Schriftauslegung ist der Bibel selbst höchst vertraut. Das Paradigma ist die Lektüre des Alten Testaments im Neuen Testament. Zwar ist allen Autoren geläufig, daß „die Schrift" eine Größe der Vergangenheit ist. Aber so ziemlich allen wird Paulus aus dem Herzen gesprochen haben, wenn er in Röm 15,4 über das „Alte Testament" feststellt:

Denn was immer zuvor geschrieben worden ist – zu unserer Belehrung ist's geschrieben, damit wir durch die Geduld und Ermutigung der Schriften Hoffnung schöpfen.

Im Neuen Testament steht die aktualisierende Interpretation des Alten Testaments sicher zu einem großen Teil im Dienste der *christologischen Argumentation,* insbesondere bei Matthäus und bei Johannes, z.t. auch bei Paulus.[54] Lukas führt diese Auslegung auf Jesus selbst zurück. Bei der Antrittspredigt in seiner Heimatstadt Nazaret habe er die Schrift-Worte Jesajas auf seine Person und den Kairos seines Wirkens bezogen (4,21)[55]:

Heute hat sich dieses Schriftwort in euren Ohren erfüllt.

Nach Lukas ist es dann auch der Auferstandene selbst, der als Wegbegleiter und Exeget den unverständigen Emmaus-Wanderern von der Schrift aus die Not-wendigkeit seines Leidens erklärt (24,26f), um schließlich allen in Jerusalem versammelten Jüngern den christologischen Tiefensinn der Schrift zu erschließen (24,44–47). Aus heutiger Sicht ist die Problematik dieses „Schriftbeweises" unverkennbar: Legt man die Maßstäbe historisch-kritischer Exegese an, läßt sich nur selten urteilen, die neutestamentlichen Autoren hätten den Ursprungssinn des angeführten alttestamentlichen Textes getroffen.[56] Doch muß man sich bei solchen Beurteilungen vor Anachronismen hüten. Die neutestamentlichen Autoren beanspruchen in der Regel nicht den buchstäblichen, sondern einen angenommenen allegorischen oder typologischen Sinn für ihre christologischen Interpretationen (vgl. Gal 4,21–31; 1Kor 10,4ff.11)[57]. Damit stehen sie auf der Höhe des hermeneutischen Problembewußtseins ihrer Zeit – aber bereiten einem heutigen Nach-Denken nicht wenige Probleme. Eine *interpretatio christiana* des Alten Testaments, die dem heutigen Wissensstand entspricht, aber auch dem Judentum gerecht werden will, darf vor allem die Heilige Schrift Israels nicht vereinnahmen. Sie hat dem historischen Ursprungssinn der „alttestamentlichen" Schriften sein eigenes Recht und sein starkes Gewicht zu geben. Sie muß weiter mit allem Nachdruck betonen, daß Tod und Auferwekkung Jesu nach 1Kor 15,3ff *„gemäß den Schriften"* erfolgt sind, also nur von der Bibel Israels her verstehbar sind. Sie wird dann aber vielleicht auch der gläubigen Hoffnung Ausdruck geben dürfen, daß der Ausblick auf eine alles bisherige Handeln transzendierende Selbstmitteilung Gottes zum Heil Israels und der Heidenvölker, die keineswegs alle, aber doch nicht unwichtige und zumal prophetische Bücher des Alten Testaments eröffnen, weder eine Illusion ist noch in eine unbestimmte Zukunft weist, sondern durch Jesus von Nazaret in einer ganz ungeahnten Weise bewahrheitet worden ist.

Die Aktualisierung der alttestamentlichen Texte im Neuen Testament geht aber nicht in christologischen „Schriftbeweisen" auf. Vielmehr sieht man die Relevanz der „Schrift" nicht zuletzt darin, daß sie Juden wie Heiden die Wirklichkeit ihres Lebens und die Größe ihrer Hoffnung klar und verständlich darlegt, auch die Würde, die ihnen in Gottes Augen zukommt, und den Anspruch, den Gott an sie richtet. Im Zweiten Timotheusbrief heißt es in einem Wort des Paulus an Timotheus (3,14–17)[58]:

¹⁴Du aber bleibe bei dem,
was du gelernt und worin du dich gläubig festgemacht hast,
da du ja weißt, von welchen du es gelernt hast,
¹⁵und weil du von Kind auf die heiligen Schriften kennst,
die dich unterweisen können zum Heil durch den Glauben an Jesus
*   Christus.*
¹⁶Jede von Gott eingehauchte Schrift ist ja nützlich
zur Lehre, zur Überführung, zur Besserung, zur Erziehung in Gerech-
*   tigkeit,*
¹⁷damit der Mann Gottes gerüstet sei,
ausgerüstet zu jedem guten Werk.

Der Wert der Heiligen Schrift[59] liegt demnach (auch) in ihrer pädagogischen, spirituellen und ethischen Wirkung: Sie ist geeignet, den Christen aufgehen zu lassen, wo ihre Fehler liegen und wo ihre Fähigkeiten und Aufgaben. Sie hilft aber nicht nur, zu erkennen, was wichtig und unwichtig, richtig und falsch, wertvoll und wertlos ist; sie gibt auch Anstöße, das, was als gut erkannt ist, wirklich zu tun.

In der Tradition dieser neutestamentlichen Schriftauslegung stehen alle Leser, die das „Buch der Bücher" weniger deshalb zur Hand nehmen, um die Bibel selbst besser kennenzulernen, als deshalb, um sich selbst besser kennenzulernen: um den eigenen Glauben zu stärken, Gemeinschaft zu bilden, nach Gottes Willen im Hier und

Heute zu fragen, die eigene Glaubenssprache zu kultivieren, nach Alternativen zur gewohnten kirchlichen und persönlichen Glaubenspraxis zu suchen.[60] Die Aktualität und Relevanz eines Schrifttextes in diesem Sinne zu suchen, ist die Aufgabe der Predigt[61], aber auch das Ziel der meisten Bibelkreise in den Gemeinden.[62] Gewiß lauert bei allen Aktualisierungsversuchen die Gefahr der Funktionalisierung. Wie häufig wird am Text vorbei geredet! Wie häufig drehen sich die Schriftgespräche im Kreise, weil immer wieder nur die gleichen Lieblingsideen zur Sprache kommen! Aber wenn die Bibel wirklich das „Buch des Lebens" ist, dann muß sie wohl auch geeignet sein, die Augen dafür zu öffnen, wie sich das Leben der Leser in seinen Licht- und Schattenseiten darstellt – das persönliche Leben ebenso wie das einer Gruppe und einer Gemeinde, aber auch der Kirche und der Gesellschaft. Wenn die Bibel tatsächlich das „Buch des Glaubens" ist, dann wird sie auch in der großen Not helfen können, heute eine neue religiöse Sprache zu finden und in der Gemeinde nicht nur über irgend etwas, sondern über den Glauben ins Gespräch zu kommen. Und wenn die Bibel wahrhaftig das „Buch der Kirche" ist, dann wird sie vermutlich helfen können, durch das gemeinsame Lesen eine Gemeinschaft aufzubauen, in der das Evangelium lebendig ist.

Freilich kann die Bibellektüre für das Leben des Leserinnen und Leser nur dann fruchtbar werden, wenn sie eine persönliche Beziehung zu einem Schrifttext aufzubauen in der Lage sind. Dazu ist die Bereitschaft vonnöten, sich vom Text anfragen und aufschließen zu lassen. Die wichtigste Voraussetzung besteht darin, daß die Leser all das nicht von vornherein ausblenden, sondern ernst nehmen, was ihren eigenen Erwartungen und Erfahrungen, ihren Überzeugungen und Einsichten widerspricht. Die hermeneutische Vermutung müßte lauten, daß im Zweifel die Bibel recht hat. Gewiß schließt das kritische Rückfragen nicht aus. Kein Zweifel, daß es Übersteigerungen, Engführungen und Einseitigkeiten des Urteils auch im Alten und Neuen Testament gibt; keine Frage, daß viele Aussagen zeitbedingt sind. Ein unkritischer Umgang mit der Bibel kann kein Ideal sein. Aber Bibelkritik ist nie zuerst Kritik *an der* Bibel, sondern Kritik *durch* die Bibel. Das heißt: Die kritische Urteilskraft des Lesers muß erst im Umgang mit der Bibel geschult werden, damit er sachgerechte Unterscheidungen treffen kann.

Fruchtbar wird das Bibellesen aber vor allem in dem Maße, wie es von der Bereitschaft bestimmt ist, sich durch die Heilige Schrift für das Wort *Gottes* aufschließen zu lassen, das durch das menschliche Wort der biblischen Schriften zum Ausdruck kommt. Diese Spiritualität einzuüben, führt nicht dazu, ehrfürchtig zu erstarren und eingeschüchtert zu schweigen, sondern ein wenig klarer zu sehen, was im Verhältnis zu Gott, zu den anderen Menschen und den Mitgeschöpfen, aber auch zur eigenen Person wirklich wichtig ist und zählt. Nur dann wird der Versuch einer Aktualisierung der biblischen Botschaft nicht in Modernismen enden, sondern zu der Einsicht des Deuteronomisten (30,14) führen, die Paulus im Römerbrief (10,8) auf das Evangelium bezieht:

Nahe ist dir das Wort: in deinem Mund und in deinem Herzen.

Gewiß wird eine solche Nähe nie in gleicher Weise bei allen Worten der Bibel zu spüren sein. Manche Texte, manche Schriften werden – lange – verschlossen bleiben. Erfahrene Bibelleser wissen, daß sich die Einsichten und Ansichten im Laufe eines Lebens sehr stark ändern können. *Ein* Wort tiefer verstanden zu haben, ist wichtiger, als tausend Worte oberflächlich. Von Mark Twain (1835–1910) wird der Ausspruch überliefert:

> Die Bibelstellen, die ich nicht verstehe, machen mir keine Kopfschmerzen, nur die, die ich verstehe.

Vollständigkeitswahn und Sammelwut sind nicht die Tugenden guter Bibelleser – auch wenn die Bereitschaft, neue Lese-Erfahrungen zu machen und alte Lese-Gewohnheiten in Frage zu stellen, zu mancher neuen Lese-Frucht geführt hat: ob sie nun sogleich süß oder erst sauer schmeckt.

Origenes sagt in seinen Genesis-Predigten (10,3), die Heilige Schrift belehre nicht nur, sondern nähre wie die Eucharistie. Er weist mit diesem Satz nicht nur darauf hin, wie lebens-wichtig die Schriftlesung für die Kirche ist; er macht auch darauf aufmerksam, daß die Lektüre der heiligen Schrift mit dem Ziel, ihre Gegenwartsbedeutung zu verstehen, nicht in erster Linie zu einer Vielzahl von Appellen, Aufforderungen und Anregungen führt, sondern zur Wahrnehmung jener Lebensfülle, die aus der Vergangenheit durch die Gegenwart in die Zukunft hinein – und noch durch den Tod hindurch trägt.

d) Verstehen als Einverständnis

Ein Verstehen der Bibel, das vom Glauben geleitet ist und den Glauben stärken will, geht auf das Einverständnis mit der Bibel, ihrem Wort und ihrer Botschaft aus. So ist es in der Philippus-Episode der Apostelgeschichte angelegt, so entspricht es auch der neuzeitlichen Hermeneutik[63], insbesondere dem Gedanken der „geistlichen Schriftlesung"[64]. Verstehen meint in diesem spirituellen Sinn nicht nur das intellektuelle Erfassen des Inhaltes einer Schriftstelle und das Erklären ihrer Entstehung wie ihrer Wirkung; es meint auch nicht nur das Wissen um ihre Aktualität und Relevanz. Es meint vielmehr die Bejahung des Evangeliums, das sie zur Sprache bringt – im historischen und im heutigen Sinn.

Die geistliche Schriftlesung ist eine ausgezeichnete Form christlicher Spiritualität. Sie ist keineswegs das Privileg von Ordensleuten und Klerikern, sondern ein Weg, der allen Glaubenden offensteht.[65] Er besteht in der Einübung der Fähigkeit, im menschlichen Wort der alt- und neutestamentlichen Schriften das Wort Gottes wahrzunehmen und anzunehmen. Die geistliche Schriftlesung steht deshalb weder in Konkurrenz zur exegetischen noch zur applikativen; sie kommt auch nicht zu anderen Ergebnissen und Einsichten; sie ist vielmehr deren Konsequenz in der Haltung des Glaubens, der von der Schrift selbst angefragt, geläutert und gestärkt wird. Die geistliche Schriftlesung baut auf dem Glaubenswissen auf, daß im Alten und Neuen Testament die Glaubens-Zeugnisse jener Menschen gesammelt sind, die Gott zu qualifizierten Kündern und Schreibern seines Wortes bestellt hat. Sie dient der Konzentration auf das Wort, das *Gott* durch die heilige Schrift spricht. Deshalb will sie lernen, die Bibel als Buch des Wortes Gottes zu lesen.

Wie wird das möglich?[66] Aus der langen Geschichte der geistlichen Schriftlesung lassen sich Erfahrungswerte ableiten, die nicht zu starren Regeln ausgeformt werden können, aber doch einen Weg zu weisen imstande sind. Sehr klar wird er in einem Brief abgesteckt, den Guigo von Kastell (1083–1137), 5. Prior der Grande Chartreuse bei Grenoble, an Gervasius über das kontemplative Leben geschrieben hat.[67] Guigo unterscheidet vier Stufen:

Erstens: die Lesung (*lectio*).

Die Lesung ist das eifrige Studium der Heiligen Schrift mit wachsamem Geist.

Gemeint ist eine ebenso aufmerksame wie ehrfürchtige, ebenso sachkundige wie selbstkritische Lektüre der Heiligen Schrift – eine Lektüre, die auf eine große Entdeckungsreise geht und nicht dann zufrieden ist, wenn sie auf bekannten und altvertrauten Gebieten bleibt, sondern in unbekannte Länder vorstößt – und auf dem Heimatboden unbeachtete Winkel und neue Panoramen entdeckt. Ob sich das Interesse auf den Ursprungssinn oder die Gegenwartsbedeutung oder – im besten Fall – auf deren Verbindung richtet, bleibt sich gleich. Entscheidend sind die Sorgfalt und Sensibilität, aber auch die

Ausdauer und Geduld der Lektüre. Im Gleichnis Guigos entspricht die *lectio* dem Finden und dem Prüfen einer Traube.

Zweitens: die Meditation *(meditatio).*

> Die Meditation ist eine Verstandestätigkeit, um mit Hilfe der eigenen Vernunft eine verborgene Wahrheit zu entdecken.

In der geistlichen Schriftlesung hat die Meditation nichts mit einer irrationalen Gefühlsduselei und wenig mit spontanen Herzensergüssen zu tun. Sie ist vielmehr eine Sache des Verstandes. Der Leser bleibt beim Text und versucht, ihn tiefer zu verstehen. Früher mochte man gedacht haben, auf diese Weise vom buchstäblichen zum allegorischen Schriftsinn vordringen zu können. Heute scheint es gemäßer, die Suche auf die geschichtliche und gegenwärtige Wahrheit zu richten, die ein Text zum Ausdruck bringt. Das setzt die (exegetische) Vergewisserung über seine ursprüngliche Bedeutung voraus, führt aber tiefer in sie hinein, indem sie die Bezüge zum Grundgeschehen der Selbst-Offenbarung Gottes nachzuzeichnen bemüht ist. Es ist also dem verwandt, was man eine dezidiert *theologische* Schriftinterpretation nennen könnte – nur daß es nicht nur auf Erkenntnis, sondern gleichzeitig auf Anerkenntnis ankommt. Insofern geht es bei der *lectio divina* nicht nur um das Eindringen des Lesers in den Text, sondern zugleich um das Eindringen in sich selbst: nicht nur mit Hilfe der eigenen Vernunft den Text aufzuschließen und seine Wahrheit zu finden, sondern zugleich mit Hilfe des Textes die eigene Vernunft aufzuschließen und ihre Wahrheit zu finden. Im Bild: Die *meditatio* entspricht dem Keltern der Weintraube, die in der *lectio* gefunden und geprüft worden ist.

Drittens: das Gebet *(oratio).*

> Das Gebet ist eine andächtige Hinwendung des Herzens zu Gott, um von Übeln befreit zu werden und Gutes zu erlangen.

In dem Maße wie die *meditatio* die Wahrheit der Schrift ein-sieht, wird sie zum Gebet – und durch das Gebet vertieft sich die Betrachtung. Die *lectio divina* führt, wenn sie gelingt, vor das Geheimnis Gottes: das anzuerkennen – beten bedeutet. Sie kann aber nur gelingen, wenn sie sich von jenem Geist leiten läßt, durch den Gott sich offenbart (1Kor 2,6–16) – und setzt deshalb einen betenden Leser voraus. Im Bild wäre die *oratio* nichts anderes als das Wort des Segnens und Dankens, mit dem wahrgenommen wird, daß sich „die Frucht des Weinstocks und der menschlichen Arbeit" Gott dem Schöpfer verdankt.

Viertens: die Kontemplation *(contemplatio).*

Die Kontemplation ist die Erhebung der von Gott ergriffenen Seele, die einen Vorgeschmack der ewigen Freuden genießt.

Die Kontemplation ist der gnädig gewährte Glücksfall einer wahrhaftigen Erfahrung des Gotteswortes im Lesen der Schrift: ein erhörtes Gebet, nicht ein verdienter Lohn, kein Anspruch, sondern ein Geschenk – nicht vorauszusehen, nicht wiederholbar, immer einmalig, nie verrechenbar, und gerade deshalb doch die Verheißung, die den Lesern der Schrift gegeben ist. Im Bild: Die *contemplatio* entspricht dem Trinken des Weines – einem Genuß, in dem sich die Freude über die guten Gaben der Schöpfung mit der Dankbarkeit gegenüber dem Schöpfer verbindet.

3. „Selig, wer liest!" (Apk 1,3)

Die erste von sieben Seligpreisungen der Johannesapokalypse lautet (1,3)[68]:

Selig, wer liest,
und alle, die die Worte der Prophetie hören
und beachten, was in ihr geschrieben steht.

Es ist der einzige Makarismus der Apokalypse, der nicht als Logion Jesu Christi angeführt wird, sondern vom Verfasser des Buches ausgesprochen wird, dem Seher Johannes. Er wird in der vorletzten Seligpreisung zum Schluß des Buches aufgenommen, die nun als ein Wort des Erhöhten wiedergegeben wird (22,7):

Selig, wer an den prophetischen Worten dieses Buches festhält.

Der Makarismus spiegelt den prophetischen Anspruch des Sehers Johannes, das „Wort Gottes" und das „Zeugnis Jesu Christi" mitzuteilen, das er gehört und gesehen hat. Gleichzeitig weist 1,3 darauf hin, daß die Johannes-Offenbarung im Gottesdienst vorgelesen (vgl. 1Thess 5,27; Kol 4,16) und den Heiligen Schriften Israels gleichgestellt werden soll. Die Seligpreisung gilt zuerst dem Lektor, dem Vorleser im Gottesdienst. Sie gilt ihm als dem, der den prophetischen Charakter der johanneischen Schrift, dann aber auch das in ihr offenbarte Wort Gottes und Zeugnis Jesu Christi erkennt und anerkennt und sich deshalb bei der Feier der christlichen Liturgie durch das laute Vorlesen ihr öffnet und unterstellt. Indem er dies tut, winkt ihm nicht eine besondere göttliche Belohnung für treue

Dienste. Vielmehr geht ihm auf, was er liest, und er gewinnt Anteil an dem, was den Glaubenden verheißen ist: das ewige Leben.

Die Seligpreisung weitet sich freilich über den Lektor hinaus und bezieht auch die Zuhörer ein. Auch ihnen wird der Frieden des ge-offenbarten Wortes zuteil – wenn sie wirklich zuhören und dann nicht nur Hörer, sondern auch Täter des Wortes werden. Darin scheint die Apokalypse ein Echo jenes Herrenwortes zu sein, das durch das lukanische Sondergut in einem kleinen Apophthegma überliefert worden ist (11,27f)[69]:

> [27] *Es geschah aber, als er dies sagte, da erhob jemand die Stimme, eine Frau aus der Menge, und sprach zu ihm:*
> *„Selig der Schoß, der dich getragen,*
> *und die Brüste, die du gesogen."*
> [28] *Er aber sagte:*
> *„Erst recht selig,*
> *die das Wort Gottes hören und es bewahren."*

So groß auch immer die Auszeichnung ist, die leibliche Mutter dessen zu sein, der Stumme zum Reden bringt (11,14), mit Gottes Finger die Dämonen austreibt, um dadurch die Nähe der Gottesherrschaft zu vermitteln (11,15–20), und den Widersacher Gottes überwindet (11,20–26) – in ganzer Fülle liegt Gottes Segen auf denen, die glauben und verstehen, daß Jesus das Wort Gottes verkündet, und es deshalb – wie seine Mutter (Lk 2,51) – in ihrem Herzen bewahren.

Das Lesen der Bibel ist ein Grundvollzug der Kirche. Ihr Glaubens-Zeugnis, ihre Glaubens-Feier und ihr Glaubens-Dienst sind nur dann authentisch und relevant, wenn die Heilige Schrift zu einer Quelle ge-worden ist, deren Wasser alles durchströmt. Die Priorität der Schrift, ihren qualitativen Vorsprung anzuerkennen, ist ein Akt der Demut. Gershom Scholem (1897–1982) beschreibt ihn am Beispiel der jüdi-schen Kommentar-Literatur, die mit dem Talmud und den Midraschim tatsächlich, strenger noch als im Christentum, die Orientierung an der Heiligen Schrift zum Inbegriff der Theologie hat werden lassen[70]:

> Der Kommentar wurde eine entscheidende Kategorie für die Produk-tivität der Juden. Originalität konnte in einer Gesellschaft, die auf die Anerkennung der in der Schrift geoffenbarten Wahrheit begründet war, keinen zentralen Wert darstellen. Die Wahrheit war ja längst be-kannt. Es galt nur, sie zu verstehen und, was vielleicht noch schwieri-ger ist, sie zu überliefern.

Umgekehrt bedeutet dann, die Bibel zu lesen und zu verstehen, tat-sächlich jenen Glauben zu leben, dem die Verheißung der Rettung gegeben ist. Wie inspirierend die Bibellektüre sein kann, bezeugen nicht nur Kirchenmänner, Ordensfrauen und Theologen. Peter Handke läßt seinen Roman-Helden über seine Lektüre mitteilen, nachdem er lange von der inspirierenden Kraft der „wenn, dann ..."-Sätze im römischen Recht gehandelt hat[71]:

> Und trotzdem genügen die Gesetze, selbst die antiken, mir natürlich nicht als Lektüre. Ein Satz, der statt mit „wenn", mit einem „als" anfängt, und ich bin grundanders elektrisiert.
> Nur fürchte ich, die Als-Bücher, die ich meine, allesamt ausgelesen zu haben. Das letzte war die Bibel, bei der ich das Ende des Lesens immer weiter herausgezögert habe, indem ich dann von der Apokalypse mir bloß noch zwei Sätze am Tag gönnte. Danach habe ich mit dem Lesen nach meinem Sinn aufgehört, vorderhand. Zwar lese ich weiterhin, aber es ist eben mehr ein Reflex, wie das Fernsehen, und nicht mehr Lebensart, geht nicht tief, und wie ich bei dem einen bald abschalte, bleibe ich bei dem anderen bald stecken.

Der Weg zur Bibel ist der Weg zurück in ein ferne Vergangenheit. Der Weg zur Bibel ist der Weg voraus in eine ferne Zukunft. Der Weg zur Bibel ist der Weg hinein in die nächste Gegenwart.

Durch die Jahrhunderte hindurch hat die Bibel bis in die Gegenwart hinein eine immer neue Dynamik entfaltet, von der unsere Geschichte, unsere Kultur, unsere Gesellschaft zutiefst geprägt sind. Nicht, daß diese Kraft immer zur Wirkung gekommen wäre; nicht, daß man sie immer gutgeheißen hätte; nicht, daß man nicht immer wieder, selbst in der Kirche, versucht hätte, ihr auszuweichen, sie umzubiegen, sie wenigstens abzumildern. Aber daß all diese Versuche der Domestizierung, der Relativierung, der Neutralisierung keineswegs einfach sind, mehr noch: daß sie letztlich zum Scheitern verurteilt waren, das läßt sich gleichfalls nicht in Abrede stellen: Die Bibel hat ihre Sprengkraft bewahrt. Sie wird sie auch künftig behalten. Was sie braucht, sind Leserinnen und Leser, die sich von den oftmals fremden Wort-Bildern und Text-Landschaften nicht abschrecken, sondern anziehen und von den häufig allzu bekannten Sinn-Sprüchen und Gipfel-Texten nicht einschläfern, sondern aufwecken lassen.

Diesen Bibellesern – und allen, die sich auf den Weg der Lektüre machen – kann aus der Schrift jener Weisheit, die im Frühjudentum dem König Salomo zugeschrieben und im Frühchristentum auf Jesus Christus gedeutet worden ist, ein Wort als Leitstern dienen, mit dem der Autor die Weisheit selbst dazu einladen läßt, nach ihr zu suchen (Weish 6,10–15):

> *[10]Wer das Heilige heilig hält, wird geheiligt werden,*
> *und wer sich in ihm unterweisen läßt, wird Antwort finden.*

¹¹Begehrt also nach meinen Worten,
sehnt euch danach, und ihr werdet belehrt werden.
¹²Strahlend und unvergänglich ist die Weisheit,
und schnell läßt sie sich sehen von denen, die sie lieben,
und sich finden von denen, die sie suchen.
¹³Sie kommt denen zuvor, die sie begehren, um erkannt zu werden.
¹⁴Wer sich in der Frühe zu ihr aufmacht, hat keine Mühe;
denn er findet sie vor seiner Türe sitzen.
¹⁵Sie zu begehren, ist die Krönung des Denkens,
und wer ihretwegen wacht, wird schnell seiner Sorgen ledig.

EINE GESCHICHTE ZUM ABSCHLUSS

Das Gleichnis vom Schatz

Das Reich der Himmel gleicht einem Schatz,
der im Acker verborgen lag.
Als den ein Mensch fand,
vergrub er ihn
und ging voll Freude hin
und verkaufte alles, was er hatte,
und kaufte jenen Acker. (Mt 13,44)

BIBLIOGRAPHISCHE HINWEISE

Die antiken Texte sind grundsätzlich nach den Ausgaben zitiert, die im Theologischen Wörterbuch zum Neuen Testament, im Exegetischen Wörterbuch zum Neuen Testament, im Wörterbuch zum Neuen Testament von Bauer/ Aland sowie im Greek-English-Lexikon von Lidell/Scott angeführt sind.

Die patristischen Texte fußen auf den großen Ausgaben (Migne Patrologiae Series Graeca; Migne Patrologiae Series Latina; Corpus Scriptorum Ecclesiasticorum Latinorum; Corpus Christianorum. Series Latina; Fontes Christiani).

Moderne Werke werden lediglich an der jeweils ersten Stelle mit vollen bibliographischen Angaben, später nur noch mit einem Kurztitel zitiert. Über das Personenregister lassen sich die jeweiligen Erst-Zitationen leicht verifizieren.

ANMERKUNGEN

EINE GESCHICHTE ZUM ANFANG

1 *Martin Buber,* Die Erzählungen der Chassidim, Zürich 1949, 740f.
2 Zu den Aufgaben und Möglichkeiten der wissenschaftlichen Exegese vgl. *Th. Sternberg (Hg.),* Neue Formen der Schriftauslegung? Mit Beiträgen von Ch. Dohmen, Ch. Jacob u. Th. Söding (Quaestiones disputatae 140), Freiburg – Basel – Wien 1992.
3 Zur Deutung vgl. *Ch. Dohmen – M. Oeming,* Biblischer Kanon – warum und wozu? Eine Kanontheologie (Quaestiones disputatae 137), Freiburg – Basel – Wien 1992, 51–54.

DAS „BUCH DER BÜCHER" – ANSPRUCH UND WIRKLICHKEIT

4 Vollständige Ausgabe. Aus dem Russischen übertragen v. H. Ruoff, München 1958, 392 (Aus dem Leben des in Gott verschiedenen Mönchspriesters Starez Sosima. Von der Heiligen Schrift im Leben des Vaters Sosima).
5 Nach einer Untersuchung von 1987 ist zwar in 70 % aller westdeutschen Haushalte eine Bibel vorhanden, aber 52 % aller Befragten geben an, nie in der Bibel zu lesen (1981 waren es 55 %) – wobei dies freilich nur z.T. mit dem Eindruck begründet wird, die Bibel sei altmodisch, z.T. aber auch mit der Überzeugung, hinreichend genau zu kennen, was in der Bibel steht. 5 geben an, die Bibel häufig, 14 % (1981: 13 %), sie „hin und wieder" zu lesen (was kein gar so schlechter Wert ist, wenn die Schätzung richtig sein sollte, daß in Westeuropa nur ca. 20 % der Bevölkerung überhaupt Bücher lesen). Vgl. *K.F. Daiber – I. Lukatis,* Bibelfrömmigkeit als Gestalt gelebter Religiosität (Texte und Arbeiten zur Bibel 6), Bielefeld 1991, 80.
6 Vgl. (mit freilich recht unterschiedlichem Aussagewert) *E. v. Dobschütz,* Die Bibel im Leben der Völker. In neuer Bearbeitung hg. v. A. Adam, Berlin 1954; *H. Rost,* 2000 Jahre Bibel. Ein kulturgeschichtlicher Bericht, München 1965; *H. Karpp,* Schrift, Geist und Wort Gottes. Geltung und Wirkung der Bibel in der Geschichte der Kirche – Von der Alten Kirche bis zum Ausgang der Reformationszeit, Darmstadt 1992; für das Judentum vgl. u. a. *Sch. Ben-Chorin,* Die Bibel im heutigen Israel: Judaica 19 (1954) 170–176.
7 Eine Einführung in die Problemstellung gibt *M. Limbeck,* Die Heilige Schrift, in: W. Kern – H.J. Pottmeyer – M. Seckler (Hg.), Handbuch der Fundamentaltheologie 4, Freiburg – Basel – Wien 1988, 68–99.
8 Diese Einschätzungen werden von den Bundesbürgern mehrheitlich geteilt; vgl. *K.F. Daiber – I. Lukatis,* Bibelfrömmigkeit 103ff.
9 Fundamentaltheologische Reflexionen finden sich bei *W. Kern – F.-J. Niemann,* Theologische Erkenntnislehre, Düsseldorf 1981, 55–97.
10 Hintergrundinformationen: *T. Kleberg,* Buchhandel und Verlagswesen in der Antike, Darmstadt 1969.
11 Vgl. Dan 9,2: „*Bücher*"; 1Makk 12,9: „*heilige Bücher*"; 2Makk 8,23: „*heiliges Buch*"; überdies Jes 34,16: „*Buch Jahwes*"; Neh 9,3; 2Chron 17,9: „*Buch der Weisung Jahwes*"; Dtn 28,61; 30,10; Jos 1,8: „*Buch dieser Weisung*"; Jos 8,31; 23,6; 2Kön 14,6: „*Buch der Weisung Moses*"; Ex 24,7; 2Kön 23,2.21; 2Chron 34,30; 1Makk 1,57: „*Buch des Bundes*"; 1Makk 1,56: „*Buch des Gesetzes*"; 2Makk 2,13: „*Bücher der Könige und Propheten*".
12 *Josephus,* Antiquitates Judaicae (Jüdische Altertümer) 1,15; 8,159; Epistula Aristeas (Aristeasbrief) 28 („die jüdische Schrift"). 46.176.317.
13 Mk 12,26: „*Buch des Mose*" (für die Tora); Lk 3,4: „*Buch der Worte des Propheten Jesaja*"; Lk 4,17: „*Buch des Propheten Jesaja*"; Lk 20,42 und Apg 1,20: „*Buch der Psalmen*"; Apg 7,42: „*Buch der Propheten*"; Gal 3,10: „*Buch des Gesetzes*"; Hebr 9,19: „*das Buch*" (für die Tora); Hebr 10,7: „*die Buchrolle*"; vgl. auch 2Tim 4,13.

[14] Offb 1,11; 22,7.9.10.18.19.

[15] Vgl. auch Mt 1,1: „*Bíblos (Urkunde) der Herkunft Jesu Christi*".

[16] Antiquitates Judaicae (Jüdische Altertümer) 4,303.

[17] Vgl. *A. v.Harnack*, Über das Alter der Bezeichnung „die Bücher" (Die Bibel) für die h. Schriften in den Kirchen: Zentralblatt für das Bibliothekswesen 45 (1928) 337-342.

[18] Homilia in Colossenses (Predigten zum Kolosserbrief) 9,2 (zu Kol 3,16f) [BKV Johannes Chrysostomus VIII 460f].

[19] Deutsche Übersetzung: H. Achelis – J. Fleming (Texte und Untersuchungen 25/2), Leipzig 1904.

[20] Geständnisse. Geschrieben im Winter 1854, in: Sämtliche Schriften in zwölf Bänden, hg. v. K. Briegleb, München 1976, XI 443-501: 483. Zu Heines Bibelverständnis vgl. *J.M. Schmidt*, „Streitaxt der Reformation" – „Hausapotheke der Menschheit". Heinrich Heines Bibel: Evangelische Theologie 47 (1987) 369-386.

[21] Weltgeschichtliche Bedeutung der Bibel (1929), in: ders., Die Schrift. Aufsätze, Übertragungen und Briefe, hg. v. K. Thieme (Bibliotheca Judaica), Frankfurt/M. o.J., 9-12: 12.

[22] Begegnung zwischen Gott und Mensch. Der Brief vom 10. Mai in Goethes „Werther", Ovids „Metamorphosen" 3,256ff und Exodus 33,17ff: Zeitschrift für Theologie und Kirche 91 (1994) 97-114:111.

[23] Phaidros (274c-278b); 7. Epistel; dazu *H.G. Gadamer*, Unterwegs zur Schrift?, in: A. u. J. Assmann – Ch. Hardmeier (Hg.), Schrift und Gedächtnis. Beiträge zur Archäologie der literarischen Kommunikation I, München 1983, 10-19.

[24] *Gregor von Nazianz*, Epistula (Briefe) 101; *Epiphanius*, Panairion haereson (Arzneikasten der Häresien) 61,1,1; *Johannes Chrysostomus*, In epistulam secundam ad Thessalonicenses commentarius (Kommentar zum Zweiten Thessalonicherbrief) 4,2.

[25] Vgl. *Ch. Dohmen – M. Oeming*, Biblischer Kanon 68-89.

[26] Vgl. Dtn 4,2; Koh 3,14; Jer 26,2; Spr 30,6.

[27] So im Äthiopischen Henochbuch 104,11-13.

[28] Deutsche Übersetzung: *N. Meisner*, Aristeasbrief (Jüdische Schriften aus hellenistischrömischer Zeit II/1), Gütersloh ²1977.

[29] Vgl. *M. Karrer*, Die Johannesoffenbarung als Brief. Studien zu ihrem literarischen, historischen und theologischen Ort (Forschungen zur Religionsgeschichte und Literatur des Alten und Neuen Testaments 140), Göttingen 1986, 274f.

[30] 2Tim 3,15 spricht von „*heiligen Buchstaben*". Die Rede von „der Schrift" als Bezeichnung des Alten Testaments findet sich ohne das ausdrückliche Attribut „heilig" im Neuen Testament sehr häufig. 1Tim 5,18 zitiert als Wort der „Schrift" zuerst Dtn 25,4 und dann ein Herrenwort aus Lk 10,7 („*Der Arbeiter ist seines Lohnes wert*.") – das erste Beispiel dafür, daß auch ein neutestamentliches Werk als (Teil der) „Schrift" gilt.

[31] Griechisch-deutsche Ausgabe: *J.A. Fischer*, Die Apostolischen Väter (Schriften des Urchristentums I), Darmstadt 1981, 1-107.

[32] Historia Ecclesiastica (Kirchengeschichte) VIII 2,1 (es geht um Bücherverbrennungen in Zeiten der Christenverfolgung); vgl. Contra Marcellum (Gegen Marcell) I 2,23.

[33] Z. B. *Theophilus Antiochenus*, Ad Autolycum (Schrift an Autolykus) II 19; *Irenäus*, Adversus Haeresos (Gegen die Häresien) II 27,1 u.ö.; *Eusebius*, Historia Ecclesiastica (Kirchengeschichte) VIII 2,1; Contra Marcellum (Gegen Marcell) I 1,18; 8,24 u.ö.; *Gelasius*, Historia Ecclesiastica (Kirchengeschichte) II 16,14.

[34] Z. B. *Clemens v. Alexandrien*, Stromata (Teppiche. Wissenschaftliche Darlegungen entsprechend der wahren Philosophie) VII 1,4; 94,1.

[35] Einen tiefen Einblick in das, was nach biblischem Verständnis Heiligkeit ist, vermittelt die Berufungsvision des Propheten Jesaja (6,1-13).

[36] In Röm 7,12 nennt Paulus deshalb auch das (alttestamentliche) Gesetz „*heilig*".

[37] Vgl. *A.Th. Khoury*, Einführung in die Grundlagen des Islam, Graz ²1981, 83ff.121-124.

[38] Zu diesem Themen finden sich weitere Ausführungen u. S. 348-351. 366-378.

[39] Die verwickelte Geschichte der Kanonisierung schreiben mit vielen Details *H. v.Campenhausen*, Die Entstehung der christlichen Bibel, Tübingen 1968; *A. Sand*, Kanon.

Von den Anfängen bis zum Fragmentum Muratorianum (Handbuch der Dogmenge-schichte I/3a.1), Freiburg – Basel – Wien 1974; *O.H. Steck,* Der Kanon des hebräischen Alten Testamentes. Historische Materialien für eine ökumenische Perspektive, in: W. Pan-nenberg – Th. Schneider (Hg.), Verbindliches Zeugnis. Bd. I: Kanon – Schrift – Tradition (Dialog der Kirchen 7), Freiburg – Göttingen 1992, 11–33; *M. Hengel,* Die Septuaginta als „christliche Schriftensammlung" und das Problem ihres Kanons, ebd. 34–127; *K.S. Frank,* Zur altkirchlichen Kanongeschichte, ebd. 128–155.

40 Z. B. 1Clem 1,3 (sittliche Norm); 7,2 („herrlich erhabene Regel der Überlieferung"); 41,1 (Gottesdienst-Ordnung).

41 Text: *J.D. Mansi (Hg.),* Sacrorum Conciliorum Collectio II, Florenz 1759; *E. Preuschen (Hg.),* Analecta. Kürzere Texte zur Geschichte der Alten Kirche und des Kanons II (Sammlungen ausgewählter kirchen- und dogmengeschichtlicher Quellenschriften I/8), Tü-bingen ²1910, 70f.

42 Den differenzierten Zusammenhang von Sammlung, Ausgrenzung, Ausbreitung und Deutung besprechen im kulturgeschichtlichen Vergleich *A. u. J. Assmann,* Kanon und Zen-sur, in: dies., Kanon und Zensur. Beiträge zur Archäologie der literarischen Kommunika-tion II, München 1987, 7–27.

43 *W. Schneemelcher,* Neutestamentliche Apokryphen in deutscher Übersetzung I, Tübin-gen ⁵1987, 28f.

44 Ebd. 39f.

45 Es folgt die Liste der kanonischen Bücher.

46 E. Oberg (Hg.), Amphilochii Iconiensis, Iambi ad Seleucum, Berlin 1969, 75.

47 Vgl. Mk 3,17. (Amphilochius ist – anders als die heutige Exegese – von der Identität des Apostels Johannes mit dem Evangelisten überzeugt.)

48 Confessiones (Bekenntnisse) XIII 15,17.

49 Vgl. *O. Knoch,* Die Katholiken und die Bibel. Ein Gang durch die Geschichte: Theo-logisch-praktische Quartalschrift 136 (1988) 239–251.

50 Wichtige Impulse gibt der „Ökumenische Arbeitskreis evangelischer und katholischer Theologen" in seiner jüngsten „Gemeinsamen Erklärung": W. Pannenberg – Th. Schnei-der (Hg.), Verbindliches Zeugnis I 371–397.

51 Vgl. *Dei Verbum* 10: „Das Lehramt steht nicht über dem Wort Gottes, sondern dient ihm, …".

52 Überliefert von *Eusebius,* Historia Ecclesiastica (Kirchengeschichte) IV 26,13f.

53 Ob Melito auch schon explizit vom „Neuen Testament" gesprochen hat, ist unsicher.

54 Stromata (Teppiche) I 5; V 85,1; auch IV 134,2f.

55 In Evangelium Ioannis Commentaria (Kommentar zum Johannesevangelium) X 28 (174f); vgl. De Principiis (Über die Prinzipien) IV 1.

56 Tertullian spricht öfter vom „alten" und „neuen" *instrumentum.*

57 Vgl. *E. Kutsch,* Neues Testament – Neuer Bund? Eine Fehlübersetzung wird korrigiert, Neukirchen-Vluyn 1978.

58 Vgl. *N. Lohfink,* Der niemals gekündigte Bund. Exegetische Gedanken zum christlich-jüdischen Gespräch, Freiburg – Basel – Wien 1989.

59 Vgl. *E. Zenger (Hg.),* Der Neue Bund im Alten. Studien zur Bundestheologie der bei-den Testamente (Quaestiones disputatae 146), Freiburg – Basel – Wien 1993.

60 Im Hebräerbrief ist vom *„ersten"* und *„zweiten Bund"* die Rede (8,7.13; 9,1.15.18), wenn die Heilswirklichkeit des Christusgeschehens gegenüber den Heilstatsachen der Geschichte Israels vor der Zeit Jesu profiliert werden soll.

61 In Evangelium Ioannis Commentaria (Kommentar zum Johannesevangelium) V 8; De Principiis (Über die Prinzipien) IV 1,1.

62 Retractationes (Korrekturen) II 4,2; zu De Doctrina Christiana (Über die Christliche Lehre) II 8,13.

63 Tertullian hat in diesem Sinne gerne vom *instrumentum* (zugleich Urkunde und Hilfs-mittel für Predigt und Katechese) geredet, sich jedoch mit dieser Terminologie nicht durch-gesetzt.

[64] Dieser Punkt wird durch die jüngst vielfach ins Spiel gebrachte Bezeichnung „Erstes" (und „Zweites") Testament nicht erreicht. Deshalb kann das Plädoyer, das *E. Zenger* (Das Erste Testament. Die jüdische Bibel und die Christen, Düsseldorf 1991, 140–154) für eine neue Terminologie hält, nicht überzeugen, so wichtig die Sensibilisierung für ein mögliches Mißverständnis der traditionellen Bezeichnung ist. Für die Beibehaltung der Rede vom „Alten" und „Neuen" Testament plädiert auch *Ch. Dohmen*, Art. Altes Testament: Lexikon für Theologie und Kirche³ I (1993) 456f.

[65] Die Konzilsdokumente sind leicht zugänglich durch die Taschenbuchausgabe von *K. Rahner – H. Vorgrimler*, Kleines Konzilskompendium. Sämtliche Texte des Zweiten Vatikanums mit Einführungen und ausführlichem Sachregister (Herderbücherei 270), Freiburg – Basel – Wien 1966 u.ö. Eine kurz kommentierte Ausgabe von Dei Verbum besorgt *W. Kirchschläger*, Dogmatische Konstitution über die göttliche Offenbarung „Dei Verbum". Vollständiger Text, Einführung und Kurzkommentar, Klosterneuburg 1985. – Leider ist die von den Bischöfen approbierte deutsche Übersetzung des „Kleinen Konzilskompendiums" gelegentlich zu ungenau. Bei fraglichen Stellen schien es deshalb erforderlich, von ihr abzuweichen. Hilfreich war vielfach die deutsche Übersetzung bei *H. Denzinger*, Enchiridion symbolorum definitionum et declarationum de rebus fidei et morum. Kompendium der Glaubensbekenntnisse und kirchlichen Lehrentscheidungen. Lateinisch – Deutsch, hg. v. *P. Hünermann*, Freiburg – Basel – Rom – Wien ³⁷1991.

[66] *Irenäus*, Adversus Haereses (Gegen die Häresien) III 3,1. (Im Kontext geht es um die öffentliche Ordnung der kirchlichen Tradition im Gegensatz zu den Geheimlehren und Privat-Offenbarungen der Gnostiker.)

[67] Anders als die Tradition, der „das Wort Gottes anvertraut" worden ist (*Dei Verbum* 9).

[68] Einen Eindruck vermittelt *A. Grillmeier*, Kommentar zum 3. Kap. der Dogmatischen Konstitution über die göttliche Offenbarung, in: Das Zweite Vatikanische Konzil. Dokumente und Erklärungen (Lexikon für Theologie und Kirche. Ergänzungsbände) 2 (1967) 528–558.

[69] Goethes Werke. Hamburger Ausgabe in 14 Bänden, hg. v. E. Trunz, München ¹²1981, II 206f.

[70] Mitgeteilt in: *Johann Heinrich Jung-Stilling*, Lebensgeschichte (1777/78), hg. v. G.A. Benrath, Darmstadt 1976, 450.

[71] Kant's handschriftlicher Nachlaß Band X. Vorarbeiten und Nachträge (Akademie-Ausgabe XXIII), Berlin 1955, 452f.

[72] Vgl. *O. Pöggeler*, Der Denkweg Martin Heideggers, Pfullingen 1963, 46ff.

[73] Vgl. *F. Mennekes*, Von Beuys zu Christus. Eine Position im Gespräch, Stuttgart 1989; weiter: *F.J. v.d. Grinten – F. Mennekes*, Menschenbild – Christusbild, Stuttgart 1984; *dies.*, Mythos und Bibel, Stuttgart 1985; *dies.*, Abstraktion – Kontemplation, Stuttgart 1987; dazu: *R. Hoeps*, Bildsinn und religiöse Erfahrung, Frankfurt/M. u. a. 1984; *F. Mennekes (Hg.)*, Zwischen Kunst und Kirche, Stuttgart 1985; *A. Stock*, Zwischen Tempel und Museum. Theologische Kunstkritik – Positionen der Moderne, Paderborn u. a. 1991.

[74] Zur Einordnung dieses Diktums vgl. *H.U. v.Balthasar*, Bertolt Brecht. Die Frage nach dem Guten (1967), in: ders., Spiritus Creator. Skizzen zur Theologie III, Einsiedeln 1967, 366–406.

[75] Vgl. des weiteren *P.K. Kurz*, Die Psalmen vom Expressionismus bis zur Gegenwart, Freiburg u. a. 1978; *K.-J. Kuschel (Hg.)*, Der andere Jesus. Ein Lesebuch moderner literarischer Texte, Gütersloh 1983; dazu *ders.*, Jesus in der deutschsprachigen Gegenwartsliteratur, Gütersloh 1979; *ders.*, Gottesbilder – Menschenbilder. Blicke durch die Literatur unserer Zeit, Zürich u. a. 1985; *J. Holzner – U. Zeilinger (Hg.)*, Die Bibel im Verständnis der Gegenwartsliteratur, St. Pölten – Wien 1988; ältere Stimmen sammelt *J. Eberle*, Die Bibel im Lichte der Weltliteratur und Weltgeschichte I: Das Alte Testament, hg. v. F. König, Wien 1949.

[76] Vgl. *L. Kühnhardt*, Die Universalität der Menschenrechte. Studien zur Geschichte und Politik (Bundeszentrale für politische Bildung. Schriftenreihe 256), Bonn 1987; *L. Punt*, Die Idee der Menschenrechte. Ihre geschichtliche Entwicklung und ihre Rezeption durch die

moderne katholische Sozialverkündigung (Abhandlungen zur Sozialethik 26), Paderborn 1987.

[77] Vgl. *F. Furger*, Christliche Sozialethik. Grundlagen und Zielsetzungen (Studienbücher Theologie 20), Stuttgart u. a. 1991.

[78] In den alten Zeiten, als das Wünschen noch geholfen hat, in: Der Reiz der Wörter. Eine Anthologie zum 150jährigen Bestehen des Reclam-Verlages (Universal-Bibliothek 9999), Stuttgart 1978, 128ff: 129f.

[79] Jenseits von Gut und Böse. Zur Genealogie der Moral, in: Nietzsches Werke (Kritische Gesamtausgabe) V, hg. v. G. Colli – M. Montinari, München ²1988, Nr. 52.

[80] Zur differenzierteren Einschätzung vgl. *O. Kaiser*, Friedrich Nietzsche und das Judentum. Ein Beitrag zur Rezeptionsgeschichte des Alten Testaments, in: P. Mommer – W. Thiel (Hg.), Altes Testament. Forschung und Wirkung. FS H. Graf Reventlow, Frankfurt/ M. 1994, 269–281.

[81] Einen Eindruck verschafft *R. L. Wilken*, Die frühen Christen. Wie die Römer sie sahen, Graz 1986 (amerik. Orig. 1984).

[82] Vgl. *A. v.Harnack*, Kritik des Neuen Testaments von einem Philosophen des 3. Jahrhunderts (Texte und Untersuchungen zur Geschichte der altchristlichen Literatur 37/4), Leipzig 1911.

[83] Contra Celsum (Gegen Kelsos); darin die folgenden im Text in Klammern zitierten Passagen.

[84] Die Texte sind in den meisten Lessing-Werkausgaben abgedruckt. Am bedeutendsten ist das siebte und letzte Fragment „Vom Zwecke Jesu und seiner Jünger" (daraus das folgende Zitat).

[85] Nietzsches Werke (Kritische Gesamtausgabe) VI/3, hg. v. G. Colli u. M. Montinari, Berlin 1969.

[86] Vgl. *U. Willers*, Friedrich Nietzsches antichristliche Christologie (Innsbrucker Theologische Studien 23), Innsbruck – Wien 1988.

[87] In jüngster Zeit muß sich sogar Jesus selbst Kritik an der Moralität seiner Ethik und der Integrität seiner Person gefallen lassen; vgl. *G. Streminger*, Gottes Güte und das Übel der Welt. Das Theodizeeproblem, Tübingen 1992, 215–247. Freilich setzt diese Kritik, so progressiv sie sein will, eine fundamentalistische Hermeneutik voraus.

[88] Das Wesen des Christentums (1841): Gesammelte Werke, hg. v. W. Schuffenhauer, Bd. V, Berlin (Ost) 1973.

[89] Kritik der Hegelschen Rechtsphilosophie (1843/44): Werke – Schriften – Briefe 1, hg. v. H.J. Lieber – P. Furth, Darmstadt 1962, 488.

[90] Totem und Tabu. Einige Übereinstimmungen im Seelenleben der Wilden und der Neurotiker (1912): Gesammelte Werke 9, London 1940; Die Zukunft einer Illusion (1927): Gesammelte Werke 14, London 1948, 323–380; Das Unbehagen in der Kultur (1930), ebd. 419–506; Der Mann Moses und die monotheistische Religion (1937/39): Gesammelte Werke 16, London 1950, 101–246.

[91] Zur differenzierten Zurückweisung vgl. *W. Kasper*, Der Gott Jesu Christi, Mainz 1982, 44–58.

[92] Vgl. zur Bedeutung der Bibel im Prozeß der lateinamerikanischen Kolonisierung *A. Camps*, Die Bibel und die Entdeckung der Welt. Mission, Kolonisierung und Entwicklung in fremden Ländern: Concilium 31 (1995) 43–49.

[93] *P. v.Winterfeld*, Deutsche Dichter des lateinischen Mittelalters, München ³1922, 224ff.

[94] Ein Beispiel aus der modernen Literatur ist die Rasierszene in Büchners Woyzeck; vgl. *D. Sölle*, Realisation. Studien zum Verhältnis von Theologie und Dichtung seit der Aufklärung (Reihe Theologie und Politik 6), Darmstadt 1973, 23ff. (Das Buch enthält eine Fülle weiterer Belege.)

[95] Der Ohrenzeuge. Fünfzig Charaktere (1974), Frankfurt 1994, 87f.

[96] Vgl. *W. Keller*, Und die Bibel hat doch recht. Forscher beweisen die historische Wahrheit, Düsseldorf 1955 u.ö. (Der apologetische Grundton einer milden Form von Fundamentalismus ist freilich im ganzen Buch unverkennbar.)

[97] Conciones de Lazaro (Reden über Lazarus) 3 (Patrologiae Graecae 48, 991f).

[98] Epistula ad Damasum (Brief an Damasus) 21,13.

[99] Vom System zur Schrift – ein weiter Weg, in: H.J. Schultz (Hg.), Sie werden lachen – die Bibel. Überraschungen mit dem Buch, Stuttgart – Berlin 1975, 227–238.

[100] Eine eindringende Exegese des Textes findet sich bei *U. Wilckens,* Der Brief an die Römer (Evangelisch-Katholischer Kommentar zum Neuen Testament VI), Bd. I, Neukirchen-Vluyn 1978, 182–242.

[101] Vgl. *H.-D. Preuß,* Theologie des Alten Testaments I, Stuttgart u. a. 1991, 196–203.

[102] D. Martin Luthers Werke. Kritische Gesamtausgabe (WA). Bd. 54, 185f.

[103] Deutsche Übersetzung nach: Die Reformation in Augenzeugenberichten, hg. v. H. Junghans. Mit einer Einleitung von F. Lau (1967), Reinbek b. Hamburg 1973, 37f.

[104] Erfolge gibt es, auch wenn sie nach außen hin nicht so spektakulär erscheinen mögen. Vgl. Justification by Faith (Lutherans and Catholics in Dialogue VII), hg. v. H.G. Anderson u. a., Minneapolis 1985; Lehrverurteilungen – kirchentrennend? Bd. I: Rechtfertigung, Sakramente und Amt im Zeitalter der Reformation und heute, hg. v. K. Lehmann u. W. Pannenberg (Dialog der Kirchen 4), Freiburg i.Br. – Göttingen 1986, 35–75.

[105] Auf vorzügliche Weise geschieht dies bei *E. Schweizer,* Der Brief an die Kolosser (Evangelisch-Katholischer Kommentar zum Neuen Testament), Zürich – Neukirchen-Vluyn 1976, 50–74.

[106] Briefe an einen jungen Dichter (Insel-Bücherei 406), Frankfurt/M. 1987, 15. Aufschlußreich ist auch die Bitte, die er am 3. November 1903 in Rom an seine Brieffreundin richtet, sich „einer modernen, wissenschaftlich guten deutschen Bibel-Übertragung zu entsinnen […], damit ich den Versuch machen kann, das Buch hier zu erhalten": *Rainer Maria Rilke – Lou Andreas-Salomé,* Briefwechsel (1897–1926), hg. v. E. Pfeiffer, Frankfurt/M. 1975, 120.

[107] Mein Jahr in der Niemandsbucht. Ein Märchen aus den neuen Zeiten, Frankfurt/M. 1994, 185.

[108] Ebd. 224f.

[109] Literarische Notizen 1797–1801. Literary Notebooks, hg. v. H. Eichner (Ullstein Materialien 35070), Frankfurt/M. 1980, Nr. 421 (1797/98).

[110] Die Evangelisten als Schriftsteller, in: H.J. Schultz, Sie werden lachen – die Bibel 113–123: 113f.

[111] Die griechische Literatur des Altertums, in: ders. u. a., Die griechische und lateinische Literatur und Sprache (Die Kultur der Gegenwart I/8), Berlin – Leipzig 1905, 1–236: 157f.

[112] Vgl. *W. Killy,* Die Bibel in der Welt, in: Fellbach 1981. Bericht über die vierte Tagung der sechsten Synode der Evangelischen Kirche in Deutschland vom 2. November bis 6. November 1981 (Berichte über die Tagungen der Synode der Evangelischen Kirche in Deutschland 34), Hannover 1982, 154–165.

[113] Zur Geschichte der Religion und Philosophie in Deutschland (1834/1852), in: Sämtliche Schriften V 505–641: 544.546.

[114] Atheisten lesen die Bibel, in: H.J. Schultz (Hg.), Sie werden lachen – die Bibel 21–31.

[115] Ebd. 25f.

[116] Das Geheimherz der Uhr. Aufzeichnungen 1973–1985, Frankfurt/M. 1990 (1987) 182.

[117] Weltgeschichte I, München – Leipzig ⁵1922, 23.

[118] Opera Omnia I, hg. v. Ch. Frisch, Frankfurt/M. – Erlangen 1858, 96ff.

[119] Im Nachlaß Newtons haben sich umfangreiche bibelkundliche Schriften gefunden; vgl. Opera quae exstant omnia (Gesammelte Werke). Faksimile-Neudruck der Ausgabe von Samuel Horsley, London 1779–1785 in fünf Bänden, Bd. 5, Stuttgart-Bad Cannstatt 1964, 293–550.

[120] Gottesfrage und Naturwissenschaften (1977), in: ders., Deutlichkeit. Beiträge zu politischen und religiösen Gegenwartsfragen, München 1978, 155–183: 180f.

[121] Zur Einheit berufen, in: F. Lüpsen (Hg.), Neu Delhi Dokumente. Berichte und Reden auf der Weltkirchenkonferenz in Neu Delhi 1961, Witten 1962, 300–311. Das folgende Zitat findet sich auf S. 309.

[122] Zum ersten Mal gelesen, in H.J. Schultz (Hg.), Sie werden lachen – die Bibel 57–66: 66.

[123] Den geistesgeschichtlichen Hintergrund erhellen *F. Jaeger–J. Rüsen*, Geschichte des Historismus, München 1992

[124] Vorlesungen über die Aesthetik. Erster Band: Sämtliche Werke. Jubiläumsausgabe, hg. v. H. Glockner, Bd. 12, Stuttgart 1927. (Das folgende Zitat findet sich auf S. 499ff.) Vgl. Vorlesungen über die Philosophie der Geschichte (zuerst 1821): Werke in zwanzig Bänden 12, Frankfurt/M. 1970, 20–29.

[125] Die neueste wissenschaftliche Gesamt-Darstellung ist: *J. Gnilka*, Jesus von Nazaret (Herders theologischer Kommentar zum Neuen Testament. Supplementband 3), Freiburg – Basel – Wien 1990. Sonderausgabe 1993.

[126] Gute Überblicke vermitteln: *H. Donner*, Geschichte des Volkes Israel und seiner Nachbarn in Gründzügen, 2 Bde. (Das Alte Testament deutsch. Ergänzungsreihe: Grundrisse zum Alten Testament 4/1.2), Göttingen 1984.1986; *H. Conzelmann*, Geschichte des Urchristentums (Das Neue Testament Deutsch. Ergänzungsreihe: Grundrisse zum Neuen Testament 5), Göttingen ⁶1989.

[127] Goethes Werke (Hamburger Ausgabe) II 49.

[128] Geschichte der Farbenlehre. Zwischenzeit, in: Goethes Werke (Hamburger Ausgabe) XIV 52. (Freilich wird durch den Fortgang des Gedankens die Bedeutung der Bibel in ihrer vorliegenden Gestalt doch arg relativiert.)

[129] Der König David Bericht, München 1972.

[130] Joseph und seine Brüder I (1933), in: Das Erzählerische Werk. Taschenbuchausgabe in 12 Bänden, Frankfurt/M. 1975, VI 5.

EIN BUCH AUS VIELEN BÜCHERN

[1]   Erstes Buch: Vom mönchischen Leben (1899), in: Werke I/1, Frankfurt 1980, 46f.

[2]   Je nachdem, ob man die Klagelieder eigens zählt oder zu Jeremia rechnet.

[3]   Es handelt sich um Bücher, die zur Zeit der Reformation nur in griechischer Sprache bekannt gewesen sind: Tob; Jdt; 1/2Makk; Bar; Weish (SapSal), JesSir, überdies um griechische Zusätze zu den Büchern Ester und Daniel.

[4]   Vgl. zum Problem *S. Meurer (Hg.)*, Die Apokryphenfrage im ökumenischen Horizont (Die Bibel in der Welt 22), Stuttgart 1989.

[5]   Das Schloß mit 72 Zimmern: Pastoralblatt 13 (1961) 34f. (Ich finde das Zitat bei *H. Schürmann*, Der Geist macht lebendig. Hilfen für Betrachtung und Gebet [Beten heute 12], Einsiedeln ⁶1986 [¹1972], 20.)

[6]   Bücherei und Buch zugleich. Die Einheit der Bibel und die neueren deutschen Übersetzungen (1983), in: ders., Das Jüdische am Christentum. Die verlorene Dimension, Freiburg u. a. 1987, 217–234.

[7]   Verläßliche Darstellungen geben *R. Smend*, Die Entstehung des Alten Testaments (Theologische Wissenschaft 1), Göttingen ⁴1989; *E. Lohse*, Die Entstehung des Neuen Testaments (Theologische Wissenschaft 4), Stuttgart u. a. ⁵1991.

[8]   Schriftauslegung im Widerstreit. Zur Frage nach Grundlagen und Weg der Exegese heute, in: ders. (Hg.), Schriftauslegung im Widerstreit (Quaestiones disputatae 117), Freiburg – Basel – Wien 1989, 15–44: 15.

[9]   Vgl. *H. Merkel*, Die Widersprüche zwischen den Evangelien. Ihre polemische und apologetische Behandlung in der Alten Kirche bis zu Augustin (Wissenschaftliche Untersuchungen zum Neuen Testament 13), Tübingen 1971; *ders.*, Die Pluralität der Evangelien als theologisches und exegetisches Problem in der Alten Kirche (Traditio Christiana 3), Bern u. a. 1978.

[10]   Adversus Haereses (Gegen die Häresien) III 11,8f.

[11]   So *O. Cullmann*, Die Pluralität der Evangelien als theologisches Problem im Altertum: Theologische Zeitschrift 1 (1945) 23–42.

[12]   Eingehender zu diesem Abschnitt *A. Benoit*, Saint Irénée. Introduction à l'étude de sa theologie (Etudes d'histoire et de philosophie religieuse 52), Paris 1960, 106–120.

[13] Liber quaestionum veteris et novi testamenti (Buch der Fragen zum Alten und Neuen Testament). Anhang: Fragen zum Neuen Testament 3.

[14] So *A. v.Harnack*, Beiträge zur Einleitung in das Neue Testament VI: Die Entstehung des Neuen Testaments und die wichtigsten Folgen der neuen Schöpfung, Leipzig 1914, 54ff.

[15] Gute Überblicke verschaffen *W. Zimmerli*, Grundriß der alttestamentlichen Theologie (Theologische Wissenschaft 3), Göttingen ^{6}1989 (^{1}1972); *E. Lohse*, Grundriß der neutestamentlichen Theologie (Theologische Wissenschaft 5/1), Göttingen ^{4}1989 (^{1}1974).

[16] Begründet der neutestamentliche Kanon die Einheit der Kirche? (1951), in: ders. (Hg.), Das Neue Testament als Kanon. Dokumentation und kritische Analyse zur gegenwärtigen Diskussion, Göttingen 1970, 124–133. (Das folgende Zitat steht auf S. 133.)

[17] Vgl. *E. Haag (Hg.)*, Gott der einzige. Zur Entstehung des Monotheismus in Israel (Quaestiones disputatae 104), Freiburg – Basel – Wien 1985.

[18] Vgl. *O. Kaiser – E. Lohse*, Tod und Leben (Biblische Konfrontationen), Stuttgart u. a. 1977.

[19] Vgl. *R. Schnackenburg*, Neutestamentliche Theologie im Rahmen einer gesamtbiblischen Theologie: Jahrbuch für Biblische Theologie 1 (1986) 31–47.

[20] Eine prinzipielle Kritik dieser Kategorien formuliert aus dem Geist der Frankfurter Schule *J. Habermas*, Die Einheit der Vernunft in der Vielheit ihrer Stimmen: Merkur 42 (1988) 1–14.

[21] Die Logik der Dichtung, Stuttgart ^{3}1977 (^{1}1957).

[22] Die Wahrheit des Mythos, München 1985.

[23] Vgl. *Th. Söding*, „Ihr aber seid der Leib Christi" (1Kor 12,27). Exegetische Beobachtungen an einem zentralen Motiv paulinischer Ekklesiologie: Catholica (Münster) 45 (1991) 135–162.

[24] Conrad Ferdinand Meyers Werke, hg. v. G. Steiner, Bd. I, Basel – Stuttgart 1966, 96.

[25] Vgl. *M. Theobald*, Die überströmende Gnade. Studien zu einem paulinischen Motivfeld (FzB 22), Würzburg 1982.

[26] Einführung in das Christentum. Vorlesungen über das Apostolische Glaubensbekenntnis, München 1968, 214.

[27] Die gesellige Gottheit. Ein Diskurs, Stuttgart 1989, 11f (Nr. 3.5).

ZWEI TESTAMENTE – EINE HEILIGE SCHRIFT

[1] Gedichte. Englisch und deutsch (Bibliothek Suhrkamp 130), Frankfurt/M. 1977, 102: Aschermittwoch VI//Wenn das verlorene Wort verloren; das verbrauchte Wort verbraucht ist,/Wenn das unvernommen ungesagte/Wort ungesagt ist, unvernommen,/Ist noch das ungesagte Wort, das WORT, das unvernommene,/Das WORT ohne Wort, das WORT inmitten/Der Welt und für die Welt: …

[2] Vgl. *H. Karpp*, Das Alte Testament in der Geschichte der Kirche. Seine Geltung und seine Wirkung, Berlin 1989.

[3] Vgl. *H. Schöffler*, Abendland und Altes Testament, Frankfurt/M. ^{2}1941 (materialreich, für seine Entstehungszeit erstaunlich sachlich, dennoch nicht ohne zahlreiche sprachliche und gedankliche Entgleisungen).

[4] Vgl. die von großer Sympathie getragene theologische Biographie von *A. v. Harnack*, Marcion. Das Evangelium vom fremden Gott (^{1}1921.^{2}1924), Darmstadt 1985; vgl. aber auch die Klarstellungen von *B. Aland*, Marcion. Versuch einer neuen Interpretation: Zeitschrift für Theologie und Kirche 70 (1973) 424–444; überdies *G. Ory*, Marcion, Paris 1980.

[5] Adversus Marcionem libri quinque (Fünf Bücher gegen Markion).

[6] *Eusebius*, Historia Ecclesiastica (Kirchengeschichte) V 13,5.

[7] In der 1. Auflage (1921) S. 248f. 254, in der 2. Auflage (1924) S. 217. 222.

[8] Der Römerbrief. 3. Lieferung Röm 8,19–11,36, Regensburg 1978, X.XI.

[9] Der historischen Gerechtigkeit halber muß freilich die völlig unzweideutige, ja ausgesprochen mutige Haltung des Autors im „Dritten" Reich gewürdigt werden. Vgl. *O. Kuß*, Dankbarer Abschied (tuduv-Studien. Reihe Religionswissenschaften 2), München 1982, 42.

¹⁰ Vgl. ebd. 108–123.
¹¹ Zum Text und zu den Einleitungsfragen vgl. *K. Wengst,* Barnabasbrief, in: Schriften des Urchristentums II, Darmstadt 1984, 101–202.
¹² Der folgende Satz orientiert sich sehr frei an Dtn 9,9ff; vgl. Ex 24,18; 31,18.
¹³ Frei nach Dtn 9,12.16f; vgl. Ex 32,7.19.
¹⁴ Geschichte der urchristlichen Literatur, Berlin u. a. 1972. Nachdruck 1979, 605.
¹⁵ Vgl. *H. Graf Reventlow,* Epochen der Bibelauslegung I: Vom Alten Testament bis Origenes, München 1990, 150–170.
¹⁶ Adversus Haereses (Gegen die Häresien). Aus diesem Werk die folgenden im Text genannten Stellen.
¹⁷ Dialogus cum Tryphone Judaeo (Dialog mit dem Juden Tryphon).
¹⁸ Noch *G.E. Lessing* verfolgt diese Idee in seiner „Erziehung des Menschengeschlechts".
¹⁹ Ihm sekundiert *Cyrill von Jerusalem,* Catecheses (Katechesen an die Täuflinge) 4,33: „Solltest du je einen Häretiker hören, der das Gesetz und die Propheten lästert, dann halte ihm das heilsame Wort entgegen: ‚Nicht ist Jesus gekommen, das Gesetz aufzulösen, sondern es zu erfüllen'" (vgl. Mt 5,17).
²⁰ Der christliche Glaube, hg. v. M. Redeker, Berlin ⁷1960.
²¹ Nachdruck der 3. Aufl. 1910, hg. v. H. Schulz, Darmstadt 1993.
²² Vgl. *M. Stiewe,* Das Alte Testament im theologischen Denken Schleiermachers, in: *P. Mommer – W. Thiel* (Hg.), FS H. Graf Reventlow 329–336: 330: Es „zeigt sich, daß Schleiermacher zum Gefangenen seines Ansatzes wird. Um das Spezifische des christlichen Glaubens zu verdeutlichen, brauchte er die Abgrenzung zu einer anderen (Hoch-)Religion."
²³ Vgl. zur kritischen Würdigung *R. Smend,* Schleiermachers Kritik am Alten Testament (1985), in: ders., Epochen der Bibelkritik. Gesammelte Studien III (Beiträge zur Evangelischen Theologie 109), München 1991, 128–144.
²⁴ Weissagung und Erfüllung (1949), in: ders., Glauben und Verstehen. Gesammelte Aufsätze II, Tübingen ⁵1968, 162–186: 186. Vgl. *ders.,* Die Bedeutung des Alten Testaments für den christlichen Glauben (1933), in: ders., Glauben und Verstehen I, Tübingen ⁸1980, 313–336.
²⁵ Ebd. 184.
²⁶ Bultmann freilich deshalb strukturellen „Antijudaismus" vorzuwerfen, ist ungerecht; gegen *P. v.d.Osten-Sacken,* Rückzug ins Wesen und aus der Geschichte. Antijudaismus bei Adolf von Harnack und Rudolf Bultmann: Wissenschaft und Praxis in Kirche und Gesellschaft 67 (1978) 106–122. Bultmanns Theologie des Alten Testaments ist reicher als die vieler seiner Kritiker, die sich zu christlichen Apologeten der Hebräischen Bibel machen; vgl. *H. Hübner,* Rudolf Bultmann und das Alte Testament: KuD 30 (1984) 250–272. Zur persönlichen Integrität Bultmanns vgl. *E. Gräßer,* Antijudaismus bei Bultmann? Eine Erwiderung (1978), in: ders., Der Alte Bund im Neuen. Studien zur Israelfrage im Neuen Testament (Wissenschaftliche Untersuchungen zum Neuen Testament 35), Tübingen 1985, 201–211.
²⁷ Herrlichkeit. Eine theologische Ästhetik. Bd. I: Schau der Gestalt, Einsiedeln 1961, 595–604; Bd. III/2: Theologie. Teil I: Alter Bund, Einsiedeln 1967; Teil II: Neuer Bund, Einsiedeln 1969.
²⁸ Vgl. *J. Danielou,* Origène, Paris 1948; *ders.,* Sacramentum futuri. Études sur les origines de la typologie biblique, Paris 1950; *H. de Lubac,* Geist aus der Geschichte (frz. 1950), Einsiedeln 1968; *ders.,* Exégèse médiévale. Les quatres sens de l'Écriture (Théologie 41), 4 Bde., Paris 1959–1961.
²⁹ Herrlichkeit I: Schau der Gestalt 596.
³⁰ Herrlichkeit III/2.2: Theologie – Neuer Bund 29f.
³¹ Herrlichkeit I: Schau der Gestalt 604.
³² Ganz anders, nämlich als Geschichte einer immer deutlicher werdenden Klarheit des Gottesgedankens und des eschatologischen Bewußtseins, die schließlich mit innerer Folgerichtigkeit in das Neue Testament hineinführt, liest die alttestamentliche Traditionsgeschichte *H. Gese,* Erwägungen zur Einheit der biblischen Theologie (1970), in: ders., Vom

Sinai zum Zion. Alttestamentliche Beiträge zur biblischen Theologie (Beiträge zur Evangelischen Theologie 64), München 1974, 11–30. Gese hat seine Position, die *so* gleichfalls eine dogmatische Konstruktion ist, freilich inzwischen modifiziert: Die dreifache Gestaltwerdung des Alten Testaments, in: M. Klopfenstein u. a. (Hg.), Mitte der Schrift? Ein jüdisch-christliches Gespräch (Judaica et Christiana 11), Bern u. a. 1987, 299–328.
33 Insbesondere der Vergleich Israels mit der Sphinx erscheint abwegig.
34 Zu erinnern ist vor allem noch an seine Überlegungen zum theologischen Geheimnis des Fortlebens Israels und dessen Bedeutung für die Ekklesia in: Theodramatik II/2: Die Personen in Christus, Einsiedeln 1978, 359–368.
35 Herrlichkeit III/2.2: Theologie – Neuer Bund 29.
36 Freilich geschieht dies gelegentlich nicht ohne böse Unterstellungen, so bei *Ch. Klein,* Theologie und Antijudaismus. Eine Studie zur deutschen theologischen Literatur der Gegenwart (Abhandlungen zum christlich-jüdischen Dialog 6), München 1975.
37 Vgl. *H. Haag,* Das „Plus" des Alten Testaments (1980), in: ders., Das Buch des Bundes, Düsseldorf 1980, 289–305.
38 Vgl. *Ch. Dohmen,* Schöpfer des Himmels und der Erde. Christliche Orientierung am Alten Testament?, in: M. Lutz-Bachmann u. a. (Hg.),Gottesnamen. Gott im Bekenntnis der Christen (Schriften der Diözesanakademie Berlin 7), Berlin – Hildesheim 1992, 32–54.
39 Vgl. *G. Braulik,* Das Deuteronomium und die Menschenrechte (1986), in: ders., Studien zur Theologie des Deuteronomiums (Stuttgarter Biblische Aufsatzbände 2), Stuttgart 1988, 301–323.
40 Düsseldorf 1993.
41 Die christliche Kirche und das Alte Testament (Beiträge zur Evangelischen Theologie 23), München 1955, 68.
42 Ebd. 88 – In seinem Buch Religie en Politiek (Nijkerk 1945) findet sich diese Frage als These.
43 Wenn die Götter schweigen. Vom Sinn des Alten Testaments (niederl. 1956), München 1964. (Das folgende Zitat steht auf S. 166.)
44 Ein Kunstwort, gebildet aus den Anfangsbuchstaben der drei Teile der Hebräischen Bibel: Tora (Gesetz), Nebiim (Propheten) und Chetubim (Schriften).
45 Das Erste Testament. Vgl. *ders.,* Am Fuß des Sinai, Düsseldorf 1993.
46 Das Erste Testament 185.
47 Ebd. 198.
48 Ebd. 153.
49 Ebd. 156.
50 An anderer Stelle heißt es immerhin, es sei legitim, daß Neue Testament als „Fortsetzung, ja Vollendung" des Alten Testaments zu begreifen (S. 143) – doch in einem Kontext, in dem behauptet wird, die Fortsetzung des Alten Testaments in der jüdischen Überlieferung sei „gleichwertig und qualitativ gleichrangig" mit der „Fortsetzung" im Neuen Testament (S. 143f). Dieser Gedanke, über den, sollte er rein rezeptionsgeschichtlich gemeint sein, nicht viele Worte verloren zu werden brauchen, widerspricht aber, sollte er fundamentaltheologisch gemeint sein, dem Selbstverständnis der neutestamentlichen Autoren wie dem originären Gehalt des neutestamentlichen Evangeliums, Jesus sei *der* Mittler des eschatologischen Heiles, und kann deshalb kaum Bestand haben.
51 Stärker differenziert *E. Zenger* in seiner „Einleitung in das Alte Testament" (Stuttgart – Berlin – Köln 1995), 20: „Das Neue Testament ist für Christen kein bloßer Zusatz oder Anhang zum Ersten Testament, und das Erste Testament ist kein bloßes Vorwort oder nur eine (eigentlich unwichtig gewordene) Vorgeschichte des Neuen Testaments, sondern sie bilden ein polyphones, polyloges, aber dennoch zusammenklingendes Ganzes, das nur *als solches* „Wort Gottes" ist, das vom dramatischen Geschehen der Erlösung der ganzen Welt kündet, dessen ‚letzter' Akt mit dem Messias Jesus Christus verbunden ist". Vgl. auch *ders.,* Das Erste Testament als Herausforderung christlicher Liturgie: BiLi 68 (1995) 124-136.
52 Vgl. *Ch. Dohmen – F. Mußner,* Nur die halbe Wahrheit? Für die Einheit der ganzen

Bibel, Freiburg – Basel – Wien 1993. (Insbesondere den Beiträgen Ch. Dohmens verdanke ich zahlreiche Anregungen zum gesamten Kapitel.)
53 Der Stern der Erlösung (1921), Frankfurt 1990, 447.
54 Aus Platzgründen muß ich mich – als katholischer Theologe – auf das Vaticanum II (und den Katechismus) beschränken. Dessen Neuansatz versteht sich jedoch im Horizont umfassender Umkehr-Bewegungen in der katholischen wie der evangelischen Kirche; vgl. die Dokumentation von R. Rendtorff – H.H. Henrix (Hg.), Die Kirchen und das Judentum. Dokumente 1945 bis 1985, Paderborn – München ²1989.
55 Ad Limina Apostolorum, Zürich 1967, 39f.
56 Katechismus der Katholischen Kirche. Deutsche Ausgabe, München u. a. 1993.
57 Eine Anmerkung verweist auf Mk 12,29–31, das Doppelgebot, das aus Dtn 6,4f und Lev 19,18 zusammengestellt ist.
58 Quaestiones in Heptateuchum (Fragen zum Heptateuch).
59 Anregend ist aus alttestamentlicher Sicht die souveräne Darstellung von J. Schreiner, Das Verhältnis des Alten Testaments zum Neuen Testament, in: ders., Segen für die Völker. Gesammelte Schriften zur Entstehung und Theologie des Alten Testaments, hg. v. E. Zenger, Würzburg 1987, 392–407.
60 Im folgenden führe ich Überlegungen fort, die ich auch andernorts zur Diskussion stelle: Probleme und Chancen biblischer Theologie aus neutestamentlicher Sicht, in: Ch. Dohmen – Th. Söding (Hg.), Eine Bibel – zwei Testamente. Positionen Biblischer Theologie (UTB), Paderborn 1995, 159–177.
61 Zwar wird als Gegenargument gelegentlich die Fortsetzung von Mk 2,21 in der lukanischen Parallele angeführt, 5,39: „Keiner, der alten Wein trinkt, will neuen; denn er sagt: Der alte Wein ist besser." Doch schwerlich zu Recht. Im Kontext betrachtet, thematisiert der Vers nicht einen jesuanischen Vorrang des Alten vor dem Neuen, sondern die (durchaus verständlichen) Widerstände derer, die das Alte, d. h. die jüdische Kultur, schätzen, gegen das Neue, das Jesus bringt.
62 Vom Geist der ebräischen Poesie. Eine Anleitung für die Liebhaber derselben und der ältesten Geschichte des menschlichen Geistes. Erster Teil 1782, hg. v. J.G. Müller, Tübingen 1805, XIIIf.
63 Vgl. R.T. Beckwith, The Old Testament Canon of the New Testament Church and its Background in Early Judaism, Grand Rapids 1985.
64 Vgl. dazu und zum folgenden die Beobachtungen von E. Zenger, Das Erste Testament 162–194 (der allerdings kanongeschichtlich zu wenig differenziert).
65 Theologie des Alten Testaments II, München ⁴1965, 341.
66 Zu dieser hermeneutisch-theologischen Kategorie vgl. W. Thüsing, Die neutestamentlichen Theologien und Jesus Christus. Bd. 1: Kriterien aufgrund der Rückfrage nach Jesus und des Glaubens an seine Auferweckung, Düsseldorf 1981, 223–226.228f.
67 Zu seiner Theologie der Heiligen Schrift vgl. Th. Söding, Heilige Schriften für Israel und die Kirche. Die Sicht des „Alten Testamentes" bei Paulus: Münchener Theologische Zeitschrift 46 (1995) 159–181.
68 Deshalb spricht der Hebräerbrief von der „Schwäche" (7,18.28) des „ersten" und „früheren" Bundes (7,22; 8,6–13; 9,15–20; 10,16f.29; 12,24; 13,20); vgl. K. Backhaus, Der neue Bund und das Werden der Kirche. Die Diatheke-Deutung des Hebräerbriefs im Rahmen der frühchristlichen Theologiegeschichte, Habilitationsschrift Münster 1994 (erscheint demnächst in den „Neutestamentlichen Abhandlungen", Münster).
69 Vgl. die Auslegung von U. Luz, Das Evangelium nach Matthäus II (Evangelisch-Katholischer Kommentar zum Neuen Testament I/2), Neukirchen-Vluyn 1990, 361–366.

DIE BIBEL ALS BUCH DES LEBENS

1 Die Heiterkeit L'Allegria. Gedichte Italienisch – Deutsch. Übertragen v. H. Helbling (Edition Akzente), München 1990, 65f: „Verdammnis//Umschlossen von sterblichen Dingen/(auch der gestirnte Himmel wird enden)/warum verlangt es mich nach Gott?"

[2] Das Buch der radikalen Wirklichkeit, in: K. Ihlenfeld (Hg.), Das Buch der Christenheit. Betrachtungen zur Bibel, Berlin 1939, 292–334. Das folgende Zitat findet sich auf S. 330.

[3] Der philosophische Glaube angesichts der Offenbarung, München 1962, 496.

[4] Weitere Zusammenhänge erschließt H.W. Wolff, Anthropologie des Alten Testaments, München ⁴1984.

[5] Vgl. für nähere Auskünfte zum Menschenbild des Neuen Testaments U. Schnelle, Neutestamentliche Anthropologie (Biblisch-Theologische Studien 18), Neukirchen-Vluyn 1991.

[6] Zur Auslegung vgl. die Kommentare zur Genesis von G. v.Rad (Göttingen ¹¹1981), C. Westermann (Neukirchen-Vluyn 1974) und L. Ruppert (Würzburg 1992).

[7] So Sallusts Definition des Mythos: De Diis et mundo (Über die Götter und die Welt) 4,9.

[8] Dem Jahwisten, dem Verfasser des ältesten israelitischen Geschichtswerks *(Westermann)?* Dem Jehowisten, einem späteren Bearbeiter dieses Opus *(Ruppert)?* In jedem Fall ist es der Redaktor, der auch für die Komposition der Paradies-Erzählung verantwortlich zeichnet.

[9] Zwar beginnt schon im frühen Judentum und Christentum das Nachdenken über die Gründe für die Erwählung Abels und die Verwerfung Kains. Nach Mt 23,35 und 1Joh 3,12 war Abel gerecht, nach Hebr 11,4 war er gläubig. Aber diese Urteile stehen unter dem Eindruck, daß er ein unschuldiges Opfer des bösen (1Joh 3,12) Kain geworden ist; sie reflektieren weniger auf den Grund der Gnadenwahl Gottes. Vor allem aber wäre es methodisch fragwürdig, den älteren Text im Lichte dieser viel jüngeren Deutungen zu lesen.

[10] W. Zimmerli, 1.Mose 1–11. Die Urgeschichte (Prophezei), Zürich 1943, 274.

[11] Vgl. zur Auslegung die Kommentare von E. Käsemann (Tübingen 1973), H. Schlier (Freiburg – Basel – Wien ²1979), U. Wilckens (Neukirchen-Vluyn 1980), D. Zeller (Regensburg 1985), P. Stuhlmacher (Göttingen 1989) und M. Theobald (Stuttgart 1992).

[12] Vgl. die neue Gesamtdarstellung von J. Becker, Paulus – Der Apostel der Völker, Tübingen 1989.

[13] Martin Luther hat Röm 7 auf das Lebens-Geschick des glaubenden Christen gedeutet, der simul iustus et peccator sei: zugleich Gerechter und Sünder. Doch ist dies ein Mißverständnis. Röm 7 redet vom Menschen (Juden wie Heiden) vor dem Kommen Christi bzw. außerhalb des Christus-Glaubens. Näher bei Luthers Formel liegt Gal 5.

[14] Vgl. K. Kertelge, Grundthemen paulinischer Theologie, Freiburg – Basel – Wien 1991, 174–183.

[15] Vgl. R. Bultmann, Theologie des Neuen Testaments (1948–1953), hg. v. O. Merk, Tübingen ⁹1984, 234: „das irdisch-menschliche Wesen in seiner spezifischen Menschlichkeit, d. h. in seiner Schwäche und Vergänglichkeit, und das heißt zugleich im Gegensatz zu Gott und seinem pneuma."

[16] Der kosmologische „Gottesbeweis", den Paulus (nicht führt, sondern) voraussetzt, ist uns Heutigen seit Kants „Kritik der reinen Vernunft" zwar nicht mehr ohne weiteres plausibel zu machen, war in der Antike aber unstrittig, nicht zuletzt in der stoischen Philosophie.

[17] Vgl. Th. Söding, Das Geheimnis Gottes und das Kreuz Jesu (1Kor). Die paulinische Christologie im Spannungsfeld von Mythos und Kerygma: Biblische Zeitschrift 38 (1994) 174–194.

[18] Hier liegt die biblische Basis der (häufig mißverstandenen) Erbsündenlehre; vgl. F. Staudinger, Neutestamentliche Aspekte zur „Erbsündenlehre", in: F. Dexinger – F. Staudinger – H. Wahle – J. Weismayer, Ist Adam an allem schuld? Erbsünde oder Sündenverflochtenheit, Innsbruck – Wien – München 1971, 182–280.

[19] Paulus spricht eine allgemeine menschliche Erfahrung an, die in der Antike ähnlich Ovid beschrieben hat (Amores II 19,3; III 4,17).

[20] Diese These ist freilich in der Forschung nicht unumstritten. Vgl. zur Begründung H. Hübner, Das Gesetz bei Paulus (Forschungen zur Religionsgeschichte und Literatur des Alten und Neuen Testaments 119), Göttingen ³1982 (¹1978), 65–69. Anders etwa D. Zeller,

Der Brief an die Römer 140f: Es gehe um den Betrug, durch *Gesetzesübertretungen* sei das Leben zu gewinnen. Doch wie sollte daran das Gesetz schuld sein?

21 Vgl. *Th.K. Heckel,* Der Innere Mensch. Die paulinische Verarbeitung eines platonischen Motivs (Wissenschaftliche Untersuchungen zum Neuen Testament II/53), Tübingen 1993.

22 Vgl. *H. Hübner,* Biblische Theologie des Neuen Testaments II: Die Theologie des Paulus und ihre neutestamentliche Wirkungsgeschichte, Göttingen 1993, 291–295.

23 Vgl. *M. Pohlenz,* Die Stoa, 2 Bde., Göttingen ⁶1984.1990 (¹1959); *M. Forschner,* Die stoische Ethik. Über den Zusammenhang von Natur-, Sprach- und Moralphilosophie im altstoischen System, Stuttgart 1981.

24 Tübingen ²1958, 112ff.

25 Vgl. *H. Gundert,* Größe und Gefährdung des Menschen. Ein sophokleisches Chorlied und seine Stellung im Drama, in: Antike und Abendland 22 (1976) 21–39 (dessen philologische Kritik an Heideggers Deutung der Vv. 360 und 370 jedoch kritische Rückfragen zuläßt).

26 Zeichen im Dunkel. Poesie und Poetik. Hg. v. Karl Dedecius (edition suhrkamp 995), Frankfurt/M. 1979. (Die Gedichte stehen auf den S. 74f und 108.)

27 Die „Fluchpsalmen" 53; 83 und 109 sind nach dem Vaticanum II aus dem Stundengebetbuch gestrichen worden; vgl. zur Kritik dieser Maßnahme und zur theologischen Würdigung der Texte *E. Zenger,* Ein Gott der Rache? Feindpsalmen verstehen (Biblische Bücher 1), Freiburg – Basel – Wien 1994.

28 Vgl. *G. Dürig,* Art. 1 Abs. I (1958), in: Th. Maunz – G. Dürig (Hg.), Kommentar zum Grundgesetz, 30. Lieferung München 1992, 3–26: 9 Anm. 2.

29 Warum ich kein Christ bin (1927), in: ders., Warum ich kein Christ bin (engl. 1956), München 1963, 17–36: 33.

30 Legitimität der Neuzeit: Die Genesis der kopernikanischen Welt II, Frankfurt/M. 1975.

31 Handschriftlicher Nachlaß X (Akademie-Ausgabe XXII) 450f (zum „Streit der Fakultäten").

32 Zur Auslegung vgl. die Kommentare von *H. Gunkel* (Göttingen ⁶1986), *H.-J. Kraus* (Neukirchen-Vluyn ⁵1978), *A. Deissler* (Düsseldorf ⁴1971), *H. Groß/H. Reinelt* (Düsseldorf ³1986), *P. Cragie* (Waco 1983), *E. Gerstenberger* (Grand Rapids 1988), *F.-L. Hossfeld/E. Zenger* (Würzburg 1991). Besonders viel verdankt die folgende Exegese *E. Zenger,* Mit meinem Gott überspringe ich Mauern. Einführung in das Psalmenbuch, Freiburg – Basel – Wien 1987, 201–211.

33 Zu den massiven Problemen bei der Rekonstruktion des ursprünglichen Textbestandes in Vers 2b und der hier präferierten Lösung vgl. *H.-J. Kraus,* Psalmen I 203f.

34 Die Septuaginta übersetzt: „ ... hast du dir Lob bereitet" – wahrscheinlich eine glättende (gleichwohl theologisch aussagekräftige) Variante. So zitiert Matthäus den Vers bei seiner Deutung der Tempelaktion Jesu (21,16).

35 Zur alttestamentlichen Schöpfungstheologie vgl. den Überblick bei *J. Schreiner,* Theologie des Alten Testaments (Neue Echter Bibel. Ergänzungsband 1 zum Alten Testament), Würzburg 1995, 133–163.

36 Essais. Übersetzt von H. Lüthy, Zürich 1953, II 12 (S. 432).

37 Zur Religionsphilosophie und Theologie des Mythos vgl. *G. Picht,* Kunst und Mythos, Stuttgart ³1990 (¹1986).

38 Die Septuaginta übersetzt: Engel; so zitiert der Hebräerbrief den Vers und deutet ihn christologisch aus (2,5.7).

39 Vgl. zur Exegese und Theologie *O.H. Steck,* Welt und Umwelt (Biblische Konfrontationen), Stuttgart 1978, 70–85; *E. Zenger,* Gottes Bogen in den Wolken. Untersuchungen zu Komposition und Theologie der priesterschriftlichen Urgeschichte (Stuttgarter Bibel-Studien 112), Stuttgart ²1987 (¹1983), 84–96.

40 Die folgende Übersetzung ist der besseren Verständlichkeit halber relativ frei; zur genauen Wiedergabe vgl. *Ch. Dohmen,* Das Bilderverbot. Seine Entstehung und seine Entwicklung im Alten Testament (Bonner Biblische Beiträge 62), Bonn ²1987 (¹1985), 281ff.

[41] Vgl. *W. Burkert,* Homo necans. Interpretationen altgriechischer Opferriten und Mythen (Religionsgeschichtliche Versuche und Vorarbeiten 32), Berlin 1972.

[42] Die Texte sind in deutscher Übersetzung leicht zugänglich in: Die Schöpfungsmythen. Ägypter, Hurriter, Hethiter, Kanaaniter und Israeliten (Quellen des Alten Orients I), Darmstadt 1991.

[43] Leider verkennt dies in seiner ökologisch motivierten Kritik an der monotheistischen Schöpfungstheologie *E. Drewermann,* Der tödliche Fortschritt. Von der Zerstörung der Erde und des Menschen im Erbe des Christentums, Regensburg 1971, 71–74.

[44] Vgl. *Ch. Dohmen,* Ebenbild Gottes oder Hilfe des Mannes? Die Frau im Kontext der anthropologischen Aussagen von Gen 1–3: Jahrbuch für christliche Sozialwissenschaften 34 (1993) 152–164: 158ff.

[45] Zur Auslegung vgl. die Kommentare von *G. Fohrer* (Gütersloh 1963), *F. Horst* (Neukirchen-Vluyn 1968.³1974) und *H. Groß* (Würzburg 1986).

[46] Vgl. *F. Laub,* Bekenntnis und Auslegung. Die paränetische Funktion der Christologie im Hebräerbrief (Biblische Untersuchungen 15), Regensburg 1980, 61–66.

[47] Zum Sinn der lässigen Zitationsformel vgl. *E. Gräßer,* An die Hebräer I (Evangelisch-Katholischer Kommentar zum Neuen Testament 17/1), Braunschweig – Neukirchen-Vluyn 1990, 114f.

[48] Vgl. *O. Hofius,* Katapausis. Die Vorstellung vom endzeitlichen Ruheort im Hebräerbrief (Wissenschaftliche Untersuchungen zum Neuen Testament 11), Tübingen 1970.

[49] Vgl. zu diesem typisch johanneischen Motiv *H. Leroy,* Rätsel und Mißverständnis. Ein Beitrag zur Formgeschichte des Johannesevangeliums (Bonner Biblische Beiträge 30), Bonn 1968.

[50] Zur Auslegung vgl. vor allem die Kommentare von *R. Bultmann* (Göttingen 1941. ¹¹1986), *R. Schnackenburg* (Freiburg – Basel – Wien 1965.⁴1978), *J. Becker* (Gütersloh – Würzburg 1979.³1991), *E. Haenchen* (Tübingen 1980) und *J. Blank* (Düsseldorf 1981), überdies *U. Schnelle,* Antidoketische Christologie im Johannesevangelium. Eine Untersuchung zur Stellung des vierten Evangeliums in der johanneischen Schule (Forschungen zur Religionsgeschichte und Literatur des Alten und Neuen Testaments 144), Göttingen 1987, 196–213. Zur näheren Begründung der folgenden Exegese verweise ich auf meinen Beitrag: Wiedergeburt aus Wasser und Geist. Anmerkungen zur Symbolsprache des Johannesevangeliums am Beispiel des Nikodemus-Gesprächs (Joh 3,1–21), in: K. Kertelge (Hg.), Metaphorik und Mythos im Neuen Testament (Quaestiones disputatae 126), Freiburg – Basel – Wien 1990, 168–219.

[51] Vgl. *H. Weder,* Von der Wende der Welt zum Semeion des Sohnes, in: A. Denaux (Hg.), John and the Synoptics (Bibliotheca Ephemeridum Theologicarum Lovaniensium 101), Leuven 1992, 128–145.

[52] Die Hinreise. Zur religiösen Erfahrung. Texte und Überlegungen, Stuttgart ³1976, 7.

[53] Zur historischen und theologischen Problematik dieser typisch johanneischen Redeweise vgl. *F. Mußner,* Traktat über die Juden, München ²1988 (¹1977), 281–293.

[54] Vgl. *M. Eliade,* Das Mysterium der Wiedergeburt. Versuch über einige Initiationstypen, Frankfurt/M. 1988 (engl. 1958; frz. 1959).

[55] Vgl. *W. Burkert,* Antike Mysterien. Funktionen und Gestalt (amerik. 1987), München 1990.

[56] Zur theologischen Aufarbeitung vgl. vor allem *W. Pannenberg,* Systematische Theologie I–III, Göttingen 1988–1994.

[57] Nietzsches Werke (Kritische Gesamtausgabe) V/2, hg. v. G. Colli u. M. Montinari, München 1973, 158ff.

[58] Vgl. zur kritischen Würdigung und zur Abgrenzung gegenüber dem Faschismus *W. Kaufmann,* Nietzsche. Philosoph – Psychologe – Antichrist (amerik. 1974), Darmstadt 1982, 359–389.

[59] II 9 (1874): Nietzsches Werke (Kritische Gesamtausgabe) I, hg. v. G. Colli u. M. Montinari, München ²1988, 317.

[60] III 5 (1874): ebd. 378f.

61 Ebd. 380.

62 Vgl. zu dieser fragwürdigen Gestalt, ihrer ursprünglichen Bedeutung bei Nietzsche und ihrer nationalsozialistischen Verfälschung *W. Kaufmann*, Nietzsche 331–358.

63 Theologie gegen Mythologie. Kleine Apologie des biblischen Monotheismus: Herder Korrespondenz 42 (1988) 187–193: 191f.

64 Vgl. *C.F. v.Weizsäcker*, Die Einheit der Natur. Studien, München 1971.

65 Naturwissenschaft und Religion, in: *H.P. Dürr* (Hg.), Physik und Transzendenz, Bern u. a. 1986, 71–74: 71. 72f. (Das Buch enthält zahlreiche weitere wichtige Beiträge, die in diese Richtung weisen.)

66 Vgl. *A. Maurocordato*, L'Ode de Paul Claudel, Bd. I Genf 1955; Bd. II Paris 1978.

67 Gedichte (Gesammelte Werke I), hg. v. H.U. v. Balthasar, Heidelberg – Einsiedeln u. a. 1963, 61.62f.

68 Dieses Diagnose wird in der Regel *Thomas Hobbes* (1588–1679) zugeschrieben; sie entspricht auch tatsächlich seinem Menschenbild, wie es seiner Staatstheorie zugrundeliegt, ist aber im „Leviathan" nicht belegt.

69 So der Titel der deutschen Fassung des ursprünglich auf Englisch erschienenen Romans „Darkness at Noon", in dem Koestler 1938–1940 die kommunistischen Schauprozesse im Moskau Stalins thematisiert (deutsch: Wien 1978).

70 Eine effektvoll-zynische Kritik des Zynismus formuliert *P. Sloterdijk*, Kritik der zynischen Vernunft, Frankfurt/M. 1983.

71 In: Lyrik des expressionistischen Jahrzehnts. Von den Wegbereitern bis zum Dada. Mit einer Einleitung von Gottfried Benn (dtv Sonderreihe 4), München 1974 (Originalausgabe Wiesbaden 1962), 73f.

72 Den Zusammenhang zwischen der biblischen Theologie und den Menschenrechten zu sehen, heißt nicht, in Abrede zu stellen, daß auch andere als die biblischen Religionen einen Begriff der Menschenwürde und der Menschenrechte entwickeln können, heißt aber, positiv festzustellen, daß die biblische Anthropologie konsequent in ein Ethos der Menschenrechte einmündet.

73 Hundert Gedichte, Ebenhausen b. München 1985, 11.

74 Zur neutestamentlichen Ethik gibt es aus letzter Zeit eine Reihe vorzüglicher Gesamtdarstellungen: *W. Schrage*, Ethik des Neuen Testaments (Neues Testament Deutsch. Ergänzungsband 4), Göttingen ²1989 (¹1982); *R. Schnackenburg*, Die sittliche Botschaft des Neuen Testaments. Völlige Neubearbeitung, 2 Bde. (Herders theologischer Kommentar zum Neuen Testament. Supplementbände 1 und 2), Freiburg – Basel – Wien 1986.1988; *E. Lohse*, Theologische Ethik des Neuen Testaments (Theologische Wissenschaft 5/2), Stuttgart u. a. 1988. Zur alttestamentlichen Ethik vgl. *H.D. Preuß*, Theologie des Alten Testaments. Bd. 2: Israels Weg mit JHWH, Stuttgart u. a. 1992, 199–225; *E. Otto*, Theologische Ethik des Alten Testaments (Theologische Wissenschaft 3/2), Stuttgart u. a. 1994.

75 Die fünf Bücher der Weisung. Verdeutscht von Martin Buber gemeinsam mit Franz Rosenzweig, Köln – Olten 1954.

76 Vgl. *H.J. Boecker*, Recht und Gesetz im Alten Testament und im Alten Orient (Neukirchener Studienbücher 10), Neukirchen-Vluyn ²1984 (¹1976), 135ff.

77 Vgl. *F. Laub*, Die Begegnung des antiken Christentums mit der Sklaverei (Stuttgarter Bibelstudien 107), Stuttgart 1982.

78 Vgl. *E. Gerstenberger – W. Schrage*, Frau und Mann (Biblische Konfrontationen), Stuttgart u. a. 1978.

79 Zur differenzierten Einschätzung und Bewertung vgl. *N. Lohfink (Hg.)*, Gewalt und Gewaltlosigkeit im Alten Testament (Quaestiones disputatae 96), Freiburg – Basel – Wien 1983.

80 Vgl. *B. Russell*, Warum ich kein Christ bin. Über Religion, Moral und Humanität (1957), Reinbek b. Hamburg 1972; *R. Robinson*, An Atheist's Values, Oxford 1975 (1964); *F. Buggle*, Denn sie wissen nicht, was sie glauben. Oder warum man redlicherweise nicht mehr Christ sein kann. Eine Streitschrift, Reinbek b. Hamburg 1992.

81 Skeptische Ethik, Frankfurt/M. 1976.

[82] Vorlesungen über Ethik, Frankfurt/M. 1993.

[83] Grundprobleme der Ethik, Stuttgart ²1993 (¹1989).

[84] Das Prinzip Verantwortung. Versuch einer Ethik für eine technologische Zivilisation, Frankfurt/M. 1979, 57f.

[85] Ein Wort über das Wort (1989), in: ders., Am Anfang war das Wort, Reinbek b. Hamburg 1990, 207–224: 224.

[86] Wofür leben wir? Wohin geht die Fahrt?, in: Die ZEIT Nr. 38 v. 17. 9. 1993, S. 63f.

[87] Bekenntnisschriften der Lutherischen Kirche 639.641.

[88] Vgl. zu diesem wichtigen Motiv *Ch. Dohmen*, Was stand auf den Tafeln vom Sinai und was auf denen vom Horeb?, in: F.-L. Hossfeld (Hg.), Vom Sinai zum Horeb, FS E. Zenger, Würzburg 1989, 9–50.

[89] Zur Exegese des Dekalogs vgl. aus der immensen Literatur vor allem *F.-L. Hossfeld*, Der Dekalog. Seine späten Fassungen, die originale Komposition und seine Vorstufen (OBO 45), Freiburg/Schw. – Göttingen 1982 (dem die folgenden Anmerkungen in literar- und traditionskritischen Fragen besonders verpflichtet sind); *W.H. Schmidt*, Die Zehn Gebote im Rahmen alttestamentlicher Ethik (EdF 281), Darmstadt 1993 (der wichtige Impulse für die theologische Deutung gibt). Für eine kurze Einführung empfiehlt sich *H.-J. Boecker*, Recht und Gesetz: Der Dekalog, in: ders. u. a.: Altes Testament, Neukirchen-Vluyn 1983, 206–222.

[90] Zu den verschiedenen Zählweisen vgl. *B. Reicke*, Die Zehn Worte in Geschichte und Gegenwart, Tübingen 1973, 8–49. Die Unterschiede resultieren daraus, ob das Bilderverbot eigens gezählt oder mit dem Fremdgötterverbot zusammengerechnet wird.

[91] So *W.H. Schmidt*, Zehn Gebote 131ff.

[92] Vgl. *F.-L. Hossfeld*, Dekalog 87ff.

[93] Zu den Konsequenzen aus der Präambel für eine christliche Dekalog-Interpretation und ihre bleibende Verpflichtung auf das Erbe Israels vgl. *Ch. Dohmen*, Freiheit für Israel oder Gesetz für die Völker? Die Geltungsfrage des Dekalogs im Horizont des jüdisch-christlichen Verhältnisses, in: F. Hahn u. a. (Hg.), Zion – Ort der Begegnung. FS L. Klein (Bonner Biblische Beiträge 90), Bodenheim 1993, 187–201.

[94] So *E. Otto*, Zur Stellung der Frau in den ältesten Rechtstexten des Alten Testaments (Ex 20,14; 22,15f): Zeitschrift für evangelische Ethik 26 (1982) 279–305: 290f.

[95] So *H. Graf Reventlow*, Gebot und Predigt im Dekalog, Gütersloh 1962, 79.

[96] Vgl. *A. Lemaire*, Art. Familie: Neues Bibel-Lexikon I (1993) 657ff.

[97] Das betont die Weisheitsliteratur; vgl. Spr 6,24 – 7,23; 23,27; Sir 23,18.21–24.

[98] Freilich hat dies in Israel nicht dazu geführt, die (in frühjüdischer Zeit freilich verpönte) Ehescheidung (vgl. Dtn 24,1) förmlich zu untersagen – was von Jesus (Mk 10,5) als Konzession des Mose an die Herzenshärte der Israeliten gewertet wird.

[99] König Friedrich und sein Nachbar, in: Werke in einem Band (Bibliothek Deutscher Klassiker 16), München – Wien 1981, 573f.

[100] Im Hebräischen steht Ex 20 zweimal das Verb *hmd*, Dtn 5 hingegen am 9. Gebot zwar gleichfalls *hmd*, beim 10. jedoch '*wh* – ohne daß ein signifikanter semantischer Unterschied zu erkennen ist und im Deutschen eine terminologische Differenzierung angezeigt wäre.

[101] Vgl. zur Einzelauslegung *H.W. Wolff*, Dodekapropheton 4: Micha (Biblischer Kommentar XIV/4), Neukirchen-Vluyn 1982, 47f.

[102] Vgl. zur Auslegung die Kommentare von *E. Schweizer* (Göttingen 1976), *R. Schnackenburg* (Würzburg 1985), *U. Luz* (Neukirchen-Vluyn 1985), *J. Gnilka* (Freiburg – Basel – Wien 1986), *U. Luck* (Zürich 1993) und *H. Frankemölle* (Düsseldorf 1994), darüber hinaus vor allem *G. Strecker*, Die Bergpredigt. Ein exegetischer Kommentar, Göttingen 1984; *H. Weder*, Die „Rede der Reden". Eine Auslegung der Bergpredigt heute, Zürich 1985, 136–152.

[103] An Autobiographie, Ahmedabad 1927, 50ff; vgl. *ders.*, What Jesus means to me, hg. v. R. Prabhu, Ahmedabad 1959. Eine kleine deutsche Auswahl bietet: Handeln aus dem Geist, hg. v. G. u. Th. Sartory, Freiburg – Basel – Wien 1977 (u.ö.).

[104] Einführung in den Buddhismus. Die Harvard-Vorlesungen, Freiburg – Basel – Wien

1993, 220–244; Die Logik der Liebe. Aus den Lehren des tibetischen Buddhismus für den Westen (engl. 1984), München 1989, 35–42.

[105] Der Mann ohne Eigenschaften. Roman, hg. v. A. Frisé, Hamburg 1974, 1169–1173.

[106] Auf sehr noble Art bereits Tryphon im Dialog mit Justin (10,2).

[107] Das Unbehagen in der Kultur (1930), in: Gesammelte Werke 14, London 1948, 419–506: 468–475.493–506 (Abschnitte V. VIII).

[108] So G. Streminger, Die Jesuanische Ethik, in: E. Dahl (Hg.), Die Lehre des Unheils. Fundamentalkritik am Christentum, Hamburg 1993, 120–143.

[109] So sehr er den Sieg über das eigene ressentiment als heroische Tat des neuen Menschen feiert, so sehr verabscheut er jede Form von Nächstenliebe, die scheinbar mit Weichlichkeit einhergeht, weil sie nicht stößt, was schon im Fallen ist, und so sehr fordert er, sich nur mit den richtigen, den lohnenden, würdigen Feinden zu schlagen; vgl. Also sprach Zarathustra III: Von alten und neuen Tafeln 20.21: Nietzsches Werke (Kritische Gesamtausgabe) IV, hg. v. G. Colli u. M. Montinari, München ²1988, 261f.

[110] Politik als Beruf (1919), in: ders., Gesammelte politische Schriften, hg. v. J. Winckelmann, Tübingen ³1971, 505–560: 550ff.555f.

[111] Die Brüder Karamasow 319–332 („Die Auflehnung").

[112] Im folgenden führe ich einige Überlegungen weiter, die ich z.T. bereits andernorts niedergeschrieben habe; eine Kurzfassung unter dem Titel „Streit um die Ethik Jesu. Wie human ist die christliche Ethik?" in: Herder Korrespondenz 48 (1994) 622–627; eine Langfassung erscheint unter dem Titel „Der Anstoß des Glaubens. Anmerkungen zum Streit um die Ethik Jesu" in: P. Schmidt-Leukel (Hg.), Berechtigte Hoffnung. Über die Möglichkeit, vernünftig und zugleich Christ zu sein, Paderborn 1995, 175–198.

[113] Vgl. programmatisch H. Merklein, Die Gottesherrschaft als Handlungsprinzip (Forschung zur Bibel 34), Würzburg ²1981 (¹1978).

[114] Der Garten des Menschlichen. Beiträge zur geschichtlichen Anthropologie, München – Wien 1977, 450ff.

[115] Der Stern der Erlösung Nr. 199f.

[116] Zur Auslegung vgl. H.-P. Mathys, Liebe deinen Nächsten wie dich selbst. Untersuchungen zum alttestamentlichen Gebot der Nächstenliebe (OBO 71), Freiburg/Schw. – Göttingen 1986.

[117] Vgl. G. Steins, „Fremde sind wir …". Zur Wahrnehmung des Fremdseins und zur Sorge für die Fremden in alttestamentlicher Perspektive: Jahrbuch für Christliche Sozialwissenschaften 35 (1994) 133–150 (Lit.).

[118] Z.B. in den „Testamenten der Zwölf Patriarchen" aus dem 1. Jh. v. Chr., die eine dem NT durchaus vergleichbare Konzentration der Ethik im Liebesgebot anzielen und die Nächsten- resp. Bruderliebe ähnlich verstehen wie etwa die neutestamentliche Briefliteratur. Vgl. Th. Söding, Solidarität in der Diaspora. Das Liebesgebot in den Testamenten der Zwölf Patriarchen und im Neuen Testament: Kairos 36/37 (1994/5), 1–19.

[119] Vgl. H. Stegemann, Die Essener, Qumran, Johannes der Täufer und Jesus (Herder-Spektrum 4128), Freiburg – Basel – Wien 1993.

[120] Während freilich ein Hebräisch und Aramäischen wie im Deutschen im wesentlichen nur ein Wort für die unterschiedlichsten Formen des Liebens zur Verfügung steht.

[121] Vgl. Th. Söding, Art. Agape: Lexikon für Theologie und Kirche³ 1 (1993) 220ff.

[122] Blumen-, Frucht- und Dornenstücke oder Ehestand, Tod und Hochzeit des Armenadvokaten F. St. Siebenkäs. Drittes Bändchen, 1. Fruchtstück: Werke in drei Bänden, hg. v. N. Miller, München 1969, I 752f.

[123] Vgl. H. Weder, Die „Rede der Reden" 149f.

[124] Vgl. Th. Söding, Art. Ethik III.2 – NT: Lexikon für Theologie und Kirche³ 3 (1995), 909ff.

[125] Ausnahmen bilden lediglich der Aufruf zum Gehorsam gegenüber der staatlichen Autorität in Röm 13,1–7 sowie 1Petr 2, aber auch die „ideologiekritische" Verwerfung des imperialen Absolutheitsanspruch des römischen Cäsaren in der Johannes-Apokalpyse.

[126] Zur theologischen Aufarbeitung dieses Denkens vgl. die grundlegende, freilich häufig (bis in jüngste Zeit) als Kapitulation vor dem Zeitgeist denunzierte Arbeit von *A. Auer,* Autonome Moral und christlicher Glaube, Düsseldorf ²1984 (¹1971).

[127] Werke – Briefe – Dokumente, München 1969, 129–136: 135.

[128] Divina Commedia (ca. 1320): Inferno 34, 10ff.28ff.52ff. Deutsch: Die Göttliche Komödie, 2 Bde. (insel Taschenbuch 94), Frankfurt/M. 1974, I 142.151.153.

[129] Nachträge aus Hampstead. Aus den Aufzeichnungen 1954–1971, München 1994, 178f.

[130] In: Geheime Tagebücher 1914–1916, hg. u. dokumentiert v. W. Baum, Wien 1991, 73–82: 76f.

[131] Einfältiger Hausvater-Bericht über die christliche Religion an seine Kinder Caroline, Anne, Auguste, Trinette, Johannes, Rebekke, Fritz, Ernst und Franz. Nach der Heiligen Schrift (Asmus omnia sua secum portans oder Sämtliche Werke des Wandsbecker Boten. Siebenter Teil), in: Sämtliche Werke, München 1968, 573–592: 573.

[132] Über das Marionettentheater (1810), in: Sämtliche Werke, München 1967, 945–951: 951.

DIE BIBEL ALS BUCH DES GLAUBENS

[1] Pensées (ed. Brunschvicg, Paris 1897.1904, Nr. 788; ed. Chevalier, Paris 1957, Nr. 826). Deutsche Übersetzung: B. Pascal, Schriften zur Religion. Übertragen und eingeleitet von H.U. v.Balthasar (Christliche Meister 17), Einsiedeln 1983, 358: „Ich liebe jene Anbeter, die der Welt, sogar den Propheten unbekannt sind."

[2] Gute Einführungen in die Thematik geben *H.-J. Hermisson – E. Lohse,* Glauben (Biblische Konfrontationen), Stuttgart 1978; *A. Deissler,* Biblisch glauben! (Herderbücherei 994), Freiburg – Basel – Wien 1982.

[3] Nach G. Janouch, Gespräche mit Kafka (Fischer-Bücherei 417), Frankfurt/M. 1961, 111.

[4] Wesen und Wandel des Glaubens (engl.: Dynamics of Faith 1957), in: Gesammelte Werke VIII, Stuttgart 1970, 111–196: 111.

[5] Ähnliche Differenzierungen müssen ja auch in der Bibel selbst, nicht zuletzt im Neuen Testament vorgenommen werden: Die Rechtfertigungslehre des Paulus ist nun einmal gewichtiger als seine Meinungsäußerung zum Schleiertragen der Frauen im Gottesdienst (1Kor 11,2–16); die Inkarnationstheologie des Johannes bleibt unverzichtbar, auch wenn seine undifferenzierte Redeweise von „den Juden" fragwürdig ist.

[6] Sogar die Trinitätstheologie läßt sich ja als ausgebildete Lehre im Neuen Testament selbst bei größer exegetischer und theologischer „Sensibilität" nicht nachweisen

[7] Vgl. *G. Steins,* Art. Glaubensbekenntnis II.1 – AT: Lexikon für Theologie und Kirche³ 4 (1995), 700f.

[8] Vgl. Gen 15,13–16; Num 20,14ff; Dtn 6,20–23; Jos 24,2–13; 1Sam 8,8–12; Mi 6,4f.

[9] Zur Auslegung vgl. die Deuteronomium-Kommentare von *G. v.Rad* (Göttingen 1964) und *G. Braulik* (Würzburg 1992), zudem *N. Lohfink,* Unsere großen Wörter. Das Alte Testament zu Themen dieser Tage, Freiburg – Neukirchen-Vluyn ³1985 (¹1977), 76–91; *ders.,* Studien zum Deuteronomium und zur deuteronomistischen Literatur I (Stuttgarter Biblische Aufsatzbände 8), Stuttgart 1990, 262–303; *H.D. Preuß,* Deuteronomium (EdF 164), Darmstadt 1982, 145f; *S. Kreuzer,* Die Frühgeschichte Israels in Bekenntnis und Verkündigung des Alten Testaments (Beihefte zur Zeitschrift für die alttestamentliche Wissenschaft 180), Berlin 1989.

[10] Ob sie auch die ältesten Bestandteile des Textes sind, wie die Alttestamentler zumeist urteilen, bleibe dahingestellt.

[11] Die Aramäer siedeln ursprünglich in Mesopotamien; vgl. Gen 12,1–9; 22,21f; 25,20; 28,2.5.7; 29,14.

[12] „Aramäer" hatte zu der Zeit einen ähnlichen Klang wie heute mancherorts noch „Zigeuner".

[13] In Hebr 11 wird diese Heimatlosigkeit nachgerade zum Wesensmerkmal der glauben-

den Israeliten erklärt: Sie hätten gewußt, daß sie nicht schon auf Erden, sondern erst bei Gott eine bleibende Heimat finden können.

14 Vgl. *N. Lohfink,* Unsere großen Wörter 83–88.

15 Zur Auslegung vgl. neben den Kommentaren von *H. Conzelmann* (Göttingen ²1981 [1969]), *Ch. Wolff* (Berlin 1982), *H.-J. Klauck* (Würzburg ²1987 [¹1984]) und *F.G. Lang* (Göttingen 1986) vor allem *J. Kremer,* Das älteste Zeugnis von der Auferstehung Jesu (Stuttgarter Bibel-Studien 17), Stuttgart ³1970 (¹1966).

16 Wie weit verbreitet der Trend ist, diese Realität nicht wahrhaben zu wollen, zeigt immer wieder neu die „populäre" Jesus-Literatur (seit der Antike), zuletzt z. B. *G. Messadié,* Ein Mensch namens Jesus, München 1989.

17 Eine knappe, aber präzise Einführung gibt *H. Merklein,* Studien zu Jesus und Paulus (Wissenschaftliche Untersuchungen zum Neuen Testament 43), Tübingen 1987, 181–191; das religionsgeschichtliche Vergleichsmaterial präsentiert *M. Hengel,* The Atonement. The Origins of the Doctrine in the New Testament, Philadelphia 1981.

18 Beide Fragen stellt in aggressiver Schärfe und entwaffnender Offenheit der Psychotherapeut *Tilman Moser:* Gottesvergiftung (1976), Frankfurt/M. 1980, 20f.

19 So der gewichtige Einwand, den – aus philosophischer Sicht – *Immanuel Kant* erhebt: Die Religion innerhalb der Grenzen der bloßen Vernunft (Akademie-Ausgabe VI) 72.

20 Widerstand und Ergebung. Briefe und Aufzeichnungen aus der Haft, hg. v. E. Bethge (Siebenstern-Tb 1), Hamburg ⁸1974 (¹1951), 191f.

21 Vgl. *Th. Söding,* Das Mahl des Herrn. Zur Gestalt und Theologie seiner ältesten nachösterlichen Tradition, in: J. Hilberath – D. Sattler (Hg.), Abendmahl – Eucharistie der Kirche. FS Th. Schneider, Mainz 1995, 66–95.

22 Originalausgabe 1914. Deutsche Übersetzung: Frankfurt/M. 1975, 579.

23 Vgl. *H. Gese,* Die Sühne (1976), in: ders., Zur biblischen Theologie, Tübingen 1983, 85–106.

24 Die historischen Probleme des Prozesses gegen Jesus sind freilich äußerst verwickelt. In jedem Fall ist die stereotype Aussage unseligen Angedenkens peinlich zu vermeiden und strikt zu verwerfen, schuld am Tode Jesu seien „die Juden". Ein ausgewogenes Urteil (das freilich nicht außerhalb jeder Kritik steht) fällt *J. Gnilka,* Jesus von Nazaret 291–317.

25 Zur Einführung in die Diskussion vgl. *H. Haag,* Der Gottesknecht bei Deuterojesaja (Erträge der Forschung 233), Darmstadt 1985.

26 Vgl. *H. Schürmann,* Jesus – Gestalt und Geheimnis, hg. v. K. Scholtissek, Paderborn 1994, 286–345.

27 Vgl. zum folgenden *W. Thüsing,* Die neutestamentlichen Theologien und Jesus Christus I 113–144.

28 Vgl. dazu meine knappe Auslegung in: *F. Schumacher – Th. Söding,* Leben gegen den Tod. Das Ostergeheimnis im Johannesevangelium, Freiburg – Basel – Wien 1994, 109.111f.

29 Vgl. zu dieser Wendung *K. Lehmann,* Auferweckt am dritten Tage nach der Schrift. Früheste Christologie, Bekenntnisbildung und Schriftauslegung im Lichte von 1 Kor. 15,3–5 (Quaestiones disputatae 38), Freiburg – Basel- Wien 1968, 344ff.

30 Zur ursprünglichen Bedeutung des Namens, die von der in Mt 16,18 gegebenen (nachösterlichen) Interpretation durchaus unterschieden werden muß, vgl. *R. Pesch,* Simon-Petrus. Geschichte und geschichtliche Bedeutung des Jüngers Jesu Christi (Päpste und Papsttum 15), Stuttgart 1980, 25–34.96–100.

31 Zum Sinn des Zwölfer-Kreises vgl. *J. Gnilka,* Jesus von Nazaret 187–192.

32 Mein Jahr in der Niemandsbucht 681f.

33 Vgl. *H. Schlier,* Über die Auferstehung Jesu, Einsiedeln 1968, 24f.

34 Zeichen am Weg (schwed. 1965), München – Zürich 1965, 37.

35 Fahrt ins Staublose. Gedichte, Frankfurt/M. 1988, 100f.

36 Theologie und Literatur: Möglichkeiten und Grenzen eines Dialogs im 20. Jahrhundert, in: ders. – H. Küng – K.-J. Kuschel (Hg.), Theologie und Literatur. Zum Stand des Dialogs, München 1986, 30–56: 43ff.

37 Die neunte Stunde. Gedichte, Frankfurt/M. 1979, 32.

[38] Gedichte 1952–1965. Eine Auswahl in chronologischer Folge, Leipzig 1974, 81.

[39] Zürich 1950. Wieder abgedruckt in: Werke I. Schriften zur Philosophie, München – Heidelberg 1962, 651–782.

[40] Fairerweise ist jedoch festzuhalten, daß der neue *Catechismus Romanus* anders ansetzt und den gesamt-biblischen Glaubensbegriff einzuholen bemüht ist (Nr. 142–184).

[41] Vgl. die Kommentare von B. *Duhm* (Göttingen ⁵1965 [¹1892]), H. *Wildberger* (3 Bde., Neukirchen-Vluyn 1972–1982), O. *Kaiser* (2 Bde., Göttingen ³1983), R. *Kilian* (2 Bde., Würzburg 1983.1994), P. *Höffken* (Stuttgart 1994).

[42] Nach H. *Donner*, Geschichte des Volkes Israel II 468.

[43] Zur Auslegung vgl. über die genannten Jesaja-Kommentare hinaus W. *Werner*, Eschatologische Texte in Jesaja 1–39. Messias, Heiliger Rest, Völker (Forschung zur Bibel 46), Würzburg 1982; *Sch. Deck*, Die Gerichtsbotschaft Jesajas. Charakter und Begründung (Forschung zur Bibel 67), Würzburg 1991, 169–176. Die folgenden Beobachtungen haben besonders profitiert von *Ch. Dohmen*, Verstockungsvollzug und prophetische Legitimation. Literarkritische Beobachtungen zu Jes 7,1–17: Biblische Notizen 31 (1986) 37–56; *ders.*, Das Immanuelzeichen. Ein jesajanisches Drohwort und seine inneralttestamentliche Rezeption: Biblica 68 (1987) 305–329.

[44] Sein Name wird nicht genannt, nur der seines Vaters, den der Text verballhornt, so daß er auf Deutsch etwa „Tunichtgut" heißt.

[45] Vers 1 ist nach dem Vorbild von 2Kön 16,5 ausgestaltet. Vers 2 setzt diese historische Situierung voraus. Die Prognose über den Untergang Efraims (Jes 7,8b) sprengt die Symmetrie der Verse 7 und 8; die genaue Zeitangabe (65 Jahre) spricht erfahrungsgemäß für ein *vaticinium ex eventu*. In Vers 17b ist die Erwähnung Assurs nachgetragen. All diese Sätze gehören auf eine erste Bearbeitungsschicht. Einer zweiten Bearbeitungsstufe sind die pluralischen Wendungen in Vers 9 und 13 verdankt, also das Glaubens-Wort und die Disqualifikation der Reaktion des Ahas in Vers 13. Auch Vers 15 wird zu dieser Redaktion gehören: Der gedankliche Anschluß von Vers 16 wird unklar; die Doppelung stört; zu Vers 14 paßt Vers 16 als Deutewort besser.

[46] V. 8b läßt an die großen Deportationen und Neuansiedlungen unter den assyrischen Königen Asarhaddon und Assurbanipal denken; vgl. O. *Kaiser*, Jesaja I 137 Anm. 11.

[47] Rätselhaft bleibt die Notiz in V. 3, Jesaja soll seinen Sohn Schear-Jaschub mitnehmen. Der Name bedeutet: Ein Rest kehrt um. Was ist gemeint? Daß – nur oder immerhin – ein Rest in Jerusalem dank des Propheten zur besseren Einsicht gelangt? Daß die feindlichen Heere umkehren werden? Die Frage läßt sich kaum sicher beantworten!

[48] Als Gerichtszeichen deuten indes nicht wenige, so P. *Höffken*, Jesaja I 91f. Freilich muß dann der Schluß von Vers 16 (ebenso wie Vers 15) als sekundär erklärt werden.

[49] Zur Bedeutung dieser christologischen Aussage vgl. exegetisch J. *Gnilka*, Das Matthäusevangelium I (Herders theologischer Kommentar zum Neuen Testament I/1), Freiburg – Basel – Wien 1986, 22–33; dogmatisch G.L. *Müller*, Was heißt: Geboren von der Jungfrau Maria? Eine theologische Deutung (Quaestiones disputatae 119), Freiburg – Basel – Wien 1989.

[50] Vgl. den Diskussionsüberblick von R. *Kilian*, Jesaja I 57–61.

[51] Vers 15 faßt keine Zeit paradiesischer Fülle, sondern eine Zeit bitterer Not ins Auge, in der man zum Leben zuwenig und zum Sterben zuviel hat, die aber, wenn das Kind das Alter erreicht hat, zu Ende ist; vgl. *Ch. Dohmen*, Verstockungsvollzug 49 Anm. 48.

[52] F. *Kluge*, Etymologisches Wörterbuch der deutschen Sprache, Berlin ²⁰1967, 260.

[53] G. v.*Rad*, Theologie des Alten Testaments, München ⁹1987 (1960), I 185. II 385.

[54] Der Glaube der Propheten, Zürich 1950, 196. Wieder abgedruckt in: Werke II. Schriften zur Bibel, München – Heidelberg 1964, 380.

[55] Frieden ohne Ende. Jes 7,1–17 und 9,1–16 ausgelegt (Biblische Studien 35), Neukirchen-Vluyn 1962, 23.

[56] Jesaja I 283.

[57] Vgl. vor allem K. *Kertelge*, Die Wunder Jesu im Markusevangelium. Eine redaktionskritische Untersuchung (Studien zum Alten und Neuen Testament 23), München 1970.

⁵⁸ Erste Orientierungen verschafft *O. Knoch,* Dem, der glaubt, ist alles möglich. Die Botschaft der Wundererzählungen der Evangelien. Werkbuch zur Bibel, Stuttgart 1986, 17–119.
⁵⁹ Vgl. *K. Scholtissek,* Die Vollmacht Jesu. Traditions- und redaktionstheologische Analysen zu einem Leitmotiv markinischer Christologie (Neutestamentliche Abhandlungen 25), Münster 1992.
⁶⁰ Die folgenden Ausführungen entsprechen einem Abschnitt aus meinem Aufsatz: „Und sie bewegt mich doch!" Die Bibel – mehr als ein Buch, in: Das Jahr mit der Bibel. Ein Nach-Lesebuch, hg. v. P. Völker-Meier u. K.H. Meilwes, Hannover 1993, 16–42: 32–37. Dieser Abschnitt fußt seinerseits auf dem einschlägigen Kapitel meiner Dissertation: Glaube bei Markus. Glaube an das Evangelium, Gebetsglaube und Wunderglaube im Kontext der markinischen Basileiatheologie und Christologie (Stuttgarter Biblische Beiträge 12), Stuttgart ²1987 (¹1985), 414–421.
⁶¹ Zur genaueren Exegese vgl. die Kommentare von *R. Pesch* (2 Bde., Freiburg – Basel – Wien ⁴1984 [¹1976].³1980 [¹1977]), *J. Gnilka* (2 Bde., Zürich – Neukirchen-Vluyn ⁴1994 [¹1978.1979]), *D. Lührmann* (Tübingen 1987) und *K. Kertelge* (Würzburg 1994).
⁶² Vgl. *P. Trummer,* Die blutende Frau. Wunderheilung im Neuen Testament, Freiburg – Basel – Wien 1991.
⁶³ Ähnliche (eher noch rigidere) Bestimmungen treffen Männer mit unkontrolliertem Samenfluß (Lev 15,1–18).
⁶⁴ Zur Frage nach der Möglichkeit einer Heilung durch den Glauben vgl. den Sammelband von *W. Beinert (Hg.),* Hilft Glaube heilen? (Schriften der Katholischen Akademie in Bayern 11), Düsseldorf 1985, insbes. den Aufsatz von *K. Kertelge,* Die Wunderheilungen Jesu im Neuen Testament (S. 31–44).
⁶⁵ Vgl. *E. Lohse,* Glauben im Neuen Testament, in: H.-E. Hermisson – E. Lohse, Glauben 79–132.
⁶⁶ Eine theologische Kritik übt *W. Pannenberg,* Anthropologie in theologischer Perspektive, Göttingen 1983.
⁶⁷ Die Stufen des Organischen und der Mensch. Einleitung in die philosophische Anthropologie, Berlin ²1965 (¹1928); *ders.,* Conditio humana, Pfullingen 1964 (zuerst in: Propyläen Weltgeschichte, hg. G. Mann, A. Heuß, A. Nitschke, Bd. I, Berlin 1961, 33–86); *ders.,* Philosophische Anthropologie. Lachen und Weinen. Das Lächeln. Anthropologie der Sinne, Frankfurt/M. 1970.
⁶⁸ Conditio Humana (Propyläen Weltgeschichte I) 82f.
⁶⁹ Die sonntäglichen Evangelien (1826/27), in: Werke I, hg. v. W. Frühwald u. a., München 1968, 483f. (Gefunden bei: *Th. Sternberg,* Gib Liebe mir. Gebete aus der deutschen Romantik, Würzburg 1989, 38.)
⁷⁰ Sämtliche Schriften V 511f.

DIE BIBEL ALS BUCH DER KIRCHE

¹ Abschied (Herbst 1894): Sämtliche Werke (Kritische Studienausgabe) XI, hg. v. G. Colli u. M. Montinari, Berlin – New York ²1988, 329.
² Weimarer Ausgabe 53, 252f.
³ Vgl. *J. Schreiner (Hg.),* Unterwegs zur Kirche. Alttestamentliche Konzeptionen (Quaestiones disputatae 110), Freiburg – Basel – Wien 1987.
⁴ Vgl. die Hinweise von *H. Schürmann,* Das Lukasevangelium I (Herders theologischer Kommentar zum Neuen Testament 3/1), Freiburg – Basel – Wien ⁴1990 (¹1969), 2f.14ff.
⁵ *Sehr* weit (und häufig zu weit) geht in dieser Richtung R. *Albertz,* Religionsgeschichte Israels in alttestamentlicher Zeit (Das Alte Testament Deutsch. Ergänzungsreihe: Grundrisse zum Alten Testament 8), 2 Bde., Göttingen 1992.
⁶ Für das Neue Testament jetzt gut herausgestellt von *U. Schnelle,* Einleitung in das Neue Testament (Uni-Taschenbücher 1830), Göttingen 1994, 401–418.
⁷ Die folgenden Überlegungen sind vor allem den Arbeiten von *P. Deselaers* verpflichtet, seinem Kommentar in der Geistlichen Schriftlesung (Düsseldorf 1990) und seiner Disserta-

tion: Das Buch Tobit. Studien zu seiner Entstehung, Komposition und Theologie (Orbis Biblicus et Orientalis 43), Freiburg/Schw. – Göttingen 1982. Deselaers Einschätzung zufolge ist die Grundsprache des Buches griechisch und die Kurzfassung des Codex Vaticanus wie des Codex Alexandrinus ursprünglich. Anders optiert *R. Hanhart*, Text und Textgeschichte des Buches Tobit (Abhandlungen der Akademie der Wissenschaften in Göttingen. Mitteilungen des Septuaginta-Unternehmens 17), Göttingen 1984: Er rechnet mit einem semitischen Original und der Ursprünglichkeit der „Langfassung". Doch ist der Nachweis schwerlich gelungen. Hanhart muß selbst einräumen, daß sich aus seinem textkritischen Vergleich der beiden Rezensionen kein eindeutiges Urteil ableiten läßt. (M.E. sprechen, nicht zuletzt bei Tob 13, die besseren Gründe für Deselaers These.) Die allgemeine Erfahrung spricht indes für das höhere Alter eines kürzeren Textes. Diese Erfahrung wird durch die im Methoden*verbund* unternommenen Textanalysen von Deselaers bestätigt. Vor allem jedoch ist aus der Existenz hebräischer bzw. aramäischer Tobit-Texte in Qumran, die der „Langfassung" des Codex Sinaiticus ähneln, keineswegs deren höheres Alter zu folgern – wie überhaupt das in Hanharts Argumentation (S. 37) letztlich entscheidende Argument, es müsse sonst ein zweites, von den Qumran-Texten abweichendes semitisches Original postuliert werden, nichts als eine unbewiesene Behauptung ist: Weshalb soll Tobit nicht ursprünglich auf Griechisch verfaßt worden sein? Daß der Tobit-Text in Qumran nicht unbearbeitet tradiert worden ist, zeigt im übrigen die von den aramäischen Fragmenten stark abweichende hebräische Handschrift. Ob diese Versionen die semitische Basis für die Rezension des Codex Sinaiticus bilden oder aus dem Griechischen übersetzt worden sind, läßt sich nicht mehr entscheiden.

[8] Zum Sinn dieser Wendung und zur theologischen Problematik ihrer Wirkung vgl. *N. Walter*, „Bücher – so nicht der heiligen Schrifft gleich gehalten ..."? Karlstadt, Luther – und die Folgen, in: Tragende Tradition. FS M. Seils, hg. v. A. Freund u. a., Frankfurt/M. u. a. 1992, 173–197.

[9] Epistola ad Africanum 5 (Patriologiae Graecae 11, 80A-81A).

[10] Von vielen Adaptionen, die nur gut gemeint sind, stechen ab: *P. Claudel*, Die Geschichte von Tobias und Sara. Ein geistliches Spiel in drei Akten (1938), in: Dramen II, Heidelberg u. a. 1958, 733–792; *M.L. Kaschnitz*, Tobias oder das Ende der Angst (1962), in: Gesammelte Werke VI, Frankfurt/M. 1987, 243–282; *dies.*, Tobias, in: Gesammelte Werke VII, Frankfurt/M. 1989, 110–117.

[11] Das Buch der radikalen Wirklichkeit 332.

[12] Zur Auslegung vgl. neben den Studien von *P. Deselaers* den Kommentar von *H. Groß* (Würzburg 1987) sowie die (auf der Basis der problematischen Textrekonstrution *Hanharts* gearbeitete) Studie von *M. Rabenau*, Studien zum Buch Tobit (Beihefte zur Zeitschrift für die alttestamentliche Wissenschaft 220), Berlin 1994. – Exegetisch unzureichend und schon im Ansatz verfehlt ist indes die beliebte tiefenpsychologische „Auslegung" durch *E. Drewermann (- I. Neuhaus)*, Voller Erbarmen rettet er uns. Die Tobit-Legende tiefenpsychologisch gedeutet, Freiburg – Basel – Wien 1985.

[13] Vgl. *P. Deselaers*, Tobit (1990) 233–240.

[14] Im folgenden orientiere ich mich am literarkritischen Modell von *P. Deselaers*, das von *M. Rabenau* (Studien) in den Grundzügen bestätigt wird.

[15] Vgl. *S. Liljeblad*, Die Tobiasgeschichte und andere Märchen mit toten Helfern, Lund 1927.

[16] Ein Beispiel ist das armenische Märchen „vom dankbaren Geist"; vgl. *A.F. v.Haxthausen*, Transkaukasia. Reiseerinnerungen und gesammelte Notizen, Leipzig 1856. Nachdruck Hildesheim 1985, I 333f.

[17] Der alternative Vorschlag von *M. Rabenau* (Studien 178ff), das Buch in Samaria zu lokalisieren und damit zu einem Zeugnis samaritanischer Theologie zu machen, hängt in der Luft.

[18] Zur Analyse vgl. *P. Deselaers*, Das Buch Tobit (1982) 42–45. 413–417. 465–476. Ihm folgt *M. Rabenau*, Studien 67–92.

19 Zur Geschichte dieser Gottes-Prädikation vgl. *S. Kreuzer,* Der lebendige Gott (Beiträge zur Wissenschaft vom Alten und Neuen Testament 116), Stuttgart 1983.
20 Zur eschatologischen Bedeutung Jerusalems vgl. immer noch den Überblick von *W. Bousset – H. Greßmann,* Die Religion des Judentums im späthellenistischen Zeitalter, Tübingen ³1926. Nachdruck 1966, 234–242.
21 Vgl. nur Jes 2,2ff; 60,3f; 66,18; Jer 16,19; Mi 4,1–4; 7,11f; Sach 2,14f; Ps 86,9.
22 Zur Auslegung vgl. die Kommentare von *A. Strobel* (Göttingen ⁴1991 [¹1975]), *H. Braun* (Tübingen 1984), *H. Hegermann* (Berlin 1988), *F. Laub* (Stuttgart 1988), *H.W. Attridge* (Philadelphia 1989), *C.-P. März* (Würzburg 1989), *E. Gräßer* (bislang 2 Bde., Neukirchen-Vluyn 1990.1993) und *H.-F. Weiß* (Göttingen 1991).
23 Die folgenden Ausführungen orientieren sich an meinem Beitrag: Gemeinde auf dem Weg. Christsein nach dem Hebräerbrief: Bibel und Kirche 48 (1993) 180–187.
24 Vgl. *J. Gnilka,* Theologie des Neuen Testaments (Herders theologischer Kommentar zum Neuen Testament. Supplementband 5), Freiburg – Basel – Wien 1994, 375–385.
25 Vgl. *E. Käsemann,* Das wandernde Gottesvolk. Eine Untersuchung zum Hebräerbrief (Forschungen zur Religionsgeschichte und Literatur im Alten und Neuen Testament 55) ⁴1961 (¹1937). Die ekklesiologische Tragweite dieser Metapher hat das Vaticanum II in seinem Traktat über die Kirche neu entdeckt und ihre kirchenpolitische Relevanz in ersten Ansätzen skizziert (*Lumen Gentium* Kap. 2).
26 Vgl. *J. Roloff,* Der mitleidende Hohepriester. Zur Frage nach der Bedeutung des irdischen Jesus für den Hebräerbrief (1975), in: ders., Exegetische Verantwortung in der Kirche. Gesammelte Aufsätze, hg. v. M. Karrer, Göttingen 1990, 144–167.
27 Vgl. *W. Thüsing,* Studien zur neutestamentlichen Theologie, hg. v. Th. Söding (Wissenschaftliche Untersuchungen zum Neuen Testament 82), Tübingen 1995, 184–200.
28 Vgl. *R. Schnackenburg,* Die sittliche Botschaft des Neuen Testaments II 245–250.
29 Gesammelte Schriften V, Zürich 1968, 786. (Das Zitat finde ich bei *H.-J. Klauck,* Gemeinde zwischen Haus und Stadt. Kirche bei Paulus, Freiburg – Basel – Wien 1992, 5.)
30 An die Hebräer I, VIII.
31 Vgl. *Th. Söding (Hg.),* Zukunft der Kirche – Kirche der Zukunft. Christen in der modernen Diaspora, Hildesheim 1994.
32 Die neunte Stunde 47.
33 Einen hervorragenden Überblick verschafft *J. Roloff,* Die Kirche im Neuen Testament (Das Neue Testament Deutsch. Ergänzungsreihe: Grundrisse zum Neuen Testament 10), Göttingen 1993.
34 Das Wesen der Apostolizität ist nicht nur (wie zumeist gedeutet wird) in der Integrität des Amtes, sondern primär in der Kontinuität mit dem Ursprung zu suchen; vgl. *Y. Congar,* Die Wesenseigenschaften der Kirche: Mysterium Salutis 4/1 (1972) 357–599: 535–569.
35 Vom System zur Schrift 42.
36 Vgl. *F.-L. Hossfeld,* Volk Gottes als „Versammlung", in: J. Schreiner (Hg.), Unterwegs zur Kirche 123–142.
37 Das hat im Kern *Max Weber* durchaus richtig gesehen: Gesammelte Aufsätze zur Religionssoziologie III: Das antike Judentum, Tübingen 1920.
38 Zur Auslegung vgl. die Kommentare von *W. Rudolph* (Tübingen 1949), *A.H.J. Gunneweg* (Gütersloh 1987), *J. Blenkinsopp* (Philadelphia 1988) und *J. Becker* (Würzburg 1990), überdies *U. Kellermann,* Nehemia. Quellen, Überlieferung und Geschichte (Beihefte zur Zeitschrift für die alttestamentliche Wissenschaft 102), Berlin 1967, 26–32.
39 Vgl. zu den Parallelen aus den späteren rabbinischen Quellen *U. Kellermann,* Nehemia 29f.
40 So jedoch *W. Rudolph,* Nehemia 148f.
41 Seit frühjüdischer Zeit ist der 8. Tag des Laubhüttenfestes der Tag der „Gesetzesfreude". Vgl. *J.J. Petuchowski,* Feiertage des Herrn. Die Welt der jüdischen Feste und Bräuche, Freiburg – Basel – Wien 1984, 68.
42 Vgl. *H. Storck,* Das allgemeine Priestertum bei Luther (Theologische Existenz heute. Neue Folge 37), München 1953 (mit den einschlägigen Quellenbelegen).

[43] Vgl. besonders das 1981 von Lutheranern und Katholiken erstellte Papier „Das Geistliche Amt in der Kirche" (Nr. 10–14) sowie das 1982 im Ökumenischen Rat der Kirche erarbeitete „Lima-Dokument" (Amt I 1–6), in: Dokumente wachsender Übereinstimmung. Sämtliche Berichte und Konsenstexte interkonfessioneller Gespräche auf Weltebene 1931–1982, hg. v. H. Meyer, H.J. Urban, L. Vischer, Paderborn/Frankfurt M. 1983, 333. 567f.

[44] Zur Auslegung vgl. die Kommentare von *K.H. Schelkle* (Freiburg – Basel – Wien ³1970 [¹1961)]), *W. Schrage* (Göttingen 1973), *L. Goppelt* (hg. v. F. Hahn, Göttingen 1978), *N. Brox* (Zürich – Neukirchen-Vluyn 1979), *H. Frankemölle* (Würzburg 1987) und *O. Knoch* (Regensburg 1990). Eine Vorarbeit der folgenden Auslegung ist mein Beitrag: Ein Haus des Geistes in der Fremde. Die Berufung der Kirche nach dem Ersten Petrusbrief, in: Th. Söding (Hg.), Zukunft der Kirche 31–57.

[45] Zu diesem Motiv vgl. *R. Feldmeier,* Die Christen als Fremde. Die Metapher der Fremde in der antiken Welt, im Urchristentum und im 1.Petrusbrief (Wissenschaftliche Untersuchungen zum Neuen Testament 64), Tübingen 1992.

[46] Der Verfasser ist kaum der Apostel Petrus, sondern ein unbekannter hellenistischer Judenchrist, der unter dem Namen des ersten Jüngers Jesu schreibt. Der Einfachheit halber und dem Willen des Verfassers gemäß wird aber im folgenden die traditionelle Bezeichnung beibehalten.

[47] Vgl. *H. Hübner,* Biblische Theologie des Neuen Testaments II 387–395.

[48] Vgl. *H. Schlier,* Eine Adhortatio aus Rom. Die Botschaft des ersten Petrusbriefes (1968), in: ders., Das Ende der Zeit. Exegetische Aufsätze und Vorträge III, Freiburg – Basel – Wien 1971, 271–296.

[49] Gute historisch-psychologische Beobachtungen dazu finden sich bei *K. Berger,* Historische Psychologie des Neuen Testaments (Stuttgarter Bibel-Studien 146/147), Stuttgart 1991, 216–224.

[50] Einen ersten Überblick verschafft *G. Barth,* Die Taufe in frühchristlicher Zeit (Biblisch-theologische Studien 4), Neukirchen-Vluyn 1981.

[51] Vgl. an dieser Stelle *O. Knoch* (Der Erste Petrusbrief 104ff) gegen *N. Brox* (Der Erste Petrusbrief 178: „Zusage").

[52] Vgl. *H. Frankemölle,* 1.Petrusbrief 60.

[53] Vgl. *Th. Söding,* Die Trias Glaube, Hoffnung, Liebe bei Paulus (Stuttgarter Bibel-Studien 150), Stuttgart 1992, 181–184.

[54] Der Verfasser hat sich wenig Gedanken über das Verhältnis zwischen Kirche und Israel gemacht, auch keine Substitutionstheologie vertreten, sondern die Berufung der Kirche in der Sprache seiner Bibel (des „Alten" Testaments) ausdrücken wollen.

[55] Vgl. *H.-J. Klauck,* Hausgemeinde und Hauskirche im frühen Christentum (Stuttgarter Bibel-Studien 101), Stuttgart 1981.

[56] Die Metapher des Tempels ist gut paulinisch (1Kor 3,16f; vgl. Eph 2,20ff; 1Tim 3,15). Eine Parallele führt nach Qumran (CD 7,19; 20,10.13; 1QS 5,6).

[57] Der Eckstein verbindet das Fundament mit zwei Mauern, die in ihm zusammenlaufen. 1Petr 2 setzt voraus, daß dieser zugleich der Grundstein ist, der zuerst gelegt wird und damit die gesamte weitere Bau-Anlage vorbestimmt.

[58] Zu „minimalistisch" scheint mir die Auslegung von *N. Brox* (Der Erste Petrusbrief 103ff) zu sein, der allein auf den Erwählungsgedanken abhebt und jede nähere Ausdeutung als „Allegorisierung" abweist. Tatsächlich ist speziell von der Eucharistie nicht die Rede – aber doch von Opfern (V. 5). Voller und sachgemäßer klingt die Exegese bei *H. Goldstein,* Paulinische Gemeinde im Ersten Petrusbrief (Stuttgarter Bibel-Studien 80), Stuttgart 1975, 27. 57ff. 104–113.

[59] Vgl. *H. Frankemölle,* Art. *laós:* Exegetisches Wörterbuch zum Neuen Testament II (1981) 837–848.

[60] Vgl. *W. Thüsing,* Studien zur neutestamentlichen Theologie 171–183.

[61] Gotteslob. Katholisches Gebet- und Gesangbuch (1975) 639.

[62] Zur Problematik einer Geborgenheitssehnsucht, die schon in der real existierenden Kirche gestillt werden soll, vgl. *J. Werbick,* Kirche, Freiburg – Basel – Wien 1994, 219–222.

[63] Zimmerlautstärke. Gedichte (Fischer Taschenbuch 1934), Frankfurt/M. 1977 (1972), 41.

[64] Vgl. *G. Koch – J. Pretscher (Hg.)*, Kirche als Heimat. Mit Beiträgen von K. Gabriels, R. Zerfaß und H.R. Laurien (Würzburger Domschulreihe), Würzburg 1991.

[65] Das Prinzip Hoffnung III (Suhrkamp-Taschenbuch Wissenschaft 3), Frankfurt/M. 1974 (1959), 1628. Der Schlußpassus des gesamten Werkes lautet bei Bloch: *„Die wirkliche Genesis ist nicht am Anfang, sondern am Ende,* und sie beginnt erst anzufangen, wenn Gesellschaft und Dasein radikal werden, das heißt sich an der Wurzel fassen. Die Wurzel der Geschichte aber ist der arbeitende, schaffende, die Gegebenheit umbildende und überholende Mensch. Hat er sich erfaßt und das Seine ohne Entäußerung und Entfremdung in realer Demokratie begründet, so entsteht in der Welt etwas, das allen in die Kindheit scheint und worin noch niemand war: Heimat."* Was zunächst als Paraphrase biblischer Eschatologie zu beginnen (und insofern ekklesiologisch relevant) scheint, erweist sich im Fortgang als der Ausdruck eines ehrenwerten und sozial sensibilisierten Humanismus, der angesichts der Wirklichkeit menschlichen Lebens in der Geschichte (wie sie von der Bibel radikal erkannt wird) doch wohl nur naiv genannt werden kann – und darin wieder anrührend und bewegend sind. Die entscheidende Differenz zur biblischen Anthropologie liegt darin, daß Bloch den „Arbeiter" (also Faust) als Inbild des Menschen ansieht, während es für das Alte und Neue Testament doch wohl der Beter ist.

[66] Vgl. *U. Luz*, Das Evangelium nach Matthäus I (Evangelisch-Katholischer Kommentar zum Neuen Testament I/1), Zürich – Neukirchen-Vluyn 1985, 219–227 (der sich u. a. mit der protestantischen Auslegungstradition kritisch auseinandersetzt).

[67] Spätestens in der matthäischen Version der Sturmstillungs-Erzählung (8,12–27); vgl. *H. Rahner*, Symbole der Kirche, Salzburg 1964, 304–360.473–503.

[68] Zur Problematik vgl. *J. Werbick*, Kirche 253–257.

[69] Werke in vier Bänden I, hg. v. R. Strasser, Zürich 1965, 326.

[70] Zur Exegese vgl. den Kommentar von *J. Roloff*, Die Apostelgeschichte (Das Neue Testament Deutsch 5), Göttingen 1981, 356–361.

[71] Herrlichkeit III/2.2: Neuer Bund 509f.

[72] *H. Blumenberg*, Schiffbruch mit Zuschauer. Paradigma einer Daseinsmetapher (Suhrkamp-Taschenbücher Wissenschaft 289; Frankfurt/M. 1979.

[73] Mein Jahr in der Niemandsbucht 965. 967. 968ff.

[74] Zur Auslegung vgl. *R. Schnackenburg*, Der Epheserbrief (Evangelisch-Katholischer Kommentar zum Neuen Testament 10), Zürich – Neukirchen-Vluyn 1982, 120ff.

[75] *Handke* erwähnt nicht die Epiklese der römisch-katholischen Liturgie. Dennoch gibt einen signifikanten Unterschied zur othodoxen. Nach dem römischen Ritus steht die Herabrufung des Heiligen Geistes vor der Rezitation der Einsetzungsworte – und läßt sich somit als Bitte darum interpretieren, daß sich im Moment des Vorlesens vollzieht, was die Einsetzungsworte besagen. Die orthodoxe Liturgie stellt die Epiklese dagegen hinter den Einsetzungsbericht und spiegelt so die theologische Auffassung, nicht das Lesen der Einsetzungsworte, sondern die Epiklese bewirke die Wandlung; vgl. *A. Adam*, Erneuerte Liturgie. Eine Orientierung über den Gottesdienst heute, Freiburg – Basel – Wien 1972, 126.

DIE BIBEL ALS BUCH DES WORTES GOTTES

[1] Letzte Fassung, in: Werke – Briefe – Dokumente 177.

[2] Vielleicht ist irgendwo Tag (Herder Spektrum 4234), Freiburg – Basel – Wien 1993 (1981), 33.

[3] Vgl. *Ch. Dohmen*, Religion gegen Kunst? Liegen die Anfänge der Kunstfeindlichkeit in der Bibel?, in: Ch. Dohmen – Th. Sternberg (Hg.), „ … kein Bildnis machen". Kunst und Theologie im Gespräch, Würzburg 1987, 11–23.

[4] Die Geschichte des Bleistifts (Suhrkamp-Taschenbuch 1149), Frankfurt/M. 1985 (1982), 295.

[5] Eindrucksvoll wird dieses Grundproblem in *Karl Rahners* „Meditation über das Wort

‚Gott'" angesprochen (Grundkurs des Glaubens. Einführung in den Begriff des Christentums, Freiburg – Basel – Wien 1976, 54–61).

6   Gesammelte Werke, 21, 22, 23. Abt. Kleine Schriften 1848/49, Düsseldorf – Köln 1960, 37f.

7   Zur Auslegung vgl. die Kommentare von *G. Beer* (Tübingen 1937), *M. Noth* (Göttingen 51973 [11958]), *U. Cassuto* (Jerusalem 1967), *E. Zenger* (Düsseldorf 1978), *W.H. Schmidt* (Neukirchen-Vluyn 1988) und *J. Scharbert* (Würzburg 1989); überdies *P. Weimar,* Die Berufung des Mose. Literaturwissenschaftliche Analyse von Ex 2,23–5,5 (Orbis Biblicus et Orientalis 32), Freiburg/Schw. – Göttingen 1980.

8   Die Undurchsichtigkeit und Ambivalenz dieser Lebensverhältnisse hat *Thomas Mann* zum Ausgangspunkt seiner Mose-Novelle „Das Gesetz" von 1943/44 genommen: Das erzählerische Werk 12, Frankfurt/M. 1975, 621–672.

9   Die Rekonstruktionsversuche sind freilich höchst widersprüchlich. Ein Konsens liegt in weiter Ferne. Doch muß deshalb nicht unbedingt aus der Not exegetischer Unsicherheiten die Tugend einer „kanonischen" Exegese gemacht werden. Vielleicht ist der überlieferte Text doch nicht so weit von seiner (jehowistischen) Urfassung entfernt; vgl. *E. Blum,* Studien zur Komposition des Pentateuch (Beihefte zur Zeitschrift für die alttestamentliche Wissenschaft 189), Berlin 1990, 26ff.

10   Das Heilige. Über das Irrationale in der Idee des Göttlichen und sein Verhältnis zum Rationalen (1917), München 1971.

11   Erhellend sind die Meditationen des Dogmatikers *Gisbert Greshake,* Die Wüste bestehen. Erlebnis und geistige Erfahrung, Freiburg – Basel – Wien 1990.

12   Vgl. zum Thema *Ch. Dohmen,* „Eifersüchtiger ist sein Name" (Ex 34,14). Ursprung und Bedeutung der alttestamentlichen Rede von Gottes Eifersucht: Theologische Zeitschrift 46 (1990) 289–304.

13   Vgl. *M. Köckert,* Art. Gott der Väter: Neues Bibellexikon I (1991) 915–919.

14   Einen knappen Überblick vermittelt *W.H. Schmidt,* Exodus I 175f.

15   De Vita Mosis (Über das Leben des Mose) I 75.

16   Dies geschieht im lockeren Anschluß an *E. Zenger,* Der Gott der Bibel. Sachbuch zu den Anfängen des alttestamentlichen Gottesglaubens, Stuttgart 1992 (1979), 111f.

17   Zum Beispiel Jesaja vgl. *K. Kiesow,* Exodustexte im Jesajabuch. Literarkritische und motivgeschichtliche Analysen (Orbis Biblicus et Orientalis 24), Freiburg/Schw. – Göttingen 1979; zum Beispiel Amos *H.W. Wolff,* Die Stunde des Amos. Prophetie und Protest, München 61986 (11969); zum Beispiel Jeremia und Ezechiel *W. Zimmerli,* Der „neue Exodus" in der Verkündigung der beiden großen Exilspropheten (frz. 1960), in: ders., Gottes Offenbarung. Gesammelte Aufsätze zum Alten Testament (Theologische Bücherei. AT 19), München 1963, 192–204.

18   Vgl. vor allem die Gleichnisbücher von *J. Jeremias,* Die Gleichnisse Jesu, Göttingen 81970 (11947), 128–132; *H. Weder,* Die Gleichnisse Jesu als Metaphern (Forschungen zur Religionsgeschichte und Literatur des Alten und Neuen Testaments 120), Göttingen 31984 (11978), 252–262; *W. Harnisch,* Die Gleichniserzählungen Jesu (Uni-Taschenbücher 1343), Göttingen 21990 (11985), 200–230; *E. Rau,* Reden in Vollmacht. Hintergrund, Form und Anliegen der Gleichnisse Jesu (Forschungen zur Religionsgeschichte und Literatur des Alten Testaments 149), Göttingen 1990, 182–215.

19   Vgl. *H. Merklein,* Die Jesusgeschichte – synoptisch gelesen (Stuttgarter Bibel-Studien 156), Stuttgart 1994, 169f.

20   Anders *B. Heininger,* Metaphorik, Erzählstruktur und szenisch-dramatische Gestaltung in den Sondergutgleichnissen bei Lukas (Neutestamentliche Abhandlungen 24), Münster 1991, 146–166: Der zweite Teil des Gleichnisses, die Geschichte des älteren Sohnes sei nachgetragen. Die Exposition, in der von zwei Söhnen des Vaters die Rede ist, spricht aber doch für die ursprüngliche Zusammengehörigkeit beider Teile, während es umgekehrt keine stichhaltigen Gründe für eine literarkritische Differenzierung gibt.

21   Die rechtlichen Verhältnisse, die das Gleichnis voraussetzt, sind nicht ganz klar. Vermutlich ist daran gedacht, daß der jüngere Sohn eine Abfindung (von etwa einem Drittel

des Gesamtbesitzes) erhält, während der ältere Sohn aufgrund einer Schenkung zu Lebzeiten das Besitzrecht erhält, aber noch nicht die Nutznießung hat; vgl. *J. Jeremias,* Gleichnisse 128f.

[22] Anders *W. Pöhlmann,* Der Verlorene Sohn und das Haus. Studien zu Lk 15,11–32 im Horizont der antiken Lehre von Haus, Erziehung und Ackerbau (WUNT 68), Tübingen 1993.

[23] *H. Weder* (Gleichnisse 255 mit Anm. 49) und *W. Harnisch* (Gleichniserzählungen 203) wollen hingegen im Bestreben, die Einstellung des Sohnes nicht als Vorleistung für das Handeln des Vaters zu werten, nicht von eigentlicher Reue reden. Tatsächlich ist das In-sich-Gehen des Sohnes nicht die Bedingung für die Liebe des Vaters, sondern (genau besehen) eine Konsequenz aus der Erinnerung an die alltägliche Güte des Vaters. Gleichzeitig ist die Selbst-Besinnung aber durchaus eine Voraussetzung für die Feier des Festes; und klarer als durch die Vv. 18 und 21 kann man seine Schuld kaum eingestehen.

[24] Auskünfte über die historischen Details gibt *J. Jeremias,* Gleichnisse 130.

[25] Ob es deshalb gut ist, das Gleichnis nicht mehr „vom verlorenen Sohn", sondern „von der Liebe des Vaters" zu nennen, steht auf einem anderen Blatt. Daß der jüngere Sohn verlorengegangen ist und wiedergefunden wurde, bleibt doch das große Thema der Parabel.

[26] Vgl. zum Topos des Festes aus philosophischer Sicht *J. Pieper,* Über das Phänomen des Festes, Köln – Opladen 1963.

[27] Vgl. zur Traditionsgeschichte und Pointe dieser Gottesanrede die knappe Skizze bei *P. Stuhlmacher,* Biblische Theologie des Neuen Testaments I, Göttingen 1992, 85ff.

[28] Eine konstruktive Auseinandersetzung mit dieser vielfach oberflächlichen Kritik, die aber insofern aufschlußreich ist, als sie (männliche und weibliche) *Fixierungen* auf das Vater-Bild Gottes aufzubrechen hilft, formuliert *S. Heine,* Wiederbelebung der Göttinnen? Zur systematischen Kritik der feministischen Theologie, Göttingen 1987, 16–49.

[29] Draußen vor der Tür. Ein Stück, das kein Theater spielen und kein Publikum sehen will (1946), 5. Szene, in: Das Gesamtwerk, Reinbek 1981, 149.

[30] Eine meisterhafte Vertonung in Aufnahme synagogaler Klänge ist der Chor Nr. 34 im Oratorium „Elias" von Felix Mendelssohn-Bartholdy (1809–1847), das 1846 uraufgeführt worden ist; vgl. *E. Werner,* Mendelssohn. Leben und Werk in neuer Sicht, Zürich u. a. 1980, 484–489, bes. 497f.

[31] Vgl. *P. Bolberitz,* Philosophischer Gottesbegriff bei Nikolaus Cusanus in seinem Werk: „De non aliud", Leipzig 1988.

[32] Vgl. *A. Strotmann,* „Mein Vater bist du!" (Sir 51,10). Zur Bedeutung der Vaterschaft Gottes in kanonischen und nichtkanonischen frühjüdischen Schriften, Frankfurt/M. 1991.

[33] 1. Gott als Vater Israels, nämlich als sein Schöpfer: Dtn 32,3–7; als sein Erzieher: Hos 11,1–9; als sein barmherziger Retter in der Not: Jes 63,7 – 64,11. 2. Gott als Vater des davidischen Königs, nämlich als sein Schöpfer: Ps 2,7; 89,27; als sein Helfer und Beistand: 2Sam 7,12ff. 3. Gott als Vater des Gerechten, nämlich als sein Retter: Sir 23,1.4^{LXX}; 51,10^{MT} (ferner Weish 2,16).

[34] Vgl. *S. Lauer,* Awinu Malkenu, in: M. Brocke u. a., Das Vaterunser. Gemeinsames im Beten von Juden und Christen, Freiburg – Basel – Wien 1974, 120–127.

[35] Einen ersten Eindruck vermittelt der Sammelband: „Ich will euer Gott werden". Beispiele biblischen Redens von Gott. Mit Beiträgen von N. Lohfink, J. Jeremias, A. Deissler, J. Schreiner, P. Hoffmann, E. Gräßer, H. Ritt (Stuttgarter Bibel-Studien 100), Stuttgart 1981; vgl. auch: Jahrbuch für Biblische Theologie 2: Der eine Gott der beiden Testamente, Neukirchen-Vluyn 1987.

[36] Paare, Passanten, München 1977, 144f.

[37] Eine herausragende Analyse liefert *J.B. Metz,* Gotteskrise. Ein Portrait des zeitgenössischen Christentums, in: SZ am Wochenende. Feuilleton-Beilage der Süddeutschen Zeitung Nr. 168, Samstag/Sonntag 24./25. Juli 1993.

[38] Vgl. *G. Schulze,* Die Erlebnisgesellschaft. Kultursoziologie der Gegenwart, Frankfurt/ M. – New York ²1992.

[39] Selbstportrait mit Frau, Zürich 1994. (Die folgenden Zitate auf den S. 34 und 246f.)

[40] Die gesellige Gottheit, 13.

[41] Nachträge aus Hampstead 108.

[42] Vgl. Jes 42,1–4; auch Num 11,17; Ez 2,2; 11,5; Hos 9,7; Mich 3,8; Sach 7,12.

[43] De Principiis (Über die Prinzipien) I Praefatio (Vorwort) 4; vgl. auch II 7.

[44] Eine knappe dogmengeschichtliche Einführung gibt J. *Beumer,* Die Inspiration der Heiligen Schrift, in: Handbuch der Dogmengeschichte I, 3b, Freiburg – Basel – Wien 1968.

[45] Deutsche Übersetzung: J. *Schreiner,* Das 4. Buch Esra (Jüdische Schriften aus hellenistisch-römischer Zeit V), Gütersloh 1981 (dort finden sich auch Informationen zur Entstehungsgeschichte der Apokalypse).

[46] Zur Auslegung vgl. *Ch. Macholz,* Die Entstehung des christlichen Bibelkanons nach 4Esr 14, in: E. Blum u. a. (Hg.), Die hebräische Bibel und ihre zweifache Nachgeschichte. FS R.Rendtorff, Neukirchen-Vluyn 1990, 379–391.

[47] De Vita Mosis (Über das Leben des Mose) 2,188; vgl. 2,291.

[48] Vgl. *H. Burkhardt,* Die Inspiration heiliger Schriften bei Philo von Alexandrien, Gießen 1988.

[49] De Specialibus Legibus (Über die Einzelgesetze) 1,65; 4,49.

[50] Contra Apionem (Gegen Apion) 1,36f.

[51] Vgl. die lange Liste von Belegen bei *(H. Strack -) P. Billerbeck,* Kommentar zum Neuen Testament aus Talmud und Midrasch IV/1, München 1928, 435–451.

[52] Vgl. Apg 1,16; 4,25; auch Apg 2,30f; 3,18; 28,25; Hebr 3,7; 10,15.

[53] Das Stichwort begegnet überdies in der Vulgata-Version von 1Petr 1,21.

[54] Vgl. *A. Vögtle,* Offenbarungsgeschehen und Wirkungsgeschichte. Neutestamentliche Beiträge, Freiburg – Basel – Wien 1985, 305–328.

[55] De cultu feminarum (Über den Putz der Frauen) 1,3,2.

[56] Beispiele bei *B.M. Metzger,* Der Kanon des Neuen Testaments. Entstehung, Entwicklung, Bedeutung (engl. 1987), Düsseldorf 1993, 241ff.

[57] Eine gute Einführung gibt *Ch. Dohmen,* Vom Umgang mit dem Alten Testament (Neuer Stuttgarter Kommentar. Altes Testament 27), Stuttgart 1995, 74–80.

[58] Vgl. die Kommentare von *W. Rudolph* (Tübingen ³1968 [¹1947]), *J. Bright* (Garden City 1965), *E. Haag* (Düsseldorf 1973), *J. Schreiner* (2 Bde., Würzburg 1981.1984) und *S. Herrmann* (Neukirchen-Vluyn 1986).

[59] Vgl. neben den Kommentaren *A. Graupner,* Auftrag und Geschick des Propheten Jeremia. Literarische Eigenart, Herkunft und Intention vordeuteronomistischer Prosa im Jeremiabuch (Biblisch-theologische Studien 15), Neukirchen-Vluyn 1991, 98–111.

[60] Von Gott gepackt. Prophetische Gestalten (engl. 1981), Freiburg – Basel – Wien 1983, 94.

[61] Vgl. *K. Koch,* Die Propheten II. Babylonisch-persische Zeit (Urban-Taschenbücher 281), Stuttgart u. a. ²1988 (¹1980), 21–86.

[62] Vgl. über die Kommentare hinaus *G. Wanke,* Jeremias Berufung (Jer 1,4–10), in: J. Hausmann – H.-J. Zobel (Hg.), Alttestamentlicher Glaube und Biblische Theologie. FS H.-D. Preuß, Stuttgart u. a. 1992, 132–144.

[63] V. 5a wird zum Grundbestand des Textes gehören.

[64] Diesen Grundgedanken hat Paulus aufgegriffen, wenn er – im Rückblick auf seine Verfolgung der Kirche – seine Berufung zum Apostel der Heiden Gal 1,15f nach dem Vorbild der jeremianischen Berufung schildert.

[65] Vgl. *W. Rudolph,* Jeremia 5.

[66] Vgl. zu diesem Grundmotiv alttestamentlicher Prophetie *K. Scholtissek,* Vollmacht im Alten Testament und im Judentum (Paderborner Theologische Studien 24), Paderborn 1993, 37–46.

[67] Einen anderen Interpretationsvorschlag unterbreitet *S. Hermann,* Jeremia I 61f: Der Prophet habe keine anerkannte gesellschaftliche Stellung und deshalb keine Aussicht auf Erfolg.

[68] Im folgenden greife ich einige Gedanken auf, die ich andernorts näher ausgeführt habe:

Erweis des Geistes und der Kraft. Der theologische Anspruch der paulinischen Evangeliumsverkündigung und die Anfänge der neutestamentlichen Kanon-Bildung: Catholica (M) 47 (1993) 184–209.

[69] 1Thess 2,2.8.9; 2Kor 11,7; Röm 1,1; 15,16.

[70] 1Kor 9,12; 2Kor 2,12; 9,13; 10,14; Phil 1,27; Gal 1,7; Röm 1,9; vgl. 2Kor 4,4; Röm 15,19.

[71] Vgl. *H.D. Betz*, Der Galaterbrief (amerik. 1979), München 1988, 123f.128ff.

[72] Vgl. *H. Hübner*, Biblische Theologie des Neuen Testaments. Bd. I: Prolegomena, Göttingen 1990, 173–186.

[73] 2Kor 4,8ff; 6,4–10; 11,23–33.

[74] 1Kor 4,12; 15,10; 2Kor 6,5; 11,23; Phil 2,16; Gal 4,11; vgl. 1Kor 3,8.

[75] 1Thess 2,17; Phil 2,28; Gal 2,10.

[76] 1Thess 1,5; 2Kor 4,3; Röm 2,16; vgl. 16,25; auch 1Kor 15,11; Gal 1,11.

[77] Vgl. *U. Heckel*, Kraft in Schwachheit. Eine Untersuchung zu 2Kor 10–13 (Wissenschaftliche Untersuchungen zum Neuen Testament II/56), Tübingen 1993.

[78] Vgl. *H. Gabel*, Inspirationsverständnis im Wandel. Theologische Neuorientierungen im Umfeld des Zweiten Vatikanischen Konzils, Mainz 1991.

[79] *K. Lehmann*, Der hermeneutische Horizont der historisch-kritischen Exegese, in: J. Schreiner (Hg.), Einführung in die Methoden der biblischen Exegese, Würzburg 1971, 40–80: 70.

[80] So der Fehlschluß der sog. „materialistischen" Exegese, die sich vor allem an Markus versucht hat; vgl. *F. Belo*, Das Markusevangelium materialistisch gelesen, Stuttgart 1980.

[81] So häufig in der liberalen Exegese des 19. Jh.; zu ihrem Background in der Philosophie des Deutschen Idealismus vgl. *K. Berger*, Exegese und Philosophie (Stuttgarter Bibel-Studien 123/124), Stuttgart 1986.

[82] So jedoch vor allem *E. Drewermann*, Tiefenpsychologie und Exegese. Bd. I: Die Wahrheit der Formen, Olten – Freiburg ⁴1987 (¹1984); Bd. II: Die Wahrheit der Werke und der Worte, Olten – Freiburg ³1987 (¹1985).

[83] Die Positionen der Kirchenväter markiert *J. Beumer*, Inspiration 9–31. Ein moderner Verfechter einer moderaten Verbalinspiration ist *M. Limbeck*, Die Heilige Schrift, in: Handbuch der Fundamentaltheologie IV 82.

[84] Ihr erster Vertreter war der Jesuit *Leonhard Lessius* (1554–1632), der freilich eine defizitäre Form im Sinne einer nachträglichen Bestätigung der Aussagen eines Verfassers durch den Heiligen Geist favorisiert; vgl. *J. Beumer*, a.a.O. 58.

[85] Biblischer Ansatzpunkt ist 2Petr 1,21; ihr bester altkirchlicher Vertreter ist *Augustinus*; vgl. *J. Beumer*, a.a.O. 29ff.

[86] Der bekannteste Vertreter ist *Karl Rahner*, Über die Schriftinspiration (Quaestiones disputatae 1), Freiburg – Basel – Wien 1958, 56f: „*Indem* die Kirche ihre Paradosis, ihren Glauben und ihren Selbstvollzug schriftlich konkretisiert, also Schrift in sich bildet, wendet sie sich als die maßgebende Urkirche an ihre eigene Zukunft, und umgekehrt: *indem* sie sich als das maßgebende Gesetz, nach dem alle Zukunft der Kirche angetreten ist, für diese Zukunft konstituiert, bildet sie Schrift." Eine Ausweitung seiner Inspirationslehre, die das Alte Testament und Israel einbezieht, versucht der französische Theologe *Pierre Grelot*, Zehn Überlegungen zur Schriftinspiration, in: E. Klinger – K. Wittstadt (Hg.), Glaube im Prozeß. FS K. Rahner, Freiburg – Basel – Wien 1984, 563–579.

[87] Vgl. *A. Grillmeier*, Kommentar zu Dei Verbum III 548–551.

[88] De Civitate Dei XVII 6,2.

[89] Pensées (ed. Brunschvicg Nr. 548; ed Chevalier Nr. 729); dtsch. (ed. H.U. v.Balthasar) S. 322: „Ohne die Heilige Schrift, die nur Jesus Christus zum Gegenstand hat, erkennen wir demnach nichts und erblicken nur Finsternis und Verwirrung in Gottes Natur wie in unserer eigenen."

[90] Verhüllter Tag (Herderbücherei 42), Freiburg – Basel – Wien 1959 (1954), 108.

[91] Papst Benedikt XV., Enzyklika „Spiritus Paraclitus" vom 15. Sept. 1920.

[92] Kreuzzüge des Philologen (1762): Kleeblatt hellenistischer Briefe. Erster Brief, in:

Sturm und Drang. Kritische Schriften. Plan und Auswahl v. E. Loewenthal, Heidelberg
³1972, 109.
⁹³ Vgl. G. *Kleiner,* Die Inspiration des Dichters (Kunstwerk und Deutung 5), Berlin 1949.
⁹⁴ Ein Gedanke von J. *Splett,* Fremd und vertraut (Akademie-Vorträge 43), Schwerte
1994, 13.
⁹⁵ K. *Wilhelm,* Richard Strauss persönlich. Eine Bildbiographie, München 1984, 169f.
⁹⁶ Am Sonnenhang. Tagebuch eines Jahres, Frankfurt/M. 1993, 185.
⁹⁷ Fahrt ins Staublose 205.
⁹⁸ Gedichte 68.
⁹⁹ Vielleicht ist irgendwo Tag 26f.

DIE BIBEL – EIN LESE-BUCH

¹ Deutsche Mystiker des 14. Jahrhunderts II: Meister Eckhart, hg. v. F. Pfeiffer, Aalen
1962 (Neudruck der Ausgabe Leipzig 1857), 599/19ff: „Wichtiger wäre ein Lebemeister
denn tausend Lesemeister; aber lesen und leben ohne Gott, dazu kann niemand kommen."
² Vgl. L. *Muth,* Glück, das sich entziffern läßt. Vom Urmedium des Glaubens, Freiburg –
Basel – Wien 1992.
³ Vgl. P. *Müller,* „Verstehst du auch, was du liest?" Lesen und Verstehen im Neuen Testament, Darmstadt 1994.
⁴ Samlede Værker, hg. v. A.B. Drachmann u. a., Kopenhagen 1901–1906, XII 320. (Deutsche Übersetzung nach: M. *Kiefhaber,* Ärgernis Christentum. Provokation Søren Kierkegaard, in: T.R. Peters – Th. Pröpper – H. Steinkamp (Hg.), FS J.B. Metz 141–149: 146).
⁵ Gute historische Informationen (mit allerdings reichlich apologetischen Untertönen)
vermittelt R. *Riesner,* Jesus als Lehrer. Eine Untersuchung zum Ursprung der Evangelien
(Wissenschaftliche Untersuchungen zum Neuen Testament II/7), Tübingen 1981, 97–245.
⁶ Zu den exegetischen Fragen um den Kolosser- und den (verlorenen) Laodizeerbrief vgl.
J. *Gnilka,* Der Kolosserbrief (Herders theologischer Kommentar zum Neuen Testament X/
1), Freiburg – Basel – Wien 1980, 245f.
⁷ Zur Auslegung vgl. L. *Oberlinner,* Der Erste Timotheusbrief (Herders theologischer
Kommentar zum Neuen Testament XI/2,1), Freiburg – Basel – Wien 1994, 206ff.
⁸ Die Absicht hagiographischer Stilisierung ist offenkundig; vgl. P. *Trummer,* „Mantel und
Schriften" (2Tim 4,13). Zur Interpretation einer persönlichen Notiz in den Pastoralbriefen:
Biblische Zeitschrift 18 (1974) 193–207.
⁹ Umgang mit der Bibel, in: K. Ihlenfeld (Hg.), Das Buch der Christenheit 335–346.
¹⁰ Tage des Lesens (1906/1919), in: Tage des Lesens. Drei Essays (Bibliothek Suhrkamp
400), Frankfurt/M. 1974, 7–65. (Das folgende Zitat auf S. 64).
¹¹ Proust verweist in einer Anmerkung auf das *Magnificat* (1,46–55), das *Benedictus* (1,68–
79) und das *Nunc dimittis* (2,29ff).
¹² Proust begründet seine Vermutung mit den Arbeiten des bekannten Exegeten *Ernest
Renan* (1823–1892).
¹³ Zur Auslegung vgl. A. *Weiser,* Die Apostelgeschichte I (Ökumenischer Taschenbuch-
Kommentar zum Neuen Testament 5/1), Würzburg – Gütersloh 1981, 206–214.
¹⁴ Im Griechischen als Wortspiel formuliert: *ará ge ginóskeis ha anaginóskeis?*
¹⁵ Daß er Jes 53 *unmittelbar* christologisch deutet, sagt Lukas nicht, wohl aber, daß er die
Offenheit, die dem Text seinem buchstäblichen Sinn nach hinsichtlich der Identität des leidenden Gottesknechtes innewohnt, zum Ansatzpunkt einer christologisch-soteriologischen
Predigt nimmt.
¹⁶ Vgl. K. *Kertelge,* „Verstehst du auch, was du liest?" (Apg 8,30), in: A.Th. Khoury – L.
Muth (Hg.), Glauben durch Lesen? Für eine christliche Lesekultur (Quaestiones disputatae
128), Freiburg – Basel – Wien 1990, 14–22.
¹⁷ Vgl. U. *Rüterswörden,* Es gibt keine Exegeten in einem gesetzlosen Land (Prov 29,18
LXX). Erwägungen zum Thema: Der Prophet und die Thora, in: R. Liwak – S. Wagner
(Hg.), Prophetie und geschichtliche Wirklichkeit im alten Israel. FS S. Herrmann, Stuttgart

u. a. 1991, 326–347. Der Vers bezieht sich wohl auf die Propheten als die Ausleger der Tora – die kein Gehör finden, wenn Israel gesetzlos lebt.

[18] Pfennigs-Wahrheiten. Ein Lichtenberg-Brevier, h.g. v. R. Baasner, München 1992, 45 (Gefunden bei: P. Müller, „Verstehst du auch, was du liest?" 6).

[19] Werke in vier Bänden I 149.

[20] Vgl. dazu H. Grisar, Die Gregorbiographie des Paulus Diakonos in ihrer ursprünglichen Gestalt, nach italienischen Handschriften: Zeitschrift für katholische Theologie 11 (1887) 158–173.

[21] Wahrheit und Methode. Grundzüge einer philosophischen Hermeneutik, Tübingen [6]1990 ([1]1960).

[22] Die damit verbundenen rezeptionsästhetischen Fragen reflektiert aus theologischer Perspektive (freilich nicht kritisch genug) U.H.J. Körtner, Der inspirierte Leser. Zentrale Aspekte biblischer Hermeneutik (Sammlung Vandenhoeck), Göttingen 1994. (Seine S. 92 aufgestellte These, der katholische Weltkatechismus [115–119] degradiere die historisch-kritische Exegese „zur Hilfswissenschaft einer durch das kirchliche Lehramt approbierten geistlichen Exegese" ist ein Zerrbild.)

[23] Im Neuen Testament wird eine solche Hermeneutik unter christologischem Vorzeichen in 2Kor 3 zum Thema: Paulus läßt seinen gewagten Midrasch über Ex 34 auf die hermeneutische These in Vers 16 (Ex 34,34) zulaufen, daß nur diejenigen die („alttestamentliche") Schrift verstehen können, die sich zum Kyrios bekehren, der für ihn Jesus Christus ist. Diese hermeneutische Regel entspricht dem allgemeinen Prinzip des Verstehens, das Paulus in 1Kor 2,6–16 aufgenommen und in 1Kor 13,8–13 variiert hat.

[24] So – in sehr mißverständlichen Formulierungen – W. Iser, Die Appellstruktur der Texte, in: R. Warning (Hg.), Rezeptionsästhetik (Uni-Taschenbuch 303), München 1988, 228–252: 229.

[25] Nachschrift zum „Namen der Rose", München 1984, 9.

[26] Der zitierte Satz soll nur die Zurückhaltung des Romanautors gegenüber der Interpretation des eigenen Werkes begründen. Eco selbst macht den Ursprungssinn zum Falsifikationskriterium der verschiedenen Interpretationen: Die Grenzen der Interpretation, München – Wien 1992.

[27] Essais I, Paris 1962, 135 (I 24): „Ein intelligenter Leser entdeckt oft in den Schriften anderer andere Vorzüge als diejenigen, die der Autor hineingelegt und wahrgenommen hat, und verleiht ihnen einen viel reicheren Sinn und Ausdruck."

[28] Philosophische und theologische Hermeneutik, in: ders. – E. Jüngel, Metapher. Zur Hermeneutik religiöser Sprache (Evangelische Theologie. Sonderheft), München 1974, 24–45. – Für eine existentialphilosophisch inspirierte, aber falsche Alternative halte ich es indes, wenn Ricoeur folgert, nicht das Erforschen der Autor-Intention, sondern das Verständnis des Selbst durch den Text sei die wahre Interpretation (ebd. 33).

[29] Vgl. dazu Th. Söding, Wissenschaftliche und kirchliche Schriftauslegung. Hermeneutische Überlegungen zur Verbindlichkeit der Heiligen Schrift, in: W. Pannenberg – Th. Schneider (Hg.), Verbindliches Zeugnis II (Dialog der Kirchen 9), Göttingen – Freiburg u. a. 1995, 72–121.

[30] Vgl. A. Vögtle, Der Zweite Petrusbrief (Evangelisch-Katholischer Kommentar zum Neuen Testament 22), Düsseldorf – Neukirchen-Vluyn 1995, 261–266.

[31] Zur näheren Erklärung vgl. W. Schrage, Der Erste Brief an die Korinther I (Evangelisch-Katholischer Kommentar zum Neuen Testament 7/1), Zürich – Neukirchen-Vluyn 1991, 385–402.

[32] Zum Hintergrund vgl. Chr. Wolff, Der zweite Korintherbrief (Theologischer Handkommentar zum Neuen Testament 8), Berlin 1989, 28–31.

[33] Selbst in den neutestamentlichen Exegese alttestamentlicher Schriften gibt es dafür Anhaltspunkte (die freilich im Rahmen zeitgenössischer Exegese bleiben und deshalb heute so nicht zu übernehmen sind); vgl. Gal 3,15–18; Röm 4,3.9–12; Mk 12,35ff; Hebr 8,7–13.

[34] Vgl. P. Hünermann, Der Durchbruch des geschichtlichen Denkens im 19. Jahrhundert, Freiburg – Basel – Wien 1967.

[35] Vgl. *J. Werbick,* Das Medium ist die Botschaft. Über einige wenig beachtete Implikationen des Begriffs der „Selbstoffenbarung Gottes" – mit Blick auf die Auseinandersetzung um die fundamentalistische Versuchung im Christentum, in: ders. (Hg.), Offenbarungsanspruch und fundamentalistische Versuchung (Quaestiones disputatae 129), Freiburg – Basel – Wien 1991, 187–245.

[36] Vgl. (auch zu den Problemen dieses Passus) *N. Lohfink,* Der weiße Fleck in *Dei Verbum,* Artikel 12: Trierer Theologische Zeitschrift 101 (1992) 20–35.

[37] Hier der Verweis auf das oben S. 371f besprochene Augustinus-Zitat aus dem „Gottesstaat" (De Civitate Dei XVII 6,2).

[38] Hier folgt ein Verweis auf Augustinus, De doctrina christiana (Über die christliche Lehre) III 18,26.

[39] Theologik II: Wahrheit Gottes, Einsiedeln 1985, 225–255.

[40] Wilhelm Meisters Wanderjahre. Drittes Buch. Aus Makariens Archiv: Goethes Werke (Hamburger Ausgabe) Bd. VIII, 469.

[41] Eine knappe Einführung geben *H. Barth – O.H. Steck,* Exegese des Alten Testaments. Leitfaden der Methoden, Neukirchen-Vluyn [12]1989 ([1]1971); *G. Strecker – U. Schnelle,* Einführung in die neutestamentliche Exegese (Uni-Taschenbuch 1253), Göttingen [3]1989 ([1]1980); linguistische Analyseverfahren bezieht ein: *W. Egger,* Methodenlehre zum Neuen Testament. Einführung in linguistische und historisch-kritische Methoden, Freiburg – Basel – Wien 1987.

[42] Zur Geschichte der historisch-kritischen Exegese vgl. *H.-J. Kraus,* Geschichte der historisch-kritischen Erforschung des Alten Testaments, Neukirchen-Vluyn [3]1982 ([1]1958); *W.G. Kümmel,* Das Neue Testament. Geschichte der Erforschung seiner Probleme (Orbis Academicus), Freiburg – München [2]1970 ([1]1956).

[43] Den er in einem Gedicht als „Kirchenrat Prometheus" karikiert: Sämtliche Schriften in zwölf Bänden VII 427.

[44] Ebd. 487.

[45] Patmos (Letzte Fassung), in: Werke – Briefe – Dokumente 182.

[46] Die Chance, einen guten Fang zu machen, ist aber recht groß. Eine nach wie vor sehr lesenswerte Einführung in die Art und Weise historisch-kritischer Bibellektüre gibt *G. Lohfink,* Jetzt verstehe ich die Bibel. Sachbuch zur Formkritik, Stuttgart 1992 (1973). Wissenschaftliche Auslegungen der biblischen Bücher für einen breiteren Leserkreis liegen in mehreren Reihen vor. Aus dem evangelischen Raum: Das Alte Testament Deutsch; Das Neue Testament Deutsch; Zürcher Bibelkommentare (Altes Testament und Neues Testament); aus dem katholischen Raum: Die Neue Echter Bibel (Altes Testament und Neues Testament); Die Geistliche Schriftlesung (Altes Testament und Neues Testament); Stuttgarter Kleiner Kommentar zum Neuen Testament; Neuer Stuttgarter Kommentar zum Alten Testament. Diese Kommentarreihen enthalten auch meist Ergänzungsbände, die über die Entstehungsverhältnisse, den geschichtlichen Rahmen und die Umwelt der biblischen Schriften informieren. Einen Überblick über wichtige Texte und Themen vermittelt (mit deutlichem Schwerpunkt auf dem Neuen Testament und den Evangelien) *Kh. Sorger,* Was in der Bibel wichtig ist. Grundthemen des Alten und Neuen Testaments, München 1992 u.ö. Über verschiedene Informationsmöglichkeiten orientiert *P.-G. Müller,* Einführung in Praktische Bibelarbeit (Stuttgarter Kleiner Kommentar. Neues Testament 20), Stuttgart 1990.

[47] Sehr gute Hinweise finden sich bei *J. Kremer,* Die Bibel – ein Buch für alle. Berechtigung und Grenzen „einfacher" Schriftlesung, Stuttgart 1986.

[48] Zur Arbeit mit Übersetzungen vgl. *Ch. Dohmen,* Vom Umgang mit dem Alten Testament 14–42.

[49] Epistulae (Briefe) 107,12.

[50] Synopsen der Evangelien gibt es zu allen großen ökumenischen Bibelübersetzungen. Näher beim Urtext liegen die Synopse von *J. Schmid* (Regensburg [8]1979) und die „Synopse zum Münchener Neuen Testament" (München 1991).

[51] Daß der heutige Forschungsstand in einigen Fällen nicht hinreichend berücksichtigt

worden ist, muß bedauert werden, kann aber den guten Gesamteindruck der Einführungen nicht trüben.

[52] Einen besonders umfangreichen Anmerkungsapparat stellt die „Neue Jerusalemer Bibel" zur Verfügung, die auf der Basis der Einheitsübersetzung herausgegeben wird (Freiburg – Basel – Wien 1987).

[53] Meine Wege sind dir vertraut. Gedanken und Gebete, Graz u. a. 1990, 71 (Gefunden in: Bibel im Jahr 1991: Wasser in der Wüste. Impulse aus der Exodus- und Wüstentradition, Stuttgart 1990, 71).

[54] Eine kritische Bewertung vom Standpunkt historisch-kritischer Exegese aus nimmt *N. Walter* vor: Zur theologischen Problematik des christologischen „Schriftbeweises" im Neuen Testament: New Testament Studies 41 (1995), 338–357.

[55] Zur exegetischen Bedeutung vgl. *H. Schürmann*, Das Evangelium nach Lukas I 231–234.

[56] Ein Beispiel dürfte die – freilich soteriologisch interessierte, wenngleich christologisch begründete – Exegese von Gen 15,6 in Gal 3,6 und Röm 4,3 sein, daß es der Glaube sei, der Abraham zur Gerechtigkeit angerechnet worden ist, und daß dieser Glaube nicht *eo ipso* durch Gesetzesobservanz zu definieren sei; vgl. *F. Hahn*, Gen 15,6 im Neuen Testament, in: Probleme biblischer Theologie. FS G. v.Rad, München 1971, 90–107.

[57] Zur Erklärung und Einordnung vgl. *H. Graf Reventlow*, Epochen der Bibelauslegung I 49–99.

[58] Zur Auslegung vgl. *N. Brox*, Die Pastoralbriefe (Regensburger Neues Testament 7), Regensburg 1969, 259–262.

[59] Es ist nur an das „Alte Testament" gedacht, noch nicht an die neutestamentlichen Paulus-Briefe; anders *V. Hasler*, Die Briefe an Timotheus und Titus (Pastoralbriefe) (Zürcher Bibelkommentare. Neues Testament 12), Zürich 1978, 75f.

[60] Zu diesen verschiedenen Zielen und den Wegen, sie zu erreichen, vgl. *D. Emeis*, Bibelarbeit praktisch. Orientierung – Methoden – Impulse (Biblische Bücher 3), Freiburg – Basel – Wien 1994.

[61] Vgl. *F. Schumacher*, Die Bibel predigen – aber wie?: Unsere Seelsorge 42 (1992) 9–13.

[62] Über die Methoden informieren neben *D. Emeis* (Bibelarbeit) auch *A. Hecht*, Zugänge zur Bibel für Gruppen. Methodische Hilfen für die Bibelarbeit, Stuttgart 1993; *W. Langer (Hg.)*, Handbuch der Bibelarbeit, Stuttgart 1987.

[63] Vgl. *P. Stuhlmacher*, Vom Verstehen des Neuen Testaments. Eine Hermeneutik (NTD.E 6), Göttingen ²1986.

[64] Vgl. *W. Kasper*, Prolegomena zur Erneuerung der geistlichen Schriftauslegung, in: H. Frankemölle – K. Kertelge (Hg.), Vom Urchristentum zu Jesus. FS J. Gnilka, Freiburg – Basel – Wien 1989, 508–526.

[65] Vgl. *E. Bianchi*, Dich finden in Deinem Wort. Die geistliche Schriftlesung (ital. 1987), Freiburg – Basel – Wien 1988. Praktische Beispiele liefert der Mailänder Erzbischof *Carlo Martini* in seinen sogenannten Evangelienauslegungen.

[66] Vgl. zum folgenden *P. Deselaers*, Wichtiger als tausend Lesemeister wäre ein Lebemeister" (Meister Eckhart). Zur Spiritualität des Lesens, in: A.Th. Khoury – L. Muth (Hg.), Glauben durch Lesen? 98–112.

[67] Sources chrétiennes 163, Paris 1970, 82–123. Deutsche Übersetzung bei *E. Bianchi*, Dich finden in Deinem Wort 103–123. (Die folgenden Zitate finden sich dort auf S. 104f).

[68] Vgl. *J. Roloff*, Die Offenbarung des Johannes (Zürcher Bibelkommentare. Neues Testament 18), Zürich 1987, 30.

[69] Zur Auslegung vgl. *H. Schürmann*, Das Lukasevangelium II/1 (Herders theologischer Kommentar zum Neuen Testament III/2,1), Freiburg – Basel – Wien 1994, 253–261.

[70] Volk des Buches, in: H.J. Schultz (Hg.), Sie werden lachen – die Bibel 93–101: 97.

[71] Mein Jahr in der Niemandsbucht 222f.

SCHRIFTSTELLENREGISTER
(in Auswahl)

Bar 1,3ff 381

Ez 1 355
- 36,17 251

Hos 1,9 330
- 4,13f 185
- 6,1f 228
- 11 195 433

Mi 2,1f 187f
- 5,1-5 244

Hab 2,4 239 247f

Mal 3,23f 114

Neues Testament

Mt 4,4 162
- 5,3-12 190ff
- 5,18 20
- 5,38-48 189-205
- 8,5-13 261f
- 13,44 405
- 13,52 117

Mk 1,15 115 191
- 2,22 111
- 10,46-52 256
- 12,36 350

Lk 1,1-4 71f 267f
- 2,51 402
- 4,4 162
- 4,16ff 381
- 4,18f 346f
- 4,21 395
- 5,39 417
- 6,20-23 190ff
- 6,27-36 189-205
- 11,27f 402
- 13,20f 340
- 15,8ff 339f
- 15,11-32 332-342
- 23,43 175f
- 24,26f 395
- 24,44-47 395

Joh 3,1-9 158-167
- 6,14f 161f
- 6,26 162
- 8,44 39
- 20,24-29 226
- 20,30f 16f

Apg 1,1f 69
- 1,16 434
- 4,25 434
- 8,26-40 383f
- 8,30 383-387
- 15,1-35 50f
- 17,11 381
- 27,14-44 314f

Röm 1,2 21
- 1,16f 79 362f
- 1,18-3,20 130f
- 3,21-26 45-48
- 3,29 343
- 7,12 128 408
- 7,14-25 128-137
- 10,8 398
- 10,17 321
- 11,18 108
- 13,1-7 423
- 15,4 395
- 15,15 45

1Kor 1,17f 362
- 2,3ff 347
- 2,6-16 437
- 5,9ff 387f
- 8,5f 87
- 12,12-27 82ff
- 13,8-13 437
- 14,19 349f
- 15,3-5 218-231 396

2Kor 1,13f 388
- 3,6-18 27
- 3,6 19
- 3,16 437
- 4,7 364f
- 5,17 111
- 5,18ff 363
- 12,9f 366
- 13,3f 366

Gal 2,1-10 50f
- 4,4 114
- 6,15f 22f

Eph 2,19 317

Kol 1,15-20 49f 59f
- 4,16 381 401

1Thess 2,8 363
- 2,13 360-366
- 5,18 408
- 5,27 401

PERSONEN-, WERK- UND AUTORENREGISTER
(in Auswahl)

SACHREGISTER